政治思想史对话录

李汉松 等著

中国社会科学出版社

图书在版编目(CIP)数据

政治思想史对话录 / 李汉松等著. — 北京：中国
社会科学出版社，2022.7
ISBN 978 - 7 - 5227 - 0000 - 7

Ⅰ.①政… Ⅱ.①李… Ⅲ.①政治思想史 - 世界

Ⅳ.①D091

中国版本图书馆 CIP 数据核字(2022)第 054767 号

出 版 人	赵剑英
责任编辑	韩国茹
责任校对	张爱华
责任印制	张雪娇

出　　版	中国社会科学出版社
社　　址	北京鼓楼西大街甲 158 号
邮　　编	100720
网　　址	http://www.csspw.cn
发 行 部	010 - 84083685
门 市 部	010 - 84029450
经　　销	新华书店及其他书店

印　　刷	北京君升印刷有限公司
装　　订	廊坊市广阳区广增装订厂
版　　次	2022 年 7 月第 1 版
印　　次	2022 年 7 月第 1 次印刷

开　　本	710×1000 1/16
印　　张	37
插　　页	2
字　　数	610 千字
定　　价	198.00 元

凡购买中国社会科学出版社图书，如有质量问题请与本社营销中心联系调换
电话：010 - 84083683

目　录

为何研究政治思想史？

约翰·邓恩

究竟为何研究政治思想史？这是李汉松此书提出的最大一问。

任何一个人类社会要想在一段时间持续存在，则必须思考一个问题：如何安全并融洽地集体生存？直到今天，无人发明出一个尽善尽美的方案，能让社会全体成员得到同等的保护和满足。除非，或直到这种神奇的公式发明出来，任意规模的人类社会便必须生活在困境和困惑之中。社会的成员也会继续各持己见，剑拔弩张，苦苦辩论应该如何组织、制约彼此的生活。人类的集体生活是一个宏大的、时而令人焦恼的问题。今天，这一问题在全球范围内依旧公然无解——当然这与自人类诞生以来的任何一个历史时期都别无二致。数千年来，绝大多数人类对这一问题的反思都已无可挽回地流失了。鉴于这一问题仍然刺眼如旧，不少人依据一些基于现实的理由判定：费力复原这些过去的思考再无意义。这道判决到底有多令人气沮？这取决于一个社会平衡各股势力的方式。这一点在新冠病毒无情地扫荡全球后更加明显。当我们试图评价为何此次各地的经历如此不同，并且鸣响警钟时，我们或有意或无意，但不可避免地依赖着政治思想史馈赠予我们的直觉，尤其是地方性和暂时性思考的习惯。这一深层次的强迫性可能无法改变，只有蠢人才会认定它能帮助我们以史为鉴。

这部《对话录》形象地展现出了政治思想史学者们的不同见地。他们的争论在于：原则上来讲，我们能从思想史中学到多少？但更深刻的是：我们该如何从中学习？即便是良知上最谦逊甚至局促不安的那些人也曾暗暗认为，从中是能学到些有价值的事情的。

或许，政治思想史终究没有任何可学之处。更可能的是，经过漫长的岁月，学到的还是微不足道。如果真的无足可取，那么这将是一个苍凉的教训。但如果是后者，那必将令人惊诧万分：不论人类天才般的技艺和成就多么惊人，我们都没有能力系统性地、累积性地向自己学习如何与他人共处。现在也许已经晚了——但我们依旧盼望，一切尚且为时未晚。

《劝学篇》(προτρεπτικός)

——思想驯化时代的政治思想史

詹姆斯·汉金斯

我们生活在一个思想驯化的时代。或许这是一切时代的共性，毕竟人类是群居动物。但在如今的西方，我们似乎进入了一个文人和哲人无法自由表述的时代。这在历史上曾经出现过，例如近代早期的宗教战争，充斥着教义问答、忠诚宣言、惩治律令、异端裁判、信仰审判。经历过意识形态僭政之后，西方社会尝试着更具人性和包容性，更不那么各持己见、自信无疑，更倾向于承认在主流精英之外，还可能具有合理的伦理和政治信念。然而数十年以来，西方学术院校中温和的声音逐渐被压制。雪上加霜的是，这些声音又受到了自由主义失败的连累。在我们时代，这种失败主要体现于无法区分自由与专行、放弃共同的伦理标准、精英的日渐腐败、对公共福祉的漠不关心。表面上看来，这种局面是个令人费解的悖论。何以在形式上承诺自由的社会纷纷变成了思想驯化主义的堡垒？但正如托克维尔在两个世纪前指出的那样：在那些看似更赋政治自由的社会中，思想单一化的势力更为强大。此外，这些社会对过去更缺乏敬意。然而，若想真正改善社会，必须要自由思考。只有心智具备了一种反思性的超脱力，才能洞察自己和其他文明的脉络。我们需要本书提供的这种跨时间的沉思空间，置身其中，才能考虑可以相互替代的选择，才能与彼此对话，才能在彼此的陪伴下追寻真理，正如苏格拉底与他的弟子们一样。

换言之，我们需要17世纪欧洲文人雅士口中的"哲思的自由"。一些人需要它才能保持理智，只因不愿溺入谎言之海，而愿活在真理之中。我们之中还有些人像文艺复兴时期的人文主义者弗兰齐斯科·彼特拉克一样，希望用固有传统中的资源改革当代政治审议和领导力的种种不足之处。我们希望自己的统治者受到良好的教育，心胸怀抱着人文关怀、温良适度、对正义的热爱、对公共福祉的敬意。我们希望他们承认个人的价值，浸濡良善的传统——那些哺育我们共同伦理和精神生活的传统。正如中国的新生代学人一样，我们相信重新发掘失落的过去也能够变革时下。

那么哪些学问能够滋长"哲思自由"？在 17 世纪的欧洲，看似最脱离于宗教政治的学科是如今我们大家口中的科学，当时的文人称之为自然哲学。之所以伽利略事件震惊了全欧洲，是因为同时代人，包括伽利略自己，都相信自然哲学应处于一个中立之所、真空之域，不为政治与宗教权威所触及。然而 21 世纪的自然科学与政体理论、国际关系理论一样，都成为政治中不可或缺的组成部分。科学研究不再是逃避政治的港湾，而是扮演合理化政策的角色。

我认为，如今最精致的思想自由来自哲学史，尤其是政治思想史。它之所以提供了一个自由之域，并不是因为深深埋藏在历史之中的事物超越了当今意识形态的旨趣和力量。"往事犹如异乡"，此言不虚，但它很难避免站队。马基雅维利提出了相反的观点，他认为可以冷静地分析过去：既然行为的结构总可以获知，我们无须激发偏颇性的希望和恐惧。当我们观察同时代人时，因为事关自身，总难免裹入激情。但审视过去的行为则没有这一效果。每日的新闻令我们震怒、忧愁，不得安宁。然而远观过去，透过记忆那一层金色的迷雾，我们可以镇定自若。过去那些了不起的强人都已逝去，无法再威胁到我们自己。

我不确定马基雅维利的立论是否准确地代表了他自己所属的时代。看看那些文艺复兴思想家吧，他们燃起了何等激情，只为辩论究竟凯撒还是西塞罗才是美德的象征！但至少可以说，马基雅维利所说与时下不符。目前西方的意识形态斗争在于如何为各类机构更名、是否要撤下不再受敬仰之人的雕塑、是否要重写历史教科书——凡此种种现象都表明，研究过去本身并不能为当前的意识形态激情提供避难所。我们或许可以像迈蒙尼德一样，通过隐微写作来逃避表述思想带来的后果，抑或如吉本、马基雅维利一样使用讽刺的手法。但是过去的过去性本身尚不足以带来解放。

那么思想史何以能在思想驯化的时代为我们提供庇护？因为它教授的是一种阅读文本的方法。而一旦合理解读这些文本，我们便可剥开包裹在蚕丝之中的意识形态之蛹。政治思想史家知道，读一部文本便自以为懂得其中奥义，把它归入一份既定的观念文件夹，用于印证自己的先见之明，是何其轻而易举。为了规避时代错置——这历史学家眼中不可饶恕的罪行——也为了逃离那不断扭曲我们指南针的当代磁力场，我们必须付出思想上的辛劳，不懈求知，竭力掌握文本在其时代之中的意涵，包括字面上和字面下的意义，也必须重新发掘文本的言外行为、言效行为。因此，我们政治思想史家在过去一个世纪中，不断扩充自己的阐释学工具。我们发现，欲求文本真义，必须深入掌握其书写语言、修辞理论和体裁的流变、盛行于久远时代的交流模式、文本被接收的历史以及各门学科各自的历史。我们必须掌握一系列技能，才能想象出一位过去时代的作家所经历的生活，包括他的素材模型、思想习惯、政治氛围。

这份清单似乎永无尽头，其中罗列的工具也未必是思想史家全部所需。但遵循学术方法，严谨地研究文本，收获不可谓不丰。最大的收获是什么呢？我们能愈渐清晰地听取来自过去、最为地道的声音，那些与我们思考路径完全不同的心智发出的声音。我们因此获取了心灵生活中最令人欢欣雀跃的经历：寻觅到从未所想之事，就此改变理解世界的途径。过去能为当今的狭隘和偏见打开通向一个全新国度的大门，其中充斥着各种可能性。正如西塞罗在《西庇阿之梦》中一样，我们也能"从一个澄澈、闪耀、星罗棋布的高点"(*de excelso et pleno stellarum, illustri et claro quodam loco*) 眺望寰宇。如果我们相信广义上文艺复兴之可能，希冀遗失已久的美好事物和强大理念重新复生，那么故人之音便会在我们心灵之中鸣响。我们也会听见令自己局促不安之声，譬如奥利弗·克伦威尔在苏格兰教会大会演讲时所说："我以基督的肠腑之名请求你们，想想自己有可能是错的！"如此，我们便能逐渐发现，自己信以为真的种种真理或不尽然。我们自认为的美德也许是罪恶。

简言之，修习古老的政治文本是思想驯化的一剂良药。这些文本为有限的现代自我提供了无限的人文传统资源。古老的文本也能助我们养成容忍的习性，尤其是容忍他者。容忍不是靠咬牙切齿，亦非自视甚高，嗤诋旁人，置其他声音于不顾。倘若无力表达反对意见，这更算不得容忍。真正了不起的是通过学习，认识到其他的心灵也有能力持有我们尚未掌握的真知。而正是无价的真知才能最终改变世界。

自 序

　　本书是一部全面探讨政治思想史的方法与范式、脉络与谱系、会通与争鸣、视界与关怀的对话录，涵盖众多流派与传统、时间与地域、文本与语言、个人与群体。书中收录了作者与二十四位重要思想家的对话，跨越政治理论、政治哲学、批判理论、文化与思想史等领域，集中呈现了众多思想流派与研究途径之间的关系：剑桥思想史学派、意大利微观史学派、施特劳斯学派、法兰克福学派、伯克利学派；比较印证了经济史、海洋史、战争史、音乐史、国际史，古典学、语文学与文献学，概念分析与心理分析的政治内涵；纵观了共和主义、民主理论、社会主义、保守主义等思潮的过去与现状。对话者均是各领域的代表性人物，来自英、美、法、德、希腊、意大利、土耳其、印度，话题则涵盖了古希腊罗马、中古与近代早期、人文主义与启蒙运动、古典政治经济学与现当代社会理论。每一篇对话着眼于三组张力与平衡：一是阐释具体文本和思想家的内部逻辑与梳理长时段的政治思想史流变；二是对话者本人的时代背景、修辞语境、史学史角色与他们提出的规范性主张；三是学者自发的反思和补充与作者自觉的质疑、批判与发展。因此，平衡在这些张力之间，共有两个"理智"交错贯穿于对话之中，这也是"对话"一词之本义（διάλογος）。

　　本书收录的若干章节已在世界范围内以不同语言文字发表，其余各篇则是首次面世。不论何种语言、何处刊登，这些对话的初衷是探讨政治理论与实践中最切要的疑难。一方面，学者会在书中发现关于学科界定、资料分析、方法论商榷的实质性学术内容。但与此同时，每一篇对话又无一例外地探讨了实际难题，从种族屠杀到难民移民，从民权运动到身份政治，从宗教战争到世俗主义，从劳工问题到贫穷经济，从英国脱欧到欧盟前景，从国际正义到全球治理。通过将文献考据和时政辩论熔于一炉，展现理论与实践的密切关系，说明治学的工艺如何造就政治的视界。此书的理想之一是推广政治思想史的传播与普及。诚然，书中的对话形式较论文与演讲更易接触。因而，我自信此书对自修西方政治思想史者必有助益。但更宏观而言，这部书献给每一位思考者，而不局限于专家学者。对话不可能完全通俗易懂，因为人类历史上的重大观念是经过磨砺、角斗，甚至死难才诞生的。我们有理由批评故作玄疑的学究气，但是没有理由不经过挣扎便指望解获真知。这种智识上的痛苦是我们对过去思想家的苦难最好的报偿，而思考之后体味到的甘醇又是我们对自己灵魂的丰厚馈赠。

政治思想史与其他学问一样，遵循一组看似抵冲的规律：不立足于局部真理难成一家之言，便也不足以推动人类探求真理的总体进程。但若先存门户之见而后为之，必已自堕下乘，终不得其法。"欲求超胜，必先会通"，而欲会通之各门传统，无不繁复庞杂，绝难一语概之。因此，我加注七百余、索引二千余，包含大量引文原文。参考书目中，古籍、专著概举初版。术语表中，文本、概念、人名、地名，保留名词多种原文。凡是印欧语言通行的词汇，有重大古典渊源者，依次列梵文、希腊、拉丁及派生词；现代词汇则优先最先出现地的语言；若同期出现或同等重要，则按英、法、德顺序排列。

学不为则已，为则必求其成。须知我们受前人恩惠，但不逊于前人。诗人皮埃特罗·本博曾撰《劝学希腊文演说》（*Oratio pro litteris graecis*）勉励威尼斯同胞在升平盛世发扬古典文化："同胞们，你们素以智慧和美德著称，现在国家既无战乱灾荒，亦不再积弱不振，更不缺书籍和教诲。如果你们恪尽己职，为学有成，尚是理所当然。倘若学力不足，功败垂成，岂不汗颜？"

第一部分

流派渊源

语境中的观念

——对话昆廷·斯金纳 [①]

　　本文尝试为"思想史"定位，从所谓"剑桥思想史学派"视角探索政治思想史的研究方法及其意义。英国思想史家昆廷·斯金纳在本文回应了作者关于"语境干枯""作者意图""永恒真理""比较文明"，以及"西方与他者""思想与政治""语境主义与西方马克思主义史学"等质询，并就思想史的理论与实践提出最新理解和补充。

　　英国思想史家昆廷·斯金纳（Quentin Skinner），生于1940年，是"剑桥学派"语境主义方法的创始人和倡导者之一，其代表作《近代政治思想的基础》已成历史方法研究政治思想之典范。

　　李汉松：在您看来，思想史家（intellectual historians）与哲学家（philosophers）、政治理论家（political theorists）以及观念史学家（historians of ideas）的工作有何概念性区别？在研究同一文本时，他们之中谁的研究方法最为特殊？

　　斯金纳：我认为思想史家的工作是研究大量的文本，并尽可能地用其原本的术语来解读它们。因此，不如把这样的历史学家视为一类遵守某些专门规则的人：不使用翻译的文本，避免对文本过度现代化的解读，总是着意使用最优秀的版本，等等。在我看来，这样的历史学家的出色工作就

　　① 本文为作者与斯金纳于2016年9月9日在伦敦的对话。英文节选见 Hansong Li; Quentin Skinner. "Ideas in Context: Conversation with Quentin Skinner", *Chicago Journal of History*, Autumn 2016, pp. 119-127。中文版《语境中的观念》，南京大学历史学博士刘林译，刊于《哲学动态》2017年第6期，第105—113页。本章重新校译，补增了因篇幅限制，在英中两版中删减的部分内容。

是努力将其研究的文本置于各种有助于解释其产生原因的语境之中，并且确定它们旨在解决什么样的特殊问题。我应补充说明一下，在谈到"文本"时，我是在一种常见的、但是更广泛的意义上使用这一术语的。文本不仅包括哲学论著以及文学作品，还包括电影、绘画、建筑以及其他手工艺品。对我来说，这些都可以被看作文本。

你问我如何区分思想史家与经常研究同样文本的哲学家和政治理论家的研究方法？就哲学史家而论，我认为现如今，他们中的很多人都在遵守同样的规则，并采用类似于思想史的研究方法。但如果我们谈论的是社会理论家和政治理论家，那么相比之下，他们中的一些人几乎仅仅主要关注文本的内在逻辑，以及怎样去理解文本中包含的独特概念和观点。虽然在我看来，在不参考文本产生环境的情况下考察观点的做法颇显空洞，但这种分析确实非常具有启发性。其中的危险则是丧失文本自己的轮廓和特性。如不能全面地审视文本，还会走入一个研究误区，我的同事蕾雅·伊皮（Lea Ypi）[1]将其表述为对文本的"清洁"（sanitising of texts）。不经意之间，你很有可能忙于寻找心仪的证据，而忽略了一些不合自己脾胃的论点。例如，假设你给出了一个关于约翰·洛克（John Locke）的财产理论和劳动价值理论的纯粹分析性解释。用这种方式孤立他所探讨的内容，你基本难以遮掩洛克的分析在何种程度上涉及对妇女财产权的否定，甚至涉及了奴隶制和帝国主义。强调一下：这样的方法不可避免地"清洁"了文本。

你也问到了观念史学家。我不确定现今还有多少学者倾向于用这一术语定义自己。观念史有很多，其中一些在它们的时代就很著名，例如，"进步"的观念史、"存在锁链"[2]、社会契约论、人类的完善性等。但在我看来，观念史的方法存在很多疑问。何谓书写一个观念的历史？我们指的是一个概念通过词语表达的历史，还是概念本身的历史？如果我们所做的仅仅是将抛出过同一概念的思想家和作品联系在一起，那么我们要怎样表达出该观念在历史不同时期中的角色和地位——是处于边缘，还是居于中

---

① 蕾雅·伊皮（1979— ），阿尔巴尼亚裔英国政治理论家。

② 存在锁链：拉丁文 scala naturae，意为"自然之阶梯"（Great Chain of Being）。欧洲神学中万物等级秩序的概念，认为上帝、天使、人类、动物、植物、矿物等构成了天然的秩序。见 Arthur O. Lovejoy. *The Great Chain of Being: A Study of the History of an Idea*. Cambridge, MA: Harvard University Press, 1936; E. M. W. Tillyard. *The Elizabethan World Picture: A Study of the Idea of Order in the Age of Shakespeare, Donne & Milton*. New York: Random House, 1942。

心？是广为接受，还是备受争议？这种方法如果贬损了作者的施动性，我们对此究竟是否满意？是否真正存在待书写的观念史？还是说，应当书写一部观念的辩论和观念的使用如何变迁的历史？

李汉松：自 1969 年发表《观念史中的意涵与理解》一文宣告语境主义的这些基本主张以来，您认为思想史领域在哪些方面的变化最为显著？ ①

斯金纳：这一学科在很多方面发生了改变，以至于很难简要概括。我认为最显著的变化就是，与 20 世纪 60 年代我进入这个领域时相比，政治思想史得到了更广泛的研究。人气增长很明显地反映在这一领域中涌现出了一批期刊，例如 20 世纪 70 年代的《欧洲观念史》(*History of European Ideas*)，80 年代的《政治思想史》(*History of Political Thought*)，90 年代的《思想史评论》(*The Intellectual History Review*)，十年前左右出现的《现代思想史》(*Modern Intellectual History*)，还有几个其他类似的新兴创举。随着这一领域不断拓展，若干分支学科也声势愈隆。其中最重要者，当数科学史。自从 20 世纪 60 年代早期托马斯·库恩（Thomas Kuhn）② 开疆辟壤之作问世以来，该领域见证了若干次精妙繁复、影响深远的方法论大辩论。同时，我们也目睹了"政治思想史的民主化发展"：在这一进程中，研究人员的关注点不再集中于专业的思想家们，而是转移到大众观念上。卡洛·金兹堡（Carlo Ginzburg）、娜塔莉·戴维斯（Natalie Davis）以及基斯·托马斯（Keith Thomas）③ 都出版了这一体裁的学术杰作。与此同时，人人都受到女性主义思想史家们的影响。这些学者不仅提出了新问题，而且还拓宽了学生平日阅读文本的范围。与历史研究的整体走向相呼应，思想史在近期的另一发展趋势是不断地扩展至全球领域。另外，在对经典文本进行解读的一些新方法中，我需要提到：莱因哈特·科塞雷克（Reinhart Koselleck）④ 和他的同僚们在追溯西方思想中许多关键概念的谱系上作出了重大贡献。

---

① Quentin Skinner. "Meaning and Understanding in the History of Ideas", *History and Theory*, Vol. 8, 1969, pp. 3-53.

② 托马斯·库恩（1922—1996），美国物理学家、历史学家和科学哲学家。见 *The Structure of Scientific Revolutions*. Chicago: University of Chicago Press, 1962.

③ 卡洛·金兹堡（1939— ），意大利历史学家，见《微观中的视界——对话卡洛·金兹堡》一章；娜塔莉·戴维斯（1928— ），加拿大和美国历史学家；基斯·托马斯爵士（1933— ），近代早期史家，曾任牛津大学基督圣体学院院长，英国学术院院士、院长。

④ 莱因哈特·科塞雷克（1923—2006），德国历史学家。

李汉松： 与微观史、概念史大约同期，在法国还出现了福柯（Paul-Michel Foucault）的方法，在英国则兴起了剑桥学派。

斯金纳： 福柯在思想史中占据举足轻重之地位。他挑战了我们的认知，迫使我们重新思考社会中哪些事物是"自然"的。通过对概念的"去自然化"，他指出一切都是建构的产物。即使是你认为最为自然的事物，譬如性，也是社会的建构。这种思维方式强而有力，而且收获颇丰。我也很愿意谈自己一直参与其中的，人称"剑桥学派"的方法。我们试图将经典文本置于其产生的环境之中，并用这种方式去质疑原来脱离语境的经典标准。一些重要的历史学家已惯用这一方法，例如我的朋友约翰·邓恩（John Dunn）和约翰·波科克（John Pocock）[1]。年轻的一代学者也正在沿着新的路径发扬这一治学方法[2]。

李汉松： 回顾过去的几十年，语境主义化的思想史受到许多质疑，譬如政治理论家普遍认为"语境还原论"导致原本鲜活的观念"枯燥如尘土"。在您看来，针对您的方法论所作出的最尖锐的批评是什么？您又如何回应？

斯金纳： 一个我最初遭遇，之后又反复出现的批判是以霍华德·沃伦德（Howard Warrender）[3]等人为代表的声音，认为我质疑号称体现于哲学传统之中的"永恒智慧"，坚持以语境方法处理甚至最为经典的著作，结果使得社会与政治观念史研究失去了意义。我一直认为，这种批判体现出对历史认知价值的一种粗俗的误解。其言下之意是，除非历史可以如明镜一般反映出我们自己的价值和态度，否则对我们毫无意义。这种观点展现出令人震惊的自恋，因自恋而庸俗，因庸俗而令人沮丧。但是我并不认为现如今还有多少人持有这种观点。我们的文化现在似乎变得更具有历史思维了。我还想补充说明，泛泛而言，一直以来有两种哲学批判向我的作品发难。其一是说我不区分作者的本意和文本的含义，而且无法自圆其说。其二是说我的方法陷入了概念相对主义，而且无法自拔。在我看来，这两

---

① 约翰·邓恩（1940— ），英国政治理论家，见《回归政治和思想——对话约翰·邓恩》；约翰·波科克（1924— ），新西兰和英国政治思想史家。

② 关于第二至第三代剑桥学派的发展，见《审视语言和文本——对话约翰·罗伯逊》。

③ 霍华德·沃伦德（1922—1985），英国谢菲尔德大学政治理论与制度教授。见：Howard Warrender. "Political Theory and Historiography: A Reply to Professor Skinner of Hobbes", *The Historical Journal,* Vol. 22. No. 4 (Dec. 1979), pp. 931-940.

种批判都经不起推敲，但只要在我的能力范围内，我都要合理地回应这两种声音。现阶段我不想答得异常冗长，但是我非常希望我们能在稍后的对话中再次回归这一话题，就这些批判声音交换意见。

李汉松：在此之前，我想先请您回顾一段个人语境：在您的思想形成期，什么促使您最初投入近代早期思想史？您集中关注英语世界的政治思想家，如托马斯·莫尔（Thomas More）和托马斯·霍布斯（Thomas Hobbes），随后又进军意大利文艺复兴，尤其是马基雅维利（Niccolò Machiavelli），都出于何种原因？

斯金纳：我对近代早期思想史的特殊兴趣最初产生于求学时期。当时，老师告诉我们英国历史在形成中有两个重要时期，16世纪的宗教改革和17世纪的宪政革命。因此我们深入探究了这两个时期。那时的英国学校要求学生从十五岁开始便要逐渐专精。在学校，我选择了古典学、历史学和英国文学。在某种程度上，我之后毕生的研究工作只是回应当年提出的问题而已。放眼望去，在这间书房的某些角落里，还有我十六七岁时购买的书籍。这一学习过程也要求我们考察政治活动的思想背景。因此机缘，我便开始阅读莫尔的《乌托邦》（*Utopia*）、霍布斯的《利维坦》（*Leviathan*）以及洛克的《政府论》（*Two Treatises of Government*）。至于我的学术兴趣如何拓展至意大利文艺复兴，这要说到我最初在剑桥的教学任务。我在1965年被任命为剑桥讲师①，学校要求我讲授一门关于近代早期政治理论的课程。在那个年代，这意味着从马基雅维利开始讲起。我就此与文艺复兴哲学和佛罗伦萨共和主义传统结缘。你考察过托斯卡纳地区，想必知晓，那些建筑和画作仍历历在目，延存至今。当然，我在本科时期阅读过他的作品。但是一旦开始深入研究他，我发现自己立即着了迷。我相信你也有此同感：许多理论家读过即过，即使明了其学说，也不曾被深深打动。然而其他作家却让我们钻研毕生。我究竟也无法精到地解释，马基雅维利究竟有何等魅力，令我心往神驰。但这或许也算不得什么大谜团，因为着迷于马基雅维利的岂独我一人？

李汉松：这便引入了我下一个问题：如何将您自己置于历史论争之中？在《政治的视界》一书中，您提出"文本的述行性（performativity）特征以及互文地（intertextually）阅读它们的必要性"。既然文本的述行性

① 剑桥大学的讲师教席（University Lectureship）相当于美国等其他国家高校体制中的副教授。

"理应被视为文本本身所固有的一种特性"，那么您的思想作品是否也存在述行性的特征？依照您向来提倡的"言语行为理论"（speech-act theory），在哪些方面您的学术研究并不限于言语，而且更是一种行动？您又打算如何介入现今的意识形态和思想论争中①？换言之，在所思与所写之间，您又在"做"些什么？

斯金纳：我的介入之一在于方法论。既然你要求我用"言语行为"的术语进行表述，那么我可以说：我在早期的论文中一直致力于对当时盛行的思想史研究方法，尤其是政治思想史的方法，提出疑问，发出警告，甚至是讽刺、嘲笑它们。顺便一提，你适才的表述听上去似乎将"言语行为理论"归入我的"知识产权"了。你知道，我对这一方面语言哲学的思考一直受惠于维特根斯坦（Ludwig Wittgenstein）"语言即行动"的见解，以及奥斯汀（J. L. Austin）"述行性发言"（performative utterances）的理论，尤其是之后斯特劳森（P. F. Strawson）和塞尔（John Searle）对这些理论作出的发展②。他们的思想对我影响深远，难以尽述。

然而最近，我对于我称为"实质性介入"（substantive interventions）的方式渐感兴趣。我愈发觉得：我们目前在讨论政治议题时所征用的概念，其范围过狭。有时候，似乎我们全部依赖"权利"（尤其是"人权"）这一词汇应付一切难题。因此，我开始着迷于这样一个工程计划：通过参考过去，来扩充我们现有的政治思想词汇量。譬如，我们习惯性地谈论"自由"一词，仿佛它只不过意味着不受约束。但我试图在《自由主义之前的自由》一书中指出：更早时，这一概念的理解更为广泛，指一种身份

---

① Quentin Skinner. *Visions of Politics*, general preface; "Interpretation and Understanding of Speech Acts", in *Regarding Method*, p. 118; Quentin Skinner. *Hobbes and Republican Liberty*. Cambridge: Cambridge University Press, 2008. preface, xvi. "I approach Hobbes' political theory not simply as a general system of ideas but also as a polemical intervention in the ideological conflicts of his time"; Hobbes thinks it is absurd to talk about 'unfreedom' without pointing at specific ways in which an impediment is imposed; Wittgenstein: words are also deeds (1958, 546, p. 146); Skinner: "…not merely what Hobbes is saying but also what he is doing in propounding his arguments…my governing assumption is that even the most abstract works of political theory are never above the battle; they are always part of the battle…seething polemics underlying the deceptively smooth surface of his argument."

② 约翰·兰肖·奥斯汀（1911—1960），英国语言哲学家；彼得·弗雷德里克·斯特劳森爵士（1919—2006），英国哲学家，研究逻辑、语言和形而上学；约翰·塞尔（1932— ），美国心灵哲学、语言哲学、社会哲学家，近因口称实践"帝国主义"性侵亚裔女学生，遭伯克利剥夺荣休教职。

状态——相对于奴隶而言的自由人状态。[①] 从这一视角来看，我们如今挂在嘴边的"自由"概念便显得颇具局限性，甚至存在误解。再举一个例子，当我们谈到"国家"一词时，我们一般将这一术语看作政府的同义词。这也体现出了我们政治语言的贫瘠。我们丧失了一整个传统：政府的责任与公民的义务都紧紧围绕"国家"这一道德人格展开。在最近的一系列文章中，我试图强调一个意味深长的事实：当"国家"概念第一次进入我们的政治话语中时，它被用来表示一种特殊的道德人格（moral persona），既不同于统治者，也不同于被统治者。我的类似工作并不仅限于历史考据。我想要问的是，这些以及其他相互竞争的概念，是如何从我们的政治词汇中被删除的？这种结果是得还是失？

李汉松：您在《观念史中的意涵与理解》一文中谈到，研究经典，需要揭示的"不仅仅是诸多可行的道德假设和政治承诺之间的共性，更是其本质上的差异性"。之后，在《霍布斯哲学中的理性和修辞》一书中，您又说道："当研究过去揭示出的不是与当今的连续性，而是对照性时，其启发性也丝毫不减。"总体而言，如果不直接从所谓的"永恒真理"中汲取经验教训，我们还能如何从历史中明察人类的习俗和动机？[②] 此外，修昔底德（Θουκυδίδης）和马基雅维利这样的思想家都自认为将"永恒真理"作为一份厚礼奉献给了全人类，对此您又作何理解？[③]

斯金纳：应答你的第一问时，我曾说过：我研究思想家的基本方法是，尝试恢复他们笔下种种概念的本来含义，继而致力于理解他们如何将

[①] Quentin Skinner. *Liberty before Liberalism*. Cambridge: Cambridge University Press, 1998.

[②] Skinner, 1969, p. 52; Skinner, *Reason and Rhetoric in the Philosophy of Hobbes*. Cambridge: Cambridge University Press, 1996; Skinner, 2008, p. 15. "I am unrepentant in believing that the attempt to gain acquaintance with Hobbes' intellectual world is an undertaking of far greater interest than the attempt to use his texts as a mirror to reflect back at ourselves our current assumptions and prejudices. One reason is simply that…Hobbes' world is so rich and strange that, if we turn to it merely for answers to our own questions, we shall needlessly impoverish our own intellectual lives. A further reason is that, if we allow ourselves to approach the past with a less importunate sense of 'relevance', we may find our studies taking on a relevance of a different and more authentic kind. We may find, in particular, that the acquisition of an historical perspective helps us to stand back from some of our current assumptions and habits of thought, and perhaps even to reconsider them."

[③] Thucydides. I. 22.4: "καὶ ἐς μὲν ἀκρόασιν ἴσως τὸ μὴ μυθῶδες αὐτῶν ἀτερπέστερον φανεῖται· ὅσοι δὲ βουλήσονται τῶν τε γενομένων τὸ σαφὲς σκοπεῖν καὶ τῶν μελλόντων ποτὲ αὖθις κατὰ τὸ ἀνθρώπινον τοιούτων καὶ παραπλησίων ἔσεσθαι, ὠφέλιμα κρίνειν αὐτὰ ἀρκούντως ἕξει. κτῆμά τε ἐς αἰεὶ μᾶλλον ἢ ἀγώνισμα ἐς τὸ παραχρῆμα ἀκούειν ξύγκειται."

这些概念付诸使用。你如采纳这种方法，必将发现：我们先辈们调用的各类概念，以及他们用于表述这些概念的术语及其意义，有时看上去似乎大致相似。换句话说，我们思考政治价值观和政治实践的方式具有很大的连续性。这一点令我时感讶异。但我更感兴趣的是哈特利（L. P. Hartley）那一句被反复引用的隽语：往事犹如异乡（the past is a foreign country）。在我看来，这种非连续性比相似性令我们受益更多（即使是西欧传统内部，早期的理论家也缺乏许多后来才出现并且流行于当下的概念）。一个明显的例证是"权利"这一概念的历史。在古典世界，除"什么是正确的"之外，是否存在主体性的"权利"观念？这令人严重存疑。在随后的某个阶段，出现了一种将"权利"视为"享有"（财产）的观念。再之后，权利主要被看作制约彼此的道德要求。细细反思一下，在主体性的权利理论缺位的情况下该如何思考"正义"，不亦乐乎？尤其考虑到在当代的政治理论中，权利这一论域时常使用过度、作用过大。因此，脱离权利思考正义，能够成为我们时代最具启发性的一个问题（也可以避开令当代读者深陷其中的各种自作多情），也未可知？

我甚至更执着于另一种可能性：尽管先辈和我们使用许多形若雷同的政治词汇，但他们有时候也许在用似曾相识的词语表达迥乎不同的概念。反过来，我们总是想当然地假设先辈们一定使用了我们时下的概念。即使是使用的词汇相同，其表述的含义也可能完全不同。这里才是我们向前人求教的机会。譬如，我认为"自由"究竟是"不受约束的行为"还是"与奴隶相区分的独立状态"，绝非一个猎奇的区别，而是极大地帮助我在根本上反思了自由理论。所以我自己都能从历史考据中直接获得政治理论上的启发。这并不是我审视"历史之镜"，看到了时下的影子。反之，镜子反射出了完全不同的影像。这种影像奇异非常，但是参详之后，亦获益匪浅。

在回答你之前一问时，我举出了个人自由的例子。如今我们倾向于认为自由是一个动作述词：除非人们在行使权力时受到限制，否则他们即是自由的。但在启蒙运动时期之前，几乎无人用这一套思路来理解自由。如我之前所说，他们将自由理解为一种状态，即自由人相较于奴隶而言的独立状态。如果我们尝试从这一完全不同的角度来看事情，又会怎样？我们将在此引导之下，对自由、平等、政府的形式、自由和社会正义之间的关系提出不同的问题。我们甚至可能愈发感觉到——这也正是我的亲身体验——这种思考概念的方式比我们现在惯用的谈话方式更加富有成效，也更具有潜在价值。

你说得完全正确，一些政治思想家深信他们的作品应该被视作——用修昔底德的话来说——"一份永恒的财富"。某种意义上，我们感到修昔底德在《历史》中怀抱的野心已经得以实现，毕竟现在仍有无数人在阅读修昔底德的作品。但这并不代表他的现代读者们必然支持他关于政治和战争的任何观点。我坚持认为，当我们说修昔底德仍值得阅读时，并不一定是因为他的作品蕴藏着任何"永恒真理"。

李汉松：何谓历史语境？为了最大程度地掌握语境，思想史家需要研究什么样的特殊材料？一方面，自20世纪60年代以来，您集中批判了那些企图"超越"观念语境，直接解决"永恒难题"的诸般尝试，认为这"并不仅仅是一个方法论上的谬误，而更像是一个道德上的错误"。但也许在另一个意义上，您也不得不同意"很明显存在着永恒的问题"。[①] 我们为何在完全不同的时期和环境下提出相同的问题？在这种情况下，思想史家应该优先考虑哪一方面：相同的问题，还是不同的语境？维特根斯坦所谓的不同的"生活形式"（*Lebensformen*）[②]是否要求我们在研究人类文明形式时，采用相对主义的方法？

斯金纳：这是一个非常丰富的问题，同时囊括了三个不同的辩题。所以我希望你准许我分别应答。首先，你问到了"历史语境"这一观念本身。我所理解的语境是一切你需要用于"重建"的砖瓦，以求在建构完毕的"语境"中领会一些事物的含义。当然，你一定会指责我提出了一个循环定义。但我所说的是一种"解释学循环"（hermeneutic circle）。因为没有任何方法可以替代或企及"无所不知"的理想状态，所以我只能用启发式的方法定义"语境"。你需要将文本视为问题的答案，而将语境当作问题的来源。在我看来，正是社会和政治生活本身为社会和政治理论家设置了问题。所以对于你说的"社会语境"，我关怀甚深。但我同时认为，文

---

① Skinner, 1969, p. 51.

② 维特根斯坦在《哲学研究》中使用"生活形式"的复数形式："Das Hinzunehmende, Gegebene— könnte man sagen-seien Lebensformen"，见 Ludwig Wittgenstein. *Philosophische Untersuchungen*. New York: Macmillan, 1953, p. 226; *Philosophische Untersuchungen*。Frankfurt a. M.: Suhrkamp, 1977. S. 363。关于"生活形式"的单复数问题，另见与汉娜·皮特金、康斯坦丁·法索特的对话。

本与文本之间也关系甚深。所以我更倾向于关怀"语言语境"（linguistic contexts）。的确，一些批评者，例如马克·贝维尔（Mark Bevir）①，将我的方法描述为"语言语境主义"。然而我的真正观点是：我们从来都需要重建社会和语言这两种语境。

你也问我：为什么我们总是在提出相同的问题？你这一问本身即是绝妙之问，值得反复提出。但首先我想反问：我们真是如此吗？当然，你也会承认：在哲学这门学科中，问题和答案都变化无穷。但如今来看，在一定程度上，我们确实提出了相同的问题。这一现象可以归因于这一事实：西方的伦理和政治生活已展现出一些惊人的连续性。你可以去游览一座意大利城市，参观其市政厅。其中一些始建于13世纪，绵延至今，仍服务于同样的目的。唯一的区别是：市政厅的会议室里现在安置了麦克风。有时候概念上的连续性也十分显著。我们依然如同亚里士多德一样，执着于最佳的政体形式、政治服从的基础和限度，以及其他相互关联的问题：成功的国家治理是否要求公民保持观点一致？社会能否包容与我们不一致的观点？在多大程度上可以包容？政府又当如何拿捏这一分寸？这些我们苦思冥想的问题，即便算不得永久，也是历时甚长。

你的第三个问题提到，作为研究不同"生活形式"的历史学家，我们是否需要成为概念上的相对主义者？你这一问就是习惯上被称作"价值六万四千美元的大问题"②。显然，它把我们掷入了哲学的深渊！但也许，我可以给出两种截然相反的答案。首先，我认为历史学家在某种意义上确实需要成为相对主义者（也许思想史家需要成为温和的相对主义者。然而，一些社会哲学家则强调，非完全反对相对主义不能真正理解社会。他们认为，这种反相对主义的认知分两个阶段。首先，你承认有许多主张都可能为理性所接纳。阅读时，你见到这些五花八门的主张，先承认它们各自都是一种说法。如果正确，则不必深究，因为正确不需要原因。但第二步：倘若雄辩的说辞明显是错误的，他们则说："错误的信念来自理性的失误。"那么问题就变成了："此人为何无法看见真

① 马克·贝维尔（1963— ），当代历史哲学家，加州大学伯克利分校政治学教授。见：Mark Bevir. "The Errors of Linguistic Contextualism", in *History and Theory*, Vol. 31, No. 3 (Oct., 1992), pp. 276-298.

② "价值六万四千美元的大问题"（the sixty-four-thousand-dollar question）指价值很高但难以解答之问。

理？""此人为何不明白，这样想有违理性？"这就是他们做社会哲学的方法）。这就是说，他们需要相对化"理性"这种概念。这里我并不赞同众多历史哲学家和社会科学哲学家们推荐的方法——我指的是马丁·霍利斯（Martin Hollis）、史蒂文·卢克（Steven Lukes），以及菲利普·佩蒂特（Philip Pettit）①的一些早期作品。这些哲学家邀请我们历史学家在研究之初便首先盘问自己，我们探究的这种种信念，到底是真还是假。其言外之意即是：解释正确的"真信念"需要用特殊的方式，以求与错误的"假信念"相互区分。他们想当然地认为，人们持有"真信念"，无须更多原因，也并不使人感到迷惑。但若持有"假信念"，则必定是理性的失误。因此，解释"假信念"的工作变成了探究各种各样可能阻碍人们认识到自己"假信念"何其错误的社会和心理压力。在我看来，这种方法对好的史学实践简直可谓致命。原因是：它将"持有理性信念"与"持有历史学家自认为正确的信念"混为一谈。这样做完全摒除了一种重要的可能性：在过去的历史时期，很可能存在一些充分的依据和理性的基础，可以判定一些信念是正确的——尽管持有这些信念的依据和基础在我们自己的社会早已不再充分理性。

另一方面，我得出了与此反衬鲜明的观点：相对主义者的思想很容易延伸过度。我并不认为在对待真理的问题上，历史学家应当简单地采用一种"真理融贯论"（coherence theory of truth）——托马斯·库恩有时似乎作此想法，而理查德·罗蒂（Richard Rorty）则在《哲学和自然之镜》中完全秉持此说。②罗蒂坚称，如果要问一个来自完全不同于我们社会的人在过去某个时间持有某种特定的信念是否符合理性，那么就是引入了一种帝国主义的方法，采用了一种所谓"中性"而且"跨时代"，但实际上无人能触及，甚至并不存在的"理性"概念。罗蒂想要说，例如在伽利略和天主教会关于日心说的争论之中③，伽利略的论敌采用的观点与伽利略的同样"客观"（罗蒂认为，你相信一件事是否理性，这取决于你还相信其他什么事。一旦走出这一步，你便开始接近一种意义上的

---

① 马丁·霍利斯（1938—1998），英国理性主义哲学家；史蒂文·卢克（1941— ），英国政治社会理论家；菲利普·佩蒂特（1945— ），爱尔兰哲学家和政治理论家。详见本书《理论与施为——对话菲利普·佩蒂特》。

② Richard Rorty. *Philosophy and the Mirror of Nature*. Princeton: Princeton University Press, 1979.

③ 枢机主教诺贝尔多·贝拉米诺（Roberto Bellarmino）和伽利略的争端。

"生活形式"——这也许是一种完全维特根斯坦式的观念。众多信念相互交织，形成一套架构。其中每一部分的理性都取决于它在整个系统中的位置。这便是一种"融贯"式的真理理论）。也让我来问你一次：你相信日心说吗？

李汉松：我认为日心说更接近真理。

斯金纳：承认这一点无须半分焦虑。我也认为，教士们坚持认为太阳围绕地球运动，这一观点是错误的，认清这一点至关重要。但与之同样重要的是探讨教士们坚持地心说正确是否理性。也许他们理性，也许不理性，史学的任务之一即是寻找到这一答案。但这绝不是把一种外来的，或者时代颠倒错乱的理性概念强加给过去。我们问的仅仅是：教士们到底是否应用了在他们自己社会中形成信念、批判信念的种种标准？还是说他们忽视或抗拒这些标准？这便需要一层厚重的历史解释。贝拉米诺在当时的情况下，是否可以运用自己的智力，看到自己并未（或拒绝）看清的证据？"拒绝看清证据"又是何意？这种偏见来自何处？他能否克服？他能否认知到这一层？这些都是合理的问题，但它们事关理性，而非真理。

简而言之，我的提议是：历史学家应在探讨理性观时成为相对主义者，但在探讨真理观时则相反。我们想要厘清：对当时的教士而言，否定日心说的真实性是否合乎理性——尽管这一否定对我们来说是完全不理性的。但是我们绝不应得出结论说：日心说对于教士们而言是错误的假信念，但对于我们却是正确的真信念。即使当时的教士们信仰地心说有一定的合理性，但太阳绕地球旋转从来都不是真理。

李汉松：鉴于语境化和互文性的思想史方法，您自然反对孤立地看待思想家的观念。例如，您在多种场合下质疑古典文本"经典化"（canonisation）的标准，也以此为由拒绝忽略看起来似乎是"次要的"思想家。那些被众人赞誉为"超越他们时代"的思想家们——用您的话讲，即那些创新了"语义"和"规范性词汇"，转移了范式（paradigm-shift），受到后世思想家追随之人——与他们的历史语境之间有什么样的特殊关系？这些思想家们是否相对不受环境的束缚？同时，您是否认为存在超越或引领时代的"智者"，永久地影响甚至改变了思想史的方向？或者您认为他们非凡

的思想终究产生于平凡的论辩之中，因此并非那么卓越不凡？ ①

斯金纳：这一见解十分有趣。但我倾向于认为，你似乎在此问的某处隐藏了一个"无法得出的推论"（non sequitur）。因为我的"偏见"是：即使是最惊人的思想发现也必须有一个解释性的语境。新发现或者源于某些之前被忽视的事实；或是已知的既定事实，但是其引申含义并未受到注意；抑或是某些解释性的假设尚未受到青睐。例如，哥白尼的日心说提取了一个古老的假设②，给出了新的证明。同样，爱因斯坦（Albert Einstein）的狭义相对论（special theory of relativity）为一个存在已久而首度在"迈克尔逊 - 莫雷实验"（Michelson-Morley experiment）中提出的难题提供了一个新答案。当初设计这个实验，是为了弄清光的方向如何影响它的速度，但事实证明并无影响。③ 这一结果必须得到解释，而爱因斯坦恰恰提供了这个解释。但这绝不是说，由于哥白尼和爱因斯坦的思考发源于已存在的讨论和争辩等语境之中，他们的发现就并不那么卓越。从一段厚重的语境中迸发出的惊人发现也可以改变一切。这两次物理宇宙学界的伟大创举绝对担得起库恩笔下"范式转移"这一称号。的确，当库恩叙述"范式转移"时，这两个发现是他最常引述的绝佳例证。

李汉松：回归到之前的一次质疑：当思想史家探讨文本的含义（meaning of a text）时，是否有必要区分作者的本意（intended meaning）与其他

---

① Skinner, 2008, xiv. "Most recent studies have focused exclusively on Hobbes' texts, without asking what might have prompted him to formulate and reformulate his distinctive arguments, and thus without attempting to identify the nature of the disputes in which he was taking part. By contrast I have tried to show how Hobbes' successive attempts to grapple with the question of human liberty were deeply affected by the claims put forward by the radical and parliamentarian writers in the period of the civil wars, and by Hobbes' sense of the urgent need to counter them in the name of peace."

② Aristarchus of Samos; Archimedes, Ψαμμίτης 公元前 3 世纪萨摩斯的阿瑞斯塔修斯，见阿基米德 Ψαμμίτης: Ἀρίσταρχος δὲ ὁ Σάμιος ὑποθεσίων τινῶν ἐξέδωκεν γραφάς...Ὑποτίθεται γὰρ τὰ μὲν ἀπλανέα τῶν ἄστρων καὶ τὸν ἄλιον μένειν ἀκίνητον, τὰν δὲ γᾶν περιφέρεσθαι περὶ τὸν ἄλιον κατὰ κύκλου περιφέρειαν, ὅς ἐστιν ἐν μέσῳ τῷ δρόμῳ κείμενος, τὰν δὲ τῶν ἀπλανέων ἄστρων σφαῖραν περὶ τὸ αὐτὸ κέντρον τῷ ἁλίῳ κειμέναν τῷ μεγέθει τηλικαύταν εἶμεν... microform, Oxonii: E theatro Sheldoniano, 1676.

③ 阿尔伯特·亚伯拉罕·迈克尔逊（Albert Abraham Michelson: 1852—1931）和搭档爱德华·莫雷（Edward Morley, 1838—1923）于 1887 年用迈克尔逊干涉仪（Michelson interferometer）测量在"以太风"影响下两条垂直光的光速差值，发现光速均等，由此否认了"以太"这一绝对静止参考系的存在。"以太"学说自柏拉图、亚里士多德、恩培多克勒之"αἰθήρ"至胡克、牛顿、笛卡尔之"aether""éther"，由来已久。19 世纪普遍视"以太"为光传播的介质。这一实验结果在反复验证之后，促使众多 19 世纪末至 1920 年代的理论物理学家摆脱了"以太"而独立解释光的传播。

同时代人所接收到的含义（received meaning）？三者之间不断的互动和流动如何影响各自的独立性？您如何使用史料和文本来获知不同意义上的"含义"？

斯金纳： 关于你称作"文本的接收性含义"的研究，明显构成了政治思想史本身的一个分支。但是我总是试图避免书写所谓的"文本之间相互影响的历史"。当你阅读一份特定的文本时，你可能常常倾向于推断一些更早时期的文本对它的影响。但是在缺乏客观独立的档案证据时，完全无法区分这是特定的影响还是偶然相似，抑或是一种来自更广阔的思想背景下的相似。这种所谓的"接收研究"（reception studies）[①] 在最近亦趋流行，但是我一直对它的历史价值持怀疑态度。

让我们回到你的问题上，即是否有必要区分文本的"含义"与其作者的"本意"。在平衡这两者之时，我被一些批评者诘难，指责我等同了二者。但在我看来，我们需要在这里解开一个混淆之结（英语这门语言的词汇不够丰富，很难言简意赅地进行概念性区分，拨开这团迷雾）。一方面，如果你认为"文本的含义"是它所包含的单词和句子的含义，那么我绝不把它等同于作者的本意。我认为在文本中，总是存在一种保罗·利科（Paul Ricoeur）巧妙地冠名为"剩余含义"的现象。[②] 作者的本意总是存在的，但对复杂的文本来说，势必还有额外附加的含义。毕竟话语充满了多重意思，甚至是富有争议的内含。因此我们常常很难寄希望于从词语的使用本身去推敲"作者本意"（authorial intent）。但在另一方面，如果你认为"文本的含义"是该文本"有意被如何理解"，即作者通过它想要表达什么，那么我确实能将（文本）"含义"等同于（作者）"意图"。这是因为，当我们探究作者通过某种特定的表述（utterance）想要说明什么时，这等于是探究该作者做出这种表述行为（act of uttering）的意图。

从另一个角度论证我的观点：我认为近期的解释理论——包括德里达（Jacques Derrida）[③] 以及其他解构主义批评家的作品——过度执着于告诫我们不要去探寻作者的本意。传统的解释学寻找含义，而后结构主义声称不

---

① 全书中 reception 一律译为"接收"而非"接受"。"收而不受"也是一种思想流动的现象。

② 保罗·利科（1913—2005），法国哲学家。"剩余含义"见：Ricoeur, Paul. *Interpretation Theory: Discourse and the Surplus of Meaning*. Fort Worth: Texas Christian University Press, 1976.

③ 雅克·德里达（1930—2004），法国解构主义哲学家。

存在含义。凡此二种思路，我都不追随。我之前向你暗示过，我在很大程度上同意德里达的质疑，即在面对一词多义和模棱两可的情况下，是否仍有发现作者意图的可能性。但就此推断"意图研究"必然无关紧要或是注定失败，也是一种错误。我这样说是因为，除了文本所声称的含义外，我们也需要去探究某个思想家在抛出某种特定表述的时候正在做什么，以及他们做出这种行为时，究竟想要表露何种意味。当你问我作者的"原本意图"时，我想你心中想的，也不只是狭义的语言文字吧？

李汉松：我想的是"语言行为"。

斯金纳：不错，在这种情况下，我们处理的并不只是书面含义，而更是你所说的"语言行为"。毕竟，如同其他任何类型的行动一样，要想确定一种具体语言行为的特性，必须靠发掘其内在意图的方式方能得以实现。

李汉松：挖掘这种行为性的意图必须以精湛的文本考据为基础。但要做出最终的判断，也需要思想史家自己进行逻辑推衍？

斯金纳：是的，不得不承认，确定行为背后的意图也只是一种推论。奥斯汀在《如何以言行事》[①]一书中也对此做出了卓有成效的区分。如果你将任意一种语言行为置于适当的语言和社会习俗等语境之下予以阐释，那么你便能成功地模拟恢复言语表达的效力（这一点是我早期作品中论证不足之处，因此得到了不少批评。"言语行为理论"究竟引我们到何方？我认为就是恢复这种效力）。例如，你便能如此证明：某种特殊的表达具有警告的效力，而不是一种命令、一种致意，或是一种预报，等等。但这并不是说，那位使用具有警告效力言辞的作者，当时一定是本着警告某人的意图执行的这一行为。后者是性质不同的更进一步的论断。

李汉松：所以即使语言行为在某种语境中具有某种效力，也无法证明作者意图即在于此。但您认为思想史家做出这"更进一步的推论"无可厚非？这样做是理论上严谨可为，还是只是行之有效？

斯金纳：我的回应是：坚持推论常常是合理的。我们有时可能想要指出，某人的思想言论之所以具有某种效力，正是由于他们本就有意让自己

---

① J. L. Austin. *How to Do Things with Words.*Cambridge: Harvard University Press, 1962, the William James Lectures Series (Book 1), pp. 72, 75, 135, 146, 150.

的言语携带那种具体的效力。① 这即是我在《霍布斯与共和主义的自由》一书中努力论证的观点。② 我指出霍布斯之所以在《利维坦》中坚持把物理意义上的束缚设定为自由的反义词，其预设的效力是：批判和否定"自由的反义词是隶属于他人的意志"这一确立已久的共和主义主张。我推断霍布斯的潜在意图是去削弱，甚至抛开当时广为人知的一种说法。

李汉松：但是基于（一）当时广为流行的"自由"定义是共和主义的"自由即不受奴役"说，（二）霍布斯提出"自由即不受干涉"，是否即能推断出：霍布斯在批驳共和主义？

斯金纳：我同意，两个步骤之间有一道短短的裂口。我们无法真正证明霍布斯当时头脑中存在着何种想法。但我们能做的是尽可能地恢复这种意图的原貌。一些批评者抱怨说：只要这种"意图"是纯粹的精神现象和心理事件，那么我们永远不能指望用这种方式潜入一个已逝（甚至是在世）思想家的真实想法。这也是你的质疑所在。但是我却断定，"意图"并不是"纯粹的心理事件"。反之，它们全部存在于公共舞台上。因此，凭借文本内部的推理分析和互文性的对比研究，即能很容易挖掘出"意图"。

李汉松：基于这种方法，您的工作有多少是传记性的，即探索作者的思想发展过程，以掌握他在写作时头脑中可能存有的想法；又有多少是结合政治史和社会史的，即研究作者是在什么样的群体、社会、体制下从事写作，以求了解该作品的预设读者群体在那个时代试图从作者的文本中获得什么？

斯金纳：在具体进行思想史研究时，我依赖一个假设：在社会、伦理和政治理论史中，是社会设定了问题，导致一系列充满争论的议题涌现出来，由此形成了一个持续变化的问题范围，决定着哪些问题最需要哲学性的关注。关于传记的价值性，我必须承认在某种程度上我在这一方面是一个怀疑论者，尤其鉴于在我们时代，传记著作大受欢迎只是拜流言蜚语的巨大魅力所赐。我不确定我们真的知道如何来书写传记。这种作品体裁反而把我们调离了"意图"的界域，转而在更混沌也更深的层次上揣摩作者

① 举例说明："如果你在薄冰上驰骋，我对你大喊：'如果我是你，我不会踏上这块冰！'这具有警告的作用。你结合语境得出这一结论，但不一定就能证明我的'原意'百分之百就是警告你。但鉴于情势，判定那确实是我的原意是最合理的猜想。"

② Skinner, 2008.

的动机和性格。这里的问题是，我们尚无一致认可的理论来解释行为如何产生。

李汉松：我们有许多解释行为的理论。

斯金纳：是的，其中一些理论，譬如弗洛伊德（Sigmund Freud）的理论，令人震撼，也很有说服力。但我们是否真正参透了生命的形态？再说，爱利克·埃里克森（Erik Homburger Erikson，1902—1994）与弗洛伊德相互争锋的理论，又是否参透了生命的形态？我们无从得知。

李汉松：因此不可不信，亦不可尽信。

斯金纳：正是。传记不可避免地充斥着大量的揣测，常因浮于表面受人百般诟病。然而，传记如能知而善用，亦能成为思想史家手中的利器。对于我们尝试理解的作家，我们必须尽最大可能发掘其教育背景。尤其是涉及专业的思想家时，显而易见，熟知他们思想世界的内容和边界最佳的方法之一便是详细考察他们的阅读范围。

李汉松：因此，您在关于霍布斯的几部作品中，不断参考霍布斯在哈德维克图书馆（Hardwick Library）中能够接触到的书籍版本。①

斯金纳：确实如此。

李汉松：这是一个关于政治的问题：您在《霍布斯与共和主义的自由》一书中谈到霍布斯将自命所谓"寻求自由"的心态贬斥为一种贵族式的愤懑态度（aristocratic *ressentiment*）——菁英们希望从国家那里获取荣耀，但是主权者却无意或无法满足他们。②您认为这也是现今的共和民主社会的一种政治心理特征吗？是否可以说，我们对于专制政体不满的根源之一是因为它阻碍我们完全地实现各自的政治抱负？如果是这样，那么我们的政治本质、政治生活和政治实践的内涵是什么？③

---

① 详见：Skinner, 1996; Skinner, 2008.

② Skinner, 2008, p. 81. "a sense of their want of that power, and that honour and testimony thereof, which they think is due unto them", Hobbes 1969a, 27. 3, p. 169.

③ Quentin Skinner. *The Foundations of Modern Political Thought*. Vol. Ⅰ-Ⅱ. Cambridge: Cambridge University Press, 1978. Vol. I, Preface xi-xii. "…And it is evident that, as long as historians of political theory continue to think of their main task as to interpreting a canon of classic texts, it will remain difficult to establish any closer links between political theory and political life. But if they were instead to think of themselves essentially as students of ideologies, it might become possible to illustrate one crucial way in which the explanation of political behavior depends upon the study of political ideas and principles, and cannot meaningfully be conducted without reference to them."

斯金纳：这一问格外有趣，因为我毫无退路：即使是为了说明我读霍布斯正确无误，我也必须承认你读我正确无误！毋庸置疑，霍布斯敏锐地发现17世纪早期英格兰存在的反绝对主义情绪在某种意义上根源于贵族自感统治基础受到削弱，行使传统特权也处处掣肘。霍布斯这一洞察颇有些尼采（Friedrich Wilhelm Nietzsche）的韵味。贵族反对民主共和，因为他们自视为统治阶层。他们更发现：自己的统治地位竟然受到了一个理论的威胁。但如若我个人列举一份不愿在威权主义政体下生活的理由清单，我并不认为"无法实现政治野心"这一条会赫然出现在列。然而我必须承认，这可能只是因为我从来没有任何政治野心。

李汉松：学者便没有另一种形式的政治野心？

斯金纳：我只承认人人有"权力的意志"，学者尤甚。不论学者如何清高，他们都自认为是有学问之人，而学问可以充当武器。这一份尼采式思考，我还是当作礼物送给你吧！

李汉松：您区分"权力的意志"和"权柄的意志"？

斯金纳：不错。我一介布衣尚不能修身自持，何况从政？我受不了向政党的原则妥协。我所选择的生活方式给了我很多自主性，但尽管如此，我仍感到尽最大努力遵循自己的原则生活绝非易事。将政治当作一种生活方式，在此过程中不断受时局所迫妥协自己的原则，把政治视为一门"可能性的艺术"（art of the possible），这于我而言，也是无法可想的了。

李汉松：我们不如继续探讨一下当代政治生活的形式。学者们所谓的"中世纪普世主义"——按照基督教教义的固定方式理解宇宙（cosmos）的构建与运行——在西方思想界已然落幕。那么从"现代政治思想的基础"出发，尤其是在现今全球化的背景下，是否有任何迹象表示，可能涌现出一种现代版本的"普世主义"填补这一空缺？如果是，您认为它是否有任何前景？您认为在这个地缘政治的时代，各个政体正在朝着相对主义的目标前进，还是在或急或缓地朝着遵循某种普遍原则的世界城邦（cosmopolis）的方向发展？

斯金纳：我并非预言家，而且我很喜欢霍布斯的一句话：最好的预言家也不过是最好的猜测者①。但如果你允许我猜测一次，我大约会说：当代

---

① 斯金纳以复数形式复述："the best prophets are merely the best guessers"；霍布斯《利维坦》英文原文及上下文："For the foresight of things to come, which is Providence, belongs onely to him （转下页注）

形式的普世主义这一前景恐怕注定是衰退，而非前进。的确，新自由主义经济学家长久以来一直敦促我们推进全球化，这也促进了新自由主义形式的国家的兴起，并极大地鼓励了这种意识形态工程的发展。但现在看来，这些发展似乎被规模庞大、触目可见的民粹主义运动阻碍，甚至颠覆（过去十余年内，新自由主义经济体和国家之间的关系，也受这种全球化野心的支配。但目光所及，哪里最受全球化影响，哪里就萌生出反对的浪潮。就今年来看，英国内部反欧盟的声音愈演愈烈，而美国民众则愈加接受唐纳德·特朗普为总统。这两派都反对工作外包，痛恨跨国企业关闭发达国家的工厂，并将之迁移至墨西哥和印度——这是特朗普的经典说辞。英国脱欧分子也大多受到排外、仇外情绪的影响。所以我认为反全球化气焰正盛。至于它会持续多久，我很难判断）。在欧盟和美国，反对资本和劳动力自由流动的政治家们迎合那些自觉被新自由主义国家背叛、边缘化的民众，从而得到大量的群众支持。目前的发展趋势似乎是朝向一种狭隘的民族主义，而非任何蓬勃滋长的"世界城邦"。

李汉松： 您的著作不断挑战传统认识，助我们辨清早期政治思想史中相互交织的趋势和传统，例如新罗马主义与霍布斯观点中"自由"的区别，或是人文主义与科学方法获取知识的差异，等等。宏观来看，您是否在文艺复兴和宗教改革这一组思想运动的兴起中捕捉到一个依稀可辨的"西方传统"的影子？如今它是否依旧存在？又何谓"西方的遗产"？

斯金纳： 我同意自文艺复兴时代以来，西方文明中已发展出一种特殊的自我形象，鼓动我们接受一种自鸣得意的叙述：宗教战争结束，思想宽容滋长，文艺复兴理性主义击退了蒙昧主义 ①，资本主义取得了胜利，等

（接上页注①） by whose will they are to come. From him onely, and supernaturally, proceeds Prophecy. The best Prophet naturally is the best guesser; and the best guesser, he that is most versed and studied in the matters he guesses at: for he hath most Signes to guesse by." 见 Hobbes, *Leviathan. in* Noel Malcolm (ed.), *The Clarendon Edition of the Works of Thomas Hobbes, Vol. 4: Leviathan: The English and Latin Texts (i)* p. 44, Ch. III, lines 5-9。其对应霍布斯自译拉丁文："Praevisio enim rerum futurarum, quae est Providentia, ad ilium solum pertinet, cujus Consilio futurae sunt. Et ab illo solo, & supernaturaliter, proficiscitur. Alioqui optimus conjector, optimus est Propheta; optimus autem conjector is est, qui maximè versatus est in illis rebus, de quibus conjecturam facit; is enim plura habet conjicienda Signa."

① 蒙昧主义（法：Obscurantisme，拉丁词根为"遮覆、模糊"：obscūrus，动词 obscūro，现在分词 obscūrans），在启蒙时代泛指混沌智识、阻挠知识传播的反启蒙势力。哲学史上亦指一种负面的"隐晦主义"，如实证与分析哲学家称形而上学中的晦涩语言为"蒙昧"。"弥蒙"与"愚民"含义的交汇可追溯至16世纪讽刺作品《愚人书信》（*Epistolæ Obscurorum Virorum*），以及德国人文学家乔纳森·卢（转下页注）

等（所谓启蒙运动价值观的兴起、理性的胜利，以及相配套的一揽子"伦理道德进步"的说辞。"科学革命"之后，西方有感于科技为生活带来的变革，时兴"科学崇拜"。最后，资本主义发明了全新的生产与分配方式。这些都属于西方自鸣得意的成就）。但可以肯定的是，这一叙述几乎不符合现实情况。一直以来，我们都不得不承认，这些所谓的成功花费了巨大的代价：过去一个世纪也许是人类历史上最野蛮的时期（帝国主义的野蛮、掠夺、暴力、战争，都伴随着前述这些西方的社会运动而来。所以如果任何人相信西方自己制造出来的"道德进步""启蒙成就"，无异于在相信一种童话故事）。人类目前的所作所为，甚至威胁到了维持自身生存的能力。

李汉松： 什么构成了西方世界的"他者"？何谓"非西方"传统？思想史家又如何"比较"之？

斯金纳： 当然存在很多非西方的传统，但并非每一个非西方传统都必然能自觉地构成西方价值观的替代性选择。其中许多传统提供的可能仅是不同的生活视界。至于思想史家该如何比较这些传统，我希望并不是因为目前思想史的全球化，才促使我们提出此类问题。乐观地来看，通过比较差异巨大的生活方式的具体特征，也许能有所获益。然而，若欲驾驭所有整体性的思想传统，甚至是对所有整体性文明进行比较，即使是最渊博的历史学家，恐亦无力为之（许多历史学家学问不甚高明，却号称"比较文明"，甚至进入一种"世界末日"式的癫狂状态，我认为应该对此保持警惕）。因此，我实不知如何能负责任地施行比较研究。

李汉松： 想必您也如此评判汤因比（Arnold J. Toynbee）的《历史研究》（*A Study of History*）？

斯金纳： 如果我没记错的话，阿诺德·汤因比向世界揭示了历史上存在过19种文明。在此之上，他还增添了一些颇具冒犯性的主张，如斯堪的纳维亚曾是一个"流产"（abortive）文明的所在地，而在奥斯曼帝国和其

（接上页注①）希林（Johannes Reuchlin，1455—1522）与约翰内斯·普费弗科恩（Johannes Pfefferkorn, 1469—1523）。普费弗科恩从犹太教改宗天主教道明会，鼓吹焚烧犹太经典《塔木德》（תלמוד），先后撰写 *Handspiegel*（1511）、*Der Brandspiegel*（1513）、*Die Sturmglocke*（1514），批判维护犹太传统的人文主义者。除卢希林的 *Augenspiegel* 外，人文派集体合作了《愚人书信》，普费弗科恩则以 *Streitbüchlein Wider Reuchlin und Seine Jünger*（拉丁文：*Defensio Contra Famosas et Criminales Obscurorum Virorum Epistolas*, Cologne, 1516）回击。1520年，里奥十世（Leo X）谴责卢希林。普费弗科恩大喜之下，撰 *Ein mitleidliche Klag*（Cologne, 1521）宣告胜利。

他一些情况下，文明的进程受到了"滞碍"（arrested）。汤因比史论中最荒诞的谬误潜藏于他的一个主导性假设之中：他笔下"文明"（civilisation）一词毫不模糊地指代一种特殊而具体的生活方式。汤因比必先物化"文明概念"，尔后方能进行"单元比较"。既如此，他便可以毫无争议地编辑一份"文明"的列表。但他最主要的谬误所在，是他进一步指出他的19个"文明案例分析"为他提供了充足的信息，以致能对文明兴起和衰落的原因作出具有高度归纳性（inductive）也即预测性（predictive）的普遍化总结。他的整个浩大工程都匮乏统计学以及概念上的素养。

李汉松：最后，您对有抱负的历史学者，以及在人文社会科学领域对政治思想史感兴趣的学生有何建议？在阅读和研究中，尤应注意哪些问题？

斯金纳：你如此提问，我很感激。在某些伦理学和政治哲学领域，我也只是一个学生，所以我最好针对像你这样在思想史领域不断提出特殊问题的学人，专门而谈。我的建议无外乎有二。第一点蕴含在我对你开场一问的回答之中。在我看来，在研究历史上的思想家时，我们应尽可能地使用他们自己的术语。但我现在想要补充的是，我们研究他们的动机，却应该来源于此时此地。我之前谈论《自由主义之前的自由》一书时，即试图表达这一观点。回顾前现代时期，我们发现"自由"并非一个表示动作的述词，而毋宁说是一种状态的称谓，指人身之独立，有别于奴隶之从属。一旦我们成功重构了这段早期的、陌生的故事，我想要各位追问：我们如何看待这另一种可供替代的观点？重新考虑它，而非将其摒除在思绪之外，是否对我们更为有益？

我的另一个建议是，在选择研究课题时，绝不应过度受学科的流行之风左右。选择某个题目，绝不仅因为它在目前风靡时尚。一个原因是，历史编纂与史学史的风尚总在改变，充斥着让人不解的意外。所以最明智之举是坚持你所看重的题材。但是一个更重要的原因是：学术生涯之初，大多艰难而孤独，最易心灰意冷。若你无法做到把整个生命的存在投入学术事业，你极有可能将会在某日气沮之时缺乏充足的决心继续研究。隐忍、执着、以求壮大的最好方法即是全身心地专注于你心向往之，认定最为重要的事情上，而非盲目追逐流行之风。只要你的研究有足够的吸引力，你必能引发这一学科的注目。

城邦中的哲人

——对话哈维·曼斯菲尔德 ①

本文尝试为"政治哲学"定位，以"施特劳斯学派"视角审度理论的局限，亦从思想史出发考察哲学的困境。文章探讨了政治哲学的本质和目的、阅读和教学、学术方法和生活方式、历史语境与哲学探究。在对话中，美国政治哲学家哈维·曼斯菲尔德阐释了政治理论和实践之间的关系，探讨了行政权、间接政府和作为混合政体的自由主义民主制度，批判了美国高等教育的现状，也对历史学家所倡导的方法论作出直接回应。

哈维·曼斯菲尔德（Harvey Mansfield），生于 1932 年，作为"施特劳斯学派"的代表性人物，他译释马基雅维利和托克维尔，在政治思想领域广泛建言立说。

李汉松：何谓政治哲学？政治理论又如何影响政治实践？

曼斯菲尔德：我所理解的政治哲学，不单单是提供哲学答案，更是提出哲学问题，尽管哲学的问与答是自然而然、相辅相成的。这正是政治哲学与旨在提供解决方案的政治理论的区别所在。政治理论不具有政治哲学的永恒性，因为后者关注的是哲学问题。哲学问题是永久性的，将永远伴随我们。这并不是说不存在解决方案。这也不是说，即使有解决方案，也会有不止一个，以致问题会继续存在下去。为了获得解决方案，人们经常

---

① 本文为作者与曼斯菲尔德于 2016 年 12 月 7 日在哈佛大学的对话。英文稿 2020 年 6 月 8 日载于美国杂志 *Athwart*。中译版刊于《政治思想史》2020 年第 2 期（总第 42 期），天津师范大学郑荃文译。本章经重新校订，并补充了部分内容。

坚持要求得到明晰的结果。政治理论更容易理解，因为它旨在让所有人都能够理解，尤其是让处在某个特定时期的人能够理解。因此，政治理论可以替代，但政治哲学永存。

政治哲学尤其关注"我们对哲学的抗拒"这一哲学问题。哲学家比我们更聪慧，我们却对其置若罔闻，不愿听从，这是为何？因此，人对哲学的质疑正是政治哲学的核心关怀。政治哲学并不将哲学视为理所当然。换言之，当哲学没有将自己视为理所当然之时，这种形式或者气质就是政治哲学。政治哲学既涉及哲学的根本，也涉及哲学普及所面临的各种困难。这就是我对政治哲学所作出的初始定义。

李汉松：卢梭（Jean-Jacques Rousseau）在《社会契约论》中表示："假如我是个君主或者立法者，我便不会浪费自己的时间，空谈应该做些什么事了；我要么直接去做，要么沉默不语。"[1] 您潜心钻研政治哲学数十载，是否曾问过自己，如果我是君主会如何行事？或者，您是否相信自己与马基雅维利一样，会以一种非传统意义上的君主形式来履行某种君主的功能？

曼斯菲尔德：是的。卢梭也可能曾经这样想过，并决定将自己实际上的君主身份伪装成一个愿望或者是一个假设。换句话说——你会发现古代作家也是如此——通过谈论政治，你就已经置身于政治之中了。在其中，你可以提供一般性的建议，有时甚至故意以一般性的方式提供建议。如此，当你谈及"君主"之时，你或许既想到普遍意义上的君主，也会想到自己所处时代的某一位特定君主。

就我而言，从未从政。也许我曾想过去华盛顿，体验一两年从政的滋味。但华盛顿并不需要纯粹的政治哲学家。政府需要的是具有专长的政治科学家或社会科学家，或者至少也要专攻于某一专业领域，例如研究某些国家或特定区域。换句话说，现如今，你无法以哲学家的身份涉足政治，只能以专家身份参政。我算不上某一类的专家，也从未有人请我从政。每次有电视台邀请我作客访谈节目，我都欣然接受。可他们总会找到别的比我更合适的嘉宾，所以往往不了了之。这样的事儿发生过不止一两次。此

---

① Jean-Jacques Rousseau. *Du Contrat social, ou Principes du droit politique*. Une édition produite à partir du texte publié en 1762, Paris: Union Générale d'Éditions, 1963, p.8. "Si j'étois prince ou législateur, je ne perdrois pas mon temps à dire ce qu'il faut faire; je le ferois, ou je me tairois."

后每当收到访谈节目的邀请，我都不禁苦笑。我唯一一次参加访谈节目还是在我出版《男子气概》①一书的时候。

李汉松： 您是指参加 "科尔伯特报告"？②

曼斯菲尔德： 是的，我因此成为当时风行一时的焦点话题。

李汉松： 您在回答第一个问题时提出 "哲学之无用"，回答第二个问题时表示政治哲学在政治实践中处境艰难。但您曾直接地，或如您所说 "一般性地" 提出过政治建议。美国前教育部长威廉·贝内特（William Bennett）曾在《培养君主：纪念哈维·曼斯菲尔德文集》的书评中说道："曼斯菲尔德拥有超越学术圈的影响力，其真知灼见有着重大的实践和政治意义。在他的整个职业生涯中，哈维·曼斯菲尔德教会了我们 '自治政府' 的重要内涵；我们比任何时候都需要听取他富有智慧的忠告。"③ 那您具体的忠告是什么？公众记下了您哪些忠告？又有哪些忠告您本希望能唤起社会的重视，但不幸落空？

曼斯菲尔德： 或许有些较为一般性的提议，一般也算不上是忠告。你可以通过赞扬或责备间接地谏言。可以说，尽管批评家没有报酬，也未被正式雇佣，但可算作某种意义上的顾问。

那我以这种方式提供了哪些忠告呢？或许我更多的是提问，而非提供建议。我之前曾撰文谈及间接政府的问题，即通过非直接的方式来实现个人的目标。我想这应该是现代政治哲学家发明或提出的概念，用来体现代议制的理念。④ 政府似乎把它的权威强加于你，但它却声称可以代表你。因此，在一定程度上，以某种有争议的方式，它成为属于你的政府。举例来说，一个神甫自称能通过与上帝对话了解上帝，并接受上帝的忠告，因此他有权统治你。但他仅是传声筒，并非将命令强加于你。由这个宗教例子引申而出的代议制政府会对人民说：我们仅仅是根据你们的意愿来统治，是你们委托于我。正如康德（Immanuel Kant）所说：罪犯受到的是

---

① Harvey Mansfield. *Manliness*. New Haven: Yale University Press, 2006.

② *The Colbert Report*, April 5, 2006-Harvey Mansfield (http://www.cc.com/video-clips/7hiane/the-colbert-report-harvey-mansfield).

③ Mark Blitz and William Kristol eds. *Educating the Prince: Essays in Honor of Harvey Mansfield*. Lanham. MD: Rowman and Littlefield, 2000, p. 324 & back cover.

④ Harvey Mansfield. "Hobbes and the Science of Indirect Government", *The American Political Science Review*, Vol. 65, No. 1 (Mar., 1971), pp. 97-110.

自己的惩罚。^①道德在于为自己制定法律。因此，当外部强加的统治迹象被抹掉之时，民主政治或自治政治就变得更易接受了。这就是我的表达方式。我不知道这是否会产生任何实际影响。或许当民主政治家读到这部分内容的时候，能够对自身行为多一点反思意识。

我曾研究过行政机构，这是另一种间接统治的方式。^②具有行政职能的政府会说，我仅仅是在执行他人的意愿，可能是上帝的意愿、国会的意愿、法院的意愿，也可能是你的意愿，如果任命或选举我的人是你，或者是你所选举的人任命了我。这在一定程度上抹消了政治责任，并将这种责任转嫁到政治活动的表层对象或者受害者身上。这些都是马基雅维利式的把戏。我曾撰写了不少关于他的文章，或许阅读它们有助于使你理解，政治在如何影响着你。

对比间接政府和直接政府，后者视自己为统治者，阐明自己想要统治他人的理由：为何自己的想法不仅要统治自己的行为，还要统治他人乃至整个社会的行为？大多数人在采纳党派之见时，正是在如此要求。以堕胎问题为例，有人问：反对堕胎的人，你们自己不去堕胎即可，何必纠缠不休？这些人的答案是：他们不想生活在一个他人可以随意堕胎的社会里。这同样适用于另一方：他们不想生活在人们无法自由堕胎的社会里。因此，即便一个所谓的自由社会声称将决定权留给个人，实际上选择的空间也很少。事实上，个人选择似乎就是一种党派态度的选择，因为制定出的规则不仅适用于你，也适用于所有同胞。因此，这从反面表明了政府是强

---

① 康德原文略有不同，见《道德形而上学基础》（*Grundlegung zur Metaphysik der Sitten*）："Nur dann kann der Verbrecher nicht klagen, daß ihm unrecht geschehe, wenn er seine Übeltat sich selbst über den Hals zieht, und ihm, wenn gleich nicht dem Buchstaben, doch dem Geiste des Strafgesetzes gemäß, das widerfährt, was er an anderen verbrochen hat." p. 487, *Immanuel Kant: Werke in zwölf Bänden*. Band 8, Frankfurt am Main 1977, S. 309. Erstdruck: Königsberg: Nicolovius, 1797 (2 Teile); "Anhangs erläuternder Bemerkungen zu den metaphysischen Anfangsgründen der Rechtslehre" 2. vermehrten Auflage. Königsberg: Nicolovius, 1798.

② Harvey Mansfield. "The Ambivalence of Executive Power", in J. Bessette and J. Tulis (eds.). *The Presidency in the Constitutional Order*. Baton Rouge, La.: Louisiana State University Press, 1981, pp. 314-334; Harvey Mansfield. "Executive Power and the Passion for Virtue", in *Studies in American Political Development*, Vol. 6, No.1, 1992, pp. 217-222; Harvey Mansfield. "Gouvernement représentatif et pouvoir exécutif", *Commentaire*, 1986/4 (Numéro 36), pp. 664-672; Harvey Mansfield. "Republicanizing the Executive", in Charles R. Kesler (ed.). *Saving the Revolution: The Federalist Papers and the American Founding*. New York: The Free Press, 1987, pp. 168-184; Mansfield. "The Modern Doctrine of Executive Power", *Presidential Studies Quarterly*, Vol. 17, No. 2, 1987, pp. 237-252; Mansfield. "The Case for the Strong Executive", *Claremont Review of Books*, vol. vii No. 2, spring 2007, Repr. *Wall Street Journal*, 2 May 2007.

制性的。不过，如果你可以通过理性来证明其正当性，它就是一种合乎理性的强制，因此与暴政有所区别。所有这些都是一般性的推理，我不知道它可否算作某种忠告。

我还提出过一些关于自由主义的观点。在一篇许多人认为对自由主义民主制有一定影响的文章中，我说自由主义民主制是自由主义者和民主主义者组成的混合政府。自由主义者是当选的社会精英，民主主义者想出人头地，其他人则安于平庸，如果让他们必须统治他人，他们倒会产生不满或者不安的情绪。①经过之后的发展，自由主义民主制分化为以知识分子为主的自由主义者和以商人为主的自由主义者。这两个精英群体之间不断产生分歧和冲突，代表了美国的两大政党。你可以说，这是卢梭学说的后果，他反对经济人，并试图用政治公民取而代之。无论是好是坏，卢梭的学说都以一种隐蔽的方式塑造了我们对共和党人和民主党人之间作出的重大政治区分——前者通过致富获得荣耀和权力，后者通过智识获得这同样的两件事物。

李汉松：那么哲学家和政治之间有何本质关系？列奥·施特劳斯（Leo Strauss）在《论僭政》一书中让哲学家与所在的城邦保持距离。②哲学家当然会参与政治，哪怕只为让哲学享有不受城邦所左右的自由，哲学家才能独自冥思，苏格拉底（Σωκράτης）才能"下至"（κατέβην）比雷埃夫斯（Πειραιεύς）和那里的年轻人畅谈，而不用担心伯里克利（Περικλῆς）派人监视他。③但无论如何，施特劳斯告诫哲学家们不要参与实际统治。想必很多人会问您这个问题，如何理解以"西海岸施派"（West Coast Straussians）这一分支为代表的某种"施派"立场？对我而言，他们反而与科耶夫（Alexandre Kojève）反驳《论僭政》的观点更为相近：哲学家通过参政，即便不一定能使政体完美，但可以防止政治走入

---

① Harvey Mansfield. "Liberal Democracy as a Mixed Regime", *The Alternative: An American Spectator* (*The American Spectator* 8.9 June-July, 1975), pp. 8-12.

② Leo Strauss. *On Tyranny: An Interpretation of Xenophon's Hiero*. New York: Political Science Classics, 1948. p. xi, p. 174 & passim.

③ Plato (Πλάτων). *Republic* (*Πολιτεία*). Cambridge, MA: Harvard University Press, 2013, 327a. "κατέβην χθὲς εἰς Πειραιᾶ μετὰ Γλαύκωνος τοῦ Ἀρίστωνος προσευξόμενός τε τῇ θεῷ καὶ ἅμα τὴν ἑορτὴν βουλόμενος θεάσασθαι τίνα τρόπον ποιήσουσιν ἅτε νῦν πρῶτον ἄγοντες. καλὴ μὲν οὖν μοι καὶ ἡ τῶν ἐπιχωρίων πομπὴ ἔδοξεν εἶναι, οὐ μέντοι ἧττον ἐφαίνετο πρέπειν ἣν οἱ Θρᾷκες ἔπεμπον."

歧途。①我知道您是在哈利·雅法（Harry Jaffa）的引荐下见到了施特劳斯。那么，您如何看待"在保卫自由时极端不是恶，在寻求正义时中庸不是善"②这一观点？

曼斯菲尔德：科耶夫曾是"苏联间谍"，他似乎并不了解僭政与自由的区别。像他就是应该被劝诫最好不要涉足政治的那种人。

哈利·雅法为施派乃至整个美国政治思想发现了亚伯拉罕·林肯（Abraham Lincoln），意义重大。但他也有言过其实之嫌。事实上，尽管林肯像哲学家一样思考，也饱读哲学书籍，但他本人并非哲学家，他所使用的观念似乎仍然没有和当时的政治拉开足够距离。当你阅读林肯的演讲稿时，你会发现他热爱自由，理解获得自由必备哪些条件，并由此深受鼓舞。他曾在他最伟大的演讲中以宗教论述的言辞开篇："心无恶意，善待众生"（with malice towards none, with charity for all），令人印象深刻。③这可指引有志之人投身哲学研究，去探寻政治与宗教间的关系。但与此同时，你还需要哲学著作。林肯利用《独立宣言》抵制美国奴隶制政策的延续（雅法对此曾有深入研究），背后似乎有着党派性的、颇有些狭隘的意图。这是我与雅法分歧最大的地方，我认为，"人人生而平等"只是个不言自明的"半真理"，另一半真理是我们"生而不平等"。柏拉图和亚里士多德也认为，我们生来既平等，也不平等，甚至不平等性高于平等性。也许这也印证了我的观点，即自由主义民主制是一个混合政体，其目标既包括平等也包括不平等。就此来说，林肯将平等主义精神视为美国精神，对我们而言未必总是好事。因此，对于"西海岸施派"将柏拉图、亚里士多德、约翰·洛克、《独立宣言》、美国宪法、美国建国和林肯合而为一的程度，我认为是过犹不及的。从自然法权的视角来看，我认为美国是站在民主一边的派系政体。这是个合理的选择，但不一定是必需的选择。

---

① Alexandre Kojève. "The Emperor Julian and His Art of Writing", in Joseph Cropsey (ed). *Ancients and Moderns: Essays on the Tradition of Political Philosophy in Honor of Leo Strauss*. New York: Basic Books, pp. 95-113, 1964; Kojève, "Tyranny and Wisdom", in Leo Strauss, *On Tyranny-Revised and Expanded Edition*. Chicago: University of Chicago Press, 2000, pp. 135-176.

② 这句话（Extremism in the defense of liberty is no vice, and moderation in the pursuit of justice is not a virtue）源自 1964 年共和党总统候选人戈德沃特（Barry Goldwater）的演说辞，据说出自雅法笔下。

③ Abraham Lincoln. "Second Inaugural Address", *Speeches and Writings 1859-1865: Speeches, Letters, and Miscellaneous Writings, Presidential Messages and Proclamations*. New York: Library of America, 1989, p. 1089.

李汉松：但为君主谏言的哲学家和身为君主的哲学家之间是否尚存区别？柏拉图在叙拉古不成功的经历，就是哲人教育君主的例子。施特劳斯曾在著作中备述此事。但同时，哲人做王的理念依然存在，且令人着迷。

曼斯菲尔德：是的。似乎马基雅维利是一位君主，或某种近似君主之人。他是那种为别人建言献策的君主，但他的建议非常明确，因此他自己也可以被视为一位君主、领袖和大阴谋家。相比之下，人们不会用类似的言辞形容柏拉图领衔了任何政治上或智识上的阴谋，而仅将其视为深谋远虑、深谙人类方式、善于提出建议的哲学家（他的建议是否会被接受则另当别论）。事实上，他给出的或许是不太可能被采纳的建议：他提供的是最好的建议，而不是你必然会采纳的建议。马基雅维利正是消除了"好的建议"和"会被采纳的建议"二者之间的区别。于是，他也就去除了利用哲学智慧争取最好善果时的不确定性。这种建议强加于人们的自我治理自由之上，从而带来了僭政的危险。这是自马基雅维利之后现代哲学共有的风险。正如柏拉图所言，我想哲学与政治之间的关系更应是一种机缘巧合，而非提前对哲学进行包装并与政治捆绑，以便它更容易被接受。除非哲学能保持其颠覆性，否则永无自由。因此自由是有限的，需要保持其模糊性，从而与实际统治保持距离。哲学象征着自然法权（natural right），而非政治权力（political right）。二者不可混为一谈。我认为，以哈利·雅法为代表的"西海岸施派"意图将二者混淆。

李汉松：尽管马基雅维利对君主大有裨益——他不仅在一本凝练的"小书"（piccolo libro）中对君主的自我保存建言献策，而且兴办军务，亲自练兵，甚至取得了一定的军事胜利——但他仍未在传统君主的框架下取得成功，也因此被迫去开启另一项"君主的"计划，建立一种思想的"新模式、新秩序"（nuovi ordini e modi）。①试问：他是否应该在佛罗伦萨政治上更有作为？

曼斯菲尔德：我记得我的已故同事朱蒂丝·施克莱（Judith Nisse Shklar）②过去常常同情马基雅维利在意大利烈日炙烤下苦心操练部队。马

---

① Niccolò Machiavelli. *Il Principe*. Torino: Einaudi, 1961 (orig. 1513). Ch. Ⅵ.

② 朱蒂丝·施克莱（1928—1992），美国政治理论家。著有：Judith Shklar. *Men and Citizens: A Study of Rousseau's Social Theory*. Cambridge: Cambridge University Press, 1969; *Freedom and Independence: A Study of the Political Ideas of Hegel's Phenomenology of Mind*. Cambridge: Cambridge University Press, 1976; *Montesquieu*. Oxford: Oxford University Press, 1987.

基雅维利发现，他所处的时代适合发起一场革命，而非完善正在进行中的革命，所以他在离开公职后而不是在任职时发起了革命。我不清楚他在政府供职期间对此有多少思考。

李汉松：在您的杰斐逊讲座中，您评论了现代科学对哲学的影响："科学希望克服实践与理论之间的差异，以便理论能够取得效果；科学希望看到成果，而且难以容忍对其成果之善的质疑。"①我猜想是否某些政治理论家也同样具有将其理论付诸实践的冲动？这正是因为他们确实关心其研究成果带来的善，并深信自己的理论成果带来的一定是益处而无疑。

曼斯菲尔德：当然可以这么说。你可以从科学及其成果间的矛盾为切入点来讨论科学。每个人都明白，生活在一个人类拥有自我毁灭之力的世界中是危险的。这自然会引发对科学及其益处的质疑。科学带来的好处并不小，比方说，多亏有现代医学，我才能够存活至今。

李汉松：这使得人们很难质疑科学的进步，而质疑哲学命题则要容易得多。

曼斯菲尔德：是的，因为没有必要质疑科学的进步。但科学仍然值得怀疑。当人们想到现代生活时，并不会同时想到科学和哲学。

李汉松：在结束对政治哲学实践的讨论前，我想谈谈马基雅维利的"la mia impresa"（我的志业）——他通过建立一种新的政治思维方式来造福人类的事业。您也喜欢在著作中引用该表述。②那您如何描述"la tua impresa"（您的志业）？他的志业与您的志业之间有所关联吗？

曼斯菲尔德：我下了一些功夫钻研马基雅维利。所以，肯定有！我的志业在原则上来说是马基雅维利式的，亦即真理是有实效的，且实效真理是最重要的，甚至可能是唯一的真理。这意味着，鉴于我是教授，一位教授的"实效真理"就是他的学生——他提供建议的那群人。马基雅维利玩笑般地将亚里士多德等同于他的学生亚历山大。当他谈论亚历山大时，我

---

① Harvey Mansfield, Jefferson Lecture: "How to Understand Politics: What the Humanities Can Say to Science", delivered in Washington D.C., on May 8, 2007. "Science wants to overcome the discrepancy between practice and theory so that theory can go into effect···Science wants the fruits of science, and it does not tolerate much doubt about the goodness of those fruits."

② Niccolò Machiavelli. "Santissimo e beatissimo padre signore nostro clemente settimo lo umile servo niccolò machiavelli", *Istorie Fiorentine*, Firenze: Sansoni, 1971.

认为他也在谈论亚里士多德。书架上的那些人（他指向与学生的合照，作者按）就是我的"实效真理"（verità effetuale）。一位教授意下的所作所为，永远可以如此还原式地理解。这一事业也是为了向他人传达自己对学习、思考、质疑、写作的热爱。如果能兼以表述自己的新发现，则更是一件乐事。简而言之，这是对别人的启蒙。

在宽泛意义上来说，我是施特劳斯主义者，是列奥·施特劳斯派系的一员。所以我希望通过一切合理的方式来促进施派理论。这意味着永远不"传福音"式地劝诱他人改宗，但总是在他人需要之时，双手奉上，以此推广这一派的学说。我认为，这是当今时代保留、拯救甚至让哲学发扬光大的最好方式。因此相较于"我的志业"（la mia impresa），这更像是"我们的共同志愿"（la nostra causa）。

李汉松：是否可以说，您在施特劳斯涉入政治哲学的方法中，仍能看到有别于"思想史"和"哲学史学史"的"纯正哲学"？

曼斯菲尔德：能。

李汉松：您是否认为，在我们这个时代的哲学专业中，哲学思考已经死亡，取而代之的是一篇篇细致的考据评论？

曼斯菲尔德：是的。哲学已成为一种职业，而非一种生活方式。它有一定的限制，而且要求你给予同时代人过度的尊重。在我看来，这是一个明显的区别。现在的"哲学界"要求人们在提及一位当代"哲学家"时，将他与卢梭和柏拉图相提并论，这种做法膨胀了虚荣心——因为他实际上只不过是一位教授而已。

李汉松：我们刚谈到了教育议题。您在《克莱蒙书评》上发表的《高等教育丑闻》一文中曾说道："时下的自由主义者不是在利用自由主义来实现卓越，而是放弃了卓越来实现自由主义。"①那您对今天的通识教育危机有何看法？此外，即便是现有最理想的通识教育模式，不仍然有别于柏拉图和亚里士多德教授给学生的哲学生活吗？卓越是否应该总是优先于自由主义？苏格拉底所追求的和亚里士多德倾其毕生精力所培养的那些富有、贵族、美丽、聪慧和前途无量的"治邦者"们，与现在被统称为"领袖"和"专家"的这些人之间，是否还应有所区别？还是说这种区分在我们所

---

① Harvey Mansfield. "Higher Education Scandal", *Claremont Review of Books*, Vol. 8, No.2, 2013, p.10.

生活的时代里已不复存在了？

曼斯菲尔德：你这一问信息量非常之大。18 世纪的自由主义者将自由主义视为促进卓越的一种方式。他们对于卓越的解读多少有些狭隘，大约指的是像拿破仑（Napoleon Bonaparte）之类人的才能。这关系到"量才录用"（career open to talents）。因而，他们对卓越的理解开启了一道先河：将哲学从一种生活方式缩小为一项禀赋的具体所在。如此一来，哲学与其他学科之间的区别也就消除了。

"利用卓越为自由主义服务"体现于创造和维持职业，如政治正确和职业化。这是一种有益于社会但十分狭隘的卓越，譬如律师和医生。此类职业仍旧服务于社会，并非可有可无，也不必多加责难。在这样的社会中，最有野心的人可自由选择职业。这让他们本性中的残暴倾向得以疏导，转向追求事业或名声，进而远离僭政。不论是在政治上，还是在其他许多方面，他们都可以收获名誉。因此，与压抑卓越、工具化卓越俱来的，是狭隘专业的产生。它们吸引了个体的注意力，并且似乎通过自身带来的回报来证明其合理性。

此外，自由主义还包含一种对平等的欲望，且作为一种意识形态，日渐强烈。这种声音说道：欲自由行事，必先有做此事之能力；而欲具备能力，则必须由我们为你提供必要的工具。倘若你所需要的工具就是自尊，这就成为分数注水、成绩通胀的理由。所以，你若要起身行动，就必须先认定此事可为；若要觉得可为，就必须自视甚高。为了让你看重自己，我们就得为你毕生所作所为打出高分。因此，不论是在哈佛还是在其他高校，我都花费很大精力抵制分数通胀。这就是以自由主义之名贬低卓越的一个案例。我记得你还问了一道关于哲学教育的问题，是吗？

李汉松：是的。我问的是，是否还应区分通识教育（这可能是我们碍于现实，可以提供的最好教育了）与哲学教育。高等教育机构是否应该把卓越和美德作为有野心的人的目标，而把自由主义或职业追求作为其他人的目标？

曼斯菲尔德：目前已找不到对于有野心之人的特别教育了。美国人就是建立在野心或者大众野心的理念之上的。他们向往出人头地，脱颖而出，或者如宪法制定者这句名言所说："必须用野心来对抗野心。"

（Ambition must be made to counteract ambition）① 野心并非柏拉图和亚里士多德的目标。他们想要建立一个能够超脱于野心的充满闲暇的绅士阶层。这便超越了野心。倘若你胸怀野心，你并不会觉得这值得炫耀，反而会感到些许难堪。而且，你所接受的教育会告诉你，出于政治和道德的原因，你不能对此洋洋自得，而是要努力成为更好的人。如果你能做到不时刻挂怀于一己之利，又何必倾全部之力猎取重大机遇？但如我所说，野心也专业化了。人们不再如十八九世纪的英国绅士一样，先读古典名著而后从政，反而去"领导力学校"、公共管理学院或是法学院。这些学科以最简约的方式教你如何出人头地。绅士精神早已被抛之脑后，这点毫无疑问。

李汉松：所以，您认为苏格拉底试图将格劳孔（Γλαύκων）和亚西比德（Ἀλκιβιάδης）灵魂中暴虐的部分尽可能导向哲学生活，尽管有希望，但并未真正成功；而在今天，像您这样的教授力所能及的也许是引导那些有野心的学生走向一个优秀的职业，让我们学生感到满足和荣耀。

曼斯菲尔德：将格劳孔和亚西比德变成哲学家，可能成功，也可能失败。但苏格拉底试图让他们在涉足政治前，对政治的善抱有更加怀疑的态度。这关乎一种更强的政治责任感，或者说要认识到政治本身的局限性。至于高尚，这是施特劳斯学派中一个有争议的问题，即哲学应该鼓励还是不鼓励高尚的地位。我认为，哲学本身就是一种高尚的生活。如果你不能完全做到这一点，它仍然会给你一种从事高尚事业的感觉。

李汉松：至少我们可以抬头看到远处的美和善，充分感知到它们的存在。

曼斯菲尔德：没错。你要向上而不是向下看。

李汉松：还想请教一个关于教育的问题。苏格拉底对话《米诺篇》（Μένων）始于米诺问苏格拉底："美德是否可教？"（ἆρα διδακτὸν ἡ ἀρετή？）② 您在杰斐逊讲座中曾谈过"意气"。那我的问题是：意气（θυμός）又是否可教？

曼斯菲尔德：如你先天无意气，那将何其难教！

李汉松：这当然是一种自然倾向。但是否真有途径通过教育来锤炼，

---

① James Madison (or Alexander Hamilton). *Federalist.* No. 51, "The Structure of the Government Must Furnish the Proper Checks and Balances between the Different Departments". *New York Packet Friday*, February 8, 1788.

② Plato. *Meno.* 70a.

乃至进一步发展一个人的意气？

曼斯菲尔德：是的，我认为有方法去教它，去驯服它。

李汉松：读《驯化君主》？①

曼斯菲尔德：读《驯化君主》，或去真正地驯化意气。对于施派以外的人而言，也许施特劳斯最杰出的贡献就是他发现了意气。意气在《理想国》（Πολιτεία）中被柏拉图发现或者说重新发现。你可以通读此书而不求甚解，抑或如施特劳斯那样，深入发掘其微言大义。我想这或许是施派最应该教给世人的东西。

说到意气是否可教，一个自身缺乏意气之人在学习它时肯定会受到阻碍。嗯，但也许不会！也许学习它的最好方法是将自己从中抽离出来。这确实是个问题。意气关乎一种强烈的自我意识和力量意识。我想，现代性对待意气的方式也许是现代生活最有价值的一课：现代性如何同时压制（repress）意气，又表达（express）意气。在科学中这点尤为明显。科学是一项反对意气扬扬和妄自尊大的伟大事业，但同时也是对人类自我重要性的有力申明。我们不必被动接受大自然的一切，而是可以主动作出改变。所以现代性对意气的态度是矛盾的。这是理解我们当下生活的秘诀。

李汉松：后续一问事关教育的一个特定领域：政治哲学。如今的大学分设政治学系和哲学系。而哲学系的研究生很少研读马基雅维利的著作和柏拉图的《法律篇》（Νόμοι）②。这些经典著作究竟该如何按照现代学科的划分来归类？当代所谓的"哲学家们"不屑于《君主论》（Il Principe）、《法律篇》等"政治理论"，是否不甚明智？

曼斯菲尔德：你不如告诉哲学系研究生一个显而易见的实情：在柏拉图的《法律篇》中有着对前苏格拉底哲学最好的描述，所以，打起精神来！你大可翘起鼻子俯视这些嗅觉不灵之辈。③这是《法律篇》在哲学史上占有一席之地的价值所在。至于马基雅维利，倘若不阅读理解马基雅维利，则绝无可能了然现代哲学。这也正是我近期研究的重点，即马基雅维利在发现"事实"这一观念中贡献出的理念。马基雅维利不仅奠定了现代

---

① Harvey Mansfield. *Taming the Prince*. New York: Free Press, 1989.

② Plato (Πλάτων). *Laws* (*Νόμοι*). Cambridge, MA: Harvard University Press, 1926.

③ 原文俚语 turn up one's nose，表示蔑视，与陆游《入蜀记》之"下江者疾走如烟，上江者鼻孔撩天"暗合。"翘鼻"表蔑视，在印欧语言中比比皆是。如希腊文 ἐκμυκτηρίζω 即为 ἐκ（表强调、根源、出自方向）+ μυκτηρίζω（翘鼻嘲讽，词根为 μυκτήρ，鼻孔之意）。

伦理学和现代政治学的基础，也奠定了现代哲学和认识论的基础。其价值在于：通过观察效应，使我们对哲学的理解更加清晰。譬如，从政治角度审视哲学，考察它所做的事情和引发的结果。你也大可以说，他留下了这笔思想遗产，以待霍布斯和笛卡尔等人将其发扬光大。马基雅维利的根本观点是，有效真理必须能够去促进物质上的"质料因"和效果上的"动力因"①，而这两种因素被培根（Francis Bacon）视为现代科学和认识论的基础。在马基雅维利的思想中，你可以同时看到现代理性主义和现代经验主义。对事实的发现——他使用的术语是"实效"（effetto）而非"事实"（fatto），但是它们都与拉丁文动词"做"（facio）同根——以及对实效的利用，对立于"想象"或者"期望"，还有——在为了实现康德所说的"概念形成"（Begriffsbildung）而剥去"事实"（其根本上的现代特征是：不阐发知觉，而是将其作为既定事实来接受）之时——对于"想象"的结合运用，这就把科学引入了对运动规律的理解和探索，远离了对本质或存在的描述。这都始于马基雅维利。

但你也需要借助于施特劳斯对马基雅维利思想的解读。他的阐释向你展示了马基雅维利的诡计、暗示和隐藏信息。因为少了隐微主义（esotericism）的马基雅维利算不上是真正的马基雅维利。只有当你看到继他之后的现代哲学家——培根除外——都不点名地承认受诲于他时，你才能感受到他的影响。所以，研习马基雅维利应该是哲学的基础功课。

李汉松：您适才评论马基雅维利时，简约地提到了隐微主义。我记得您在《马基雅维利的美德》一书序言中说过，马基雅维利在两个层面上进行言说，"有一些东西，他既想要揭示又想要隐藏"，因而我们要探寻其"隐秘的交流"。②鉴于施特劳斯的《迫害和写作艺术》③，请问您究竟如何"在字里行间阅读"？执行这一神秘任务，有何必备秘密工具？我先来提一点：掌握原文的语言算是一个必要工具，不如此则无法清除遍布译文的错误，引发歧义。除此之外，还需要了解什么才能一步步接近潜藏的含义？

曼斯菲尔德：首先你可以从文本中明显的矛盾处入手，试看它们能否相互调和。大多数阐释者就是这样做的，他们给出自己认为充分的阐释，

---

① 亚里士多德"四因论"中质料因为 αἰτία ὡς ὕλη，动力因为 αἰτία ὡς κινοῦν。

② Harvey Mansfield. *Machiavelli's Virtue*. Chicago: University of Chicago Press, 1996, p. xvi.

③ Leo Strauss. *Persecution and the Art of Writing*. Chicago: University of Chicago Press, 1952.

但却与其他阐释相左。这种典型的一家之言无法自立为唯一的真理之说。之后，你得看看作者是否有理由同时表述这两种看似冲突的观点——他是否有必要自相矛盾？譬如，马基雅维利有必要同时赞扬君主政体和共和政体。

这会让你理解为何真理具有颠覆性。倘若有一种政治真理既是谎言也不是谎言，因为它对应了真实的政治形势，那么，这个方面的真理想必集中在宗教范畴上。大多数人所信奉的宗教，哲学家可以通过理智来否定其真实性，但它对信奉者来说却是真理。因为它满足了人类的一些自然需求，哲学家不能简单地否定这些需求，而是应该去解决这些需求。因此，"显白"（exoteric）——也就是政治真理——与"隐微"（esoteric）其实相辅相成。哲学家并非坐拥隐微真理，居高临下，蔑视他人。他也需要一些显白真理来与大众为善，并保护自己，尤其是自己的自由。在此基础上，你可以做一些经验性的枚举工作。阿瑟·梅尔泽（Arthur Melzer）的新书《字里行间的哲学》①通俗易懂地列举了很多采用这种"双重写作"（面向两种不同受众）手法的哲学家，其时间跨越了古代、中世纪和现代。也许其他文化中也有类似的手法。这还需要与拿捏分寸的策略相结合，人们在日常生活中都对权重技巧有所了解，只不过哲学的机关精巧被发挥得淋漓尽致。

哲学家惯用某些特定的技巧。例如，他们将最为重要的内容置于中央，施特劳斯就强调了这种做法。大多数人在听演讲时，会认真聆听开头和结尾部分，中间却在打瞌睡。所以，可以在中间部分藏踪蹑迹地纳入你真正想表达的深意，以吸引那些能做到不打瞌睡的人。如果你把这条凝结成一种"拇指规则"一般的通行经验法则，作为稳如磐石的必要性，你便能始尝其味，在哲学家对你述说的话语中体察到真实的含义了。

此外，在柏拉图式的对话中，对话的行为也有着特殊的意义：对话者的陈述、作品中的行动和修辞，以及作品开头所谈及的内容。一般而言，书的开头部分都会有献词，或是某种序言。哲学家会通过它来传递一些意涵（但也许并非其全部意图），以及提示他所针对的双重受众。关键是要明白，如果仅通过密码学或科学方法就可理解"隐微写作"的含义，那么"隐微写作"也就无意义了。凡是强调必须以某一种方式去解读某事，或认定清单中的关键一项必须始终体现一种具体含义，或坚信某种言辞至少

---

① Arthur M. Melzer. *Philosophy between the Lines*: *The Lost History of Esoteric Writing*. Chicago: University of Chicago Press, 2014.

在那种语境下一定至关重要，必然徒劳无功。相反，解读隐微含义必须付出努力，而且必须是想象力方面的努力。例如，《格列佛游记》一章中有这样一个场景：格列佛来到了大人国，最令他反感的是只猴子。[1]我恰好认为这猴子暗指的就是马基雅维利。这是我发挥想象力解读出来的：假冒人类的猴子用他的猴子食品——他书本中的知识——欺骗了格列佛。但倘若你让我证明这是唯一的正确阐释，恐怕我无法做到。

所以，"隐微主义"承认：疑窦与阐释俱来。其缺点即是导致荒诞的妄想，徒费光阴，甚至不配存在。但依我之见，妄想是"必要之恶"。但若说隐微手法允许你肆意解读，这绝非实情。这是因为，要确立一种阐释来应对一个理性的人对某一文本提出的一切问题，可谓难之又难。所以，只要人们同意阐释者充分发挥想象，认清作者想要同伸吭求索的读者产生共鸣、以求同情地理解他的做法，那么，隐微主义就不存在误导他人或被误导的很大风险。这种求索不仅需要天赋和某些特定的智识美德与能力，还要有一个预先认定的立场：一个看上去伟大的思想家不会轻易犯下明显的错误。阿瑟·梅尔泽的书就很好地印证了这个假定，发现了很多哲学家正是如此言论。

李汉松：除大人国的猴子外，另一个例子也令我印象深刻。内森·塔科夫（Nathan Tarcov）曾向我提及您对马基雅维利戏剧《曼陀罗》中尼西亚（Misser Nicia）这一人物的隐微解释：他是一个聪明的人，不仅未遭受欺骗，反而自始至终都知道事件的来龙去脉。[2]

曼斯菲尔德：对。看似最愚蠢的人实际上是最聪明的。

李汉松：我想请教您一个关于历史和历史主义的问题。在您翻译的《佛罗伦萨史》导言中，您说马基雅维利所指的佛罗伦萨的"历史"和我们今天历史学科所教的"历史"存在巨大差异。[3]总的来说，在古典历史传统中——从希罗多德（Ἡρόδοτος）到修昔底德，甚至可能到马基雅维利——历史或"探究"（ἱστορία / istoria）都有一些与我们今天在历史系所

---

[1]　Jonathan Swift. *Travels into Several Remote Nations of the World. In Four Parts. By Lemuel Gulliver, First a Surgeon, and then a Captain of Several Ships*. London: Benj. Motte, 1726.

[2]　Niccolò Machiavelli. *Comedia facetissima intitolata Mandragola et recitata in Firenze*. Rome (?): s.n., 1524; *La Mandragola*, (ed.). *Pasquale Stoppelli*. Milano: Mondadori, 2016.

[3]　Niccolò Machiavelli. *Florentine Histories*. (Trans.) Harvey C. Mansfield & Laura F. Banfield, with an Introduction by Harvey C. Mansfield. Princeton: Princeton University Press, 1988.

做的工作相反的特点。他们在历史中插入了演讲、再阐释和创新、对人性的政治评论、个人经验和反思、一些超验的真理，以及普遍原则和道德教训，这些都会使当今的历史学家感到震惊。您还时常提到，从历史主义的角度出发看待事物，是我们当今哲学实践面临的危险之一，亦即把一切都简化为历史语境，这种视角可能会妨碍我们获知真理。那么，您究竟如何理解历史语境？历史主义又问题何在？

曼斯菲尔德： 历史语境确实存在。思想家生活在某个特定的时代，因此最倾向于应对的自然是这一时代的具体特征。如果以马基雅维利为例，他所处时代最突出的特征或许就是教会的腐败。但每个思想家都必然以不同的方式来处理这个问题。你看马基雅维利是在 1513 年创作了《君主论》；仅仅数年后，马丁·路德（Martin Luther）在 1517 年把他的论纲钉在教堂门上；托马斯·莫尔则创作了《乌托邦》的对话。他们三人都面临教会腐败这一共同的时代问题。但是他们对待问题的方式却大相径庭。的确，这些作者处在一个特定的历史背景之下，但他们并不任由历史语境决定。多数时，他们似乎只是受到很大影响，因为他们看到：必须在特定的时间以隐微方式对他们的公民同胞或人类同胞进行言说。因此，他们看上去比他们实际上更加关注时下的问题。然而，实际上，他们是在处理永久性的问题——他们可能重新措辞，加以修改或再次申述这些问题，但那些问题是永久性的。解决永久性的和即时性的问题，都是历史的一部分。

微观中的视界

—— 对话卡洛·金兹堡 ①

本文为"微观史"定位，探索素以融通文化艺术、社会经济著称的"微观史"学派如何回应思想史和全球史的挑战和质疑。意大利"微观史"家卡洛·金兹堡在与作者探讨伦理与政治、种族与宗教、艺术与科学、哲学与生活等环环相扣的关系时，评议了其他政治思想史的学术流派和社会思潮，重思了宏观与微观的范式性意义，也讲述了史家如何运用珍贵史料，从历史碎片中呈现出社会思想的内在世界。

卡洛·金兹堡（Carlo Ginzburg），1939 年生于意大利都灵，意大利历史学家，"微观史"创始人与代表人物，其研究贯穿古典、中世纪、近代早期和现代的文化、艺术、科学、思想史。

李汉松：如果历史学家同时过着政治与哲学的人生，这些生活形式又如何错综呈现？无论是 1991 年《法官与历史学家》的社会正义②，还是 1999 年《剑与灯泡：格尔尼卡的一种解读》的艺术评析③，您深耕过的所有社会、文化和思想主旨都透露出深切的道德关怀。我一直视您为漫长的 20 世纪中的一位思想家。如此说来，"二战"期间您家里遭受的迫害和 20 世纪 60 至 70 年代意大利社会动荡的历史记忆，如何造就了您学术研究的主

① 此文成于 2019 年 7 月 23 日至 8 月 12 日期间作者与金兹堡断断续续的对话，复旦大学沈亦楠译，作者校，刊于《世界历史评论》2021 年第 1 期，第 221—232 页。

② Carlo Ginzburg. *Il giudice e lo storico. Considerazioni in margine al processo Sofri*. Torino: Einaudi, 1991.

③ Carlo Ginzburg. *Das Schwert und die Glühbirne. Eine neue Lektüre von Picassos Guernica*. Frankfurt am Main: Suhrkamp, 1999.

题背景和潜在意识？当下的社会问题又如何彰明较著或潜移默化地影响了您的思考？

金兹堡：多年来，作为一名历史学家，我一直在努力通过一系列回溯式的自我反思，向自己和读者阐明，我所处的历史环境如何影响了我提出的问题——也许间接地来看，也包括其中部分答案。[①]换句话说，我凭借"当时的我"和"现在的我"之间的"邻接性"（我不会说"同一性"，因为那样会有过度简化之嫌），试图以自己作为案例来研究。这是在实践一种"距离感"。我的一部作品——《木头眼睛》的副标题就是"关于距离的九项反思"[②]。

我对方法论的痴迷来自我20岁学生时代突然做出的三重决定：成为历史学家、研究巫术审判、关注受害者心态。当时，我尚未意识到：试图通过压迫者的档案来保全受害者的声音、挽救他们的态度，这一行为本身就蕴含着某种悖论。更令人惊讶的是，多年来，我并没有意识到这种学术上的尝试与"二战"期间的迫害记忆之间存在的明显联系——当时的种族迫害在真正意义上把我变成了一个犹太孩子。多年前我和我的好友保罗·霍尔登格雷勃（Paul Holdengräber）在纽约公共图书馆有一场公共座谈，我提议的标题就是："身为犹太人，成为犹太人"（Being Jewish, Becoming Jewish）。回顾过去，我把这种自我意识的匮乏归因于一种"无意识策略"，这种策略反倒能让这种深层联系更有效地发挥作用。

但是，我很清楚，在感情上认同迫害行为中的受害者（如女巫、异教徒）或许可以提供一个出发点，但无法提供最终答案。为了拯救受害者的意见，我不得不在史料证据的采纳上使用一种迂回曲折的方法，学着从字里行间解读我着手研究的庭审记录。我很幸运地遇到了一系列非比寻常的16、17世纪宗教法庭的审判材料。它们来自意大利东北部边境的弗留利（Friuli），是关于"本南丹蒂"（*benandanti*，字面意思是行善者）：那些声称为了庄稼的丰产，每年都与女巫们进行四次精神斗争的男男女女。我在我的第一本书中指出：在那些审判中，检察官的假设和被告出乎意料

---

① Carlo Ginzburg. *Les batailles nocturnes. Sorcellerie et rituels agraires au XVIe et XVIIe siècles*. Paris: Flammarion, 2019.

② Carlo Ginzburg. *Occhiacci di legno. Nove riflessioni sulla distanza*. Milano: Feltrinelli, 1998.

的回答之间的差距无疑颇为反常。① 但如何从历史学家的角度来解释这些反常现象呢？在更频繁、不那么特殊的案件中，审判官对生成证据又扮演了什么角色？我慢慢意识到，除了我对受害者的情感认同之外，我和审判官之间还有一种令人不安的思想上的邻近感。② 毫无疑问，这些都需要我们对历史学家的方法进行反思。我经常引用伟大的法国汉学家葛兰言（Marcel Granet）的一句名言，这句话是由乔治·杜梅齐尔（Georges Dumézil）传下来的：*la méthode, c'est la voie après qu'on l'a parcourue*（方法是走过之后的路）——这是一个双关语，词源学上（或是历史实情，或是史语学家们臆测），"方法"一词（中古法语：methode；拉丁：*methodus*）源自希腊语 *methodos*（μέθοδος），即 *meta odos*（μετ + ὁδός）——"道路之后"。换句话说，没有实证研究支持的方法论思考是存在极大风险的，甚至毫无意义。

几十年来，我一直在与一种广泛存在的新怀疑主义态度作斗争。这种态度认为，小说虚构和历史叙述之间并无严格的界限。③ 在我看来，这种态度的道德、政治和认知上的衍伸意味是极其危险的。与此相反，当我面对近年来"假新闻"的出现时，我更没有理由改变主意了。通过任何媒介批驳谎言，这都是一种政治姿态——就像 15 世纪意大利人文主义者洛伦佐·瓦拉（Lorenzo Valla）谴责所谓的"君士坦丁的馈赠"（Donatio Constantini）是伪造一样。④

李汉松： 在 1966 年的《夜间的战斗》（意：*I Benandanti*；英：*The Night Battles*）和 1989 年的《心醉神迷：巫师的夜间集会阐释》之间⑤，您写了著名的《奶酪与蛆虫》⑥。这本经典论著聚焦一个看似"脚注级规模"的主题上。这令我想到：弗朗索瓦·傅勒（François Furet）认为除非通过

---

① Carlo Ginzburg. *I benandanti. Ricerche sulla stregoneria e sui culti agrari tra Cinquecento e Seicento.* Torino: Einaudi, 1966.

② Carlo Ginzburg. "The Inquisitor as Anthropologist" (1988), in *Clues, Myths, and the Historical Method.* Baltimore: Johns Hopkins University Press, 1989, pp. 156-164.

③ Carlo Ginzburg. *History, Rhetoric, and Proof.* The Menachem Stern Jerusalem Lectures. Brandeis/ Historical Society of Israel, 1999; *Il filo e le tracce. Vero falso finto.* Milano：Feltrinelli, 2006.

④ Carlo Ginzburg. "Lorenzo Valla on the 'Donation of Constantine'", in *History, Rhetoric, and Proof,* pp.54-70.

⑤ Carlo Ginzburg. *Storia notturna. Una decifrazione del sabba.* Torino: Einaudi, 1989.

⑥ Carlo Ginzburg. *Il formaggio e i vermi. Il cosmo di un mugnaio del Cinquecento.* Torino: Einaudi, 1976.

大量的统计数据，否则前工业时代底层阶级的情况几不可知。[1] 而在该书中，您的观点与他相左，认为通过对档案的细致分析，大可以重建并叙述一个小磨坊主的精神世界。但微观史家这种技艺又受到何种限制？如何规避这些限制，将它们融入自己的艺术，有意识地参与自己的历史行为，以期寻求真理？

金兹堡：我是在研究"本南丹蒂"时，偶然发现多米尼科·斯坎德拉（Domenico Scandella）的审判的。此人外号是梅诺乔（Menocchio）——一个弗留利地区被宗教法庭处死的磨坊主，也是《奶酪与蛆虫》的主人公。正如我在回顾中所指出的那样，在我的书中可以感受到六七十年代意大利政治氛围的明显回声。[2] 但是我对案例的着迷另有一种不同的、更古老的渊源。[3]《奶酪与蛆虫》是一个关注个体的个案研究。它通常与微观史联系在一起，尽管"微观史"这个词在其中从未出现过——省略这个用词，是大有道理的。关于"微观史学"（*microanalisi* 或 *microstoria*）的争论，涉及围绕《历史手册》杂志（*Quaderni storici*）的许多意大利史学家——爱德华多·格伦迪（Edoardo Grendi）、乔瓦尼·莱维（Giovanni Levi）、卡洛·波尼（Carlo Poni）和我自己。他们在我的书出版不久发表的争鸣，都直接或间接地在评论这部作品。[4]

从这些辩论中，我们得出的不是一个统一的观点，而是一系列不同的方法：但所有这些方法都强调分析。我永不疲于指出"微观史"（microhistory）这个词的前缀 *micro-* 并不是指对象（真实或象征）维度之大小，而是指一种由显微镜所唤起的分析方法。我们可以把昆虫翅膀的残片或大象皮肤的碎片放在显微镜的镜头下：重点是，为了什么目的？我们又回到了对"案例"的讨论：其中暗示的就是"普遍性"。微观史的限制即在于个案和普遍规律之间的关系（但这是对问题的普遍化？还是对答案的普遍化？还是两者兼涉？）。此外，一个案例或多或少可能是反常的。"反常的认知"又意味着什么？梅诺乔的情况就是一个反常的个案，一项

---

[1] François Furet. "Histoire quantitative et construction du fait historique", *Annales* ESC 26 (1971), pp.63-75.

[2] Carlo Ginzburg. *The Cheese and the Worms. The Cosmos of a Sixteenth-Century Miller*, with a new introduction. Baltimore: Johns Hopkins University Press, 2013.

[3] Carlo Ginzburg. "Il caso, i casi. A proposito di Nondimanco", in *Doppiozero*, April 12, 2019.

[4] Carlo Ginzburg. *Ricordando Carlo Poni. Una rilettura de "Il nome e il come"* (forthcoming).

反常的证据记录揭示了近代早期欧洲农民文化的一个意想不到的维度。这使我对口述、农民文化和印刷书籍传播之间错综复杂的关系提出了一个一般性的论点。我可以在多大程度上被允许这样去做？这个问题的答案必须是具体的。但我认为，尽管历史学作为一项求是认知的事业，关注的大多是具象的奇异点，但一般性也必然是其中的一部分。

李汉松：退一步来看，"微观"和"宏观"又该如何界定？从近年的"全球微观史会议"来看，至少微观史正在"走向全球"。莱维的弟子弗朗西斯卡·特里维拉托（Francesca Trivellato）曾问道："在全球史时代，意大利微观史是否还有未来？"①我的问题是，尽管您在《微观史：我所知道的二三事》中指出微观史的第一批使用者，不仅有科布（Richard Cobb）、斯图尔特（George R. Stewart）、冈萨雷斯（Luis González），还有其他各种各样的意大利史学家，他们其实当时就必须对 20 世纪 50—70 年代占据世界历史舞台主导地位的"年鉴学派"方法做出回应，不是吗？"微观史"和"长时段"（la longue durée）及其各种重生转世的形式在今天是否仍有合作契机，成为盟友？

金兹堡：回答你这个问题，我想先重新落脚于刚才我提出的那个观点："普遍化"是微观史的固有元素，是一种基于案例研究的历史研究方法。许多年前，我试图揭示微观史的全球含义，我再次聚焦于一个个案，一位来自纳沙泰尔（Neuchâtel）的加尔文主义者，名叫普利（Jean-Pierre Purry）。他在 18 世纪初反复主张并亲身实践殖民扩张，当时依据的是一些颇不寻常的论点。在此基础上，我对马克思（Karl Marx）和韦伯（Max Weber）各自关于欧洲殖民扩张论述的优缺点进行了反思。②最近，我在一篇文章中提到了你刚刚引述的弗朗西斯卡·特里维拉托的文章。我的观点是：微观史与全球史并非对立。事实上，前者是一种必要的工具（然后附了一篇详细的案例研究）。我提出了一个关于微观史的知识谱系，这是一条漫长的知识链中的一环，其从总体上强调了心理实验在历史知识中的作用。③这种方法，

---

① Francesca Trivellato. "Is There a Future for Italian Microhistory in the Age of Global History?", *California Italian Studies*, 2(1), 2011.

② Carlo Ginzburg. "Latitude, Slaves, and the Bible. An Experiment in Microhistory", in *Critical Inquiry*, 31(3), 2005, pp.665-683.

③ Carlo Ginzburg. "Microhistory and World History", in *The Cambridge World History*, Ⅶ, *The Construction of a Global World, 1400-1800 CE*, part 2, *Patterns of Change*. Cambridge: Cambridge（转下页注）

在我看来，可以驳倒我最钦佩的历史学家马克·布洛赫（Marc Bloch）提出的一个观点。他曾假定自然科学和社会科学(包括历史)之间存在不对称性，因为后者无法进行实验。[①]但是心理实验不断地中断我们的研究轨迹，(仿佛)在个案和它可能引申出的各种普遍规律之间架起了一座桥梁，在微观和宏观之间开辟了一种良性阐释的可能性。

李汉松：个案和普遍化之间还是存在着张力。微观史家要对思想、信息、材料、文化、宗教实践和政治、司法、政治行动的发起者、接受者、参与者逐一进行微观调查，岂不面临着研究压力？还是说，他在数量很少、时空范围也狭小的语境（context）内部进行微观分析，找出内在逻辑，据此画出轮廓，并将内容填充到当时的心态（mentalité）中？然后再在世界范围内比较、联系、构建宏大的体系？

金兹堡：我刚才提出的那种概括必须依赖于特定的上下文。所以我一直对"心态"（mentalité）这个非常宽泛和模糊的类别持怀疑态度。但我也从没有见过案例分析研究和"长时段"方法之间有任何不相容之处。事实上，我自己的研究轨迹可能证明了实情恰恰相反：起先我对"本南丹蒂"的案例研究引发了诸多问题，而这些问题又引导着我在更大的视域中寻找"女巫安息日"（Witches' Sabbath）这套陈旧俗见的起源。"在日昼与千禧的历史尺度之间摆动"，从弗留利到欧亚大陆。[②]

李汉松：您如何看待自洛夫乔伊（Arthur Oncken Lovejoy）和伯林（Isaiah Berlin）以来的观念史？根据报道——抑或谣言——有三组笼统而言的思想史学派与您有着松散的联系。2016 年，我留意到您和格拉夫顿（Anthony Grafton）有过一次关于莫米利亚诺（Arnaldo Momigliano）的对话。他曾说过微观史家"让史学界同僚们时而欢愉时而动怒"。试问您如何评估微观史过去与现在和瓦堡学派（Warburg School）文化史与学术史之间的纽带？您在文献学研究方向上与他们确实有许多重合。另一方面，作为剑桥学派的批评与对话者，您又如何看待"微观史"和"语境中的观念"两者之间的动态？第三，作为近距离、慢速度精读文本的倡导者，您

（接上页注③）University Press, 2015, pp.447-473.

① Marc Bloch, Annette Becker, Etienne Bloch (eds). "Apologie pour l'histoire où Métier d'historien" (1942), in Id., *L'Histoire, la guerre, la Résistance*, Paris: Gallimard 2006, p.888.

② Jo Guldi; David Armitage. *The History Manifesto*. Cambridge: Cambridge University Press, 2014, p.46.

对施特劳斯学派自称"既忠于原文，又隐微大义"的态度有何看法？总而言之，是否也存在"观念的微观史"？如果这种史学能阐明观念、信仰和价值观之间的社会关系和相互作用，它是否为传统上依赖单一文本或大量数据作为资料来源的思想史家们指明了一条新路？

金兹堡：首先我要坦白：我对"观念的微观史"这一标签不是特别感兴趣。正如尼可罗·马基雅维利曾经给他的朋友弗朗西斯科·维特里（Francesco Vettori）的信中写的那样，"Io non beo paesi"（字面上直译是"我喝的不是场合"，用今天的话来说是"我喝酒不带繁文缛节"）。糟糕的微观史就是糟糕的历史。反之如果把这种学科标签视为一个方便的捷径，我想强调洛夫乔伊式的观念史和以语言学为主导的思想史之间的区别。在列奥·史毕哲（Leo Spitzer）和亚瑟·洛夫乔伊之间著名的对话中，我毫不犹豫地站在了史毕哲一边。①事实上，我受诸如史毕哲和埃里希·奥尔巴赫（Erich Auerbach）这样的罗曼语语言学家的恩惠实在太深，以至于可以说：如果没有从他们身上学到的知识，我将无法想象自己作为历史学家的事业轨迹会是何般模样。他们强调：细节是文本分析的转折点，这也悄然把我引向了后来被称为"微观史"的那种治学方法。但是"细节"这个词不可避免地让人想起阿比·瓦堡（Aby Warburg）②——"上帝在于细节"（德：Der liebe Gott steckt im Detail）——以及其他受他和他的藏书室所启发的历史学家们。我曾不断地变换角度，以求更丰富地探讨这一传统及其颇具挑战性的贡献。③尽管阿纳尔多·莫米利亚诺与瓦堡研究所（Warburg Institute）有联系，但我第一次见他是在另一个场合——比萨高等师范学院（Scuola Normale Superiore in Pisa），他在那里做了一系列演讲。这些年来，我经常见到他，从他的谈话和著述中收获良深。能够遇到这么多的伟大学

---

① Leo Spitzer. "Geistesgeschichte vs History of Ideas as Applied to Hitlerism" & Lovejoy, Arthur O., "Reply to Prof. Spitzer", in *Journal of the History of Ideas*, 5 (1944), pp.191-203, 204-219.

② 阿比·瓦堡（1866—1929），德国艺术史家、文化理论家，成立瓦堡文化研究图书馆（Kulturwissenschaftliche Bibliothek Warburg），之后转移至伦敦，成为瓦堡研究所（Warburg Institute）。

③ Carlo Ginzburg. "Da A. Warburg a E. H. Gombrich (Note su un problema di metodo)", *Studi medievali*, VII, fasc. II, Dec. 1966, pp. 1015-1065. (*Clues, Myths*, pp.156-53); Carlo Ginzburg. "Une machine à penser", in *Common Knowledge*, 18(1), 2012 (*The Warburg Institute. A Special Issue on the Library and Its Readers*), pp. 79-85; 25 (1-3), 2019, pp. 285-291. Carlo Ginzburg. "Le forbici di Warburg", in Maria Luisa Catoni, Carlo Ginzburg, Luca Giuliani and Salvatore Settis, *Tre figure. Achille, Meleagro, Cristo*, a cura di Maria Luisa Catoni, 2013, pp.109-132.

者，目睹他们各不相同的研究方法和研究领域，这是一种莫大的荣幸。

让我举一个例子来说明多样性的含义。我依旧记得第一次阅读昆廷·斯金纳那篇著名的文章《观念史中的意涵与理解》。①这可能也是我第一次接触斯金纳的作品，我立刻就被他对文本语境的强调说服了——现在依然如此。但回顾过往，我意识到：我慢慢开始重新琢磨斯金纳究竟如何处理文本语境和文本接收之间的尖锐对立，如何把对文本的选择性接收变成了一种可以揭示文本内部一些隐藏含义的阐释学工具。沿着这条轨迹，我意外地遇到了列奥·施特劳斯同样著名的作品《迫害与写作艺术》。把斯金纳和施特劳斯结合在一起有点自相矛盾，因为施特劳斯一直是斯金纳在《观念史中的意涵与理解》中的主要批判对象和攻击目标。但是我认为，应该对"施特劳斯的阐释学理论和他自己的实践"与"施特劳斯和他的学生"进行区分。毋庸置疑，《迫害与写作艺术》提出了一个有风险的论点。但无伤大雅的争论自然而然也无关紧要。为了避免对施特劳斯的方法（包括那些由他自己提出的范畴）过度滥用，我们必须谨慎地寻找证据。在我 2018 年的新书《尽管如此：马基雅维利与帕斯卡》中，我试图融合了语境主义、选择性文本接收、"字里行间"阅读策略以及对证据的关注。②这种融会贯通的尝试在多大程度上是成功的？读者自会判断。

李汉松：提到不同思路的融合，我想问您：一方面是把看似不相干的思绪自由地、富有想象力地联系在一起，另一方面是透过证据严谨地考证，这两种思维模式之间如何协调？斯塔罗宾斯基（Jean Starobinski）认为，只有真正自由的人才能继承蒙田（Michel de Montaigne）的事业，成为抱着"一边探索，一边忽略"的态度检测自己思想力量的散文家（seul un homme libre, ou libéré, peut enquérir et ignorer）。这种自由可能是颠覆性的，阿多诺（Theodor W. Adorno）称其为彻底的"异端学说"，"散文的最深层形式"（Darum ist das innerste Formgesetz des Essays die Ketzerei）。与此同时，作为历史学家，您谈起"证据"时，恐怕不少同事都会敬而远之。所以，您能否赐予我们一种特权，让我们也在"微观史"的镜头下审视一下您的思维过程——从《高尔吉亚篇》（Γοργίας）中的"自然与法规"（φύσις & νομος）到尼采的《真相与谎言》（Über Wahrheit und Lüge），

---

① Quentin Skinner ;1969, pp. 3-53.

② Carlo Ginzburg. *Nondimanco. Machiavelli, Pascal*. Milano: Adelphi, 2018, pp.153-155, 206.

从昆体良（Quintilianus）到瓦拉①，从斯特恩（Laurence Sterne）的《项狄传》②到贝尔（Pierre Bayle）的《历史与批判词典》③——看看您是如何穷追不舍地梳理出各种思想史上支持和反对修辞的声音？④您从哪里开始，如何建立联系，又如何追踪证据？作一个（微观的，不过以您自己的方式，也是宏观的）"历史学散文家"，感受如何？

金兹堡：我和你一样，对散文这种体裁爱笃甚深。它体现了"少即是多"的精义——这是我喜欢的座右铭。散文有一种魔力，能把一个冗长的论点压缩到几页纸，忽而戛然而止，忽又引入歧岔，峰回路转，最后又意想不到地合流，为读者呈上惊喜。我曾旅居柏林高等研究院（Wissenschaftskolleg in Berlin）一年之久，专为《历史·修辞·证据》撰写导言。其中，我层层递进地揭示了青年尼采的文章《真相与谎言》前前后后的内涵。这种研究轨迹需要：（一）无视学科界限，（二）接受自己的无知，（三）愿意学习。这些着实不易，且如人们所说，极费时间，但绝非不能办到。更让人意想不到也最让我喜闻乐见的是你提到的另一个例子：把斯特恩的《项狄传》和贝尔的《历史与批判词典》结合起来论证。那么我是如何推进它的呢？当年我自己走过的那条路上，有哪些关卡和境遇，我已记不清细节了，毕竟过去很多年了。但我能想到其中一个熟悉的特征——词法学与历史的关系。在这种情况下，历史是第一位的：我们知道斯特恩有一段时间借阅过贝尔的《词典》。如果没有这个证据，我就不敢提出一个词法学上的论点，即认为《项狄传》中一大段题外话是受到贝尔的《词典》及其复杂的脚注系统的直接启发，而斯特恩将其转化成了一种叙事。今天，我意识到一直推动我朝这个方向进发的是一个疯狂的想法，一个我在写《奶酪与蛆虫》时灵光忽现的主意：把整本书写在一张巨大的纸上。我的朋友切萨雷·加尔博利（Cesare Garboli）评论这是个"前卫的幻想"。但在这种幻想背后，有一个我思考了多年的话题：图像与文本之间的张力，还有"共时性"（synchrony）与"历时性"（diachrony）之间的

---

① Carlo Ginzburg. *History, Rhetoric, and Proof*, pp.1-37.

② Laurence Sterne. *The Life and Opinions of Tristram Shandy, Gentleman*. York: Ann Ward, 1760 [1759].

③ Pierre Bayle. *Dictionnaire historique et critique, par Monsieur Bayle*. Tome I–III. Rotterdam: R. Leers, 1697.

④ Carlo Ginzburg. *No Island is an Island. Four Glances at English Literature in a World Perspective*. New York: Columbia University Press, 2000.

张力。

李汉松：您还以弥合知识界两大张力而闻名：其一是精英与大众文化——大卫·哈勒伊（David Herlihy）称之为"学者文化与大众文化间的交界面"①——因为您研究的既是16世纪小乡村里不知名的男女，也是皮耶罗·德拉·弗朗西斯卡（Piero della Francesca）《鞭打耶稣》（La Flagellazione di Cristo）里那些奥意无穷的图像志，但丁（Dante）、马基雅维利、莫尔的名作，弗洛伊德的理论，托尔斯泰（Лев Николаевич Толстой）的小说，还有其他权威经典名著，不胜枚举。其二是在"哲学"内战、瓦解后，雨后春笋般分解出的诸多学术领域，以及"社会科学"的登场亮相。您1986年的文集《神话、线索与象征》常被用来举例说明史家如何运用艺术史、精神分析、比较宗教、人类学为知识进行整体性论证。②作为数十年来跨越这些鸿沟和分歧的思想家——如果尚不能称作预言家——您认为我们现在和未来探索知识时面临何种新鲜的变化和挑战？

金兹堡：我肯定不是一个预言家。思想家？这也是一个很大的词。让我们看些更实际的吧。我从事历史研究几十年了；我对它未来的预卜大概是无关紧要的。我只能说，我们这一代人见证了最大的技术变革——互联网。这既是威胁，也是希望，不仅对历史研究，对整个教育事业亦然。巧妙智慧地使用互联网，不仅意味着可以寻找答案，以及获得解答，更加在于学会如何提出新问题。这会为新一代提供一个最根本的认知和政治工具。但这只有在人类的训导下方可施行。

① David Herlihy. Review of "Clues, Myths, and the Historical Method by Carlo Ginzburg, John Tedeschi and Anne C. Tedeschi", in *The Journal of Interdisciplinary History*, Vol. 21, No. 3 (Winter, 1991), pp.501-502.

② Carlo Ginzburg. *Miti emblemi spie. Morfologia e storia*. Torino: Einaudi, 1986.

批判中的愿景

——对话阿克塞尔·霍耐特 [①]

　　本文尝试为当代批判理论的方法和走势定位，其中既梳理了社会理论的脉络谱系，也探寻了在国际形势转变下西方马克思主义面临的新兴挑战。德国社会理论家阿克塞尔·霍耐特在本文中回应了作者关于法兰克福学派第一至第三代转向的若干质疑，重新品评了20世纪批判理论家的遗产和张力。对话反思了社会愿景的理想性、必要性和必然性，重释了"承认""权力""物化"等批判范畴，也考察了新左翼运动的复杂性、身份政治的局限性和欧洲一体化进程的矛盾性。回顾德国的社会变革与学术思潮之余，霍耐特面对政治、经济、文化角度的一系列批评提出己见：为突破当前世界政治的困局，左翼力量应恢复想象力和创造力，超越僵化的体制，回归社会现象背后的政治经济导因，努力推动实现国家与国际的双重社会正义。

　　阿克塞尔·霍耐特（Axel Honneth），法兰克福学派的第三代核心人物、当代西方马克思主义理论创新者之一。他涉猎政治哲学、伦理学、心理分析领域，并结合结构主义、实用主义等方法发展当代批判理论。

　　李汉松：在您的著作《社会主义的理念》中，您担忧当代左翼对于理想性、必要性、必然性的认知停滞不前，从而导致人们丧失乌托邦的愿景，以为政治变革不再可能。[②] 反思过往，您在第二次世界大战后的西德

　　① 本文系作者与霍耐特教授于2020年3月16日在哥伦比亚大学哲学系的德文和英文对话，作者自译，题名为《社会主义的理念》，初载于《国外理论动态》2020年第4期，第19—27页。

　　② Axel Honneth. *Die Idee des Sozialismus: Versuch einer Aktualisierung*. Frankfurt: Suhrkamp Verlag, 2015.

度过了青年时光。当时，人们普遍认为什么是理想的，什么是必要的，而什么又是必然的？哪些因素促成了您在学生时代的思想形成和政治成熟？

霍耐特：我在政治上的成长可以追溯至中学阶段，正值 1968 年学生运动爆发之前的几年。我当时正处于青年时期，大约十七八岁，已经对政治产生了一些兴趣。在那时，我对未来持有一种非常模糊的社会主义憧憬，但我很难体会这其中真正的含义，因为接下来那场政治运动（即 1968 年学生运动）虽然是由某些关于"无阶级"的未来社会的革命观念所激发的，但对这种未来社会缺乏具体的认知。运动的领袖们大多对苏联持高度怀疑态度，其中一些更青睐中国的革命运动。很快，学生运动内部开始分化，形成诸多派系。我不属于任何分支。尚在中学时，我参加了社会民主党（Sozialdemokratischen Partei Deutschlands）的青年团，该组织内部一部分人属于托洛茨基分子，另一部分人则向往苏联模式的一国社会主义。开始时，我并未完全认同托洛茨基主义，但在组织里，我游荡在托洛茨基派的圈子当中。毕竟，这个托洛茨基派的圈子更热衷于自由，也更反对威权主义。所以在我的家乡，德国的工业重镇埃森（Essen），我在社会民主党内一度出任了较高级别的职务。进入大学攻读哲学后，我逐渐与鲁尔区（Ruhrgebiet）的政治圈子失去联系。我首先在波恩（Bonn），然后去了波鸿（Bochum），最后来到柏林。我很快发觉，柏林的社会民主党极度官僚化，所以毅然脱离了该组织，后来再也没有回归该党。

在理论上，我早期受到的影响部分来自马克思。在当时德国的高校圈子里，马克思主义的读书小组不计其数，我便参加了其中一个。我还受到了法兰克福学派的影响，一开始是阅读了西奥多·阿多诺的著作。但很快，阿多诺作品中的一些特质令我很不满意。所以我转而投向了尤尔根·哈贝马斯（Jürgen Habermas），成了一个地道的"哈贝马斯弟子"。但在波鸿时，我研究的是社会学和哲学，也涉及了一点文学，这些学科是我早期接受的全部学术训练。那时，我作为一个"失败的社会主义者"，不清楚这种"社会主义者"的身份应作何解。很明显的是，当时我更多属于"改良派"的圈子。那时我从不相信"革命就在当下"，我甚至从来不清楚在武装力量高度集中的条件下，那种传统意义上的"革命"会以何种形式展开。所以，在一定程度上，我曾经是一个改良主义的、反威权主义的社会主义者。我也曾一度困惑于自由主义与社会主义之间的关系，甚至并不完全理解"社会主义经济"意味着什么。

李汉松： 您一度致力于回击一种过度经济化的社会主义诉求。

霍耐特： 是的，这样做也是为了对社会主义在经济方面意味着什么这一问题保持一种开放的思路。我认同一种"实验主义"的旧理念，根据这一理念，我们无法事先得知社会主义经济究竟是何种模样，所以必须走一步看一步，自己去探索发现。我们所知道的是，它"不该是何模样"：它不应该是高度中央计划的经济，因为历史上类似的实验不尽如人意。所以，我们仍应继续实验下去。

李汉松： 针对阿多诺和赫伯特·马尔库塞（Herbert Marcuse）关于 1960 年代左翼学运的争论，您站在哪一边？① 答案不难猜，但请您陈述理由。

霍耐特： 我更多站在马尔库塞这一边。那是一段诡异的岁月！回顾过往，我认为如果当时支持阿多诺，批判马尔库塞，也就意味着：只要对未来的革命怀抱着极度激进的观念即可。而加入马尔库塞阵营则意味着：同情并团结那些正在兴起的社会运动，包括后来的女性主义运动与性倾向平等运动。一些支持阿多诺的人盘踞在法兰克福——当时因为我已经反对阿多诺，所以与他们不熟——这些人相信革命就要在眼前爆发，势在必行。

李汉松： 他们的观点是：革命潜力一直存在于当下，我们只需启动革命活动。

霍耐特： 是的，这一总结非常精辟。我认为此类观点特别愚蠢，源于其对工人阶级的现实缺乏了解。他们并未真正照顾到工人的利益，甚至根本没有把工人阶级放在心上。当然了，他们口口声声说自己在"以工人的名义"进行思考。

李汉松： 一直以来，您最猛烈的抨击者都是以第一代法兰克福学派的名义在批判您。这个现象司空见惯，但也耐人寻味。您是否记得 2013 年，曾有一位鸭嘴兽联社（Platypus Affiliated Society）法兰克福分社的成员拜访过您，与您探讨乔治·卢卡奇（György Lukács）与"物化"

---

① Theodor W. Adorno & Herbert Marcuse. 14. Februar 1969; 5. April 1969; 5. Mai 1969; 4. Juni 1969; 19. Juni 1969; 21. Juli 1969; 6. August 1969 in (eds) Wolfgang Kraushaar. *Frankfurter Schule und Studentenbewegung; von der Flaschenpost zum Molotowcocktail 1946 bis 1995*, vol. II. Hamburg: Rogner & Bernhard bei Zweitausendeins, 1998. Theodor W. Adorno & Herbert Marcuse. "Correspondence on the German Student Movement", trans. Esther Leslie, *New Left Review*, no. 233 (January/February 1999), pp. 123-136. (introduction pp. 118-123).

（*Verdinglichung*）概念，含沙射影地批评了您 2005 年在伯克利发表的"檀纳人文价值讲座"①？那是专门派去"揭发"您如何背离了第一代法兰克福学派的德国同志。

霍耐特：不仅记得，而且记忆犹新。你曾是"鸭嘴兽"芝加哥分社的社长，一定是莫伊什·普斯通（Moishe Postone）的学生。你如何看他的"革命观"？

李汉松："鸭嘴兽"比普斯通教授更激进一些。普斯通还坚持应该将罗莎·卢森堡（Rosa Luxemburg）和列宁（Влади́мир Ильи́ч Ле́нин）一分为二，划清界线。

霍耐特：是的，一段时间内，我和普斯通是最亲密的朋友。必须说，直到他最近逝世，我们还维持着友谊。但我从来没能理解他写作《时间、劳动与社会支配》这部书背后的初衷和设想。②

李汉松：该书是普斯通的弟子们在读《资本论》时手边常备的"资本论注疏"。总体而言，在您的众多批评者当中，大多数人不是中间派的"自由社会主义者"或"社会自由主义者"，也不是海德格尔（Martin Heidegger）、卡尔·施米特（Carl Schmidt）和列奥·施特劳斯的信徒，而是更激进的左翼学者——他们希望回归"原初的法兰克福学派"。他们接近您，声称"是友非敌"，然后向您发起突然袭击，拷问您："你怎么看待阿多诺？您又如何看待卢卡奇？"

霍耐特：你描述得极为准确，这正是我不断经历的折磨。但这种现象早已开始了，所以我习惯已久。可以说，自从我开始"认同"——或许"认同"这个词过于强烈了一些，还是说"发生兴趣"为宜——哈贝马斯的理论，并且对批判理论内部的哈贝马斯式运动深感同情，这种来自左翼的攻击声便源源不绝。我在柏林自由大学社会学研究所（Institut für Soziologie, Freie Universität Berlin）执教时，尚未与哈贝马斯建立个人友谊，但因为与他思想接近，而且对"时下革命"的可能性持保留意见，所

---

① Axel Honneth. *Reification: A Recognition-Theoretical View*. The Tanner Lectures on Human Values Delivered at University of California, Berkeley March 14–16, 2005; *Reification: A New Look at An Old Idea*. Oxford: Oxford University Press, 2008; Jensen Suther. "On Becoming Things: An Interview with Axel Honneth", *Platypus Review* 59, September 2013.

② Moishe Postone. *Time, Labor, and Social Domination: A Reinterpretation of Marx's Critical Theory*. Cambridge: Cambridge University Press, 1993.

以受到了不少责难。许多人将我描述为"革命运动中的改良主义叛徒"。

李汉松："改良主义叛徒",而非"新修正主义理论家"?

霍耐特:是的,这是我的另外一个标签。事实上,你让我想起了当时另外给我贴上这一标签的一位年轻的助理教授贝恩德·拉贝尔(Bernd Rabehl)①。他当时已小有名气,现在却成了"新纳粹"人物。他当时是一位风云人物,是德国学生运动领袖鲁迪·杜契克(Rudi Dutschke)②最亲密的朋友。他与我是社会学研究所的同事。我开始在该研究所工作的时候,他公开称呼我为"新爱德华·伯恩施坦"(Eduard Bernstein)。我走入办公室的那一刻,他当众宣布:"看呐,新时代的伯恩施坦驾临了!"我一直在忍受着这一标签,直到现在也忍受着同样的批判。在柏林时,这样攻击我的是我的左翼"同志",现在则是你们这些年轻一辈,接过火炬,继续前人未竟之事业。

李汉松:拉贝尔是个传奇人物。您对他的学术造诣和思想转变有何看法?

霍耐特:他的学术兴趣与杜契克相同,写过一部富有洞见的作品,研究了所谓的"亚细亚式生产模式"(Asiatische Produktionsweise)。③一段时间内,他们二人都反对苏联模式。但另一方面,说他们处于法国式的"毛主义"阶段,也不为过。他们都来自德意志民主共和国(东德),而且都在东柏林长大,背景十分相似。拉贝尔起初给我留下的印象是亲和而有趣。但如今,他像其他一些人一样,转变成了德国的激进极右翼——并不属于任何右翼政党,而是参与极右翼社会运动。这种事态的变化,实在令人扼腕。

李汉松:他是从极左翼转变为极右翼的又一个例证?

霍耐特:是的,如你所说,这并不是个罕见的例子。在 1920 年代和 1930 年代,这种现象频频发生。

---

① 贝恩德·拉贝尔(1938—),德国社会学家和作家,德国社会主义学生团(Sozialistischer Deutscher Studentenbund)前成员。自 1990 年代后期以来,他成了民族主义者和激进右翼分子。

② 鲁迪·杜契克(1940—1979),德国马克思主义社会学家,学生运动(Westdeutsche Studentenbewegung der 1960er Jahre)和"议会外反对党"(Außerparlamentarische Opposition,简称 APO)领袖。1968 年遭约瑟夫·巴赫曼(Josef Bachmann)刺杀,幸存,后赴剑桥大学克莱亚学堂进修,但于 11 年后因那次刺杀脑部受伤癫痫发作而亡。

③ Bernd Rabehl. "Die Kontroverse innerhalb des russischen Marxismus über die asiatischen und westlich-kapitalistischen Ursprünge der Gesellschaft, des Kapitalismus und des zaristischen Staates in Russland", in: *Karl Marx: Die Geschichte der Geheimdiplomatie des 18. Jahrhunderts*. Berlin: Verlag Olle und Wolter, 1977.

李汉松：这一现象在上个世纪 60—70 年代也很常见。我以前的几位同事最近为《社会主义的理念》写了篇书评，文章结尾写道："我们最终不得不浮想联翩：倘若当年阿多诺去世后，接替他继承法兰克福学派掌门人大位的是阿尔弗雷德·施密特（Alfred Schmidt）——然后再传给汉斯-格奥尔·巴克豪斯（Hans-Georg Backhaus）或赫尔穆特·莱歇尔特（Helmut Reichelt），而非在 1983 年落入哈贝马斯之手，那么现在的法兰克福学派会是何等光景？"[①]您对此有何看法？

霍耐特：这简直荒唐！阿尔弗雷德·施密特后来转变得相当保守。起初，在法兰克福，阿尔弗雷德·施密特是整个运动的英雄，因为他写了一部杰出的著作《马克思学说中的"自然"概念》[②]，令人钦佩。但他一直都自视为马克斯·霍克海默（Max Horkheimer）的亲信侍从，后来终于得以编辑霍克海默的著作。而霍克海默晚年也变得相当保守。阿尔弗雷德·施密特和他的老师一样，从来不是个积极的活动家，在某种程度上，他成为奥斯卡·涅格特（Oskar Negt）的反对者。涅格特很了不起，毕生从事社会活动，与工会关系紧密。阿尔弗雷德·施密特去世前算得上是法兰克福大学哲学系最保守的人之一。所以我们都很庆幸，他最终没有得到研究所所长的职位。

李汉松：具体到您的社会主义主张，我想首先与您探讨社会制度问题。社会学家巴林顿·摩尔（Barrington Moore Jr.）曾运用历史方法，分析了 19 世纪的德国工人如何在认同乌托邦远景之后，逐渐走出无助感，重获希望。[③]我相信您同意他这一观点。如今，新自由主义政治秩序和经济制度逐渐巩固，似乎是理所当然的。为了重新赋予工人们超越现实的理

———

　　① Amogh Sahu, Dave Schafer and Ross Wolfe. "Review of Axel Honneth's *The Idea of Socialism: Towards a Renewal*", *Marx & Philosophy Review of Books*, January, 2020.

　　② Alfred Schmidt. *Der Begriff der Natur in der Lehre von Karl Marx*. Frankfurt am Main: Europäische Verlagsanstalt, 1962.

　　③ 巴林顿·摩尔（1913—2005），美国政治社会学家，曾任芝加哥大学、哈佛大学社会学教授，著有：Barrington Moore Jr.. *Social Origins of Dictatorship and Democracy: Lord and Peasant in the Making of the Modern World.* Boston: Beacon Press, 1966; *Authority and Inequality under Capitalism and Socialism* (Tanner Lectures on Human Values). Oxford: Clarendon Press, 1987; *Moral Purity and Persecution in History*. Princeton: Princeton University Press. 2000; & Robert Paul Wolff. *Herbert Marcuse*: *A Critique of Pure Tolerance*. Boston: Beacon Press, 1965; *Soviet Politics-The Dilemma of Power: The Role of Ideas in Social Change*. Cambridge, MA: Harvard University Press, 1950; *Terror and Progress, USSR: Some Sources of Change and Stability in the Soviet Dictatorship*. Cambridge, MA: Harvard University Press, 1954.

想，就必须先阐明：有些现状并不是无法撼动的。您认为，我们应该推翻哪些想当然的成见？您曾经说过，如果重写《社会主义的理念》，您会用更多的笔墨来探讨具体哪些制度可以改变。

霍耐特：大多数人想当然地认为，只有通过国际和国内的自由市场这一组织，才能满足人们日益增长的经济需求和诉求。依我之见，认定"只有市场才能解决经济领域的制度问题"是新自由主义者编造出的童话故事。但这种想法已经如此根深蒂固，以至于人们受其思想禁锢，已经无法想象任何其他的替代方案了，甚至认为除此之外毫无其他选择余地。这一现象席卷了全部的经济交易领域。以房地产市场为例——我们甚至必须称之为"房地产市场"，人们已经丧失了创造性，不再设想还可以通过其他完全不同的方法来组织住房的分配。人们的基本需求领域也是这种情况，我们不再设想基本需求可以通过国家得到满足。我们在1950年代，甚至1960年代初还提出过这样的设想，但现在所有这些设想都已经破灭。现在，我们只能以程序、俗见、社会主流舆论为向导来制定政策。

李汉松：在西方国家的政治制度方面是否存在类似的僵化问题？

霍耐特：是的，在某些政治制度方面也存在类似的情况。人们拘泥于现有的选举方式，而我认为政治制度上的不灵活是错误的。政治活动的形式甚至可以更为直接。六周前，我观察了美国爱荷华州的民主党初选，留下了深刻的印象。我认为，党团会议（caucus）远胜于初选（primary election），前者是更优越的代表选举的组织方式。在大多数选举中，投票者来到投票点，匿名投出个人的选票，但这一流程缺乏公开辩论。而如果你通过现场加入支持某个候选人的团体来公开表达个人意愿，那么性质便完全不同了。这样做极其复杂，冗长而耗时，但我认为它克服了个人投票、秘密投票的种种弊端。

李汉松：社会主义政体需要"公共区域"（Öffentlichkeit）。

霍耐特：的确如此，需要活跃的、行动中的"公共区域"。我听到绝大多数欧美的新闻评论员都在质疑这种党团会议。他们抱怨说，这太费时费力了，最终还选出了无法胜任的候选人。但我不敢苟同。起码这是一种实验，告诉人们：不一定要永远遵循现状。社会主义需要积极的政治民主精神。这可能更复杂，也更费时，但更符合政治民主的精神。

李汉松：公共协商是您提出的政治构想的重要组成部分，是人民进行自我教育以及相互教育的场所。

霍耐特：是的。我心目中理想的画面是：普通民众，哪怕未受过高等教育，也能踊跃参与公共协商。他们可以互相辩论，劝说对方加入自己的阵营。在当时的情形之下，人们必须互相交换理性的论点和论据。党团会议制度要求人们必须进行公开协商。这非常了不起。所以，我认为，过去50年里，我们丧失的不是希望，而是想象力——我们不再想象在现状之外还可能有其他的制度选择和制度变革。只有重新恢复这种想象力，我们才能朝着正确的方向前进。

李汉松：鉴于您一直批判现状，鼓励人们思考"现状之外，别有天地"，我想追问您："超越现状"究竟意味着什么？我曾有一段特殊的经历：先与普斯通研讨《资本论》，然后立即赶到马路对面听罗伯特·皮平（Robert Pippin）讲《精神现象学》①。但他们二人并无交集。一日我问皮平：难道在资本主义社会"之外"，您什么都看不见？他答道："资本主义社会的潜力尚未枯竭。"他具体指的是社会流动性，即出身贫寒之人通过个人努力和市场规律，完全有可能获得更高的知识修养、社会地位、经济水平。在读完《社会主义的理念》后，我想问您："为何不先等资本主义社会的潜力完全用尽，再谈社会主义？"

霍耐特：我对皮平会持更具批判性的态度。我不确切知道他对你的这一问题会如何回应，但我的另一部著作《自由的权利：民主道德大纲》对此有所涉及。②皮平认为，资本主义社会，或者说现代自由民主制，拥有充足的内部潜力，可以在长时段内进行自我修复和改良，从而使我们的诉求最终总是能够得到满足。我认为他所描述的这一愿景有过于美化之嫌，其理论构架也并不稳固。我与皮平的看法不同。我相信，人为地改变社会、最终实现更美好的世界是完全可能的。这些可能性要优于"自由民主制度"所开出的"药方"。所以，我作为社会主义者，对未来的可能性抱持着比皮平更加开放的心态。我想说的是：不要急于下结论！首先，我相

---

① Georg Wilhelm Friedrich Hegel. *Die Phänomenologie des Geistes.* Bamberg und Würzburg: Bey Joseph Anton Goebhardt, 1807.

② Axel Honneth. *Das Recht der Freiheit - Grundriß einer demokratischen Sittlichkeit.* Frankfurt a. M: Suhrkamp, 2011.

信我们能改变市场的机制。在某些重要领域，在涉及关键性需求的领域，我们甚至可以弃市场不用。我们也可以改变欧美国家的某些政治制度，直到我们不再将它们等同于"资本主义社会"。所以，至少在《自由的权利：民主道德大纲》中，我的观点其实比人们所认为的要更加开放。

李汉松：《社会主义的理念》致力于解决的一大难题便是，如何将一个群体面对具体困境时即兴自发产生的各种不满有效地转化成由理论指导的、有着明确方向和目标的自觉政治运动。我认为，这是罗莎·卢森堡在《群体罢工》中执着于解决的问题①，也是列宁在《怎么办？（我们运动中的迫切问题）》中最关注的问题②。现在让我们假设：如果我们的目标是超越政治上的新自由主义和经济上的新古典主义，那么我们应当如何指引人们跳出眼前直面的困苦，形成更高的政治意识？在卢森堡和列宁的时代，做到这一点已是困难重重，但经过艰苦斗争，工人运动还是有所起色的。为什么现在比当时更加困难？您心目中的终极目标是什么？在新自由主义之后和之外，世界还可能是什么样的？

霍耐特：现在之所以更加困难的原因之一，你在前面的提问中已经提及，那便是当前人们对"必然性"的诸般幻觉。其中一种幻觉是，我们以为这些现存的制度框架之所以存在，是因为它们无可替代。我们以为，面对那些复杂棘手的政治与经济难题，如气候变化，我们只有维持现状，才能勉强应对。这种观念已经深深植根于当代多数人的思维之中，很难逆转。依照这种论调，对现存的制度做出任何一点改变，整个社会便将面临失灵的巨大危险，从而无力解决现实问题。另一个原因是，目前不存在任何政治运动或党派能立即对这些困境与挫败作出回应。当然，提出这种批评很容易，也很傲慢，所以或许我不该如此信口开河。毕竟，我们时常忘记，组织一场运动，建立一个党派，要历经何等的千辛万苦。但无论如何，我们都必须找到全新的政治语言。其中一项举措正是我最为着迷的一项工作，这就是重新挖掘历史记忆，激发我们现在的想象力。在德语本《社会主义的理念》中，我附上了自己在维也纳的演讲稿，其内容是关于

---

① Rosa Luxemburg. *Massenstreik, Partei und Gewerkschaften*. Hamburg: Verlag von Erdmann Dubber, 1906; Rosa Luxemburg, *Gesammelte Werke*, Bd. 2, Berlin: Dietz, 1986, S. 93–170.

② И. Ленина. *Что дéлать? Наболевшие вопросы нашего движения*. Stuttgart: Verlag von J.H.W. Dietz Nachf. (G.m.b.H.), 1902.

"红色维也纳"（Rotes Wien）这段历史的①。这是一种尝试，即试图通过增加历史记忆感，来使人们相信：现状本不一定如此，因为历史上就曾经出现过完全不同的选择和经历。"红色维也纳"的历史告诉我们：历史上曾发生过一些在分秒之间就实现了巨大的制度变革的成功案例。我们现在亟须重新恢复历史记忆，寻找左翼曾经成功的历史，这样才能鼓舞士气，最终消灭这种"现实即必然"的幻觉。我们在探索过去中发现：许多我们现如今以为不可能的事，曾几何时充满了可能性。通过这种历史教育，我们便能逐渐克服"冻结在现实之中"的现象。

李汉松：但历史中也有一些失败，难以解释。您一向认为1989年苏联解体、东欧剧变不是新自由主义成为主流的终极原因。但我想反问您：1980年代的失败到底源于何处？其病根是否可以追溯至1960年代？许多左翼学者反思后认为，由于新左翼组织涣散、理论肤浅，导致了世界左翼运动的士气跌入谷底。新左翼一旦垮台，加之苏联形势严峻，一些马克思主义知识分子就躲进象牙塔，开始在芝加哥大学历史系皓首穷经；其他一些激进分子因对新左翼不满，转变成了保守派，皈依了芝加哥大学经济系的货币主义。此后的30年经历了"去政治化"的全过程，正好与新自由主义的兴起吻合。您如何看待这一观点，又如何解释1960年代后，左翼政治活动逐渐削减、衰亡的现象？

霍耐特：这是个极度复杂的问题，也是我多年来感到费解的难题。我无法对这一问题提出单一原因的解释，只能试图从多个层面来对其进行描述，当然这种描述可能有其含糊的地方。首先，我认为你提出的上述解释有其合理性：1968年运动的某些后果导致了1980年代左翼的士气低落。但与你不同，我认为这些不利后果是1960年代激进人士的无心之过。其中一项"无心之过"是，他们的政治运动最终导致人们更加看重私人福祉。运动开始时，并没有人刻意强调这一点。他们的初衷正好相反，是要实现人类福祉的社会化和普遍化。譬如，以各种公社代替个人的小家庭便是视福祉为公共产品。但是，如果你追踪这些人后来的行迹，便会发现，时过境迁，他们最终都局限于很小的圈子，甚至沉溺于关于私人幸福的

---

① "红色维也纳"（Rotes Wien）指1918—1934年的奥地利首都。当时社会民主党成为执政党。这一时期最为人所知的是其住房计划，而激进的市政项目也带来了广泛的社会进步，包括医疗、教育、儿童保育和文化改革等方面的举措。

渺小梦想之中。所以，研究思想史的学者不妨进一步探究 1968 年运动还造成了哪些"无心之过"。另一个原因更难解释，因为事关全球社会民主的衰落。要理解社会民主在全球的衰落是困难的，这不仅是法国、德国和意大利发生的现象。但显而易见，情况在这三个国家极其糟糕。英国的情况谈不上极度悲惨，但危险一直如阴云一样笼罩着英格兰。最近一次大选中，工党似乎一蹶不振，险些被保守派扫荡出局。我不确定这些失败的具体原因，但我确信原因不只是苏联解体这么简单。传统上，人们将原因指向苏联，将一切归因于这座大厦的倒塌。我不认为大多数的左翼社会民主派人士或者那些对社会民主运动抱着些许同情的人，在 1960 年代后仍然认同苏联社会主义模式。

李汉松：尤其是 1960 年代以来，不论是知识分子还是思想进步的工人，都以批判的眼光看待苏联。所以左翼整体上跌入低谷，绝非一朝一夕之间就能发生的变化。

霍耐特：是的，绝大部分工人本来并不完全信任"苏联模式"。我认为 1980 年代以前，人们就基本放弃了苏联模式。所以，1989 年前后苏联式的计划经济在东欧纷纷宣告破产并不令这些人感到震惊。因此，苏联解体绝不应该是全球范围内左翼士气低落的终极原因。也许，更切中要害的原因来自一场文化意识形态大转型，它导致了人们对私人福祉和私人自由的近乎偶像式的崇拜。这并不应全部归结于新自由主义经济的建立。或者说，其中的因果关系是倒置的：先有意识形态或某些文化和信仰，然后社会浸润在这种氛围中，政治经济体才转向了新自由主义改革。在这一意义上，我是个韦伯主义者：不仅是经济决定了文化，而且意识形态也能推动经济模式的转变。我更倾向于这一解释。一直让我感到惊讶的一点是，当美国的市场化浪潮突然袭来，侵入法国、德国时——拜撒切尔（Margaret Thatcher）所赐，这股风潮在英国已经显现端倪，甚至萌发得更早——几乎并未遇到大规模的抗议。广大民众在沉默中接受了一切，甚至连工会也默认了这些剧变。这是怎么发生的？一种可能性是：人们当时认定，只有顺从新自由主义改革，才能获得更多社会福利。另一种可能性是：某种新自由主义信仰早已萌芽，人们早已在私人领域以个体为单位来谋求权益。我相信是后者。那么，我们就必须解释：1970年代这一场巨大的文化意识形态转型究竟是如何发生的，又造成了何种后果？

李汉松：我们不妨来具体探究一下"文化意识形态"的现状：新左翼运动以来的身份政治问题。我研读过您与南茜·弗雷泽（Nancy Fraser）之间的往来信件。① 显而易见，您与弗雷泽在"承认"观念的维度方面意见不一。她坚持文化具象性，而您则维护经典马克思主义的普遍主义，论述"承认"概念时，不为狭义的"文化具象性"留太多余地。近来在魁北克问题上，查尔斯·泰勒（Charles Taylor）进一步向"身份政治"作出了妥协，承认当年鼓吹过的公民主义已经过时。② 如果您的论敌们坚持认为，为了最终实现普遍的"尊重"与"承认"，目前必须先解决具体的"不尊重"和"不认可"的问题，所以必须通过身份政治来解决歧视少数群体的问题，您又当如何回应？

霍耐特：我一直以来与"身份政治"保持距离。因为，第一，在少数族裔与群体问题上，我对如何界定"身份"这一"问题域"持保留意见。我与其他学者一样认为：少数族群，尤其是文化少数群体的"身份"认知并不稳定，而是复杂的、流动的。第二，我对"身份政治"敬而远之，还因为它对"承认"概念的使用过于片面化。我认为，弗雷泽批判我时所犯的错误是：她以为"承认"仅停留在"文化承认"。我认为这种"承认"观念受到了误导，代表了一种错误的思考方式。"承认"（Anerkennung）是随时随地存在的，包括在工作中占据一席之地、保持尊严。你关心的或许是一些文化少数群体遭遇了不尊重。但尊重与不尊重是普遍存在的。人类社会的结构由各种形式的相互"承认"构成。你所说的这些人认为，我们目前阶段的任务是"完成身份认同的使命"，我认为他们极大程度上忽略了表面的不公正背后的经济原因。在这一意义上，我坚持认为，过去20至30年里，我们为少数族群的解放和平等所进行的斗争远比反对经济不正义的斗争要成功。多年来，我们全神贯注于文化少数群体，到达了如醉如痴的程度，现在是时候在这一领域暂停一段时间，回归到经济问题了。

---

① Nancy Fraser & Axel Honneth. *Redistribution Or Recognition?: A Political-philosophical Exchange*. London & New York: Verso, 2003.

② "From Charles Taylor to Teachers, Protesters Pledge to Fight Quebec Secularism Bill", *Global News*, April 3, 2019; "Both Authors of Bouchard-Taylor Report Speak out against Quebec's Secularism Bill", *Global News*, May 8, 2019; "Protesters Decry Quebec Secularism Law's Impact on Teachers", *CBC News*, Sep 28, 2019; 李汉松：《2019 年欧美舆论场上的历史学家们》，《澎湃》2020 年 1 月 1 日。

我们应该从根本上"重新构建"社会文化，将已有的精力与能量集中在经济问题上，对其展开批判性思考。

李汉松：您经常以非裔美国人的民权运动为例，倡导更广泛意义上的"政治承认"。尽管这类社会运动中的行动主体是少数族裔，但其最终实现的是普遍的政治与经济正义。

霍耐特：是的，你的这一说法很恰当。但与此同时，我必须指出，种族主义是一个完全不同的现象。它不单单是文化少数族裔被压迫的问题，而是源自一段不正义的历史。而这段历史仍然在结构上决定了人们如今的行为标准。

李汉松：我想借此机会与您探讨一下，马克思主义语境内自由与权利的关系。马克思在《神圣家族》①中曾描述了圣茹斯特（Louis Antoine de Saint-Just）受刑前戏剧性的一幕。他被送往巴黎古监狱（Conciergerie）的断头台时，指着墙上的《人权和公民权宣言》（*Déclaration des droits de l'homme et du citoyen*）疾呼："正是我创造了这个业绩！"（C'est pourtant moi qui ai fait cela!）马克思认为，这是悲剧而讽刺的一刻。法国大革命最终无法协调硬性的宪法权利框架与充分的民主主权。马克思指出，不但法国大革命未能解决这种矛盾，而且这一矛盾延续到了 1840 年代的革命。您是否认同这一观点？

霍耐特：这与我的思路不完全吻合。我认为存在着另一种张力：自由与权利之间的张力。如果你认为可以通过"权利"来重新组织、构建出所有的"自由"，那么便会陷入矛盾和困境。在你看来，我的这一观点与你和理查德·塔克（Richard Tuck）的看法是殊途同归，还是大相径庭？②

李汉松：我认为存在相似之处，因为您曾批判那些看似"结构上中立的，甚至能够自我认证的'权利'"，认为这种法律意义上的狭义的权利观太具局限性。或许，也可以将您的这一观点从私法延伸到宪法和公法领域？

霍耐特：这很有道理。当然，我一直不遗余力地批判对自由和伦理的过度法律主义的解读。但对我而言，这一思路来源于黑格尔（G. W. F.

---

① Karl Marx & Friedrich Engels. *Die heilige Familie oder Kritik der kritischen Kritik*. Frankfurt a.M.: J. Rütten, 1845; in Karl Marx & Friedrich Engels. *Werke*. Berlin: 1957, Band 2, S. 7.

② 见本书《民主·主权·脱欧——对话理查德·塔克》。

Hegel)，他反感过度强调法律权利①。

李汉松：对法律主义的批判难道不适用于欧盟吗？毕竟欧盟也是通过宪章来定义自由的。

霍耐特：我可以向你坦诚我对欧盟的真实态度：它比旁人臆测的以及我曾经表述过的更为负面。但我的这种负面看法与塔克的欧洲怀疑论殊为不同。我并不认为欧盟是各个国家因为"共享文化习俗"——抑或是更为可怕的"共享宗教信仰"——凝聚在一起的产物。在我看来，这套说辞其实在避重就轻，引人误入歧途。与此截然不同，我认为可以将欧盟的创建理解为，欧洲大陆国家试图在心理上摆脱自己过去犯下的罪行。"二战"后，我们意识到"我们"——欧洲大陆的各个民族——必须为如此之多的罪行负责：奴役、殖民、反犹主义和集中营。这些并不只是德国一个国家的历史，而是广泛存在于整个欧洲的现象。之后我们有意或无意地发觉，只有重新建立一个"集体超我"（*kollektives super-ego*），才能在心理上摆脱欧洲大陆的诸般罪孽。所以，我将欧盟视为一种"集体超我"。这是我在巴黎所作的"欧内斯特·布洛赫讲座"中首次提出的观点。

李汉松：您提出的这种"政治心理分析"方法标新立异，得出的洞见也引人遐思。最后想请您谈一下国际经济发展的议题。改良式的社会主义标榜自己如何为工人阶级带来了切实的福利和利益。但我想问的是，这种福利社会主义能否实现国际化，又是否可持续？以所谓"斯堪的纳维亚模式"为例，北欧之所以率先建立福利制度，是因为将大量生产工作外包了，把一些"无产化"产业用货轮海运，转移至了拥有廉价劳动力的发展中国家。那么，倘若全球经济无法从总体上解决"稀缺性"这一经济学的大前提，那么是否还能谈论所谓的"福利"？民族国家（nation-states）将"不正义"船载水运，散布到了全球各地，然后自称克服了"资本主义生产导致的社会矛盾"，这有何意义？

霍耐特：是的，这是个深刻而尖锐的问题。我在《社会主义的理念》中试图解决它，但很快便感到希望渺茫，最终放弃了这一野心。我认为，所有在世界特定区域内施行的社会主义改革都必须在承认"外部人的权益"、保证不侵害世界其他地区的利益的前提下，才能得以完成。这就意

---

① Georg Wilhelm Friedrich Hegel. *Grundlinien der Philosophie des Rechts*. Berlin: Nicolaische Buchhandlung, 1820.

味着，狭义上的社会主义运动同时也必须是广义上的全球运动。这种"全球性"不是一般共产主义革命意义上的"世界主义"，而是马克思主义意义上的另一种国际理念：我们引入变革时必须确保它导向更美好的前景，这就必须要满足一个最基本的条件——使世界上一部分人受益的变革不能使其他人受害。所以，我们必须依据如下这一条到目前为止尚未存在过的准则来控制我们的改革，即改革不应侵害其他所有国家的权益。这样做虽然会极大地限制我们的改革措施，但是也会迫使我们重新思考如何改革。当我们思考国际分工时，这一点体现得尤其明显。过去，我们确实把"脏活累活"出口给了"第三世界"。很长一段时间里，发达国家看似可以完全抛弃这些工作。但现在，我们却发现这是绝无可能的。事实上，你只需在美国的城市转一转便能发觉，所有的活都是"脏活"，情况甚至比欧洲尤甚。非西方世界因新的劳动分工而受到剥削，最先进的国家在过去30年里因此而获益，但是与此同时，发达国家无法避免自身的"重新无产化"。这种趋势是个悖论。发达国家并没有摆脱那些"脏活"。我们曾经出口给第三世界的"经济奴役"和"支付最低工资的工作"现在一定程度上又返回到了"发达国家"。我甚至认为，发达国家和发展中国家在制造业方面的差别正在缩小，甚至在慢慢地消失。目前，在高度发达国家的大城市内部出现了许多"无产化区域"。如果你路过法兰克福、纽约、伦敦的某些街区，你会产生一种错觉，以为自己正行走在非洲某些国家的大城市中最令人绝望的地带。所以，我认为经济发展导致了这样一种后果：全球的大城市内部都产生了贫富分化和贫富隔离。而这种差距在第三世界国家的大城市中甚至更为显著。这种普遍的现象为社会主义者敲响了警钟，也指引了未来的方向。

第二部分

史家史料

回归政治和思想

——对话约翰·邓恩 ①

何以回归思想史，以求明辨政治？本文先为重回政治思想史辩护，再以约翰·洛克备受争议的思想遗产为例，探讨传记式的史料考据方法和思想史的档案研究。在回溯方法论和史学史争议之间，政治理论和思想史家约翰·邓恩与作者阐发了语境主义的传记维度，介绍了洛克在欧美各国的影响，以及政治思想史在反思当代民族国家危机与国际关系困境中的作用。

约翰·邓恩（John Dunn），生于 1940 年，是英国政治理论和思想史家、"剑桥思想史学派"创始者与代表人物之一，尤以研究约翰·洛克闻名。邓恩也常年钻研非洲和亚洲政治，提倡政治理论的国际化和比较研究。

李汉松：我们曾谈到，17 世纪末 18 世纪初，年轻学徒在首次临床出诊前无不遍览古希腊医书，而如今的病理学家和解剖学家绝不会费时钻研希波克拉底（Ἱπποκράτης）和希罗菲卢斯（Ἡρόφιλος）的著作②。但若欲参透社会思想，则无法规避"人类的双重具象性"：既有人性，也有政治，所以必须谙熟往圣先贤那些历时久远的理论。③此外，根据一种更普遍的人文主义传统，每个人都应受到亚里士多德《伦理学》和《政治学》的熏

---

① 本文系作者与约翰·邓恩教授于 2019 年 6 月 18 日在剑桥大学国王学院的对话，发表于《世界历史评论》2022 年第 2 期，作者自译。

② Hippocrates. *Corpus Hippocraticum*; *Hippocrates*. London: W. Heinemann / Cambridge, Mass: Harvard University Press, 1923-1931.

③ John Dunn. *The History of Political Theory and Other Essays*. Cambridge: Cambridge University Press, 1995.

陶，哪怕无暇顾及《天象论》和《论动物部分》。①政治思想史与科学发展史、经济活动史和法律制度史相比，似乎承载着更大的规范性意义，与当下的生活息息相关。面对专家学者和普通大众，您能否再为阅读经典一辩？

邓恩：我们生活在一个深受政治影响的世界，甚至在可以预见的未来，很有可能通过政治走向毁灭。所以，要求全体受过基础教育的民众不但了解政治，并且超过250年前世界绝大部分人口的理解程度，符合时代的需要。那时，大众无须真正通晓政治，因为在绝大部分时间里，构筑他们生活的参数和范畴并不直接取决于任何能被重新构建成"政治"，或者合情合理地称为"政治"的事物。在某些层面上，几乎所有当代人都依赖同一种生活架构——除了亚马孙丛林和巴布亚新几内亚地区的原住部落之外（尽管即使是他们那里，也在逐渐被这种现代生活悄然侵蚀）——大部分人口既受政治恩惠，也任由政治摆布。但政治并非仁慈之物。在实质上，政治绝非一门慈善、安全、具有保护性的行当。所以，之所以要求研究政治思想的学生去阅读这些文本——我同意你所说，不仅是专业学生，而且所有受过教育的人都应当认识到这些著作值得他们尝试去阅读——其目的在于提高见识层次，以求洞察政治之实质。这种效果在经典之外难以找到。诚然，如若依照"谁更贴近当下"的标准来评判，确实有相当数量的作品，有可能具有同等的想象力和洞察力，甚至超越经典名著。但事实似乎并不尽然。正相反，我们几乎可以说，起码在西方过去的150年里，政治洞见的层次愈发走起了下坡路。因此，展望未来，我认为通过阅读经典文本来研究政治，势不可挡。其他诸如报纸新闻等媒体信息，不妨当作辅助资料。但即使是参详这些资源，也需要同等全面的认知力。而只有身临其境，与历史上最精深的政治观念对话，才能锻造出这种认知力。

李汉松：您呼吁大众阅读政治思想史时，身兼了两个相辅相成的身份：历史学家和政治科学家。这两个词分别蕴含了希腊和拉丁文中"求知"的词根：*ἱστορία* 和 *scientia*。作为"剑桥学派"中对理论和史料同样重视的

---

① Aristotle. *Ἠθικὰ Εὐδήμεια* (*Ethica Eudemia/De moribus ad Eudemum*) in *The Athenian constitution. The Eudemian Ethics. On Virtues and Vices*. Cambridge, Mass.: Harvard University Press, 1971; *Ἠθικὰ Νικομάχεια*, in *The Nicomachean Ethics*. London: W. Heinemann; New York: G. P. Putnam's sons, 1926; *Πολιτικά*, in *The Politics*, London: Wm. Heinemann.; New York, G.P. Putnam's sons, 1932; *Περὶ οὐρανοῦ*, in *On the Heavens*. Cambridge, MA: Harvard University Press, 1939; *Περὶ ζῴων μορίων* (*De Partibus Animalium*), in *Parts of Animals. Movement of Animals. Progression of Animals*. Cambridge, MA: Harvard University Press, 1937.

学者，您如何为"政治思想"这门学科划定边界？

邓恩：我是鬼使神差地成了政治思想史家，一部分是命运巧合的安排，另一方面是权宜便利的驱使。毫无疑问，我的思想史研究是我一生中最为细密严谨的工作。但一开始我甚至直观地认为，这门学科似乎并未作出任何实质贡献，以帮助我们更好地理解政治。因此，我一度为现实考虑，险些放弃思想史。但我终究没有放弃它，因为我逐渐发现：我做出的一部分研究真真切切地阐明了政治。更具紧迫感的是，我愈发意识到：政治思想史在试图准确把握"到底是什么因素在塑造我们居住的这个世界"这一问题上，的确是最为强大的工具。这不是我独自一人发现的，但真正经历过这一思想剧变，却是相当刻骨铭心。最初，我以为政治思想史是一种非常道学、经院式的演习。在智识层面上，我对当时流行的学术方法不能苟同，认为它们会误人子弟，而且缺乏思想上的清晰性。所以我当时主要的学术动力来源于我迫切地想要说服旁人，促使他们使用更为合理的方法从事研究。这便是我当年自我放纵的一种做法。但很明显，如果你是位学者，你发现多数的学界同行所做的研究工作大多是浪费时间或者完全错误，你会有一种冲动告诉他们：请注意，如果你认为它值得研究，并且全身心投入这项研究，你就该用合理的方法去进行，这样才能真正理解这些作者在说些什么、为什么这样说。在此之后，你才能思考：他们这样说，当时语境下有多令人信服？而在此时此刻，又多大程度上能令我自己感到信服？

李汉松：您个人经历中的巧合不仅限于学术，还有其他维度。您童年时目睹了夕阳余晖中的大英帝国，也追溯父母和祖父母的脚步，去过"二战"后被占领的西德，且身涉伊朗、印度和非洲。若要追溯一个人的政治反思和历史想象，这得算作更早的一系列语境。

邓恩：确实，在我瞄准进入学界许多年前，就已经对政治和历史发生了巨大的兴趣。我曾经困惑于我逐渐长大的那个世界为什么具有那种形态，其中发生了什么、何以发生，又会导致未来哪些事件的发生？毕竟，在事情发生前就已洞察一二，总比无休无止地震惊于恼人的突发事件，终日惶惶不知所措要好得多。在儿童时代，我是个相当具有理性主义特质的孩子，认为世界注定有理可循，但却逐渐观察到它并不那么合理。我出生在 1940 年，也即英国迈入第二次世界大战的第二个年头，敦刻尔克大撤退（Battle of Dunkirk）的三个月后。我的婴儿时代是在德国空军轰炸伦敦市区的隆隆炮火声中度过的。我第一次有意识的政治经历是发现"二战"结束了，而英国"没有败"。这一经历颇具决定性，因为我父亲亨利·乔治·蒙特福德·邓恩（Henry George Mountford Dunn）①、祖父亨利·纳森·邓恩（Henry Nason Dunn）②都曾在军中服役。

李汉松： 您父亲的军旅生涯主要是在印度，但我听说他参加过诺曼底登陆？

邓恩： 是的，我父亲以准将军衔从皇家炮兵团退役。他"二战"前便长年驻扎印度，之后改任英国驻印度高级专员公署军事顾问。期间我曾去新德里和父母团聚了一年。

李汉松： 我也曾查考档案，发现您的祖父邓恩上校不仅是位功勋卓著的军医，还在远征苏丹时发现一种鸟类，以自己的名字将其命名为"图氏沙百灵"（Eremalaudadunni），即"邓恩沙百灵"。

邓恩： 我很惊喜你知道这件轶事。虽然我个人从未见过野生的"邓恩沙百灵"，但我姑姑曾带我去过伦敦肯辛顿区的自然博物馆，向我展示了我祖父曾捐给这家博物馆的非洲鸟类、小型啮齿类动物标本。我祖父医术高明，从英国皇家陆军医疗兵团退役。1898 年爆发著名的恩图曼战役（Battle of Omdurman），他当时正在前线抢救伤员③。"一战"期间他是西线一个作战师的首席军医，曾两度身负重伤，并失去一只眼睛。

李汉松： 这一段沉重的国史和家史如何能渗透进到一个孩子的意识中？

---

① 作者考证：亨利·乔治·蒙特福德·邓恩 (1907—1970) 生于英国驻印度重镇安巴拉，陆军中校，以皇家炮兵（Royal Artillery）准将军衔（Brigadier General，介于上校和少将之间）退役。1934 年左右在印度与凯瑟琳·玛丽·金罗池 (Catherine Mary Kinloch，约 1900 —1986) 成婚。葬于汉普郡圣玛丽教堂墓园。

② 亨利·纳森·邓恩 (1864—1952)，爱尔兰人，毕业于都柏林三一学院，上校军医手术师。1906 年于英国伦敦圣乔治汉诺瓦广场与莫德·凯特·格罗斯维诺 - 詹宁斯 (Maude Kate Grosvenor-Jennings) 成婚。1904 年 1 月 30 日随皇家医疗军 (Royal Medical Corps) 驻印度，亦曾赴苏丹、索马里，留有日记，现藏于英国国家陆军博物馆。邓恩曾以自己的名字命名苏丹当地一种鸟类为"邓恩云雀"(Eremalauda dunni，中文通译为"图氏沙百灵"，其"图"者，"邓恩"也)，详见 Helm Dictionary of Scientific Bird Names 索引第 142 页、The Eponym Dictionary of Mammals 第 117 页。据作者不完全考证，亨利·乔治·哈特 (Henry George Hart) 的军籍簿册亦载邓恩生平。

③ 1885 年爆发马赫迪战争（Mahdist War），英军支援埃及与苏丹作战，丘吉尔曾在《河上的战争》(The River War) 中详加记述。其后，苏丹实现短暂自治。1898 年，英军远征苏丹恩图曼。霍雷肖·赫伯特·基奇纳，第一代基奇纳伯爵（Horatio Herbert Kitchener, 1st Earl Kitchener）率军进逼马赫迪首都，于尼罗河边修筑工事。苏丹骑兵蜂拥而至，大批倒在马克沁机枪（Maxim gun）之下。当夜，丘吉尔中尉在日记中记载了苏丹军队的死伤惨状，事后对基奇纳也颇有微词。

邓恩：我祖父后来装了一只玻璃眼珠，他常为我表演如何把它摘取下来。这对小孩子而言相当震撼。他在巴斯市区那一条佐治亚建筑风格的皇家新月街区有一栋房子，楼道里陈列着来自恩图曼战役的箭矢和矛尖，他也曾指给我看过。①所以与如今大街上一般的英国民众相比，我更有理由关注战局。但事实上，"二战"期间几乎全体英国民众都以战事为己事——我相信当时绝大部分中国民众也是如此。所以从一开始起，我就发现这个世界是个肃杀危殆之地，荒诞不羁，而又险象环生。我问自己：如何才能使世界变成一个（从人类角度看）更为安全、更不那么令人懊丧的地方？从孩童到青少年时期，我经历了一系列有趣的历史事件，因为英国社会当时面临着国家命运的巨大改变，不得不转型。但这一过程并不顺畅。总归所有国家在命运大转折时都很难适应。但也正因如此，许多因素刺激我去思考"到底发生了什么？"和"为什么它们会发生？"这两个问题。当我终于来到剑桥大学国王学院时，我已对政治萌生兴趣久矣。与此相比，我对历史的认知还很肤浅幼稚。当时我主修历史，倒并不是认定历史能助我一臂之力，释疑一切问题。事实上，我已经在致力于解惑答疑，但同时发现考历史是当时"阻力最小的一条战线"（line of least resistance）——国王学院提供了优厚的奖学金，录取我读历史——便义无反顾地投入其中了②。入学后，我立即开窍了许多之前费解的疑问，但这些新增的智慧和我原先的政治热衷是分开的。所以一开始，我是"读史"和"阅世"各自为政。而我的"问政"也是独立进行的，与学术活动相当脱节。后来，它冲击了我的学术。更准确地说，是我的学术冲击了我的政治。

李汉松：您与当时正在凯斯学院读历史的昆廷·斯金纳相比，学术和政治活动的比例有何差异？

邓恩：昆廷和我既是同年也是同学。我们真正读本科时算不得亲

---

① 英国巴斯（Bath）皇家新月（Royal Crescent）住宅区约有30幢经典的佐治亚式住宅，呈新月形道路，于1767—1774年落成，由小约翰·伍德（John Wood, the Younger）设计。因为背倚爱奥尼柱面向花园，皇家新月体现了"城中有乡"（rus in urbe）的理念。

② 作者考证：1948—1952年，邓恩在格洛斯特郡（Gloucestershire）赛伦赛斯特镇（Cirencester）欧克利私立预备学堂（Oakley Hall）读书。1953年，邓恩考入极负盛名的温彻斯特公学（Winchester College），获"Foundation Scholar"奖金和称号，直至1955年。之后，邓恩开缺一年，赴新德里与父母团聚。邓父时任英国驻印度高级专员军事顾问。之后邓恩返回英国，进入米尔菲尔德学校（Millfield School）修习两年（1956—1958），备考A-Level。1958年12月，邓恩参加剑桥大学国王学院奖学金考试，获剑桥"Major Scholarship"。

近，因为毕竟不在同一个学院，很难见面，但我们毕业之前已结为知交好友。昆廷对历史投入甚巨。他当时不乏其他风流潇洒的活动，譬如击剑和话剧。但历史研究始终是他在校期间的生活重心。相比之下，我的学生生涯更加涣散。我当时兴趣驳杂，投身剑桥辩论社（Cambridge Union Society），和撒切尔夫人未来一半的内阁成员激烈舌战。我还担任了大学核裁军运动（Campaign for Nuclear Disarmament）主席。我在这些活动上的费心甚至比学业更多。

李汉松：但后来还是学术冲击了政治。据说为您开启这一进程的是古罗马史学家摩西·芬利（Moses Finley）先生。他自己为躲避麦卡锡主义浪潮的政治冲击，从纽约漂洋过海来到剑桥做学术。①

邓恩：是的。说起来，最初邂逅芬利还要归功于我本科期间最亲密的学术同仁——伊斯兰学鸿儒迈克尔·库克（Michael Cook）②的怂恿。他和我同龄，虽然年纪轻轻，但当时已经是我认识的所有人中最博学的一位。就这样，我在读历史的第二年，幸运地选修了那门古代史讲座课，从此结识了当时授课的芬利教授。他彻底改变了我对历史的认知。他向我展示并证实了读史确实可以在阅世中"为一切解惑答疑"。在此之前，我甚至并不觉得讲授历史课的学者们思考起来有多努力。而芬利却是一个杰出的智者。他意志强大，能够最先捕捉到一种认知，再将其转化成便于有效地向他人转述的最佳形式。他是个人物，令大家振奋，颇易冲动，但才华横溢。他不仅教会了我如何去做史学研究的本领，还给了我真正去做的胆量。

李汉松：真正去做时，您起初追随的是刚从战场回到英国的苏格兰历史学家邓肯·福布斯（Duncan Forbes）③。我对他的人生和学问一直兴趣浓厚。毫不夸张地说，是他最先教您和斯金纳读休谟，才有了后来的现代思

---

① 摩西·芬利（1912—1986），著名古罗马史家。执教哥伦比亚和纽约城市大学时，受法兰克福学派美国移民之影响。1951年，正当麦卡锡主义盛行，从德国共产主义者转变为激进反共人士的汉学家魏复古（Karl August Wittfogel）点名声称芬利是共产主义者。芬利在法庭之上两度拒绝否认与美国共产党之关联，故被罗格斯大学（Rutgers University）除名，移民至英国，官至剑桥达尔文学院院长。著有《奥德修斯的世界》（Moses Finley. *The World of Odysseus*. New York: Viking Press, 1943）、《古代经济》（Moses Finley. *The Ancient Economy*. London: Chatto & Windus, 1973）。

② 迈克尔·库克（1940— ），当代英国著名伊斯兰史家，曾主编《新剑桥伊斯兰史》[Michael Cook (ed). *The New Cambridge History of Islam*. Cambridge; New York: Cambridge University Press, 2010]。

③ 邓肯·福布斯 (1922—1994)，苏格兰历史学家，曾于"二战"期间服役，专擅亚当·福格森（Adam Ferguson）、大卫·休谟、亚当·斯密等苏格兰启蒙思想家，著有《休谟的哲学政治》(Duncan Forbes. *Hume's Philosophical Politics*. Cambridge; New York: Cambridge University Press, 1975)。

想史研究？①

邓恩：不错。昆廷和我认识的第三年——即剑桥本科的最后一年——我们上了福布斯的一门特殊讲习班，题目是"苏格兰启蒙运动"。邓肯此人激情澎湃，聪明绝顶。他易受刺激，情绪时常高涨，性格强硬。我称他为"苏格兰文化民族主义者"。他深深推崇黑格尔，在剑桥也教这门课。所以他对黑格尔的某些解读也幸存并延续了下来。我从这些讲座中有所收获，但很惭愧，远不及我该下的功夫那么多。但当他讲苏格兰启蒙运动时，他做的是一件打动他自己内心的事，并且这种个人因素流露于外，皎然可见。他也有黑格尔情结，但个中缘由，并不彰彰在目。对于当时的我而言，他究竟为何痴迷黑格尔到热血沸腾的境地，不是很清晰可查。相比之下，邓肯何以对苏格兰启蒙运动不可自拔，却显而易见：他对苏格兰启蒙运动有一种民族主义式的无比自豪之情。而最让他骄傲的，恰恰是这场运动一方面的"苏格兰特质"——它极度的地方特色——及其另一方面对世界史的推动力。那时，多数大不列颠哲学家都对黑格尔不置可否。但他们几乎患了强迫症似的热衷于休谟。很明显，休谟和斯密是苏格兰启蒙运动的两大英雄理论家。邓肯对他二人不但烂熟于心，还极度崇拜。与此同时，他因此二人被当代英国哲学家们深深误解而痛惜不已。他坚信：在这两人身上发生了一些重大之事。深深浅浅地纠葛了许久，他也未能斩钉截铁地确认到底是什么。但他带领我们阅读文本时，他那份热切、那种渊博，为我们开启了自主探知这两位思想家究竟何以异乎寻常的第一步。弄清楚这一点，休谟比斯密更容易些。我们当时必须读大量亚当·斯密的著作，才能理解他思想的一星半点。因为斯密并不如休谟那样写格言警句，言简意赅。你读一句休谟，就终生再难忘记。剑桥历史学位考试（History Tripos）涵盖的作品中，很少有那般滂沛雄浑的文字，不少我早已淡忘，但政治哲学那紧凑密集而动人心弦的文字，却从不褪色。就这样，我从邓肯那里终于明白，政治思想史是个在现实中令我激动的研究方向。

李汉松：假如您当时继续跟从福布斯先生读休谟，会选什么题目？

邓恩：主观上，我确实曾想过跟随邓肯读博士，争取写一篇关于休谟如何思考"政治义务"的论文。其实，我认为休谟的政治义务观是错误

---

① John Dunn. *Rethinking Modern Political Theory: Essays 1979-83*. Cambridge; New York: Cambridge University Press, 1985; Dunn, 1995.

的，但它错得意味深长，因为这是休谟的观点，而他的头脑总是那样有趣。休谟当时何以对这套我现在咬定是错误的观念感到满意？我认为搞懂这一点颇有意思。但那时，邓肯不想收徒了，特别是不想指导关于休谟的博士学位论文。因为他自己正在热血沸腾地研究休谟。研究休谟何其困难，但邓肯赌誓非要弄懂他不可，所以他当时在与休谟进行艰苦卓绝的拉锯战。他一定认为，旁边有个不很聪明，或者说完全愚蠢无知的后生小子跑前跑后，十分不便，甚至令他心烦意燥，阻碍他自己的研究进度。

李汉松：原来如此。您这才转向了彼得·拉斯莱特（Peter Laslett）①。他自己完成了里程碑式的新洛克研究，为您奠定了很大基础。但作为指导教授，他为您看准了洛克的哪些议题？

邓恩：事实上，是邓肯毅然决然地把我"礼让"给了招生源源不绝的拉斯莱特——他当时已有六七名学生了。拉斯莱特充满了灵感。如你所说，他总是为学生着想，琢磨有哪些议题会激发他们的兴趣，甚至因此无暇顾及自己的研究。他为我量身定做的是一个我本来以为很有趣味的题目：审视洛克的思想在 18 世纪的英国、法国、美国都受到了何种待遇。当时的假设是：洛克似乎是某种"英国光荣革命的政治哲学家"。事后证明，参照历史学家的发现来看，这种观点更具"革命性"得多。我博士学位论文的目标就是把眼光放长远，从那场不温不火的 1688 年英国革命出发，一直放射到那次很明显具有世界史意义的北美革命——人们通常认为美国独立运动是在洛克思想的旗帜下如火如荼地展开的——以及另一次同样具有世界史意义的法国大革命（一度曾比另两场革命显得更有意义）。彼得·拉斯莱特曾乐观地设想，洛克或许也在法国大革命中发挥了某种积极作用。我不认为在历史意义上，这是个正确的判断。即使它"正确"，影响法国的也不是洛克的政治著作，而是一度风靡欧陆的《人类理解论》②。但顺着这一系列的问题追究下去，也能卒有所获，甚至拿到博士学位，何乐而不为呢？第一年研究，我梳理清楚了洛克思想在 18 世纪的英国都经历了些什么。接下来，我发现洛克思想在 18 世纪的法国"没有经历多少"。不能排除有那么一两处思想碰撞和交汇，但总体意义不大，所以我觉得不

---

① 彼得·拉斯莱特 (1915—2011)，英国历史学家，剑桥版洛克《政府论》导言的作者（Peter Laslett. "Introduction", in John Locke, *Two Treatises of Government*. Cambridge: Cambridge University Press, 2005）。

② John Locke. *An Essay Concerning Humane Understanding*. vol 1. London: Thomas Basset, 1690 [1689].

宜再鼓捣下去。那时，我做了英国部分，划掉了法国部分，还未到美国一探究竟。为此，我申请了极为优厚的英联邦基金会"哈克尼斯奖学金"（Commonwealth Fund Harkness Fellowship）①，来到了美国。这笔资助为我赢得了许多特权，包括一辆小轿车，这对于那个年代的英国青年学者简直无法想象。可惜，"洛克的北美接收"研究还是未如我所期。尽管还有许多可挖掘之处，但它们绝大部分都是负面的，令人为之气沮。我终究还是把这些有限的发现付诸笔端，但已心灰意冷，想半途而废了。相比之下，我在英国发现了关于洛克自己的一些重要线索，因此决定：与其继续撰文证明"洛克的政治思想在美国并没有什么精彩的接收"这一愈发无聊的题目，不如就写洛克他本人。就我当时所见，我以为洛克值得被重新梳理，合理解读。我当时还把草稿交给大学出版社，声称我发现了洛克的一些重大问题，征求他们是否愿意提前出版成书，他们欣然允诺。事后证明，此举极其明智。

李汉松：您当时的结论颇为另类，学界最初如何反应？大作即将问世，又为何远走加纳？

邓恩：因为当时我的博士学位论文陷入困境。我的两位考核人意见不一致，冲突近乎白热化。他们两人都不认为我全然无误。其中一位就是迈克尔·欧克肖特（Michael Oakeshott）②，他当时认为我的立论新颖聪明，起码足够获得一个博士学位了。另一位，沃夫冈·冯·莱登（Wolfgang von Leyden）③也是一位了不起的洛克学者，但他认为我的观点一塌糊涂——并不是说错误，而是一种"冒犯"，为此他十分沮丧。他看样子是不会让我

---

① 哈克尼斯奖学金早年称"英联邦基金会奖学金"（Commonwealth Fund Fellowships），乃英国为回馈美国战后之"马歇尔奖学金"及"罗德斯奖学金"，鼓励英国学者赴美交流所设立。格拉斯哥大学美国史家、英国保守党议员艾斯蒙·怀特（Esmond Wright，1915—2003），牛津军事史家皮尔斯·马克西（Piers Mackesy，1924—2014），《大不列颠式和平》三部曲作者、曾远赴摩洛克做早期变性手术的历史学家珍·莫里斯（Jan Morris），剑桥欧美思想史家、《托克维尔研究》和《托克维尔传》作者及托尔金好友休·布洛根（Hugh Brogan，1936—2019），成都出生的伦理与理性哲学家德里克·帕菲特（Derek Parfit，1942—2017），国际思想史家大卫·阿米蒂奇（David Armitage，1965— ）都曾获此奖。

② 迈克尔·欧克肖特（1901—1990），英国著名保守派哲学家和政治理论家。

③ 沃夫冈·冯·莱登（1911—2004），德国政治哲学家，因编辑洛克书信著称。莱登 1911 年生于柏林，是德国科学史上著名的内科医师恩斯特·冯·莱登（Ernst Viktor von Leyden）之孙。莱登曾游学于哥廷根、佛罗伦萨，"二战"前逃往英国，排除嫌疑后执教于杜伦大学、伦敦政治经济学院，代表作为：W. von Leyden. *Seventeenth-century Metaphysics; An Examination of Some Main Concepts and Theories*. New York: Barnes & Noble, 1968. 莱登亦曾编辑出版洛克的《论自然法》。见：John Locke; W. von Leyden. *Essays on the Law of Nature*. Oxford: Clarendon Press, 1988.

安稳地拿到博士学位了，但他还未想好到底是否应该因为这种"冒犯"直接投一张否决票。从此展开了旷日持久的消耗战，我到处找教授们通融，最终却形成了这两位都自信满满的男性思想家激烈对峙的局面，两人谁也不愿在对方面前倒退一步。系里任命了一位"调解员"，他也曾经写过关于洛克的博士学位论文。不幸的是（从现在看来，实际上值得庆幸的是），这位调解员身上当时出现了一次规模较大的精神症插曲，持续了六个月之久（后来他转行成了一位社会学家）。①在此期间，我准备去加纳过一年，换换空气，做些与政治现实更贴边的工作。正巧，一个机遇来到我面前，允许我去非洲，还不至于丢掉我剑桥的工作。我的职责是于1968—1969年间在加纳大学（University of Ghana）政治系教书。但真正吸引我的是和一位人类学家亚历山大·福斯特·罗伯逊（A. F. Robertson）②共同研究一段加纳政治史的机会。当时我正着迷于加纳作为"前殖民地"的特殊状态，苦于思考"后殖民国家"这一全新的宽广范畴究竟有何意味。这是当时正在大规模形成的一种前沿现象，显然至关重要，但尚未被学者理清楚、想明白，值得政治理论家严肃思考。话说那位"调解人"精神症插曲好不容易结束了，我却正准备乘机远赴加纳。他语重心长地劝我：为拿到博士学位，非修改论文不可。我想反正书即将付印了，此时再改，简直莫名其妙。更何况我相信一旦书籍流通，随着时间推移，更多读者自然会证明我的观点是正确的。但这样一来，我差点又放弃钻研政治思想史，而只从事一些教学工作了。我基本确信自己会留在大学，因当时英国高校正在迅速膨胀，教职泛滥，就算不能在本学院无限期地待下去，也不愁找不到工作，可谓无风险、无压力。如果只是开课，但不写关于思想史的论文，我当时可能会以接下来十年之力改行研究非洲。但关键是：我究竟还是被召唤回政治思想史的阵营，并且花了一生从事这一领域的研究，直到现在。这要归功于其他奇遇和旁人推波助澜的功劳。如果仅是我一人，是缺乏足够强大的意志力的。

李汉松：谈到政治思想史，它与其他史学研究共享一个难处，即获取

---

① 作者考证出"调解员"是菲利普·亚勃拉姆斯。他的博士学位论文研究洛克的《政府论》，目前完全从事社会学研究。

② 亚历山大·福斯特·罗伯逊，昵称"Sandy"，英国人类学家，历任爱丁堡大学、加利福尼亚大学圣芭芭拉分校、曼彻斯特大学教授。

史料资源。在《洛克》一书中，您提到洛克"极度不情愿把任何他写过的纸张扔掉"①。但洛克的书写格式、写作量和范围，恐与多数人不同。鉴于思想家之间可供发掘的资料数量分布极其不均，如何能总结出一套基本通用的方法，以便走入历史角色，解读他们的历史作为？

邓恩：作为历史学家，我的答案恐怕在你看来平庸无奇：什么史料幸存，什么遗失，几乎全然归结于偶然因素。如果碰巧资料多，那么我们就有更大的几率看到真相。反之，史料越少，概率越小。所以客观解读和纯粹瞎猜之间的比例，取决于每一位思想家档案残余的情况。这在现实操作中意味着什么？我有一种极其陈旧的观点。我认为：最能为我们指点迷津的那种政治思想史，在方法上必定具有传记性质。诚然，这是我在坦白一种"前大洪水时代"一样古老，似乎早已过时的感知想象力。但我认为这没有错，而且我自信可以抵挡住批评的声浪，甚至辩它一辩。如果柏拉图像洛克一样不情愿扔掉任何他的作品——当然他用以写作的材质和洛克不可同日而语——而且如果这些作品又保存得同等完好，数量也相当众多，那么关于柏拉图，我们会理解很多现实中永远无法掌握的知识。我个人认为，如果任意一种思考方法沦落到依赖"知道得越少越好"此类荒唐论调来谋求可靠的意见，势必颠三倒四，大犯糊涂。"知道得更少"绝非妙事，更不是什么幸运恩典。当然不能确定地说：知道得更多一定是个莫大的恩赐。但你基本可以保证：知道得更多不会使你懂得更少，或者说知道得更多不会理解得更糟。但你完全正确，我之所以十足自信，坚称之前的学术研究很大一部分都犯了严重错误，是因为摊上了我能了解如此之多的洛克。

李汉松：如果在牛津"政经哲"专业阅读洛克，除了样样涉猎、样样稀松，因梦想升官无暇学业外，在理解文本上有何值得警醒之处？但也有人传说，比尔·克林顿（Bill Clinton）到牛津读"政经哲"后，首先从图书馆借出来的就是您的新书《洛克的政治思想》。

邓恩：如果我依据自己对洛克的认知为他们做一个"法医鉴定"，我会说：早些时候有"莫大的恩典"接受一次"牛津政经哲"教育的人们最无法理解洛克的是：洛克的努力源自何处？为何它以那样的形式展开？我认为这些牛津人总体上自鸣得意地、所谓"批判性"地观察洛克"做得多么漂亮"，只是自说自话罢了。如果他们的认识基于洛克根本没有做的事，

———————
① John Dunn. *Locke*. Oxford: Oxford University Press, 1984, p. 1.

谈何"做得漂亮"？所以他们絮絮叨叨，但并未把自己置入一个相对于洛克真正作为的关系中。如果这样做，就会向他们呈现出另一幅截然不同的画面。总体上说，我第一个关于政治思想史的直觉，也是既重要又平凡的一个发现就是：那些在后世思想中割据出一席之地的伟大人物，之所以能有此成就，必定付出了高度集中的脑力活动。如此说来，理解他们所作所为的最好方式是最大限度内搞清楚：他们为何付出了如此大的努力？而他们如此作为后，都发生了什么改变？这样的研究最终还是回归到传记的维度。所以我觉得这不可忽视，因为这事关思想家经过斗争之后的产物——当然有些斗争比其他的斗争更容易开展——体育竞技是另一种模型，但它的结构必须严格遵循场内游戏规则。如果你致力于弄清楚"做事者"们在"做事"时究竟想"做什么"，却没有认清当事人到底是谁、在乎什么问题、为何看重某些理念，你势必很难得出正确的结论。如果你偏离了这些思考问题的角度，甚至愈偏愈远，你会迈入不断误解、曲解作者原意的高度危险区。

李汉松：现在假设我们使用了带有传记性质的语境主义方法，刻苦钻研洛克的日志、手稿和笔记簿。我们会发现他一些性格和情绪上的特征，譬如：早年有清教徒式的情怀，道德主义气质浓厚，责任感很强。1683年后，他逐渐小心翼翼，甚至行止诡秘。他开始社交笨拙，但后来人缘渐佳，如此等等。是否有可能存在这样一种情况，即他某个时段的状态和背景与他写下的论辞和观点不完全和谐，或起码不易放在一起互相阐释？抑或他刻意为公众创作的文本和关于他其他处境的信息之间，是否会呈现张力？二者中哪一个优先，当作主题，哪一个置后，用来补充？是先确认立论的逻辑，再用其他资料检验它，还是先用厚厚的资料营造出一个大背景，再在此中重构理论？

邓恩：这些相互缠络纠葛的问题放在洛克身上，形式会更简明一些。因为洛克其人，正是迸发出莫大能量的思想家，他一生思考过总量大得惊人、程度各异的问题。有些问题，他琢磨得无止无休。这其中有一些他认为解决得还不够令他满意、尚未盖棺定论的疑难议题，也有一些结论至关重要，有普遍意义，所以是不能失之毫厘的关键问题。所以综观洛克全部的著述，你会发现他摸索了众多思路，其中有一些问题内部有更强的势头、逻辑感和作用力，在朝着他想要的方向延伸。这种情况下，他会如你所说，愈加诡秘起来，因为他不想放弃他想要的结果。但他也会对自己丧失信心，觉得没有能力论证出自己想要的结论。这种情况下，你可以说他的作品完全是探索性质的。很多内容也是诊断和检查性质的，取决于探索的收效如何。越是具有医检性质，越不能明显地呈现出他所有探索成果的全貌。

李汉松：这样问似乎多余，因为在您看来，剑桥和施派史诗般的斗争已在八九十年代告一段落。但战争的硝烟似乎仍弥漫在法国、伊朗、俄罗斯知识界的小圈子内。两派解读洛克之区别对中国尤其意味深长。

邓恩：我明白你话里的意思。那么我们不妨想想施派的那种"阅读气质"。你并不能以"方法论"的眼光看它，因为列奥·施特劳斯更是一个精神领袖，他或者"认准"一些观点，或"不赞同"其他结论，都是以他自己的判断为裁定标准。但如果一定要说"施特劳斯学派方法论"，我猜它不外乎是：极其仔细地精读文本，因为作者们一方面敏锐地躲避文字狱的危险，另一方面又希望得到足够睿智的知音们的理解。我认为在洛克问题上，施派的辩词在于：洛克知识论思想中的那一股怀疑的动力，最后是否以他抛弃了早年的信仰架构而收场？我认为，任何人都必须说：这确实意味着，洛克在曲终人散时，对他初始信仰结构中的一些组成部分有所摒弃。他有一些论文，传播和阅读都很广，但其中一些相当非正式，所以你一看页面，就一目了然。所以，这种事情确实发生了。但是千万别忘了，时间顺序至关重要，能够指示我们，洛克是否完全抛弃了那种结构性思想。如果他当真一切皆可抛，那么他为何在油尽灯枯前的若干年，重病在身、无医无药，经历着苦痛折磨，感觉糟糕透顶，还要花费极大部分时间教育人们如何解读《圣保禄书信》（Pauline Epistles）？这毫不符合情理，简直是全然说不通。如果他对于"神学政治学问题"（Theologico-Political Problem）怀有施特劳斯式的兴趣，或者对于如何看待这一问题持有某些施特劳斯式的信念，他选择那样终结一生简直是彻底疯狂。

李汉松：而史料不支持"洛克发疯说"？

邓恩：是的。有些人晚年确实相当疯癫。这种情况下，要研究他们那时心里打着什么算盘，绝非易事。但没有任何证据指出洛克晚年发了疯，相反他一点也不疯。这就说明：他自己基本可以搞清楚自己该如何行事。唯一"不妥"的，是他的所作所为并未满足施派的愿望。但不如愿，也不能说洛克那样行事有任何"不妥"。

李汉松: 我记得问过内森·塔科夫:"您觉得邓恩教授的洛克研究如何?"他说:"非常之好!"害得我没了下文。

邓恩: 当然了,斗转星移,这些施派人物的功力也逐渐炉火纯青。一开始,很容易就能证明他们大错特错。施特劳斯自己开疆辟壤时,基本靠孤零零一件文本来揣测作者原意。他的弟子们最后说的话却越来越靠谱,因为他们愈发专注于文本的一个个具体部分。我感觉在洛克问题上,他们目前已放弃了那种最饱满的、大爆炸式的所谓"施派"观点。

李汉松: 您认为我们不应基于自己对"自由主义"先入为主的认知,加上对洛克的人物设定,就想当然地认为洛克一定持有过某些观点。所以您的批评不止限于施特劳斯,还波及马克菲尔森①和肯德尔(Willmoore Kendall)②。此二人推理道:既然在当代自由主义标准下"允准"(consent)至关重要,而洛克又是"自由主义"奠基人,他势必也认同这套"允准"理论。③ 在这一更大范围内,您认为是否可以说:您帮助北美学者将洛克推下了神坛?

邓恩: 我不确定这是否真是一种"帮助",也不知"推下神坛"是否业已完全胜利,但我的确认同你刚才所说:我对洛克的论证显示出,美国人用洛克来"认证"自己一厢情愿渴望相信的一切事情,这种做法是个错误。我的初衷,以及在著述中透露出的动机和目的,绝非要干涉美国的政治文化。我只是直截了当地想:很多美国人深信不疑的都并非事实。基于我当年历史学家的这一单纯身份,我认为我该开诚布公,指出他们的错误。毕竟,历史学家的职责和使命就是运用史料纠正人们对过去的错误认知。与此同时,有一些洛克当时的思路在如今承载了愈加重大的政治意

---

① Macpherson, 1962; John Locke, (eds) Macpherson. *Second Treatise of Government by John Locke*, Cambridge, MA: Hackett Publishing Company, 1980; John Dunn. "Democracy Unretrieved: or the Political Theory of Professor Macpherson", in *British Journal of Political Science*, Ⅳ, 4 October 1974, pp. 489-499.

② 威尔莫尔·肯德尔(1909—1967),美国保守派作家、政治哲学教授。

③ John Dunn. "Consent in the Political Theory of John Locke", in *The Historical Journal*, X, 2, 1967, pp. 153-182; repr. in G. Schochet (ed). *Life, Liberty and Property: Essays on Locke's Political Philosophy*, Belmont, Calif., 1971; Richard Ashcraft & John Dunn (ed). *John Locke: Critical Assessments*, London: Routledge, 1991, Vol 3, pp.524-566; "The Concept of Trust in the Political Theory of John Locke", in Richard Rorty, J. B. Schneewind and Quentin Skinner (eds). *Philosophy in History*. Cambridge: Cambridge University Press, 1984 (repr. 1985, 1986, 1988, 1990, 1993), pp. 279-301.

义，原因不在于洛克，而在于当代思想的某些谱系演变。但即便如此，只有你理解了在洛克思想内部究竟发生了什么，才能体会到这些思路现在的微言大义。但我们似乎已经侵入当代政治哲学的领域了。

李汉松： 您说过，探究行为本身采用哪种范式来进行，或许也决定了我们能洞察出何种结果。同时您也说过：依照具体需要，方法论的各种前提必须囊括心理学、社会学以及纯粹概念化的各种预设，才能真正实现雄心壮志，揭开洛克政治思想当年的真实面目——为何是这般而非那样？何以其他人可能，甚至确实误以为成另一种模样？——等种种疑窦。似乎只要侦破了这若干层语境，便可以宣称：基于当时盛行的这些客观因素和环境，洛克的意图必定是这样或那样。对于方法论的勘察能力竟达到如此自信满满的程度？这几乎可与当时的牛顿方法相比，不免引起我的疑虑。多年实践中，您是否一直都能轻而易举地避免陷入过强的因果律中？毕竟政治观念史这门学科在本体论上难以捉摸，不是吗？

邓恩： 我承认，我并不认为观念史本身可以展现如何思考政治的因果性。它的确不能直接鉴定出因与果，但它能为你指出，基于哪些原因，在哪些领域可以思考因果性。其实旁人说我当年有一套方法论，我自己当时并未刻意求之，而只是遵循了一系列相对连贯可靠的办法而已。我对此的理解是：我一方面认为它连贯，但另一方面也承认，实践之前，绝不能保障它一定会产出价值，这一立场总体上是正确的，所以无可致歉。有时候，你应用了这一方法，却并未开花结果，研究成果的价值相当有限。但没有任何一种探究方式能保证：但凡采用，收获必丰。我认为这套方法十分高妙，并不自带固有的意图和做作。事实上，它应该是刻意摒绝这些偏见的。任何意图都必须要从实践后的结论中化来，而非从方法本身中提炼而来。那么，这种方法可能有误导性吗？我的观点是：最易误导我们的不是方法本身，而是在操作它的过程中不断收割来的那些形形色色的信条。在洛克问题上，我仔细想来，自己说过相对比较教条主义的话，或者认定一些"事实"类的结论并不多，其中有一小撮，最后证明我是大错特错的。想来非常好笑。我曾经开玩笑道：也许可能有一天我们发现一部《政府论》手稿，封面上赫然标着洛克自己的字迹："谨以此著为资本主义财产挪用辩护。"抑或会发现另一部洛克真迹，写着："从我的角度来看，希腊和拉丁文中的'神灵'一词只是一种修辞手法。"再或是一份历史文献，上书大字:"我呕心沥血构建出的解释全然谬妄无稽。"但无论如何,我不认为研究课题内部存在自损其身的隐患。但是钻研探索过程中,当然免不了脱轨的潜在可能。

李汉松:年轻一代学者研究洛克时,为避免此类疏漏,倾向于聚焦个别方面和具体资料。一人可以专攻洛克论经济,精密解读《论降低利息和提高币值之后果》①,结合沙夫茨伯里伯爵(Anthony Ashley Cooper, 1st Earl of Shaftesbury)和英国贸易委员会(Council of Trade)的语境阐释当时的货币金属论(Metallism)。他人大可对此知之甚浅,仅钻研洛克的化学和医学建树,并以此为导线,延展到他和物理与化学家波义耳(Robert Boyle)、神经与解剖学家威利斯(Thomas Willis)、输血实验先驱罗尔(Richard Lower)、疾病学家西德纳姆(Thomas Sydenham),以及因显微镜爆得大名、又因与牛顿争执光波动说而没落无名的胡克(Robert Hooke)这张错综交织的科学史关系网。这两个例子说明,"洛克研究"或"洛克学"渐似解构成若干个"思想活动的文化史"了。而欲拓宽这些领域,深耕史料、比照分析即可,无须过度纠缠于理论。在您看来,是否应当有意识地向一个更宏阔的"洛克思想有机体"靠拢,使其他新发现都服务于它?抑或大家各自为政,也无不可?

邓恩:我认为这些青年学者一头扎入各自感兴趣的具体思想领域,固无不可,前提是他们必须清晰地意识到自己在从事局部性研究。我可以关心洛克作为医生的洞察力,抑或是他对"卡巴拉"(Cabala)神秘主义传统的思考。这一研究领域已不乏学术成果。所以,虽然我不认为学者限制自己的兴趣有何不妥,但如你所说,如果我们关心的是洛克思想这一整体,我们必须承认这种视角的局限性。再者,太多人涉猎"卡巴拉"道术了,所以即便它在洛克手稿中偶尔浮现,究竟意义如何重大?我姑且存疑。

你倒提醒了我:曾几何时,我受传记作家身份的本能驱使,想要理解洛克思考的完整历程,所以有过写一部洛克传记的打算。鉴于洛克思考量如此之大,也留下了如此之多他如何思考的痕迹,我当时认为,如果能追溯他经年累月的思想,势必激动人心。但事后我又斟酌:恐怕其中很大一

---

① John Locke. *Some Considerations of the Consequences of the Lowering of Interest and the Raising the Value of Money*. London: Printed for Awnsham and Iohn Churchill, at the Black-Swan in Pater-Noster-Row, 1692 [1691].

部分我并不如此感兴趣。假如洛克是个医学蠢材——我确信他不是——我也并不会在乎。但我同样确信，在那个年代里，真正成为怀抱远景的医学奇才，机会颇为渺茫，因为当时在医学方面做出重大突破的客观条件相当之差。即使他在当时和"医学蠢材"距离甚远，我并不感兴趣费尽千辛万苦去研究"究竟距离多远"。琢磨清楚如何去评判洛克的医学修为会耗费大量时间，最后的结论还不一定能产出多大价值。所以，探查一个杰出的头脑如何延展进各个领域，这项工作的轨迹似乎令人激动万分，看上去光彩照人，但其光彩取决于你如何"镜头剪辑"（cutting）。我建议你日后导演一部讲述洛克一生思想历程的完美电影。但要想成功，绝不能包含所有关于洛克具体思考方式的已知材料。因为此类信息中很大一部分都毫无光彩，不比朗读一张药方子更令人着迷。

我后来对洛克思考之广确实着迷，比我预想的深得多，因为我想通过最多的角度印证我对于"洛克如何看待世界？"这个问题的直观答案。我想，我检验过的维度越多，我越能肯定自己的直觉是对是错。我认为这样做谨慎而明智。你完全可以拿这种假设来大做文章，但我不认为这是一种严格意义上的"方法论"。曾几何时，在上一届剑桥"钦点历史教授"人选出炉之前，历史系曾第一次决定面试"钦点教席"候选人。他们甚至贴出了"招聘简章"。我不记得多少人参与角逐了，但最终，四位候选人脱颖而出，进入决赛。那天早晨，历史系开始面谈。其中第一位是个相当出色的历史学家。他那时已经写了一系列令人肃然起敬的著作，包括一部了不起的托马斯·克兰麦（Thomas Cranmer, 1489—1556）传记[1]。

李汉松：也是那位为托马斯·克伦威尔（Thomas Cromwell, 1485—1540）立传的历史学家[2]？

邓恩：对，正是迪尔梅德·麦克库洛赫（Diarmaid MacCulloch）。在这两部有名的历史传记中间，他还写过不少其他的书，一部基督教历史，一部宗教改革运动的长历史，还有其他[3]。他是一位优秀的历史学家。但面试临近尾声时，有一位仪表极其威严（碰巧是德国裔）的宗教改革历史学

---

[1]　Diarmaid MacCulloch. *Thomas Cranmer: A Life*. New Haven: Yale University Press, 1996.

[2]　Diarmaid MacCulloch. *Thomas Cromwell: A Revolutionary Life*. New York: Penguin, 2018.

[3]　Diarmaid MacCulloch. *Groundwork of Christian History*. London: Epworth Press, 1987; *The Later Reformation in England*. New York: MacMillan Education, 1990; *Reformation: Europe's House Divided*. London: Allen Lane 2003; *A History of Christianity: The First Three Thousand Years*. London: Allen Lane, 2010.

家。这位女历史教授明显对他感到十分烦躁，因为麦克库洛赫绝非她心目中那种类型的历史学者。[①] 她对他说："我在想，您是否能"——听到这，如果你在历史系，你就能感受到社交氛围里弥漫的不怀好意了——"告诉我们大家您的方法论究竟是什么？"旋即是大概 30 秒钟的停顿，万籁俱寂。然后他回答道："我只是试图非常、非常小心。"当然了，我认为他一旦这么说，就该直接加冕"钦点教授"的桂冠。你如果当时在场，一定会觉得十分滑稽，特别是如果你不是提问者本人的话。但与此同时，这也是一个社交上令人心痛的时刻——两种历史研究文化相互碰撞。要说提问者的文化达到了这一场合的需求，很严肃地说，这很难令人信服。麦克库洛赫是一位宽容大度的历史学家。其他三位候选人都是百里挑一的优秀学者。[②] 他们如果面对同样的问题，回答肯定各不相同，但肯定会长篇大论。但我不确定五十年后他们的作品还会被人翻阅。但我认为，麦克库洛赫那两本书一定会经久不衰，因为它们基于深厚的学养，对于当时历史情况的把握非常精准。历史学家很少能达到那种高度。但一旦他们达到了，就会在很长时间内拥有抓住读者的魅力和魄力。

李汉松：他大可以搬出恩师杰弗瑞·埃尔顿爵士（Sir Geoffrey Elton）[③] 当挡箭牌，打发了这个问题。

邓恩：有道理，我记得他后来确实谈到了老师的治学方法，但作用不大。我一直认为他近年写成的《克伦威尔传》应该是他当年的博士学位论文。当然了，当时作为埃尔顿的门生，估计他不能也不敢这样做。

李汉松：您自己的老师鼓励您从事"洛克接收研究"，您没有听劝，后来也没有为洛克立传。

邓恩：我当时缺乏耐心，是有具体原因的。我承认，研究文本的时空转移——其中会引发多少不同的解读？激发何种感受？——毋庸置疑，这充满了趣味。我最早那篇探讨洛克对美国影响的论文，是在那六个月旅美期间写就的。当时我名义上的导师是哈佛的伯纳德·贝林（Bernard Bailyn）教授。他对我毫无指导，因为他认为我已敲定了课题，多教无益。

---

① 作者考证为：乌里卡·鲁布拉克教授（见索引）。

② 作者考证为：琳达·科利、大卫·康纳汀、理查德·艾文斯（见索引）。

③ 杰弗瑞·鲁道夫·埃尔顿爵士（1921—1994），德裔英国宪政史家、都铎王朝史家，英国国家学术院院士。

相反，他给予我各项帮助，而且对我的研究结论充满了浓厚的兴趣。他安排我在"马萨诸塞殖民地学社"（Colonial Society of Massachusetts）做了一次讲座。这个美国学社相当高级，坐落在波士顿贝肯山（Beacon Hill）豪华别墅内，是谈吐风雅的所在。它的成员多是资深的美国殖民史家，譬如当时一代美国史巨擘萨缪尔·莫里森（Samuel Morison）。回忆起来，那是个相当唬人的场面。我写了一篇文章，报告了我的研究成果，然后以此为题做了一场学术报告。因为目的是口头演讲，我省略了脚注。当时我以为这项研究的价值到此为止了。但后来又想，加上脚注，也不会太冗长，还能完整地呈现我所有的结论。如果我完整地重新校改，加长篇幅，也不会成比例增加它的价值，所以我点到为止了。但我绝不认为这项研究本身是个错误。

我认为洛克在英国的境遇非常有趣。但他在美国的接收比我们合理的假设，也比几乎所有人声称的更加寡淡得多。我那篇文章的初衷就是"取其趣味，去其寡味"，以及那些本来索然无味，但却因为种种原因添油加醋、声名大噪的内容。在历史上的某个阶段，洛克被很多人真诚地看好。《政府论》论及赋税、允准的诸多具体章节都被着重阅读，加以使用，从詹姆斯·欧缇斯（James Otis Jr.，1725—1783）以降，多有评述。因为那些册子对相关的具体论点至关重要，可以说是其中的理论枢纽。但我绝不认为有任何理由去说：美国人没有了那些论据支持，便无法抱怨自己的税负了。只是那样一来，他们就失掉了用那位"大都市哲学家"的权威来装点他们的怨气这一绝佳良机了。所以鉴于洛克对税收和允准概念的论述是个用来顺手的政治标榜，引用他来向英政府抗议势必起到了一定的政治作用。但如果说：在此之前，北美人都认为税收标准无甚大碍，只是忽然有一天下午读了洛克，恍然顿悟，发现这些税真是要不得，于是开始革命，这明显十分荒诞。所以我认为，洛克的论述没有在实际上起到什么决定性的作用，但是毋庸置疑，在一定时间范围内，它收获了巨大的声名和地位。美国人那种对洛克影响力的通俗浅见，当然是基于《独立宣言》引用了一些洛克的语句。这部文书中对《政府论》（1689）的响应，近乎是逐字逐句的征引，无怪乎给人留下这种直觉印象。但是若说洛克自己认为"人人生而平等"（all men are created equal）此等"真理不证自明"（We hold these truths to be self-evident），则大谬特谬——我的《洛克的政治思想》一书最主要的目的就是证明为何这绝对无可能。

李汉松：您也不看好洛克对美国国父的影响？

邓恩：是的，即便是现在，我也不认为我们可以自信满满地说：杰斐逊（Thomas Jefferson）的思考方式深受洛克著作的影响。但确定无疑的是，他追随着欧缇斯的脚步，意识到洛克的《政府论》可以进行战略部署，发挥政治效用。这与潘恩（Thomas Paine）形成了显著的反差。我不认为有任何证据表明，潘恩说过的哪句话是受了洛克的影响。潘恩十分健谈，说起话来不但直截了当，还侃侃不绝。

李汉松：杰斐逊不一定读通了洛克，但不会不读洛克。再如华盛顿（George Washington），藏书甚富，读之甚少。

邓恩：好，如你一定要说杰弗逊有些观念来源于阅读洛克，也并非全无可能。杰弗逊毕竟受过良好教育，他对宽阔范围内的许多思想都非常熟悉。他一定从苏格兰启蒙运动的著作中获益不小，但具体有多少？应该没有盖瑞·威尔斯（Garry Wills）声称的那样多。最起码可以说，我认为洛克作品中最有潜力在殖民地起义和建立新共和国的语境下凸显出一定政治力量的那些章节，杰弗逊并未充分汲取。

李汉松：近几十年来，迸发出了一大批研究洛克国际接收的学术成果，特别是东南欧。或许洛克与中国的关系也有发掘空间。您看"国际洛克"这个题目如何？

邓恩：我们共同的朋友帕斯卡里斯·基多米利德斯（Paschalis Kitromilides）多年来的研究旨在探索这样一个问题：当现代西欧政治思想与哲学从西欧向东渗透，会发生什么？这个过程究竟如何展开？这明显值得一问。[①]但是最终能有多大的发现，这不是学者本人能决定的。因为会出现什么重大线索，完全是随机的。你不可能根据猜想，就期待一定会有所斩获。我对洛克在中国的接收近乎一无所知，所以我希望你能抽时间为我写一个概括，满足我的好奇心。尤其是，如果你把洛克思想精密剖析之后，将其呈现给广大的中国国民，然后问他们：这对你有何意味？也许答案是：毫无意义。也许是：意义重大。但这纯粹是一个中国问题。

李汉松：不如先从问这篇对话开始。既然谈到了政治思想对各国国民的意义，我想请教您一个国际政治问题。您编纂过不少关于"民族国家"

---

① 见《古今希腊的文化反思——对话帕斯卡利斯·基多米利德斯》。

危机的著作和文集。在全球商贸时代，国家形成中必要的"联合条约"和"隶属条约"（*pactum unionis & subiectionis*）①受到了新的限制："公民"们（*cives*）的政治活动蔓延出了抽象上"共和国"（*civitas*）——或者起码是具象上"城郭"（*urbs*）——的疆界。这为国际之间的正义和法律、权利和权威提出了一系列的新问题。从维多利亚（Francisco de Vitoria）、苏亚雷斯（Francisco Suárez）、詹蒂利（Alberico Gentili）、格劳秀斯（Hugo Grotius）到当代国际公法学家、国际私法学家，无不困扰于此。②同时，地方意识愈渐强烈的公民们多大程度上愿意为集体政治生活负担责任？国际人道主义危机、全球气候变化关头，足迹遍布世界的公民们的伦理与认知限度反而急剧紧缩了。似乎政治既在马不停蹄，又在一退千里。在《民族国家的当代危机？》中，您着眼于经济和环境挑战如何颠覆民族国家的边界。③那时距今已二十载，在经历了金融危机和巴黎协定的起伏波折后，您现在倾向于把民族国家争论的核心锁定在哪里？

邓恩：我不认为"民族国家"概念从那时之后就枯萎凋零了。但我更确认的是，民族国家之间的关系问题绝对没有变得无足轻重。它们获取成功的能力比当时更具挑战——即使在自身内部也是如此。在很多方面，我当时编辑这部文集时，已经怀着一种怀疑态度：要想将政治、经济和社会权利从属在条理一致、逻辑连贯的控制之下，制造出这样一种"节目表"，到底还能往高拔多少？为了实现这个目标，我们又有多少不同的制度形式可供选择？我的确想要说：不能把民族国家当作一种实现高度控制的体制。但与此同时，我也想表达另一个意思：我们并没有更广阔的框架能实现任何看上去像是"控制"的效果。若论规模大小，你大可以比较新加坡和亚马逊这一跨国企业。也许你会说：有一些政治特征不明显的制度形式，也许视野比当今世界中最小的民族国家更宽阔一些。但亚马逊并非"生活机制"，而是"分配机制"。若要寻找一个比民族国家更大，还能解决人类如何合情合理地和平共处这一问题，我想这种替代品还尚未出现。

---

① John Dunn. "Contrattualismo", *Enciclopedia delle scienze sociali*. Rome: Istituto dell'Enciclopedia Italiana, vol. 2, 1992, pp. 404-417.

② Hansong Li. "Locating Mobile Sovereignty: Carthage in Natural Jurisprudence", *History of Political Thought* (forthcoming).

③ John Dunn. "Introduction: Crisis of the Nation State?", in John Dunn (ed). *Contemporary Crisis of the Nation State?*. Oxford, UK & Cambridge, MA,USA: Blackwell, 1995, pp. 3-15.

至于民族国家的产生，既有许多偶然因素，也有不少非偶然因素。某种意义上，可以说先有国邦、后有民族，但是"民"植入了"国"的范畴。在我看来，国家比民族更成问题，疑难更大。实际政治中，操作"国家"这一部分，有很大的不定性，其中有些案例颇为成功，其他则全面失败，覆盖了整个光谱。但是国家之上，再没有什么能企及它的成功程度，特别是如果我们拿较为令人鼓舞的案例作比较的话。我从未听说过出现了"国家"的挑战者，因为不论它面临多少挑战，到目前为止还无可与其匹敌的竞争对手。大型跨国企业是算不上的。尽管这些组织执掌不小的政治大权和影响力，它们绝对不能为人类生活提供一种框架。

李汉松：鉴于您若干部关于民主的论著：1992 年《民主：未竟之路》①、2014 年《打碎民主魔咒》②，尤其是 2005 年《让人民自由》一书的结语③，我想从两方面和您探讨民主。一是古典传统，二是国际维度。首先，您在民主史的著述中长篇讨论了古代民主制度。但作为芬利的高足，您却从来没有考虑过真正研究古代社会。不少学者，包括您适才提到的基多米利德斯，都认为您眼中的"现代问题"都植根于古代。譬如洛克和霍布斯笔下的"自然状态"，根源上还是一个奥古斯丁式（Augustinian）的问题。在哲学意义而不仅是谱系脉络上，现代政治思想是否终究摆脱不了古代问题的魔咒？您作为现代思想史家和当代政治理论家，和古代传统之间的关系又该如何表述？

邓恩：鉴于我已执教政治思想史多年，可以不夸张地说，假如我从未参与其中，这门学科的情况或许会和它当前的现实状态略有出入。我承认：西方政治思想传统所依赖的、许多根本上最富想象力的资源，都生成于公元前 5 至 4 世纪的希腊。这些基本的理解模式都对我们今天的思考方法产生了根本的作用。认定这一点事关重要，但相比于二十年前，这种意识对如今的我更具紧迫感。因为在过去四分之一世纪的时间里，我耗时钻研"民主"以及一系列与这一名词有所关联的观念和制度如何扩散传播的过程。这些相关的观念和制度或多或少都不可置否，但也都不太离谱。捋清这一思路，就不得不飞回古代世界。因为"民主"这个具体的名词后来

---

① John Dunn. *Democracy: The Unfinished Journey*. Oxford: Oxford University Press, 1992.

② John Dunn. *Breaking Democracy's Spell*. New Haven: Yale University Press, 2014.

③ John Dunn. *Setting the People Free: The Story of Democracy*. London: Atlantic Books, 2005.

竟然成为当代政治思考的一面旗帜——不论你是受它吸引，还是被哄骗着、愚弄着、误导着接受了这个词——这对于古代哲学史而言，只是一个巧合。不论你个人对它持何种政治态度，你必须认识到这是现代政治体验的主要坐标之一。如果不是柏拉图和亚里士多德，这恐怕不会是今天的状况，这是历史实情。如果不是这种情况，又会是哪种呢？无人知晓，甚至胡思乱想都没有线索可循，因为不能逆着历史、背离现实、把"民主"剔除，再做个穿越时空的实验，观察结果如何。也许从中国视角来看，比从西欧来看更清晰一些。因为尽管没有美国中毒程度深，西欧也和"民主"这一概念范畴有一段自恋的关系，不能自拔。这样说来，现在的英国简直不忍照镜自视。但总体而言，起码直到五年以前，欧美国家都有那种在这个词的烛照下，观赏镜中自己如何花枝招展的习惯。在中国，情况很不一样，造成的因素和感受是多种多样的。但我认为：即使你从中国的角度看这一段世界历史，也不难发现这个术语是一个坐标，用来评判在全世界范围内哪些是可以的，哪些是不当的，这样一类深切的争论。我想如果你要想知道，这种现状是如何形成的，就非从纠葛深长的历史积淀入手不可。

李汉松：您如何看待民主的国际维度？毕竟"民主"最棘手的批评家，如施密特、韦伯和哈耶克（Friedrich von Hayek），都对民主代议制的跨国机能提出过质疑。这种怀疑各自落在不同的支点上，但不论展望的是跨国的无产阶级专政，还是全球运行的市场，都倔强地要求超越具体国家的民主架构，不然誓不罢休。当我们在各种语境和制度中，泛滥地重新启用公元前 508 年克里斯提尼（Κλεισθένης）所谓的"民主"一词时，很少有人呼吁世界回到古希腊的"国际治理"模式中去。偶尔有些门外汉对罗马法一窍不通，还号称"万民法"（*ius gentium*）如何如何。但他们闪烁其词，无法也不敢说我们应该请哪家帝国来维持这种法律的效益和意义。

邓恩：我完全赞同。

李汉松：即便如此，似乎从近代早期重新发掘"民主"直至法国大革命，我们无一例外都依赖各种版本的"自然万民法"（*ius naturale gentium*），用这个范畴来重新发明一些"超结构性"论述，来应对最日常的国际事务。您认为各个民主政体是否应该立志，向往有朝一日实现马克思人文主义思想中那种团结一致的"类种意识"，即全球之"民"（δῆμος）自"主"统治的意识？抑或是另一种秩序，协调多个政治集体的"伦理人格"，冠之以"国家"之名，让它们都成为终极"各个民众最高主权"（*summum imperium gentium*）的组成代表？

　　邓恩：你提出的两项选择中，无疑后一种更有前景。为了"全球民主"建设出一个"全球民众"来当它的施动者，我看希望渺茫。但我也同意你所说，现如今，人类族群必须认识到他们属于同一物种，同享许多共同之处（其中许多并未渗透到日常表象中去，所以不易发觉），这一点的理想性、需求性和紧迫感与日俱增。作为同一物种，我们必须学习如何达成更高水准的相互团结。这是一个艰难的学习过程，在微观上从人类早期成长的经历即可见一斑。我女儿两岁上幼儿园时①，坚持起来最令人焦虑的一种习俗就是灌输"分享"这个词汇和概念。动物的全套正常属性，我的女儿都一一具备，所以她很快掌握了这一词汇。但是目前为止，她纯粹把它当作一种概念工具，为自己的利益服务。她会使用"分享"一词来申明自己对其他人拥有的事物也掌握部分所有权，以便自己去掳掠一份，而并非听到"分享"，便会心甘情愿、镇定自若地把自己财产的一部分递给任何其他人。直到后来，幼儿才会渐渐显露出这一苗头。我据此认为，倘若托儿所内部这一含苞绽放的过程，可以转而映射到全世界的民众，必是一件大好事。可惜，实际操作性不高。甚至说，在一个政治集体的边境内部移植这种教育模型都困难重重。如果要号召团结，鼓动集体凝聚力，"民族"这一范畴——不论我们取它哪一层含义——都比在同一时间、不同地点散居在世界各地的"物种"要更平易近人，也更具想象力。那些受过绅士教育的人们知道自己应该彬彬有礼地对待同一物种下的其他成员。可是一旦他们在概念上或实际上被迫提出自己这个小团体需要些什么，其他就一切皆可抛了。如果是这样，那么另一种选项无非只是一种"虔诚的公式"，并不符合我们日常生活经验。

　　李汉松：依据您眼中的现实，我们该如何操作您刚才提到的那种公民教育？我们可以先局限在一个民族国家内部。

　　邓恩：是的，我就如何更有效地操作这一问题想过很多，特别是鉴于环境挑战的急迫性正在飞速增长。要想毫无缝隙，并且经受时间和地域的考验，首先还得需要国家这一体系。在这里"民族国家"并非仅是一套精巧的说辞（façon de parler），而是要求依照一套具体的顺序，设立出教育

———————
　　① 作者考证：此女名曰克拉拉。

机构来，并且覆盖全体包括本地和异域的人口，强力地致力于创造出那一种想象中的框架。在我们脚下这片土地上，有一些缝缝补补、拼拼凑凑地有所呈现。我的继女现在在伦敦一家很大的小学，负责一年级。其中60%的孩子第一语言并非英语。从这一点即可看出，这一问题规模有多大。但要代理全球范围下的"全人类团结"，"国家"比仅仅一个宗教信仰或者一片地区要准确得多。想想南威尔士吧：不论明显与否，同样的问题也存在。那里，矿业三十年前停产，人均收入一落千丈，大多数人的生活简直毫无盼头。那里的小学更小一些。它们直接并紧迫地挑战伦敦学校。如果英国政府谋求改变现状，则会令人刮目相看。

李汉松：可否说《非理性的狡诈》体现了一种倒置的黑格尔主义？[①]难道说充分认识到人类理性的局限性，便足以带给我们一线光明？

邓恩：在我印象中，许多人将此书序言里这一火药味十足的论点当作某种"绝望的忠告"。但若要我说，我只是在努力尝试着去反思"我们不该如何希望"。这个问题才是政治的关键挑战。倘若永远空想摘取那些永无希望的美好，你实际上只是在削弱自己在下次"该做、不该做"的集体辩论中作为施愿者、参与者、献谋献策者的话语权和可信度。所以，我不仅从总体上反对各种欺诈和隐瞒，还尤其厌恶自我欺骗。把人类当作幼童，我无话可说，但我们终该成熟起来。而成长意味着：承认世界的现实，而非其他。

李汉松：在这项浩大的工程里，政治思想史扮演何种角色？

邓恩：我认为政治思想史是我们学习"应当如何希望""不该如何希望"的主要素材。其具体方法是：利用每一种能想象到的语境分析方法，评估当时、当地的真实情况。我为政治思想史下的定义是：综合探索前人为实践政治设法寻求战略性资源的这一累积过程。如果你在一定程度上承认：欲求真正有所作为，必先摄取战略性资源，那么在钻研二者具体如何互动的过程中，你不可避免地会被困在一个微小的语境当中。语境越小，受缚越紧，那么用宿命论来做判断也就越来越符合理性。当然，如果东挪西凑，推门入柏，将就应付，那么做一个宿命论者也无伤大雅。但如果江河急转直下，危机四伏，甚至越来越糟，则非得寻求我所说的"战略性资源"不可。和自己开玩笑无异于玩火自焚，可能会导致毁灭性灾难。那些

---

① John Dunn. *The Cunning of Unreason: Making Sense of Politics*. New York: Basic Books, 2000.

毫无道理，而且绝无可能之愿景，自己承诺自己却不能兑现，也无济于事。

李汉松：这句忠告看似寻常，其实是一剂猛药。

邓恩：这是我当时总结的教训，现在仍是我的立场。

李汉松：但听上去仍像是"绝望的忠告"。

邓恩：不，事实上一点也不绝望，我反对绝望！不过话说回来，我更反对学者玩忽职守，不去履行我们义不容辞且力所能及之事。这些事中大多数都不难发觉，亦不难执行。至于我们所作所为是否充足，则另当别论，属于一个科学问题。但那些迫切需要，而又可以企及的事，是何其显而易见，直截了当！

李汉松：所以政治理论的历史并不总为现实的实践者喝倒彩，令我们气沮，阻碍我们行动，而是奉告我们如何审慎斟酌，以便有意识、有良知地有所作为？

邓恩：你的讲法我完全赞同。我相信，如果你机智地诘问"政治思想史"："你究竟持什么态度？"它绝不会答复说："算了吧，白白尝试，终将徒劳无功！"而是会说："首先，竭力紧握住关键，然后再倾注全力，以身实践。"你必须先参透何时何地发生何事，才能应对当前的危险，甚至进一步打开未来的新格局，而非自我陶醉在童话故事之中。

审视语言和文本

——对话约翰·罗伯逊 ①

  如何比较分析政治思想的语言，以求重释经典文本？本文回顾了现当代英格兰和苏格兰史学史若干次重大思潮转变背后的学术、社会与政治语境，探讨了启蒙视域中的苏格兰与那不勒斯政治经济传统，尤其区分了"史学家的启蒙"和"哲学家的启蒙"，也同时维护了启蒙运动的统一性与多样性。文中，专治启蒙运动思想史的约翰·罗伯逊与作者反思了比较语境研究的启发和局限，辨析了"神圣史"与"社会性"的错综交汇和微妙差异，并逐一梳理了20世纪以来德、法、意、英各国的政治思想史方法论的叙事与流变。

  约翰·罗伯逊（John Robertson），当代英国思想史家，专治启蒙运动前后的近现代欧洲政治思想。长期发扬和发展"语境主义"方法之余，他提出"神圣"与"社会"的思想范式，为思想史研究展开新一维度。

- -

  李汉松：在20世纪六七十年代的牛津大学，您最初接触到的是何种思想史？当时牛津也有自己的思想传统，其主要遗产来自阿纳尔多·莫米利亚诺的瓦堡式研究、以赛亚·伯林的"观念史"，以及您的导师和对话者休·特雷弗-罗珀先生（Hugh Trevor-Roper）所从事的那种思想史研究。然而此时也恰逢波科克出版《政治、时间和语言》，再晚一些便是青年斯金纳和邓恩在剑桥掀起的思想史方法大辩论。那么，您是在什么机缘下意识到"语境中的文本"（texts in contexts）这一史学路径的兴起？牛津学

---

  ① 本篇是作者与罗伯逊2019年6月18日以及11月29日在剑桥大学克莱亚学院的对话，选段刊于《上海书评》2020年2月2日。复旦大学历史系关依然译，作者校。

人——当然也包括您——对此又作何反应？

罗伯逊： 这是一个好问题，因为思想史在牛津和 60 年代之后的剑桥走的确实是两条路。值得强调的一点是，牛津并非不教政治思想。相反，政治思想当时是历史学本科学位的一个必修环节，这一点与往昔的剑桥无异。实际上，自从 19 世纪 70 年代两所大学开始设立单独的历史学科以来，政治思想即为必修，因而在两校各自对历史研究的理解中，政治思想都处于核心位置。譬如，牛津学生读亚里士多德、霍布斯和卢梭，还有其他一众思想家可供选择。这种设置的唯一问题是：每个学院必须调度一位历史学家讲授此课，而他们却不一定尽数是思想史专家。尽管导论课因此难以尽善尽美，我依旧对此萌发了兴趣。牛津思想史的另一种形式是彼时正在蓬勃发展的科学史，但属于相对过时的那种类似于"'现代科学真相'如何萌生"的叙述，显然匮乏历史性。但我在大三时选修过一门讨论 17 世纪科学革命的课，却使我获益良多。所以，思想史的这两个分支在当时俱已存在。

说到牛津的学术文化，在你提到的这三位学人中，特雷弗-罗珀是关键性人物。罗珀那时是牛津的钦定讲席教授，资历深厚。他的学术重心大约在 60 年代发生了转向，从一位受到社会史濡染（可能主要是来自韦伯的影响）的政治史家变得愈发对智识框架有了兴趣。此后，思想史便成了他的心头好，而他最大的兴趣点可能是伊拉斯谟（Erasmus）以及他所谓的"伊拉斯谟传统"。在罗珀所描绘的谱系中，上述思想传统延续到了 17 世纪，为格劳秀斯所继承——罗珀将格劳秀斯归为"伊拉斯谟派"和"索齐尼派"（Socinian），即自由派新教徒①。自格劳秀斯以降，这条线不断延伸，融入了启蒙运动。他的经典文章《启蒙运动的宗教起源》②——说到底就是起源于索齐尼主义——讲述的就是这些内容。罗珀治思想史，显著特点为善于捕捉宏大的思想家与观念间的联系，且涵盖范围极广。他涉猎的文本多种多样，并不是只盯着帝王将相。但相对而言，他的历史

---

① 索齐尼主义（Socinianism）因意大利人文主义神学家勒里欧·索齐尼（Lelio Sozzini; Laelius Socinus）和浮士托·索齐尼（Fausto Sozzini; Faustus Socinus）叔侄得名，就上帝全知、三位一体、人类原初寿命、基督先存论、童贞生育论、抵偿救赎论（在救赎理论 [Soteriology: σωτηρία, λόγος] 中，Satisfaction 意为"抵偿"而非"满足"，可怜众多华人"望词生义"，传错福音矣）等问题与传统神学发生分歧。

② Hugh Trevor-Roper. "Religious Origins of the Enlightenment", in *Religion, the Reformation and Social Change*. London & Melbourne: Macmillan, 1967.

叙述还是更依赖大范围中的联系，文本细读反倒居于其次。罗珀对吉本（Edward Gibbon）与苏格兰史学家也怀有持久的热情，这可以追溯到他 40 年代的通信和早期论文。他关注吉本（并非来自苏格兰但却是苏格兰启蒙运动的关键人物）、大卫·休谟、亚当·斯密、威廉·罗伯逊（William Robertson）、亚当·弗格森，想要搞清楚为什么在 18 世纪的苏格兰会前所未有地集中爆发如此众多的思想，又为什么会出现历史变迁的观念；是什么激起了这种思想爆发，又是什么促使苏格兰思想家自视为整个欧洲范围内启蒙运动的一个组成部分。正因为他的这些学术兴趣，在我着手研究苏格兰启蒙运动的时候便自然而然地选他作了导师。我还记得他给我布置的首要任务，其中之一便是去读孟德斯鸠（Montesquieu），他说不读孟德斯鸠就无从理解苏格兰启蒙运动。可见那时思想史的氛围是很浓厚的。

你提到的另外两人中，不如先谈伯林。我在牛津那段时光里，他虽然已非社会政治理论教授，但仍在牛津居住，笔耕不辍，后来被推选为英国科学院主席。伯林的思想史研究高度哲学化。我当然听过他的讲座——你只有听到伯林的声音而不仅仅是看过他的文字之后，才能够真正地理解他。那是一种极度深沉的嗓音，在讲座的起始徐徐铺开，随后开始加快速度，就好像从山顶滚落的木桶一般，到最后变得迅疾而低沉，仿佛话语从他的口中汩汩流出。这些内容最后定格在了纸页之间，读者若是不知道面前的文字原本是那样流出的话语，则很有可能陷入费解。

莫米利亚诺更有趣味一些，但也更精专。战后他担任过三份教职，足迹遍及伦敦大学、牛津大学万灵学院和芝加哥大学。辗转之间，他每学年在牛津逗留的时间将将超过一个学期。因此我实际上是通过牛津里的一个古典学家团体间接受到他影响的，这个团体的成员天资非凡，是我 70 年代末在牛津基督堂学院（Christ Church, Oxford）做研究员时接触到的，包括休·劳埃德-琼斯（Hugh Lloyd-Jones）[1]，柯林·威廉·麦克劳德（Colin William MacLeod）[2]——他的修昔底德研究精妙卓绝，但不幸英年早逝。我记得我参加过一个有莫米利亚诺出席的古代史讨论班，也读过他的著作，尤其是写吉本的。所以他对我的影响，来自学院派古典传统本身和钻研文本的古典学者圈这两个层面。

---

[1] 劳埃德 - 琼斯（1922—2009），英国古典学家，曾任牛津钦定希腊文教授。

[2] 麦克劳德（1943—1981），牛津基督堂学院学者。

此外牛津还有其他一些对思想史感兴趣的人，比如基斯·托马斯。但他们并没有像剑桥史家在政治思想史研究中发展出来的那种高度集中的兴趣。在剑桥，斯金纳和邓恩的存在感的确很强。那时候他们都是意志坚定的年轻人，用傲慢来形容也未尝不可，他们在学校里四处奔走，动静颇大，最后成功地让人们开始思考如何历史地研究政治思想，后来这种讨论也传到了牛津。七八十年代斯金纳会定期造访牛津举办讲座，但我记得早在 1971—1972 年前后剑桥学派就已经影响甚巨。我们在牛津有一个"激进史家"（Radical Historians）团体，其目的之一便是推动这种政治思想史的研究方法。

在我看来，约翰·波科克对现存的"剑桥学派"更为重要。我这么说有两方面的理由：一是研究主题，他探讨时间与共和传统的那些文章都非常关键。我记得我是在 1975—1976 年读到《马基雅维利时刻》，我对民兵问题和人文主义的兴趣也发端于斯。现在回想起来，在方法论上波科克比斯金纳更对我的胃口，因为前者处理的是长时段中的语言。斯金纳方法论最直接的观照是语境，而且实际上是极其特定的语境。另外，当时斯金纳对共和主义传统还不那么有兴趣。在这之后他才开始转向这一主题，但方法完全不同。注重语言对我来说始终很重要，从语言出发研究政治思想史我认为更富启迪。我的这一信念在来到剑桥以后也越发得到巩固。

李汉松：由此可见，您开始涉猎苏格兰启蒙运动研究时身处的环境综合了多元的思想传统。也正是在此背景下，您发掘出了"民兵问题"，将其确认为一场关键性争论。我想正是通过您自己的思索，以及同特雷弗 – 罗珀、波科克和尼古拉斯·菲利普森（Nicholas Phillipson）的交流，安德鲁·弗莱彻（Andrew Fletcher）和英苏联合问题才走进了您的视野[①]。那么，您如何描述此中呈现出来的，在思想观念及作者范围上的延展？更宽泛而言，上世纪六七十年代英国出现的一系列苏格兰研究，它们处于何种知识氛围和社会政治语境之中？

罗伯逊：我是一个土生土长的苏格兰人，大学以前也一直在苏格兰接受教育。入读牛津时我已经大概有一个笼统的想法，就是未来可能会更多地去研究苏格兰。但在此之前，我在苏格兰求学时遇到的一位老师，大

---

① Andrew Fletcher. "Discourse of Government with Relation to Militias (1698)", in *Andrew Fletcher: Political Works*, ed. John Robertson. Cambridge: Cambridge University Press, 1995.

卫·肯特（David Kent）才是我真正的引路人。① 肯特先生那时刚刚结束他的剑桥岁月，他在那边上过邓肯·福布斯的一门讲苏格兰启蒙运动的专题课。他教我们英国内战，但课间时常会谈及苏格兰启蒙运动的内容。当时的我对此所知甚少，却饶有兴趣。这里特别有意思的地方在于和剑桥的缘分。刚才说到的那门三年级的专题课叫作"大卫·休谟、亚当·斯密与苏格兰启蒙运动"，相当知名，曾经吸引了包括昆廷·斯金纳、约翰·邓恩和尼古拉斯·菲利普森在内的一大批年轻思想史家，又通过这位老师被同步"过滤"给了远在苏格兰的我。对我来说，这其中值得思考的问题是苏格兰作为一个在许多方面都颇为落后（这里指的是苏格兰人所能意识到的他们相对于英格兰的落后）的社会和经济体，如何能够在 18 世纪迅速发展起来，以及他们如何思考这种变化。显然，苏格兰启蒙思想家对发展和政治经济问题做了历史维度的理解。我曾一度考虑过研究韦伯命题——新教伦理与资本主义发展的关系——的苏格兰版本，但可能是受到了波科克的影响，我很早就放弃了这个题目，转而关注民兵问题，并且把它当作考察经济发展及其政治作用的切入点，这样一来我就回到了安德鲁·弗莱彻。这位绝顶聪明的观察家在 17 世纪初也就是英苏联合前后洞察到了苏格兰的困境，虽然他也许算不上一个系统性的思想家或者说作家。

至于说更大的环境，我觉得你提问的后半部分也很有意思。那时苏格兰的大学都把苏格兰历史放在规模很小的"苏格兰史系"下面，而且到 1707 年英苏联合以后就不再涉及，因为系里的历史学家都觉得，在那之后的时期比如苏格兰启蒙运动等都不再算"苏格兰"历史了。② 所以某种程度上说，苏格兰的学术环境相当不友好，这也就是为什么说菲利普森是如此重要的一个人物。他其实出生于剑桥，但童年的大部分时间是在苏格兰度过的，后来还上了阿伯丁大学。毕业后他回到剑桥深造，师从主攻

---

① 后来，肯特远走澳大利亚，供职于新英格兰大学（University of New England）。他发表过一篇论文反思"澳新军团传奇"（Anzac Legend）的来龙去脉，指出所谓的"澳新军团精神"是战地记者查尔斯·比恩（Charles Bean）蓄意膜拜英雄主义，过度简化战争的现实和复杂，一手创造出的迷思想象。肯特认为这种陈词滥调表面上是赞美，实际上并不尊重 1915 年奋战在土耳其加里波利（希：Καλλίπολη；土：Gelibolu）的澳新军团士兵［David Kent. "Bean's 'Anzac' and the Making of the Anzac Legend", *Kunapipi*, 18(2), 1996］。

② 英格兰和苏格兰王国自 1603 年起实际上已经由同一君主管辖，但议会分开。1707 年英格兰和苏格兰国会分别颁布联合法令（Acts of Union），签订《联合条约》（Treaty of Union），共主邦联，形成大不列颠王国。

18 世纪政治精英的史学家普拉姆（J. H. Plumb）①。菲利普森的处女作研究的是苏格兰法律精英以及 18 世纪末苏格兰最高民事法庭改革。但到了上世纪 70 年代他明显开始转变为一名启蒙运动史家，对政治思想史也有了日渐浓厚的兴趣。② 他和斯金纳交集不多，但与波科克过从甚密，还借用了后者的观点。他在爱丁堡大学的"历史系"而不是"苏格兰历史系"任教，努力为苏格兰研究开拓一方疆土。

到了 70 年代我自己做研究时，大环境是苏格兰开始具有了不断高涨的身份意识，并且正在游说威斯敏斯特下放权力，争取更多自主性。当然，1979 年工党政府首次提出的权力下放议案以失败告终——尽管公投中支持议案的比例过半，但投票率没能达到规定的 40% 门槛，因而触发了"失效保护"条款（failsafe clause）。这在我看来倒也没什么不合理的。然而这次失败却在苏格兰社会上激起了一番持续近二十年的争论和相互责难，直到 1997 年工党政府分权改革获得实行，苏格兰议会成立，方才偃音息声。因而那时苏格兰思想界关于苏格兰传统的独立性以及苏格兰政治的可能性也有不少讨论。在这个过程中，苏格兰启蒙运动不仅越来越多地为苏格兰人所接受，而且逐渐成了一件"国宝"。如此说来，苏格兰人对启蒙运动的看法经历了一次实实在在的转变，从原先被民族主义者拒之门外到最终成为放权派眼中的至宝。我知道苏格兰是这种情况，尽管那时候我身在牛津。我对那不勒斯的兴趣也是在这里发展起来的。

李汉松：的确，您后来力图还原一个统一的启蒙运动概念，可以说延续了您早年的这些研究。当然，您很明确：启蒙运动在不同地域展开，比如苏格兰和那不勒斯，因此语境颇不相同。上世纪 90 年代，学界围绕启蒙运动是"统一"还是"多元"，争论正酣。身处这场与以往非常不同的辩论中，您从何时起走近詹农（Pietro Giannone）、加利亚尼（Ferdinando Galiani）和维科（Giambattista Vico）这些南意大利思想家？聚焦他们，原因何在？苏格兰和那不勒斯语境何以证明启蒙运动之统一？比较研究带来了怎样独特的、以往研究很难具备的力量来支持罗伯特·达恩顿（Robert

---

① 普拉姆（1911—2001），英国史家，剑桥基督学院院士。学院老人传言：每当普拉姆立于第一院与第二院甬道之中，两院行人囤聚，无人敢过，其威仪可见一斑。

② Nicholas Phillipson. *Hume*. London: Weidenfeld & Nicolson, 1989 (republished: *David Hume: The Philosopher as Historian*. New Haven & London: Yale University Press & Penguin, 2011); *Adam Smith. An Enlightened Life*. New Haven & London: Yale University Press & Penguin (Allen Lane), 2010.

Darnton）和弗朗哥·温图利（Franco Venturi）反对波科克的立场，而又恰恰能补以往之不足？ ①

罗伯逊： 这些问题都很关键，前半部分也许更好回答：我很早就发现了那不勒斯的妙处，那时是 70 年代，我还在研究苏格兰启蒙运动。这一部分要归功于特雷弗 - 罗珀，因为他对詹农充满兴趣。另外还有一个原因是莫米利亚诺的一段评论，在他写吉本的书里有一句话——"爱丁堡、洛桑（吉本居所）和那不勒斯是思考封建制度的三个极佳场所"，这样他就把爱丁堡和那不勒斯纳入了以吉本为中心的更大框架里面。我觉得这个提法特别引人深思。除此之外，游历意大利也是一个因素。1977 年我在那不勒斯南部也就是从前的"那不勒斯王国"境内走了很多地方，那里的地形给了我很多启发，特别是位于意南部海岸夹角的巴斯利卡塔地区（Basilicata）。这个昔日的居住地如今却人烟稀少，让我想起了苏格兰高地。当然，意大利的气候要干燥炎热得多，但这两个地方都有着自己的历史，却被人遗落身后。而且我记得曾在许多出乎意料的场景中观察到意大利南部向美国移民的现象。总的说来，当时我的想法是苏格兰和那不勒斯都有过相似处境，值得一探究竟。但我直到 80 年代才着手那不勒斯研究。说到底最主要的想法还是两者其时都是相对落后的地区，面临着发展需要——那里的人们也是这样看待自己的，所谓"地方的王国"。苏格兰人清醒地意识到他们始终没能把农商业发展到应有的程度，而那不勒斯的情况更复杂一些，18 世纪它还保留着欧洲第三大城市的地位，可就在几百年前的文艺复兴时期，当意大利还是欧洲人心目中的"宇宙中心"时，那不勒斯可是这其中的一颗耀眼明星。因此那不勒斯人也耿耿于怀于他们的辉煌不再。故而在 1700 年前后，两个国家的精英们最终都开始苦思前程。这些就是我的比较研究的起点。

我在《为启蒙运动一辩》中讨论的有关启蒙运动的问题是对启蒙运动研究碎片化和多元化趋势的一种回应，这种趋势在我看来甚无必要。人们越来越多地谈论复数的"启蒙诸运动"，热衷于新发现，而且所依据的通常只是单纯的实证主义考察："这地方有个类似启蒙运动的现象，和法国的启蒙运动不太一样，于是我们又有了一场新的'启蒙运动'"——太过幼

---

① 罗伯逊对温图利的述评见：John Robertson. "Franco Venturi's Enlightenment", Review of *Settecento riformatore* by Franco Venturi, in *Past & Present*, No. 137, *The Cultural and Political Construction of Europe* (Nov.,1992), pp. 183-206.

稚的思维方式。当然这一转变发生的背景是，历史学家发现启蒙运动研究落入了后现代哲学家之手，这令他们大为吃惊。哲学家声称启蒙运动正在解体，且得为西方霸权将普世价值强加于全世界等负责。历史学家面对这些后现代批评只是简单诉诸启蒙运动的多元化，强调"不存在单一的启蒙运动，而是有许多不同的启蒙运动！"这种回应在我看来很无力，没有对18 世纪欧洲各地思想家之间存在的联系给予充分考虑，实际上很多地方的很多思想家相互之间都有自觉的交流讨论，他们共享对于物质生活改善的支持，以及对阻碍发展进步的制度化教会和封建贵族体制的怀疑。因此依我所见，单单一句"存在许多启蒙运动"并不能反映这其中的共性。我想，通过比较苏格兰和那不勒斯这两个在欧洲大陆两端遥遥相望的地区，也许可以表明这种共性的程度之深。

在你提到的这两位史学家中，温图利自然是更为重要的。他从上世纪50 年代起就在研究意大利各地的启蒙运动，囊括了那不勒斯、米兰、佛罗伦萨和撒丁岛等地。[①] 但最为关键的是，温图利把他的研究对象和法国联结了起来。实际上他 30 年代的早期作品，还有 40 年代他在能够工作的时间里完成的作品（其中有部分在 50 年代获得出版）都写的是法国启蒙运动。[②] 因此可以说他所理解的意大利启蒙运动是以巴黎为中心的更大范围启蒙运动的一个组成部分。大体上说，我在他的作品中观察到一种很有解释力和吸引力的启蒙运动研究模式，可以灵活容纳世界主义和地方主义，不仅有意大利视角也有其内部地区的视角。

达恩顿则更多关注社会史和书籍史，而且文笔非常优美生动，不过我作为一名思想史研究者对他取法不多。他有一些观点我很赞同，可能因为他基本上还是一名法国史家。这位法国史家在成为启蒙运动史家之前，最大的兴趣就是那场波澜壮阔而又亟待阐释的历史事件——法国大革命。启蒙运动无疑是这场政治运动的前提。不过到 90 年代时，达恩顿开始思考

---

① Franco Venturi. *Alberto Radicati di Passerano*. Torino: Einaudi, 1954; *Settecento riformatore, I: Da Muratori a Beccaria*. Torino: Einaudi, 1969; *Utopia e riforma nell'Illuminismo*. Torino: Einaudi, 1970; *Settecento riformatore, II: La chiesa e la repubblica entro i loro limiti* (1758-1774). Torino: Einaudi, 1976; *Settecento riformatore, V: L'Italia dei lumi (1764-1790)*, 2 t. Torino: Einaudi, 1987-1990.

② Franco Venturi. *Jeunesse de Diderot (de 1713 à 1753)*. Paris: Skira, 1939; *Le origini dell'Enciclopedia*. Roma-Firenze-Milano: Edizioni U, 1946; *L'antichità svelata e l'idea di progresso in Nicolas-Antoine Boulanger*. Bari: Laterza, 1947; *Jean Jaurès e altri storici della Rivoluzione francese*. Torino: Einaudi, 1948.

启蒙运动研究本身的命运：这个他原本熟悉的领域，为什么如今遭到了攻击，未来又会变成什么样子？他随后用自己的研究相当有力地捍卫了传统观点，方法则是讲述那些"不再受牙痛困扰的思想家"的故事。① 毕竟，启蒙运动给人类生活带来了基础但根本的改变，哪怕只是一副假牙。另外，达恩顿将法国放在了这场运动的中心，因为那时欧洲范围内的所有思想争鸣，包括苏格兰、德国、波罗的海沿岸和意大利等地发生的重要讨论，都是经由法国和法语才得以传播的。这方面丹·埃德尔斯坦（Dan Edelstein）的《启蒙：一部生成史》② 是新近关于启蒙运动最好的叙述。该书亦是以法国为中心，不过我对此并不反对，只要对启蒙运动的思考是被整合在一起的。那么现在回到我的选择——苏格兰和那不勒斯，虽然我并没有刻意要做一个比较史研究，但也觉得这种比较可以表明在这样两个地理环境、教会传统和政治体制如此相异的地方，仍然有思想上的诸多共同点。不过即便在那个时候我也不会主张说这就是唯一的启蒙运动，或者是唯一思考启蒙运动的方式。但我认为我的观点能够为思考启蒙运动的统一性而非语境的多样性提供一些支持。

李汉松：那不勒斯和苏格兰在18世纪初都面临着棘手的外交关系——前者为1701—1714年的西班牙王位继承战（Guerra de sucesión española）所困，后者则于1707年与英格兰签订了《联合条约》（Treaty of Union）。除去这些相似处以外，两者之间更为突出的共同点在于经济。正如您方才所说，改善物质条件的前景是两地知识界的首要关注。也正因此，您将您的书的核心定为政治经济，即一种从伊壁鸠鲁主义（Epicureanism）对人性的预设出发，对人们经济行为所作的体系化解释。③ 您视之为那不勒斯和苏格兰迈入启蒙时代的标志。这似乎在研究主题和方法上都有创新意义：民兵问题仍属公民人文主义传统范围内——我们能想到马基雅维利的相关论说，比如德意志诸城邦武装公民以培养政治美德。但在您和伊斯特凡·洪特（István Hont）之前，思想史研究还未涉足政治经济领域。因此，当时的评论家对您的此番介入反响各异，也在意料之中。《革命的贸

---

① Robert Darnton. *George Washington's False Teeth*. New York: W.W. Norton, 2003.

② Dan Edelstein. *The Enlightenment: A Genealogy*. Chicago: University of Chicago Press, 2010.

③ John Robertson. *The Case for the Enlightenment: Scotland and Naples 1680-1760*. Cambridge: Cambridge University Press, 2005. pp. 325-326.

易》①一书作者保罗·切尼（Paul Cheney）热情赞扬了您为启蒙运动寻找政治经济学基础所做的努力，还特别提到了阿尔伯特·赫希曼（Albert Otto Hirschman）②1977 年的《欲望与利益》和爱德华·亨德尔特（Edward Hundert）1994 年《启蒙的"寓言"》③。相反，苏格兰地理学家查尔斯·威瑟斯（Charles W. J. Withers）却认为您的研究主要以政治经济问题为对象，所得结论能否用以支撑"启蒙运动的统一性"这一更大命题，还有待商榷。那么您现在回过头去看，是什么理由支持您当初选择以政治经济来讨论启蒙运动呢？

罗伯逊：我想列举几条政治经济的问题来侧面回应威瑟斯。首先，我的出发点是那不勒斯和苏格兰的思想家们——如保罗·马蒂亚·多利亚（Paolo Mattia Doria）和弗莱彻——都形容自己的王国是"被当作行省来管理的王国"。此外，作为政治思想家和道德思想家集于一身的学者，他们也都看到，贸易作为一种改变游戏规则的力量是任何政治体生存发展之必需。这两位 18 世纪早期的思想家道出了各自社会经济落后的现实，所以，我决定我的故事就从他们讲起。当然在书的结尾，你会看到另外两个人物：安东尼奥·杰诺维西（Antonio Genovesi）和大卫·休谟。这两位最初都是哲学家，却都在 18 世纪 50 年代转向了政治经济。杰诺维西是为了探究那不勒斯如何在发展中将自身优势最大化，休谟作品的主题则涉及一般意义上的经济，并未局限于苏格兰一地。他 1752 年《政治论谈》的主旨实在于经济。④通过专注于政治经济学，我得以与温图利的意大利史学史撰述对话一番，同时与洪特的想法也趋于同步。洪特离开匈牙利后，最初的几年都在牛津，我们正是在那里初逢。他后来转任剑桥国王学院，亲自挂帅督导政治经济史研究。⑤我记得我们上世纪 90 年代末的一次谈话，他问我苏格兰研究的新近成果里我认为最有原创性的是哪一个，我说是詹姆

---

① Paul Cheney. *Revolutionary Commerce: Globalization and the French Monarchy*. Cambridge: Harvard University Press, 2010.

② 阿尔伯特·奥托·赫希曼（1915—2012），德国经济学家、政治理论家。

③ Edward Hundert. *The Enlightenments Fable: Bernard Mandeville and the Discovery of Society*. Cambridge: Cambridge University Press, 2005.

④ David Hume. *Political Discourses*. Edinburgh: by R. Fleming, for A. Kincaid and A. Donaldson, 1752.

⑤ István Hont. *Jealousy of Trade: International Competition and the Nation-state in Historical Perspective*. Cambridge, MA: Harvard University Press, 2005. István Hont; Michael Ignatieff, (ed.), *Wealth and Virtue: The Shaping of Political Economy in the Scottish Enlightenment*. Cambridge: Cambridge University Press, 1983.

斯·莫尔（James Moore）① 的休谟研究，因为莫尔在休谟的道德论（《道德原则研究》和《人性论》②）中看到了怀疑式的伊壁鸠鲁主义，而这对一般认为休谟相信道德自然生成的观点构成了挑战。当然，休谟的作品里两方面都有体现，但还是有必要把怀疑的一面展现出来，原因有很多，比如休谟并不把人的"社交性"（sociability）视为理所当然。在我自己的研究中，这一"伊壁鸠鲁主义问题"随后沿着另一条路径——那不勒斯路径——继续发展了下去，我借鉴的是皮埃尔·贝尔的观点，他曾讨论过无神论的社会如何运行的问题，并指出了将此问题置于伊壁鸠鲁 - 奥古斯丁思想框架中的可能方式。这个思路把我们引向维科，然后在某种意义上又返回到休谟。研究伊始我并没有预料到会写维科，当时我以为要应对的是詹农。直到现在我仍然觉得维科某种程度上就像伯林描写的那样，是个古怪的边缘性人物。但我意识到维科的《新科学》可以从伊壁鸠鲁主义角度来读。这当然不是说维科便是伊壁鸠鲁主义者，他甚至公开谴责过伊壁鸠鲁派学说。但他看到了这一学说的要点，并意识到作出相应回应的必要性。因此，我论述之根基从贝尔及维科作品中隐含的伊壁鸠鲁元素出发，最后再返回休谟这一某种意义上的伊壁鸠鲁式道德哲学家。

至于我的比较研究，则把维科和休谟作为同时代人来处理。这里我不是说维科读过休谟，而是两人作为哲学家都在试图解决同样的一些问题，运用同样的概念，尽管观点大相径庭。因此说他们都属于 18 世纪早期的思想世界，并无偏颇。休谟和维科都置身于贝尔及其他哲学家如伯纳德·曼德维尔（Bernard Mandeville）等人所构筑的思想世界。同样也可以说，曼德维尔和维科尽管兴趣完全不同，也不存在相互交流，但都对同样一些问题有着类似的关注，看法也没有那么大差别。

---

① 莫尔长年任康考迪大学（Concordia University）政治学教授，著有：James Moore. "Hume and Hutcheson", in M. A. Stewart and J. P. Wright (ed.), *Hume and Hume's Connexions*. Edinburgh: Edinburgh University Press, 1994, pp. 23-57; "Utility and Humanity: The Quest for the Honestum in Cicero, Hutcheson, and Hume", *Utilitas*, 14.3 (2002), pp. 365-386; "The Eclectic Stoic, the Mitigated Sceptic", in Emilio Mazza, Emanuele Ronchetti (ed.), *New Essays on David Hume*. Milano: Franco Angeli, 2007, pp. 133-170; "Hume's Political Science and the Classical Republican Tradition", *Canadian Journal of Political Science / Revue Canadienne De Science Politique* 10, no. 4 (1977), pp. 809-839; "Hume's Theory of Justice and Property", *Political Studies*, 24.2 (1976), pp. 103–119.

② David Hume. *An Enquiry Concerning the Principles of Morals*. London: A. Millar, 1751; David Hume. *A Treatise of Human Nature*. London：Printed for J. Noon, 1739-1740.

现在再来回应威瑟斯的批评：我对苏格兰启蒙运动的处理当然是在一个哲学框架内展开的，休谟是这个框架的关键，他确立了标准，抛出了问题。其他有能力的思想家不是没有，而且还不少，然而是休谟挑起大梁，推动了决定性的进展。休谟重回苏格兰定居之后，在思想界建立了据点。他告诉人们哪些思想真正值得认真玩味。与他切磋者多数不同意他的怀疑论和伊壁鸠鲁主义倾向性，因为这些会趋于"不信"状态（unbelief，区别于无神论）。但正是休谟不断挑战同时代思想家认为理所应当的诸多前提，才奠定了他在启蒙运动中的位置。所以，我选择把休谟放在苏格兰启蒙运动的中心位置。但很多人持反对意见，譬如努德·哈孔森（Knud Haakonssen）就把这个位置留给了自然法传统以及托马斯·莱德（Thomas Reid）和杜格尔德·斯图尔特（Dugald Stewart）的常识哲学（Scottish School of Common Sense Philosophy）。理查德·谢尔（Richard Sher）首要关注的则是所谓"温和文人派"（Moderate Literati）③。但我和詹姆斯·莫尔都坚持认为，休谟的怀疑主义道德哲学才是苏格兰启蒙运动的智识起点。休谟不仅智慧而且思维超前，但他对同时代的历史学家和哲学家非常宽容。

我还认为，休谟的后继者之所以产生变化是因为卢梭，正是卢梭改变了整个争论的重心，甚至亚当·斯密也受到了波及。在卢梭——尤其是他的《论人类不平等的起源》④（更甚于《社会契约论》）——之后，思想界的格局便大不相同了。介于休谟与其他思想家之间的卢梭形塑了18世纪后半叶。如果真要给我自己的这个比较研究写第二卷，我应该会从卢梭写起，因为他对苏格兰和那不勒斯都有巨大影响。有意思的是休谟没有回应卢梭——他当然知道此人的存在，但要么是没有抓住他文章的重点，要么就是故意不回应。关键之处在于休谟如何用自己的哲学建立了政治经济学，斯密又如何接手并发展出了自己的体系，作为对休谟和卢梭二人的回应。所以我很乐意和切尼礼尚往来，但我自感和威瑟斯的分歧还会继续，因为他眼中的苏格兰启蒙运动和我眼中的以休谟为核心的启蒙运动殊有不同。

---

③ "温和文人派"或"温和派"（Moderates）是18世纪的一股思潮，在苏格兰教会中与"福音派"（Evangelical）相对。《圣经》语境中，他们被论敌称为所谓"老底嘉派"（Laodicaeans），不冷不热。

④ Jean-Jacques Rousseau. *Discours sur l'origine & les fondements de l'inégalité parmi les hommes.* Amsterdam: M. M. Rey, 1755.

李汉松： 能否请您对休谟和维科各自使用的"社会性"概念做一比较？休谟认为社会并非理当存在，而是从利益、功利、亲和力（agreeableness）等角度去理解人性，这让我想到维科可与之相提并论的构想：以 *conatus*（意向的力量，此处即指向怜悯的意向）调和 *utilitates*（肉欲的力量）与 *ius naturale gentium*（自然万民法）之关系。① 可否说，这是您把维科放在伊壁鸠鲁主义语境中的一个原因呢？毕竟维科既不是严格意义上的伊壁鸠鲁主义者，也没有花心思在真正的经济问题上。另外，这两位思想家的"社会性"哲学讨论是不是也有可比之处？

罗伯逊： 维科对于孤立个体潜在的非社会性有着很强烈的感受，在某些方面甚至超过了休谟。他想要主张的是人成为社会的人以后就一直保持着这种社会性，未来也不会想要失去，否则将导致真正的灾难。*Conatus* 是思考人类意志的一种方式：意志来自何处，与身体和神意有何关系——最后这一点是维科所独有的观点。他认为社会性一旦实现，会被此"意向"和神意共同承保。此种思维方式对休谟十分陌生。这个概念是笛卡尔式的，虽然我们还不知维科从何处获知，但可以肯定的是休谟没有使用过它。你可以说这是一个产生于不同哲学假设的混合中的技术性概念。一定要说的话，维科看待前社会时代的孤立个体，更偏向霍布斯。这从他所讲的大洪水之后的寓言故事就可以看出，他认为那时的人类基本上就是霍布斯式的人。但的确，如你所言，维科作为一个讨论社会如何源起、如何发展的哲学家，也与休谟相近。

李汉松： 另一种对您作品的一般性批评意见认为，仅仅比较苏格兰和那不勒斯似乎在规模和充分性上都不具有说服力。如今有更多的研究正把启蒙运动的地理范围扩展到南欧和东南欧，到德国、西班牙这样一些地方，并且开始关注启蒙思想的全球传播。鉴于此，您觉得上述问题是否算得上已得到解决？或者这样的批评本身就没有说到点子上？

罗伯逊： 比较研究当然不是全面调查。许多人认为我下一步应该要着眼于更长的时段和更大的空间，这样来把我在《为启蒙运动一辩》中提出的模式推而广之。② 但这不是我的打算，我要做的是重新思考这些例子。所以接下来的一本书里我更加直白地承认了启蒙运动是种建构，并且仍然

---

① John Robertson. "History Man", *London Review of Books*. Vol. 15 No. 21. 4 November 1993, pp. 19-20.

② John Robertson, 2005.

想要坚持这种建构可能具有的统一性，即使它是一个历史现象。当然，差别也一定是存在的，取决于不尽相同的地理、经济、社会、政治条件和智识语言。实际上我还在写作的时候就已经在小心避免强加某种模式，做一般化的概括。我的比较研究只是为了论证两个地理端点之间的共性，然后可能再去思考一下怎样扩大这种共性。

李汉松：刚才您说到，启蒙运动构建成不同的形态，这又可以引出您为牛津通识读本系列撰写的册子《启蒙运动简介》①。其中，您提到了那场重要的史学史之争。在您与文森佐·费罗内（Vincenzo Ferrone）、乔纳森·伊斯雷尔（Jonathan Israel）、安东尼·佩吉登（Anthony Pagden）等学者的对话中，您对"历史学家的启蒙运动"和"哲学家的启蒙运动"各持何种观点？此处最紧要的节点是什么？历史学家为什么需要回应，以及应如何回应哲学家对启蒙运动的接收？

罗伯逊：这个问题我认为是西方史学撰述当中最为宏大的问题之一，但却一直没有得到过充分承认。这场争论起源于你以前在剑桥修读过的政治思想史课。其中有一个为期六周的"启蒙运动与哲学史"读书研讨会，阅读书目中哲学家和史学家的启蒙运动研究大约各占一半。我一开始的想法和史学界的主流观点一致，认为哲学家不恰当地挪用了历史学的启蒙运动。但很快我意识到反过来说才是对的：启蒙运动在被史学家观照之前，原本就是哲学研究的主题。

18世纪时英语中还没有"Enlightenment（启蒙）"这个术语，有的只是"the lights（光亮）"这样的表达，而且也并不持久。西班牙语里那时已有 *Ilustración*，意大利语有 *I Lumi*（而非现在通用之 *Illuminismo*，因为这个词与"Enlightenment"一样，是19世纪才出现的）。法语 *les lumières* 和德语 *Aufklärung* 才是当时惯常的用法，而这两个词广义上说都是和哲学联系在一起的。在法国，达朗贝尔（Jean le Rond d'Alembert）和狄德罗（Denis Diderot）所著《百科全书》的导言就是按哲学史的结构写成的；与之相似，康德和当时其他德国思想家的 *Aufklärung* 也有浓厚的哲学味道。而19世纪经过黑格尔淘洗的启蒙运动概念则更是有过之而无不及：实际上英语"Enlightenment"一词正是出自黑格尔学派的手笔。在黑格尔看来启蒙运动是哲学史中一个前期的、尚未发展完善的阶段。因而哲学家把他

① John Robertson. *Enlightenment: A Very Short Introduction*. Oxford: Oxford University Press, 2015.

们的启蒙运动概念构造成一个哲学批评的"时刻"。这个思路延续到 20 世纪早期和中期，启蒙运动再次经历了德国思想家的批判：霍克海默、阿多诺和科塞雷克，其结果是一次哲学上的重估。这些人认为启蒙运动代表了居于西方传统核心的一种思维方式，但这一思维方式的含义充其量只是一个矛盾体。尽管启蒙运动同自由与权利的思想潮流携手并进，却也要为商业和工业社会的崛起尤其是技术在其中的控制地位承担责任。所以在霍克海默和阿多诺写于 1944 年的《启蒙辩证法》中①，"启蒙"只是这个辩证结构的一面。在另一面，它还和法西斯、国家社会主义以及斯大林主义关系紧密。启蒙运动由此象征着对西方政治发展路线的批判。这也恰恰就是后现代主义在哲学中复兴的主题：对作为一种西方知识优越感的启蒙运动以及与普遍主义和帝国主义同流合污的启蒙运动的批判。从《启蒙辩证法》中的现代技术统治论指控，到后现代主义把启蒙运动与前述诸种价值相勾连，明显是有一条线索贯穿前后的。

　　史学家对这一深厚的哲学批评传统的回应大致集中在两个时期，其一是在第二次世界大战之后的五六十年代，主要是意大利和德国的学者，英国学者总体而言没有什么声音，直到很晚才开始有人加入。这些学者很自然地认为法西斯主义尤其是其种族理论主要是 19 世纪理念的产物。因此他们回到 18 世纪，回到"更为美好的欧洲往日"，也因此产生了重建的愿望。他们大体上支持现代化理论，甚至是社会科学家正在发展的那些"现代化理论"。这种非马克思主义的韦伯式（有时还是斯密式）的第三世界经济发展理论自 50 年代起就流行于西方国家，在冷战语境下，很明显它是作为马克思主义的替代理论发展起来的。它所构建的资本主义不是侵略性质的，而是正逐步走向现代。因此这是由社会科学所提示出的"旧日的美好"。

　　到了七八十年代，现代化理论的魅力攻势成了强弩之末。我们这代人开始登场，启蒙运动的历史研究也呈现一派繁荣景象。这个新的史学研究浪潮的语境是 1989 年柏林墙的倒塌。此后，那种要为马克思的现代化模型树立对手的冷战意识也逐渐褪去，取而代之的是对后现代挑战的应对。

---

　　① Max Horkheimer & Theodor W. Adorno. *Dialektik der Aufklärung*. Hektografiertes Manuskript 1944. aus Anlass des 50. Geburtstags von Friedrich Pollock; Max Horkheimer & Theodor W. Adorno: *Dialektik der Aufklärung*. Amsterdam: Querido, 1947.

到了两千年前后，人们开始认为：激进好战的宗教派别，尤其是伊斯兰极端派，很有可能在根本上威胁自由主义价值观。启蒙史家的回应是：既然如此，不如将启蒙运动等同于现代性，顺带裹挟着一切需要护卫的价值观。伊斯雷尔是这种观点最有力的支持者，佩吉登也是。在我看来这种对现代性的沉迷是西方史学思想中非常引人注目的一个发展，但我的想法是，我们应该对这个设想有所质疑。在这种奇怪的情况下，历史学家起而捍卫现代性，反对哲学家的启蒙运动批评，但却并没有真正想过后者所揭示的矛盾性究竟是什么，没有认识到这是西方思想中何其坚实的一个独立传统。相反，我们历史学家几乎是在天真地鼓吹"现代性"的价值，甚至无意识中变相为他人正了名：譬如史蒂文·平克（Steven Pinker）的新书《当下的启蒙：为理性、科学、人文主义和进步辩护》对启蒙运动与现代性的粗暴讴歌。①不过史学家圈子的总体氛围已经开始有所转变，我也是参与推动的一员。但史学家如何最终变成了现代性的斗士，而政治哲学家却还对此抱有诸多疑虑，这个过程我觉得颇具趣味。

所以这就是近来史学撰述中我认为最让人困惑的问题之一——历史学家如何在对政治哲学家疑虑声的抵抗中越发成为坚定的现代性拥护者。总的来说，启蒙运动在我们的思维里总是被粗浅地和"好的东西"联系在一起，甚至于每一本研究 18 世纪的新书面世之前，出版商都要想方设法在题目里塞进"启蒙运动"几个字眼，对此我也十分恼火。不过这种现象的确说明启蒙运动和现代性被画上等号，从而鼓动学者们去探索世界其他地方的启蒙运动。其中就有一个观点认为，如果说中国也有启蒙运动，那一定是 19 世纪晚期的那一批现代主义者，他们充当着启蒙思想家的角色。用一句非常英式的表达：1789 年后，"多少流水桥下过"②——发生了太多事。若说启蒙运动代表了现代的一切，未免太过荒唐。至少我们既不应该把启蒙运动放到现代性的崇高地位，也不该把最终导致犹太人清洗的思想强加给它，尤其我们现在所理解的现代性实际上只是世俗化了的自由主义，把启蒙运动与此相提并论更是没多少益处。

李汉松：既然讲到了世俗化的自由主义，加之 21 世纪初爆发的宗教

---

① Steven Pinker. *Enlightenment Now: The Case for Reason, Science, Humanism, and Progress*. New York: Viking, 2018.

② 原文："A lot of water has flowed under the bridge"。

激进主义大讨论，我想提一个关于宗教和政治经济关系的问题。启蒙运动普遍被认为具有反宗教色彩与目的，即便新教主义和启蒙的进步事业之间暗含着某种因果关系。但您前面提到彼得·盖伊（Peter Gay），他的《启蒙运动：一种解释》——副标题是"现代异教的兴起"①——出版仅一年后，反对教会干政的罗珀就写了一篇《启蒙运动的宗教起源》，认为伊壁鸠鲁主义、阿民念神学、索齐尼教义共同构成了启蒙运动之前的语境。您显然曾经注意到过这篇文章。我在想，您处理启蒙运动时是否也时常有意识地为宗教留出位置？比如，政治经济暗含了人类的社会性和生存状况的改善这些主题，这些角度是否允许有更多空间去考察宗教与启蒙运动之间的关系，而不像"激进启蒙运动论"一样不留余地？对于神学和宗教信仰及其在启蒙运动中的作用，怎样去评价才更为公允？

罗伯逊：我的确寄希望于此。但不得不承认，在上世纪七八十年代，我和洪特当时首要关注的都尚不是宗教问题，而且我们也清楚苏格兰没有许多反信仰思潮，尽管也有少数如弗莱彻等例外。但此后宗教回到了我们的视线以内。我觉得你已经把我的主张概括出来了：注重政治经济及其对现世物质生活改善的关怀是启蒙思想的典型特征，这固然会使宗教边缘化，但却并不要求拥护启蒙的人们抛弃宗教或反对宗教。当然可能有人不虔诚，比如休谟，但并不是必须如此，毕竟有很多其他人继续表达着宗教观点和信仰。我这么说绝不是要否认 17 世纪末到 18 世纪初存在着激进的异端思想，这个思想很有趣，后来由保尔·霍尔巴赫（Paul-Henri Thiry, baron d'Holbach）②和他那一派的思想家推进到 18 世纪后半叶。我甚至觉得激进启蒙运动是伊斯雷尔几卷本的启蒙运动研究中最引人入胜的部分。另外还有很重要的一点，当时有好几种支持宗教宽容的理由，有新教的也有天主教的，尤其是天主教的管辖权传统为限制教会权力提供了有力论证。所以，我不想抹掉这些更偏向于反宗教的元素，或是否认历史上，启蒙运动与对制度性宗教组织的批判联系紧密。但这一切都不足以为启蒙运动贴上"世俗"的现代标签，更不是一场近乎反向十字军东征般的反宗教思潮。我甚至都不会经常用"世俗"（secular）一词，因为这更多是一个 19

---

① Peter Gay. *The Enlightenment: An Interpretation*. New York: Knopf, 1966.

② 霍尔巴赫（1723—1789），法国和德国裔哲学家、百科全书派思想家、沙龙组织者。他代表启蒙思潮中激进的反宗教无神论派。

世纪的概念。但是的确，我主张启蒙运动在对现世的重视中淡化了来世。

李汉松：能否请您简单谈谈启蒙运动可能的结束方式？这是今年理查德·华特莫尔（Richard Whatmore）[①]卡莱尔讲座的主题。我在剑桥听过一版预讲，是有关"悲观主义"和启蒙运动的终点，似乎此后题目有所改动。想必您也去牛津听了讲座？依您之见，何谓"启蒙的终点"？

罗伯逊：我记得你提及的那场剑桥讨论会，上学期也去牛津听了那六场卡莱尔讲座的最后一讲。我觉得演讲正确地将法国大革命定位为一个节点，一场大规模政治元素的喷发，冲击了法国乃至整个欧洲的社会结构。这又是一个由来已久的说法，但在我看来法国大革命的确引发了天翻地覆的变化。所以我认为在如此剧烈的喷发和如此激昂的政治声明之后，很难说启蒙运动还能作为一场一以贯之的运动继续下去，这又回到了你早些时候的问题。当然，有些地方启蒙的思想和目标仍在起着作用，这是一个地理上的考察。我记得你当场提到了希腊和东南欧，我认为这诚然是其中一例，因为启蒙思想在这些地方延伸到了 19 世纪。拉丁美洲可以算另一个19 世纪初的例子，尽管政治语境不同。这些都是需要考察的，而且能做出很好的研究，尤其是拉丁美洲的情况。只有把拉美国家姗姗来迟的启蒙运动社会和政治思想考虑进去，你才能理解那里所发生的一切。但华特莫尔还想说明：那些铸就了启蒙运动的观念经历了大革命的洗礼。卡莱尔讲座的报告很好地诠释了这场革命在英国语境下的意义，尤其是他说到革命引起了某种思想上的变化，并且运用了诸如"光芒消失了"这样的语言意象。我不是很喜欢从"政治悲观主义"角度去对人们作心理分析，但华特莫尔很有力地论证了法国与"光芒"的联系，以及后来"光芒消失了"的说法。所以说的确是有（对大革命的）反应，而且我认为华特莫尔也捕捉到了这一点。另一个卡莱尔讲座明确表达的观点是思想上的转变：那些思想成形于启蒙运动晚期的人当中，有的没能活到大革命结束——毕竟革命中思想站队是一桩极危险的事。有的活了下来，但想法也变了。所以华特莫尔关注到的是一个绝妙的题材：卢梭之后的日内瓦。他谈到日内瓦的议会代表（*représentants*）最初视卢梭为盟友，后来却对他失望，认为卢梭

[①] 华特莫尔曾任萨塞克斯大学（Sussex University）历史学教授，现任圣安德鲁大学思想史教授，著有：Richard Whatmore. *Against War and Empire. Geneva, Britain and France in the Eighteenth Century*. New Haven & London: Yale University Press, 2010.

激进不足。这一代表群体对政治经济和发展问题更感兴趣：日内瓦采取什么样的模式才能在一个商业化的欧洲立足？欧洲的商业社会又是如何运作的？这些想法随着他们流亡的脚步来到了英国、法国，于是又可以考察这种思想的流亡如何得以实现。这是启蒙运动迈向下一阶段的整个进程的一部分。我在这里不是替华特莫尔讲话，我自己也认为19世纪从很多方面来说确实是一个变化了的世界——这种变化很大程度上是拜大革命所赐。

李汉松：说完了今年的卡莱尔讲座，似乎正好可以引出2016年您本人的卡莱尔演讲。我认为除了从政治经济学视角对启蒙运动作出重估以外，您最重要也是最受推崇的贡献是在政治思想史中引入了神圣史（Sacred History）的内容。您钻研过的思想家和文本——詹农和维科——当中明显贯穿着一条线索。这条线索的一端是您对意大利经济发展的研究，另一端则是那不勒斯思想家对霍布斯以来的社会性问题的讨论，这也是您作为剑桥政治思想史教授在2011年发表的就职演讲的主题。不过这个"神圣的和社会的"（the "Sacred and Social"）两相关联的论点是从前没有过的，它是如何形成的呢？

罗伯逊：我受到了两股史学撰述潮流的促进。一是波科克对吉本教会史研究的思考。波科克在这里其实是在回应莫米利亚诺，虽然他不愿直说。后者写过一篇著名文章来论证吉本不可能是位教会史家，因为他不信基督教，没有内部视角的理解。相反，罗珀则认为吉本是教会史家，因为他研究的是教会的社会史，即用历史的方法来处理作为一种公共机构的教会，而不论及神学。但波科克说吉本最后也确实意识到必须要去理解神学。理解不等于信仰，吉本可能并不信教，但作为史学家为了理解必须想象自己置身其中，这是思考历史的一种不同方式。

另一个促进因素是学术史，尤其是剑桥的年轻学者喜欢做的圣经学术史。我记得这些研究成果曾让我兴奋不已，虽然我自己不做这一块。我发现，17世纪思考犹太教和基督教《圣经》的学者都意识到，围绕这个文本可以提出许多有趣的史学考据问题。当然，《圣经》并不是一个完美一体的文本，具体章节之后亦无确凿的作者署名。要理解它的复杂历史，只有同时从学术研究史和更为广泛的古代中东史入手，包括埃及人和迦勒底人的历史。所以我看到，《圣经》的研究者从17世纪起就纷纷注意到，圣经学已经抵达了一个全新的知识前沿，并且发现除了宗教要旨之外，它还有其他妙用。甚至自认涉猎有限的维科也对这一动向了如指掌。再者，即便当时还不能够大声坦言世界历史在基督降生前已经存在超过四千年，但到了1720年，人们的立场在发生变化。任何一个受过教育的人都知道对此要作更有想象力的解释，而这些都是学术史揭示出来的。犹太教和基督教（二者因《旧约》纽结在一起）中的大事件以叙述的方式构筑了信徒的信仰，所以两者都有部分内容是关于上帝和他子民的活动的叙述。这在犹太教中明确指的是犹太人的上帝和犹太人，由此形成的说法也是排他性的：创世的是我们的上帝，我们才是上帝的子民；而基督教信仰则认为，基督所作的是将这一启示泛化，把异教徒也包括进来。但当宗教圣典由上帝的话语所昭示，继而被记录下来时，人们是如何从概念上把握的呢？这就要靠预言来实现——预言作为中介体，使得上帝的言行可以传达到人间。正是这个非常有独创性的高妙概念体系产生了《圣经》，它的很大一部分都是历史。这就让我们看到一种极为独特的历史书写，关于人及其与上帝的关系。基督教和犹太教在这方面都差不多，所不同的是犹太教更多是一种法律的规定而不是神旨或神学。不过两者都依赖于一种独有的解史方法，其框架即是一个以言说行动、以行动创史的上帝。

做神圣史必须要进入这一体系框架当中去，方能理解基督教是如何形成的。还是那句话，理解本身不苛求信仰。基督教是一个相当独特的传统，这一点我想不光政治思想史家视为理所当然，整个西方思想史学都是这样看的。而我个人则逐渐开始关注如何利用这样的历史来讲述人类社会发展的故事。这个"社会发展"又是另外一个问题了，一个在我看来特别属于17、18世纪的问题。有关"社会的崛起"——汉娜·阿伦特（Hannah Arendt）用语，后来又在《马基雅维利时刻》中为波科克所借用，即一个不再仅仅从属于政治的社会场域。[1] 在亚里士多德的设计中，政治共同体把家庭包含在内，并且成为后者的实现，这样一来"城邦"（希腊文 πόλις，拉丁文 civitas）就是唯一有意义的共同体。而我认为17世纪和18世纪可以说发生了这么一件事：个人—家庭和政府—国家之间出现了一个中空地带，在这里诸如语言、劳动分工、经济关系等社会习俗和制度成为独立的

---

[1] Hannah Arendt. *The Human Condition*. Chicago: University of Chicago Press, 1958. II. 6 "The Rise of the Social"；J.G.A. Pocock. *The Machiavellian Moment: Florentine Political Thought and the Atlantic Republican Tradition*. Princeton: Princeton University Press, 1975. pp. 32, 168, 176, 193, 202, 246, 447, etc.

研究对象。我的猜想是，这就是斯宾诺莎（Baruch Spinoza）作品的主题，为其独有的目的——从社会角度思考犹太人群体，而不仅仅将其作为一个共和国或是政府——服务，维科和其他人的作品亦然。

很多18世纪有关"阶段论历史"（stadial history）的思考都以社会进步为内容。总的来说，"阶段史学"，尤其是在苏格兰思想家那里并没有探索宗教。经由宗教进入社会场域是另外一个传统：我认为罗马天主教传教士在遇到美洲和亚洲原住民，并且首次以西方视角来描述和记录这些人的时候，通常情况下都会从"神圣的"开始描绘，当地宗教习俗中能够为他们所辨认的东西就被视为理解当地社会的关键。去往中国的耶稣会信徒曾花费很大力气来搞懂儒家学说，为的就是要缩小其与基督教的差距。这些传教士发展出了宗教的自然史或民间史，出现在他们笔下的不是"被魔鬼败坏的异教徒"，而是组织和维护社会的渠道，因而必须深入理解。但我处理的更直接的主题是把宗教当作进入最早期社会场域的一条关键路径，首先着眼于犹太民族历史，然后是更一般意义上的外邦历史。这条思路的开端，正如维科和继他之后的尼古拉斯·安东尼·布朗热（Nicolas Antoine Boulanger）给出的一样，正是大洪水。

李汉松：似乎每种传统里都有各自的洪水神话：从古美索不达米亚、希腊、犹太、斯堪的纳维亚到印度和中国，甚至玛雅文化和非洲、澳洲的土著文化。

罗伯逊：是的，既然洪水神话处处可见，那么接下来就有一个问题——维科显然对此善加利用——如果有这么一场洪水，那么之前建立的社会很可能都能被清除掉了，社会化就要重新开始。所以又回到当初一问：这些神话向我们传达了关于社会构建的一些什么样的内容？

李汉松：詹农和维科如此埋首于有关起源的叙述，以此作为处理"社会"的方式。让我感到惊讶的是，这种方式较之他们之前的思想和学术传统来说，呈现出了更多的历史深刻性。詹农称摩西"更多是作为史学家而非哲学家在写作"（non come filosofo, ma come istorico）①，维科则利用所有他能整理出来的历史资料对启示做理性的中介性分析。这些在当时都是学术上相当激进的做法。在您看来，在整个"史学思想史"或者"史学研究

---

① Pietro Giannone. *Il Triregno: I Del regno terreno, II Del regno celeste, III Del regno papale.* (ed.) Alfredo Párente, 3 vols., Bari: Laterza, 1940. I. pp. 33-38.

史"中，神圣史有没有一个特殊地位呢？

罗伯逊：我还没想到那么远，而且在历史书写充斥着断代问题、浸透着历史主义的当下，我不确定是不是要对神圣史在思想史中的作用下一个大论断。我知道我的牛津同事兼朋友彼得·高希（Peter Ghosh）正在写一本关于"历史的源生"的书——这里的历史是指我们所理解的历史。高希是位非常聪明的史学家，他这项研究会是非常独特有力的。但我觉得自己对于作出那种更宏大的论断还是持谨慎态度的。不过你说得也对，我的确想理解在学者们有意去触碰根据上帝启示之言所写成的历史时，这里面有什么特别而且有趣的具有历史性的地方。

我给我的这些想法找到的理由是，在许多新教徒眼里这些思想家所起的作用和自然法是一样的，但天主教的自然法当时已经无法充当这个角色了，所以 16—17 世纪的后期经院学派传统就此走向没落。这些是我的推测，但安娜贝尔·布蕾特（Annabel Brett）①的研究表明，经院哲学当时在欧洲还是一个非常强大而丰富的传统，但到了世纪末便似乎无力继续。讽刺的是，造成这种结果的部分原因是这个传统开始有了个人主义的雏形，而个人主义是天主教对新教的常见指责。经院哲学由此变成了对孤立个案的决疑判断，无法再用来处理整个社会。当然故事比我现在为止所讲的要更为复杂，史学家仍在进行着探索，或许有一天会证明我是错的。布蕾特教授目前正在着手的一些研究有望提出 17 世纪中后期新教与天主教自然法的发展和交集。如此，我想我的假设也有可能不再成立。不过，我认为维科确实瞄准了一些目标，光凭自然法恐无力达成。对于他和詹农而言，创设一种新史学方法，承认神圣史的可能性，不失为走出困境的一条出路。与此类比，后来的分期史学也为苏格兰思想家提供了一种超脱自然法限制的路径，只是在那里，人们并没有形成热衷神圣史的风气。

李汉松：天主教自然法传统的危机乃至衰落是否可以部分归结于它竭力要把异教徒的自然宗教和民间历史引入进来？毕竟天主教徒首度承担这项任务，无先例经验可资借鉴，亦无既定方案指导如何构建这样一个自然法的世界历史叙述。

---

① Annabel Brett. *Liberty, Right and Nature. Individual Rights in Later Scholastic Thought*. Cambridge: Cambridge University Press, 1997; *Changes of State. Nature and the Limits of the City in Early Modern Natural Law*. Princeton & Oxford: Princeton University Press, 2011.

罗伯逊：这是个好问题，也是一个精彩的故事。这方面的文献自成一系，我读过一点但仍嫌不够。似乎耶稣会信徒在阐述外邦的自然与民事宗教方面走得比其他团体更远，目的是要让他们的传教活动更站得住脚。我认为在某种程度上，这种努力促使他们理解社会权利，就像理解政治权利一样，或者还要更透彻。他们要弄懂的是人的社会行为，而这并不只和政府形成有关。

李汉松：让我再问一个有关宗教和政治思想更笼统的问题：我记得约翰·H. 阿诺德（John H. Arnold）曾做过一场名为"信奉中世纪的信仰：吉本和拉图，以及我们如何对待宗教"的就职演讲。①会后您对我说：其最大问题在于预设了吉本从外部批评基督教，而实际上他是从内部出发的。我由此想道：有时候我们仍旧会陷入接近于伯特兰·罗素（Bertrand Russell）所说的那种矛盾当中：认为宗教代表着前现代，而世俗代表着现代。而当邓恩揭示了洛克的宗教语境，布蕾特和莎拉·莫蒂默（Sarah Mortimer）指出格劳秀斯的"假设上帝不存在"（etiamsi daremus non esse Deum）不应该导致学者怀疑其神学意义时，多数人还是带着老一套的观念去回应。您认为这是否仍是政治思想史学中的一个问题呢？

罗伯逊：是的！我的确认为对以斯金纳和邓恩为首的"剑桥学派"来说，把宗教排除在外或者边缘化对于他们所构想的政治思想史具有根本意义。这里有两步特别关键，一个是邓恩指明了洛克是基督徒，另一个是斯金纳发现在霍布斯的政治思想中，"义务"论说的背后其实并没有一个留给基督教上帝的位置。这个观点针对的是霍华德·沃伦德等人：他们认为自然法在霍布斯的理论中仍在起关键作用。斯金纳反驳说：一旦引入当时的语境，沃伦德这种说法便失去了意义。总体而言，我同样发觉"'世俗'等于'现代'"这一观点是长期存在的，涉及比如霍布斯和吉本时，波科克一直在同这种"等同性"观点斗争。下面这个说法可能某种程度上有些意识形态化，或者至少是有当代倾向的：我们如果认识到宗教考量在过去的政治思想中起到的作用，不再坚持说现代政治思想必然是世俗的，那么我们对当下政治思想的处理会更出色。但是现在有非常多的标榜为政治理论的学说，特别是政治现实主义，都以世俗性为基本假定。这样说不是在

---

① 讲座原标题为 "Believing in (Medieval) Belief: Gibbon, Latour and what we make of 'Religion'"。布鲁诺·拉图（Bruno Latour, 1947— ），法国当代哲学家、人类学家和社会学家。

暗示某类自由主义者会对伊斯兰政治思想或伊斯兰的国家和社会概念作出让步，但承认宗教在过去的政治思想中的位置并感到有必要理解宗教传统总归是有益处的。波科克不光说过吉本尽力要去达到一种内部理解，还说过"依法建立"的教会自有其妙——这里指的正是英国国教，一个依民权、据民法建立的教会。昔日许多教众都不愿意承认这一点，甚至现在也不乏否认者，因为按道理上帝之教会应是依神权、遵神律而建。所以，教会处于人法之下，于社会和政治方面大有裨益，而论及"依法建立之教会"，则相当于为教会在社会中划归了位置。以如今的标准，这样说并非意味着不宽容。当然，有证据表明这正是吉本也赞许的观点，只是当时对异议者没有现在那么宽容罢了。

李汉松：刚才的对谈中，我们考察了您在不断演进的社会和史学语境下参与学术争论的过程，澄清了许多学界悬疑。这又一次提醒我：您在剑桥任政治思想史教授（原先这个职位叫作"政治科学教授"）的这些年里，对这门学科迄今为止的发展状况一定有大量观察。所以，此次对话的第二部分中，我想理一理政治思想史作为一个学科的历史，回顾一下这个领域的许多早期开拓者，以及 20 世纪对它产生影响的诸多思想渊源。基于反思德国、法国、意大利、英国的传统流变，我们大可对思想史研究的现状、进展与前景进行一番评估与展望。

首先，虽然现在越来越多的德国学者喜欢用"英国方式"来重思德国政治哲学史，但这个"英国方式"在很早之前可能是反过来受到了德国的影响，其中比较突出的就是梅内克的神秘遗产。学者们永远都对这个问题抱有热情：我们究竟应该如何评价弗里德里希·梅内克（Friedrich Meinecke）对观念史的影响，以及莱因哈特·科塞雷克的时间和概念史研究？

罗伯逊：这个问题我认为有一个笼统的和一个具体的答案。近段时间出现了很多研究德国 20 世纪道德和政治思想的作品，这是 20 世纪思想史中主要由研究生奋力耕耘的领域之一。我们看到梅内克引发的兴趣大体上有所增长，虽然也许德国语境下的施特劳斯和施密特研究更有吸引力。但更为特别的是，剑桥的一个"政治思想史学史"研讨班把德国传统摆在了核心，它是洪特设计的，梅内克在其中占据着显赫位置。拜洪特思考所赐，如今很多人都在反思梅内克在英美政治思想史中的作用。梅内克是典型的德国人，"一战"时他为德国的侵略喝彩，并与纳粹政权至少是平安共处的，但他却有可能对诸如伯林和福布斯这样的人产生过意想不到的影响。很明显，这两位思想家对待梅内克都是非常严肃的：伯林主持了梅内克《历史主义》的英译工作，还亲自撰写了序言。① 你可能会觉得伯林这么一个有着明确犹太身份的人不可能会和梅内克产生共鸣。但恰恰相反，他对梅内克的认同甚至超过了他同时代的犹太思想家恩斯特·卡西尔（Ernst Cassirer）。我还发现伯林对维科的研究也极大地受惠于梅内克。至于福布斯则有一个更为私人的原因：他是那批真正在"二战"中打过仗的学者中的一员，年轻时参加过不列颠军队在意大利的战役，包括被称为"安齐奥登陆"（Anzio Landing）的那场恶战。② 兵役结束时，福布斯还因"坚守前沿阵地"获得了一枚十字勋章，这说明他肯定和敌人正面交锋过。我觉得这段经历干系重大，因为他朝与他年龄相仿的德国士兵开过枪，毕竟战争是一场年轻人的游戏。所以他的学生大概也是同样的年纪，他们坐在台下时，也是和他隔着枪口下的敌人那样的距离。对一个重新回到讲台上的战士来说，那样一场战争的意义总是被低估的。而福布斯就是这样从战场跨上讲台：他和德国人打仗，但总是不敢轻慢德国思想。他研究黑格尔，写了很多关于他的东西。他也受到了梅内克的强烈影响，而且从很多方面看来他写休谟也是对梅内克的一种回应和对话的尝试，因为后者坚持认为休谟的人性概念是非常扁平单一的。所以说梅内克的影响才刚被揭开一点面纱。这个过程一直没有得到重视，因为当英美政治思想史家开始历史地思考政治思想，并且思考历史怎样被运用在政治思想中时，德国人早就已经在这样做了。话虽如此，但也不得不承认接下来的一代政治学人——斯金纳和邓恩，还有处在两代人之间的波科克——他们既不会读也不懂德语。斯金纳逐渐可以看一些德文，但我们都知道他于此造诣有限。我自己也不甚通德语。于是这里就有了一个很大的空缺。他们也绝不可能受到梅内克的直接影响，因为不像福布斯还有伯林，这后一代英国学者是完全不读德国学术研究的。直到最近才有年轻一代的学者对此重拾兴趣。

---

① Friedrich Meinecke. *Entstenhung des Historismus*. München und Berlin: R. Oldenbourg, 1936; *Historism: The Rise of a New Historical Outlook* [translated from the German by J. E. Anderson; translation revised by H. D. Schmidt; with a foreword by Sir Isaiah Berlin]. London: Routledge and K. Paul, 1972.

② 安齐奥之战（Battle of Anzio, 1944 年 1 月 22 日开始登陆，战斗持续至同年 6 月 5 日）是盟军意大利战役中重要的两栖登陆作战，Anzio Landing 任务代号为"鹅卵石行动"（Operation Shingle）。

科塞雷克则另当别论。他的概念史尤其是时间概念的研究引发关注是更晚近的事情了。他对思考政治的学者有一定的影响：现任剑桥政治思想钦定讲座教授克里斯多夫·克拉克（Christopher Clark）对科塞雷克有很多想法；还有接替我担任政治思想教授的理查德·伯克（Richard Bourke），他开设了一个很有趣的科塞雷克工作坊。但我认为就政治思想的历史性思考而言，科塞雷克不会有太大影响。尽管数位英美学者致力于传播他的"概念史"，这一研究对英语政治思想学界的作用现在仍旧十分有限。就我自己的兴趣而言，更偏向于思索论战和语言如何发展以及如何被改变。以我所见，这是比只关注单个概念的概念史本身更有活力的一种思考政治思想的方式。概念史从未流行起来过，但视野放大，时间拉长来看，它也是这个思想演变过程的一部分。

李汉松： 与德国的史学语境相比，法国战后的思想史家与英国史学界的交流更深入，也有更多方面可供比较。我认为大概是在早期剑桥学派发展其方法论的同一时期，福柯的思想传统也正处于繁盛阶段。今天法国人可能自己都不怎么读福柯，但是他在别国学术界的一些领域里仍然保持活跃，比如芝加哥大学的罗曼语言文学与哲学系就有福柯式批评及本质主义的运用，剑桥大学历史系也教授相关理论——我们对福柯的态度可谓严肃认真。另一位思想家是阿尔都塞（Louis Althusser），您曾经和我提起您在年轻时读过他的作品。①因此一个比较宏观的问题就是：上世纪六七十年代巴黎和剑桥的思想家在何种程度上处理着一样的问题？他们留下的遗产能否在一种平行的叙述中加以比较？

罗伯逊： 我认为也许确实可以这么说，当然我不会过于笼统地去对阿尔都塞作什么概括。上世纪六七十年代这位广义的马克思主义结构主义者在英国新左派中间很流行，许多人读他的书，这是他影响力的巅峰。我认为一种解读早期福柯的方法是把他当成与阿尔都塞差别不大的结构主义者。在我看来，对许多思想史家而言阿尔都塞具有解放意味之处在于，他坚持马克思所谓的上层建筑的自治，也就是说一些观念并不能无条件地隶属于阶级问题。我认为很多马克思主义的流派，包括强调阶级意识和阶级

---

① Louis Althusser. *Montesquieu, la politique et l'histoire*. Paris: Presses Universitaires de France, 1959; *Pour Marx*. Paris: François Maspero, 1965; *Éléments d'autocritique*. Paris: Librairie Hachette, 1974; *Philosophie et philosophie spontanée des savants* [1967]. Paris: François Maspero, 1974.

行为的马克思主义都有可能是非常还原主义的：观念往往被过于草率地简化为意识形态，从而阻碍了就思想本身研究思想——也就是所谓的"上层思想史"的发展。而阿尔都塞则让学者看到"上层建筑并不是必然为阶级服务"这一可能性。在这个程度上可以把福柯归到阿尔都塞的框架里去。当然这样带有点讽刺意味，因为福柯不讲上层建筑，他更喜欢知识考古，探究隐藏在表层之下的结构，他把这作为思想史的基础。但这也是结构，而且某种程度上脱离了施动性主体，这一点和马克思主义是共通的。所以会出现不依赖于所谓"伟大思想家"的"思想结构"在发挥作用，存在许多可以去重构的思想模式。早些年福柯的作品译介得很快，比如《词与物》①。这是一部充满奇思妙想的杰出作品，对近代早期的思想、语言学和政治经济进行历史构建和推想——甚至还有植物学。恰好在我研究科学史的时候，该书解放了这个领域。但福柯与剑桥之"汇流"——你用的"平行"一词似乎更为准确——缘于二者都在组织精密的文本当中思考语言，并且专注于脱离了作者施动主体的文本自身，以求将其同语言模式相联系。福柯代表的是这种方法的一种版本，其他还包括德里达和其他法国思想家。基于一种宽泛的维特根斯坦意义，或许可将此与波科克的语言论述相互印证。或许也可以说，斯金纳的思考也往那个方向发展。这还可以再商榷，不过他有段时间是在向美国哲学家理查德·罗蒂靠拢。

李汉松：是的，他们 1974—1979 年在普林斯顿共事时便是如此。《历史上的哲学》就是那次思想交流的产物。②

罗伯逊：对，他们两人，还有杰罗姆·施涅温德（Jerome B. Schneewind）一起编写了这本书，作为《语境中的观念》丛书的第一卷，其中"共同体的语言""语言的共同体"或者说"通过语言建立的共同体"等主题取代了传统英国分析哲学家对于真相问题的执着。具体来说，我知道在剑桥学派这边，除波科克外支持这种做法最有影响力的学者是布蕾特。她以前钦慕罗蒂学说，这样一种思维方式在她身上表现得很强烈。她对语言的关注意味着对法国传统也抱持开放态度，尤以福柯为重。③ 这样一来，运用语

---

① Michel Foucault. *Les mots et les choses: Une archéologie des sciences humaines*. Paris: Gallimard, 1966; *The Order of Things: An Archaeology of the Human Sciences*. New York: Pantheon Books, 1970.

② Rorty, Schneewind & Skinner (eds.), 1984.

③ Annabel Brett. "What is Intellectual History Now?", Cannadine D. (eds), *What is History Now?*. London: Palgrave Macmillan, 2002. pp.113-131.

言和文本来去作者本体中心化的做法就可以将福柯与剑桥学派归入一体。智识主体并不是一定要抛弃，而是要去中心化。而同特定思想家打交道，我很怀疑是不是真能做到置主体于不顾。

李汉松：说完德国和法国，我们再从地理上转到欧洲南部。有没有一个独立可辨的意大利观念史传统，比如都灵、博洛尼亚、那不勒斯和罗马等地的研究？如果有，怎样描述这一传统的现状最为恰当？

罗伯逊：我以为，很难说意大利出现过像德国和法国那般分量的学术介入。过去思想史在意大利是被当成哲学史来研究的，现在很大程度上仍是如此，代表人物是贝内德托·克罗齐（Benedetto Croce）及他个人版本的黑格尔传统[①]。但是个别独具想象力和深度的学者跳出了意大利哲学史传统来研究思想史，其中之一是恩里克·努佐（Enrico Nuzzo）[②]，研究维科和近代早期思想的许多其他方面，比如国家理性和共和主义等主题他都有论及并且详细阐明。与此同时还有一批曾经师从温图利的思想史家也成长了起来，虽然他们并非亦步亦趋。我能想到乔治白·里库佩拉蒂（Giuseppe Ricuperati）[③]，他是最伟大的詹农研究者，无人能出其右；还有比他年轻一些的吉罗拉莫·安伯利亚（Girolamo Imbruglia）[④]，他可能是和剑桥联系最为紧密的了，经常来访。他和佩吉登也有密切来往，至少在他学术生涯的初期阶段，研究巴拉圭的耶稣会传教士的时候；还有埃杜阿尔多·托特

[①] Benedetto Croce. *Ciò che è vivo e ciò che è morto della filosofia di Hegel. Studio critico seguito da un saggio di bibliografia hegeliana.* Italy: Laterza, 1907; *Saggio sullo Hegel, seguito da altri scritti di storia della filosofia.* Italy: G. Laterza & figli, 1913.

[②] 恩里克·努佐，萨莱诺大学（Università degli Studi di Salerno）人文科学、哲学和教育学院（Dipartimento di Scienze Umane, Filosofiche e della Formazione）教授，著有：Enrico Nuzzo. *Tra ordine della storia e storicità. Saggi sui saperi della storia in Vico.* Roma: Edizioni di Storia e Letteratura, 2001; *Tra religione e prudenza: la "filosofia pratica" di Giambattista Vico.* Roma: Edizioni di storia e letteratura, 2007. *Verso la "Vita civile": antropologia e politica nelle lezioni accademiche di Gregorio Caloprese e Paolo Mattia Doria.* Napoli: Guida, 1984; etc.

[③] 乔治白·里库佩拉蒂（1936— ），都灵大学（Università degli Studi di Torino）文化与哲学院（facoltà di lettere e filosofia）荣休教授，著有：Giuseppe Ricuperati. *L'esperienza civile e religiosa di Pietro Giannone.* Milano-Napoli: Ricciardi, 1970; *La città terrena di Pietro Giannone. Un itinerario tra "Crisi della coscienza europea" e illuminismo radicale.* Firenze: Olschki, 2001; *Nella costellazione del Triregno: testi e contesti giannoniani.* San Marco in Lamis: Quaderni del Sud edizioni, 2004; Giuseppe Ricuperati & Sergio Bertelli. *Illuministi italiani. Opere di Pietro Giannone,* Milano-Napoli: Ricciardi, 1971.

[④] 吉罗拉莫·安伯利亚（1951— ），东那不勒斯大学（Università degli Studi di Napoli "L'Orientale"）现代史教授，著有：Girolamo Imbruglia. *The Jesuit Missions of Paraguay and a Cultural History of Utopia (1568–1789).* Leiden: Brill, 2017.

罗诺（Edoardo Tortarolo）①，他研究的话题很多，不光有意大利还有德国的思想和史学。所以这一流派人数不少，而且继续在培育后辈，如西尔维娅·赛巴斯提雅妮（Silvia Sebastiani）②，她专攻 18 世纪晚期苏格兰历史与人类学思想。从这个意义上说，这部分研究成了历史学的一个次领域，可以笼统地称之为"智识史"，但不能够再具体为"政治思想史"。如果要在意大利学术机构里探寻严格意义上的政治思想研究，我觉得可能附属于政治学，美国某种程度上就是这样。但我刚才提到的那些人都是佼佼者，成果丰硕。意大利也许没有能与梅内克或福柯相较的人物，但温图利发展出了他所称的"观念的政治史"（英：the political history of ideas; 意：la storia politica delle idee）——意即"行动中的观念"（idea in action），且大力倡导。许多意大利启蒙思想家都可以套进这个概念，他们是改革家，希望用自己的观念推动农业和商业变革。也因为同样的原因他们的作品不如休谟和斯密的反思性那么强，由此缩减了意大利启蒙运动的"政治思想"维度与范围。但正如我方才所说，这并未阻碍那些温图利弟子在此后的思想史研究中走出自己的路。

李汉松：现在我们把目光从欧洲大陆转向英伦三岛——就好比瓦堡图书馆于 1933 年从汉堡迁至伦敦一样——您很熟悉莫米利亚诺和弗朗西斯·耶茨（Frances Yates）的作品，以及像他们一样经常光顾牛津或任教于此的瓦堡学人。因此我的第一个问题很简短，同时也很关键：瓦堡学院的特色究竟在哪里？是其所采用的专业化研究方法，如处理观念的文本语文学（textual philology）和处理艺术史的图像符号学（iconography）方法？抑或是其研究兴趣更倾向探究内嵌于文化中的观念和话语而非系统性论证？还是在于研究者们就文本所提问题的类型，或者是他们所关注的思想家的范围？或者另有其他？

---

① 托特罗诺，韦尔切利（Vercelli）东皮埃蒙特大学（Università degli Studi del Piemonte Orientale）现代史教授，著有：Edoardo Tortarolo. *La ragione sulla Sprea: Coscienza storica e cultura politica nell'illuminismo berlinese*. Bologna: Mulino, 1989; *L'invenzione della libertà di stampa. Censura e scrittori nel Settecento*. Roma: Carocci, 2011.

② 赛巴斯提雅妮，现在法国学界发展，任社会科学高等学院（École des hautes études en sciences sociales: EHESS）讲师（Maître de Conférence，相当于英国剑桥的讲师、美国系统的终身制助理或副教授），著有：Silvia Sebastiani. *I limiti del progresso: razza e genere nell'illuminismo scozzese*. Bologna: Il mulino, 2008.

接下来的一个问题是，瓦堡传人在美国自称文化史家，他们提倡史料来源的多样性，比如文本和物品相结合。有时他们的问题是很典型的社会史问题。宾夕法尼亚大学的团队就是一例，最近索菲亚·罗森菲尔德（Sophia Rosenfeld）[1]和彼得·斯特鲁克（Peter Struck）[2]刚出了一套《观念的文化史》丛书。您如何看待他们的研究？文化史对思想史来说意味着什么？

最后，至少在广义上的思想史学科内，我们能够观察到这种把观念的文字性、艺术性和物质性维度结合起来的做法正渐趋流行，那么您认为在瓦堡传统内部或外部是否也存在某些比较明显的趋势？瓦堡学院这一代和下一代研究者的最新成果是什么？依您所见，剑桥学派又会对他们有怎样的回应呢？

罗伯逊：首先要说，我不研究瓦堡学院的历史，但我知道有一些学者写关于创始人阿比·瓦堡的作品，研究他在瓦堡学院早期的学术旨趣，很有价值。我的感觉是，瓦堡学院最擅文艺复兴史，因为它本来就是从古典学术研究起家的，包括学术史。这里的"古典"指的是文艺复兴时期的希腊和罗马作品，特别是哲学作品。瓦堡学者查尔斯·施密特（Charles B. Schmitt）[3]研究文艺复兴时期的亚里士多德主义，成果丰硕，他也由此成为近代早期亚里士多德主义研究的奠基之人。同样，文艺复兴时期的新柏拉图主义也是瓦堡的一个主题，耶茨专攻这个领域。她是一位有些许古怪的学者，充满奇思妙想，而且是学术圈的"外人"（她之前没有从事过正式的学术工作），利用瓦堡学院来做她的独立研究。她的学术旨趣和想象力赢得了特雷弗-罗珀的赞赏，后者于是当了一回伯乐，介绍她进入学术圈

---

[1] Sophia Rosenfeld. *A Revolution in Language: The Problem of Signs in Late Eighteenth-Century France.* Stanford: Stanford University Press, 2001.

[2] Peter Struck. *Birth of the Symbol: Ancient Readers at the Limits of Their Texts.* Princeton: Princeton University Press, 2004; *Divination and Human Nature: A Cognitive History of Intuition in Antiquity.* Princeton: Princeton University Press, 2016.

[3] 查尔斯·施密特（1933—1986），哲学史家、科学史家、文化史家，曾任瓦堡学院讲师。见：C. B. Schmitt, Quentin Skinner, Eckhard Kessler, Jill Kraye (eds). *The Cambridge History of Renaissance Philosophy.* Cambridge: Cambridge University Press, 2008; *Aristotle and the Renaissance.* Cambridge, MA: Published for Oberlin College by Harvard University Press, 1983; *Reappraisals in Renaissance Thought.* London: Variorum Reprints, 1989; *Cicero Scepticus: A Study of the Influence of the Academica in the Renaissance.* Dordrecht: Springer Netherlands, 1972. etc.

并出版了她的作品。布莱尔·沃登（Blair Worden）① 跟我讲过耶茨的讨论班如何精彩，说这是他以前从来没听过的，还说牛津独特的政治传统与耶茨碰撞出了很有意思的东西。所以，文艺复兴时期的学术研究和哲学，在我看来就是瓦堡的强项。

有人说因为一些制度方面和思想方面的原因，现在的瓦堡也在苦苦思考如何保持自身特性，我觉得这么讲也无甚不妥。但你说的也完全没错，确实有这么两个发展方向可以说与瓦堡的遗产有关。其一是"思想史的文化史"（cultural history of the intellectual history），这是德国传统里本来就有的，美国人某种程度上一直保持着这一脉。但我们国家如今鲜有人知，因为英国的文化史现在有不同含义，它指向社会史。

李汉松：社会史也在向文化靠拢。

罗伯逊：是的，社会史家现在也转向了物品。

李汉松：比如都铎时期的衣橱储柜？

罗伯逊：没错，还有比这更复杂的。理论上他们关注的是由物质、物品、象征符号等所体现的社会，但终究还是在研究社会，而且倾向于不摆明观点。美国的传统则完全是另一番光景，他们有自己的观点，而且他们研究雅各布·布克哈特（Jacob Burckhardt）② 这样的学者，与德国传统走得非常近。另外这也属于高雅文化——布克哈特、尼采和瓦格纳（Richard Wagner）的精神世界。因此在美国文化史更接近思想史，把两者结合起来也不足为奇。你在哈佛也一定有所体会。

至于剑桥，德语系的马丁·鲁尔（Martin A. Ruehl）是遵循上述研究路径的个例。他接受了这个传统的学术训练，论文也是在美国完成的。剑桥出版社出版了他的专著《德国历史想象中的意大利文艺复兴，1860—1930》，你刚提到的那套宾夕法尼亚大学丛书就很可能收录像这样的作

---

① 布莱尔·沃登（1945— ），英国历史学家，曾任职伦敦大学皇家霍洛威学院（Royal Holloway, University of London），现为牛津大学圣艾德蒙学堂（St Edmund Hall, University of Oxford）荣休院士，著有：Blair Worden. *The Rump Parliament 1648-1653*. Cambridge: Cambridge University Press, 1974; *Literature and Politics in Cromwellian England: John Milton, Andrew Marvell, Marchamont Nedham*. Oxford: Oxford University Press, 2007; *God's Instruments. Political Conduct in the England of Oliver Cromwell*. Oxford: Oxford University Press, 2012.

② 雅各布·布克哈特（1818—1897），瑞士艺术史家、文化史家，尤擅文艺复兴学研究，著有《意大利文艺复兴的文化》（Jacob Burckhardt. *Die Cultur der Renaissance in Italien*. Basel: Schweighauser'sche Verlagsbuchhandlung, 1860）。

品 ①。不过在剑桥，代表上述学派的已所存无几。

另一个方向是我们之前谈到过的学术史，这是莫米利亚诺到安东尼·格拉夫敦一脉。格拉夫敦很早就去了普林斯顿，但他承认自己受惠于瓦堡学院。不过我认为他的继承可以说进一步拓宽了这个领域。这一传统启发了现代学术史的大量研究，剑桥艺术、社会科学与人文研究中心（CRASSH）的斯科特·门多布罗特（Scott Mendobrote）②和西奥多·敦克尔格林（Theodor Dunkelgrün）③就在从事这方面的工作。还有其他一些人也受到了影响，如研究圣经学术的蒂莫西·特文宁（Timothy Twining）④、德米特里·列维京（Dmitri Levitin）⑤。就我所知，这些人都不是瓦堡出身，但他们的确应当感谢格拉夫敦，后者也确实靠着自己的海量研究做出了学科拓展的卓越贡献。某种程度上讲这都是表演套路，为了吸引更多读者，因而也可能有其弊端：格拉夫敦费尽苦心地要把史学研究推销成趣味读物，这在我看来着实是个大工程。但是也意味着他张口闭口倾向于抛出玩笑，而我认为这样会牺牲掉实质内容。还有一个特点是：学者喜欢模仿他们的研究对象——这里我要讲讲现代史学普遍存在的问题。史学家们把脚注弄得火药味很浓，就像约瑟夫·斯卡利杰（Joseph Scaliger）用充满恶意的脚注驳斥他的反对者和同行。如今在学术史领域这种极具挑衅的脚注风格似乎又在回归。但至少，这个传统还是在出产着非常优秀的作品，其中有些是犹太教圣经学术史，比如敦克尔格林的研究，但也有基督教学术史，这部分研究很多都是在剑桥完成的。但我说的这些研究现在都和瓦堡有点距离了，一定要说它们属于瓦堡学派也未尝不可，只是会流于笼统。但瓦堡学院是伦敦真实存在的一个机构，某种意义上为其图书馆所累——

---

① Martin A. Ruehl. *The Italian Renaissance in the German Historical Imagination, 1860-1930*. Cambridge: Cambridge University Press, 2015.

② Scott Mendobrote. "Philology and Scepticism: Early Modern Scholars at Work on the Text of the Bible", G.M. Cao, A. Grafton and J. Kraye (eds), *The Marriage of Philology and Scepticism*. London: Warburg Institute, 2019, pp. 123-142.

③ Theodor Dunkelgrün & Paweł Maciejko (eds.), *Bastards and Believers: Jewish Converts and Conversion from the Bible to the Present*. Philadelphia: Pennsylvania University Press, 2020.

④ Timothy Twining. "The Early Modern Debate over the Age of the Hebrew Vowel Points: Biblical Criticism and Hebrew Scholarship in the Confessional Republic of Letters", *Journal of the History of Ideas*, 81 (3), 2020, pp. 337-358.

⑤ Dmitri Levitin. *Ancient Wisdom in the Age of the New Science*. Cambridge: Cambridge University Press, 2015.

瓦堡负担图书馆的费用，还要支持学者研究，但却没有学生交学费，这的确
很成问题。

李汉松：现在不如再调转回头，审视剑桥学派。我们刚才的谈话，还
有别的地方也经常出现这些名字：路德维希·维特根斯坦和彼得·拉斯莱
特，还有从前鲜有学者问津的福布斯最近也越来越多地被人挂在嘴边。但
若专门去看波科克的贡献，我们该怎么解读他那样一种游走在赫伯特·巴
特菲尔德（Herbert Butterfield）①和拉斯莱特/维特根斯坦/奥斯汀之间的语
境呢？我在想塞缪尔·詹姆斯（Samuel James）那篇文章②，讨论巴特菲尔
德受到低估的学术遗产。

罗伯逊：詹姆斯的想法是为"剑桥思想史"撰写历史，这是个有意
思的工作。结果他在波科克和斯金纳、邓恩的思想形成之间做了一个区
分——这在我看来是很公允的。波科克的思想中有巴特菲尔德和拉斯莱特
的影子，透过拉斯莱特还能看到维特根斯坦的语言哲学。我个人的看法
是，波科克作为史学家受巴特菲尔德影响的痕迹明显表现在他选取的研究
对象上：古代宪法。但是在概念上，波科克很快就超越了后者，而且是
在他还是研究生的时候，凭一己之力达到了这种水平。他的博士学位论
文——就是后来的《古代宪法与封建法》一书——在概念上非常成熟，远
在巴特菲尔德之上。所以总的来说，我觉得波科克和斯金纳在语言的处理
上有很多相似之处，虽然两人的表现很不一样——斯金纳是受教于奥斯汀
的。但这种对语言的共同旨趣逐渐发展为思考政治思想史的主要线索之
一，也始终居于剑桥学派的核心位置。在这一点上，我以为布蕾特2001
年的文章《何谓今日思想史》对这一共同旨趣作出了最好的诠释。我强调
这一点的原因在于，当我们重构波科克的历史时，的确会回归巴特菲尔德
和拉斯莱特，但他现在的作品已经离开了那个起点，年轻一代的学者也是
这样。

李汉松：波科克关于语言的极富探索性的作品使得他也开始留意那些
不属于欧洲传统的政治语言。邓恩对此亦有思考，他谈印度和非洲的当代

① Herbert Butterfield. *The Whig Interpretation of History*. London: G. Bell and Sons, 1931; *Christianity and History*. London: G. Bell, 1949; *The Origins of Modern Science*. New York: Macmillan Co., 1951.

② Samuel James. "J.G.A. Pocock and the Idea of the 'Cambridge School' in the History of Political Thought", *History of European Ideas*, 45:1, 2019, pp. 83-98.

政治现实，都是来自全然不同的语境。但波科克还对儒家语言有观察。剑桥约翰学院有位汉学家约瑟夫·麦克德莫特（Joseph McDermott，汉语名：周绍明），主攻宋元社会经济史①。有一次他在他家的庭院里对我说，波科克虽不精通汉语，但是他对儒家思想的看法却较之许多专业汉学家更有说服力，这个评价引起了我的兴趣。当然，我也认为波科克的那篇《仪式、语言和权力：论中国古代哲学的明显政治意义》相当不错②。前不久波科克的论争之作《语境的非全球性：剑桥学派的方法与政治思想史》发表在《全球思想史》杂志上③。至此，您对他所展现的这种语境和全球性的张力作何评价？

罗伯逊：这个问题提得好。早在上世纪 60 年代，我就看到有文章对波科克的中国思想见地给予了类似肯定。那时波科克能读到的都是中国哲学的翻译作品，他从中悟出了很多东西，连研究中国思想史的学者也感到印象深刻。我觉得他最近几次介入全球思想史的争论无疑都是走在政治思想史前沿的。《全球思想史》上那篇文章实际上是在和邓恩互动。那一期邓恩写了一篇纪念洪特的文章，波科克于是提笔回应。两位先生都年事已高，波科克现已 95 岁（不同寻常的是，他的思维仍旧活力不减）。但我认为这场互动还是涉及很关键的问题：邓恩在非洲待过一年，因此在这个领域他有知识积淀。他认为政治思想史是在对话中得到发展的——在世界各地进行对话。毫无疑问，关于如何发展这种对话以及如何同其他政治思想传统进行交流，他也曾予以深思熟虑。但很大程度上这种对话还是限于英语。而我理解的波科克的观点则是，语言是复数的、各有其结构的。当它们发展成为传统时就会互相排斥。某种语言可能对其他语言有很强的开放性，但终究无法涵纳一切，因此不同语言不能简单融合在一起。也就是说我们不能指望全球思想史像一碗思想的汤羹那样高度融合，这样来处理思想——比如说儒家思想——是极其谬误的，因为它们都有自己的特点。与

---

① Joseph McDermott. *A Social History of the Chinese Book: Books and Literati Culture in Late Imperial China*. Hong Kong: Hong Kong University Press, 2006; *The Making of a New Rural Order in South China*. Vol. I. Cambridge: Cambridge University Press, 2013 & Vol. II, 2020.

② John Pocock. "Ritual, Language, Power: An Essay on the Apparent Political Meanings of Ancient Chinese Philosophy", *Political Science*, 1964-03-01, Vol.16 (1), p.3; in *Politics, Language, and Time: Essays on Political Thought and History*. London: Methuen, 1972, pp.42-79.

③ J. G. A. Pocock. "On the Unglobality of Contexts: Cambridge Methods and the History of Political Thought", *Global Intellectual History*, 4:1, 2019, pp. 1-14.

此相反，我们要尽可能地去阅读这些思想本身的研究，从中获得理解。波科克一定是想说，我们必须经历一个广义上的翻译过程。这些思想传统在我们所知的大部分历史——至少20世纪之前的历史当中都只能通过互相学习对方的语言来彼此了解。而现在英语越发充当起国际语言的角色，这是和拉丁语很不相同的一种角色，所以当代的研究或许有别的可能性。但从历史角度而言则必须要尊重不同传统，承认翻译的必要。这也就是布蕾特所谓的回归"翻译本身"。我们应该认真同时又是充满想象地去看待翻译，不要只把它当成一种手段。毕竟"翻译"就像它的拉丁词源 *interpretatio* 一样，意味着解释。我认为这些都是从波科克的立场中自然引申出来的观点。这个立场在我看来比邓恩更有道理，邓恩的观点个人化色彩太重——那些全球对话多属他本人的参与。还有一个和史学不那么相关的原因：我认为如果要从事思想传统的写作和翻译，那么就必须了解宗教传统，不论是中国传统还是施卢蒂·迦毗罗（Shruti Kapila）研究的印度传统都是如此。这也是为什么西方传统始终应该记住其思考政治问题的方式是非常基督教的方式。

李汉松： 还有一个同样重要的讨论，也很有意思：从剑桥学派的立足点出发展望政治思想的未来。我们已经聊过思想史家的研究主题如何从古典的"人文主义到霍布斯"时期过渡到商业时代，这要归功于洪特（他指出霍布斯没能领会到商业对国家边界的重绘。通过把社交范围从国家内部扩展到全球，商业规定了公民政治的界限）① 和他的同事与弟子：迈克尔·索恩舍尔（Michael Sonenscher）②、华特莫尔和艾萨克·纳西莫夫斯基（Isaac Nakhimovsky）③。随后又从国家扩展到"国家间的状态"（states between states），集中体现在一门论文课的标题:《国家间的状态：从罗马帝国到19世纪早期的国际政治思想》，由马格纳斯·瑞安（Magnus

---

① István Hont, 2005. pp. 1-156: "Jealousy of Trade: An Introduction".

② Michael Sonenscher. *The Hatters of Eighteenth-Century France*. Berkeley: California University Press, 1987; *Work and Wages: Natural Law, Politics and the Eighteenth-Century French Trades*. Cambridge: Cambridge University Press, 1989; *Before the Deluge: Public Debt, Inequality and the Intellectual Origins of the French Revolution*. Princeton: Princeton University Press, 2007; *Sans-Culottes: An Eighteenth-Century Emblem in the French Revolution*. Princeton: Princeton University Press, 2008.

③ Isaac Nakhimovsky. *The Closed Commercial State: Perpetual Peace and Commercial Society from Rousseau to Fichte*. Princeton: Princeton University Press, 2011.

Ryan）①、布蕾特、克里斯朵夫·梅克思特罗斯（Christopher Meckstroth）②
和其他学者轮流主讲，您自己也曾参与其中。从时间上说，布蕾特和瑞
安的研究涵盖了从亚里士多德到中世纪经院哲学传统之间的诸多主题，
梅克思特罗斯则深耕 19 世纪；而从主题上说，最近几次学术会议都在讨论
有关时间和空间的政治思想，以及法律、政治和经济思想的交叉。尤为重
要的是，剑桥学派经由邓肯·贝尔（Duncan Bell）③、邓肯·凯利（Duncan
Kelly）④、乔尔·艾萨克（Joel Isaac）⑤、卡特里娜·福雷斯捷（Katrina
Forrester）⑥ 和其他一众学者的研究，伸向了 20 世纪。我记得您之前反复
强调研究大学和学术在近代政治思想发展中的作用是很重要的。所以可
否请您谈谈，随着这种研究范围、主题和方法论的不断扩张，您认为剑
桥学派将去往何方？

罗伯逊：这很难回答，但起引领作用的将会是那些认同剑桥学派理念
以及大体上受到剑桥学派影响的人。由于发展方向极为多元，我无法一一
概述，但我会尽可能从你刚才提到的一些内容中理出头绪。首先，洪特的
遗产是一个复杂问题。他有一个独具原创性的头脑，迸发着与众不同的力
量。这个头脑里有确定无疑但又并不流于僵化的观点——毕竟洪特是大师
级人物。所以，要想把他的研究继续做下去绝非易事。他生前写的最后一
本书《商业社会中的政治：让-雅克·卢梭和亚当·斯密》⑦ 实际上是牛津

---

① Magnus Ryan & David Runciman (eds). *Frederic William Maitland. State, Trust and Corporation.*
Cambridge: Cambridge University Press, 2003; "Roman Law in Medieval Political Thought", in *The Oxford
Companion to Roman Law*, (ed). D. Johnston. Oxford: Oxford University Press, 2014, pp. 423-451.

② Christopher Meckstroth. *The Struggle for Democracy: Paradoxes of Progress and the Politics of
Change.* Oxford: Oxford University Press, 2015.

③ Duncan Bell. *Reordering the World: Essays on Liberalism and Empire.* Princeton: Princeton University
Press, 2016; *The Idea of Greater Britain: Empire and the Future of World Order, 1860-1900.* Princeton: Princeton
University Press, 2007.

④ Duncan Kelly. *The Propriety of Liberty Persons, Passions, and Judgement in Modern Political Thought.*
Princeton: Princeton University Press, 2010; *The State of the Political: Conceptions of Politics and the State in the
Thought of Max Weber, Carl Schmitt and Franz Neumann*, Oxford: Oxford University Press, 2003; *Politics and
the Anthropocene,* Cambridge: Polity Press, 2019.

⑤ Joel Isaac. *Working Knowledge: Making the Human Sciences from Parsons to Kuhn.* Cambridge, MA:
Harvard University Press, 2012.

⑥ Katrina Forrester. *The Shadow of Justice: Postwar Liberalism and the Remaking of Political Philosophy.*
Princeton: Princeton University Press, 2019.

⑦ István Hont. *Politics in Commercial Society: Jean-Jacques Rousseau and Adam Smith.* Cambridge, MA:
Harvard University Press, 2015.

卡莱尔讲座的文稿。该书正是洪特那种令人"或全盘接受，或置若罔闻"态度的最佳写照。若非已经对他的思想有所了解和认同，该书是很难去处理的，甚至可能令人生厌。因此，不按他的那种方式去思维就不可能和他对话。所以出版该书既有好处也有危险。有趣的是，洪特的确鼓励过他教的几个学生拓宽领域。包括华特莫尔、纳西莫夫斯基，他们都转向了 19世纪，而洪特对这一时段的态度是极其矛盾的。某种程度上说，19 世纪被他一笔带过了。上世纪 70 年代初洪特从匈牙利出来，因而在这以前影响他思想的必然是马克思主义。在东欧那个世界里，洪特对马克思主义的了解是回溯式的。事实上像他这样的学者都是生在匈牙利但接受的却是俄罗斯教育。洪特某种程度上就一直想弄明白为什么马克思说了那些话，所以他的研究都是要回到作为马克思主义基础的 18 世纪自然法传统中去。那么我觉得现在摆在面前的任务之一就是搞懂洪特留下的这一笔复杂遗产。不同学者有不同进路。索恩舍尔、华特莫尔和纳西莫夫斯基都是思想非常独立的学者，各以其独有的方式为洪特续写了 19 世纪的章节。梅克思特罗斯做的事情差不多，但出发点很不一样——他绝不属于所谓"坚定的洪特党"。他的研究以德国学者对马克思主义的解释为基础，历经黑格尔和他之后的哲学家。因此 19 世纪的这些线索都被触碰到了，而商业是其中很重要的一环。詹姆斯·斯塔福德（James Stafford）① 做过国际语境中的爱尔兰研究，他也算洪特的学生，洪特罹病之前指导过他的博士学位论文开题。斯塔福德现在正在研究 18 和 19 世纪的贸易条约。

也正是在这里，贸易史引起了兴趣。对很多人来说，贸易史有和邦际史（history of the interstate）相重叠的地方，但始终同后者保持着差异。邦际史是另外一条线，推动这方面研究的也是布蕾特。梅根·唐纳森（Megan Donaldson）② 研究的国际法学史是个独立发展的领域，和洪特关系不大，而是在同马尔蒂·寇斯科尼弥（Martti Koskenniemi）③ 这样人物的交流中形成的。而且在国际法历史中，法律研究才最有历史感。所以这是一个跨学科交流的好机会。这个领域处于发展当中，但究竟能够走多远，以

---

① 斯塔福德的博士学位论文题目为：*Political Economy and the Reform of Empire in Ireland, 1778-1845*。

② 唐纳森毕业于墨尔本大学、纽约大学法学院。来到剑桥国王学院之前，她曾任澳大利亚高等法院（High Court of Australia）大法官肯尼斯·海恩（Kenneth Hayne）的助理（associate）。

③ 寇斯科尼弥（1953— ），原为芬兰律师、外交官，后成为历史和法律学者。

及律师们有多大意愿从事历史工作，还有待进一步观察。不过即便最终发现双方完全不能相容，这种学科交流还是很有意义。而且国际法历史还可以和贸易史相交叉，就像前面说到的贸易条约研究那样，两者有同一的考察范围。总的说来，贸易史和邦际状态史（the history of the state between states）作为一个领域正在大步向前。今年剑桥就招了一位国际政治思想史家：专攻 20 世纪的年轻学者米拉·斯戈尔伯格（Mira Siegelberg）。这说明剑桥确实有心发展这个领域。

你所说的学术语境下的政治思想史是更独立的领域。过去 15 年，波科克一直呼吁剑桥往这个方向走。诚然，我们确实需要如此，也应该认识到思想史在 19 世纪以后就有了这样一个全新框架：大学里的研究。大学成了一个权威：哪些研究是好的，哪些还差点火候，全由大学说了算。这方面的研究才刚起步，但已有两个很值得注意的思路，我们之前的谈话也曾涉及：科学史和学术史。艾萨克在科学史领域贡献卓著，他涉猎科学史的方法论，这一点从他的博士学位论文就可看出——研究 20 世纪哈佛的社会和人文科学。当然现在他正在研究芝加哥学派和社会思想委员会（Committee on Social Thought）的发展，深入那群搞亚当·斯密、约瑟夫·熊彼特（Joseph Schumpeter）和选择理论（choice theory）的人所组成的圈子中。而这也是他离开剑桥前往芝加哥的一部分原因。所以，艾萨克对学术语境是有知觉的。而你提到的福雷斯捷研究战后政治哲学家，还有肯齐·博克（Kenzie Bok）研究约翰·罗尔斯（John Rawls）[①]的早年经历和基督教信仰，以及这些东西怎样同他的自由主义理念相适应。值得一提的是，福雷斯捷和博克作为青年女性学者，却能通过调查档案和访谈老学者等方式深入罗尔斯等人活动的男性圈子。这些先生们常常在周末举办非正式聚会，有许多重要演讲就是在那种场合下诞生的。奥斯汀的周六晨会也是这样，出席的都是牛津男性学者。所以这种研究是有关学术圈的，有时候还得对那个非正式的学术界有所了解。

还有其他一些人，比如研究南亚的迦毗罗和研究阿尔及利亚周边地区政治思想的艾玛·麦金侬（Emma Mackinnon）在印度和非洲殖民地思想及其多样化的形式中，政治思想史可以找到很多前进方向。我想我们都认

---

① 约翰·罗尔斯（1921—2002），美国自由主义伦理家与政治学家，著有《正义论》（*A Theory of Justice*. Cambridge: Harvard University Press, 1971）。

可的一点是，剑桥所关注的政治思想是非常宽泛的，不是狭义上的政治理论，不是像比较政治理论那样假定其他人也在研究政治理论，而是政治思想，这样就能够更好地处理其他民族如何发展自身政治体系的问题，比如印度和中国。我们如果要翻译转化不同传统就需要保持一个相对开放的范畴。同时，这也是一种注重概念和文本的方法，至少有些人会觉得，做政治思想史在某种意义上就是在做哲学。

李汉松：不错，这也是我最后想讨论的：文本的地位，观念的自主性，以及关注那些充满哲学意涵的论争的重要性。我至今记忆犹新的是在克莱尔学院举办的一场政治思想学术会议上①，克里斯多夫·克拉克发表结束演讲时提议说："为何不把会议题目中的'政治思想'部分去掉，只留下'时间与历史'？"当时您的回答十分决绝："不，'政治思想'要保留，因为文本是观念传播的重要媒介，我们的任务就是阅读文本。"那么，能否就此见解，请您再多谈一二？

罗伯逊：我感觉我说那句话时可能有点反应过激。最近我在系里又和人争论起政治思想史的问题，但结果倒也不错：我们分到了两个招新教授的名额，今年都用掉了。克拉克在很多方面都不愿把自己称为思想史家，但他也处理观念。他的新书写的是时间和权力，里面有相当大一部分与文本和观念有关，以及德国统治者如何与这些文本和观念互动②。也许我本不需要采取那么强的辩护姿态，但我还是要说，政治思想史是研究人们思考和谈论政治的方式的学问，因此必须要重视那些孜孜以求对政治作出连贯表达的作者。这里的政治是广义上的，不单单局限于国家，还应该包括社会和人们的生活方式。因此，我们要珍视思想家们花费力气去构思的论点，因为他们认为这就是他们当为之事。这些人在十分艰苦的环境中工作，史学家的研究也只是给予了他们应得的尊重。这或许是老生常谈，但应该记住：他们的生活中没有阿司匹林，没有牙医，没有电灯，也没有中央供暖。即便不曾大病缠身却也可能小病不断，比如我们今天很快就能祛除的头疼也许在他们那里就是长期困扰。所以，即使在健康状态下他们的

---

① 会议主旨为"政治思想、时间与历史"（Political Thought, Time and History: An International Conference），于 2018 年 5 月 10 — 11 日在剑桥大学克莱尔学院召开。会议落幕前，由斯金纳和克拉克分别作总结性发言。

② Christopher Clark. *Time and Power Visions of History in German Politics, from the Thirty Years' War to the Third Reich*. Princeton: Princeton Unviersity Press, 2018.

工作条件也艰苦得多。但他们还是要尽其所能地完整、明晰、出色地表达自己的观点，成为在自己所处的思想语境容许下最好的学者和哲学家。他们也会区分好的和用处不大或站不住脚的论点（如果我们无法代替他们做这些判断的话，则需要我们来进行重建）。作为史学家，我们的确要尊重并且尽力去弄清楚他们的想法，理解他们要说的究竟是什么，同时要记住我们笔下的一些人——在我这里的典范是休谟、维科和詹农——往往是比我们更有力量的思想巨匠。我不能假装自己明白他们在说什么，所以研究他们的论点时，也无时无刻不在追赶，当然更不可能超越他们的思想高度。研究者应该时常自问：这一点我理解了吗？作者的思路朝向何方？我个人很尊敬这种逆境中的脑力劳动，因为他们所取得的卓越成就也让我们受益无穷。有的史学家研究那些人类所制造的恐怖，这是不可忽视也不能忘却的。但人类也有成就，政治思想史总体研究的对象，就是这些值得后人赞美的成就。

反思劳工和阶级

——对话盖瑞斯·斯特德曼·琼斯 ①

如何以思想史方法反思政治经济学的劳工与阶级维度？本文将第二部分的年表从 17 世纪、18 世纪推移至 19 至 20 世纪初，着重辨析思想史中政治与经济、文学与社会的纽结。从伦敦的零工经济到宪章运动，从启蒙时代的贫穷反思到维多利亚时期的福利思想，再从法国、德国语境下的社会主义思潮到世界范围的共产主义运动，对话以相互并联的维度探索了工人阶级备受忽略的历史经历。作者就马克思主义思想史提出问题，而经济思想史家盖瑞斯·斯特德曼·琼斯则以语境主义方法回应，力求建设性地重新勾勒出马克思其人与其思想，反映出西方左翼传统的前生与后世，以供批评、借鉴与吸收。

盖瑞斯·斯特德曼·琼斯（Gareth Stedman Jones），生于 1942 年，当代英国政治与经济思想史家、经济生活与活动史家、马克思研究专家。

李汉松：您求学牛津大学期间，恰值马克思主义史学传统风靡英伦。虽然如今您以经济思想史著称，在最初撰写《被遗弃的伦敦》时，您却是有意识地写作经济史，具体维度是伦敦的"零工"（casual labour）群体。②您的经济史学方法是如何形成的？

琼斯：首先，读中学六年级时，一位名叫菲利普·惠廷（Philip Whitting）

---

① 本文是琼斯 2020 年 3 月 3 日应邀访问哥伦比亚大学、哈佛大学时，作者与琼斯在哈佛大学历史与经济研究中心的对谈。选节刊于《澎湃·私家历史》2020 年 6 月 15 日，作者自译。

② Gareth Stedman Jones. *Outcast London: A Study in the Relationship between Classes in Victorian Society*. Oxford: Clarendon Press, 1971.

的历史老师对我启发良多①。他并非现代史家，而是与你背景相似：起先专攻拜占庭史。但他对其他史学时段和领域涉猎极广，讲授历史犹如变魔法一般。与此同时，我父亲作为一位英国文学教师，鼓励我大量阅读 18—19 世纪小说，尤其是狄更斯（Charles Dickens）的作品。也许正因如此，19 世纪最终成为我的史学专长。

李汉松：阅读维多利亚时代的小说时，您是刻意择取经济信号和主题：济贫院、赌博场、城乡经济、童工问题，还是如罗斯柴尔德教授（Emma Rothschild）所说，对照 19 世纪的英国工业社会与当代发展中国家的新兴城市？抑或是纯粹着迷于文学，后来有意无意之间，才与经济思想会通？

琼斯：我的直觉是，阅读文学与研究经济之间的纽结在于探索这些人物角色所处的社会百态。直到后来读大学时，我才涉猎了真正意义上的经济学。在牛津林肯学院，我选修了数门不同的经济史课，尤其着迷于各种经济增长理论。后来在博士研究阶段，我转去以实证社会科学著称的牛津纳菲尔德学院。参与纳菲尔德学院的研讨会使我接触到了最前沿的经济学与社会学辩论。但一直以来，我都多一半是历史学家，少一半是社会科学家。但最早时，我的学术兴趣还另有一个源头：一位出色的法文老师向我传授了一套清晰的现代主义文学观，谆谆教诲我一个受过良好教育的人必须鉴赏哪些作品。于是，高中毕业后，我怀着对 19 世纪法国小说的饱满激情——如司汤达（Stendhal）和巴尔扎克（Honoré de Balzac）——来到巴黎，度过了现在颇为时兴的"间歇年"。1960—1961 年，我在法新社（Agence France Presse）工作。当时，我自然而然地受到让-保罗·萨特（Jean-Paul Sartre）、阿尔贝·加缪（Albert Camus）、西蒙娜·德·波伏娃（Simone de Beauvoir）、莫里斯·梅洛-庞蒂（Maurice Merleau-Ponty）等法国社会主义与存在主义思想家的吸引。回到牛津后，我又满怀热情地阅读罗兰·巴特（Roland Barthes）的作品和路易·阿尔都塞的历史理论。但我也在读法国史学，尤其以年鉴学派为重。写作《被遗弃的伦敦》最初的灵感来源之一即是路易·谢瓦列（Louis Chevalier）1958 年出版的《劳工

① 英国学制之第六年级（Sixth Form）即美国公立高级中学十二年级。作者考证惠廷生卒年为 1903—1988（或有误差）。在中学任职几年后，他返回伯明翰大学，继续研究拜占庭史。他收集古代硬币，曾捐献给英国伯明翰巴伯美术馆（Barber Institute of Fine Arts）一万多枚古罗马、拜占庭、萨珊王朝、中古土库曼、阿尔米尼亚硬币，编著有 *Byzantium: An Introduction*. Oxford: Blackwell, 1981 等作。伯明翰大学拜占庭讨论会议室现由惠廷命名。

阶级与危险阶级》，其中探讨了 19 世纪上半叶，人们对"巴黎社会底层的穷人究竟是工人还是罪犯"这个问题模棱两可的认知①。在牛津，除了经济史和发展经济学外，我另一主要兴趣所在是"第三世界"与"去殖民化国家"等政治问题。我记得当时受到克劳德·列维 - 斯特劳斯（Claude Lévi-Strauss）《忧郁的热带》启发甚多②。作为《埃希丝》（*Isis*）的编辑之一，我当时主要撰写有关第三世界的文章。

李汉松：您指的是牛津学生刊物《埃希丝》？好像至今仍然刊印。

琼斯：是的，这部刊物因泰晤士河流经牛津这一段的别称"埃希丝河"（Isis River）得名。就这样，在研究第三世界时，我最早对"零工"发生兴趣——现在人称之为"零工经济"（gig economy），包括缺乏工作稳定性和技术含量的全部劳工领域。第三世界城市充斥着这种零工，主要是从农村涌入城市的人口。就此，我开始思考：19 世纪的英国和法国零工经济又是如何运行的？诸多想法一经汇流，便形成了我的研究课题：19 世纪的伦敦。甚至可以说，不是我选了题目，而是题目选了我。起初，我着眼于民众自由主义（popular liberalism）：它究竟有何含义？又何以失败？顺着这一思路，我起初将论文题目选在了维多利亚时代所谓"自助"（self-help）这一意识形态。但当我潜入原始史料后，我愈发体会到的却是"自助"的对立面：于各种贫困而言，"自助"无过乎一种抽象而不切实际的补救。但通过阅读"自助"方面的史料，我愈加深切地理解了 19 世纪伦敦经济真正面临的诸多困境。那时，伦敦史研究严重匮乏，但绝非乏善足陈。原因是：大多数经济、社会与政治史家都热切地投身于工业革命史。

李汉松：传统的工业革命史关注英国北部的大型工业城市，忽略了南方的经济，包括伦敦。

琼斯：正是如此。既然伦敦当时缺少大工厂工业，可想而知，多数历史学家都认为它没有赶上工业革命的快车，所以态度冷漠。对我而言，能作为先行者，开垦一块当代研究不足的学术处女地，可谓是绝佳的良机。这便是我写作《被遗弃的伦敦》最初的语境和框架。

李汉松：您关注的这部分零工经济是许多人眼中的"残滓经济"（residuum）。对这些零工而言，上有正经的工人阶级，下有所谓的"游民无产

---

① Louis Chevalier. *Classes laborieuses et classes dangereuses*. Paris: Plon, 1958.

② Claude Lévi-Strauss. *Tristes Tropiques*. Paris: Plon, 1955.

者"（*Lumpenproletariat*），夹在其中，近乎现代经济学中"非正式经济"（informal economy）概念的前身。古典马克思主义经济学并不关注这部分貌似无力提升政治意识的人群。您试图揭示的是：贫困是复杂的社会现象，所以这一流动性极强的劳工群体不容忽视。

琼斯： 的确如此。当时作为青年历史学家，我收获颇丰，还得益于另外一点：虽然现代历史学对历史上的零工经济研究甚少，但维多利亚时代却已有不少令人惊喜的成果，如社会改革家亨利·梅休（Henry Mayhew）①、查尔斯·布斯（Charles Booth）②的报告。除此之外，最大的资料库来源于伦敦各城区医疗健康官（Medical Officers of Health）的年度报告。他们在伦敦各个经济区，以敏锐的眼光观察当地的就业与卫生状况。

大约也是在这段时间，经历了1956年苏伊士远征后，我逐渐"左倾"。牛津毕业前夕，我颇受新左派吸引，在《新左派评论》工作了数年，其间写了不少以倾向于马克思主义的立场批判各位大历史学家的文章③。

李汉松： 相对于劳伦斯·斯通、爱德华·汤普森，以及其他诸如克里斯多夫·希尔、埃里克·霍布斯鲍姆（Eric Hobsbawm）、莫里斯·多布（Maurice Dobb）等马克思主义经济学家和历史学家，您如何自我定位？

琼斯： 我在学校便开始精读希尔的史学著作，受到他《清教主义与革命》的影响④。那时，我还涉猎了多布，以及哈罗德·拉斯基（Harold Laski）的作品。在牛津，除继续攻坚希尔之外，我与斯通、汤普森二人成为好友。通过谢拉·罗博珊（Sheila Rowbotham）这层关系，我与汤普森家族过从愈密，而爱德华·汤普森是我尤其亲近的朋友。但我不完全同意他的史学观。我认为他描绘出的工人阶级画面太过英雄主义。但我与他兴趣相同，曾一起辩论许多话题，如封建主义究竟如何转入资本主义、斯

---

① 梅休（1812—1887），英国记者、戏剧作家、改革家。1841年，他与人合办讽刺杂志 *Punch*。他亦曾在《纪事晨报》上刊载其社会研究成果，后结集出版为：Henry Mayhew. *London Labour and the London Poor*. London: G. Newbold, 1851.

② 布斯（1840—1916），英国船舶商人、社会研究者和改良家，其因关于19世纪末伦敦工人阶级生活的慈善性研究著称于世。他影响了英国政府20世纪初的扶贫政策，推动了养老金和贫困街区免费校餐等福利体制的建设和落实，编著有：Charles Booth (ed). *Life and Labour of the People*. London & Edinburgh: Williams and Norgate, 1889-1891.

③ *New Left Review*. London: New Left Review Ltd., 1960- .

④ Christopher Hill. *Puritanism and Revolution: Studies in Interpretation of the English Revolution of the 17th Century*. London: Secker & Warburg, 1958.

通与休·特雷弗-罗珀不断商榷的"士绅"（gentry）概念，以及工业革命期间工人具体的生活条件与标准等。之后，我密切关注了霍布斯鲍姆的研究。他的方法更偏分析，因此在他和汤普森的史学方法之间，我更偏向于霍布斯鲍姆。但汤普森夫妇——爱德华的太太多萝西·汤普森（Dorothy Thompson）是位宪章运动（Chartism）史专家——与我私交最佳。总体而言，我与这一批活跃在60年代的马克思主义历史学者关系都很紧密。

我与当时《新左派评论》绝大多数撰稿人还有一点明显的不同：我的社会主义和女性主义信念同样坚定。我当时的伴侣莎莉·亚历山大（Sally Alexander）在女性主义运动中扮演了重要角色。近日，有一部新电影即将上映，叫作《行为不端》（Misbehaviour），讲的是1970年，女性主义者首次示威抗议由鲍勃·霍普（Bob Hope）[①]主持的世界选美大赛（Miss World）。电影中，凯拉·奈特莉（Keira Knightley）扮演莎莉。的确，当时莎莉是英国"女性解放运动"（WLM: Women's Liberation Movement）兴起之初的中流砥柱。她当时已有一个四岁的小女儿，名叫阿比盖尔（Abigail）。当莎莉带领一群抗议者进入皇家阿尔伯特音乐大厅（Royal Albert Hall）示威时，我负责照顾小阿比盖尔——电影中也有我这一角色，由约翰·赫夫南（John Heffernan）饰演。当时，莎莉她们的口号是："我们不美丽。我们不丑陋。我们愤怒！"（We're not beautiful. We're not ugly. We're angry!）警察见之大惊："'愤怒？'必定是'愤怒旅团'（Angry Brigade）！"——"愤怒旅团"是当时的一个恐怖主义团体。为此，莎莉立即遭到了逮捕，在狱中囚禁了一夜。第二天一早，我带着小阿比盖尔来到了法院议庭，向法官大人阐明事情原委，并向法律机关保证莎莉她们绝非"愤怒旅团"成员。就这样，女性主义成为我当时政治活动的主要组成部分之一。我们曾试图成立一份社会主义、女性主义报纸:《七日》（Seven Days），模板是"二战"后著名杂志《图画邮报》（Picture Post）。这也是我逐渐淡出《新左派评论》的主要原因之一。此外，我还考虑到1968年后,《新左派评论》采纳了愈益偏向托洛茨基主义的政治议程。

完成《被遗弃的伦敦》后，作为历史学家，我痛下决心，绝不拘泥于

---

① 霍普（1903—2003），英裔美国单口喜剧演员（stand-up comedian）、杂耍演员（vaudevillian）、歌手、舞者、运动员、作家。霍普用情不专，出轨频频，绯闻缠身。这些在2020年电影 Misbehaviour 情节中亦有体现。电影中美国演员格雷戈·金尼尔（Greg Kinnear）饰霍普。

英国史。所以我申请了洪堡奖学金，赴德国研究恩格斯。我在 70 年代初的法兰克福度过了一年的光景，琢磨如何新写一部关于恩格斯的专著。但当我充分掌握德文后，我却发现已经有一部精彩的恩格斯研究著作了，作者是古斯塔夫·麦耶（Gustav Mayer）①。麦耶其人时运不济。《弗里德里希·恩格斯传》第一卷于 1918 年出版时，未获学界注意。第二卷于 1933 年问世，仍然鲜有问津——这次的原因，联系一下那时的社会现实，便可想而知②。这两卷本恩格斯研究长达 1500 页（英译缩减本仅 200 页），考证缜密，功力非凡。面对这一里程碑式的鸿篇巨制，我自觉重复前人之言实在无益。雪上加霜的是，我的办公室忽然失火，我的许多藏书和笔记都葬身火海了。所以我最终下定决心，必须另换一个课题。

李汉松：历史偶然性也能改变思想史学史，这便是最鲜活的例证。

琼斯：言之有理。大火之后，我回到伦敦，名义上仍挂靠牛津。最终，我受聘为剑桥大学国王学院的研究员。那时，国王学院积金累玉，其富裕程度在剑桥独占鳌头，毕竟凯恩斯（John Maynard Keynes）曾亲自动手为学院设计投资组合。为促进研究，不依赖大学的支撑，国王学院单独成立了一家研究中心。正是在那里，我提出了一个研究课题：重写政治经济史。当时课题组取了一个座右铭："既不马克思也不熊彼得。"言下之意：我们的目标是重组新型的历史主义和语境主义方法，取代那种为盛行一时的经济论述推衍谱系的、非历史性的旧式做法。这一研究项目产生了许多有趣的重大成果。我任命的研究员之一便是伊思特凡·洪特，他之后继续专攻斯密和休谟。另一位是碧昂卡·冯塔娜（Bianca Fontana），她写的是德·斯戴尔夫人（Madame de Staël）、本杰明·贡斯当（Benjamin Constant）及现代共和主义思想之始③。总体而言，那是一段出产甚丰的岁月。

---

① 麦耶（1871—1948），德国作家、历史学家，关注劳工运动，1933 年逃离纳粹德国，在英格兰度过余生。

② Gustav Mayer. *Friedrich Engels*. Eine Biographie Bd. 1: *Friedrich Engels in seiner Frühzeit*. Bd. 2: *Engels und der Aufstieg der Arbeiterbewegung in Europa*. Martinus Nijhoff, Haag 1934/1934 (Erstausgabe 1920; 1933 eingestampft).

③ Biancamaria Fontana (ed). *The Invention of the Modern Republic*. Cambridge: Cambridge University Press, 1994; Benjamin Constant (ed). *Political Writings*. Cambridge: Cambridge University Press, 1988; Fontana, *Rethinking the Politics of Commercial Society: the Edinburgh Review, 1802-1832*. Cambridge: Cambridge University Press, 1985; *Politique de Laclos*. Paris: Kimé, 1996; *Germaine de Staël: A Political Portrait*. Princeton: Princeton University Press, 2016; *Du boudoir à la Révolution: Laclos & "Les liaisons dangereuses" dans leur siècle*. Marseille: Agone, 2012; *Benjamin Constant and the Post-Revolutionary Mind*. New Haven: （转下页注）

投身项目之余，我还利用这段时间反思了之前的评论文章。譬如，我曾写过一篇《1870—1990年伦敦的工人阶级文化与工人阶级政治：关于再造工人阶级的笔记》。这篇文章攻击了传统意义上的阶级意识观念，提出一个新的观点：语境主义语言分析法应与实证研究相结合，才能帮助我们获知1850年后的伦敦工人阶层究竟发生了些什么，以及一股保守主义伦理观念为何趋于强势。这篇文章引出并收入了我的第二部专著：于1983年出版的《阶级的语言》[1]。

李汉松：我正要问您《被遗弃的伦敦》与《阶级的语言》之间的关系。说后者是对于前者的反应或反补，都不甚准确。但《被遗弃的伦敦》揭示的是经济组织、社会成分等方面的新知。譬如，劳工和失业率如何随着季节变化。但《阶级的语言》更像是对某种历史经济主义的批判，比如"奥尔德姆的工业机器更发达，所以工人的革命意识也一定比北安普顿和南希尔兹的更为先进"之类的论调。

琼斯：你说得对，《阶级的语言》针对的批判对象并非《被遗弃的伦敦》。重拾旧著，我仍对当时揭示的伦敦经济结构、季节性框架、就业率与失业率的不同波动形式等，感到基本满意。所以，你刚才提到《被遗弃的伦敦》中这些关于经济组织和社会成分的史学分析，比如说对于这些零工们生活结构的描述，我认为时至今日也是颇为中肯的经济学洞见。因此，我也继续引用其中的结论，并从中汲取经验。《阶级的语言》更多是在修正一种经济决定论。你举的例子很切中要害：仅因为蒸汽机先来到奥尔德姆，不能说明在这里操作大机器的工人一定比北安普顿的鞋匠们更激进。那么该当如何判断呢？我认为应该分析他们的政治语言、项目与表述。

李汉松：现在反思这两部书，您认为经济组织与语言表述这两个维度之间的连接点和转折点在哪里？

琼斯：这便涉及《阶级的语言》的另一批判对象：一种过度简化的马克思主义历史叙述，如汤普森那样，浪漫主义英雄化工人阶级的生活。我

（接上页注③）Yale University Press, 1991; *Montaigne's Politics: Authority and Governance in the Essais.* Princeton: Princeton University Press, 2008.

[1] Gareth Stedman Jones. "Working, Class Culture and Working-Class Politics in London, 1870-1990: Notes on the Remaking of a Working-Class", in *Languages of Class: Studies in English Working-Class History 1832-1982.* Cambridge: Cambridge University Press, 1983. pp. 182-183.

试图说明：如果 1820 年代至 1840 年代是"工人阶级的缔造"（汤普森：*The Making of the English Working Class*）[1]，那么 1850 年后则有一次"工人阶级的再造"（*re-making of the working class*），而且这一次产生了更加保守主义化的工人阶级自我认知观。而这种更倾向于保守主义的工人阶级身份一直持续到了 20 世纪，甚至体现于 1950 年代英国工党的某些主流态度。

李汉松：我想加一句关于方法论的话题。"语言"是许多哲学与历史思潮惯用，甚至是擅用、滥用的概念范畴与分析范式。当您谈"阶级的语言"时，对您而言，何谓"语言"？而对于思想史，语言又意味着什么？

琼斯：于我而言，语言意味着论述与辩论。我的影响主要来源于法国思潮。阿尔都塞主义者们坚持遵循一种他们称为"问题域"（problématique）的认知观念。而巴特和他的传人们也掌握了一种类似的概念："共时性交流"，由此展开种种论述形式，并为传统意义上的观念和意识形态提供媒介与架构。在《被遗弃的伦敦》中，我便已应用了类似的概念，分析人们在观察理解、评议臧否"零工"问题时，所用的语言如何从"士气挫败"（demoralisation）向"风气退败"（degeneration）转变。"士气挫败"指零工作为个体的无知，以及他们对"自助式自由主义"信条有意的蔑视。相比之下，"风气退败"则从一种社会达尔文主义视角出发，认定这一部分人群有某种生理缺陷。这些是我主要的灵感来源。

李汉松：您的思想背景与资源都十分特殊，与剑桥平行前进，但又频频交汇。您是否也属于那些否认"剑桥学派"存在的剑桥思想史家？

琼斯：我赞同绝大多数剑桥学派的箴言戒律，但我总觉得剑桥学派陈述的都是明显事实，甚至是常识。所以，我不必宣布自己支持或反对剑桥学派。我也不是极少数：其他一些所谓的剑桥学派元老也否认过这种"学派"的存在，甚至包括我的好友昆廷·斯金纳。但我认为剑桥学派有一点功不可没：它激活了观念史领域巨大的活力和动力。上世纪 70 年代，史学著述给我留下的总体印象是：1960—1974 年，社会史的激进浪潮一旦退却，余势衰竭，一度走入沉闷。但这一描述明显不适用于思想史、政治思想史、论述史等。这些领域持续蓬勃发展，至今能量不减。你这样的年轻学者仍在产出全新的研究成果，改善我们已有的认知。目前，我在伦敦玛丽女王大学开设一门名为"在法国大革命的阴影下"的课程，讲义涵盖

---

[1] E.P. Thompson. *The Making of the English Working Class*. London: V. Gollancz, 1963.

了从 1789 年到 1889 年的一系列受到法国大革命遗产影响的思想辩论。此课门庭若市，而这一研究领域仍然不乏令人耳目一新的洞见。教授这门课既是享受，也有成就感，因为我能感觉到自己鼓舞了才华横溢的青年历史学家。

李汉松：或许，《贫穷的终结？》可以进一步激发我们思考政治思想史与经济思想史之间的深层次关系，以及您和斯金纳教授的分工和统一 ①。首先，"贫穷思想史"中贯穿着一个共和主义语境。在 18 世纪，主流思想家认定，共和制只适合小型国家。但美国、法国革命迫使人们思索：大型欧美国家是否也能成功实现共和？能或不能，这个答案又如何改变人们对于扶贫、脱贫的态度？这便引出了一个政治语境。其中，潘恩与孔多塞（Marquis de Condorcet）试图证明：使用全新的方法解决贫困是完全有可能的。请问，在政治经济思想史中，"探索共和"和"思考贫穷"之间有何关系？

琼斯：正如罗斯柴尔德教授论证的那样，潘恩善用斯密经济理论的方式之一，便是将欧洲与他最熟悉的美国语境相互对接。当时有一种想法，尤受激进知识分子青睐：美国也许能为欧洲大陆的未来提供一种新模式。在此之前，确如你所说，人们理所应当地认为，共和制度与小型城邦匹配，不适用于大型欧洲国家。具体而言，美国与欧洲国家不尽可比，因为美国既无地主权贵阶级，亦无欧式财政制度。而潘恩的激进之处便在于：他通过思索美式共和，完全可以想象出我们现在称为"社会保险"的保障制度。这一点可以与孔多塞的洞见合二为一：通过某种"社会算数"（Mathématique sociale），完全可以想象这样一种社会：基于大量的出生率、结婚率、死亡率统计数据，创设出一套"社会保险制度"。这在英国尤其适用，因为英国已有自己的"济贫法案"（Poor Laws）。

李汉松：这多少可以追溯到伊丽莎白时代的英国济贫法？

琼斯：正是。英国"济贫法案"以降，救济之权已成某种共识。基于这一观念，许多后世的社会改革议案都不标新立异，而是自我标榜为济贫传统之延续，以便更易得到社会的接受。在 19 世纪，许多人紧密团结在恶名昭著的 1834 年"新济贫法"（New Poor Law）旗帜下，阻挠劳苦大众申请救济金，理由是：只有济贫院（workhouse）内部才有义务提供救济扶

---

① Gareth Stedman Jones. *An End to Poverty? A Historical Debate*. New York: Columbia University Press, 2004.

持。但是截止到 19 世纪末，救济愈渐慷慨，而且可以直接发放入户。在爱德华时代，屡次重大社会改革实现了养老金、疾病与失业保险金。我写那部书的政治动机之一便是挑战一种新自由主义、新保守主义者的成见，即在自由市场经济框架内反对济贫，其渊源可以追溯到亚当·斯密青睐的经济政策。

李汉松：在新古典主义经济学盛行的时代，您试图证明亚当·斯密反倒是"济贫经济"的鼻祖？或者保险一点说：起码在贫穷问题上，您试图将斯密从一种最简化的自由市场经济态度中分离出来？

琼斯：是的，我着力论证出，最早阅读斯密的思想家都是激进主义者，而非保守主义者。

李汉松：您提到了孔多塞的"社会算数"。当时牛顿、莱布尼茨在微积分领域的创造已然成熟，加之笛卡尔、克拉默、高斯等人对于线性方程的探索，以及费马、帕斯卡、惠更斯的初步概率论，形成了一个大环境，使得精算会计学成为可能[①]。可否说，系统性设计福利政策的历史是现代社会应用科学改造政治最辉煌的一笔？

琼斯：不错，这是现代社会最伟大的革命之一。

李汉松：既然如此，您如何理解科学史与现代政治经济思想史的关系？

琼斯：那个历史时代不乏巨大的社会科学建树。首先，你研究过英国弃婴史，依据的史料大约便是伦敦各教会牧区从伊丽莎白时代起开始统计的人口死亡数据。但很明显，它们这样做，起初并非是为了有助于精算，而是准备迎接下一次大瘟疫到来。先不谈中世纪末的致命疫疾，单说 1665 年至 1666 年的瘟疫，据一些学者预测，死亡人数高达十万人——这相当于伦敦市当时总人口的 25% 之多。病死率一度飙升，这在当时为人们敲响了警钟。但 18 世纪中叶以降，陆续出现了人寿预测。人们逐渐发现了统计学的惊人潜能：统计学可以为政治家、各级行政人员以及普通大众打开全新的视窗，探知不一样的世界现实。1801 年，英国做了首次人口普查。这段时期，"公平人寿"（The Equitable Life）等最早一批保险公司应运而

---

① 莱布尼茨（Gottfried Wilhelm Leibniz, 1646—1716），德国哲学家、数学家。克拉默（Gabriel Cramer, 1704—1752），日内瓦数学家。高斯（Johann Karl Friedrich Gauß, 1777—1855），德国数学家、科学家，"首屈一指的数学家"（"数学王子"乃 Princeps mathematicorum 的误译）。费马（Pierre de Fermat, 1607—1665），法国律师、数学家。帕斯卡（Blaise Pascal, 1623—1662），法国数学家、科学家、神学家、作家。惠更斯（Christiaan Huygens, 1629—1695），荷兰数学、物理、天文学家。

生①。在那之前，人们对于"盈利"与"亏损"的认知局限于抽奖、赌场时"赢钱"和"输钱"的概念。若说人为计算出"运气"和"偶然性"，当时可谓天方夜谭。但现代概率学的理论框架使在一定限度内控制偶然性成为可能。所以我认为，这是18世纪最伟大的成就之一。在这一历史语境中，保险公司才可以承诺：今朝富贵，明晚也不必破产。孔多塞及其同事正是运用了这些统计学的洞见，才建构出了新型国家政策的数学基础，继而发展成为社会保险制度。

起初，这仅是停留在一种抽象理论上的可能性。但进入1780年代，法国因为援助美国独立战争，濒临破产，统计学成为紧迫的政治需要。一夜之间，孔多塞等数学家都成为国家经济改革不可或缺的领军人。当法国大革命爆发后，这些论点和论证继续展开。潘恩并非数学家，但他清楚地认识到了数学界的发展对于变革中的政治有着何其重大的意义。以此为基础，他提出了抚育金（child maintenance）、养老金（old-age pension），以求消除大多数普通家庭在福利与穷困之间剧烈动荡、起落摇摆的威胁。他意识到，只有通过精确统计，才能确保人们不再受暴富与绝望两极之间不断转变的折磨。其中还蕴含着一个远见：平日的合理投资可以对冲，甚至抵消危机时期不确定因素对于家庭生活带来的剧烈震荡。我认为这是一个重大的理论进展。它诞生于美国和法国大革命期间，并且营造了一种氛围，引来了19世纪形形色色的"济贫改革法案"，最终启发了由1942年《贝弗里奇报告》（Beveridge Report）勾勒出的20世纪福利国家政策。

李汉松：可见，曾几何时的激进思想，尽入后世的家常闲话。人们曾认为潘恩多么具有革命性，甚至多么危险呢？仅在1792—1793年，英国和威尔士便有超过300多个乡村和城镇焚烧了潘恩肖像。切齿之恨，可见一斑。但是时至19世纪，这些社会改革观念都逐渐合理化了，甚至得到了一些想象力丰富的保守派人士的接纳。当然，这样做对他们有利，因为只有实现了温和的改良，才能镇压激进的革命。俾斯麦（Otto von Bismarck）于1880年间的社会福利改革即是一例。目前，鲍里斯·约翰逊（Boris

---

① "公平人寿保障社"（Equitable Life Assurance Society），后称"公平人寿"保险公司，于1762年在英国成立，是世界上最早的大型相互保险公司（不发行股票融资、以保户互助的模式经营）。它按照当时的人寿数据和死亡率，率先施行了基于年龄的保险金制度，在保险史上意义重大。2000年1月，公司部分业务转让，余下的部分并入了Utmost Life and Pensions。

Johnson）向北部的蓝领城市伸出了橄榄枝，摇身一变成了工人阶级的代言人，甚至为了撒钱搞福利政策，炒了自己一向倚赖的财政大臣。这是否是一种历史规律？

琼斯：精明的保守主义者发现一些观念有利用价值，便将之从激进的政治议程中割离出来，再赋予它们一种全然不同的意识形态含义。这似乎正是鲍里斯·约翰逊目前的所作所为。俾斯麦当然是个绝佳的例子。他延续着威权主义的政治态度，采纳了一些社会改革项目，用以削减社会民主主义的潜在威胁。这是否是个通用的模型？我不完全确定。但你说得不错，这一策略在不少历史情境中都曾得以实践应用。

李汉松：另一例是马克思笔下（《路易·波拿巴的雾月十八日》）的"波拿巴主义"（Bonapartistischer）国家：声称对人民的需求负责，但不愿放松威权，开放更广泛的自由。

琼斯：是的，但这同时促使我们反问："保守主义"究竟有何含义？"保守主义者"们在奋力"保守"些什么？人云亦云的说法是：他们像木头一样维护一种停留在"旧制度"（ancien régime）的心态。但在革命和激进的岁月里，不乏富有想象力的保守派。他们催促自己顺应变化，而非盲目牺牲他人。

李汉松：孔多塞关心的不仅是民族国家内部的不平等，还有国际范围内，国与国之间的贫富差距。当然，这事关许多启蒙运动哲学家们热衷探讨的"奢侈与商贸"之争、"穷国与富国"之争。这段经济思想史如何帮助我们思考当前的全球贫困问题，最终缩短发达国家和发展中国家之间的鸿沟？

琼斯：鉴于19世纪后的那一段帝国主义史，这一目标既富于挑战，也充满可能性。帝国主义固然招人憎恶，但矛盾的是，它在历史上的确激发了一些隶属国人民重获新生、走向富强的愿望。显然，若说完全消灭世界贫困，听上去既抽象，也乌托邦主义。但不代表没有循序渐进的方法。不论如何，消灭国际贫富差距应当是我们的口号。

李汉松：从适才的贫穷议题，转向您思考甚多的宗教问题，我希望借用《马太福音》26:6–13的一段故事（类似的叙述还在《马可福音》14:3–9、《路加福音》7:36–50、《约翰福音》12:1–8 中有所记述）：耶稣来到伯大尼（Βηθανία）"患麻风病的西蒙"家。一个妇人上前，将一盆香膏浇在耶稣身上。众门徒见此举奢费，皆感不悦："这盆香膏完全可以卖个好价钱，用于救济穷人。"此时耶稣发话了：穷人永远与你们同在，以后可以慢慢接济。我时日无多，来点香膏又有何妨？我想，我们之前讨论的 18 世纪"贫穷思想史"，本身也是在回应各种基督教的贫穷观。毕竟，方济各会（Franciscans）从"贫穷使用"（*usus pauper*）概念出发，重新辨析"所有权"（*dominium*）与"时效占用取得权"（*usucapio*）这些不断演变的罗马法范畴。这种语言的再造，也是在争论贫穷为何物，以及它的对立面：财产拥有权。您一向视宗教为经济思想史中的因素和语境。譬如，剑桥出版英译本的傅里叶名著《四种运动的理论》时，您在导读最末尾处写道：我们应当记住，社会主义思想兴起时，其动力在多大程度上来源于一种为宗教——而非资本主义——寻找替代继承者的愿望。[①] 笼统而言，宗教在您的经济思想研究中扮演何种角色？

琼斯：我认为着眼于历史的长时段，宗教描绘了人类富于想象力的一面：想象更加美好的世界。因此，一门宗教内部划分出了诸多派系之后，个中差别，耐人寻味。你提到的方济各会门徒，他们便向我们表述了某种"进步主义"的想象。其他教徒或许理念不同，坚持强调"原罪"教义，甚至由此衍伸出"根本性的改革并无可能"之类的结论。有一点至关重要：目前为止，对于资本主义社会最为强大的批判来自马克思，而马克思本人的思想又发源于"青年黑格尔派"（Junghegelianer）批判宗教的大氛围内。传统的社会主义史时常忽略，或者低估了这一语境作为马克思思想源泉的重大意义。

李汉松：常人并非不知马克思早年曾与"青年黑格尔派"圈子有所交集，而是还未清晰地认识到这具体如何激发了马克思自己"富有想象力的一面"。试想我们已经充分认清了这一段思想渊源，它对于我们重新理解马克思与马克思主义，究竟有何实际的效用？

琼斯：如果是这样，我认为最简单的思考方法便是落脚于费尔巴哈（Ludwig Feuerbach）对基督教的批判。费尔巴哈的主张可以极度粗略地总结成一句：与其说上帝造人，毋宁说人造上帝。但如果顺着这一思路延伸下去，我们同理可证：可以被颠倒过来的并不局限于基督教传统，还有启

---

① Francois Marie Charles Fourier. *Théorie des quatre mouvements et des destinées générales. Prospectus et annonce de la découverte*. A Leipzig [Lyon: Peizin], 1808；*The Theory of the Four Movements*, edited by Gareth Stedman Jones and Ian Patterson. Cambridge: Cambridge University Press, 1996.

蒙运动一贯赋予"自然"的意义——人是自然的创造物，因此属于他赖以生存的自然的一部分。如此思考，关键点在于"倒置"：传统的认知中，社会力量凌驾于个人之上，逾越了人类的控制能力；但颠倒过来，如果社会百态出自人手和人力，而非源自天然、上帝或其他造物之力，那么人类介入社会、改变社会便成为可能。这一观念是许多正统马克思主义者的盲点。许多人不理解，在马克思的辩证思想中，灵感的那一部分来源于唯心主义，而非唯物主义。这最体现出黑格尔的重要性。《精神现象学》中的历史，正如马克思在1844年前后充分意识到的那样，是人类的自我塑造。所以，它的前进仰赖人类意志，而非纯粹的自然决定因素。人类意志是攻克自然、改变自然之物，而非自然决定之物。这在马克思的语言中，对应诸般"生产力"，因为是通过生产力的升级——这些都是人类的种种主动行为，譬如科技创新——才使自然在历史中改变，甚至屈服于人类的意志。毋庸置疑，这一过程受到各种限制，但这其中产生了翻天覆地的变化。我认为这是《共产主义宣言》的核心要义：人类转变了自然，改写了历史。他们之所以有此成就，也是意志使然，而非直觉，抑或某些自然决定因素喻示的本能驱使。这一伟大进步也得益于对宗教的批判：一个更好世界的念想不再停留在梦幻之中，而是由以人类知识为基础、以政治意识为指导的活动来实现。人类的意志和活动可以转化为现实的变革。相反，在大多数宗教中，人类屈于诸般神力。我之前所说的"倒置"便在于将这一公式颠倒过来。这是马克思的一道重要工序，不仅体现在《1844年经济学哲学手稿》[1]和《共产主义宣言》，还在《资本论》中发挥作用，应用于"商品拜物教"（Warenfetisch）概念的论述中。

李汉松： 正因如此，《共产主义宣言》和《资本论》第一卷是对工业资本主义在"改变自然"中取得的成就最嘹亮的讴歌。这一点大多数"马克思主义者"不愿直言不讳。比如，您作为企鹅版《宣言》的导言作者，在接受《沃克斯》（Vox）采访时，曾表示《宣言》包含"对于资本主义的赞颂"。采访者表示反对："'赞颂'（paean）这个词有些过了。"[2]但与此相

---

[1] Karl Marx. *Ökonomisch-philosophische Manuskripte aus dem Jahre 1844* (Marx-Engels-Gesamtausgabe. Abteilung 1. Bd. 3. Berlin 1932, S. 29–172); *Marx-Engels-Werke* Bd. 40. Berlin: Dietz Verlag, 1968, S. 465–588.

[2] Gareth Stedman Jones & Sean Illing. "Karl Marx Still Matters: What the Modern Left Can Learn from the Philosopher: A Conversation with Historian Gareth Stedman Jones", *Vox*, Apr. 18, 2017.

反的一个现象是：保守派苏格兰历史学家尼尔·弗格森（Niall Ferguson）曾说过——政治立场完全相反的罗斯柴尔德教授也完全同意——最优秀的"资本主义史"学家偏偏无一例外都是马克思主义者。所以，无知者以为马克思既然批判资本主义，一定否定或敌视它，殊不知马克思主义传统才是资本主义真正的欣赏家。

琼斯：正是。不少人仍然抵触这一观点。但这是白纸黑字，明摆着的事实。但凡真正阅读马克思之人，都很难反驳这一点。但是与十几年前相比，现如今，我听到的反对声音愈来愈少了。

李汉松：而您更多劳神于澄清那些因为缺乏语境常识而产生的对于马克思的误解和误读。我希望您不介意我们来一场短暂的欧洲列国"壮游记"，陆续回顾一系列马克思所处的语境，借此阐明其思想发展之脉络。首先是"阶级斗争"：从弗朗索瓦·基佐（François Guizot）在 1820 年代继承的"阶级斗争"（Lutte des classes）到恩格斯题名出版的《法国的阶级斗争》①。接着，从"卢梭之后的日内瓦"语境走出来的西斯蒙第（Jean Charles Léonard de Sismondi）为路易·布朗（Louis Blanc）于 1840 年出版的《劳工的组织》奠定了基础 ②。这些思想家都如何影响了马克思的思维方式？

琼斯：不错，我认同你所说：马恩的"阶级斗争观"源自法国资产阶级史学传统。尽管马克思自己都承认，他是借用了一个资产阶级史学术语，大多数人还是抵触这种说法。起先，众所周知，德国史上并无英、法两国"无产阶级"这一政治存在。很长一段时间内，法国共和主义者和社会主义者的基本诉求是：无产阶级必须得到"公民"身份的认可，重新回归一个统一的民族集体。这在 1848 年 2 月已经达成了。在英国，宪章运动先驱们基于洛克思想、1689 年的《权利法案》和之后的《王位继承法案》，提出的主要论点是：工人阶级作为"人民"的一部分，必须得到全面充分的承认。而全体人民，包括无产者的允准，是任何政府合法执政的必要基础。

但马克思无法挪用类似事先存在、约定俗成、甚至是"土生土长"的宪政理念，以表达其历史诉求。与英、法两国的"无产阶级"或"工人阶

① Karl Marx. *Die Klassenkämpfe in Frankreich 1848 bis 1850* (*Neue Rheinische Zeitung. Politisch-ökonomische Revue*, Hamburg, 1850). *Marx Engels Werke*, Band 7, S. 9-107. Berlin: Dietz Verlag, 1960; Marx & Engels. *Die Klassenkämpfe in Frankreich, 1848 bis 1850*. Berlin: Vorwärts, 1895.

② Louis Blanc. *Organisation du travail* [1839]. Paris: Bureau de la Société de l'Industrie Fraternelle, 1847.

级"不同的是，马克思描绘的无产阶级肩负"职责"和"使命"，去实现人类真正的"类本质"（Gattungswesen），终使人类的社群特质得以蓬勃绽放。依据一些观点，人类在实现它真正本质的漫漫征途上，被宗教的出现迷惑了双眼，就此埋没在了尘土之下。在马克思那里，这一阻碍物又从宗教变成了私有财产。而这种"使命感"是马克思从费尔巴哈那里借用来的。麦克斯·施蒂纳（Max Stirner）对费尔巴哈的批判（同理，也可延伸至马克思）是：单单把"上帝"替换成"人类"或"类本质"，并未从根本上移除这种流行于基督教中的"义务观""职责观""使命感"——"使命"即"福音"（Mission）。马克思转向"阶级斗争"概念，便是为了规避施蒂纳针对费尔巴哈的批判。一方面，"阶级斗争"观念的优势在于：它不需要强加给工人阶级一种费尔巴哈式的"似宗教"或"准宗教"的使命感或职责观。相反，这是在陈述现状：无产阶级不是履行道德义务，而是已经存在于一种斗争状态之中。

但与此同时，"阶级斗争"这一理念也问题重重。它来源于法国自由主义者对 1815 年后波旁王朝君主制复辟的回应，尤与基佐关联甚深。正如你研究基佐思想的"复古主义"语境时指出的那样，所谓"数百年来，法国经历了两个民族之间的斗争——征服者与被征服者，外来的法兰克人与本土的高卢人"之类的观点，并非基佐原创，而是承袭自 18 世纪法国史学传统。基佐将"被融合"的高卢人和他们的封建领主法兰克人称为两个"阶级"。在一些激进主义圈子里，也有另一套以英国民族史为背景的理论。这些人以为，英国的麻烦不断、矛盾重重，可以向上追溯至诺曼人横扫不列颠。诺曼入侵者征服了英国本土萨克逊人，为他们铐上"诺曼之轭"（Norman Yoke）。

马克思借来"征服者"与"被征服者"模型，重新描述了工人与雇主之间的历史关系。此二阶级之间的斗争围绕着生产资料所有权展开，印证了某种征服和支配的概念。这两套语言体系之间存在平行关系，但也有牵强附会之处，所以应用起来不尽如人意。1848 年前后，马克思试图寻找一些阶级斗争的具体证据，但收获不丰。无可争议的是，当时各群体之间存在斗争，但并未达到他想象中"阶级斗争"的性质和程度。当他动笔撰写 1848 年的巴黎时，他不得不使用一种虚拟的手法。他想象在一堵墙上"浮现出一句革命斗争的大胆口号：推翻资产阶级！工人阶级专政！（Sturz der Bourgeoisie! Diktatur der Arbeiterklasse!)"① 从这一虚拟现实开端，阶级斗争的观念进入了马克思主义术语表，经过漫长岁月的巩固，已然坚如磐石，无法动摇了。

李汉松：缺乏统一行动、政治意识的群体对抗、劳工运动之类，大多不满足马克思对"阶级斗争"的预设，但时常被人称作"阶级斗争"。

琼斯：你说得一点不错。当然，在工业纠纷中，工会与雇主斗争。在英国，劳动党与保守派斗争。所以在广泛意义上，工业和政治争端可以被理解为某种"阶级斗争"。这也是马克思为后世留下的一笔遗产。马克思波及面最广的成就之一［不是 1848 年，而是 1860 年代国际工人协会（IWMA），即"第一国际"期间］是他打磨出了一套社会民主的政治语言。这为后人理解资本主义经济体内的社会冲突提供了清晰明了的政治范式。

李汉松：马克思生涯中哪一阶段最富创造力？

琼斯：我认为大约是 1864—1867 年。当时各种激进主义思潮蓬勃发展，传播广泛。欧洲各宪政政体承受着巨大压力，而工人阶级忙碌于成立工会和合作社。一时之间，民事社会似乎即将迎来翻天覆地的变革。但这一历史时刻来得急迫，走得也匆忙。因此，许多进展也得而复失。普法战争和巴黎公社之后，指向下一步革命的迹象微乎其微。在法国，一个反动政府对巴黎公社疯狂反扑。英国时局则有所不同。在《1867 年改革法案》（Reform Act，即"第二改革法令"）颁布之后，两个议会大党内部都有重大进展。首先，自由党（Liberal Party）开始回应爱尔兰人的申诉——1869 年《爱尔兰教会法案》（Irish Church Act）实现了爱尔兰教会的分离与分解，而翌年颁布的首部《爱尔兰土地法案》（Irish Land Act）试图缓解佃户和地主之间的冲突。接下来，保守派党魁本杰明·迪斯雷利（Benjamin Disraeli）组成的内阁政府同意承认工会的合法性。这也就意味着工会在整个政体中获得了一席之地。这两次变革改写了英国政治的特质。一旦这些理念不再游离于宪法框架之外，英国政治的核心便向社会民主观念转移。一时间，若干导火索被熄灭，冲突被缓解，期待"外部压力"点燃革命的

① *Karl Marx - Friedrich Engels - Werke*, Band 7, *Die Klassenkämpfe in Frankreich 1848-1850*, S. 12-34. Berlin: Dietz Verlag, 1960. I "Die Juniniederlage 1848" (Vom Februar bis Juni 1848): "An die Stelle seiner, der Form nach überschwenglichen, dem Inhalte nach kleinlichen und selbst noch bürgerlichen Forderungen, deren Konzession es der Februarrepublik abdingen wollte, trat die kühne revolutionäre Kampfparole: Sturz der Bourgeoisie! Diktatur der Arbeiterklasse!"

时代也随之结束了。

李汉松：在德国，俾斯麦通过政治权术达成了同样的效果。

琼斯：这是当然。在俾斯麦的威权之下，与自由派的联盟终于告吹。取而代之的是一个刚刚建立的反动保守同盟。伴随而来的则是 1873 年贸易危机之后的经济保护主义。所以，通过工人阶级施压迫使德国爆发革命，这在当时看来几无可能。事实上，德国社会民主党已经被判定为非法党派。但这是一种诡异的"非法化"，因为社会民主党可以保留议员席位，但是无法组织任何大街上的示威游行。所以，我认为马克思的结论是：起码短期之内，寄希望于欧洲内部爆发革命之念愈渐渺茫。因此，我认为他愿意将视线延伸到其他地域，寻找前途有望的变革契机。具体而言，他尤其关注俄罗斯。因为那里对《资本论》的兴趣最为严肃，回应也最实际。

李汉松：谈及俄国马克思主义与共产革命，马克思如何看待车尔尼雪夫斯基（Николай Гаврилович Чернышевский）在圣彼得堡的激进主义圈子？是否起码可以说：他是因为真正欣赏车尔尼雪夫斯基，才在 1873 年再版《资本论》时移除了对赫尔岑（Алекса́ндр Ива́нович Ге́рцен）的嘲讽，代之以对车尔尼雪夫斯基的夸赞？马克思对俄国的看法经历了何种演变？而这对马克思主义俄国化、俄国对马克思主义的接收，又有何影响？

琼斯：依我之见，马克思似乎受到了车尔尼雪夫斯基理念的启发。众所周知，俄国当时是一个工业落后的社会。而它的发展能否"跳过"一个"资本主义"阶段？在此之前，已经存在种种"俄国特殊论"，但那些观念最终形成的论述，不是"准沙皇主义"便是"似宗教主义"的观点。这时，传统的"俄国例外论"通过激进主义的革命语言，重新阐释了出来。很明显，马克思颇受此吸引。他猜想：或许，变革诞生之地还是俄罗斯。起码，这是我们从他致维拉·查苏利奇（Ве́ра Ива́новна Засу́лич）的信中得到的结论①。当然了，如此立论，我们必须小心谨慎。因为这只是该信件

---

① "Karl Marx to Vera Zasulich"：8 March 1881, *MECW*, vol. 46, p. 71; 此信与第四版草稿基本相同：*MECW*, vol. 24, pp. 370–371. 见：Gareth Stedman Jones, "Radicalism and the Extra-European World: The Case of Karl Marx", in Duncan Bell (ed.), *Victorian Visions of Global Order: Empire and International Relations in Nineteenth-Century Political Thought*. Cambridge：Cambridge University Press, 1997, pp. 186–214; 另见查苏利奇 1881 年 2 月 16 日致马克思信："这个问题在我看来事关生死，尤其是对我们的社会主义党而言。甚至说，我们的社会主义革命者们的个人命运也都取决于您最终决定如何答复。"（*Marx–Engels Archiv*, vol. 1, p. 316）

初稿的未刊本。最终版本在俄罗斯民粹主义者和"马克思主义者"之间的争执上，表达的态度更加戒备，站的立场也更微妙。但无论如何，马克思在1870年代后半叶对于俄罗斯民粹派的同情有所升温。

李汉松：在1923年面世以前，这封1881年马克思写给查苏利奇的信一直存于何处？俄国革命之前，竟无人挖它出来，这未免有些讽刺。

琼斯：我记得它最终是在"劳动解放社"（Освобождение труда）领袖之一帕维尔·阿克雪里罗得（Па́вел Аксельро́д）的档案中找到的。起初，这封信似乎并不存在。但达维德·梁赞诺夫（Давид Рязанов）第一次关注了这段历史疑云。他四处寻访"劳动解放社"元老，直截了当地问他们："这样说吧，1880年代，我也在日内瓦。我敢肯定，当时就如何处理民粹主义与社会主义关系的问题，有过一场争论。"但诡异的是，梁赞诺夫采访的这些人无一例外地回答：他们忘记了当年发生过什么事。但正如你适才所说，这实在违背常理。如此重大的议题，可以说决定着马克思主义在俄国的命运，当事人怎么会集体失忆？整个故事都疑云密布。

但我认为，可以确定的是，马克思当时——或许仅仅在当时（我知道你不同意这一点）——对西欧丧失了希望，所以对其他可能性抱有更开放的态度。比如，1870年初，他设想：或许爱尔兰起义能点燃欧洲大革命的星星之火。事后发现，此事并不靠谱。再后，他曾想道：一旦1877年俄罗斯帝国在俄土战争中落败，那么革命也许会爆发。但事后发现，俄罗斯竟然赢了这场战争。我们唯一可供臆测的资料，也不过如此。但我同时认为，俄国马克思主义者们一向对民粹主义感到敏感、拘谨，甚至患有理论洁癖，因为支持民粹主义便是在毁坏布尔什维克的基本合理性。他们甚至不想知道这段过往。因此，这些民粹主义元素都笼罩在阴云之中，直到梁赞诺夫介入，竭尽全力使之重见天日。

李汉松：我不同意之处很多，仅谈一条：最终，十月革命确实在（第十一次，1914—1918）俄土战争后爆发，不是吗？"一战"末尾，奥斯曼还拖着虚弱的身躯，与襁褓中的苏维埃政权周旋了几年。列宁主义者可以回归马克思当年的预感，证明马克思完全预言了俄国共产革命产生的战略性条件。

琼斯：我承认这是事实。但说实话，大多数马克思主义的学者和学生们不会这样明察秋毫。"马克思论俄国革命与俄土战争"是个灰色区域。大家不是不能，就是不愿去深入研究。所以也就无人循着你这种思路去思考。

李汉松：车尔尼雪夫斯基的小说《怎么办》①启发了列宁著名的小册子《怎么办？（我们运动中的迫切问题)》。我曾感觉，这颇具讽刺性。

琼斯：是的，说下去。

李汉松：在这部小说中，拉赫蔑托夫（Рахметов）仅喝咖啡，吃橙子，抽雪茄。他读斯密、李嘉图、穆勒，甚至可能去欧洲见了马克思［当然他也读过俄罗斯本土文学家，如果戈里（Николай Васильевич Гоголь）的作品］。然后他便认为：书已读尽，大功告成。小时为模仿这位苦行僧革命家，我坚持睡硬板床。后来我时常想：如果拉赫蔑托夫当真精读过斯密和马克思，或许会对俄国革命另做他想。

琼斯：你这一批判尖锐而有趣，我完全同意。

李汉松：反观当下，请您略述时评。您常说，马克思一度因为中国、印度工业化进程速度过慢而感到受挫。如今，中、印两国终于拥有了全世界最大的工人阶级。在您看来，中、印两国在向何处去？

琼斯：我对中国充满希望和期待。鉴于中国是如此之大国，且拥有如此之多受过良好教育的公民，而在互联网的促进下，又夜以继日地疏通信息渠道，它势必会深化变革。与你们交往使我确信，中国充满了顶尖人才，所以富有巨大潜力。

我认为印度的情况更加复杂，也更不容乐观，因为宗教和民族主义之间缔结了一个"不神圣同盟"。印度的未来，取决于这一"同盟"今后如何发展。目前，印度的土地上开展着一场如火如荼的反穆斯林运动。而这种政治激情又牢牢地与边疆领土、爱国主义等说辞拴在了一起。结果是，莫迪政府可以宣称：我们点燃的这些冲突，都是为了结束印巴分治以来悬疑未决的固有历史冲突。所以，除非印度人民党（भारतीय जनता पार्टी）落败，印度下一代可能还要被裹挟进严重的冲突之中。我不认为这种混乱会无休无止。毕竟，印度曾经有过强大的世俗主义与宪政主义传统。但目前看来，当今的印度处于"反革命"状态。

李汉松：您已经回答了我的另一疑问：如果将革命的时间轴无限放

---

① Никола́й Гаври́лович Чернышéвский. *Что делать?* B. Benda, Libraire-Editeur, Successeur de Richard Lesser. 1867; *Что делать?* С.-Петербургъ: Типографиа и Литографиа В.А. Тиханова, Садовая. No. 27, 1905.

长，视为整体过程，而非单纯事件，那么只有合理、合适的政治制度才能促进它的发展。既如此，我便换一个题目问您。在马克思传记告一段落之后，您如何规划学术研究，更进一步？

琼斯：下一步，我希望更深入地研究维多利亚时代。传统上，学者大多视维多利亚这段英国史为"启蒙运动后"的"赎罪时代"①。我不愿完全否认这段时间内福音主义（Evangelicalism）的重要性，但我希望强调确实存在着一个"维多利亚启蒙运动"（Victorian Enlightenment）。我的理论和史料依据众多，但大多数已经被你问到了。譬如，"青年黑格尔派"对宗教的批判、法国思想界关于医药的观念、化学界的重大革命、各种国家解放运动之兴起、达尔文进化论在生物学界引起的重大变革。这些都与18世纪的信仰和主张对比鲜明。

李汉松：包括从生物学到政治哲学，各个思想领域涌现出的"有机"观念，逐渐替代"机械"的思维体系？

琼斯：不错。当然，19世纪还有更为直接、更接地气的变化：激进主义思潮点燃并助推了许多民主化运动，扩大了政治意义上的"民族"概念。1820年代至1860年代的英国，充斥着要求普选选票的声浪。当时还有"外部压力"促进了内部改革，这些我们都已谈过。

李汉松：您意欲深度挖掘哪些我们平日忽略的思想家，以阐明"维多利亚启蒙"的确存在？

琼斯：我最感兴趣的是1840年代至1870年代。我留意发现：马克思（1818—1883）生平与乔治·艾略特（George Eliot，1819—1880）接近、相仿。许多人认为，艾略特是英国文学史上最伟大的小说家。马克思与艾略特之间的平行线并非仅仅停留在时间维度上。我们已谈到，马克思的共产主义思想发展自"青年黑格尔派"对于基督教的批判——首当其冲的便是大卫·施特劳斯（David Strauß）与路德维希·费尔巴哈这两位旗手。而当乔治·艾略特还是玛丽·安·艾凡斯（Mary Ann Evans），且并未写作任何小说之时，便翻译了施特劳斯的《耶稣生平考》②和费尔巴哈的《基督教的

---

① Jan-Melissa Schramm. *Atonement and Self-Sacrifice in Nineteenth-Century Narrative*. Cambridge: Cambridge University Press, 2012.

② David Friedrich Strauss. *Das Leben Jesu: kritisch bearbeitet*. Stuttgart: P. Balz'sche Buchhandlung, 1836; Mary Ann Evans (trans.). *The Life of Jesus, Critically Examined*. London: Chapman, 1846.

本质》①。无可置疑，他们之后分道扬镳了。马克思转向共产主义，而艾略特则信赖实证主义。但这段时间内，两股思潮和论述都初具雏形，且尚具渗透性。令我最感兴趣的是这一思想现象背后的大时代背景：这是一段发现与创新的历史。当然，我不愿为学界平添另一部"艾略特思想评传"。她的传记，即使只论最优秀者，也已汗牛充栋，且至今层出不穷。至于我的研究，大约可以冠名为:《乔治·艾略特、维多利亚启蒙运动及其之外》（*George Eliot, the Victorian Enlightenment and Beyond*）。传统上，维多利亚时代被贴上"宗教与社会压迫"的标签，这要拜李顿·斯特雷奇（Lytton Strachey）之赐。"一战"结束后，他的大作《维多利亚名人传》问世②。这一脉精神遗产，以及类似的腔调，在一定程度上像迷云一样笼盖了历史，遮住了同一时期的偶像破坏主义、对于福音派宗教的挑战以及思想和科学的双管进步。所以，我希望将艾略特、她的圈子以及她同时代的思想近亲们，置入一个更广泛的 19 世纪政治和思想史中。选择艾略特，主要因为她涵盖了几乎全部我希望探讨的时代主题。同时，我不必讳言，写这部书也有一定的政治动机。我希望强调英国在多大程度上是欧洲的一部分。

李汉松：您又在和塔克教授争执了。

琼斯：对，这是对他脱欧论的回应。艾略特吸取了欧陆的启蒙思想，尤以她最伟大的名著《米德尔马契》为代表③。审视她笔下的人物，即可见一斑：利德盖特（Lydgate）是法国大革命后医疗变革的产物；而浮夸自大、学究气十足的卡苏朋（Casaubon），完全不明白德国学界圣经研究的最新成就；还有拉迪斯劳（Ladislaw），那位能力不差、头脑不错的波兰流亡者。但我更想议论一些更复杂的问题域，如 1848 年欧洲革命运动的后续发展。其中一点即是族裔民主主义对自由主义世界化信仰的挑战。这一冲突，我依托艾略特另一部小说《丹尼尔·德龙达》为框架，探讨欧洲的犹太问题④。另外还有自由主义与民主激进主义之间的关系与张力。这条思

---

① Ludwig Feuerbach. *Das Weſen des Chriſtenthums*. Leipzig: O. Wigand, 1841; Mary Ann Evans (trans.). *Essence of Christianity*. London: Chapman, 1854.

② Lytton Strachey. *Eminent Victorians: Cardinal Manning, Florence Nightingale, Dr. Arnold, General Gordon*. London: Chatto & Windus, 1918.

③ George Eliot. *Middlemarch: A Study of Provincial Life*. Edinburgh: William Blackwood and Sons, 1871-1872.

④ George Eliot. *Daniel Deronda*. Edinburgh: W. Blackwood, 1876.

想主线可以在她的小说《激进的费利克斯·霍尔特》中求索 ①。

李汉松：凡此种种，都回归了您介入政治经济思想史之前阅读的 19 世纪小说。回归也是一种超越。

琼斯：绝对是回归，而且从头到尾，都是一个思想整体。只有现在，才能看清它的脉络。

---

① George Eliot. *Felix Holt the Radical*. Edinburgh & London: William Blackwood and Sons, 1866.

第三部分

理论实践

战争·和平·正义

——对话迈克尔·沃尔泽 ①

本文从思想史视角出发，结合规范性政治理论和分析哲学，阐释了
20 世纪以来若干次重大的社会与思想变迁，回顾了政治思想研究方法的
变化规律和特征。面对关于正义战争理论的一系列疑难，政治理论家迈克
尔·沃尔泽反思、回应、补充，兼与作者探讨了美国史中宗教与政治的关
联、犹太思想史中的改革与复国思潮、左翼外交与国际工人运动现状、多
元民主政体中的身份政治、移民难题与民粹主义危机等焦点话题。

迈克尔·沃尔泽（Michael Walzer），生于 1935 年，美国政治理论家
和哲学家，一度在战争与和平、宗教与世俗、国家与民族主义、政治与经
济伦理、多元主义与国际正义等思想领域发起学术辩论，引领公共舆论。

- -

李汉松：许多政治思想传统并非以政治哲学论著的形式，而是以多元
的体裁承载，流传后世。犹太政治传统即是一例，它的史料分散在法律文
献、宗教典籍评注等看似并非政治的文本之中。在您整体的智识历程，而
非狭义的学术生涯中，最早遭遇的疑难问题通常以什么形式出现？是神学
还是政治，是哲学还是实用性思辨？

沃尔泽：首先，我生长于一个政治性的家庭。我最初用以识字的读物
便是一份叫作 *PM* 的纽约报纸，在 20 世纪 40 年代，它基本代表了"人民
阵线"（Popular Front）的立场。在这种幼年教育背景下，我从最开始即
对政治发生了兴趣。十岁那年，我写了一部非常短小的《第二次世界大战

---

① 本文是作者与沃尔泽于 2019 年 4 月 25 日在普林斯顿大学高等研究院的对谈。作者自译，部分刊
于《上海书评》2020 年 5 月 24 日。

史》，结局是苏俄不为攻城略地，而为结束侵略而战。这就是我最初的政治思考。

李汉松： 这俨然已经初具正义战争理论的雏形。

沃尔泽： 正是如此。1944年，我的家庭从纽约市迁至宾夕法尼亚州的约翰斯敦。四年后，我经历了犹太教成人礼。那一年令人感情激荡，因为以色列国正式成立。我父母是复国运动主义者：他们虽无亲自回迁中东之愿望，但在观念上支持复国。总体而言，我认为自己接下来数十年的许多学术工作，皆可追溯至童年这两件经历埋下的种子：在"二战"中的纽约长大，相当于对教条的和平主义打了免疫针；在以色列建国同一年度过犹太成人礼，又使得我在情感上倾向于以色列复国。青年时代，我进入了布兰代斯大学，迅速被《异议》杂志（*Dissent*）的创始人从"人民阵线"政治中解脱出来。他们尽是反斯大林主义的左派思想家，其中两位真正称得上我政治导师的是欧文·豪（Irvine Howe）和刘易斯·科塞（Lewis Coser）[①]。《异议》创刊于1954年，它的"异见"既针对麦卡锡主义美国及20世纪50年代自由派的从众与妥协主义，也异于斯大林主义左派，可谓"双重异议"，对我影响尤深。其时我仅十九岁，作为豪与科塞的学生，曾受邀参加第一期杂志的发布晚会。那时，布兰代斯大学十分特殊。可以说，一般意义上的"六十年代左翼政治"，50年代就已在校内滋生。作为一所新兴大学，校长必须大批量聘请麦卡锡时代四处碰壁，无法得到教职的左翼教授，才能建起完整的学科。所以这是一所天然"左倾"的学术殿堂。尽管这样说，我从不自认为是所谓"政治理论家"，而只是著述政治观念之人罢了。

李汉松： "政治理论家"是个刻意模糊的身份概念，自然无法精准地描述严谨的思想史学术训练。我知您在布兰代斯专治历史，之后赴英国剑桥一年，亦求学于史家，直至返回哈佛攻读政治学博士。在方法论的层面上，您的作品更似以史学为主旋律的政治、哲学、宗教多重奏。所以，尽管您并未倾注大量精力于狭义上的思想史方法论研究，也无可避免地会卷入历史方法、语境主义等辩论中，想必也思考过历史主义对政治理论的相关性与实用性。

沃尔泽： 正是如此。其时，布兰代斯历史系强于思想史，我自然而然

---

① 欧文·豪（1920—1993），犹太裔美国文学与社会批评家，左派杂志《异议》创始人之一。刘易斯·科塞（1913—2003），著名德裔美国社会学家。

采纳了这种方法。至于报考哈佛政治系博士，完全归因于我某位历史教授对我的谆谆告诫：政治既非一门真正意义上的学科，其学生可以为所欲为：研究传记、历史、理论、统计、社会学等，无所不可。但如你所说，我延缓了一年进入哈佛，以求远赴英国剑桥大学深造历史。作为一位左派青年，我的愿望显然是研究革命史，但鉴于当时我法文欠佳、俄罗斯文则基本不通，便只剩下英国革命可以写了。我追随杰弗里·埃尔顿教授，继续阅读在布兰代斯时代便已经着迷的清教徒史。埃尔顿是一位伟大的英国都铎王朝史家。他杰出的研究指向了托马斯·克伦威尔这一16世纪大革命爆发前夕的皇室大管家，挖掘了诸多全新史料。尽管埃尔顿不相信思想史这一学术范畴，但他待我个人极厚，所以在他宽松的指导政策下，我仍可以自由发挥，从事我心仪的思想史研究。最终，我撰文阐释了日内瓦和英国这两拨加尔文主义者，而这篇论文则奠定了日后《清教徒的革命》这部专著的基础①。在论文最后一章，我摆出了"比较政治学"的架势，比较了清教徒、雅各宾和布尔什维克等革命势力。事实上，我总以为在所谓的"政治科学"领域中，起码依据我在哈佛、普林斯顿这两所学校所知所见，比较政府学最接近于政治理论。直到后来，比较政府学者才开始茫然地坐在庞大的数据库之前，对他们号称"研究"的国家也不再实地勘察。

李汉松：埃尔顿或许亲眼见到滥用思想观念在德国产生的灾难性后果，所以对纯粹的观念史持理性的怀疑态度。您适才提及政治学逐渐量化，我想在此发生之前甚至之后，政治理论尚与观念史有意或无意地彼此相通，最为显著的代表是60—80年代的哈佛政治学。您从剑桥历史系回到美国时，想必处于一种天然的政治思想史环境之内？

沃尔泽：我返回哈佛时，诚如你所说，"政治理论"基本等同于"政治理论史"，即后来所谓的政治思想史。我自然而然地继续着我的思想史研究，大体师从卡尔·约希姆·弗里德里克（Carl Joachim Friedrich）②，

① Michael Walzer. *The Revolution of the Saints: A Study in the Origins of Radical Politics*. Cambridge, MA: Harvard University Press, 1965.

② 卡尔·约希姆·弗里德里克（1901—1984），德裔政治理论家，著有《巴洛克时代》（*The Age of the Baroque: 1610—1660*. New York: Harper & Row, 1952）、《黑格尔的哲学》（*The Philosophy of Hegel*. New York: Random House/Modern Library, 1953）、《传统与权威》（*Tradition and Authority*. Oxford: Oxford University Press, 1972）、《极权主义独裁》（*Totalitäre Diktatur*. Stuttgart: Kohlhammer, 1957）、《现代宪政国家》（*Der Verfassungsstaat der Neuzeit*. Berlin: Springer, 1953）等作。

并同时与朱蒂丝·施克莱、路易斯·哈茨（Louis Hartz）[1]、塞缪尔·比尔（Samuel Beer）[2]熟识。在那些年里，哈佛所有政治学家都从历史角度出发。以卡尔为例，他虽是英国政治专家，其博士学位论文和首部专著却皆围绕康德思想[3]。几乎每人都在历史方面有类似的一个专长领域。不论他们未来将以研究刚果还是美国闻名于世，起点无一例外都是理论，而当时这种"理论"并非现在所谓"规范性理论"，而是哲学理论的历程。最终我在比尔的指导下完成了《清教徒的革命》。

李汉松：从英国剑桥到美国剑桥，您在思想史故纸堆之外，是否保持有您自己的政治语境？60年代正值政治风云动荡，您并未置身其外。

沃尔泽：在英国那一年里，我结识了早期新左派人物，譬如斯图亚特·霍尔（Stuart Hall）[4]和查尔斯·泰勒。所以返回哈佛时，我号召研究生们成立了一个新左派团体，以供众人相聚洽谈时政。我首次参与政治活动是在1960年2月，那时我尚是一名学生。豪先生打电话来，对我说："北卡罗来纳州正在发生一些非同寻常的大事，你何不去一探究竟？"两日后，我到了北卡的罗利、格林斯伯勒、达勒姆等市，那里黑人学生在午餐柜台前静坐示威。[5]我与他们亲密交谈，回到学校，为《异议》撰写了一篇文章。紧接着，我发起成立了"北方支持运动"（Northern Support）波士顿分区，这是为了在南方青年们在伍尔沃斯百货公司（Woolworths）午餐台静坐时，集中组织力量在北方围堵抵制伍尔沃斯店铺。我们成立了一个"紧急公共整合委员会"（Emergency Public Integration Committee），简称"传奇"（EPIC）。1960年春夏之交，声势最盛时，我们曾在整个波士顿地

---

① 路易斯·哈茨（1919—1986），美国著名政治学家，著有《美国的自由主义传统》（*The Liberal Tradition in America: An Interpretation of American Political Thought Since the Revolution*. New York: Harcourt, Brace and Company, 1955）。

② 塞缪尔·比尔（1911—2009），美国的英国政治研究权威，著有《财政管控》（*Treasury Control: The Co-ordination of Financial and Economic Policy in Great Britain*. Oxford: Clarendon Press, 1956）、《集体主义时代的英国政治》（*British Politics in the Collectivist Age*. New York: Knopf, 1965）等作。比尔曾任肯尼迪（John F. Kennedy）总统顾问，而他的生日（7月28日）与第一夫人杰奎琳·肯尼迪（Jacqueline Kennedy）相同。

③ Carl Joachim Friedrich. *The Philosophy of Kant*. New York: Random House/Modern Library, 1949.

④ 斯图亚特·霍尔（1932—2014），牙买加裔英国马克思主义社会学家、文化理论家、左翼政治活动家。

⑤ 1960年2月1日，四名黑人学生于北卡罗来纳州格林斯伯勒市中心伍尔沃斯餐柜前挑战种族隔离政策，引发南方各州大规模静坐示威，继而演变成了60年代非裔民权运动。

区四十多家伍尔沃斯店门口设有抵制线。多数参与者是波士顿大区各高校招来的学生，大多来自布兰代斯、哈佛、东北大学和麻省理工学院，因为我们组织者对这些校园最为熟悉。我是委员会的联合主席，另一位主席是真正有才华的学运组织者，而我只是负责动口的那一个，主要任务是招募在线前站岗的学生，并且负责挡住托洛茨基主义者。

李汉松： 那些抱怨已经抗议示威了三个礼拜，但尚不见世界革命端倪之人？

沃尔泽： 正是。他们一致说："现在是该想想国际革命的时候了！"而我则对他们讲："不，现在是该想想接下来再站三个礼拜的时候了！"

李汉松： 之前较为纯粹的思想史和您逐渐成熟的政治立场相互摩擦之后，您的政治思想研究是愈见精专，还是趋于宏观？

沃尔泽： 曾有一小段广泛的思想史研究。毕业后，我起先执教于哈佛，很快受聘为普林斯顿教授，并于 1962 年南下。我的本职是一次性教四年，然后学术休假一年，于是我又回到了伦敦。在那里，我写了一部从未出版的政治思想史作品。事情的起因还要追溯到一些出版商的怪诞主意，他们自己或许都忘记这段故事了：这些人野心勃勃地计划出版十二册思想史系列，其中六册是宏观的历史综述，另六册则是文献文本、原著摘节。我的任务是撰写从马基雅维利一直到马克思那一册思想史教材，但仅局限于欧洲大陆。这种分工并无道理，唯一的原因是当时另一学者要求负责同一时期，但局限于英伦三岛的思想家：从霍布斯到穆勒。我坐在图书馆手写出了这部书厚厚一摞手稿，而它却静静地在剑桥躺了一年。最后，整个庞大工程轰然倒塌，仅有一册出版，就是那本英国思想史。反思起来，连续出十二册书作为教材是不合情理的，甚至从来都很荒谬。尽管组织者并未要求我退还稿费定金，但他们也自此杳无音讯。虽然这本书搁浅了，我还是利用现存手稿讲了两次看似古怪的"欧洲大陆思想通史"，一次在哈佛，另一次在普林斯顿。

李汉松： 之前我们谈到哈佛政治理论的历史倾向，而提及普林斯顿，多数学者想到的是更具分析性的英美政治哲学传统。普林斯顿的政治学家似与哲学家和公共法学家靠近，而与历史学家较为疏远。您作为思想史方法的新生代表，在那里与 20 世纪中期最负盛名的规范理论家与哲学家碰撞，是否形成了新的研究范式和方法论？

沃尔泽：在普林斯顿，我确实遇见了一大批哲学家，并且与罗伯特·诺齐克（Robert Nozick）、T. M. 斯坎伦（T. M. Scanlon）、托马斯·纳格尔（Thomas Nagel）等人成为知交好友①；最重要的是，我认识了英国哲学家斯图亚特·汉普希尔（Stuart Hampshire）②，因为我第一次写了篇关于政治义务的规范性文章，在普林斯顿演讲，便受到了他莫大的激励。他认为我应该多写一些规范性政治理论，而这篇论文最后收录在了我那部关于政治义务的文集里③。在校内，一伙与我熟识的哲学家成立了一个社团，简称"自我"（SELF），实即"伦理与法哲学学社"（Society for Ethical and Legal Philosophy）。其成员除诺齐克、斯坎伦、纳格尔之外，还有罗尔斯、罗纳德·德沃金（Ronald Dworkin）、哈佛法学院的查尔斯·费瑞德（Charles Fried）、耶鲁法学院的欧文·费斯（Owen M. Fiss），以及朱迪斯·贾维斯·汤姆逊（Judith Jarvis Thomson）——当时社团中唯一的女性思想家④。许多年里，成员们规律性地聚谈，阅读并讨论彼此新著的论文，有时在麻省剑桥，有时则在纽约市。诚如你所说，我之前只接受过历史学训练，所以这一经历可以说是我的哲学教育了。我那篇关于"肮脏的手"理论的文章，便是此时此地形成的⑤，而之后《正义与非正义战争》中的主要论文也是此时初具规模的，并且在这一组织中得到了充分讨论⑥。也同是这一帮学者，最早创立了《哲学与公共事务》（*Philosophy and Public*

---

① 罗伯特·诺齐克（1938—2002），美国哲学家，著有《哲学解释》（*Philosophical Explanation*s. Cambridge, MA: Harvard University Press, 1981）、《无政府、国家与乌托邦》（*Anarchy, State, and Utopia*. New York: Basic Books, 1974）。托马斯·迈克尔·斯坎伦（1940— ），美国哲学家，著有《我们彼此负有什么义务》（*What We Owe to Each Other*. Cambridge, MA: Belknap Press of Harvard University Press, 1998）。托马斯·纳格尔（1937— ），美国心灵、伦理、政治哲学家，代表作为《作一只蝙蝠会怎样?》（"What Is It Like to Be a Bat?", *The Philosophical Review*, Vol. 83, No. 4. Oct., 1974）。

② 斯图亚特·牛顿·汉普希尔爵士（1914—2004），英国哲学家、文学批评家。

③ Michael Walzer. *Obligations: Essays on Disobedience, War and Citizenship*. Cambridge, MA: Harvard University Press, 1970.

④ 罗纳德·德沃金（1931—2013），美国哲学家、宪法学专家。查尔斯·费瑞德（1935— ），美国法学家，1985—1989年里根总统任期内任司法部副部长。欧文·费斯（1938— ），美国法学家。朱迪斯·贾维斯·汤姆逊（1929— ），美国伦理学家。

⑤ Michael Walzer. "Political Action: The Problem of Dirty Hands", *Philosophy and Public Affairs* 2, 1973, pp. 160-180; *War and Moral Responsibility*, edited by Marshall Cohen, Thomas Nagel, and Thomas Scanlon, Princeton: Princeton University Press, 1974; *Torture: A Collection,* edited by Sanford Levinson, New York: Oxford University Press, 2004.

⑥ Michael Walzer. *Just and Unjust Wars*. New York: Basic Books, 1977.

Affairs）这一学术刊物①，所以这本杂志可以算作"自我"的一种具象衍伸。而在"自我"（SELF）内部，我们也流传另一种社团名称的解读，即"消灭糟糕哲学家学社"（Society for the Elimination of the Lousy Philosophers）。但是尽管"自我"为我提供了哲学教育和训练，我似乎一直处于边缘，因为我不能像其他专业哲学家一样轻而易举地使用那些奇怪的"假设"。我使用的是历史的例证，但这并非不是另一种哲学创作。

李汉松： 您适才提及了《正义与非正义战争》这一部书，正切中了我如下要就正义战争理论提出的若干问题。首先，不妨回顾探讨一下正义战争思想的谱系。您曾高度评价萨拉曼卡学者们的道德操守和政治勇气，因为他们为实践自己提出的自然法学说，在西班牙帝国侵吞中美洲时，毅然挺身而出，毫不隐讳。哪怕是在语言和修辞层面上维护正义，也是思想家所能尽的一份社会责任。时间推移至 20 世纪，您和其他学者，如法学史家彼得·哈根马赫（Peter Haggenmacher）②、国际关系学者赫德利·布尔（Hedley Bull）③、思想史家理查德·塔克等，以不同视角重新诠释了苏亚雷斯（Francisco Suárez）、詹蒂利、格劳秀斯和普芬多夫（Samuel Pufendorf）。在 20 世纪这一正义战争学术复兴过程中，您并非文艺复兴和近代早期思想史专家，但为何在正义战争思想史中扮演了此种角色？

沃尔泽： 对话伊始我说过，"二战"对于绝对的和平主义而言，是最好的一剂免疫药。我下一段政治活跃期是 1967—1968 年的反战运动。在"越南之夏"（Vietnam Summer）④，我再度成为"剑桥社区越南事务委员会"（Cambridge Neighbourhood Committee on Vietnam）的联合主席。这一运动是隶属于全国"学生争取民主社会"（Students for a Democratic Society: SDS）下的一个项目，其目的是通过社区组织扩展反战联盟。我奔徙于全美国各地，宣讲战争之弊。但很快，以色列先发制人轰炸了埃及。那时，

---

① 《哲学与公共事务》系美国季度学术期刊，约翰威立出版社刊行。上世纪 70 年代创刊，开启哲学家参与时政之风气。

② 彼得·哈根马赫（1944— ），匈牙利裔瑞士、德国、法国学者，当代战争法学史家，著有《格劳秀斯与正义战争理论》（*Grotius et la doctrine de la guerre juste*. Genève: Presses Universitaires de France, publications de l'Institut Universitaire de Hautes Études Internationales Genève, 1983）。

③ 赫德利·布尔（1932—1985），澳大利亚裔英国国际关系学者，牛津大学教授。

④ "越南之夏"，1967 年夏季前后，美国民意明显转向反对越战之时，弗吉尼亚等地成立"越南之夏计划"（Vietnam Summer Project）等，林肯纪念堂与五角大楼前亦爆发抗议游行。后于 1968 年"新春攻势"后演化为全美反战运动。

我忽然开始一边谴责一场战争，一边为另一场战争辩护。这迫使我思考：为何存在这种区别？我所宣扬的观点究竟具有何种真实的理论合理性，又该如何论证？鉴于我并未自我发明出一种全新理论，而是借用了早就存在的一套政治语言体系，而最初创造这一体系的竟然是一些天主教神学家。如此，我决定撰写正义战争理论。我曾读过阿奎那和西班牙多米尼神学家，包括苏亚雷斯，当然还有他们中最出色的弗朗西斯科·维多利亚，在这一意义上，我是和天主教徒共同为学的。其中一些人极具勇气，竟在学术会议上公开投票，判定西班牙侵略中美洲之诸般行径违反了自然法，确令人钦佩。除维多利亚之外，我还读了格劳秀斯和零星一些普芬多夫。在很多层面更加重要的是，我花费了许多年钻研战争史，而如今整日张口闭口谈正义战的哲学家们多数未经过这种训练。读过战争史后，我还找来了以战争为题的小说和回忆录，并且亲自与老兵交谈。我认识的退伍军人大多曾于朝鲜半岛服役。终于，我写了《正义与非正义战争》。该书出版三个月后，西点军校的一群教员指定它为必修课本，这令我的出版商惊喜非常，而令我十分震惊。我访问了西点，并且与那些阅读它的教授们座谈，发现他们也全部都在越南服过役，且无一不为此经历震撼而气沮。其中一些人同意我的论点，其他人并不同意，但所有人一致认为，年轻军官必须思考该书提出的问题。后来，我会定期返回西点，而该书也取得了我其他所有专著加起来的销售量，而我受邀讲座的题目中，绝大部分也与战争和平相关。人们说这是一部正义战争的理论。我想或许确然如此。事实上，这只是为我 1967 年一边谴责发动越南战争，一边又为以色列辩护，这一看似矛盾的立场辩护罢了。

李汉松：不得不说，这段话是思想史家阐释自己语言及行为介入的一次绝佳的思想史实践。但我仍必须要问：作为双料"反和平主义者"和"反现实主义者"，与近世欧洲自然法家相比，您是否只有对战争具象正义性的思考，而没有以和平为主导的理论？古希腊城邦纷争不断，但时人也提出了若非无法实现，便是从未被实现的"共同和平"（Κοινὴ Εἰρήνη）这一概念[①]。1773 年圣皮埃尔（L'abbé de Saint-Pierre）曾著《永恒和平之构想》（le Projet de paix perpétuelle），卢梭为之评述。继而，康德

---

① Marcus N. Tod; R. P. Austin. "Athens and the Satraps' Revolt", *The Journal of Hellenic Studies*, Vol. 64, n. 100, Nov. 1944, pp. 98-100.

于 1795 年在《向着永恒和平：一个哲学构想》(*Zum ewigen Frieden: Ein philosophischer Entwurf*) 中为和平本身勾勒出线条①。这一思想传统在 20 世纪亦有各式各样的接收，从罗尔斯到哈贝马斯。于您而言，是否有一种时间上永恒，地域上世界主义的和平哲学？抑或，和平本身只是成功引导国际关系秩序、贯彻国际行为原则的结果，而非目的？而这种严格调控国际相互活动的过程，无可避免地会被战争间歇性地隔断？当然，如果您这样想，也与许多传统正义战争理论家不谋而合。

沃尔泽：我对国际社会的构想是多元的。尽管我不认为民族国家是政治存在的核心形式，我们不得不承认它是我们所处年代的基本政治模式。到目前为止，它是唯一能够容许进步的、社会民主政治的一种空间。与此同时，国家也是唯一能保障人身安全，提供教育、福利和经济管理的作用者。所以，如果我确实有一种广义上的和平理论，它只能是这些政治实体在合理管制之下形成的合法互动而已。我当然诚挚地盼望这一互动区间不被暴力冲突相间隔。事实上，我认为在过去的数十年中，绝大多数人类的暴力来源于失败的国家内部，而非国家之间。在许多场合，我都曾辩论，对目前国际大灾难最直接的良药，就是全面完成国家系统：创造出一个由优良国家组成的系统，而优良的标准无外乎是达到服务于人民的标准。我们还须为那些无国之民提供国家，譬如目前的巴勒斯坦人。最后，或许可以找到一些创意性的解决方式，为苏格兰、加泰隆尼亚等民族提供非主权形式的自治权。原则上，我相信集体自决。但在前述两种具体情况内，在多年经济纠葛和合作之后，加泰主权会使得西班牙其他地区损失惨重。我因此主张寻求其他途径，即便无法满足主权的全部要求，也能为那些追求独立的人解决眼前的难题。

李汉松：我必须对此蓝图提出另一质疑：您"让国际社会接受正义管制"的愿景，和"世界秩序总停在一强权力量督察之下才能正义地管控战争与和平"这一观察之间，如何取得平衡？霸权或许是良性的，未必是帝国主义式的，但仍行霸道，毋庸置疑。古希腊各地方联盟称霸，终以马

---

① Gustave de Molinari, 1819-1912. *L'abbé de Saint-Pierre, membre exclu de l'Académie française, sa vie et ses œuvres, précédées d'une appréciation et d'un précis historique de l'idée de la paix perpétuelle, suivies du jugement de Rousseau sur le projet de paix perpétuelle et la polysynodie ainsi que du projet attribué à Henri IV, et du plan d'Emmanuel Kant pour rendre la paix universelle, etc.* Paris: Guillaumin et cie, 1857.

其顿帝国压制城邦收场，而罗马"万民法"（ius gentium）的大前提便是帝国武力压制下的"罗马式和平"（Pax Romana）。此后"西班牙式和平"（Pax Hispanica）、"不列颠式和平"（Pax Britannica）陆续登场，数次试图建立"德式和平"（Pax germanica）秩序的企图差强人意。时至今日，我们生活在蔓延全球边角的"美利坚式和平"（Pax Americana）之下。试问"中式和平"（Pax Sinica）有何不可？喜马拉雅山脊对面的朋友即使不像沙希·塔鲁尔（Shashi Tharoor）先生一样心急①，过早写出《印度式和平》（Pax Indica）一书，也注定会在三十年后思考这一概念。您是否认为从自然法传统流传至今的战争管制理念——从战前法（ius ad bellum）、战时法（ius in bello）到战后法（ius post bellum）这一整个体系——在前提上假设一个多多少少相互均等的民族国家系统？在理论上，国家行为中的自治和自由如何与国际正义（若非更大意义上的普世主义）的要求相互协调？

沃尔泽：是的，这当然极为困难。可以说，作为一个多元的秩序，国际社会同时也是一个明显不均等的秩序。这体现在经济和政治影响力上，而这二者并非绑定在一起的元素，因为你知道，有些强势的经济体，譬如迷你城邦新加坡，尽管社会繁荣，但政治力量无法支撑霸权。既知国际社会体系不平等，我们被迫思考更强大、更富裕的国家在其中实际和应当扮演的角色。很明显，我们不应为了达到理论上的全球平等，要求中美两国各自分裂成若干小国。因此，过去左派称作帝国主义，或者近乎左派人士叫作霸权主义的国家，在现实中应尽的作用，该是我们思考的主要对象。如你所说，霸权主义与帝国主义的确是两种不同的控制模式。我曾撰文提出：视美国为霸权国家比称之为帝国主义国家更为准确。不论如何，一定程度上"帝国式"的国家也负有更多责任，并且需要来自内部和外部的批评声音。有了问责程序，它们才会履行这些附加的责任。与此同时，它们也应得到一些荣誉，譬如美国在战胜纳粹德国和博弈斯大林苏联中起到的莫大作用。但褒奖这些国家的成就，不代表认可它们驾驭其他国家的优先职权。你必须平衡国与国之间明显的不平等，和对以正义之名提出批评的需求。我近来在《异议》杂志中读到了一篇文章，关于美国在全球设置的八百多个军事基地。这是一个标准的左派意见，每几周或几个

---

① Shashi Tharoor. *Pax Indica: India and the World of the Twenty-First Century*. New Delhi: Allen Lane, 2012.

月便会在某个左派媒体上重新看到，即：这些军事基地是压迫和帝国管控的工具。但就美国与世界的接触方式而言，最令我讶异的，却是它的无能。一个经典的案例是伊拉克战争（我当时强烈反对出兵）之后，美国政府在2005年末组织了一次总统竞选，结果美国扶持的候选人票数第三。这一结果在帝国主义史上是破天荒的。伊拉克战争在其他方面也印证了美国欲辐射霸权而力不足这一事实。譬如，布什政府许多成员——譬如副总统迪克·切尼（Dick Cheney）、国防部长唐纳德·拉姆斯菲尔德（Donald Rumsfeld）——他们的初衷与心态无疑是帝国主义的，但是他们的能力欠缺一个档次。他们想从北部入侵伊拉克，但土耳其人干脆地说"不"。当时美国在土耳其军事基地甚多，名义上保护他们以防俄罗斯入侵。就在这种政治环境下，土耳其人还是说了"不"，而布什政府哑口无言，无能为力。后来我们如约"攻克"了伊拉克，却完全不知如何应对逊尼派和什叶派民兵武装力量的骚扰。我们试图重建秩序，在枪杆子下安排了公投，而受我们保护的傀儡候选人却屈居第三。我想公允地说：美国有许多可批评之处不假，但这八百多个军事基地，虽有些不该存在，并非全部目前都该移除。我称之"区别的政治"（politics of distinction）。你必须在一处放行，另一处拒绝，采纳并坚守一整套原则，并依次做出选择和判断，争取是非分明。所以，我很遗憾无力构想出一个庞大的理论，以求协调国际社会的不平等性和国际正义的需求。但我一直鼓吹的立场是一种渐进式、批判式的，对大国既肯定也否定的方法。

李汉松：我确实认为这种"区分的艺术"（art of distinction）在一定程度上回答了此问。在美国当前的社会形势下，为区分对待不同时间、空间而辩护愈显罕见。严谨对待表象问题之下更深层次的背景与条件，常常会遭到肤浅的道义指责，承受极大压力。但无论如何，这是思想史学者的社会职责所在，是个不能放弃的阵地。既然我们仍在讨论战争和"区别的政治"，我想请问：在正义战争理论的层面上，内战与国际战争存在多大差异？近来许多学者，如莱斯利·格林（Leslie Green）之《当代武装冲突法》[①]，似欲刻意模糊化二者之间的边界，并将同样的正义原则付诸二者之中。试问，主权政治空间之内与共和国之间的冲突，应当如何有区分性，

---

① Leslie Green. *The Contemporary Law of Armed Conflict*. Manchester: Manchester University Press, 2000.

又有统一性地检验?

沃尔泽：首先，即使是在传统战争中，这二者之间的边界线也一向不甚明朗，因为多数情况下，内战都会涉及境外势力的介入。另外，国家解放战争与反帝国主义纠葛不清，譬如法国在非洲当地战争中扮演的角色。所以，我相信在军事接触规则、平民与武装之区分等问题上，内战与世界大战并无区别，但在内战中无疑面临更大挑战，因为国家内部的冲突更多地牵扯平民。一个简单的例子是那些美国民兵，他们手持火枪冲出家门，未及穿戴军装便已上了战场。所以，涉及管制士兵如何与不穿军装、躲藏在其他平民中的敌人作战，则要求正义战理论做出一定的调整。

李汉松：或许"非对称战争"（asymmetric warfare）最迫切需要正义战学者做出理论上的革新。

沃尔泽：我确实认为我们此刻最需要省思的战争形式是"非对称战争"，甚至比内战更加迫切。这是高科技军队和低科技叛军武装之间的冲突，越南、阿富汗、塔利班皆是早期的案例。我写过许多文章探讨这其中的最大问题，即：我们应该要求"高科技士兵"承担多大的风险，以求缩减他们强加于敌方阵营中平民的风险？这在美国和以色列军队内部是一大辩论题目，或许在所有北约国家军队中亦是如此。客观事实是，高科技军队往往无法取得胜利。其中原因之一就是过高的平民伤亡率导致他们在军政双刃战中失去当地人的政治民心。如果我猜得不错，你也会问我牛津大学那一批正义战理论修正主义者？

李汉松：何不谈谈您对修正主义者最新的看法？数年之间，涌现出许多挑战者，譬如杰夫·麦克马汉（Jeff McMahan）、塞西尔·法布雷（Cécile Fabre）等[①]，都参与到战争伦理的辩论中来，这是一个奇异的现象。

沃尔泽：我在最新版《正义与非正义战争》末尾附加了一段回应，陈述了自己的基本观点。但对你所说的现象，我仍感纳罕。在我的学生时代，逢哲学家必谈死刑、预防、威慑、报复等伦理疑难。接下来，研究生们忽然开始研究堕胎。如今，似乎年轻学者们非要议论在战争中孰人可杀。他们对待这一问题与其他问题无异，当作一种纯粹学术的思辨，不需要任何军事方面的知识，也未将战争真正视为一种人类的体验和活动。所

---

① 杰夫·麦克马汉（1954— ），美国学者，牛津大学哲学系教授，基督圣体学院研究员；塞西尔·法布雷（1971— ），法裔英国学者，牛津大学哲学系教授、万灵学院研究员。

以多年以后，我对正义战理论的修正主义者仍无同情可言。

李汉松：这些看似轻巧的辩论一旦挪移到战场上，都极其冷峻残酷。以非对称战争为例，不但武器非对称，连我们对士兵伦理道德的要求也非对称，毕竟对手无须高举道义大旗。由此产生的损失，只能以性命计算。总结您适才所说，从越南到科索沃、阿富汗、伊拉克、利比亚和叙利亚，您是否认为如今最大的军事挑战是科技差异带来的风险不对等？

沃尔泽：是的，军事任务本身就涵带风险，而我们却要求士兵为了避免平民伤亡，再去增添更多风险。我确实认为这有必要，但至于具体应当多少，便无可建议了。在前线，许多艰难的决策压力都落在了二十四岁上下的年轻军官肩上。我们正因此需要训练他们做出这些判断。

李汉松：离开战争区域，我想与您探讨左派政治与国际主义，这仍然涉及国内和国际空间的复杂关系。其中外交这一角度，您在《左派的外交政策》（*A Foreign Policy for the Left*）一书中已然详述。如今的美国"左派"不擅外交，并无完整连贯的外交策略，这一点从伯尼·桑德斯（Bernie Sanders）2016 年严重依赖图西·嘉巴德（Tulsi Gabbard）替他谈外交即可看出，而后者仅停留在叙述个人经历，谴责发动政变而已。另一纬度的挑战则更为细腻：在如今"没有理由相信国际工人阶级足以成为一股国际驱动力量"的低潮时代[①]，各国工人之间的经济关系如何界定，又该如何"联合"？当我与美国左派政党、工会、大众组织领袖交谈时，他们都被迫承认与自己的工人探讨"国际工人团结"十分吃力，且愈加严峻。因为在当今所谓"民粹时代"，民族国家中的"左派"对其他国家的工人愈加怀疑，普遍认为发展中国家的廉价劳动力影响到了他们自己工作的数量、安全和待遇。教育美国制造业工人与中国、越南和墨西哥工人联谊，是工会不愿伸手的难事。在理论层面上，我的问题是：在外交与工人运动这两个视角下，国际主义对于如今的左派有何意义？具有讽刺意味的是，在资本日趋国际化的全球时代，我们曾经口中的"国际"左派已经不再国际了，甚至最为本土主义，而进步工人在国际问题上也渐行保守，不是吗？

沃尔泽：如果你与其他一些"工会知识分子"交谈，他们有些人却与你意见不同，反倒认为如今国际工人之间仍有共同利益可言。譬如：墨西哥工人提高工资和购买力，增加墨西哥本地消费需求，综合强化墨西哥经

---

① Michael Walzer. *A Foreign Policy for the Left*. New Haven: Yale University Press, 2018, p. 99.

济，如此便会更少地吸引美国企业将工厂移出美国，也就保存了更多美国就业。这些人由此认为：北美自由贸易协定（NAFTA）迫使墨西哥人承认独立工会，此举对墨西哥和美国工人都有好处。我想他们会套用同一理论形容中美工人关系。这或许能成为一种团结的基础。我想说的是，20 世纪10—20 年代的工人运动反移民情绪浓厚，恰恰是因为当时美国本土工人认为移民抢夺了他们的工作。事实上，在一个扩张的经济中，这是不正确的，现如今我们倘若从南美输入许多移民，这种事也不会发生，因为这些廉价劳力会最先填补美国人不愿做的工作。相反，经济继续增长。我们此后应多谈论移民问题，因为我最近在撰写相关文章。我认为当今的劳工运动并非是反移民的，因为他们视移民为最易组织的工人群体。

李汉松：您既然从国际工运谈到了移民问题，与此密切相关的是所谓的"身份政治"（identitarian politics）问题。这是学者马克·匈雅提（Mark Hunyadi）在《排除的艺术：对迈克尔·沃尔泽的批判》中对您提出的主要异议[①]。您或许已经厌倦了该书。我也必须承认，法语作家对您的论述并不易理解，因为他们套用自己的政治语言，思考的出发点也截然不同。

沃尔泽：实际上，我仅听说过那本书，它就放在我的书架上，但我从未读过。

李汉松：他的批评是：您对集体社会成员共同享有和投入责任时所需要的"社会考量"，不足以形成"社会亲近感"（affinité sociale）。他认为：这一所谓的理论缺憾导致了一种"身份同等主义"（paralogisme identitaire），具体显现于我们无力解决多元文化冲突的诸多难题。简而述之，许多学者认为您的传统理论对当今民主自由政体中的多重身份危机束手无策。这也可以重新既历史性又规范性地表述为：民主政体曾经如何，又应当如何看待身份问题？

沃尔泽：请让我们首先将身份政治认定为一种"隔绝的人群试图进入公共界域"的政治诉求。在 19 世纪的美国，许多移民群体，包括我的犹太祖父母，都倡导一种以移民组织为核心的政治，它强调身份，但必须要求包容与预流。你以犹太人身份战斗，彼此之间讲意第绪语（Yiddish），为一个单独的文化辩护，但你也迫切希望做美国公民。最早期的多元主义

---

① Mark Hunyadi. *L'art de l'exclusion : une critique de Michael Walzer*. Paris: Cerf, 2000.

者，例如我心目中的英雄霍勒斯·卡伦（Horace Kallen）①——他是美国最早的多元主义理论家之一——希望文化自主与政治经济融合二者兼得。如此，我们都是公民，参与共同的政治，也作为同一市场的经济行为者。但与此同时，我们也拥有任何程度上属于自己的文化社会，譬如儿童课内和课外的学校、报纸与杂志。这大约是我对多元民主社会应当如何运转的基本设想。它应该做到容纳各种文化身份，也必须在政治和经济上融为一体。对于美国这种多民族社会，公民意识应该是起定义作用的共同身份认同。必须承认，一旦这些群体形成之后，政治家可以介入，开始肆意摘选，此举无疑十分危险，但我并不确定最佳的防范举措是否定这一系统本身。鉴于我作为思想史学者，无法纯粹抽象思考，请容许我列举一二历史例证。在上个世纪 60 年代的民权运动期间，马丁·路德·金等浸信会牧师们唤起了一种宗教概念。对于他们而言，这主要是《出埃及记》：这些黑人公民正像古代以色列人一样向着自由进发。在一定程度内，他们也采用了基督教的一些叙述。

李汉松：这是使用圣经叙述传达政治讯号的典例。您在《出埃及与革命》一书中曾精彩地梳理过这一角度的思想史②。

沃尔泽：这些圣经式寓典有政治用途，所以他们也有意识地将宗教应用于政治。他们倾服于一个联盟，并坚信民权运动是一种吸引普通美国民众的社会运动——毕竟《独立宣言》声称人人生而平等。但时过不久，在 60 年代某个阶段，产生了一股倾向以黑人民族主义者替代浸信会牧师的政治涌流，而这一企图取得了局部成功。这种政治情绪是显白的民族主义。它其中一些表现形式非常愚蠢，譬如穿着制服，手持枪杆，大跨步迈过旧金山市区。但追根究底，这终非联盟政治（coalition politics）。当我这样的人仅因为白皮肤便被排斥于民权运动之外时，我们的第一反应是："无论如何，你们是受压迫、受歧视、受苦受难的人，所以这政治运动属于你们，理应由你们自己作出决定。"但不得不说，此举挫败了其本身的政治意义。少数族裔不可能以一种激进的身份主义、民族国家主义形态存活，因为所有少数者都需要友军。犹太人多年前已领悟到这一事实。我个人认为如今的民主党确在拉拢所有身份：从女权主义到黑人民权，再到南美移民；从

---

① 霍勒斯·卡伦（1882—1974），波兰裔美国犹太哲学家，提倡多元文化主义。

② Michael Walzer. *Exodus and Revolution*. New York: Basic Books, 1985.

残障人士到各种性别群体。一定程度上，这种兼容杂烩可以称得上是某种"普世"的政治，但与此同时，它不"普适"于那些被遗留在联盟团体之外的人，尤其对境况最差的美国人，甚至是一种冒犯。当代民族或民粹主义的高涨气焰似乎便是"脆弱者的政治"（politics of the vulnerable）在煽风点火，即那些恐慌自己正在被他人取代之人。因此，左派必须正视这一问题，也必须找到与此类人对话的合理途径。与此同时，在性别平等、黑人民权等原则问题上，也不能听之任之，让至一旁。总而言之，这是一种"平衡的政治"。就此议题，我不久前读过耶勒·塔米尔（Yuli Tamir）的一部书①。你是否认识她？

李汉松：是的，她是以赛亚·伯林的高足。

沃尔泽：她在伯林的指导下写出了《自由民族主义》这部博士学位论文，出版成书，近日又写了《为何民族主义？》②。后者虽称不上鸿篇巨制，也是一部我们时代的经典专著了。她辩称在多元主义和移民危机等棘手的问题上，我们必须找到一种方法劝说民众：我们理解人人皆希求家园，我们理解共同生活、语言和土地具有强大的吸引力。这些我们都清楚，但是同时，我们也必须保障一定程度对外界思想观念的开放态度。这是一架必须平衡的天平，对当今政治至关重要。

李汉松：这一棘手问题的另一表现形式是宗教与世俗主义之纷争。您在现代以色列、印度和阿尔及利亚历史中发现一条规律，即：世俗民族主义运动浪潮过后，紧接着的却是宗教保守主义的回流，因为从国外势力之爪牙中解脱出来仅是第一步，而真正的解放须从国家内部实现。而国家旧社会固有之势力犬牙交错，在第一阶段斗争胜利后，它们或处于停滞状态，或抱着怀旧态度回望过往，以寻求建设未来国家之灵感。您甘愿冒着被批判为"美国特殊论者"的危险，提出美国建国初期至今，尚未完全陷入这一规律。我想我们二人都同意，这种说法并不绝对，至多只能说美国历史在很长一段时间内，在一定程度上避免了这种极端回流。而所有人都知道，美国不完全的世俗主义与法国式的世俗主义完全不同。但世人都会质疑您：过去五至十年，美国经历了宗教复兴与民粹主义的某种合流，而

---

① 耶勒·塔米尔（1954— ），以色列学者、政治家。

② Yuli Tamir. *Liberal Nationalism*. Princeton: Princeton University Press, 1995; *Why Nationalism?*. Princeton: Princeton University Press, 2019.

这一现象在欧洲大陆若干共和国也可察觉得到。不知此等趋势是否使您反思《解放的悖论》是否存在悖论[①]？尽管解放本身不依赖世俗主义，但它怎能保障不被政治化的神学阻碍？我们如何能继续确信，目前的"解放"工程仍在渐行向前，而非如孟德斯鸠形容的那样，潮起潮落，猛浪疾回？

沃尔泽：在历史上，美国世俗主义的成功与美国新教主义密切相关，这或许是它实际上的"特殊"之一。当新教徒抵达美洲后，他们开始严重分化，所以不可能有任何一个具体的教派能够维护一个以宗教为基础的强权政府。之所以这样，完全是因为这些宗教流派本身便四分五裂，支离破碎，故而也绝不希望任何另一支派系掌握政治的生杀大权。在你提到的那本书中，我最喜爱的例证是"礼拜日邮递"，此规定竟获得了福音派新教徒的强烈支持。其中根本的道理是：国家不能承认一个宗教意义上的休息日。但诚如你所说，时至今日，这种新教主义明显已经历了翻天覆地的变化。事实上，我想如今显现在世人面前的这些负面成分，从一开始就已经存在，只是在18、19世纪的历史环境之下并未突显出来而已。许多黑人浸信会牧师为种族平等而战，但他们强烈谴责对同性婚姻的任何形式的妥协。可以说在许多方面，性别在美国初期没有升至议事日程，而这使新教主义得以扮演重要的解放性角色。你很清楚，我目前在号召一种与宗教传统的"批判性接触"，其目的是创造出一种政治空间。在其中，并不教条主义的世俗主义者和并不过分正统主义的宗教信仰者可以互相对话，彼此尊重。但这必须从我们世俗一边发起，因为沟通伊始，便须尊重传统和那些全心投入传统的民众。我曾领衔编辑的《犹太政治传统》便是类似的一种努力[②]。

李汉松：不拱手将任一道统让予它保守主义的捍卫者。

沃尔泽：正是如此。请允许我再次声明，这一观点亦适用于解决身份政治的难题。这种接触必须是批判性的。譬如，近乎所有宗教教派都将女性划入从属地位，这种隶属关系非批评不可。但你也必须挖掘这一传统内部偏向平等主义的另一些论据，用以抵抗那些糟粕的主流意见。无论如

[①] Michael Walzer. *The Paradox of Liberation: Secular Revolutions and Religious Counterrevolutions.* New Haven: Yale University Press, 2015.

[②] Michael Walzer; Menachem Lorberbaum; Noam J. Zohar (eds); Yair Lorberbaum (co-ed). *The Jewish Political Tradition.* vol. Ⅰ-Ⅲ. New Haven: Yale University Press, 2000.

何，起码在犹太人群中，《圣经》声称所有人——包括男人和女人——都是依照神的形象所造。我通常说：人人皆依神象所造，此事属实，不管上帝是否存在！

李汉松：就普世化地衍伸宗教教义而言，此语堪称典例。回归到您的犹太政治传统研究，我想请您点出一个犹太思想史中最重要的历史时刻：19—20世纪犹太思想家所面临的最棘手的理论难题是什么，它又浮现于哪些具象的症结上？

沃尔泽：我认为追溯德国"内部改革"和"新建犹太国"这两种思潮的争鸣史至关重要。譬如，早期德国改良主义者赫尔曼·柯亨（Hermann Cohen）[1] 对复国论持批判态度。而马丁·布伯（Martin Buber）和阿哈德·哈姆（Ahad Ha'am）则强调建国，但他们的愿景也各有不同[2]。

李汉松：相比弗朗茨·罗森茨威格（Franz Rosenzweig）和列奥·施特劳斯的双重迷雾，您所代表的犹太思想史立场显得简洁明朗得多。

沃尔泽：我必须承认，释读罗森茨威格困难重重。

李汉松：对所有思想史家而言，《救赎之星》都非刻苦钻研不能理解。[3]

沃尔泽：罗森茨威格曾在作品中提出一种理论，在许多极端正统"哈雷迪"犹太思想（חֲרֵדִי）中都以不同版本有所体现，即：犹太人"太过良善"，而这种民族优越性与"主权"概念难相匹配。换句话说，犹太人不具备建造主权国家必须有的残暴性。拉夫·库克（Rav Kook），20世纪极端正统的犹太领袖之一，也曾做过类似的论述。库克说：根本上，除非"锡安"（צִיּוֹן）降临人间，直至普世和平到来之前，犹太人将注定无法拥有一座城邦，因为我们不够残忍。我一贯的观点是，首先，这种玄之又玄的论调显然无法实证。第二，即便如此，恐怕也无法解答19—20世纪以来笼罩欧洲的"犹太问题"。

至于施特劳斯，我一直与施派多有磕绊。想必你在哈佛熟识哈维·曼斯菲尔德？其实，他与我同年受聘于哈佛。当时政府系沿着左派与右派政治立场的明确界线分为两派，在他与我二人之间聘用谁这一问题上犹豫不

---

① 赫尔曼·柯亨（1842—1918），德国犹太裔改良派、新康德主义哲学家。

② 马丁·布伯（1878—1965），奥地利裔以色列犹太哲学家、翻译家、教育家。阿哈德·哈姆（1856—1927），原名亚设·泽维·金斯伯格（Asher Zvi Ginsberg），犹太作家、政论家和哲学家。二者皆为复国主义者。

③ Franz Rosenzweig. *Der Stern der Erlösung*. Frankfurt am Main: J. Kauffmann, 1921.

决。那些年，遇到这种争论，最直截了当的方法就是面见院长，索要额外经费，多增加一个教职岗位，以为两全之法。院长竟一口答应，为我二人同时寄来了聘书。此后，我们对彼此相敬如宾。他的学生不仅自愿随我学习，还被明确要求来听我的课，其中一二人甚至成为挚友。但更多时候，他们以一种既礼敬有加又居高临下的态度对待我：礼敬有加，是因为我是位教授，而这些人信仰等级森严；居高临下，则是因为我"未能掌握真理"。所以，这通常是一种尴尬而棘手的教学关系。

李汉松：许多施派青年的确过早地自认为获取了隐微智慧，所以居高临下地对"学者"们施舍怜悯。这令我想到左翼思想阵营一件平行案例，或可与之比对。穆伊什·普斯通在芝加哥大学教授漫长的《资本论》研讨课时，许多以国际革命为己任的旁听者也对他们的老师礼敬有加、居高临下。礼敬有加，因为普斯通毕竟与法兰克福学派格奥尔格·卢卡奇、迪奥多·阿多诺和麦克斯·霍克海默星火传承。居高临下，因为他不愿承认瞬时革命的潜力一直存在，并将横扫世界金融资本中心；也未意识到罗莎·卢森堡和列宁其实志趣无异，都向往德俄革命蔓延至西欧，只是二人终于鞠躬尽瘁，一先一后而已。

沃尔泽：这很有意思。我当然认识普斯通，但之前并不知道你所说这群学生的这种心态。

李汉松：最后，我想对您整体学术思想提一总结概括性问题：您的分配性正义与正义战争理论之间，是否应当统一而述？如果是，当如何统一？您最冀望读者如何在二者之上建立一个完整的正义论体系？

沃尔泽：是的，你这一重要的问题与我在"伦理与法哲学学社"那些偏爱《正义与非正义战争》而不喜《正义诸界域》的旧友们提出的责难可谓同出一辙，近乎完全吻合。我现在的回应是：既然战争跨越文化、宗教和政治的疆域线，那么它的规则、义务和道德也必须对边界双方都存在意义，并可以被相互理解。这是一种普世的理解，但注定以不同的语言和文化呈现。譬如，"战争必须是战斗人员之间的武力角逐，而应对非战斗人员建立保护屏障"这一观点，在每个宗教传统和高等文明中都有所体现，尽管语言表达迥然不同。它可以理解为审慎明智之美德，也可解读为功利主义、天主教自然法等思想体系，甚至是各种神谕启示。我一贯主张：如何辩护它无关紧要，只要它为众人普遍接受即可。但如果你思考分配正义问题，被分配的社会产品也必须对那些创造、需求它们的人具有实质意义，而这些社会产品在不同社会中的意义，自然不尽相同。我们毫无选择，非严谨地琢磨这些意义不可。理论上而言，如果我们有朝一日创造出一个全球政治经济共同体，随之而来的便是一套全球性的分配正义论。其中原因简单明了：在不断的受分配过程中，这些产品的意义会随着时间推移愈渐普遍化。我一直使用的例子是历史上"治愈身体"与"治愈灵魂"之别。对中古时代的基督徒而言，治愈灵魂至关重要，所以这种"产品"被社会化了：筹集税款、兴建教区与教堂、参加教会圣餐礼，缺一不可。凡此种种，皆为治愈灵魂。此后，经过长时期文化演变，对绝大多数人而言，长寿逐渐显得比永生更加重要。不知不觉间，我们开始私有化灵魂的补剂，而社会化生理的药剂。目前，药品的公共社会化在美国进行得并不完全，但是在其他众多国家都相当彻底。你并不能说：中古社会对治愈灵魂提供的给养、规定的条款都是非正义的，因为在当时的语境中，救赎灵魂的确是第一要务。但现在我们也同样有充足的文化与道德理由，要求创造一个均等的治疗身体的体系，即社会医疗保障体系。

李汉松：您在对那些既指责您普世主义，又抨击您相对主义的人提出一个完整的答案。

沃尔泽：是的，欲研究所分配产品的具体意义，则须践行相对主义；但明令要求"重视所分配产品意义"，理应是普遍原则。

民主・主权・脱欧

——对话理查德・塔克 [1]

本文结合思想史中的"双重契约""民主主权"观念，探讨英国脱欧风云中凸显出的政治理论疑难。对话着重剖析了"国际主义"的多面性，探索了宪法框架和民众选择之间的张力。从全球化批判到国家主权，再回归到国际治理，政治理论与思想史家理查德・塔克与作者谈及近代欧洲的自然法思想传统，尤其是格劳秀斯作品中的社会性因素。对话末尾强调了政治思想史研究方法的多元性、包容性和开放性。

理查德・塔克（Richard Tuck），生于 1949 年，英国政治理论家、思想史家，近代早期自然法、契约和主权理论等研究领域的开拓者，近年亦以"左翼脱欧"主张见闻于时政。塔克融通霍布斯、普芬多夫、卢梭、康德、马克思的洞见，为"沉睡的主权"提供理论依据。

李汉松： 从您 2016 年在《异议》杂志发表的《左翼眼中的英国脱欧问题》一文来看，您认为雅尼斯・瓦鲁法克斯（Ιωάννης Βαρουφάκης）提出的"在欧盟内部建立一个联盟"的建议是不可行的 [2]，因为正如马克思在 1840 年代就意识到的，一种根深蒂固的宪法机构阻碍而非推动了社会主义的政治变革。以英国国家医疗服务体系（National Health Service）改革为例，您认为更加可行的方案是通过工人广泛参与下议院选举，而自 1980

---

[1] 本文记录了 2018 年 4 月 10 日作者在英国剑桥与塔克在其家中的一次对话。英文原版见：Hansong Li & Richard Tuck. "Democratic Sovereignty and Brexit: A Conversation with Richard Tuck on Political Theory and Practice", *International Critical Thought*, 8:4, 2018, pp. 507-517. 中文版《民主、主权与英国脱欧》，张立可译，作者校，载于《国外理论动态》2019 年第 9 期，第 1—10 页。

[2] Richard Tuck. "The Left Case for Brexit", *Dissent*, Jun 6th, 2016.

年代以来每况愈下的工党已放弃了这个方案。那么，英国与欧陆之间的典型分裂在何种程度上等同于民族与国际之间的问题？我们知道，后者对于经典马克思主义是至关重要的，且自斯大林时代以来变得越来越棘手。您是否能从一国内部、国家之间以及全球维度来进一步谈谈左翼政治？

塔克：首先，国际主义是一个复杂的概念。在你刚才提到的那篇文章，以及我正在写的一本关于整个英国脱欧议题（我将其作为一个切入点来思考政治理论中的各种一般性问题）的专著中，我要表达的一个核心观点就是：我们必须考虑到我们所建立的各种国际机构的现实的、具体的特征。不是所有的国际组织都符合社会主义的目标。如果我们把形形色色的国际组织在 20 世纪提出的各种宏伟规划都考察一遍，并对其作出区分，就会很容易证明这一点。比如，最近令我印象深刻的一件事情就是，国际劳工组织（ILO），这一在"一战"后由（未来的）轴心国与同盟国左翼人士共同在凡尔赛建立起来的非常有意思的组织，当时深受社会主义者的好评。他们认为，它在实施劳工标准以及限制童工方面发挥了很大作用。1919 年以后，它承诺实现男女同工同酬，并将这一点写入国际劳工组织的章程当中。但它并没有努力在其成员国内部实行所谓的"宪法化"。相反，它（在没有统一原则的情况下）努力协调国家间的矛盾，而每个国家的民主立法机构仍然具有对各种问题的最终决定权。在实践中，其运作以 10 年为一个滚动周期，在这一周期内，成员国要遵循该组织的各种标准。如果有必要或者有意愿，成员国就可以如术语所说的，"宣布放弃"这些标准，并从中退出。撒切尔就摈弃了两项重要的标准。不过，它在一定程度上使得其成员国想要抛弃共同的劳动标准和福利标准变得更加困难，除非其国内的立法机构采取实质性的干涉举措。

就欧盟以及类似组织的问题而言，我普遍担忧的一点是，它们的组织方式使人们陷入某些政策中，并且很难做出改变。在欧盟的情况中，我们深陷其中的那些政策被证明就是一般所说的"新自由主义"的政策框架。我认为这一点是非常清楚的，因为，如果我们将一切建立在著名的"四大自由"基础上 ①，并组织一群现代法学家来对其进行诠释，那么我们所实现的显然将是一种自由主义的资本主义。我们对此无能为力，因为在现行的制度安排中，不存在任何能采取统一行动的"欧洲民众"，而且在没有

---

① "四大自由"指商品、资本、服务和人员的自由流动。

全面修订现有协定框架的情况下，我们很难改变这种组织结构。我非常理解瓦鲁法克斯以及和他有相同想法的人，他们想看到欧盟转变为一个左翼组织。但我确实认为，这只是一种幻想，原因还是要改变欧盟的组织结构极其困难。设想一下，为了阻止对欧盟协定的某些诠释，我们要重新修订所有的欧盟协定，此时欧洲法院（ECJ）就会参与其中，而欧洲法院实际上往往会反对传统的社会主义措施，如建立保护性工会（closed-shopped unions）①、国有化等。在整个 20 世纪，社会主义者们发现，在欧洲国家，只有在那些社会主义措施没有因强大的宪法制度受到限制的地方，人们才有可能通过民主政治来实行这种措施。所以，如我之前所说，民族主义与国际主义之间的对立问题是一个误导性很强的问题，因为它们实际上并不是一个"二选一"的问题，没有人会真的反对国际主义本身——右翼中的某些人可能会反对，但是并不是非左翼的人都会反对。但我认为需要注意的一点是：当今的国际结构是什么。国际主义可以被人用来作为限制左翼的工具。最近刚出版了一本非常有趣的书，该书作者马克·杜兰蒂（Marco Duranti）是耶鲁大学教授塞缪尔·莫恩（Samuel Moyn）的门徒，该书论述了《欧洲人权公约》（ECHR）的保守主义根源。② 这是一部非常重要的著作，因为它非常清楚地记录了如下事实，即那些制定《欧洲人权公约》的人其目的是抵制社会主义在西欧当然也包括在东欧和苏联的发展。我认为这一历史事实是无可争议的。所以，这是一个非常典型的例子，说明某个组织机构的建立恰恰是为了阻碍其他国家的政府全心追求的政治事业。

李汉松： 如您之前提到的，左翼的国际主义与右翼所意指的全球主义有时会令人困惑地形成呼应，尤其体现在超国家干预以及经济一体化方面。那么它们二者究竟有什么联系，您对它们之间的互动有何预期？

塔克： 我一直在强调的是，《权利宣言》（Declaration of Rights）对于政治来讲实际上是一个相当危险的工具。③ 理由是，大部分与权利、自由等相关的宣言都很容易被解读为反对诸如国有化这类的措施，而这些措施

① "闭锁商户"（closed-shop）指只雇用工会会员的工厂或商店。

② M. Duranti. *The Conservative Human Rights Revolution*. New York: Oxford University Press, 2017.

③ 《权利宣言》体裁不尽相同。英国光荣革命后的《1689 年英国权利宣言》（Declaration of Rights of 1689）是议会所为，并非普遍凌驾于主权立法者之上的权利法案。之后，1776 年弗吉尼亚颁布《弗吉尼亚权利宣言》，影响了美国权利法案（1789—1791）。法国大革命期间有《人权和公民权宣言》（1789）。联合国大会于 1948 年通过了《世界人权宣言》。

传统上是 20 世纪社会主义（无论是东方的还是西方的社会主义）的核心所在。因此，这就是该问题的一个方面。我们可以看到，在这些组织的创建时期，许多左翼人士对它们抱着极大的不信任，这是有理由的。但另一方面，这也并不意味着我们要完全退回到孤立的状态中。事实上，我想我们也做不到完全互相孤立。如我所讲，存在一些更好的模式来改善国际合作的形式。

一般意义上所讲的全球化是一个重要而有趣的议题。我对全球化的看法经常遭到质疑，这种质疑在某种程度上是有道理的。有人会问：难道这看起来不像所谓的"一国社会主义"吗？但问题是，在现代社会中你如何能够实现"一国社会主义"？你难道是想要成为古巴吗？对于这个重要的问题，我将从两方面作出回答。一种回答在某种意义上就是我刚才所说的，我们可以通过不同的方式来设计这个国际舞台，在不变成古巴的情况下，使其更加符合社会主义者感兴趣的东西，如某些基本的社会主义的和民主的价值、权利、生活条件，等等。另外一种回答是，我怀疑全球主义是否真如我们经常谈论的那样，是一种不知来自何方的外生力量，如同"哥斯拉"一样突然从天而降，肆意蹂躏整个世界。相反，在某种程度上来说，它是人们有意采取的政策所造成的。既然如此，人们必然就会追问：构建起我们当前栖居于其中的这样一个特殊形式的全球化世界符合谁的利益？是谁的利益把中国带入了这一国际体系之中？对于这些问题，你可能比我回答得要好。人们出于本国国内的不同政治原因而想要得到这样的结果；如果他们想要另一种不同的结果，他们也会达成所愿。所以，人们往往惊讶于如下观点，即我们面对某种全球化经济时是无能为力的。我无法确定我们是否像他们所认为的那样无能为力，尽管我仍旧将全球化看作最严重的挑战之一。

李汉松：政治理论中与此相关的另一个问题是选举本身。在您研究公民投票和全民公决在近代早期民主国家形成中扮演的角色时，经常提到一个问题，即专家、精英与人民之间的关系。2018 年 2 月 5 日您在剑桥大学的《霍布斯（与韦伯）论陪审制》演讲中强调了霍布斯对专家政治的质疑 ①，以及对普通民众的判断的肯定。2017 年 7 月您在政策交流研究所

---

① Richard Tuck. "Hobbes [and Weber] on the Jury", Talk at Trinity College, Cambridge on Feb. 5th, 2018. （未刊稿，经作者授权引用）

（Policy Exchange）所做的《英国脱欧：左翼触手可及的胜利果实》的演讲中谈道："普通民众对欧盟的认识总是比政治精英们更清醒，因为他们的利益与这一组织更加休戚相关。"与此同时，您批评独立的中央银行与宪法法院这样的机构"在本质上属于专家政治"①。因此，您是否将脱欧公投看作如下这样一种罕见的特殊时刻：主权者就宪法事务行使人民的立法权？

塔克：的确如此，而且这是最吸引我的研究议题之一。当然，在此次全民公投之前，我一直在思考与全民公决有关的问题以及民主主权的本质。一夜之间，似乎我所关注的所有事情都在我眼前发生了。所以，我很想参与其中的一些讨论。

我想到了两个相对独立但又相互联系的问题。第一个问题是，我们共同生活所依据的那些一般的、基本的规则来自哪里？我认为，任何国家都很难否认这些规则只能是国家所有成员一致同意的东西。这出于两方面的原因：第一，这些规则还会是其他什么东西吗？难道我们会认为存在一套应该统治我们的哲学原则，因为它们是真的，即使包括杰出的哲学家在内的很多人会对它们展开争论？或者我们想说，应该由某一群专家来制定这些规则，即使这些规则在这群专家之间也不可避免地会引起争论？事实上，正如霍布斯主义的观点所认为的那样，不可能找到任何因理由充足而不会引起争论的东西。几乎没有哪种政治主张是不证自明为真的，并且事实上也被大多数人这样认为。所以，我认为没有什么能够替代集体意志这样的东西，如你所知，霍布斯自己也花费了很长时间来讨论这个概念。他认为，集体意志至少要从某种民主意志开始，然后它会在国家层面上变得更为复杂。但他也很明确地表示，政治必须开始于我们对某件事情达成共识。没什么是本来就存在的。我认为，在现代社会，一旦你不再信任权威或前人，那么除了类似大众民主决议这样的方案，别无选择。

第二个问题与第一个有关，而且也相当重要。如若否定它，也是十分危险的。我想在相关著作中强调的一点是，我的论证并不是完全建立在极其严格的原则的基础上。在某种程度上，我可能会这样做，但是我的论证也会基于不那么严格的、人们所惯常持有的社会共识。这就是，如果人们拥有合理的机会来改变他们生活于其中的社会结构，那么他们就会接受这些社会结构。相反，如果人们被告知他们并不拥有改变这些制度安排的简

---

① Richard Tuck. "Brexit: A Prize in Reach for the Left", Speech at Policy Exchange, Jul 17th, 2017.

易的或直接的途径，那么这个社会将陷入暴力和敌意的漩涡。人们能够接受自己成为少数派，因为选举最巧妙的地方就在于，你总是可以重新再来。所以，即使一方在选举中失败，它总还有机会与新的盟友结成不同联盟而赢得下一场大选。如果我们开诚布公地与选民讨论各种议题，那么我们不会长期或者永远处于失败之地。英国与美国在堕胎这样的问题上所形成的对比就是一个能够说明这一机制如何运转的有趣的例子。在美国，如你所知，最高法院认定堕胎是合法的。换句话来讲，这是一个几乎不能被改变的司法决议。我意识到，在堕胎争论中失败的一方强烈地认为，实际上为了他们的事业，他们要诉诸暴力。但我想，在这个国家中（指英国），没有人会真正采取暴力手段来支持或反对堕胎权利。因为他们知道，自己可以通过另一场大选来改变相关决议。通过这一途径，他们可以实现自己的目标，而无须说服五位大法官，后者是一种非常令人泄气的制度结构。所以，概言之，存在着两种情况：一种情况是根本没有其他选择，另一种情况是，在一个并不是任何事情都可以被讨论并发生改变的国家中，如果人们要尝试其他的选择，那么除非采取不理智的行动或者潜在的暴力手段，否则事情不会有最终的结果。

英国历史中还有一个有趣的现象，即它的宪法赋予其立法机关的权力是世界其他任何政治机构的权力所不能比拟的。在加入欧盟之前，其议会的行为几乎不受任何限制。17世纪约翰·塞尔顿（John Selden）①曾说，如果议会规定早晨8点钟之后起床是死罪，那么这一规定就是有效的。19世纪莱斯利·斯蒂芬（Leslie Stephen）②也曾说过，如果议会要处死所有蓝眼睛的婴儿，那么这一行为就是有效的、合法的和不受限制的。可见，其议会不受任何限制，这是一个非常荒谬的事实。但与此同时，我们发现在过去两三百年左右的时间里，英国却发展成为一个相当自由的社会。这肯定不是人们所预期的样子。因为，我们可能会认为，给予立法机关巨大的权力并使它几乎无所不能，最终会导致恐怖统治。结果正相反，在我看来，这恰恰是因为，如果人们可以做任何事，那么他们反而并不急于战胜对手，而是更乐于接受不同的观点。既然明天又是崭新的一天，那么我们总

---

① 塞尔顿（1584—1654），英国法学家、思想家。

② 斯蒂芬（1832—1904），英国作家、历史学家、登山家，瓦内莎·贝尔（Vanessa Bell, 1879—1961）和弗吉尼亚·伍尔夫（Virginia Woolf, 1882—1941）之父。

是可以做出改变。正如我之前所说的，这是一个相对简单的想法，但也是一个重要的、会产生重大影响力的想法，人们往往难以意识到这一想法。大部分人通常会觉得，与敌对的社会势力，包括那些人类生活中不可避免的邪恶势力，进行斗争的方式就是坚决地打倒它们。事实可能正好相反，更好的做法是，不要对自己的公民同胞说：你永远是败者。

我应当说明一下，当我发表此类见解时，大家通常会回应说，我提出的是某种"英国例外论"（British Exceptionalism）的观点。从某个方面来讲，确实如此，但是我认为英国人的心智并不存在什么特殊性。在我看来，他们建立这种体制有一定的历史偶然性，他们建立这种体制的原因恰恰是一个很有意思的问题。但是你一旦身处这种体制之中，便如同置身于一种良性循环内，因为它能够很好地自行运转。不过，这并不意味着，你能随意改变其他的制度，因为当你像美国人250多年来所做的那样，接受了民主程序必须受到限制这一观念时，突然完全开放限制就会令人极度担忧。所以，人们认为，一旦你真正地投身到这种宪法制度之中，你将很难摆脱它，因为这会带来非常负面的影响。所以，我的一个诚挚的建议是：如果你碰巧很幸运地身处这种制度中，那么就不应该放弃这种制度。

李汉松：这一颇具说服力的观点是否也被您用来批判技术官僚制？您认为，这种制度通常伪装成一种中立的、理性的政府体系，但实际上并非如此。我的直觉反应也是这样认为的，其危险在于加剧了权力在特定群体中的高度集中，而该群体会偏向关注自身阶层的利益。而您刚才谈到的观点可能是技术官僚制需要被重新审视的另一个原因：真正意义上的专家统治是否将阻碍参与式政治？

塔克：确实如此。如果真的存在如同数学真理一样的政治原则——这与柏拉图的想法很相似，所以这些问题古已有之——那么情况可能是（虽然并不一定是）：那些了解这些原则的人就具有了某种权威。我不确定柏拉图是否真的如此认为。但很明显，并不存在这样的政治原则。我们所能掌握的与数学真理最接近的知识可能是作为一门科学的经济学，虽然在其内部同样存在各种争论和辩论，更别提它在哲学层面是否得到了充分证明还是一个问题。但正如我所说，根据某种所谓"无可置疑的真理"，而建立起最终会把人们送进监狱的体制——因为政治到头来与权力有关——是件荒谬的事。而真理既"无可争议"，我却是唯一认识到它的人，岂不怪哉！

正如我之前所说的，如果它真的是无可置疑的，那么没有人会想要反对它。霍布斯事实上也曾经谈到，检验某个东西是否有争议，要看它是否被争议过。

李汉松：在《霍布斯：一部简介》一书快要结尾的部分①，您对如下假设提出了质疑，即随着旧时代各种坚定的信仰的消失，道德相对论必然在一种自由主义的多元化秩序中带来更大的宽容，而不是利维坦。而您认为，今天我们所面对的虽然不是古代的皇帝和文艺复兴时期的君主，但却是现代国家的僵硬体制。该书出版 30 年后，如果我们确实如同霍布斯那样严肃地看待怀疑论，但依然想要保护好社会生活的某种牢固的根基，而实现这一点既不求助于某个政治共同体的专断法律（这在一个无可置疑的相对主义体系中是合乎情理的做法），也不是要回到旧时代的那些直接的、绝对的信仰，那么，对此您能提供一些什么样的建议呢？

塔克：近来，在有关政治理论的讲座中我经常与别人探讨的问题是：你的观点中与制度相关的东西（institutional correlates）是什么？我想政治理论家以及哲学家们已经对这个问题丧失了兴趣。罗尔斯就是一个非常典型的例子。如果你问，罗尔斯的观点中与制度相关的东西是什么，何种制度是罗尔斯式原则的最佳体现，那么众所周知，他本人给出的唯一回答会是高等法院。我认为，他在《政治自由主义》以及《正义论》中谈到了这一点，这在我看来是一个极其重要的事实。因为，我们对于什么是正义可能拥有各种信念，这些信念可能有着非常充分的依据，并建立在深思熟虑的基础上（我不确定，如果置于罗尔斯的理论中，这一点是否还令人信服），但是上述这一情形与如下问题之间是存在差距的：我们如何共同生活？我们，包括你和我，如何让我们的公民同胞遵循那些我们认为他们应该遵循的原则？这种遵循应该如何体现？这里，我觉得不幸的是——在某些人看来这是不幸的——在现代社会中解决这些问题唯一可能的方法就是与多数票决类似的某种东西。但即使我说的是对的，你也可能不会轻易地相信这一点。这就是为什么我认为这回避了你所提出的关于相对主义的问题，因为这里可能并不存在任何的相对性。我可能完全掌握了真理。但问题是，这又能怎么样呢？因为假使我掌握了真理，这也并不意味着我们所创造的制度具备上述原则，或者人们的生活方式会有任何改变。我认为，理论家们整体上回避这个问题是很有启发意义的。因为，如果你追问这个

---

① Richard Tuck. *Hobbes: A Very Short Introduction.* New York: Oxford University Press, 1989.

问题，人们就会认为我们的理论研究工作有很大一部分都是毫无意义的，原因是人们最终都不得不按照我所描述的方式来生活。而且，不论人们提出什么样的观点，它们都是我们将必须接受的观点。我们会展开争论，但是就像我之前所提出的观点，在面对各种疯狂的观点时，如果我们给予它们疯狂的权利，那么我们就会更安全一些。

李汉松：体量庞大、成分多元的现代共和政体提出了诸多这样的挑战。一方面，在一个大的国家内部存在多种不同的、有时是相互冲突的精神气质，这使《联邦党人文集》的作者们忧虑。另一方面，每一单独个体所发挥的作用似乎是微不足道的，因为你不能指望他拥有的影响力像在所有公民参与的公共集会上那样大。这一点似乎将您的两部作品——《搭便车》（2008）和《沉睡的主权：现代民主的发明》（2016）——联系了起来 ①。在这两本著作中，您思考和论证民主参与的整体思路是什么？

塔克：的确，在《沉睡的主权：现代民主的发明》的结论部分，我明确表达了一个在政治学家中并不常见的观点：尽管我们成为关键选民（pivotal voter）的概率小之又小，但我们也有充足的理由去投票，这种投票是能发挥其作用的，而不仅仅是表达意见。如你所知，《搭便车》中的主要观点是：我能够将自己视为某个群体的一员，该群体的成功是通过全体人员共同获得的。可以这样说，我对这一成功的贡献在于使其票数超过了所需要的最低票数，前提是其他人也和我一样参与投票。有人认为，只有当自己是关键选民的时候，才应该去投票，这一观点的错误在于其认为，我必须相信我的票是获胜的必要条件，而不是充分条件。它完全可以是充分条件，而在这种情况下，我投票的理由就是"我愿意做一个为胜利贡献力量的人"。你大可视之为问题的关键所在。因为，我认为，"关键选民理论"（人们只有在自己将成为关键选民的情况下才会投票）对"尽管我明知道如果自己不去投票，其他人也会弥补我的空缺以争取我想要的结果，但我仍然可能想去投票"这种可能性是不感兴趣的。这就是《搭便车》一书的核心思想：如果我想成为一个民主主义者，并想要感受到我直接促成了某个结果，那么我就有充足的理由去投票，即使我最终完全不是所谓的关键选民。

---

① Richard Tuck. *Free Riding*. Cambridge, MA: Harvard University Press, 2008; *The Sleeping Sovereign: The Invention of Modern Democracy*. Cambridge: Cambridge University Press, 2016.

　　我之所以要论证上述观点，原因之一是，我极为不相信表意投票理论（expressive theory of voting），该理论在我所处的政治学圈子中非常流行。我不相信这一理论是因为，它将投票等同于其他的表达形式，例如公然举着标语走上街头，这是一种非常好的表达形式。但是，在一场匿名选举中参与投票算是一种表达形式吗？这有什么了不起的吗？这种想法很容易使投票成为我们政治生活中可有可无的一部分，而在我看来，这给我们的政治带来了极其不利的影响。这并不是一种具有充分依据的想法，因为正如我所说的，如果我确实不想成为一个民主主义者，那么我就不需要去投票；但是如果我想成为民主主义者，并且对自己的行为具有某种控制意识，那么我就可以通过投票来实现。所以，这就是有些人所谓的"施事民主理论"（agentive theory of democracy）。现如今，另有一些人越来越接受如下主张：民主的关键在于依据选民的能动性来思考民主。我们做一些事情或是改变一些事情，这并不仅仅是为了表达什么。持这种观点的一个结果就是，选民的数量变得不像大多数人通常认为的那么重要。因为数量对于"你是否会成为关键选民"这样的问题来讲显得重要，所以显而易见，在一个大的群体中成为关键选民的可能性肯定要小于在一个小群体中成为关键选民的可能性。然而，如果从我的选票是获胜的充分条件这一点来考虑，那么我认为数量便没那么重要了。如果你接受我提出的上述观点，那么自然也会认为如下的想法是合理的：即使在一次规模非常大的投票中，例如大规模的现代国家中的公民投票，我依然能够认为我的投票发挥了某种作用。事实上，我的选票成为我所说的"有效集"（efficacious set）的一部分的几率是相当高的。虽然几率不是100%，但是肯定足够高到值得你去投票，只要你想成为这个"有效集"的一部分，它是由相当数量的志同道合者组成的，你与他们一起就能取得成功。所以，的确如你所看到的，我的这两本书之间有着密切的联系。事实上，我认为现代政治学传播如下信息是一个非常严重的错误，即以过去那种功利主义的方式来投票是不合乎理性的。而现代政治很多引人深思的特征根源于下面这样的看法：投票一直不是一种理性的行为，因此整体而言，投票并非决定政治事务的关键方式。但是，回到适才我提出的问题：如果不是投票，那么是什么呢？

　　有一些人提到了抽签。在美国，的确有一些相当严肃的政治学家认为，国会议员应该通过抽签的方式选出。事实上，我曾经与支持这种观点的人——艾利克斯·格拉罗（Alex Guerrero）——进行过讨论。在讨论的最后，我问他：这一切都没问题，但是，在我等待确定自己是否被随机抽选为国会议员的时候，我应该做什么？他回答说：你就做你现在做的事情——展开游说行动。我认为他的话确切地说出了这种现代政治的奇怪特征，即对于行为主体而言，对政治结果直接施加影响是不在议事日程之内的。我所能做的唯有游说他人而已，并期望这些通过抽签选出来的人能够尊重我的观点。这与高等法院的情形不是同出一辙吗，都是希望自己的观点在某种程度上能打动别人。

李汉松：这里涉及从霍布斯到卢梭的政治理论中，行政（administratio）与主权（imperium）之间的区别。

塔克：长期以来，我一直对霍布斯与卢梭之间的相似性感兴趣。当我尚是一位大学生时，这个问题就吸引了我。最早的思考可以追溯到我的第一本书，即《自然权利诸理论》①。对这一问题，我思考了多年，从某种意义上说，我逐渐认为两者之间的关系恰好是反过来的：与其说卢梭类似于霍布斯，不如说霍布斯更类似于卢梭。并且，我先前就开始将两者放在一起研究。

李汉松：所以才有了您的论文《卢梭有多霍布斯主义？霍布斯有多卢梭主义？》②？

塔克：正是如此。而且，一旦我完成目前关于脱欧问题的专著之后，就要着手撰写现在正在筹划的一本书，其内容是关于霍布斯、卢梭以及康德的。我也开始意识到康德在这个过程中扮演了一个很重要的角色。众所周知，康德是一个坚定的卢梭主义者，但是他与霍布斯之间的相似度还是超过了我们的想象。康德本人也了解这一点，他在其著作中一些非常有趣的部分暗示了自己与霍布斯以及卢梭之间的相似性。可以说，这是我正在筹划的更具学术性的研究计划，虽然我目前因为脱欧问题没有把精力放在这一计划上。③

李汉松：在此期间，我们可以先读您和别克登（Christopher Bick-

---

① Richard Tuck. *Natural Right Theories*. Cambridge: Cambridge University Press, 1979.

② Richard Tuck. "How Hobbesian was Rousseau? How Rousseauian was Hobbes". 未刊稿，经作者授权引用。

③ 2020 年，塔克论脱欧新书付印：Richard Tuck. *The Left Case for Brexit: Reflections on the Current Crisis*. Cambridge: Polity, 2020.

erton）合作完成的《英国脱欧倡议书》①。

塔克：此书包含了一些很具体的观点，例如，我们建议某些欧盟公民应该直接被授予英国公民权，对此无须进行讨论。我认为，没有什么人会将这一建议作为一个可能的政策选择来加以充分考虑，这让我感到很遗憾。我觉得英国脱欧之后，欧盟公民最终不会得到我所希望的待遇。

李汉松：现在我们的话题从公民转移到国家：此前我们探讨了国际机构，而没有谈到国家的行为和国家间的关系问题，而后两者是您从《自然法律权利》到《战争与和平的权利：从格劳秀斯到康德的政治思想与国际秩序》中研究自然法学和国际法时的重点关注主题②。您认为我们从这一部分思想史中汲取的哪些经验在政治思想领域中占有突出地位？它所涉及的许多主题是我们今天依然要面对的，例如，路易斯·德·莫利纳（Luis de Molina）提出的"国家首先受缚于道德义务网络"的观点，阿尔贝里科·詹蒂利所说的"国家是主要致力于自我保护的自治主体"的观点，而在格劳秀斯所描绘的关于长期和平（它受自然社会性保障，但随时可能被打破）的复杂图景中，国家是多个层级的法律和道德构成的，以便确保自然权利得到尊重，侵害行为得到处置。③

塔克：是的。首先，格劳秀斯真正所讲的是战争法而不是和平法。如你所知，我曾提出，他所信赖的是一层非常微弱的社会性。这意味着，我们所认为的那种相对复杂的社会关系，例如互助关系，并不存在于我们所说的格劳秀斯意义上的自然法中。关于格劳秀斯，我们需要时时记住，他同时展开了两种论证。我们不仅拥有纯粹的自然法，它是非常微弱的，还有人类的基本需求。二者是不同的，虽然它们在"妥善地对待犯人"这样的问题上存在一定交集。但就严格意义上所讲的权利来说，我们无法从绝对的权利推导出其他的各种义务。我偶尔会认为，我们之所以很难全面地理解整个 17 世纪和 18 世纪的文献，原因之一在于，这些文献的作者们理所当然地认为超道德的行为是可能的。我的意思是，他们认为我们有义务去尊重他人的权利，这是我们必须做的事情；同时也存在其他做了有益的

---

① Richard Tuck & Christopher Bickerton. "A Brexit Proposal", *Briefings for Brexit*, 2017.

② Richard Tuck. *The Rights of War and Peace: Political Thought and the International Order from Grotius to Kant*. New York: Oxford University Press, 1999.

③ Li, Hansong. "Time, Right and the Justice of War and Peace in Hugo Grotius's Political Thought", *History of European Ideas*, 45.4, 2019, pp.536-552.

事情，但不是强加于个人身上的严格的义务。在现代社会，这样一种思考该问题的方式几乎已经完全消失了。在某种意义上，你仍能够在康德的作品中发现这一方式，但是它在功利主义思想中是不存在的。比如说，几年前我与安东尼·阿皮安（Anthony Appiah）[1]进行了一场非常有趣的讨论，主题是"荣誉"。他很有兴致地谈道，在士兵中间，有些事关荣誉的事情是你应该去做的，但那些事情并不是作为士兵必须要做的事。当时的听众，包括一些著名的现代道德哲学家，对这个观点大为困惑。因为在大多数人的理解中，如果你应该去做某事，那么你就应该去做它。而安东尼所强调的是，即使在现代社会中仍然存在人们并不这么认为的情形。与现在不同的是，17、18世纪世界上到处都是持有如下想法的人，即虽然只有某些事情是人们应做之事，但总是存在一种更好的生活方式，最好的例子当然就是基督徒的生活方式。就成为基督徒后人们所承担的道德义务而言，他们并不认为每一个人都非是基督徒不可。另一方面，与其他选择相比，基督教体现了一种更好的做人的方式。因此，一旦你了解了他们在其中展开论述的理论框架，他们所撰写的许多文献，尤其是关于国家权利（即它们有权做什么）的文献看起来是与现在不同的。例如，国家间有权相互使用极端的暴力手段，但同时，不用暴力是更好的选择。这需要人性来消弭暴力纷争。以上就是我们对自然权利所做的最简洁的描述。

李汉松：正如格劳秀斯时常提到的，一种行为优于另一种行为，然而，它的道德属性并不属于自然法的层面。

塔克：确实如此。事实上，格劳秀斯的《战争与和平法》（1625）第3卷正是按照那种设想撰写的。[2]你在其《捕获法》（1604）一书中也能看到这一点。[3]其中有些章节论述了权利，还有一些章节涉及权宜之计和人性。可以说，在其著作中，很多关于道德的论述是同时展开的。但如果我们认为只存在某一种关于道德的论述，那么就是对这些文本的误读。

李汉松：您对方法论有何反思？剑桥学派的成员和旁观者们似乎认

---

① 安东尼·阿皮安（1954— ），英国、加纳作家、哲学家。

② Hugo Grotius. *Hugonis Grotii De iure belli ac pacis libri tres: in quibus ius naturae & gentium, item iuris publici praecipua explicantur*. Paris: Apud Nicolaum Buon, in via Iacobaea, sub signis s. Claudii, & hominis Siluestris,1625.

③ Hugo Grotius. *Hugonis Grotii De iure praedae commentarius, ex auctoris codice descripsit et vulgavit H.G. Hamaker* (1604), pub. The Hague: Nijhoff, 1868.

为，您并不像其他一些人那样特别专注于方法论本身的研究，而是不仅将语境主义的方法用来重新评价很多思想家，而且用来进行原创性的政治理论研究和哲学研究。这些思想史著作和理论研究著作反过来激发了您对当代政治的看法。您不仅直接参与当代政治的讨论，还多次在您的学术著作中用当代政治事件去印证过去的政治理论。那么，如果有的话，是何种方法使您能够将著述中的这些方面融合在一起？

塔克：你可能已经发现，每一个被"指控"为剑桥学派的成员都会否认存在这样一个学派。尽管如此，我和其他"剑桥学派"成员仍然是很好的朋友。约翰·邓恩在他关于革命的作品中总是非常专业地关注现代和当代的政治；昆廷·斯金纳很少这样做，至少并没有明确地这样做，虽然对他来讲，现代政治总是有其弦外之音。我认为自己和詹姆斯·塔利（James Tully）是在剑桥工作的新一代学者，和前一代相比，我们是师弟一辈的人。我的兄长也是剑桥毕业的本科生，年龄和邓恩还有斯金纳相仿，是他们的同时代人。所以，我们之间正好存在一种代际关系。我们自己这一代正在使用这种有政治目的的研究形式：詹姆斯把它应用在关于原住民权利和现代加拿大政治的相关研究中。在某种程度上，他的"原住民权利"问题相当于我所关注的"英国脱欧"问题，这些问题与1970年代以来我们一直在思考的那些问题形成了对话。

对于语境主义的问题，我想在某种程度上将自己描述为一个"方法论上的无政府主义者"。我认为，各种方法都能发挥其作用，并不能说某一个方法一定比其他方法更优越。在我看来，我们可以依据结果来判断方法，看它是否产生了某些富有启发性的结论。我的确认为存在一个奇怪的事实，我不清楚为什么会如此，但是我至少发现，如果我问自己"以前的思想家们在其所处世界的某个特殊的时刻究竟在思考什么"，结果是，我在他们的著作中所看到的、50年前学者们可能一直没发现的那些东西与我们今天的生活方式有着更多而不是更少的联系。这不是我们所预想的情况，因为你可能会假设，我们越是将事情与其特定的历史背景（例如17世纪）联系在一起，那么当时的著作对我们当前时代的作用就越小。但是，实际情况并不如此。这是否因为我只是将历史作为一种思考政治问题的激发因素？或者更因为——这也是我真正的想法——当严肃而智慧的人们开始了解其现实的生活处境时，他们就会说出有趣而深奥的东西？所以，不去做一个语境主义者的危险在于，你将错过这些著作的上述方面，而把所有的一切都放在当今常识性的认知框架下去理解。需要指出的是，当今的常识并不是对当下作出判断的充分依据。你需要一些并不是常识的东西，来处理我们现在所面对的难题。这并不是一个在理论上多么深奥的看法。我不确定自己能否拥有这种常识之外的认识，因为我对于任何能够产生有趣的新见解的文本阅读方式几乎都是支持的，甚至是施特劳斯式的数字命理学（numerology），只要它有用。但从我自己的观点以及我的研究方法来看，提出如下问题是一种非常具有启发性的研究进路：当研究者们最初进入问题的讨论时，他们是如何思考的？

传统·变革·印度

——对话普拉塔普·巴努·梅塔 [①]

本篇对话中，作者与印度政治理论家普拉塔普·巴努·梅塔探讨了印度思想史的脉络、古印度典籍的当代阐释与时下意义、近年来印度政坛的风云剧变、中印边境冲突背后的理论难题，以及中印两国在教育、发展、现代化进程中面临的共同挑战。

普拉塔普·巴努·梅塔（Pratap Bhanu Mehta），印度政治理论家、教育家、思想家。毕业于牛津大学、普林斯顿大学后，梅塔曾执教于哈佛大学、尼赫鲁大学，编著有《民主的负担》《牛津印度政治指南》等。他先后任印度国家安全顾问、印度总理知识委员会召集人、世界经济论坛全球治理协会副主席、印度智库"政策研究中心"主席、阿育王大学副校长。

李汉松： 近年来，西方和印度学界执着于"为印度寻觅思想史"。从梵学家谢尔顿·波洛克（Sheldon Pollock）到思想史学者迦毗罗（Shruti Kapila）[②]，视角各不相同。但是否存在一种思想史论述，能观"印度政治思想史"之全豹？它又如何能够容纳从古典到中古，到莫卧儿和英殖民时期，以及南亚各地区之间这些迥乎不同的元素、语言和方法？在后殖民时

---

① 本文由作者与梅塔 2019 年 4 月 3 日至 2020 年 9 月 27 日数次对话及部分通信集结而成，英文全篇见 Hansong Li & Pratap Bhanu Mehta. "Tradition and Transformation: A Conversation on South Asia in Global Political Thought and International Politics", *Comparative Political Theory* 2(1), 2022, pp.31-51. 中文节选稿以《梅塔谈印度的思想与政治》为名发表于《上海书评》2020 年 10 月 10 日，作者自译，转载于《中国社会科学网》。

② Sheldon Pollock. "Is There an Indian Intellectual History? Introduction to Theory and Method in Indian Intellectual History", *Journal of Indian Philosophy* 36, 2008, pp.533-542; Shruti Kapila. *An Intellectual History for India*. Cambridge: Cambridge University Press, 2010.

代，政治思想史如何捕捉现代印度的形成？

梅塔： 印度思想史这项工程负荷重重。首先，最明显的事实是殖民主义。于印度思想而言，现代性的显著特征之一即是：印度与其他受殖民国家一样，必须同时采用双轨的方式处理与西方的关系。一方面，西方在政治上支配着印度。殖民主义迫使印度进入一种屈从地位。这种从属性全面而完整。它基于种族之别，也基于对印度经济的控制和资源的剥削。但它对思想史最深远的影响或许是知识论上的断层。在此之前，印度的知识形式——传统印度科学、数学、医学、文学、艺术等——逐渐沦为古文物研究者的兴趣。固然不乏有一些例外，但总体而言，公众形成了另一种共识：印度文明的成就属于遥远的过去。在未来的地平面上，并没有它的位置。其他人的论点甚至更为激烈，认为印度文化滞后，所以"理所应当"接受殖民。这种论调的逻辑是：滞后"导致"了殖民。因此，在现代性的风暴下，落后的文化必须一扫而空。在殖民统治下，许多印度人民也内化了这种论述。他们当中不乏很多人同意：印度文化种下了自己衰败的种子。

但这种论点也不仅来自殖民列强，而更是一种主流的"现代性"思考模式，集中体现于黑格尔。黑格尔的观点非常复杂。但若简化来讲，他认为西方世界是自由得以实现的体现。至于世界的其他地区：中国、印度、非洲，也许曾经代表过"精神"（Geist）完整的发展历程中的一些特定阶段，但这些文明已经统统石化。这也就意味着，这些文明中的人不再是实际意义上的"施为者"，他们只是自己特定文化的表现形式而已。这一观点又紧扣着另一种论调：只有西方才能承载"普世性"。所有其他文化即便有所贡献，也不具有普遍性意义。在这种哲学论述之下，蕴藏着一种态度，代表了西方对待世界其他地区的主流态度。因此，你会发现19世纪所有的普遍化意识形态：形形色色的自由主义、社会主义、改革派基督教神学，都能与殖民主义和平共处，也便不足为奇。

可以说，现代印度思想史发端于一个根本性问题：如何化解历史的负荷？如何克服印度的隶属性？如何从西方居高临下的目光中拯救印度文明的过往？如何辩说印度文明本身存在价值，可以奉献给世界，而非只是偏狭的学术兴趣？如何证明印度人也是历史中的施为者，也可以主动地塑造和重塑世界？如何说明，印度人不只是在固化的、永久的西方文化映射下，一个被动的影子？

面临这一挑战，出现了若干种回应。一种答复来自印度马克思主义者和南亚左翼：首先接受"现代性"的故事，然后反抗殖民压迫。但他们对于过往的兴趣集中在印度文明的物质基础上：生产模式如何定义了文化，如何形成了权力关系，如何决定了社会。我的这种复述也许过于简化，但印度左翼阅读文本的方式的确讲求还原主义。他们先立论再论证，挖掘文本是为了揭示古代印度社会的权力结构。印度左翼思想史家对史诗《摩诃婆罗多》（ महाभारतम् ）中关于价值观的辩论不感兴趣，也不屑于琢磨它的文学价值，只求得出结论：它如何揭示了从游牧到定居社会的转变，或者是从亲缘社会到皇权社会的转变。我认为这种学术研究具有极高的价值。但也有一些还原主义过甚，影响了全面的文本释读。在现当代学术界，有许多反对这种研究方法的声音。很多批判者认为，观念或文化并非只是权力关系的密码。因为这样一来，理念便不再具有普遍性的价值，也就不能为我们所用。

但也有其他的回应和转向。很多20世纪的印度史学基于一种预设，一种"找回民族"的观念。这也有它的特定语境，因为殖民统治的依据之一是声称"印度"不是一个民族——它只是无穷无尽的政治征服和再形成。这种历史形态合法化了殖民统治权。作为回应，思想史承担了"证明印度文明的统一性和连续性"这一任务。是否存在一种"印度的"思想史？"印度"是否只是一种地理概念？

思想史家授予自己的第二项任务是，证明印度文明本身即有普遍性的价值可以贡献给世界。他们要论证印度史并不僵化，而是动态十足。譬如，他们强调印度文化中许多元素都具有重要的人文价值：非暴力、宗教宽容、美学形式。

凡此种种，都是理解印度思想史辩论的内容和本质的历史语境。

李汉松：不论从纵向的历史时段还是横向的地域分布来看，南亚滋生出了深邃而博杂的思想。一般学者望之弥高，畏步不前，甚至茫然失措。之前在剑桥大学，在一次关于《神与存在》的演讲后，我们深入谈论了伊克巴尔（ محمد اقبال ）的思想遗产，以及苏非神秘主义和新柏拉图主义的异同之处，后来又陆续讨论过奥罗宾多（ শ্রীঅরবিন্দ ）、高善必（D. D.

Kosambi，दामोदर धर्मानन्द कोसम्बी）和南亚马克思主义学派，似乎永无尽头[1]。你个人在融通欧洲和印度思想传统时，如何将知识各自"归位"？从吠陀到古典梵文典籍[2]、印度伊斯兰传统到西方传入印度的现代政治思潮，这些在你反思印度政治时扮演了何种角色？

梅塔：首先，心存敬畏，身行谦恭。每一种传统都厚重而广博。尤其是生活在印度这片土壤上，你会不断地意识到语言资源的跨度之大。但你也会不自觉地沾染这些文字传统：梵文、波斯以及诸多方言传统。所以，绝不能在用功之前便信誓旦旦，要"精通"一切。反思我的个人经历，大约有三点准则。一是不刻意融会全部传统。反思 20 世纪初的许多印度学术工程，许多思想家，譬如奥罗宾多和伊克巴尔，都有一种黑格尔式的野心，他们要择取每一传统之精华，再以一种辩证法相互联结，最后升华出一个全新的超然体。经过 20 世纪的政治现实和种种挫败，我认为在全世界范围内，这种雄心壮志已然黯淡消殒。我的直觉是：不刻意融合，而是寻找传统之间启迪人心的差异。为何一些问题在一些时段，对一些群体的思想家更具诱惑？我们又能从这种差异的对照中学到些什么？举例说明，印度政治思想自古以来都执着于一个特殊问题：暴力与非暴力。

李汉松：这是史诗传统，包括《罗摩衍那》（रामायणम्）、《摩诃婆罗多》——包括《猎人与阿周那》（किरातार्जुनीय）、《博迦梵谭》（भगवद् गीता）——提出的核心问题之一，看似充满矛盾，细嚼才能品出微言大义。

梅塔：是的，尤其是《摩诃婆罗多》，其"暴力"与"非暴力"思想复杂而细腻，令人惊诧。你知道梵文中"非暴力"一词是अहिंसा（ahiṃsā）——这也是甘地"非暴力"概念选用的词汇。但另有一词आनृशंस（ānṛśaṃsa）指"非损伤"。再加上"非残暴"，这些概念层层递进，却又各不相同。辨清其中微言大义并非易事。"暴力"是印度传统最着迷的理念，但在西方却并不占据中心地位。当然，西方思想家也问"如何避免过度暴力？"

---

① 伊克巴尔（1877—1938），印度穆斯林诗人、哲学家、思想家，其波斯文、乌尔都文诗歌成为南亚文学的最高成就之一，其伊斯兰神学与政治思想也影响了巴基斯坦建国。苏非主义是一种伊斯兰神秘主义传统。新柏拉图主义（neo-Platonism）是泛希腊时代兴起的柏拉图主义哲学，以普罗提诺（Πλωτίνος）为代表，之后与基督教哲学等融合，带有神秘主义色彩。奥罗宾多（Śri Aurobindo Ghose, 1872—1950），印度孟加拉政治领袖、思想家、瑜伽士，曾求学于剑桥大学国王学院。高善必（1907—1966），印度数学家、统计学家、语言学家、马克思主义历史学家、基因学家、钱币学家、古籍收藏家。

② 四部吠陀：《梨俱吠陀》（ऋग्वेदः）、《娑摩吠陀》（सामवेदः）、《夜柔吠陀》（यजुर्वेदः）、《阿闼婆吠陀》（अथर्ववेदः）。

但这不是他们追求的终极问题。相比之下，西方政治思想将"自由"置于舞台中央。那么问题便来了：为何"暴力"对印度政治思想如此重要，而某种意义上的"自由"则是西方政治思想家的核心关怀？我认为这种反差是一种突破口和入手点。

第二种途径更适用于思考现代印度。我们通常撰写政治思想史的方法存在严重的缺陷，因为我们倾向于简单化概念范畴。一些叙述者声称：有一种东西叫作"自由主义"，其周围环绕着一簇概念，如"权利""有限国家""民主参与"等——尤其是"共和"版本的"民主"。在某种意义上，这些都是西方历史独特轨迹的一部分。它们又随着殖民主义散布到世界各地，抑或通过国际政治经济体系走入全球，这些观念也就此称霸世界。许多人沿着这一思路得出种种结论，譬如"自由民主"体制是所有文明的终极目标。但我们愈研究这种政治思想史——不论是西方的还是亚洲的——愈发现这种叙述实际上要复杂得多。首先，西方对自由的承诺并不一致。事实上，你可以立论：1950 年到 1960 年形成的西方自由民主形态只是西方历史的意外产物。以"全民普选"为例，瑞士直到 1970 年才赋予女性选举权，而印度和斯里兰卡早在 1940 年代就实验了公民普选。诚然，在西方传统中，对于"权利"概念的哲学思考异常深邃，甚至在某些方面，可以说举世无匹。但如果我们将视线移到任何一个政治思想传统，我们都能看到，种种"权利诉求"从自身的有机政治中应运而生，浑然天成。在最根本的意义上，不论何时何地，权力和权威都会受到争议。永远存在着各类群体和意识形态思潮，不断挑战一种政治形态的统治权。因此，每一政体也都寻求自我合理化，从而化解对立各方的质疑。我个人认为，"自由主义史"更好的写法是追溯、追问：世界各地的人民在每一具体政治语境中是如何推进其权利诉求的？到了一定的程度，在某一时刻，这些诉求又如何凝结成了特定的权利和政治系统？如果是这样，那么我甚至可以断言：事实上，"自由主义史"既有一段西方史，也有一段印度史。尤其是在 19—20 世纪，人们开始质疑他们继承而来的政治权利合理化诉求。当时爆发了一些非常具象的斗争，譬如关于"秽不可触者"这些边缘化群体的地位[1]。在这一

① "秽不可触者"（Untouchables）指印度种姓制度中最低级的贱民，尤其是印度、尼泊尔的达利特人（दलित）。印地语अस्पृश्यता源自梵文अस्पृश्य，但印地语词义是现代用法。梵文"不可触"亦有"无法触及"之意，不可混淆。

具体语境中，安贝德卡尔（B. R. Ambedkar）①这样的思想家赋予了自由主义话语极大的活力，起到的作用或许不亚于当年的约翰·洛克。所以，有必要在具体的政治斗争中检验概念的历史。因此，我认为你研究的这种比较历史、比较思想最促人省思。

　　第三种方法是比较宗教的含义和作用、语境和差异。如你所知，宗教在印度政治生活中扮演的角色极为重要。但更广义而言，宗教在思考人类本质和人类繁荣之中也不可或缺。许多人断定，若是跳出《罗摩衍那》和《摩诃婆罗多》等宗教性的文本，我们甚至无法想象印度政治思想如何思考人类福祉。这些文本是不可思议的文化瑰宝，无可置疑。但既然如此，试问"宗教"与"世俗"之差别何在？在西方史中，"宗教"与"世俗"之别有一段特殊的历史，主要以基督教为参照。但哪些"属于教会"、哪些"属于国家"是一个政治性的区分。霍布斯敏锐地指出，这种区分本身也是国家形成的内在产物，因为尘埃落定之时，还需主权者裁决何为宗教、何为世俗。我怀疑在印度语境中——或许在中国也存在一个平行的问题——"宗教"和"世俗"的区分并不如此显而易辨。起码这种区分的历史与基督教语境迥乎不同。这既是一种政治性的思考——因为若欲在民主宪政里治理一个多宗教社会，则必须用政治方式思考——但也是一种哲学思考。这是我们初次相遇时讨论伊克巴尔的兴趣根源所在。在国际社会翻开20世纪的篇章之际，许多印度思想家，包括奥罗宾多、伊克巴尔和甘地，都转向了看似"宗教性"的素材，基于这些文本思考人类福祉、提出论断。他们认为从这些素材中呼之欲出一种人类繁荣的理念，而这种愿景可以通过哲学的、世俗的方法，清晰地表述或者转述出来。尽管最终成品并不依赖宗教权威，但"宗教"素材的确为我们奉献了一种思考自我本质、最高生命形式的方式。

李汉松：我想继续推敲一番你提出的古代素材和现代思想之间的关系。当然存在卓有成效的"鉴古证今"，但是否也有一些"引古祸今"？我怀疑各种机械的、扭曲的、偏执的梵文典籍阐释也许在当代政治中扮演了令人不敢恭维的角色。有哪些重拾古代遗产的方式值得我们警惕？

---

　　① 安贝德卡尔（**भीमराव रामजी आम्बेडकर = बाबासाहेब आम्बेडकर**, 1891—1956），印度达利特贱民出身的法学家、思想家、社会改革家、低种姓者皈依佛教运动倡导者、印度宪法设计人之一、司法部长。曾获哥伦比亚大学、伦敦大学经济学博士。

我们不应如何使用过去？如果思考过去也是一种政治，如何才能保持清醒的意识？

梅塔：你这一问意味深长。我知道你在西方、中国和印度语境中对此问题都颇有思考。我认为在阅读、处理、使用过去的文本时，有三段故事都该引起我们的警觉。第一点在政治上举足轻重，但在印度政治中也尤其危险。那便是启用过去的文本鼓吹民族主义工程。在这种做法中，文本重要不是因为它们含有的观念如何伟大，也不是因为它们提出的理论逻辑如何缜密，而是因为它们"属于我们自己的文化传统和遗产"。在这种意义上，文本之所以重要，是因为它们成了具体的身份标识。我个人坚信，身份与理性之间存在深层次的张力。民族主义解读文本的弊病和危险在于：强加给它们根本站不住脚的连续性和一致性。民族主义者总是把印度文明描绘成一幅延绵不绝的画卷，从三千年前至今一脉相承。我当然承认其中有一些连续性，但民族主义者的叙述——整个印度文化的产生都最终导向这个20、21世纪的印度国——这不但是在扭曲思想史，更是在扭曲文本的思想力量。我认为将文本还原成一种"建构身份"的功能，这很令人遗憾，甚至可耻。我也认为这是产生于后殖民语境的一个特异现象。传统上认为，西方文本之所以引发我们的兴趣，除了体现各自历史语境之外，还因为它们具有普世意义。就这一问题而言，"黑格尔"作为一种修辞转义手法，颇具代表性。当黑格尔在19世纪声称"印度和中国如何思考不再重要"时，他并不是说印度和中国无思想，而是说"西方提供普世思想，中国和印度提供具象思想"。在我看来，具有讽刺意味的是：非西方世界的民族主义者再生了这种二分法。他们其实陷入了"文本之所以重要，是因为属于一个特定的传统"的逻辑之中。你我希望看到的是什么呢？是所有的文本，不论是考底利耶（कौटिल्य）的《政事论》（अर्थशास्त्र）还是《摩诃婆罗多》，不论是洛克、霍布斯还是《论语》，都能成为全人类的共同知识产权。你我希望的是在西方的学习科目中，人们也能像你我探讨柏拉图、亚里士多德、康德一样轻松地谈论印度和中国思想。当然了，现实中，操作起来困难重重。但我们的愿景起码是一切思想皆为举世所共有。民族主义者没有垄断的特权。这是第一个挑战。

第二个挑战，我认为在印度思想比在中国传统显著得多。印度文明中最伟大的文本既是解放的动力，也是压迫的源泉。在西方，许多奴隶制的鼓吹者都引用亚里士多德，这一点已经恶名昭著。但亚里士多德本人也为后人提供了许多思考政治本质的宝贵资源。在印度，这一问题尤为凸显，因为印度政治和自我身份的核心挑战是种姓制度。在过去，甚至在现在，种姓制度都是根深蒂固的等级制度。坦诚而言，它有许多方面压迫性十足，甚至丑陋不堪。残酷的现实是：许多文本刻意，抑或无意地合理化了种姓制度。有时，那些曾经在历史上反叛过种姓制度的传统——譬如佛教——也经过了漫长的自我调整，以便与种姓制度和睦相处。当代印度思想史中最大的分歧源自如何对待这种压迫。一些思想家，尤其是马克思主义者，认为我们基本上只应把过去的典籍当作"压迫的文本"来阅读。安贝德卡尔的追随者们认为，要想在印度建立正义与平等，必须始于全盘废除印度教传统。正如安贝德卡尔所言：印度教和印度教思想的崩塌是个人解放的先决条件。[1]这是一个极端。另一个极端，如我所言，是民族主义阵营。他们拒绝正视这些典籍如何制造了种种权力形式来压迫、边缘化民众群体。我们仍然在挣扎，不知如何找到一种解读印度思想史的方式，才能合理处理这些典籍的复杂性——既不完全抹杀，也不盲从盲信。既要承认话语和论域制造了等级制度，将部分人群隶属于统治者，也欣赏这些深邃的文化资源——其中一些文本甚至挑战了种姓制度。这也是西方学界辩论不休的问题。是该把典籍当作"权力的密码"，还是视其为规范性理论，甚至为解放提供灵感？这第二个挑战最为严峻。

第三个挑战更为现实。我们在用英语译介印度哲学时面临一个巨大难题：语言。你研究考底利耶，一定知道《政事论》的梵文何其难懂，各种译本何其千差万别。我们绝不能小瞧不同的语言学语境带来的困难。梵文本身是一门极度复杂的语言。与古希腊语略为不同的是，每一部梵文典籍都随之而来一套术语，与其他文本中的词汇不尽相同。你不但要掌握梵文，还要探究每一部文献特定的语言。因此，翻译起来着实不易。理解起来也要保持一颗谦卑的心，时常问自己：我真正懂得这些概念如何反映这部文献的思想吗？在印度这样的多语言国家，"多语主义"既是赐福，也是祸根。一方面，如果你寻找一片"多语言学术研究"土壤，印度必是你的上上之选。但另一方面，也存在着悖论。因为语言太多了，所以要想真

① B.R. Ambedkar. *Annihilation of Caste: Speech Prepared for the Annual Conference of the Jat-pat-todak Mandal of Lahore, But not Delivered.* Bombay: B. R. Kadrekar, 1936.

正掌握印度思想史，必须要精通巴利文、梵文、波斯文、普拉克里特诸语文，令一般学者头晕目眩。因此，语言的挑战不容忽视。

李汉松：从古典文本回到当今政治，我想请教两个相辅相成的问题：印度的国内局势与国际地位。近年来印度政坛和公共界域震荡不断。一些学者认为这是全球政治潮流的体现之一：怀疑自由主义全球化、民粹主义抬头等。另一些则关注印度内部长期发酵的张力，譬如社会、民族、宗教之间的历史冲突和遗留问题。如何解读印度政治走向的内因与外因？印度政局又如何影响它的区域策略和国际战略？

梅塔：这个问题非常之好，我也同意你所说，国内国外两个大局是息息相通的，因为国家由内而生的政治身份在一定程度上决定了它的世界地位。

我认为若要认清印度过去的十年，就必须重新审视 1950 年代的印度宪政。[①] 当时，我们制定了一部泛泛而言的"自由宪法"，当然有种种限度和例外，但当时国家承诺给我们的是一种自由代议制的民主政体。[②] 但与此俱来的是永不间断的经济辩论：哪一种经济模式最适用于印度社会？正如许多其他发展中国家一样，印度也在不同的经济发展模型之间左摇右摆，辗转腾挪：封闭经济还是开放经济？国有制还是自由化？但总体而言，我认为印度自由宪政的基本前提是法国大革命那三个理念（liberté, égalité, fraternité）——也是写入印度宪法序言的一组词汇——自由、平等、博爱。这三个概念本应是印度宪政主义的指导精神。所以，要想检验当前印度的政治走向，我们不如便问这三个问题：做什么的自由？什么方面的平等？谁与谁之间的博爱？

先说"自由"。印度的"自由"和包括美国在内的所有"自由民主"国家一样，永远都是"正在进行，未完待续"的工程。相对而言，印度在自由宪政承诺公民的表达自由、权益保障等方面，记录还算基本达标。在某些疆域和一些方面，存在明显的例外。尤其是在克什米尔问题上，我认为印度背叛了它的承诺。就"平等"而言，我们主要面临两大挑战。首先是经济赋能。倘若国家饱受经济不平等困扰，又谈何政治平等？但印度

---

① Sujit Choudhry, Madhav Khosla & Pratap Bhanu Mehta, eds. *The Oxford Handbook of the Indian Constitution.* Oxford: Oxford University Press, 2016.

② Pratap Bhanu Mehta. *The Burden of Democracy.* New Delhi; New York: Penguin Books, 2003.

还深陷第二种不平等：我之前提到的种姓制度。正如伊莎贝尔·威尔克森（Isabel Wilkerson）在新书中指出的，"种姓"与"种族"之间形成了意味深长的类比。[①]每一个民主政体都有自己与生俱来的"原罪"，未来会深受折磨。印度的问题一直是：如何能打破最初建构出印度社会秩序的等级制度？应该强调，在印度，种姓制度不是新现象，也不是特殊现象，因为其他宗教也逐渐适应了种姓制度，甚至印度伊斯兰教也形成了内部的种姓结构。第三个理念是"博爱"。很明显，一个民族需要其公民互持互爱。但当初假设的那种民族主义是"公民民族主义"，基于民众对宪政理想的忠诚。但此后，宗教和身份开始侵蚀公民性，逐渐与"成为印度民族国家一员"挂钩。

最近十年来，两大隐忧浮出水面：自由与博爱。至于印度的"平等"状况，尽管起起伏伏，时涨时跌，但总体而言有一些显明的改观。譬如，低种姓人民在过去15到20年内获得了印度历史上前所未有的政治赋能。社会变化总是进度甚缓，但哪怕是一点进步也意义深远。目前，印度社会的共识是：无法在规范意义上合理化以种姓制度为基础的社会秩序。因此，我认为"自由"和"博爱"比"平等"更值得反思。在这两大领域，印度的困境与国际社会的总体趋势基本吻合——这是你先前提到的观点，我是赞同的。随着印度人民党的兴起和掌权，印度政府愈加倾向于使用威权主义管控社会和政治问题。这体现在许多细节之处。譬如，目前印度的人身保护（habeas corpus）可谓史上新低。莫迪先生是位异常有魅力、受欢迎、强有力的领袖，但在他的领导下，直接后果之一就是权力的高度集中，这在印度近期历史上到达了从未有过的高度。这种高度集中一定程度上弱化了政体各关节之间的平衡与制衡。第二方面的隐忧更为重要：博爱的缺失。很明显，印度正在演变成一个多数主义民族国家。印度教逐渐在定义印度的民族身份。现在情势很明朗：这是个印度教国家。曾几何时，印度国家的定义是脱离于宗教和身份范畴的，现在这种观念成了弱势。所以印度正在经历双重的威权主义化、多数主义化，这一现象也出现在土耳其、波兰和美国。所谓的"白人至上主义"也是一种宪政主义弱化的体现。与此同时，这种现象在印度政治中愈占上风。若要比较这两种现象，我认为多数主义势力更令人担忧。我认为我们在迈入印度史的新篇章。不

---

① Isabel Wilkerson. *Caste: The Origins of Our Discontents*. New York: Random House, 2020.

论平日他人说印度民主优缺点如何，这是印度独立以来，众多少数群体第一次感到缺乏政治声音和政治保护。

李汉松： 在国际舞台上，印度近来颇有动作。你写过多边主义秩序下印度的角色，近来也频频撰文分析印度外交与国际关系。[①] 众所周知，印度在历史上有过一段国际主义的过往，我也相信它有自己独特的国际视界。但目前看来，它似乎正逐步被其他势力拽入旁人的视界，譬如美、日所谓的"印太战略"。[②] 印度是否有，或是否应该有自己的国际愿景？何种"国际主义"最适宜印度？

梅塔： 我大概可以如此简述印度人民党政权的外交思想：在这个政权的眼中，1947—1970年的"尼赫鲁主义"印度外交为了兑现国际主义的承诺，损伤了印度的国家利益，付出了代价。持这种观点的印度政治势力责备尼赫鲁面对巴基斯坦和中国时，并未守住印度的疆界。

李汉松： 我也发现尼赫鲁从1920年代反帝国主义同盟到1955年万隆会议这段时间的国际主义遗产现在备受印度各界质疑。很多人翻出旧账，说他本来踌躇满志，要用万隆会议推出由印度主导的新第三世界国际势力，结果中国和其他国家反倒棋高一筹，印度空手而归。[③] 这种批判尼赫鲁的论调目前更流行了。

梅塔： 不错。事实上，目前人们要想"审判"尼赫鲁，扣给他最大的罪名就是中印关系——这是他"最大的失败"。人们认为，尼赫鲁在国际舞台为中国撑腰呐喊，支持中国获取联合国安理会常任理事席位，但对于中国带来的挑战则浑然不觉。他的总理任期最终以1962年的"耻辱"灾难般地收尾。之后，这种外交政策在英迪拉·甘地（इंदिरा गांधी）任总理期间有一定修正，印度也更加当断则断，甚至单边主义。这段时间内印度外

---

① 梅塔编著有《塑造新兴世界：印度与多边秩序》（Bruce Jones, Pratap Bhanu Mehta, W. P. Sidhu, eds. *Shaping the Emerging World: India and the Multilateral Order*. Washington D.C.: Brookings, 2013）、《2.0版不结盟：为印度的21世纪外交和战略政策》（Sunil Khilnani, Rajiv Kumar, Pratap Bhanu Mehta, Prakash Menon, Nandan Nilekani, Srinath Raghavan, Shyam Saran, and Siddharth Varadarajan. *Non Alignment 2.0: A Foreign and Strategic Policy for India in the 21st Century*. New Delhi: Penguin, 2012）。他的外交政策评论大多发表于《印度快报》（*Indian Express*）。

② Hansong Li. "The Indo-Pacific: Intellectual Origins and International Visions in Global Contexts", *Modern Intellectual History*, 2021, pp.1-27.

③ 万隆会议（1955年4月18—24日），又称第一次亚非会议，是部分亚洲、非洲第三世界国家在印度尼西亚万隆召开的大型国际会议。学界与公共各界普遍认为，尽管尼赫鲁是号召者与发起人之一，但在会议上的表现逊于中国的周恩来总理。

交的最大行动是阻止孟加拉独立战争期间发生的种族屠杀，以及接下来的巴基斯坦分裂：东巴基斯坦成为独立的孟加拉国①。其间，印度在世界舞台上变得更加现实主义。我个人认为这两段外交政策的差异被过度放大了。

现在，当前的印度政府摆出了新立场：在国际事务中，印度必须采用强硬的现实主义态度，必须头脑冷静地思考印度自身的利益究竟何在，然后保证国家利益永远优先。我认为在全球范围内，多边主义，以及对联合国等国际组织的支持目前处于低谷，并且将持续一段时间。印度政府很不情愿对"二战"后形成的多边主义组织作出任何承诺。

向前看，我认为有两个因素会推动印度外交的走向。第一是：何种外交策略才能保障印度的发展空间？但若这样问，则不得不正视一个更具挑战的前提问题：印度要采纳哪种发展模型？1991年后，印度决定要加大力度融入国际经济秩序。但近年来，印度开始重新思考这种经济整合是否真正对印度有益。譬如，这一届政府提出了"印度自力更生"（self-reliant India）这一概念。这在一定程度上是呼吁公众重新反思经济全球化。

李汉松：这也是一种国际潮流：外部困于地缘政治，内部囿于经济趋缓，此时最宜提出经济自足。譬如俄罗斯智囊亚历山大·杜金（Алекса́ндр Ду́ги）近来声称俄罗斯要进入费希特的"闭塞的商贸国"（Der geschlossene Handelsstaat）。这样既在修辞上肯定了自由贸易，但同时缩减了国际竞争中与经济融合俱来的脆弱性。当然印度面临的外部地缘政治因素是中国。

梅塔：正是，起码可以说，印度"重思国际化"的呼声受中印张力持续恶化的影响。印度方面对印中贸易赤字相当紧张。很多人据此断言，全球化和自由化并未使印度获益。所以印度经济是否会持续开放？虽然辩论激烈，但这终究是个现实问题，技术成分比意识形态更重要。印度的确需要外界注入大量投资，刺激已经在趋缓的经济重振活力。因此，它不得不面对国际经济体保持一定开放。然而它极度担忧与中国的贸易逆差。在最近的语境中，这直接导致了印度试图"与中国经济脱钩"。这是审视印度国际地位的一个轴心。

第二个轴心是：印度在历史上颇以一种巧妙的"不结盟主义"（non-

---

① 孟加拉国独立战争（মুক্তিযুদ্ধ）亦称"巴基斯坦内战"，指1971年东巴基斯坦脱离巴基斯坦成为孟加拉国，其中触发了第三次印巴战争。

alignment）战略为傲。这并不意味着印度不能或不应与具体国家发展亲密关系。毕竟，在 1970 年代，印度与苏联关系甚密。但"不结盟"的指导性假设是：印度和每方势力的关系都要比这些势力之间的关系更好。因此，尽管印度亲近苏联，它与美国关系也很不错。直到过去 15 至 20 年内，印度出现的新外交思维模式也认为印度要避免在中美竞争中站队。印度最好成为一个中立区，甚至能让中美双方在这一空间内达成一致。与此同时，中美都可以与印度深化纽带——不论中美关系向何处去。坦诚而言，我必须说本届政府正在以一种极端的方式重新考量这一理念。我认为它在明显向美方倾斜。那么现在，我们可以辩论这究竟是为什么。我很清楚我的中国同事们认为印度本来就是倾美。中美双方缺乏互信的一个因素是，中方怀疑印度要充当美国制约中国的马前卒。印度方面抛出的论调又截然相反，认为是中国近年来更为武断的外交策略把印度逼上了穷途，别无选择之下才向西方靠拢。这一认知上的冲突是今后印度外交策略转变的又一驱动因素。

李汉松：既然我们已经敞开谈中印关系，我想再追问两点。我记得上次在剑桥大学耶稣学院，我们也谈论了高等教育。当时您曾做了两组对比，一是芝加哥大学学术严谨、哈佛学风涣散，二是中国高等教育发展迅猛，印度赶之不及。第一点自然毋庸置疑，但我更感兴趣第二点：您具体如何评价中印两国的教育发展、优势劣势？那一年，您出版了一部反思印度高等教育的文集，之后又担任阿育王大学副校长，理论和实践之间，我想您的想法也在不断变化。①

梅塔：在概念上，我认为可以用不同的方式思考这一问题。首先，如果以各种指标当作参数，中国高等教育优于印度。一定程度上，这是因为中国基础教育更为坚实。印度仅在八九年前才实现基础教育 100% 全覆盖。即便这样，印度基础教育的质量也极度不平均。如果我们看的是中印高校"研究开发"（R&D）的进步速度、专利申请数量、科技成就的密集度——中国近年来也是以这种"研究开发"为思路重点发展高校和企业的科研能力——那么可以说，印度在 1970 年代领先于中国，但中国之后超越了印度。但我认为在科学领域，印度有一些乐观之处。过去六七年内，印度科技领域的能量和动力空前。其中部分原因来自外部环境：当前全球范围内

---

① Devesh Kapur and Pratap Bhanu Mehta, eds. *Navigating the Labyrinth: Perspectives on India's Higher Education*. Hyderabad: Orient Black Swan, 2017.

都涌现出更多人才，分布更趋分散，因此印度可以吸引回来。但印度要想实现"自力更生"的程度，还是长路漫漫。印度科学界现在热切希望莫迪政府不只动口不动手，而是多多投资科技——这就像"镶在乌云上的银边"，或许是"自力更生"的"一线希望"。毕竟，21世纪的竞争是科技的竞争。就这一点而言，印度正在觉醒，发现自己欲求赶超，还须大下苦功。

李汉松：还有一层更广义上的"教育"——国家公民的国际教育。鉴于中印两国目前坠入了地缘政治的漩涡之中，我们需要如何自我和相互教育——不论是学术还是公民意义上的"教育"——才能让彼此既在政治和外交上，也在文化和文明的层次上互知互信，以求从根本上化解雠嫌，长治久安？

梅塔：你这一问题至关重要，因为中印关系是决定21世纪人类命运的关键因素之一。中国和印度是世界上人口最多的两个国家、两大核武器拥有国、两大经济体，又共享边界，比邻而栖。如此性质和规模的两国互动，世所未见。就双边关系而言，甚至可以说中印关系在长期来看比中美关系的结局更重要。诚恳而言，我认为两国关系面临的最大瓶颈是中印一段共同的历史：两国都是深邃的文明古国，但又都遭受了一种"后殖民"创伤，留下了心理阴影，其结果之一就是当代中国和印度两国极力巩固各自的"现代民族国家"。但我必须说，两国各自想象"民族国家"的方法，骨子里仍然是欧式的。在这一点上，我们倒是恳切地盼望两国能多用自身的历史文化思考，而非囿于西方的政治范式。具体体现在两点。一是两国都在巩固坚实的边境疆界。现代西方民族国家用泾渭分明的疆界定义国家。相比之下，更古老的文明允许它们的边陲空隙更多，更具渗透性和穿越性。很长一段历史中，个体甚至是整个族群，都在定义不清的"边境"之间穿梭。人群和疆土之间存在关系，但这种关系更具流动性。即便严格意义上的"政治主权"并不正式启动，边境区域的文化和经济来往仍在不断进行。但现如今，两国都认为必须划清界限，"软边境"要巩固成"硬边境"，这导致了疆界争端的升级。双方当然可以争执"历史权"，但历史永远是复杂的，没有一种简单的概念模式能立即得出答案。比如一片地区文化上与印度更近，政治上与中国更近，双方各自陈述历史证据，又当如何裁决？这是其一。

另有一点，恐怕我们也在一味地、不自觉地模仿西方：那就是欧洲民族国家的阴暗面，一种政治想象的单一化。如你所知，也如麦克尔·曼（Michael Mann）的研究所指出的，当19世纪的欧洲帝国瓦解成民族国家时，国家内部开始强制施行高度的单一性：一个国家、一个民族、一门语言。①甚至"民族清洗""种族屠杀"等词汇的发明，也是出自"制造民族国家"这一语境之中。你必须属于一个政治经济化的"民族体"（ethnos），才能有国籍。真相是：欧洲各国追求这一目标，最终成功了，但是代价惨重：前所未有的流血牺牲、两次世界大战、集中营、19—20世纪大量人口的迁徙和流离失所。印度和中国都是民族多元、宗教多元的国家。这种"单一化"工程很难施行，除非使用强制手段。一旦开始民族国家的单一化进程，我们便为自己创造了一些不安全和不稳定因素：我们自己的多元化可能被境外势力利用，成为颠覆我们"民族国家"工程的手段。中国在西部、东南地区担忧此事发生，印度则对东北部和克什米尔心存疑虑。

所以我认为，两国应该开启更为坦诚的对话，讨论一下我们共同面对的这一困境。印度和中国能否找到更具想象力的方法，打开更多共同的空间，让边境地区不再是争议频发之地，反而成为处理多元化的新方法、新模式？我知道这样说近乎乌托邦。但我认为，如果缺乏更多的想象力，中印无法解决各自内部的政治困难。这也是阻碍中印关系良性发展的绊脚石。我认为中印之间没有意识形态冲突。相比起美国，印度完全乐见任何国家采用任何政治体制。但是边境问题的确在两国之间制造了隔阂。如果历史学家、人类学家和其他学者能够共同思考出一些双赢方案，避免零和竞争，那将是21世纪最重要的思想工程之一。

李汉松：这一雄心壮志是您正在筹办阿育王大学中国研究中心的初衷？

梅塔：当然是任重道远！但诚实而言，我认为印度对中国的无知实在可耻。印度缺乏掌握中国语言、洞悉中国学问的专家。但我在阿育王大学建设中国研究中心的初衷确实也在于此。成立后，中心的第一要务是振兴中国研究的学术基地。之后，我们可以再打开更多不同的对话管道。我认为印度有必要从更宏阔的视野看中国，而非仅仅是"国家安全"或是"双边贸易"这些狭隘的视角。我们更应问一个与之不同的问题：这个庞大而复杂的社会在经历现代化进程的同时，遇到了哪些挑战？

---

① Michael Mann. "The Dark Side of Democracy: The Modern Tradition of Ethnic Cleansing and Political Cleansing", *New Left Review* (235), 1999, pp.18-46.

第四部分

古今之辨

古今希腊的文化反思

——对话帕斯卡利斯·基多米利德斯 ①

本文综合古典学、宗教研究与政治思想史方法，跨越众多传统、时段与地域，纵观从城邦时代到拜占庭帝国、从启蒙萌芽到现当代民族国家的希腊政治思想史。这篇与希腊思想史家帕斯卡利斯·基多米利德斯的对话系统性地反思了希腊文化与思想史中的古今、民族、疆域等核心理论问题，评析了历史语境下文本与观念传播和形成的方式，及其对思想史学术发展的启示。

帕斯卡利斯·基多米利德斯（Πασχάλης Κιτρομηλίδης），希腊政治理论与思想史家，希腊国立雅典大学政治学荣休教授、希腊议会学术委员会委员。基多米利德斯兼治古典、中古和现当代希腊研究，亦是东南欧启蒙运动研究的主要开拓者。

李汉松：研究希腊思想史，可发现其许多典型特征：史籍资料流动性显著，观念多样，历史年表繁复久长。对话伊始，我们不如以两种特点入手，追溯您个人的文化语境。首先，以空间纬度来看，在区域环境、民族国家、全地中海乃至东正教世界范围内，不同的文化道统既争鸣竞逐，也彼此通融。正如阿扎曼蒂奥斯·科莱斯（Αδαμάντιος Κοραῆς）② 思想源于他在士麦那、蒙彼利埃和巴黎的足迹，埃莱夫塞里奥斯·韦尼泽洛斯

① 本文成稿于 2019 年 5 月 30 日至 6 月 8 日基多米利德斯访问中国社会科学院、中国海洋大学、复旦大学前夕，以《古今思想之辩》为题刊于《新史学》2020 年，第 26 辑，第 342—355 页。在此再次感谢前希腊驻华大使罗卡纳斯先生、大使助理许晶博士和新闻秘书 Eleni Moutsaki 女士、Kazis Lampros 先生、新闻顾问 Euthymios Athanasiadis 先生。

② 阿扎曼蒂奥斯·科莱斯（1748—1833），希腊学者、文学家、启蒙运动改革家。

（Ελευθέριος Βενιζέλος）[①]的政治思想植根于克里特的文化传统一样，您最初的思考来自20世纪50—70年代的塞浦路斯，继而扩展至全希腊。当时什么社会时局，形成了您最初涉猎政治思想的潜台词？又为何选择思想史作为解答政治文化难题的途径？

基多米利德斯： 在我的思想史研究背后，确实有一些潜台词，而最重要的一个弦外之音，首先要追溯到我的故乡塞浦路斯的政治历程：从上个世纪50年代末的反殖民斗争、60年代的民族冲突、1974年的那场悲剧，到土耳其入侵和塞浦路斯的分裂。[②]我个人目睹了所有这些政治事件，并且一直在试图理解发生了什么，以及为什么这些事件会发生。由此，我逐渐被牵引着，开始思索民族主义在欧洲现代性的形成中起到的关键作用。理解它，基本上意味着重新发掘这些意识形态现象的历史性，还要解密各种观念如何以种种形式服务于政治或其他目的。无可避免地，这些探索将我引入了思想史这一领域，因为研究它不仅能理解"什么"政治事件"为什么"会发生，还能帮助我们看清其他可供选择和替代的思想发展及政治路线。这也正是我何以从最初研究和批判民族主义，逐渐过渡到更全面地鉴别启蒙运动。[③]最终，在探索历史性的启蒙运动、重新审视那些思想争鸣的过程中，我开始思考宗教，尤其是东正教的历史发展，以及它作为一股文化思潮，如何与启蒙运动、民族主义浪潮互动。[④]简而述之，这就是我的学术轨迹。

李汉松： 与此同时，以时间纬度视之，现代希腊萌芽时曾一度陷入"古今之争"，辩论古典希腊、拜占庭以及启蒙运动文化遗产如何相互协调，多层结合。在观念流动的时空语境中思考古今之辨[⑤]，您最初是否也受

---

① 埃莱夫塞里奥斯·韦尼泽洛斯（1864—1936），希腊政治家与思想家。

② Paschalis Kitromilides & Elsi Tornaritou-Mathiopoulou (ed). *Φιλίππου Μεμπρέ. Αξιόπιστη και λεπτομερής περιγραφή των γεγονότων, πώς οι Τούρκοι άρχισαν την επίθεσή τους με ισχυρές δυνάμεις εναντίον του λαμπρού Βασιλείου και νήσου Κύπρου και εξεπόρθησαν βίαια την πρωτεύουσα αυτού Λευκωσία.* Athens: Institute for Historical Research /NHRF, 2013.

③ Paschalis Kitromilides. *Enlightenment and Revolution. The Making of Modern Greece.* Cambridge, MA and London: Harvard University Press, 2013.

④ Paschalis Kitromilides. *An Orthodox Commonwealth. Symbolic Legacies and Cultural Encounters in Southeastern Europe.* Aldershot: Ashgate, 2007. Paschalis Kitromilides (ed). *Enlightenment and Religion in the Orthodox World.* Oxford: Voltaire Foundation, 2016; *Religion and Politics in the Orthodox World. The Ecumenical Patriarchate and the Challenges of Modernity.* London and New York: Routledge, 2018.

⑤ Paschalis Kitromilides. *Adamantios Korais and the European Enlightenment.* Oxford: Voltaire Foundation, 2010; Kitromilides (ed). *Eleftherios Venizelos: The Trials of Statesmanship.* Edinburgh: Edinburgh University Press, 2006, p. 5; Adamantios Korais; Paschalis Kitromilides (ed). *Σημειώσεις εις το Προσωρινόν*（转下页注）

到希腊知识分子家庭环境的启发？

基多米利德斯：确如你所说，另外一个指引我走上思想史道路的重要影响，来自我的家庭背景。我成长于一个古典学研究世家。我的父母：米基斯、玛格达二人，以及我的外祖父——帕斯卡利斯·帕斯卡利蒂斯，皆为古典学家。我母亲的两位同族表亲，在塞浦路斯尼科西亚、帕福斯这两所城市的文理中学（gymnasium）教授古希腊文学。而她的姊妹安琪丽基则是一位卓有建树的考古学家。这一家庭氛围无疑影响了我对古代文学、历史和文化的兴趣。当我尚是一位高中生时，便已经开始收藏古塞浦路斯陶器。我的个人收藏目前展于雅典大学附属考古与艺术史博物馆中。在你我交谈时，我尤其该说明，我对瓷器和陶艺的热爱也延展到了其他文化。比如，从青少年时代起，我就对中国陶瓷艺术史产生了浓厚兴趣。总之，这些年轻时代对于古典文化的热情，以及我在希腊文、拉丁文等古代语言领域积累的知识，促成了我选择知识史与政治思想史研究作为毕生的志业。

李汉松：您的治学方法侧重于国家之间、文本之际穿越多重空间的"文化转移"。最显著的例子，莫过于考察思想家远游海外，激发文化观念之互通。在研究希腊启蒙时，您大量分析了侨居海外的希腊人跨越语言、文化和政治界限，重思传统、闭塞、压迫的经历。从剑桥、牛津，到巴黎、佛罗伦萨，最终回到故乡希腊，您在历史精神的引导下，将国际思想引入希腊，成效是否如您所期？①

基多米利德斯：我于1980—1981年返回雅典执教，在介绍论述政治思想史时，遇到了一些严峻的困难。实际上，所有举足轻重的现代西方政治思想典籍，其时都尚无希腊文译版。

李汉松：鉴于古希腊传统激发了现代西方思想史中的诸多重大创见，现代希腊与欧美学界直至20世纪中叶还严重脱节，显得尤为可惜，甚至颇具讽刺意味。

基多米利德斯：正是如此。这些原典和著作的缺席，还有一点令人讶异之处，即希腊学界对自由主义政治思想的冷漠态度。那时，值得庆幸的

（接上页注⑤）*Πολίτευμα της Ελλάδος*. Athens: Hellenic Parliament Foundation, 2018.

① Paschalis Kitromilides. *Νεότερη Πολιτική Θεωρία Ι: Θεωρίες του Κοινωνικού Συμβολαίου* [Hobbes-Locke- Rousseau]. Athens-Komotini: A. N. Sakkoulas, 1984; *Νεότερη Πολιτική Θεωρία ΙΙ: Ωφελιμιστικός Φιλελευθερισμός* [Jeremy Bentham-John Stuart Mill]. Athens-Komotini: A. N. Sakkoulas, 1986.

是，马克思主义著作尚且可以找到，卢梭的代表作也偶尔能见到。其他近乎相同重要的现代思想家，却毫无一版严肃认真的译文。所以我决定亲自翻译洛克的《第二政府论》。自 1985 起，我以很慢的进度翻译，直至 1990 年秋，借此部原著三百周年之际出印希腊文版。迄今为止，我的译本已出至第三版，我很高兴由于我的导言、注释与论述，希腊学界对洛克的理解逐渐发生了变化。①

我一贯鼓励学生和同事花费时间去翻译经典名著，自己也坚持为这些译本写导言，譬如托克维尔之《旧制度与大革命》、贡斯当之《古代人的自由与现代人的自由》以及达朗贝尔之《大百科初论》。②我的志愿之一即是向希腊式思维传授自由政治逻辑，并且因此能珍视一些重要的价值观，比如权利、隐私、容忍、温和、崇敬文明礼仪以及区别公私利益而能二者兼顾等③。我认为现代社会要想繁荣发展，这些都是必不可少的公民品格。

李汉松：在将现代西方思想史引入希腊的同时，您也向世界输出了现代希腊理念，证明了古希腊文明之外，现代希腊文化也值得反思，奠定了希腊启蒙运动这一研究领域。目前讨论启蒙运动，已不再是纯粹的英、法、德文本研究了，而是包括苏格兰、那不勒斯、西西里、希腊及东欧众多地区。

基多米利德斯：如你所说，相反方向地，通过大量以英文撰写希腊思想传统，我致力于让国际学术界注意到一个重要事实：希腊思想史在它最初受人崇敬的两个阶段（古典与拜占庭时代）之后，仍然星火延续，相传至今。我尤其希望指出，希腊思想传统在现代历史中，也具有极大的灵活性和创造性，并且为世界贡献了重要的著作，而这些现代文化孕育的作品又与一个非常古老的传统遥相呼应，息息相通。以这种视角来看，正如埃里·凯杜里（Elie Kedourie）很早以前就认识到的那样——而甚至在他之

① John Locke. *Δεύτερη Πραγματεία περί Κυβερνήσεως* [*Second Treatise of Civil Government*]. Greek critical edition: Introduction-translation-commentary by P. M. Kitromilides. Foreword: Peter Laslett. Athens: Gnossis Publishing House, 1990.

② D'Alembert. *Προεισαγωγικός λόγος στην Εγκυκλοπαιδεία* [*Discours préliminaire à l'Encyclopédie*], transl. T. Dimitroulia, introduction: P. M. Kitromilides, Athens: Polis, 2005; Alexis de Tocqueville. *L'Ancien Regime et la Révolution*, transl. A. Pappas, Introduction: P. M. Kitromilides, Athens: Polis, 2006.

③ Paschalis Kitromilides. *Νεότερη πολιτική θεωρία. Θεωρίες της ελευθερίας* [*Modern Political Theory. Theories of Liberty*], Sixth edition, Athens: Nomiki Vivliothiki, 2016.

前，汤因比也如是说——希腊启蒙运动的文本作品能引发我们独一无二的兴趣。当我在攻读博士期间，完全意识到了晚期希腊传统在世界史（尤其是启蒙运动史）上的重要性时，我决定将此生贡献于这一传统，使之在国际学术界发扬光大。而之后看到了不起的学者，如乔纳森·伊斯雷尔和约翰·罗伯逊采纳我的作品去拓宽他们对启蒙运动这一思想与文化现象的解读时，我感到前所未有的鼓舞和欣慰。

李汉松：文化思想史研究与许多学术领域同时接壤，互有印证。我们不妨讨论一下这些学科当前的状况及其涉及的方法论。上个世纪 70 年代，现代希腊思想研究尚处于边缘化地带，雅典亦被隔离于三座近世传统文化圣城：伦敦、巴黎、阿姆斯特丹，以及德国史学派的高墙之外，鲜有问津。自从您与凯杜里教授着手以希腊史料诠释民族主义现象以来，这种境况有何改观？

基多米利德斯：我认为到目前为止，希腊作为一个民族主义兴起的确凿案例，其重要性已被各方认可，且被用于阐释更宽范围内的政治与文化现象。向更广泛的学术群体介绍这一事实，凯杜里堪称第一人。但是在此之前，也有许多学者，尤其是汉斯·科恩（Hans Kohn），也注意到了希腊案例之深远意义。民族主义研究这一领域中，我的贡献较为成功。特别是我 1989 年那篇《想象中的群体与巴尔干民族问题的起源》①，在学界引发了激烈的反响。

李汉松：广泛而言，"希腊政治思想史研究"与其他希腊研究传统之间存在着一些微妙互动。譬如，古典学家乔纳森·霍尔（Jonathan Hall）从希腊考古学转向研究现代希腊文化如何接收古典遗产，再如拜占庭学者阿芙利尔·卡麦隆（Averil Cameron）关注后东罗马时代希腊文本及其当今影响，著有《拜占庭事关要紧》一书②。沃尔特·凯吉（Walter Kaegi）似乎继承了汤因比对罗马帝国当今疆域的兴趣。另外，有许多希腊、东欧、巴尔干以及所谓"东正教"的"拜占庭共同体"研究者，从迪米特里·奥伯

---

① Paschalis Kitromilides. "Imagined Communities and the Origins of the National Question in the Balkans", *European History Quarterly*, Vol. 19, No. 2 (April 1989), pp.149-192; Blinkhorn, M. &Veremis, T. (ed). *Modern Greece: Nationalism and Nationality*, Athens: Sage-ELIAMEP, 1990, pp.23-66; J. Hutchinson & A.D. Smith (eds). *Nationalism. Critical Concepts in Political Science*, Vol. II, London & New York: Routledge, 2000, pp. 645-683.

② Averil Cameron. *Byzantium Matters*. Princeton: Princeton University Press, 2014.

连斯基（Dimitri Obolensky）到约翰·费恩（John Fine）。最后，如我们适才所谈，乔纳森·伊斯雷尔这些欧洲思想史家在研究西北欧启蒙运动时，会顺道提及希腊。以语境主义的方法研究希腊政治思想史，对诸多相关领域有何显著或潜在的贡献？

基多米利德斯：我对希腊政治思想史方面的著述，既倾向于"古典传统的后世接收"这一宏大议题，也涉猎"文化存活、延续和间断"这一令人费解而着迷的问题。所以，在方法论的层面上，我与其他志趣相投的学者形成了卓有成效的学术对话。此外，我的这种介入也提供了具有阐释性作用的资料。对于你所提到的这些学者而言，更多的文本记载可以用于案例分析，以求为普遍化的论述提供更为稳健的历史依据。

李汉松：剑桥学派内部，从斯金纳、塔克至布蕾特、胡克斯特拉（Kinch Hoekstra）等人，研究现代思想家对古典和中古文本传统的接收、再诠释和再创造。具体而言，您作为"思想史"研究范式的实践者，与剑桥学派之间的关系应当如何描述？

基多米利德斯：我与剑桥政治思想史学派交往密切，且不乏实质性关联。当然，如果我一定要为自己的学术身份归类，我宁愿声称自己属于"哈佛学派"，因为我毕竟受朱迪丝·施克莱和迈克尔·沃尔泽思想影响较深。但经年累月，我愈渐向"剑桥学派"靠拢，而我们之间最强劲的核心纽带，莫过于我对洛克的研究。投入这一事业，我自然受到彼得·拉斯莱特和约翰·邓恩二人莫大恩惠。对此学术影响，我十分感激。除此之外，昆廷·斯金纳在撰写、解读政治思想史时所实践的语境途径，是我在所有论述中都一应采纳的方法论模型。

李汉松：与现代希腊学者对话，不得不提及古代，因为没有不被重新想象的古代。古代不限于过去，而具有现代政治意义。从历史哲学角度而言，"古代性"这一观念，具象似一场博物馆展览，抽象又如一种仁者见仁的政治语言。作为一种复杂的渊源和势力，它在现代希腊文化与政治的形成中扮演了重要角色。希腊独立前夕，亚历山德罗斯·伊普斯兰提斯（Αλέξανδρος Υψηλάντης）①将军公布檄文，号召东正教世界团结一致对外，却又忍不住在其中加了几句古希腊人在"马拉松与温泉关之间"抗争波斯

① 亚历山德罗斯·亚历山大·伊普斯兰提斯（1792—1828），希腊独立战争前后"友谊社"（φιλ-κήεταιρεία）领袖。

帝国（隐喻土耳其人）入侵这种传奇浪漫的想象。① 快进到两次世界大战期间，韦尼泽洛斯在收复中古希腊领土功败垂成之后，被流放期间，潜心将修昔底德《伯罗奔尼撒战争史》翻译成现代希腊文。而扬尼斯·梅塔克萨斯（Ιωάννης Μεταξάς）② 独裁期间，亦曾鼓吹斯巴达"拉刻代蒙文明典范"。凡此种种，古今之辨、古今之争在希腊意识中占据中枢核心地位，可谓根深蒂固。尽管形式不同，这或可与中国近代以来古今论争的情势相较。正如莫移西奥达克斯（Ιώσηπος Μοισιόδαξ）③ 一语中的：现代希腊人对古代既崇敬过度，也忽视过度。所以，我很想知道：您如何综述现代希腊思想史中对古代遗产的认知与接收？在不断随着时势而变的"解读过去"之中，哪些特别的扭曲和转向，您认为尤其充实有益，又有哪些对如今的希腊造成了疑难困境？

基多米利德斯：现代希腊文化与古代遗产之间的关系确实十分复杂，通常充满了矛盾，但对于"希腊身份"的界定却至关重要。古代希腊在现代希腊社会的意识中，占有核心地位，并且是个非常敏感的议题。原因基本有二：其一是古今希腊在地理上的重叠。粗略而计，我们生活在同一"国家"范围之内，转身四顾，周遭尽皆环绕着古代文明的丰碑。我们所听见、所使用的现代地名，与古代完全一致：雅典、比雷埃夫斯、马拉松、萨拉米斯、爱琴娜、马其顿、伯罗奔尼撒，不胜枚举。这些日常的地理名称令我们不时回想起那一段悠长的历史。每逢此时，远古似乎又鲜活地存在于我们中间。更重要的是，我们以一种现代版本的古希腊文相互交流。当代希腊白话与古希腊文，要比新拉丁（罗曼）语言和古典拉丁文更加相近。许多日常用语或与古希腊文完全一致，或相去不远，辨析不难。凡此种种，都为当代希腊营造出一种对于远古时代的强烈身份认同与微妙

---

① 详见《为信仰与祖国而战：亚历山德罗斯·亚历山大·伊普斯兰提斯为多瑙河域诸侯国反叛宣言：1821 年 2 月 24 日》(Clogg, pp. 201-203, 12:1, Vranousis and N. Kamarianos, Athanasiou Xodilou: I Etaireia ton Philikon kai ta protasymuantatou 1821, Athens, 1964, pp. 24-28)。东正教宣传："我们自古以来在十字这枚标志下攻城略地。如此，让我们为祖国和东正信仰清理异教徒不虔诚的嘲讽！"古典传统宣传："啊，勇敢而宽宏的希腊人！将自由请回希腊古典的大地吧！让我们在马拉松和温泉关之间而战！……忒拜人厄帕米农达斯（Ἐπαμεινόνδας）、雅典人色雷西布拉斯（Θρασύβουλος）、哈莫迪乌斯（Ἁρμόδιος）、阿里斯托杰顿（Ἀριστογείτων）、提木良（Τιμολέων）、米提亚德（Μιλτιάδης）、特米斯托克利（Θεμιστοκλης）、列奥尼达（λεωνίδας）和三百勇士……"

② 扬尼斯·梅塔克萨斯（1871—1941），希腊总理、独裁者。

③ 伊奥西坡斯·莫移西奥达克斯（1725—1800），18 世纪希腊启蒙哲学家。

情绪。但与此同时，广大群众之中，免不了存在对古代认识的愚昧。甚至受过良好教育的少部分群体，也对希腊古代史只知其一，不知其二。这种真实或者假想出来的，古今希腊人互享身份认知的概念，反倒滋生了不少疑难：在当代社会中，古代究竟应当占据何样的席位？

这些问题无疑是自启蒙运动以来，现代希腊文化争论的重中之重。这些百家争鸣中，最核心的焦点应当是语言问题：如何甄选一种用于希腊普通教育的现代语言，而它与古希腊文又该作何联系？希腊启蒙运动期间，有为数不少的复古主义者们倡导古希腊文教复兴。其他人则持相反意见，坚称更为简化的口语白话（Δημοτική）最适合现代希腊。还有一少部分以科莱斯为代表的知识分子，提倡一种经过改良美化的现代希腊语（"纯正希腊语"：Καθαρεύουσα），主要是将它从外语影响和侵蚀中"净化"出来，回归希腊传统。经过漫长的语言斗争，"通俗语主义者"们最终胜出。但是围绕"古代在现代社会中应占何种地位"展开的争论，并未因此而停止，以至于在现如今的 21 世纪，偶尔还会碰撞出激烈的火花。中等教育阶段是否以及如何教授古希腊文这一社会争论，便是一例。

语言和教育政策的争端之外，古代和古典遗产是希腊这一国度不可限量的宝贵资源。古希腊文学和古典传统源源不断地启发现代诗歌，如神圣甘泉，经久而不衰枯。最伟大的现代希腊诗人，如卡瓦菲斯（Κωνσταντίνος Π. Καβάφης）④、塞菲里斯（Γιώργος Σεφέρης）⑤、埃里蒂斯（Οδυσσέας Ελύτης）⑥的作品，满盈着对古代神话和历史的引喻。如此看来，这些经典的现代诗歌显然是古典传统演进发展的一部分。每值夏日，古希腊戏剧，包括悲剧和喜剧，都经现代希腊译文重新诠释，在全国范围内的古代剧场里重新复苏。其中最著名的是雅典和埃皮达鲁斯的古希腊剧场，成千观众竞相排队，一睹舞台风貌。希腊文物博物馆近年来大规模整修翻新，永远为造访者提供一种美学的体验，以及远古、上古艺术史的教育。所有这些，都形成了当代希腊文化中不可或缺的特征。而我坚信，这是当今希腊生活中最有价值的元素之一。

李汉松：您适才从文教的角度谈了古今之间的关系。我现在希望与您

---

④ 康斯坦丁诺斯·卡瓦菲斯（1863—1933），希腊著名诗人。

⑤ 乔治·塞菲里斯（1900—1971），希腊诗人，诺贝尔文学奖得主。

⑥ 奥德修斯·埃里蒂斯（1911—1996），希腊现代诗人，诺贝尔文学奖得主。

补充讨论一下广义上的"古代性"所具有的政治意义。现代希腊重新想象自己的诸般"过去",不尽相同,从一段时期到另一段时期,充斥着发现与排斥,既博采众家,又刻意甄选,思想杂烩,彼此竞争。其中有反思,有重释,纽结成共同的历史记忆。如今处于民族国家时代,各个历史悠久的文明都免不了自我挣扎:面对多层次、有政治争议性的许多个"过去",既要抢救,也须批判性反思,不得不时时处处谨言慎行。您曾敦请历史学家们"调和人民与他们自己的历史",而非"躲入历史迷思中避难,以求慰藉"①,想必通过研究历史意识的政治形态,您总结了不少经验教训。

基多米利德斯:诚然,对于所有社会与国家而言,历史思考和历史辩论都是自我理解和自我定义的根本方式,而在民族社会尤其不可或缺。其核心是一种常常充满激情的自我认知方式,即通过诠释集体的轨迹如何沿着时间推移的方法阐述过去、理解当今。尽管如此总结,此类立论仍须限制、澄清。毋庸置疑,但凡是对于过去的解读,都在不断变化当中。而就此辩论,几乎无一例外会卷入争议。这些辩论在某一特定环境中展开,势必受时代需求鼓动、激发。我承认这很真实,因为毕竟对现实的重新创建、对意识形态需求的满足,也是社会进程的一部分。但与此同时,撰写历史及其附带的诸般解读,并不也不应被当作纯粹反映主观变化的意识形态。既然历史是一门有纪律的学科,在历史学家履行他们的职业业务时,我们就必须观察并尊重它运转所遵循的规则与原则。如果忽视了这一要紧的义务,历史便会沦落成肆意编织的"一半真话",甚至是全然的谎言。如果一个社会容忍这种操纵行为,那便是其深层次智识与道德瘫痪的症状了。

李汉松:正面而言,读史之时,对互可替代之说辞,我们应如何细腻甄别,将其归入各自的语境?

基多米利德斯:如果史学研究本着诚信原则,以反本体论(de-ontological)的方式践行,史家则能证实自己真正成就了教育全社会的学院。每一时代都会产生历史学问,并以"时代精神"(Zeitgeist)需求为准,对以当时为坐标的"过去"进行重新阅读与阐释。基于此,仍可以严肃诚恳地反思史料证据、考古文物。对待历史理论和设想,也可严谨分

---

① Georgios Varouxakis. "Intellectual History as Cultural Criticism: Enlightenment versus National-ism", Interview of Paschalis Kitromilides on 9 July, 1994 by D.L.L. Parry and Georgios Varouxakis. Interviews - entretiens, *European Review of History: Revue européenne d'histoire*, 2:2, 1995, pp. 261-267.

析、重新评价。这样做，必将引导我们获得更具批判性的理解，既得以印证传统惯例的认知，也会指明一些需要加以限制、调整、修正之处。对过去的不同解读，便是在这种模式中产生的。而这也是将批判性理智付诸实践的一个步骤环节。

李汉松： 在文化史与国家史之间微妙的纽带上，"民族性"这一思想论域地位颇为突出，尤与帝国、族裔等概念牵扯甚多。它上承古希腊语在"城邦"之外，民族意义上"国家"之称谓（ἔθνος、ἐθνικός，甚至某种εθναρχία），下于现代希腊思想形成影响深远。众所周知，许多重要的思想文本都是在"民族"之争中应运而生的。1830 年，弗勒马瑞耶（Jakob Philipp Fallmerayer）① 之论著《中世纪莫利亚（伯罗奔尼撒）半岛史》遭到赞佩里奥斯（Σπυρίδων Ζαμπέλιος）② 回击，也由此激发了帕帕里戈普洛斯（Κωνσταντίνος Παπαρρηγόπουλος）《论斯拉夫部落于伯罗奔尼撒之迁徙》之反驳 ③。后者任雅典大学教授一职时，曾著六卷本《希腊民族史》（Ιστορία του Ελληνικού Έθνους），就此希腊"ἔθνος"史，也便成了希腊国家史之根本。他提出了希腊历史三分法：古典、中古（拜占庭）、现代，上下承接，连续不断。民族群体与政治空间有所交织，但不完全重叠，对此应如何思考？

基多米利德斯： "民族"意指一种复杂的概念，以共同享有起源与语言等文化特征为主线。将人口以社群为单位组合，辅以人文基础设施，形成现代的政治国家。"民族国家"基本上是鉴于自由平等公民关系的断言与设想，凝聚在一起的政治化社群。但是他们需要"民族"这一基础设施，才能开垦培植一种独特的身份意识、集体感性以及从属感，而这些无一不具有实际功用，譬如提供奉献国家的动力源泉，并激发成员的行动为集体

---

① 雅克比·菲利普·弗勒马瑞耶（1790—1861），德属提洛伯旅行家、作家、记者、政治家，提出希腊民族中断论。见：Jakob Philipp Fallmerayer. *Geschichte der Halbinsel Morea während des Mittelalters*. Stuttgart & Tübingen: In der J.G. Cotta'schen Buchhandlung, 1830-1836.

② 斯布里冬·赞佩里奥斯（1815—1881），希腊历史学家、文学家、语言学家，主张希腊文明延续论。见：*Σπυρίδων Ζαμπέλιος. Αἱ Βυζαντιναί Μελέται. Περί πηγῶν Νεοελληνικῆς Ἐθνότητος ἀπό Η΄ ἄχρι Ι΄ ἑκατονταετηρίδος μ.Χ. Ἐν Ἀθήναις: Τύποις Χ. Νικολαΐδου Φιλαδελφέως*, 1857.

③ 君士坦丁诺斯·帕帕里戈普洛斯（1815—1891），希腊历史学奠基人。*Κωνσταντίνος Παπαρρηγόπουλος. Περί της εποικήσεως Σλαβικών τινών φυλών εις την Πελοπόννησον. Εν Αθήναις: Εκ του Τυπογραφείου Εμ. Αντωνιάδου, 1843; στορία του ελληνικού έθνους, : από των αρχαιοτάτων χρόνων μέχρι των νεωτέρων, χάριν των πολλών εξεργασθείσα. Εν Αθήναις: Εκ της τυπογραφίας Σ. Παυλίδου*, 1860-1874.

服务。很明显，民族这一维度对在国家群体内开发社会凝聚力至关重要。民族社群有一个愿景，恰恰源自民族身份认同，那就是将所有共享这一民族身份的人民都囊括进一个单元的政治群体。这可以算作一种对民族和主权国家共享边界、成为一体的期望。不可避免地，这种渴望深深地铭刻在民族国家意识形态的逻辑中，不但形成了民族主义思潮，还产生了"领土收复主义"或"民族统一主义"（irredentism）运动，致力于将因政治或其他原因分离于主体国家主权疆域之外，但又在文化和感情上与本民族高度认同的一应人口与土地，都重新划归于同一民族国家。民族主义演化成国家之间的冲突，这种收复主义是最主要的因素。

李汉松：在国家主义政治思想中，"民族"（ethnos）与"帝国"（imperium）的语言如何相互作用？

基多米利德斯：在许多情况下，领土收复主义实际上并入了民族国家更大的政治渴望，即领土扩张，其目的是在政治和意识形态上自我膨胀。发展到这一地步，反过头来，复燃了"帝国"这一本属于前现代的政治概念，将其掷入了现代的权利政治中去。帝国是包含许多民族社群的政治与疆域体。作为一种国家组织，这一词汇与上古和中古历史联系更为深刻。然而，"革命时代"以降，随着民族国家不断根深蒂固，民族现代性几乎绑架了对于帝国的认知。许多欧洲大国都掺杂了民族主义意识形态，助长了他们获取更大荣耀的现代野心。所以，现代早期最成功的几个王朝式国家，都投入了"帝国"这一范式：超越自身疆界进行领土扩张，远渡重洋实践"建设国家"之梦。当然，这其中也附带着经济利益驱动。所以，对于"民族主义"而言，民族可谓"前史"，而帝国则是"后史"。这一思想范式成为一直以来民族国家思想的重要组成部分。谈到这两种意识形态的合流与整合，最经典的例证莫过于拿破仑的法兰西帝国现象，之后在整个欧洲范围内普遍得以体现。这正好阐明了，对帝国的向往如何能榨干民族主义源头的自由性，而代之以威权与侵略。

李汉松：您适才提及"领土收复主义"。实际上，"伟大理想"（Μεγάλη Ιδέα）的信奉者们确立了一种空间政治视界，延伸出一个崛地重启的"五海二洲，希腊大国"（η Ελλάδα τωνδύο ηπείρων και των πέντε θαλασσών）。广泛而论，古今希腊思想史中，与"民族性"同等重要的另一政治语言则是"领土性"。古希腊人最早提出"已知文明世界"（οικουμένη），保萨尼亚斯之《希腊志》(*Ἑλλάδος Περιήγησις*) 开拓了文化地理之先河。罗马前后期，逐渐形成了人类文明的"世界之环"(totus orbis terrarum) 与"世界地图"(mappa mundi) 之说，而拜占庭世界交错复杂的前线地理深远影响了巴尔干与东欧格局的形成。总之，您在研究希腊思想史中，会遇到中心与边缘、国内与邦际、国家与区域，您如何构思复杂的"空间"概念？

基多米利德斯："空间"这一主题，即人类社群存在的地理纬度，对于理解历史经历而言，具有至关重要的作用。然而，在史学界，尤其是思想史中，它却时常被忽视，这实在令人遗憾。那种欠缺地理知识的历史学，遗失掉了许多必不可少的人类经验以及文明生长的成分。在我个人的学术研究中，地理一直占据着显著位置，也源源不断地激发着我的好奇心。其中原因，我自己也不甚清楚：或许是因为我自幼成长在岛屿社会中的缘故。尚在孩提时代，我便钻研地理多样性，尤其是殖民帝国形成和解散过程中，政治地理学发生的种种变化。我个人对地理学的钟爱，最终反映在了我自己的希腊思想史研究中。在我最重要的希腊启蒙运动著述中，我花费了整整一章，大篇幅描绘了众多地理学著述，其目的就是建构出一个合适的语境来解释政治思想史。若欲将希腊社会中思潮变化的现象置入一种比较的视角，我认为"中心"与"边缘"的地理概念尤有帮助，可以为我们提供许多新思路。于是我大量使用这一理论模型，以求将东南欧的思想现象置入更广阔的欧洲语境中。

李汉松：而这些"中心"和"边缘"是多元的，也是动态的。譬如，阿索斯山在陆地上成为希腊启蒙运动的中枢，从那里文本和思想辐射向全希腊。而海洋上，"希腊七岛"扮演了重要角色。卡波季斯第亚斯伯爵 (*Ιωάννης Αντώνιος Καποδίστριας*) [①]1814 年向沙皇进言时，曾言海岛是希腊复兴希望之寄存。

基多米利德斯：是的，我就曾提出过，"中心边缘论"可以被进一步扩展、修缮，承认此二种概念都处于不断流动变化的过程中。譬如：希腊文化在西北欧处于边缘地带，但与此同时，它却在巴尔干半岛和近东地区

---

① 爱奥尼斯·安东尼欧斯·卡波季斯第亚斯 (1776—1831)，希腊籍俄国外交家，希腊独立运动政治领袖、希腊第一共和国的第一位总统。见：Richard Clogg (ed., trans.): *The Movement for Greek Independence 1770-1821: A Collection of Documents*, London, 1976.Text 8:4: "Aperçu de ma carrière publique depuis 1798 jusqu'en 1822", Сборник Императорского Русского Исторического Общества, III (1968) 163 ff.）; Clogg, Richard. pp. 137-138.

形成了以自己为中心的思想传统。我还考虑过另一历史维度：即便是在一个具体地理位置中，区域性的地貌差异也能解释许多文化异同、思想变化，譬如：不仅仅是整个欧洲内部，而且在希腊文化空间之内也存在"东西之别"。我曾大量撰文解读希腊文化"东部边境"这一前线的思想史，着眼于塞浦路斯。与此同时，我也钻研了希腊文化空间西部最前线的一系列具体特征，如爱奥尼亚海群岛。我写过许多文章讨论所谓"七岛共和国"的启蒙运动。这充分体现了地理差异在研究希腊文化中的重大意义。可以说，希腊思想史中，小亚细亚、塞浦路斯、克里特等海陆地区，均扮演了不尽相同，但互相弥补的角色。

李汉松：希腊地理的多元性也赋予了它错综交织的身份：西方政治思想之源泉、中古巴尔干各民族文化形成的土壤、近世东正教传播中心以及俄罗斯教会曾经之宗主、以民族国家体制继承古代文明之典范等。希腊对"自身""他者"的多重哲学界定，使得它得享更多机遇，也遭受更多危机。最后，我想请您跳出希腊和欧洲的地理范围，回顾一下思想史这门学科：相较于三十年前，在当今世界以历史眼光阐释过往之观念，形势有何不同？

基多米利德斯：思想史，或是它其中的一个专业门类——政治思想史，在当前史学范围内构成了一项极为重要的学术领域。三十至四十年前，我才入行参与研究。将思想史那时与当代的地位相比较，最显著的莫过于它在短短时间内，令人惊羡的滋长。在全世界范围内，它广泛生根发芽，并普遍被视作一门重要甚至必不可少的人文教学部分。对那些有志于推动政治思想史研究发展的学生而言，许多学术环境都对他们从事学业、进一步踏入专业研究敞开大门。除英国、美国、意大利等优秀大学内早已成熟的学术项目之外，其他国家，以及更广阔意义上的社会也在以各种方式传授、耕垦思想史。总体上，我认为引入这门学科代表着学术发展和思想复兴，因为它介绍的无疑是一种批判性接收智识传统的严谨方法。而所有国家在成熟、自由、富强和现代化的进程上，都需要用到这种方法，才能更为清晰地辨识、反思诸多政治、社会与文化思潮。

古今罗马的宪政考察

——对话娜迪亚·乌比娜提 [①]

本文考察古罗马到近现代意大利的宪政传统。对话先聚焦意大利本土的哲学思潮，尤其是"自由社会主义"传统的谱系脉络，并将其与英、美自由主义和法、德社会主义比较、区分、融合；之后梳理了希腊和罗马的民主宪政和共和制度遗产，解析了当今左右翼思想的对峙与演变，阐述了意大利宪法的历史语境，并着重以政治理论方法分析了新冠疫情对意大利、欧洲以及世界政治格局带来的影响。

娜迪亚·乌比娜提（Nadia Urbinati），意大利"自由社会主义"政治理论与思想史家，研究穆勒思想、僭政与民粹主义。早年求学于都灵、佛罗伦萨，一度执教于普林斯顿、米兰、巴黎、坎皮纳斯、纽约、比萨，并因参与修订意大利宪法，于2008年获意大利总统乔治·纳波利塔诺颁授的意大利共和国勋章。

李汉松： 目前博洛尼亚疫情严重，迫使您潜居避难，足不出户。唯独一点好处是，平日无暇长谈，现在过起僧侣生活，便于坐而论道。

乌比娜提： 你所说大致不错，但我个人的感受是：一旦脱离"社会化"，看似封闭的学术研究也很难进行。

李汉松： 毋庸置疑，有些灾难源于社会化过度或变质，令人反思它的危险，但瘟疫相反，使人隔离，反倒提醒我们：知识何其依赖社会。那么，在此精神感召下，不如请您追溯一下上世纪70年代的意大利学界与

[①] 本文成稿于2020年3月19—22日，选节刊于《上海书评》2020年4月19日，作者自译。

社会。您曾浸润于帕尔马、佛罗伦萨、雷焦艾米利亚、都灵等地的哲学圈子。当时在意大利成长、成熟，不可避免会受到哪些思想史、政治哲学和社会理论的影响？

乌比娜提：上世纪 70 年代末，尚在攻读哲学的我与大多数意大利学者与知识分子一样，受到了两大政治潮流与哲学观念的冲击。首先是西方马克思主义，其中既有法兰克福学派的踪迹，也有它的"竞争对手"：以科内利乌斯·卡斯托里亚迪斯（Cornelius Castoriadis）① 与克劳德·勒福（Claude Lefort）② 为代表的法国激进传统。这一德—法两股思潮都源于国外。与此同时，当时意大利存在着一个"内生"的本土马克思学派。它的理论基础可以上溯至 19 世纪的现实主义与历史主义，传承自安东尼奥·葛兰西（Antonio Gramsci）③。这股势力当时存在感也不弱，各大高校阵地皆有代表。但这三个流派都可纳入更广泛意义上的马克思主义左派传统。除此之外，另一波思想潮流洄涮在马克思主义土壤边缘，深深地吸引了我。具体而言，它最早来自英格兰和美利坚，一面是穆勒（John Stuart Mill）和激进社会自由主义，另一面是詹姆斯（William James）和杜威（John Dewey）的实用主义。我在博洛尼亚大学哲学系获益于一位出色的教授，专擅实验主义与实用主义。所以在智识上和精神上，我受到了这种方法一

---

① 科内利乌斯·卡斯托里亚迪斯（Κορνήλιος Καστοριάδης，1922—1997），生于君士坦丁堡，希腊裔法国哲学家、社会批评家、经济思想家、心理分析学家（著有：Cornelius Castoriadis. *L'Institution imaginaire de la société*. Paris: Seuil, 1975）。1923 年希腊和土耳其结束希土战争（1919—1922），签订《洛桑条约》（Traité de Lausanne），双方达成"人口互换"协议。因此卡斯托里亚迪斯被迫迁往雅典。1937 年前后，梅塔克萨斯政权期间，他参加了雅典共青团（Κομμουνιστική Νεολαία Αθήνας），隶属希腊共青联盟（Ομοσπονδία Κομμουνιστικών Νεολαιών Ελλάδας）。1941 年他加入希腊共产党（Κομμουνιστικό Κόμμα Ελλάδας）。一年后，他因倾向于托洛茨基主义而退党。1945 年移居巴黎后，他加入了托洛茨基的国际共产党（Parti Communiste Internationaliste=PCI）。1946 年，他与勒福在党内发起"绍流 - 蒙塔派"（*tendance Chaulieu-Montal*）。1948—1949 年，他又参与创建了"社会主义或野蛮"（*Socialisme ou Barbarie*）团体。

② 克劳德·勒福（1924—2010），法国哲学家、活动家，卡斯托里亚迪斯的合作者。他曾师从于梅洛 - 庞蒂，1943 年前曾在亨利四世高中（Lycée Henri- Ⅳ）组织过 PCI 支部。他曾研究马基雅维利和拉波哀西（Étienne de La Boétie）。

③ 安东尼奥·葛兰西（1891—1937），意大利马克思主义哲学家和政治人物，著有《狱中札记》[Antonio Gramsci. *Quaderni del carcere* (6 voll.: Il materialismo storico e la filosofia di Benedetto Croce, 1948; Gli intellettuali e l'organizzazione della cultura, 1949; Il Risorgimento, 1949; Note sul Machiavelli, sulla politica, e sullo Stato moderno, 1949; Letteratura e vita nazionale, 1950; Passato e presente, 1951), a cura di Felice Platone, Collana Opere di Antonio Gramsci. Torino: Einaudi, 1948-1951]。葛兰西研究政治理论、社会学和语言学，著作皆丰。他是意大利共产党（Partito Comunista d'Italia=PCd'I）早期发起者和领导者之一。在墨索里尼（Benito Mussolini）执政期间，他被法西斯政权监禁。

定程度的感召，但从未拒绝或否定对于自由主义的社会主义解读——那毕竟是我个人更深的烙印。之后，我转至佛罗伦萨求学，在欧洲大学学院攻读博士，研究方向是英国、欧陆两种自由主义传统对19世纪意大利建国的影响。广泛阅读之间，我发现了另一至关重要的思想传统，人称"自由社会主义"。这一流派与小穆勒和霍布豪斯（Leonard Trelawny Hobhouse）①大有瓜葛，对20世纪30—40年代一支反纳粹运动影响尤甚。

李汉松： 您最贴近，并且最认同的是意大利的"自由社会主义"（Socialismo liberale）传统。

乌比娜提： 是的，我自认为是"全盘的自由社会主义者"。在我的传统和背景中，这个概念的含义和引申义都是全方位的。

李汉松： 意大利的自由社会主义思潮耐人寻味。您本人是诺伯托·博比奥（Norberto Bobbio）②的高足，与他合著过，也单独撰文阐述过他的思想③，也写过关于卡罗·卡塔内奥（Carlo Cattaneo）④的文章，为博、卡二人的《意大利合众国：民主联邦主义论集》（*Stati Uniti d'Italia: Scritti sul federalism democratico*）撰写导言⑤。在意大利思想界，您参编的《自由及其限度：从费兰杰瑞到博比奥的意大利自由主义者文集》（*La libertà*

① 伦纳德·特里劳尼·霍布豪斯（1864—1929），英国自由主义政治理论家、社会学家，"自由社会主义"的早期倡导者之一。他的作品《自由主义》(Leonard Hobhause. *Liberalism*. New York: H. Holt and Company, 1911）在"新自由主义"（New Liberalism，即自由社会主义）思潮中举足轻重。他与芬兰社会学家爱德华·韦斯特马克（Edward Westermarck）同为英国史上最初受命的社会学教授（在伦敦大学）。他还创办了《社会学评论》（*The Sociological Review*）期刊，亲任编辑。其姊艾米丽·霍布豪斯（Emily Hobhouse, 1860—1926）是著名的英国社会福利改革倡导者。

② 诺伯托·博比奥（1909—2004），意大利哲学家、政治思想史家，都灵《新闻报》（*La Stampa*）主要撰稿人之一。博比奥与皮耶罗·哥贝蒂（Piero Gobetti）、卡洛·罗塞利（Carlo Rosselli）、奎多·卡洛杰罗（Guido Calogero）、阿勒多·卡皮蒂尼（Aldo Capitini）等均属"自由社会主义"派。他亦受汉斯·凯尔森（Hans Kelsen）、维尔弗雷多·帕累托（Vilfredo Pareto）影响。

③ Nadia Urbinati. *Le civili libertà: Positivismo e liberalismo nell'Italia unita*, prefaced by Norberto Bobbio, Venice: Marsilio, 1990; Nadia Urbinati. "Communitarismo", in the Third and Revised edition of *Dizionario di Politica*, edited by Norberto Bobbio, Nicola Matteucci, and Gianfranco Pasquino. Turin: UTET, 2003, pp. 67-73; Nadia Urbinati. "Liberalism in the Cold War: Norberto Bobbio and the Dialogue with the PCI", *Journal of Modern Italian Studies* 8 (2003), 2003, pp.578-603; Introduction of the new edition of Norberto Bobbio, *Destra e sinistra: Ragioni e significatiu di una distinzione politica*. Rome: Donzelli, 2009; Nadia Urbinati. "Review of Norberto Bobbio, *Autobiografia* (Rome-Bari: Laterza, 1997)", *Journal of Modern Italian Studies*, 8 ,2003,pp. 121-125.

④ Nadia Urbinati. "Carlo Cattaneo e John Stuart Mill", *Rivista di Filosofia*, 79 No. 2, 1990, pp.211-236.

⑤ Nadia Urbinati. Introduction of Carlo Catteneo e Norberto Bobbio, *Stati Uniti d'Italia: Scritti sul federalismo democratico*. Rome: Donzelli, 2010.

e i suoi limiti: antologia dei liberali italiani da Filangieri a Bobbio）①十分重要，而在英语世界，皮耶罗·哥贝蒂（Piero Gobetti）②《论自由革命》（*On Liberal Revolution*）出版时，附了博比奥的前言和您的导言。还有一位重要人物，卡洛·罗塞利（Carlo Rosselli），您研究之余，还将他译介给英语学者。③ 最后，您还将自由社会主义探索拓展至整个西方世界，进行大范围比较研究，在巴黎出版的《自由社会主义文集：欧洲与美国》（*Le socialisme libéral. Une anthologie: Europe-États-Unis*）即具代表性。我列举这许多证据，只为说明：您是当前思想史界濒临式微、罕有问津的"自由社会主义"主要交汇点和传承人，所以为我们多谈一下这一学派和它的遗产，您责无旁贷。

乌比娜提：好，首先我承认这一传统从来都是由少数知识分子和公民经营，从未能走入大众视线，或激发出政治党派、意识形态之类。但它当时举足轻重，如今也不容忽视。因为在此传统内部衍发出了一种"社会正义的民主合理化阐释"。它在欧洲扮演的角色，等同于美国的罗尔斯。他生前最后一部力作《作为公平的正义》（*Justice as Fairness*）试图解决资本主义的方式明显近似于一种"自由社会主义"，或是他笔下的"自由民主社会主义"（liberal-democratic socialism）④。对比之下，那时的意大利自由

---

① Nadia Urbinati & Corrado Ocone (eds). *La libertá e i suoi limiti: antologia dei liberali italiani da Filangieri a Bobbio.* Roma-Bari: Laterza, 2006.

② 皮耶罗·哥贝蒂（1901—1926），意大利作家、思想家、激进派自由主义者、反法西斯主义者。战间期，他曾猛烈抨击意大利政治危局。

③ Carlo Rosselli. *Liberal Socialism.* Princeton: Princeton University Press, 1994 (introductory essay titled: Another Socialism, pp. xiii-lxv); Nadia Urbinati. "Carlo Rosselli et les fondements éthiques de la démocratie", in Giovanni Bechelloni, ed.f *Antifascismo, Federalismo e Liberalsocialismo.* Milan: Franco Angeli, 2001, pp. 35-59; Nadia Urbinati. "Il liberalismo socialista e i fondamenti della democrazia italiana", in *Quaderni del Circolo Rosselli*, 20,2000, pp. 43-48; "The Liberalism Socialism of Carlo Rosselli", in *Dissent*, (Winter), 1994, pp.113-123.

④ 我个人理解乌比娜提的观点为：对罗尔斯（以及穆勒）而言，由工人管理的工厂作业模式并不违背"资产拥有民主制"（property-owning democracy）。二者可以相互契合。在他的收官之作《作为公平的正义》中，罗尔斯曾指出：资本主义无法与政治平等、机会公平匹配。他提出了两种号称可以"超越资本主义""实现正义"的愿景，一是"自由民主社会主义"，二是"资产拥有民主制"。John Rawls, 1971; *Justice as Fairness: A Restatement.* Cambridge, MA: Harvard University Press, 1991. "Of course, Marx would say that, even accepting the ideal of property-owning democracy, such a regime generates political and economic forces that make it depart all too widely from its ideal institutional description. He would say that no regime with private property in the means of production can satisfy the two principles of justice, or even do much to realize the ideals of citizen and society expressed by justice as fairness. This is a major difficulty and must be faced. But even if it is in good part true, the questions is not yet settled. We must ask whether a liberal socialist（转下页注）

社会主义相当具有远见性。首先，自由社会主义反复强调公民个体存在、彼此相连的责任。第二，它赋予这一责任某种政治价值，不仅在于民主参与本身，且包括制约、控制、监测、批评等程序。第三，它要求国家这一法律秩序意义上最为关键的政治组织，务必倾注最大精力，全面贯彻落实一揽子必要条件，不但要保障公民自我行为的基本权利，更要衍伸至我们意愿共同施为的权利。如此种种权利，涵盖了满足公共教育、公共健康等基本需求的条件。值得一提的是，你的老师阿玛蒂亚·森（Amartya Sen）①尽管批判罗尔斯的规范主义，为他查缺补漏，但也继承了其中一些观点。这一点并不出人意料，毕竟森本人也来自自由社会主义传统。总之，我想说，这其中并无超乎寻常的激进之处。我们主张一种宪政民主的概念，着重思索政治自由和政治参与的社会条件。某种意义上，如果宪政也是民主宪制，它绝不能只依存于一纸法律文书，还须是一份政治文书，不断诘问自身的架构，并且在必须之时，批判自己的制度，继而作出相应改变。在这一民主体系中，社会和政治不再相互割裂、二元对立。当然，张力仍然存在，但更多是一种相互作用、相互渗透的张力。于我而言，这一观点解决了关键症结，帮助我们理解了民主代议究竟为何物。从这一自由社会主义传统出发，我开始考虑"代表"概念：如何结合政治上的平等性与社会利益和观念的多元性？我想，这一问题对如今时政意义匪浅。至少在西方世界，我们面临着一场以"高度多数主义"和"强化行政权"（亦即弱化议会等集体审议）为名义，对民主代议制宪政发起的高调责难。简而言之，我对于民主代议的理解和对于民粹主义的批判方法都从这些背景中发展而来。

李汉松：您刚才谈及如何协调个体民权与民主社会之间的关系，令我不由想到一套颇具深意的陈词滥调，即过去两个世纪以来五花八门的社会主义理论与实践，似乎总在保障个人权利和开发社会属性之间，难以拿捏分寸。您最早提到了实用主义，我同样知道您也曾将爱默生（Ralph Waldo Emerson）关于"民主个人性"（英：democratic individuality；意：

（接上页注④）regime does significantly better in realizing the two principles. Should it do so, then the case for liberal socialism is made from the standpoint of justice as fairness." pp.176-178.

① 阿马蒂亚·库马尔·森（1933— ），经济学家、哲学家，诺贝尔经济学奖得主，现任哈佛大学教授。

indvidualitá democratica）的作品译介至意大利学界。[1] 比较爱默生与杜威，从 "个人性" 到 "个人主义"，您写成了《民主个人主义》（*Individualismo democratico*）。[2] 个人和民主在程序上互相掣肘，但在文化基因上相互依存。毕竟托克维尔《论美国的民主》（*De la démocratie en Amérique*）提出的 "个人主义产生于民主" 理论一直广为接受。[3]

乌比娜提：没错，这是个绝佳的观点。首先，正如我的导师博比奥先生一再强调：倘若我们将 "自由主义" 和 "社会主义" 视为两种迥异对立的意识形态，我们则无法真正把握 "自由社会主义" 之精要，也无法认清以社会视角解读自由主义的改革性意义。一个民主社会和政体到底预设了，并且希望长期保存何种自由？这种自由必是一种政治意义上的自由，全体公民均等享有，因为他们都在道义上和法律上，而非在社会上和文化上相互平等。所谓 "民主"，只是这种政治行动体系的冠名，而非要求公民处处平等。这一政治诉求不是柏拉图式的，因为民主不等于平等。追根究底，民主在乎均等地分配政治自由，以求它能延绵相传。它既保持平等原则，又认可各自差异，尊重每一个体。这两种功能无须合二为一，因为它们很难真正融为一体。但它们应保持一种 "有效的张力"：左手是政治平等，右手是社会多元，这两股力量应彼此制约。但只要它们还能并存并进，即使永远相互抻张、偶现冲突，仍足以产出民主的原动能。而这种动能是社会的要义。所以，问题的关键不在于协调平等与自由，或正义与

---

① Nadia Urbinati. "Introduction", in Ralph Waldo Emerson. *Indvidualitá democratica*. Modena: Diabasis, 2008.

② Nadia Urbinati. *Individualismo democratico: Emerson, Dewey e la cultura politica americana*. Roma: Donzelli, 1997.

③ Alexis de Tocqueville. *De la démocratie en Amérique*. Paris: Michel Lévy, 1864. (Œuvres complètes, vol. 3, pp. 162-165). Tome Ⅱ. Chapitre Ⅱ (De l'individualisme dans les pays démocratiques): "L'individualisme est d'origine démocratique, et il menace de se développer à mesure que les conditions s'égalisent. Dans les siècles démocratiques, au contraire, où les devoirs de chaque individu envers l'espèce sont bien plus clairs, le dévouement envers un homme devient plus rare : le lien des affections humaines s'étend et se desserre. Chez les peuples démocratiques, de nouvelles familles sortent sans cesse du néant, d'autres y retombent sans cesse, et toutes celles qui demeurent changent de face ; la trame des temps se rompt à tout moment, et le vestige des générations s'efface. On oublie aisément ceux qui vous ont précédé, et l'on n'a aucune idée de ceux qui vous suivront. Les plus proches seuls intéressent… L'aristocratie avait fait de tous les citoyens une longue chaîne qui remontait du paysan au roi : la démocratie brise la chaîne et met chaque anneau à part… Ainsi, non-seulement la démocratie fait oublier à chaque homme ses aïeux, mais elle lui cache ses descendants et le sépare de ses contemporains ; elle le ramène sans cesse vers lui seul, et menace de le renfermer enfin tout entier dans la solitude de son propre cœur."

自由，造就某种和谐的局面。也非在理论上融会社会主义与自由主义这两杆大旗。都不是！我认为欲求超越，必先反求于民主之基石：自愿、自由地行使平等权利，长期相互协和，制约政府，并且寻求改变治理方式的契机。我们都需要这一相对复杂而丰富的政治自由观念，才能增加民主社会的韧力，使它能经年旷日，长盛不衰。非公众介入，不能保存社会。而一旦介入，势必引发争端与争议，因此不如开放面对。因为民主的目的不是创造一个人云亦云的社会，或是一个干瘪均等的社会。张力与争讼并不会危害社会，反而能富有成效。

李汉松：您适才简短提及，您眼中的民主进程并非"柏拉图式"的。我想进而与您探讨一下古代遗产的现实意义。我想作为研究过现代意大利思想史的意大利人，您一定有所感触：学者们只顾重新利用古地中海文化因素，而无暇思考古今之间的延续性，以至于古代与现代研究断层。我首次接触您的作品，是读到关于穆勒如何受雅典模式启发，丰富了他对实践功利主义的思考，坚持公民艺术和文化素养的提高也是整体效益考量的一部分。《热月政变的修昔底德》那篇论文一直是我心目中"以古贯今"研究方法的典范。[①]可否说，古代文明对您个人的现代政治思考最大的影响，在于雅典民主宪政与罗马共和制度？

乌比娜提：感谢你的赞许，这也是个极佳的问题。的确，我以为希腊民主、罗马共和这两种古代传统迥乎不同，但相互对话的效力极强，且从未间断。先谈前者：我毋宁称之为"雅典"而非"希腊"，这一点你已料到。显而易见，希腊传统远不止雅典，而更多是雅典和斯巴达社会组织之间的有效竞争。修昔底德、柏拉图和亚里士多德告诉我们，斯巴达社会是基于全体"公民战士"近乎完全的平等，及以战争为导向的社会组织形式。与此相比，雅典依赖于政治与民事的行政组织，附带一个以商贸为导向的帝国政策，既针对其他希腊城邦，也针对海外殖民地。请我们先预设：当我们讨论民主时，我们是在谈狭义的雅典传统。雅典的社会愿景，化入伯里克利的葬礼演说，已然不朽。但这不仅引发了柏拉图的激烈抨击，也成为亚里士多德制度分析的研究对象。后者将民主当作良好政体形

---

① Nadia Urbinati. "Thucydides the Thermidorian: The Rediscovery of Democracy in the Eighteenth and Nineteenth Century", in *Thucydides: Reception, Reinterpretation, Influence*, edited by Katherine Harloe and Neville Morley. Cambridge: Cambridge University Press, 2012, pp. 55-76.

式退化的一个阶段。所谓"良好"，当然指贵族美德与才能。他最终找到了一个有节制的解决方案：混合宪法，综合少数者与多数者的利益，结合才能平等。在混合宪法的循环中，民主成分愈拓展，衰退愈劣，直至最后蛊惑者驾临，煽动政治家掌权。再后，政体进一步沦为暴政。据此理论，制度变迁源于社会和经济变化，尤其是普通民众堕入贫困，继而导致的阶级斗争。对于这一极为丰富的叙述传统，我们必须承认：雅典民主是实具创造性的集体。他们首创各类重要体制，实验了各种更具效率的决策权力模式，并且不断改变，以求接近圆满。总体而言，他们试图实践这样一个观念：他们希望既遵法守法，又不屈于社会中的一部分——譬如贵族家庭，传统上是豪门望族，他们的后人自认为生来优人一等。而民主恰恰是以"法律之下，决策权与状态平等"（ἰσονομία）为基础原则构建出的社会关联体。雅典人渴望自由，不愿为少数人压迫，便求诸民主。但这种压迫在关键时刻会转化为某种奴隶制，譬如当倾家荡产的农民再也还不了债，富人便强加给穷人及其家属一些奴隶性质的劳役。从这些奴役和苦难中，普通大众领悟到，要想自由，必先消除负债——这是梭伦（Σόλων）的变法——然后改变体制秩序——这是梭伦和克里斯提尼的改革。为避免少数人独揽最高决策大权，他们议定：集会座席、立法投票、公民法团、各种行政委员会，一概平等。而这种公民平等，最终目标是自由。这自由当然只有男性公民才配享有，毕竟雅典是个"少数自由者的集体""政治平等者的贵族统治"。所以尽管他们的政府具有程序民主、制度民主，但欠缺包容性。非雅典居民，不论对雅典繁荣做出多大贡献，严格意义上也不属于"人民"（δῆμος）范畴。所以民主诞生时，便是个排他的体系，理所当然地针对"不自由"者。对于大多数无政治权的居民和奴隶而言，它还是个一部分统治另一部分的旧制度。但是他们创新的政治体系成为后世民主之典范，实现了公民只需服从自己，无须唯他人马首是瞻的愿望。他们扩大了之前的少数者集会，容纳了多数人，并在大会中投票通过立法，直接行使主权权力。大会中的人民代表并非由选举产生，为了避免产生一个职业的政治权贵阶级，或是一部分公民替代全体，抑或以集体之名行霸权之实。"允准"原则应用于生成提案，而非甄选投票代表。为了避免政治精英凝固化，形成某种"建制派"，雅典人成立了若干小型机构，弃选举而从抽签。抽签并不为生成集会或是立法体，而为确定公共裁决（如大众陪审团）、公共行政等团体人选。譬如：他们创设了许多委员会，管理街道、海港、剧院、神庙等。如果新问题产生，他们势必会增设委员会，负责行政决策。为了成立这些形形色色的委员会，他们依靠分类选择法。那些被分入门类的公民们，就必须在一段时期内为社区服务。结果是一个"轮流上岗"系统，其中每位公民都有幸在有生之年为人民服务若干次。但是一旦涉及担任领导职务的人选，如大将军、财政官，他们便使用选举制度，而这就与才能挂钩了。总体来看，雅典一共设计了三套策略，以满足不同的职能决策：（一）直接参与；（二）抽签轮换；（三）竞争选举。罗马征服希腊后，罗马共和国和帝国先后称霸，最终覆灭。在此期间，雅典民主那超乎寻常的组织方式备受冷落，逐渐淡出记忆。这一"历史失忆"持续了数百年。可以说，雅典民主直到 19 世纪才真正重获新生，作为政治史的一份资料，回归主流视线。值得玩味的是，雅典民主程序的重新发掘恰与西方社会民主化进程相映相合。你提到了我那篇追溯法国大革命雅各宾阶段后，热月政变时期重新发现雅典的论文，便在试图重塑雅典政治的"重新发掘史"。这一层失忆的面纱最先在英国揭开。拜边沁主义者们（Benthamites）、小穆勒和乔治·格罗特（George Grote）之赐，一直以来不是被遗忘就是被贴上"最坏政体""集会暴政"，甚至"暴民权治"（ὀχλοκρατία）标签的民主逐渐合法化。大约又过了一百年，"民主"才成为褒义词，代表一种好的政府。纳粹失败后，它的地位又进一步得到巩固。现如今，尽管"直接民主"和"小型城邦"俱已不再，尽管政治已植根于"民族国家""主权国家"概念的框框内，且仅使用选举这一种方法，有一些重要的政治原则还是一脉相承，可以有效识别为"民主"，甚至与两千多年前的民主产生共鸣。

李汉松：仅从您的政治理论框架而言，与民主平行的另一传统是罗马共和主义与现代新罗马主义。我们初次见面的契机就是您在剑桥的那次演讲，其中您对比了我们的两位同事：主张民主至上的麦考米克（John McCormick）和偏重共和主义的佩蒂特。您还另有一篇论文《竞争自由：共和对于民主的批判》[①]。总体而言，尤其是在您最近转而研究"民粹如何转变民主"之后，您是否重新诠释了民主与共和之间的动态关系？如何理

---

① Nadia Urbinati. "Competing for Liberty: The Republican Critique of Democracy", *American Political Science Review*, 105 n. 1 , 2012, pp. 607-621.

解您所认识的自由概念——哪怕不是以赛亚·伯林之后，人人趋之若鹜的"第三个自由概念"？

乌比娜提：雅典与罗马的比较分析是个庞大而深奥的课题，而这一区别本身也是个极为重要的思想传统，难以尽述。但为了应付你刁钻的问题，我会竭尽所能长话短说。罗马共和主义的代表人物当然是西塞罗（Cicero）、李维（Livius）、波利比乌斯（Πολύβιος）、普鲁塔克（Πλούταρχος）——最后这两位来自希腊。总体上，他们认为民主无美妙可言，因为将权力分配给莽莽大众便意味着拒绝了才能与美德的至高无上。雅典模式要求：一城之全体公民，无论智愚，不论贵贱，齐聚大会，共持主权。罗马则依据户口、收入、服役情况，将人民割裂成若干集会。因为集会一多，便易于控制，尤其鉴于罗马社会混乱不断。罗马公民皆生来自由，并不蓄奴。真正的奴隶皆来自战俘。之所以混乱，是因为显贵（复数：*patricius*，源于 *patres conscripti*）或长老阶层（*senatus*）和人民（*populus*）之间的张力，偶尔会激发出暴力。另一方面，平民阶层（*plebs*）和普通中层及贵族之间也有矛盾。据李维和马基雅维利所言，这些冲突是共和自由最重要的元素之一。无论如何，罗马人最不乐见只有一个政治大会，全体公民不加区分，概以平等自由之姿作出决策。为此，他们启动了全套甲胄模式，创造了不计其数的委员会，声势浩大，阵营豪华。会议召开时，他们不像雅典人一样辩论不休，而是简简单单地投票："赞同！""否决！"而提案则是由护民官办公室（*tribunus*）或长老院（*senatus*）提供。这些集会无法自我召集，也无法独启议案。罗马政务官（*magistratus*）召集并主持大会，负责设定议事日程、提出议案，而大会成员无权修订议案，只举行"平民公投"（*plebiscitum, plebiscita*），仅就一具体事项投"赞成"或"反对"两种票。唱票者清点票数，直至一方达到多数优势，即宣布结果，余票则无须清点。最后，决定还需长老院认证批准，才能生成权威效力。罗马共和将民众政治认同为多数决议，开大会不为交流观点，仅为举手表决，事毕即离开而已。另一点区别是：雅典大家族的寡头显贵们与普通公民同样隶属于同一个政治大会，不论贫富，一人一票。但雅典富人渐谙修辞之道，不断锤炼口才，最终用华章锦句打动多数人，曲线实现自己的政治目的。在罗马，少数与多数在结构上分离开来，形成两个群体阵营，包括他们开会的地点与职能。毕竟罗马宪法的正式名称"罗马长老院与人民"（*senatus populusque Romanus*）明确列出了这两种权力的来源。二者中，长老院拥有外交和军事政策制定权，而对立方的公投权也很重要，因为他们的"赞同"与"反对"一定程度上制约了少数权力。所以，罗马共和国这两个端点形成了一股张力。只要这一动态模式维持着足够力量节制（一）少数人的野心和（二）多数人的反作用力——换句话说，只要整个博弈不是零和游戏——那么它的局面就如马基雅维利所说：是一种"动态的自由"。如此一来，势力间的对峙反而成为自由和制度创新的媒介与工具。但好景不长，个中原因不少。外部因素是：疆土扩张，以及帝国主义在传统贵族之外，新形成了一个贪得无厌的财富与强权阶层。与传统贵族不同，他们无意恪守权力的界限。当然也不乏内部原因：这两股势力旷日持久，根深蒂固，自我内部增生出了各种组织形式，倾向于赋予少数人更高的权力，也就边缘化了大多数人，把他们的话语权缩减到集市（*forum*）上去。狭义的"集市权"只是机械刻板地高呼赞同，或高喝倒彩，而除了类似于分裂、反叛和内战等激进行为之外，再无实际调节政治之途径。更可悲的是，大多数人陷入了社会贫困的窘境，由此进一步丧失了政治权力。所以他们开始要求均分土地，尤其是那些刚从战场上服役一年后回乡的老兵。无论如何，这种斗争不再节制权力，而是猎取社会权力，因为没有它，自由便不会长久。这样一来，那种政治张力的属性便发生了巨大改变，逐渐演化成了强烈的派系斗争。这也是马基雅维利呈现在我们面前的画面，我认为大体上是无误的。罗马的共和传统对我们很重要，因为在观念上，它设计了精英和群众互相对立但又互相节制的组织。数百年间，不仅是冲突的观念，而更是对冲突的恐惧，成为自由与宪制稳定的先决条件。罗马人教会我们如何利用冲突来形成制度，继而保存自由。

李汉松：共和与民主的平行竞争之外，现代政治中存在着左与右的对立。您在90年代访问美国时，便在普林斯顿结识了沃尔泽等人，曾近距离研究罗尔斯、沃尔泽、哈贝马斯。但令我感兴趣的是，您曾在1999年国际施密特学术会议上主持过"施密特对自由主义的批判"分会场①、在

---

① Nadia Urbinati. "Carl Schwitt's Critique of Liberalism", *Cardozo Law Review,* 21, 2000, pp. 1645-1651; April 23-25. Columbia University and The Cardozo Law School. International Conference on "Carl Schmitt: Legacy and Prospects". Nadia Urbinati: Chair and Discussant in the Panel on "Schmitt as a Critic of Liberalism".

2007 年都灵会议上谈过"面对共产主义的以赛亚·伯林与施特劳斯"①。细说起来，在马克·里拉（Mark Lilla）还在保守派阵营，尚未反水时，您在意大利评论过他关于维科的博士学位论文②。您如何理解"左"与"右"的形成，而民粹主义又如何横刀直入，贯穿其中？

乌比娜提：这也是个庞大无比的题目，需要冗长复杂的分析。在我熟悉的西方传统中，"左"与"右"的界定基于这样一种理念：社会的经济组织是划分政治阵营的基本出发点。换句话说，这些阶层很难打破或融合，但可以妥协，比如赋予数目较多但经济实力较弱的人某种否决权，或者是威胁权。现代民主原则却起源于有权阶级，而非无权阶级。历史上，雅典的经历类似，也是寡头统治者为了制约多数权，为自己预留了一种特殊的否决权。法国大革命后，多数少数之争在民主建构中永久定格。首先，辩论围绕决策权展开，所以普遍选举权成为 19—20 世纪最重要的战场之一。它不仅意味着含纳与参与、制约与被制约，还意味着宪法真正获取了守法之人的允可。为了让人民不再是臣民而是公民，包容概念至关重要。而将更多人纳入"人民"的有效范畴，普选权是最佳体现。这一权利极大改变了政治生活和组织运转的方式。比如，也是在 19 世纪，党派开始获得合法性，先是议会政党，尔后经普选蜕变为大众政党。所有这些都是"左""右"意识形态的大背景，因为我们可以将二者视为阐释自由平等的两种角度和途径：由谁来分配自由？什么意义上的平等？如前所说，自由社会主义者希望把二者锁入永久的张力，但这极富挑战。经过议会政治的选举竞争，革命左派逐渐变成了改良主义。另一方面，所谓的右派，或保守派，逐渐挪移了他们的参照标准，但幅度不大。他们不关心民主含纳性的问题，而更在乎才能、财富或其他诸如民族主义等，以此类意识形态框架为名，进行等级治理：由更适合的统治者统治被统治者。譬如，寡头统治者操纵着经济生活，便印证了他们的等级式社会愿景。长期以来，这一简单的等级观念在欧洲经历了变化，受到某种驯化，也得到了改良，愈加民主化。起初，它与纳粹"多数人意志的暴政"不同，更是少数人用编排预演好的政治宣传统治多数人，目的是以民族有机体和集体利

---

① Fondazione Piemontese Istitutio Gramsci, Turino, Italia. "La forza dei bisogni e le ragioni della libertá: il Comunismo nella riflessione liberale e democratica nel '900".

② Nadia Urbinati. "G. B. Vico", *Crocevia*, 2, 1995, pp.77-85.

益的名义，抵冲社会冲突，尤其是阶级冲突。所以左右派都在不断演变之中。如今的问题是：通过宪政民主达成的权力制约到底有多稳固？

李汉松：从您的视角出发，也不能规避一个问题：左派中的改良势力逐渐融入了政治建制。譬如，工会领袖兼任财阀，再如所谓的非裔民权运动功臣，大多蜕变成了根深蒂固的圆滑政客，反感其他族裔移民，关键时刻一个赛一个地蹦出来阻挠进步主义派系上位。

乌比娜提：是的。"二战"后，随着欧洲社会民主国家的形成，左派改良主义逐渐植根政治体制，甚至融入官僚体系。结果，左派丧失了对新受排斥者——譬如移民——充满激情的意识形态关怀。鉴于当代西方发达国家的社会组织形式不再以工业和工厂劳工为核心，已取得局部胜利的左派既无心也无力设计新的战略，帮助新人融入公民大众。曾经的"社会民主"左派代表的绝不是排斥包容的大中产阶级。但现在的左派俨然过度关怀那些已经成功融入，并且青云直上的一部分人，而选择忽略那些尚未融入的人群：青年人、失业者、新移民等。诚如你所说，这一窘境是真正问题所在：左派发现自己无力解决新兴的排他主义、不平等和贫困。所以，我同意你所说，左派逐渐演化成了一种"自由建制派"，远离棘手议题，明哲保身。同时，左派将社会批判的维度从经济转移至文化，并将权力上的压迫转译成了身份政治论述。但是作为一种意识形态策略，社会经济的困苦变成文化问题也起到了相反作用，因为它导致了"去政治化"，同时又激化了社会冲突。所以它很难成为解决不平等的根本策略。当"我们"与"他们"之别成为政治论述的基本格式，政治界域便极度缩窄，以致再无中和与妥协之余地。经济上，左派与市场社会堕入爱河。所谓的"福利国家"不再按照需求和可能性来分配，而是盘点人们的贡献，巧妙地再分配。在某种意义上，左右派都在光谱上移动了位置。右派愈加注意到民族主义时刻的到来，而这种民族主义的重新抬头有时会基因变异成极右，甚至是近乎法西斯式的右翼民粹主义。另一方面，左派丧失了自由社会主义传统，过度依赖受过驯化的"身份政治"与"文化政治"。在我看来，这是我们如今面临的真正挑战。

李汉松：不如摘取"性别"这一身份和文化论述，请您示范一下，如何更为广阔地思考性别解放，而不局限于狭隘的"身份主义"？您在《政治理论》发表过《穆勒论双性性格与理想婚姻》，也研究过帕累托

（Vilfredo Pareto）为女性选举权的辩护①。在我看来，这两篇代表了女性主义研究的两种维度。但与南茜·弗雷泽、塞拉·本哈比（Seyla Benhabib）等其他《群星》（*Constellations*）杂志主编们不同的是，您似乎并不看重性别研究本身。

乌比娜提：不错，我确实从来不是一位"性别哲学家"。我对性别和多元化的兴趣与公民身份和社会再分配息息相关，最终的目的是研究如何为弱势群体拓展政治参与、强化政治权力。我们必须考虑到：一旦"法律之下人人平等"的原则开始运转，公民们会立即进入各种社会角色、文化传统之中，因此形成各种不平等。事实上，他们每人都充满了愿景和思绪、偏袒与偏见。基于这些基本文化、习俗和传统的伦理性，你能看到男女两性在家庭、社会、工作和政治环境内究竟以何种方式互动。如果将政治平等定义为"通过均分权力达成政治自由"，那么我们必须理解这一原则如何能在"人人皆有差异""人人需要认可"的大社会里有效运转。在根本上，我们不希望抹杀这些差异，用模板将百姓重塑得千篇一律——这不能创造出平等自由者的社会。所以，如何在一个不平等且不相等的社会里实现自由与平等原则的结合？你提到了哈贝马斯的理论，即"在熟虑和决策过程中，差异是一种丰富，而非掣肘"。在我看来，弗雷泽和本哈比都是从这一观念出发的。我希望补充的是，不必先存差异之念，以为理所应当。甚至可以说，差异都是在特定法律秩序和权力关系下，在不同阶层和性别之间建构出来的社会属性，不是手段谋略，也是人工制造。既然社会在法律正义层面号称所谓平等，那又该如何构建"女性"，或是"老人""青年"等社会角色呢？如何能证明差异反倒能助我们一臂之力，让我们更好地参与经营这一以平等为原则的共和国？差异又如何能丰富政治权力平等的原则？在我看来，这便是"代表"理论介入的最佳契机。因为"代表"概念能投射出一些特殊的可能性，让平等原则和多元社会正面而动态地联结在一起，满足我们既不愿意消除差异，又担心它与平等相抵

①　Nadia Urbinati. "Vilfredo Pareto Suffragista", *Giornale Critico della Filosofia italiana*, 77, 1988, pp.250-273; "John Stuart Mill on Androgyny and Ideal Marriage", *Political Theory*, 19 (No.4), 1991, pp.626-648; reissued in Lesley A. Jacobs and Richard Vandewetering, eds. *John Stuart Mill's the Subjection of Women: His Contemporary and Modern Critics*. Delmar, NY: Caravan Books, 1999, pp.435-455; Italian edition with an introduction of John Stuart Mill and Harriet Taylor, *Saggi sull'eguaglianza e l'emancipazione femminile*, Turin: Einaudi, 2001.

充的矛盾需求。所以，自从我研究性别以来，我就把"代表"当作策略上的工具，以期一个充满差异的社会成为一个以民主、均等地赋予人民权力为终极理想的政治体。我们可以通过"代表"来实现它。所以，对于我而言，性别研究的核心不在于"正义"或"认可"，而是"代表"。我们该时常记住：民主诞生于一群男性人民，而非一群女性人民之中。所以我们希望协调平等与不同，而非回归"相同"。

李汉松：在回归当代政治之前，我希望短暂地回顾您那篇《对知识分子批判者的批判》（La critica degli intellettuali critici）①，因为所有时政问题也都是永恒问题。您在意大利和美国都扮演了公共知识分子这一角色。自从左拉（Émile Zola）之《我控诉》（J'accuse）以来，"知识分子"的含义有何演变？在现实政治生活中，您如何认知这一行动中的概念？

乌比娜提：非常感谢你这个价值千金的问题。我们都认为，"心灵的生活"并非只是学术研究。著书立说、撰文解惑、教书育人，此皆至关重要，也毋庸置疑是我生活中的重中之重。但具体而言，我们职业的题目涉及人文和政治，那便不能仅仅等同于其他任意科学科目或知识分支了。因为我们的研究课题无可避免地牵涉到关乎大局的价值观，反映社会的现实变迁，回音不绝。所以，一方面是作为知识分子在学界从事职业研究，另一方面是作为公民负责任地批判性分析这个社会，这种两面性的辩证统一是政治理论研究的核心特质。"知识分子"的角色定位和意义一定程度上浸染了从黑格尔到葛兰西的传统。支撑它的理念是：所有职业总体上都具有社会反思性，但其中一些人以提供公共愿景与意识形态为己任，从而介入人们的价值观体系、每日生活和选择。介入的方式包括对立法的塑造、对执法的影响，以及帮助人们在社会生活中交流理念、作出决定。一定程度上，人人皆知识分子。但我们其中一些人在狭义上也是"知识分子"，因为我们的专业便是以批判性的心智塑造并合理化观念。而在从事职业活动时，我们直接耕耘的便是价值与理念。这些我们毕生检验的观念并非你、我或其他学者学生的观念，而是社会中已经普遍流传的观念。以我个人为例，每当我阅读、写作、设计新研究课题时，我都感觉自己在回应社会与政治的录入讯号。这意味着，首先：我们包含于，且体现于社会。当然，这并不意味着我们像海绵一样，被动吸收身边浮游之物，或深潜于意

---

① Nadia Urbinati. "La critica degli intellettuali critici", *Contemporanea* (il Mulino), 5 ,2002, pp.732-739.

识形态的洪流之下。恰恰相反，我们乐意与这些思潮保持一定距离，以求批判性分析社会中方方面面相互异议、相互矛盾、相互违犯的"原则"。所以，我不认为知识分子的使命是中立、客观、不偏不倚的，可以与学者的研究工作画等号。即使政治分析形成于判断，我们也非审判席上的法官。所谓"思想诚信"，就是基于我们对自我理解限度的认知。这种必须永久进行的自我反思是学术世界的一部分。我们如此做，并不以师长、官僚之尊，传递一些讲义和文本，而是真正以知识介入公众。我认为这与真正的教书育人相比，虽然交流策略不同，但是在道义上是并行并进的。当你与学生对话时，你倾向于打开他们的心智，让他们开放地面对争议，还引导他们提问，甚至质疑他们自己的信仰，以求保护他们免受教条主义蛊惑。但是当你为报刊撰写时评时，你要把批判性、反思性、反教条主义的方法翻译成许多不同形式、语言和体裁，以便为大众所理解。你并未停止提问、释疑、解惑，而只是应用了不同的修辞手段。但逻辑和情怀是相同的。

李汉松：您最后提到了如何引导学生质疑自己的信仰，令我想到了您在宗教与世俗问题上颇受争议的言论。您合著了《绝无可能的传道使命：论天主教征服意大利社会》(*Missione impossibile. La conquista cattolica della società italiana*)[1]。在民主理论内部，您贡献了一系列对"单宗教民主社会"的研究。[2] 我们平日只听到巴黎和魁北克的世俗主义政论——您早就评论过泰勒的《世俗时代》(*A Secular Age*)——但不知在您心目中，什么才是宗教问题与民事政治之间的纽结与症结？

乌比娜提：起初，宗教并非我最主要的研究领域，但当我发现它引发了社会辩论，便无法抑制自己前去介入一番。首先，据我观察，抛开美国这一特例不谈，起码在欧洲，作为个人信仰体系、赋予生活意义的"宗教"已经极度衰落，导致整个欧洲社会极度世俗化。它意味着，宗教制度已无法独力支撑信仰领域，为"我们如何一以贯之地生活"释疑，也无法设定一个教堂，延续它形而上的诸般信条。多数人宁愿过个人"宗教"生活，脱离于规则和信仰的种种秩序。

---

[1] Nadia Urbinati & Marzano, Marco. *Missione impossibile. La conquista cattolica della società italiana.* Bologna: Il Mulino, 2013.

[2] Nadia Urbinati. "Laïcité in reverse: Mono-religious Democracies and the Issue of Religion in the Public Sphere", *Constellations,* 17, No. 1, 2010, pp.4-21.

李汉松：教皇有言，新冠防疫期间无须神职中介，可直接向上帝陈词，"新教"至此无须再"抗议"，所以可以改名字（Protestant）了。

乌比娜提：是的，天主教是个明显的例子，这种"复合宗教"在逐渐分解，成为单元信仰体系。一直以来，"信仰天主教"本身绝非一片信心、一执信念，而是要涉入具体的社会活动，依据一些教义不断实践礼仪，并且服从一个等级森严的"代议制"权力体系。"二战"前后，这些方面都被民主化逐渐侵蚀。如你所说，欧洲天主教信徒悄然地"新教化"（protestantisation），信条也逐渐个人主义化。我完全同意：如果一位普通的天主教徒决定，从新冠危机开始，只凭良知生活，因为上帝直接烛照他的良知，那么他更像是个新教徒。也就是说，信仰成了你个人与未知神灵之间的情感纽结，不但不再需要教廷的等级秩序，甚至都不需要"信仰体系"。

李汉松：精神上的克尔凯郭尔（Søren Kierkegaard），那么政治上呢？

乌比娜提：信仰上的个人化与政治上的客观权威逐渐淡化这一趋势相互关联。这便引入了我们所处时代的一大悖论：鉴于现在宗教在社会群体中已经丧失了深度的服从体系，而是个人表达的途径，政治家——尤其是绝大部分欧洲的民粹政治家——发现他们可以善加利用政治象征，当作一种社会的文化属性，或者当作他们政治集体的标识。如此使用宗教，便将其转变成了一种"定义我们民族"的文化现实，用以排斥异己，歧视并未参与"民族文化象征"的少数群体。

李汉松：所以，尽管现代世俗化进程迫使教廷承认自己无心或无力阻挡"政教分离"，反倒是政治家想要"政教混杂"。

乌比娜提：对，这些新兴的政客大多并没有强烈的意识形态或宗教信仰为准则，而更是见风使舵地用宗教身份来重造"我们"这一概念。最近，我们目睹了若干欧洲国家的民粹头目都重新标榜十字架，目的绝非与人民大众的灵魂对话，甚至不为与他们的头脑对话，而是创造一个"我们人民""这个集体"的商标，与"他者"相对。我构思出来的悖论就是：群体愈世俗化，宗教愈政治化。我们看到在西方社会中，宗教成为一种工具，以"保护我们的集体"为名，敌视那些没有同样标识的人。所以宗教作为信仰体系的衰落与它作为政治工具的兴起正好合拍。

李汉松：政治与宗教之外，立法也是理论与实践结合的一个维度。如果我将您比作奥地利法学家汉斯·凯尔森（Hans Kelsen）①，我希望您不会过谦地推辞，毕竟你们之间还有一层关系：他的法哲学思想影响了博比奥先生，而您也编辑了凯尔森的《论民主的意义与价值》（On the Worth and Values of Democracy）②。更重要的是，您身为修宪专家委员会成员，在2013年意大利宪法修订中参与执笔第一条款（Costituzione Italiana: articolo 1）。这令我想到，法国大革命前期，吉伦特派曾广撒英雄帖，邀各国名士为制宪献言献策。当然中国最早的共和实验也不乏外国专家建言，譬如哈佛校长艾略特（Charles Eliot）遣古德诺（Frank Goodnow）为恢复帝制提供理论依据，开启了哈佛祸害中国，还依旧被国人迷信崇拜的伟大传统。总之，我对您作为学者和公知参与意大利修宪的经历很感兴趣。

乌比娜提：这是个极为复杂的问题，因为一方面，各国皆有各自调和政治治理、政治取信、宪政结构之方法。但另一方面，放眼望去，各国宪政结构也大同小异。所有宪法都以各自的传统为依托，重复关于主权、民权等普遍概念颇为类似的论述。但就差异而言，意大利宪法比较特殊，其中我最感兴趣的一点，也是一部分修宪派政治家争讼不断的一点，就是它形成的历史背景：最初制成的意大利宪法是一份狭义上的"反纳粹文本"。它诞生的初衷甚至不仅是定义、组织国家体制。它的构建者是由二十多年来受尽意大利纳粹为难，又与德国驻军及其党羽斗争、反抗、谋求解放的政治群体选出来的代表。所以宪法一朝写成，它自动附带着"反"字，所以某种意义上，它的成文并不是普遍的、大公的，而是有选择的、有侧重的。意大利民主宪法组织政体的准则，就是如何更好地分割、分配、分散权力，将国会置于核心，而非行政权。结果便是一种国会民主。正因如此，你所提到的凯尔森非常重要，因为他是首位伟大的国会民主理论家，强调政党代表、公共审虑，因此与卡尔·施密特为首的"行政权中心论"或"尖端决定论"抵触、争鸣。凯尔森和施密特代表了两种政治集体，甚至是政治存在的模型。我国曾有过若干次修宪运动，以求缩紧国会的权力，扩充行政权的角色。甚至有些人提议，要求全体公民直接自主选出总

---

① 汉斯·凯尔森（1881—1973），奥地利法学家、法哲学家、政治哲学家。他参与起草了奥地利1920年的宪法。这部宪法大多数内容留存至今，影响深远。

② Hans Kelsen; Nadia Urbinati & Carlo Invernizzi Accetti (ed). *On the Worth and Values of Democracy*. Lanham: Rowman & Littlefield, 2013.

统，正如施密特式的公投一般。我个人不认为宪法一定一成不变。事实上，它应该在某些方面，譬如在基本权利上，雷打不动；但也应该具备足够弹性，以求筛选并适应社会变化。宪法在多大程度上可以被修改？可以说，意大利和德国宪法提供了有限改良的可能性。它们绝不能转变成适宜极权主义政党复燃的温床。

你提到了中国帝制与共和，我想到《意大利宪法》最后一条说明：国家的"共和体制"不容动摇。这意味着，如果我们希望建立任何帝制或独裁的政治形式，我们都无法启用现存宪法中的"改革条款"，而必须另起灶炉，重新组织一次制宪大会，甚至一次革命，才能实现如此激进的变化。无论如何，在独裁与极权时代之后形成的欧洲宪法，都无一例外地强调在审虑机制下达成的均衡与妥协、权力分立，尤其是对多数权和行政权的监测与管控。

李汉松：就此次意大利新冠病毒危机而言，是否彰显了现有宪法的优势与劣势？

乌比娜提：是的，此次公共健康危机迫使我们重新思考：在全球流行病等非常时期，如何处理"紧急权力"？《意大利宪法》并未规定任何机构负责兼顾"紧急权力"，因为它根本不考虑赋予任何机关此类危机权力。行政机关发出的行政令必须由国会投票通过，才能生效。另外有一些应对紧急情况的法律资源，譬如：非常时刻，特别是有关公共健康或自然灾害，政府与国会可以执行对于个人自由的某些限制——尤其是限制自由行动，这即便无法解决，也起码面对了危机。但没有领袖，没有总统，也没有某种宪法和国家的"高级管护者"可以持有最高权力。

李汉松：一旦要求最高领袖出来主持大局，是否又过于接近天平的另一端，唤起黑暗的记忆？

乌比娜提：我认为必须区分两种民主体制形式：一是以单独的领袖、民众直选出的统治者为中心，二是强调集体性和多党派国会。后者有多位、多种领袖，相互对话，也相互冲突。所以今日之民主与雅典最大之区别在于，它已不再是公民大会主权的"单权"体现，而是领导与体制多元辩证的体现。

李汉松：立足意大利，放眼全欧洲：您发表过类似于"欧洲一体化是民主对民粹的挑战"的言论①，也曾代表地中海友邻，参与希腊负债危机的辩论，对欧盟有一些进退有据、不失风度的批判②。但就欧洲政治一体化而言，我如一定要问您支持不支持，您一定会说支持。正值英国脱欧就绪，新冠病毒肆虐，请问您对欧盟的走向是否还抱有幻想？

乌比娜提：关于"后英国脱欧时代"的欧洲，我追踪最多的确实是新冠危机。它既有趣，也可怖，但至关重要。请容我从头说起。欧洲首先是一个经济一体化工程，这一观念向上可以追溯至 18 世纪关于经济交易如何造就和平自由之类的乌托邦理想。但"二战"之后，它的确得到了落实，步入了逐渐整合的轨道。当时看来，欧洲各国之间有效得力的互动互助：先融会经济市场，再建立相互联结的基本权利和社会保险体系，最终实现政治上的和平统一，并非没有可能。此后，先是欧洲各国举行了若干次关于《马斯特里赫特条约》（法：*Traité de Maastricht*；德：*Vertrag von Maastricht*；英：*Maastricht Treaty*）的重要公投，继而是《尼斯条约》（法：*Traité de Nice*；德：*Vertrag von Nizza*；英：*Treaty of Nice*），从丹麦到法国，基本上堵塞了进一步起草并执行"欧洲宪章"的可能性。2008 年经济危机，欧洲领导力的匮乏又进一步得到验证，达到了戏剧性的程度。欧盟对希腊进行"德拉古式"的严酷惩罚政策，引燃了大面积的反欧情绪。成立"欧洲稳定机制"（European Stability Mechanism，简称 ESM）之后，欧盟继续对急需信贷额度的国家强加苛刻条件，百般刁难。必须承认，在此之前，一直也有所谓的反欧情绪，主要蔓延在北欧和大不列颠等地。正是在这些国家，"欧洲怀疑论"（Euro-scepticism）这个辞藻首次大批量投入使用。但是我认为零八年危机后，"欧洲怀疑论"超越了"怀疑"，愈演愈烈，开始指控"布鲁塞尔技术官僚统治"（Brussels technocracy）利用操纵信贷条款，实际上解除了福利国家、变卖了国有财产。这一处方对希腊的影响无疑是巨大的。现在看来，希腊典当海港机场，私有化公共财产，加剧了贫穷。搏节开支、紧缩财政的策略最终未给希腊带来转机，反倒给欧盟冠上了恶名。此后多年来，欧洲不得不面对、

---

① Nadia Urbinati. "European Integration: A Democratic Challenge to Populism", in Monica Simeoni, ed.. *Europe or Not! Multiple Conversations and Voices*, with Alberto Martinelli, Vittorio Cotesta, Nadia Urbinati and Alain Toutaine, Bruxelles: Peter Lang, 2016, pp.123-146.

② Nadia Urbinati. "Debate: The Greek Debt and the Need for a European Political Union. Who Betrayed Europe's Founders?", *The Federalist Debate,* 28.3 ,2015, pp. 48-49.

解决、回应这一负面形象和影响，但也是自作自受，自食其果。在我看来，其中又有一个悖论：英国脱欧后，现在的情势反而有所改观。

李汉松： 因为欧洲忽然戴上了反对闭关锁国、倡导国际治理的光环？

乌比娜提： 是，但更重要的悖论是：英国脱欧使得欧洲人确信了他们政治工程的价值与效度。所以，脱欧反而重组、重塑、重增了"欧洲计划"。请注意，我这样说并非粉饰太平，描绘出歌舞升平的景象。因为必须知道，与此同时，若干"碰巧"坐落于欧盟南部与东部边界的成员国被迫面临着突如其来的移民问题。所以，不论英国脱欧如何反衬并加强了欧洲的团结，还是不乏政治领袖，尤其在匈牙利、波兰和意大利，致力于推动改变欧洲的身份属性，试图通过加深所谓"西方""欧洲""基督教"价值观，向民族主义靠拢。所以当有人呼唤"欧洲"时，不一定值得赞美，而很有可能是个体成员国民族主义甚至是仇外情绪的表现形式。

李汉松： 新冠病毒横扫欧洲，产生了何种政治连锁反应？是全盘消极，还是也存在某种悖论？

乌比娜提： 这是另一个检验时刻的到来，目前刚刚开始，所以结论难卜。病毒迫使欧洲"统一大业"再度登席受审。因为面临 2019 冠状病毒（COVID-19），各个经济体以国家为单位关闭，一朝恢复，必以更多联邦主义、更多条约基础，酬报欧盟。我们相互团结，并非为了整体解决全部问题，而是为协助各国以各自方式解决具体问题。此次不同之处在于，我们需要的不是信贷等旧制度，而是全新的金融刺激。因为流行病最先、最大影响的国家经济一旦失衡，会继而影响那些受病毒侵害伤亡较小的国家，进而形成你所说的连锁反应。正因如此，这才是个重要的时刻。与以往一样，新局面通常诞生于悲剧之中。欧洲现在迫切需要的是增加共同的财政系统，以求统筹各国介入重大健康和环境危机的战略。健康、环境这两项最重要的"产品"，恐怕最需要全球齐心协力，整合政策与资源，才能确保万一。我们不如从测验欧盟开始。因此，我才认为此时的欧洲变得更重要，也可以替换成其他集体来思考。但不夸张地讲，我并没有那么悲观。

李汉松： 欧洲的整体性也从境外得到了呼应："伊斯兰国"最近敬告各地恐袭人士撤出"欧洲"，放弃对"污染之地"进行"圣战"——包括已脱欧不久，但"受污"不浅的英国——这也算是巩固欧洲一体化了。您认为某种层面上，危机促使欧洲成员国之间加固团结，这当然并不代表着世界范围内不会重掀保护主义、本土主义浪潮。我们的对话既非薄伽丘（Giovanni Boccaccio）之《十日谭》，亦非修昔底德论雅典瘟疫，但大可以政治理论分析流行病。您已详细论述对欧洲和意大利的具体看法，能否宏观审视新冠为世界政治格局带来的改变？

乌比娜提： 首先，从此次新冠病毒开始，它如气候变化一样，不加判别，触及一切。当然，一些人民会比其他群体受灾更深一些，但总体上，病毒不分贫富贵贱，也不谈种族国籍。不论你生活在何处，你都有可能受到感染。这就意味着，或许重新发动公共领域不失为良慎之举。公共领域涵盖健康，因为与私营领域相比，前者更具均等主义，安全系数更高。这从新冠对美国的影响即能看出：既然患病几率相当，那么每人都有更多个人激励和个人动机给予他人同等的健康支持。既然我主张基本物品因为正义、平等和民主互惠等价值观才需公有，而新自由主义者则言必谈成本效益分析，那么不如让他们从"功用"的角度回归到同一结论上来吧！以功用与效用之名，他们也会发现公共系统便捷多利。所以如你预言的一样，我确实认为这里也有悖论，或者说巨大的潜能。我们不如抛出这样一个命题：平等分配检测、验证、确诊和治愈的种种资源"更富效率"，所以更能保护整体人口，包括那些痛恨公共系统之人。另外一点：你或许已经发现，几个月前还叫嚣不已的民粹派"主权论者"和"民族主义者"，从法国的玛丽娜·勒庞（Marine Le Pen）、意大利的马泰奥·萨尔维尼（Matteo Salvini）到匈牙利的奥班·维克多（Orbán Viktor），现已鸦雀无声，躲入荫翳之中。事实上，他们目前反而更盼着"欧洲"来得更多、更快、更猛烈一些。原因很简单：面对流行病，他们无法对症开出药方。他们的所谓民族主义无力解决问题。真正的解决方案绝非人人自闭、自给自足的民族主义，而是来自欧盟国相互合作。

李汉松： 呼吁团结，是此时、此次对话最恰当的尾声。

生态共和的现代想象

——对话梅丽莎·蕾恩 ①

本文围绕自然生态、公职问责、理论建筑等议题，纵谈希腊罗马、中古至近代早期、启蒙运动和现代政治思想史，阐发柏拉图、亚里士多德、西塞罗、博丹、卢梭、梭罗等思想家的理论遗产。此外，古希腊政治哲学的诠释者梅丽莎·蕾恩从个人经历出发，详述了学术研究、社会运动和国家治理之间的种种关联。对话辨析了思想史中古与今、接收与传播、考据与演绎之间的关系，强调历史观念在当代政治生活中的创造性作用。

梅丽莎·蕾恩（Melissa Lane），美国政治哲学和思想史家，现任普林斯顿大学教授、人类价值研究中心主任。蕾恩是古典语言学、分析派政治哲学和"剑桥思想史学派"等诸多学术传统融会贯通的代表人物，著有《柏拉图〈政治家篇〉的方法与政治》《政治的诞生》《生态共和国》。

李汉松： 故事开始于 1988 年，您那篇煌煌 144 页的本科毕业论文：《遁入自然即社会批判：卢梭与梭罗研究》②。最近我从哈佛图书馆中翻出此文，想到"自然"这一主题厚积薄发，最终凝聚成《生态共和》的环境主义思想③。对于您和您笔下的哲学家，"回归自然"即"社会批判"。不知您走上"论证自然"之路，依赖哪些路标，又得益于哪些引路人？

蕾恩： 这一问别有妙趣。此篇卢梭和梭罗（Henry David Thoreau）的

① 本文是作者与蕾恩于 2020 年 1 月 22 日在普林斯顿大学人类价值研究中心的对话。

② Melissa Lane. *The Flight to Nature as a Mode of Social Critique: A Study of Rousseau and Thoreau.* Cambridge: Harvard University Archive (B.A. Honors Thesis: 144 leaves; 29 cm.), 1988.

③ Melissa Lane. *Eco-Republic: What the Ancients Can Teach Us about Ethics, Virtue, and Sustainable Living.* Princeton: Princeton University Press, 2011.

比较研究之所以呈现出这一特殊形态，择选了这两位思想家，可以归因于我求学哈佛期间的两段学术经历。大三那年，我追随朱蒂丝·施克莱在一门"独立研学课"上高强度精读了卢梭的著作。施克莱教授也最终成为我的论文导师之一。但我又选修了乔治·卡特布（George Kateb）[①]教授的梭罗导读课。他当时与斯坦利·卡维尔（Stanley Cavell）[②]同在哈佛任客座教授。当然了，施克莱也开设了一门美国政治思想史，因为她自己也对爱默生和梭罗兴趣浓厚。这些阅读凝聚、升华，结晶成我对这两位思想家的比较释读。你现在抬头可以看见，我办公室墙上挂着施克莱教授的肖像。去年你在普林斯顿时，想必也注意到了这幅相片。这张是她访问剑桥大学国王学院，担任"皮特教授"时的留影。

李汉松："皮特美国史与制度教席"（Pitt Professorship of American History and Institutions）可谓上世纪 40 年代以来英美高校间的纽带。

蕾恩：是的，著名学者轮流执掌教席，任期一年，轮换而不沿袭。施克莱受邀赴剑桥讲学那年，正好住在国王学院。后来，学院将她这幅相片挂在了"高级众会室"（Senior Combination Room，简称 SCR）的墙上。我见之大喜，索要了底片，带回了美国，因为这是我们师生二人两代穿梭于哈佛、剑桥这两所学校的完美纪念。回到 1987 年，那是我大四的秋季学期。施克莱应邀赴牛津作"卡莱尔讲座"（Carlyle Lectures），我干脆也间休了一学期，以便来年春秋两季沉心与她写论文。这便是我 1989 年一月才毕业的原因。但如此一来，1988 年夏天我便忙里偷闲，一边改论文，一边在马萨诸塞州西部的一家野营营地传授纽约大都市来的学生野外生存技能，譬如在大自然中攀爬越野。

李汉松：这是一段梭罗式的时光，只是梭罗更静些。

---

① 乔治·卡特布（1931— ），美国政治理论和思想史学者，普林斯顿大学教授，研究爱默生、穆勒、阿伦特。著有：George Kateb. *Utopia and Its Enemies*. New York: Free Press of Glencoe, 1963; *The Inner Ocean: Individualism and Democratic Culture*. Ithaca, N.Y.: Cornell University Press, 1992; *Human Dignity*. Cambridge, MA: Belknap Press of Harvard University Press, 2011.

② 斯坦利·路易斯·卡维尔（1926—2018），美国哲学家，因向美国学界阐释维特根斯坦而闻名，著有：Stanley Louis Cavell. *The Senses of Walden*. New York: Viking Press, 1972; *This New Yet Unapproachable America: Lectures after Emerson after Wittgenstein*. Chicago: University of Chicago Press, 1988; *Conditions Handsome and Unhandsome: The Constitution of Emersonian Perfectionism*. Chicago: University of Chicago Press, 1990; *Philosophical Passages: Wittgenstein, Emerson, Austin, Derrida*. Oxford, UK & Cambridge, MA: Blackwell, 1995; *Emerson's Transcendental Etudes*. Stanford: Stanford University Press, 2003.

蕾恩：正是！平日我们流连于深山巨谷之中，但周末一旦得空，我便驱车返回波士顿，后备厢里是厚厚一摞儿梭罗论文稿。每当路过梭罗的隐居圣地康科德（Concord），都感到兴致盎然。当时遍览可供参阅的卢梭和梭罗资料，我深切感受到：他们二人很少真正思考"自然"本身，比如漫漫荒郊。他们真正在乎的是"自然"这一象征所具有的修辞和劝辩之效。所以，这篇论文谈独立、孤独、自依（self-reliance）。这些角度又衍伸出了社会批判。根本上而言，卢梭与梭罗都透过自然这张镜片审视并批判社会关系。

李汉松：难道没有纯粹的、不经中介的自然？

蕾恩：我想你为我设了陷阱。等我说"没有"，你便会立即反过来说：既然没有绝对的自然，那么把自然当作象征也是一种必然？的确如此。似乎每当纯粹的美从天而降，打破一切尘埃之时，梭罗却又惊恐万分，挣扎不休。梭罗笔下的缅因森林即是一例。[①]他与兄长的关系，还有那份纯粹的体验，在自然中悄悄地弥漫。从他写下的文字：《缅因森林》和《康科德与梅里马克河的一个礼拜》，我们能体察到那次泛舟的况味，以及后来兄长故世的那份沉重。[②]所以你说得对，人永远无法脱离社会性，企及一种直接触碰自然的境界。卢梭在《孤独漫步者的遐想》中，向自然索求慰藉。[③]但这种安慰又何其短暂，又因此何其不完美。与亲密的社会关系相比，如他从华伦夫人（Madame de Warens）[④]处得到的那份充盈的满足和惬意，这种自然中孤独的求索至多是一种不完全的苏醒。

李汉松：反思当年的理解，哪里最有失精准，或值得商榷？

蕾恩：二十多年后，其他学者又重新要求我修改这篇文章，刊于论文集《亨利·大卫·梭罗政治导读》[⑤]。这部参考书由我的学生杰克·图尔纳

---

① Henry D. Thoreau. *The Maine Woods*. Boston: Ticknor and Fields, 1864.

② Thoreau, 1864; *A Week on the Concord and Merrimack Rivers*. Boston/Cambridge: James Munroe and Co., 1849.

③ Rousseau. *Les Rêveries du promeneur solitaire*. Paris (Genève; Londres; Paris): A. Hatier (Nilsson), 1782.

④ 弗朗索瓦兹－露易丝·德·华伦（Françoise-Louise de Warens, 1699—1762），原名露易丝·埃莉诺·德拉图尔·杜比（Louise Éléonore de la Tour du Pil），曾为卢梭的老师、赞助者、情妇。见卢梭《忏悔录》（*Les confessions de J. J. Rousseau*. Genève: s.n. 1782）。

⑤ Melissa Lane. "Thoreau and Rousseau: Nature as Utopia", Chapter 13 in Turner, Jack (ed). *A Political Companion to Henry David Thoreau*. Lexington, Kentucky: Kentucky University Press, 2009.

（Jack Turner）主编。他与你一样，毕业于剑桥"政治思想史"专业，获哲学硕士。我应他之邀，重新修改此文时，却发现在过去的二十年里，梭罗更多的日记与札记相继出版面世，其中不乏他对纯粹自然现象的精妙记录。我发现在他生命晚期进行了一枝一叶、至纤至悉的植物学观察。他也在康科德记录天象和气候，甚至对于当今的气象学家和植物学家都大有参考价值。所以我将这些新近的洞见都嵌入之前的文章，使之熔于一炉。

李汉松：您在哈佛时，曾得罗尔斯亲授《正义论》。罗尔斯如何讲评自己的作品？他又如何自比于其他正义理论家？

蕾恩：是的，我大二时修过罗尔斯的"哲学171"。之后，我叛离哲学系，转入"社会研究"（Social Studies）专业。但我修哲学意志仍坚，从未间断，其间受卡维尔影响尤巨。师从罗尔斯奇妙无比。当时亨利·理查德森（Henry Richardson）[①]担任助教（哈佛叫 Teaching Fellow，普林斯顿则称 Preceptor）。多年之后，我写信邀请已是著名学者的理查德森加入普林斯顿人类价值研究中心（Center for Human Values）顾问委员会，顺便提及了他曾当过我的助教。显然，他早已忘却此事。我也邀请了另一位哈佛恩师，已经转去斯坦福哲学系的黛博拉·萨茨（Debra Satz）[②]。

当时，罗尔斯的课程结构是：贯穿阅读他本人的《正义论》，但中间散杂着穆勒、黑格尔、马克思。我们或许也读了些许卢梭，但我印象中似乎又不然。上课时，我们围绕不同主题讨论：自由之本质、妥协、社会批判。每辩一题，都兼读其他思想家，以达相互印证之效。之后，罗尔斯通常会表态，评论当他在写作《正义论》时是如何看待这些思想家的。这门课有两点深深影响了我，挥之不去。我写了两篇论文，一篇分析马克思理论中"异化"与"剥削"的关系。我的论点是：归根结底，马克思的关怀中最核心的部分是异化，而非剥削。换言之，非异化的剥削，或许引不起他同样性质的批判。读《正义论》，我还收获了另一笔宝贵财富，那便是

---

① 亨利·理查德森（1955— ），美国哲学家，乔治城大学教授，著有：Henry S. Richardson. *Practical Reasoning about Final Ends*. Cambridge: Cambridge University Press, 1997; *Moral Entanglements: The Ancillary-care Obligations of Medical Researchers*. Oxford: Oxford University Press, 2012; *Articulating the Moral Community: Toward a Constructive Ethical Pragmatism*. New York: Oxford University Press, 2018.

② 黛博拉·萨茨（1956— ），美国哲学家，斯坦福大学教授、人文与科学院院长，著有：Debra Satz. *Why Some Things Should Not Be for Sale: The Moral Limits of Markets*. Oxford: Oxford University Press, 2010.

洞悉"政治理论的建筑学"。这一点在钻研此书最后三分之一时感触最深：关于自尊自敬的讨论，及其在整个理论建构中发挥之作用。罗尔斯在探讨普通法（Common Law）时，曾用过"普通法的大教堂"这一修辞手法。我一直也认为，罗尔斯本人的著作也是一座大教堂：你如若不通透地明晰它的建筑结构，则无法理解其中的政治理论。而这种建筑学意义上的结构提供了一种模板，衍伸出更普遍的政治理论，包括心理学、社会理论的意义和二者相互结合的关系。我之后写《生态共和》便深刻借鉴了这种"理论建筑"意识，转而融入了我自己的思想。

李汉松：与罗尔斯研读正义之余，上世纪80年代也是实践正义的时代。当时学运风起云涌，您是否在哈佛校园中有所作为？

蕾恩：作为积极分子，我投身若干战线，广泛参与了校园运动、社会运动，尤其是当时如火如荼的"反南非种族隔离运动"（Anti-Apartheid Movements，AAM）。事实上，刚才我不经意间隐瞒了另一个导致我拖延一学期毕业的原因：当时我们反对南非官员访问哈佛，抗议示威。我们阻拦了他的车，还堵住了他演讲所在报告厅的各处大门。现在反思看来，我不一定认为如此行径何其正确。但当时我们都是理想主义者。结果我们因严重违纪遭到哈佛惩戒处罚，来了个"留校察看，以观后效"。但我们行动仍然不减，占领了麻省大楼（Mass Hall），聚众盘踞在哈佛园过夜，久久不散。我也不知我的记忆为何如此清晰：我记得我曾拥有一台传真机，用来向南非大主教德斯蒙德·图图（Bishop Desmond Tutu）①电波传讯。我们草拟好了邀请函，从我的宿舍直接传到南非，请他来哈佛演讲。他于是来到哈佛，在剑桥公园绿茵上（Cambridge Common）演讲。与此同时，我们提着筐篓，忙着募捐。捐款完毕，我们又负篓曳屣至剑桥警察局清点款额。我们两三人一起，在不久前被纪律处分，现在却在警察局骄傲地清点出7000美金捐款。整个运动中发挥关键作用的骨干大约有20至30人，其中有5名干事挑大梁。如果一定要排座次，我大约在10至15名左右。我虽然官衔适中，但组织纪律性很高。除此之外，我们还致力于创建工会，吸收校园中的勤务工人。我亲身参与促成了马萨诸塞州倡议生育自由问题的公投。我

---

① 南非大主教德斯蒙德·图图（1931— ），南非圣公会前任大主教、左翼神学家、反种族隔离政策运动家。1985—1986年任首位黑人约翰内斯堡主教，1986—1996年任首位黑人开普敦大主教。

担任了哈佛本科评议会学术事务长，长达数年。

李汉松：您的政治履历基本上可以视为那个时代社会行动主义的剪影。但除了学生运动之外，您还近距离观察了治国理政的艺术（即您后来在古希腊语境中研究的"担任公职"）：您担任过前哥斯达黎加共和国总统奥斯卡·阿里亚斯·桑切斯（Oscar Arias Sánchez）的英语秘书。当时他刚因 1977 年介入中美洲地缘政治，缓解严峻的军事局势获颁诺贝尔和平奖。而您亲身接触治国之道，是否与您的政治思考相互交织？不论是历史主义还是实证主义，都讲求"眼见为实"。您目睹的"国家治理"与"国际治理"是否如您所期？

蕾恩：这件事也起源于哈佛。当时我还参与了中美洲政治运动，因为绝大多数学生都关心中美洲的和平进程。大部分人都参加了"反康特拉"（anti-Contra，Contra 即 contrarrevolución，由美国支持的右翼"反革命"武装）行动。1988 年本该是我的毕业季。阿里亚斯此前不久才因其为和平所做之努力获颁诺贝尔奖，应邀来哈佛为毕业班演讲致辞。因前述原因，我并未准时毕业。但哈佛有一条规定：如果你仅差一个学期，也可与同一届同学一起毕业游行，只不过上台领证书时会收到一份空头文书。我遂参加了毕业典礼。我记得阿里亚斯奉献了一篇令人激昂的演说。之后，我随口向我的宿舍长，邓斯特楼（Dunster House）的教务长（Tutor）杰弗里·沃克维茨（Jeffrey Wolcowitz）①倾诉了我如何受阿里亚斯鼓舞。我说如果可能，我希望毕业后亲赴中美洲贡献力量。那个礼拜的某日，他与阿里亚斯共进晚餐，向阿里亚斯提到了我："我有一名学生，听罢您的演讲大受激励。"当时餐桌上恰巧还有一位女士，是哈佛董事会秘书，她的儿子正好

---

① 邓斯特楼建于 1930 年，仿牛津大学基督堂学院（Christ Church, Oxford）汤姆塔（Tom Tower）而建，是哈佛 12 座本科宿舍楼之一。它是阿伯特·劳伦斯·罗威尔（Abbott Lawrence Lowell）任校长期间推出"宿舍楼计划"后最初兴建的两栋建筑之一（罗威尔扩大了哈佛的规模和财力，建立"专业"制度，限制犹太学生人数，禁止黑人学生入住大一宿舍），也是爱德华·哈克尼斯（Edward Harkness）捐给哈佛的七座建筑之一（爱德华之母安娜捐助成立了"哈克尼斯奖学金"）。邓斯特楼以哈佛首任校长亨利·邓斯特（Henry Dunster）命名。因此，建筑西侧挂邓斯特家族盾徽，东侧挂剑桥大学莫得林学院（Magdalene, Cambridge）盾徽——邓斯特 1627 年入莫得林学院。这座楼贯穿六层楼梯，无电梯。宿舍吉祥物是骆驼。杰弗里·沃克维茨（1952— ），美国微观经济学家，研究公共金融和社会保险，1982 年获经济学博士，师从劳伦斯·萨默斯（Lawrence H. Summers）。1983—1990 年曾任邓斯特楼 Allston Burr 资深教务长，1988—2005 年任哈佛学院副院长、首席规划官，能记诵哈佛全部课程表。自 2006 年起任西储大学本科学院院长。

是我这一届的同学，也是我在"社会研究"专业里亲密的朋友①。她听到我的名字，立即加入了游说："噢，是的，梅丽莎·蕾恩实在优秀"云云。阿里亚斯闻之，说道："既如此，何不来为我工作？"此事就此促成。其中另一妙处在于：1988年秋季，我赴中美洲的具体事宜正在商谈之中，我却获得了"马歇尔奖学金"（Marshall Scholarship），但奖金的起始日是来年十月。所以我从一月到九月都闲来无事，正好可以去哥斯达黎加工作。另一点值得庆幸之处是，阿里亚斯最亲密的助手和顾问之一，半哥斯达黎加半西班牙血统的盖波利拉·罗德里格斯（Gabriela Rodríguez）向我伸出援手。她是位了不起的女性，从小长在弗朗哥治下的西班牙，与法西斯主义进行了艰苦卓绝的斗争。那时，她已在民主社会主义的"西班牙工人社会党"（Partido Socialista Obrero Español）内身居显职，是费利佩·冈萨雷斯（Felipe González Márquez）的左膀右臂。基于两家的战友关系，当然也因为她本身即是一半哥斯达黎加人，冈萨雷斯基本上把这位得力战将借给了阿里亚斯。她成为阿里亚斯的顾问之后，便邀请我与她同住。基于她在西班牙和哥斯达黎加两地的丰富政治经验，她对政治有着敏锐的嗅觉和深邃的思考。

李汉松：您如何形容阿里亚斯的核心幕僚班子？

蕾恩：阿里亚斯的私人办公室非常小。他只有大约两位最核心的顾问，加上他的个人秘书，以及三四名助理，还有一个我。总统府办公室（despacho presidencial）一共大约十人。至于我的职责所在，你也知道，阿里亚斯通晓英文，因为他1974年毕业于埃塞克斯大学（University of Essex）政府系。但他时常受邀赴英语世界国家演讲，所以必须大量以英文写文稿和书信。我的主要任务是英译西班牙文书信，起草英文书信，偶尔也指导他的英文口语发音，锤炼他的演讲。我们一起准备过出席G-7峰会，之后他又应邀参加了G-10。当时中美洲局势尚未趋缓趋稳。"桑地诺民族

---

① 哈佛大学校董委员会（The Harvard Corporation=President and Fellows of Harvard College）与哈佛监事会（Board of Overseers）共同治理哈佛大学。1650年，应亨利·邓斯特校长要求，马萨诸塞议会（Great and General Court of Massachusetts）颁发章程，使其成为美洲最早的法人团体。之后的马萨诸塞邦宪章（Constitution of the Commonwealth of Massachusetts）确认：不论政府更迭，此团体将继续"拥有、持有、使用、行使、享有"（have, hold, use, exercise and enjoy）其财产和法律特权（Massachusetts Constitution, Chapter V, "The University at Cambridge, and Encouragement of Literature, etc", Articles Ⅰ-Ⅲ）。

解放阵线"（Frente Sandinista de Liberación Nacional）仍在执政，我在洛杉矶有一些亲友，也参与了桑地诺派的运动。借助这一层关系，我当时可以来到尼加拉瓜，并亲自在那里度过了桑地诺掌权十周年纪念。你了解我的政治倾向，所以可想而知，这对我而言是一次美妙的经历。

李汉松：当时右翼思潮风靡英美，左翼萧条，但您却在拉美找到左翼运动的归属感。

蕾恩：是的，当时正是里根（Ronald Reagan）总统执政最后几年，紧接着是老布什（George H. W. Bush）第一任期。里根总统的政策方针和执政理念是放任自流，严重依赖身边的顾问。阿里亚斯截然相反，他坚定不移地恪守自己的信念，信仰自己的和平主张和愿景。他有一位关系紧密的智利好友，名叫约翰·毕尔（John Biehl）[①]。我隐约记得他们二人是在埃塞克斯时期或以前便已结交。他们并肩作战，有自己一套中美洲发展的蓝图。

李汉松：这种信念对您的翻译工作要求极高，因为必须通过语言转换诠释他的政治理想。

蕾恩：正是，为阿里亚斯翻译趣味无穷。比如，我意识到，他表述自己政治思考的方式是甩出一系列抽象的西班牙文词汇：和平（paz）、民主（democracia）、发展（desarrollo）。我必须先理清这其中的逻辑，才能决定它们的顺序。阿里亚斯认为：先须有和平，才能有民主，最后才能发展。但当时和现在的多数经济学家都认为，先有发展，或许能成就民主。既然阿里亚斯强烈认定"和平导致民主，民主再带来发展"，我必须使之在英文中凸显出来。他确实在管控自己的权力，构筑自己的愿景，不但思考"权力应当如何使用"，还遵循它来实践政治。这令我颇为惊异。有一段时间，中美洲仍充满张力，"康特拉"余焰未烬，作势反扑，扰乱边境。大体上，他已将康特拉分子驱逐出境，但尚有小股势力游荡在哥斯达黎加边境不远之处。一日，他果断拿起电话筒，打给了丹尼尔·奥尔特加（Daniel Ortega），说："过来吧，我们开一次峰会来商议此事。"次日，奥

[①] 约翰·亨利·毕尔·德·里奥（John Henry Biehl del Río，1939— ），智利律师、政治学家、外交官，曾在爱德华多·弗雷·鲁伊斯-塔格莱（Eduardo Frei Ruiz-Tagle）政府中任内阁级别总统府秘书处长。他曾于埃塞克斯大学获政治学硕士学位，后发起成立了智利天主教大学政治科学研究所（Instituto de Ciencia Política de la Pontificia Universidad Católica de Chile）。

尔特加现身圣何塞（San José），他们二人经过一番讨论，一起解决了危机。目睹此类事件给予了我一种观念上的认知：当权者也可以认清如何使用权力。这一点与里根和布什，尤其是里根的治国术大相径庭。虽然只是旁观者，我深受鼓舞、震撼、改变。鉴于盖波利拉和阿里亚斯之间跨党跨国的民主社会主义斗争，我也确信国际政治运动之可能。

　　李汉松： 先理清政治论争的逻辑，再以修辞表述观念，进行语言学意义上的翻译——就认知过程而言，这种论证与处理政治理论与思想史颇为相似。与此同时，您也能在幕后近距离观察如何审时度势，如何决策疑难，如何亲手将愿景化为现实。

　　蕾恩： 你的描述很准确，那些"决策疑难"的时刻最引人入胜，也最事关重大。这是一次震撼的经历。最近阿里亚斯被指控侵犯女性，这与我的经验和认识并不吻合，但我也绝不想怀疑那些质疑者的可信度。我认为事态如此发展，实在令人遗憾，也令我痛心。

　　李汉松： 从参与政治运动，到观察政治行动，再到研究政治理论：我想先请您追溯一下最早如何接触到古希腊政治思想史。初次见面时，您曾开玩笑地说，我们有一段共同的经历，都先师从施特劳斯学派读希腊哲学，才来到剑桥治思想史。我相信，您指的是在哈佛大学与曼斯菲尔德阅读《理想国》？

　　蕾恩： 这是个有趣的话题！我直到大学第四年才正式接触柏拉图《理想国》。我当时上了哈维·曼斯菲尔德的一门《理想国》精读课。你当然知道，我们使用的是阿兰·布鲁姆（Allan Bloom）的《理想国》英译本。我直至今日也认为这一译本大有可取之处。当时我写了一篇比较卢梭和柏拉图教育观念的论文。在哈佛，曼斯菲尔德因常常反馈学生极其简短的评语而著称。我记得曼斯菲尔德教授在我的论文后评道："R写得比P强。"（"Better on R than on P"）但他给了我A或A-。

　　李汉松： 这对于"哈维·C.曼斯菲尔德"而言，已是极高的赞誉了。

　　蕾恩： 是，我当时也受宠若惊。但他说得有理，可能我写卢梭的部分确实比写柏拉图的要强。毕竟在那时，因追随施克莱教授写了一篇卢梭的毕业论文，我对卢梭的了解更深。所以曼斯菲尔德的评语颇为公正。跟随他阅读柏拉图也是令人震撼的体验。

李汉松：然后您来到了剑桥，最初追随迈尔斯·伯恩耶特（Myles Burnyeat）①、马尔科姆·斯科菲尔德（Malcolm Schofield）②、多米尼克·斯考特（Dominic Scott）③，还加入斯金纳的"剑桥学派"阵营，其中有何智识和感情上的变化？您如何协调施派政治哲学、剑桥式哲学史与古典学的方法？之前阅读柏拉图的方法是否遇到了冲突、抵触和瓶颈？长期而言，吸收施派和剑桥学派之后，不同的方法论在您治学之中有何种张力、"协同效应"或"合成效应"？

蕾恩：当初来到剑桥，我一直后悔在哈佛没有读哲学。大二时，我的顾问强烈鼓动我读"社会研究"，因为这种综合性跨学科的专业更能包容我广阔的学术兴趣。我的确认同"社会研究"是一次难能可贵又精彩纷呈的思想旅程。时至今日，我最亲密的两位朋友都来自大二那年的"社会研究"导师课。最近我得知了一个悲剧的消息，曾经执掌"社会研究10"这门课的导师主任朱迪·维施尼亚克（Judy Vichniac）④逝世。她对我影响甚巨，和我关系一直很近。她之后改任拉德克利夫研究院（Radcliffe Institute）奖学金项目主任，刚卸任不久。一年半以前，在她退休之际，我代表她全体"社会研究"学生发言致辞。但不久，她就患上了癌症，今年十月去世。尽管我享受在"社会研究"的那一段时光，我一直"觊觎"哲学。我理性判断，自己也需要更多严格的哲学学科训练。我还听说最精彩的剑桥体验是攻读学士学位的"三足凳"（Tripos）项目。对于非本科生，可以在未完成哲学系 Tripos 第一部分的情况下直接进军第二部分。当时，优秀的哲学家罗斯·海瑞森（Ross

---

① 迈尔斯·伯恩耶特（1939—2019），英国古希腊哲学学者，研究亚里士多德《形而上学》、柏拉图《泰阿泰德篇》、"柏拉图"《第七封信》。

② 马尔科姆·斯科菲尔德（1942— ），英国古典学家，研究前苏格拉底时代思想、柏拉图、亚里士多德、斯多葛学派、晚期柏拉图主义、西塞罗。剑桥大学荣休教授、圣约翰学院院士。

③ 多米尼克·斯考特，现为牛津大学哲学教授、玛格丽特夫人学堂院士。斯考特研究古希腊知识论和伦理学，著有：Dominic Scott. *Recollection and Experience*. Cambridge: Cambridge University Press, 1995; *Plato's Meno*. Cambridge: Cambridge University Press, 2006; *Levels of Argument: A Comparative Study of Plato's Republic and Aristotle's Nicomachean Ethics*. Oxford: Oxford University Press, 2015.

④ 朱迪·维施尼亚克（1950—2019），耶路撒冷希伯来大学学士、哈佛大学政治系博士，曾任哈佛大学社会研究项目教学主任和高级讲师、拉德克利夫研究院奖学金项目主任，著有：Jude Vichniac. *The Management of Labor: The British and French Iron and Steel Industries 1860 –1918*. Greenwich: JAI Press, 1990; (ed.) *Democracy, Revolution, and History*. Ithaca: Cornell University Press, 1999 (Festschrift in honour of Barrington Moore, Jr.).

Harrison）① 任国王学院哲学教务长。我从他读政治哲学，获知颇丰。除此之外，我还读了古代哲学和哲学逻辑等几门研读课（Paper），这对我来说挑战很大。那时，你读过的"政治思想与智识史"方向的哲学硕士项目尚未具体定名，所以你三十年前的师兄师姐都正式归属于哲学系，而非平均分配于政、史、哲。但当时甚至连"哲学的哲学硕士"都刚成立不久，我便立即投入其中。在我的回忆中，"坐三足凳"的经历令人难忘，每礼拜的导师课最美妙。Tripos 第二部分规定的古代哲学文本不断变动，每年不一。我那一年，你提到的伯恩耶特自告奋勇教了这门课。有些古怪的是，他布置的是柏拉图两篇不甚知名的对话:《欧蒂德谟》（Εὐθύδημος）与《大希比阿篇》（Ἱππίας μείζων）。 按照伯恩耶特自己特立独行的理论，这两篇并不是"早期苏格拉底对话"，而是在《理想国》之后。他认为这两篇以批判的视角反映了《理想国》中的内容。当然，事后学者取得共识:《欧蒂德谟》对于"谁拥有政治艺术"这个问题提出了批判。而这一批判最终又化作了《政治家篇》（Πολιτικός）强有力的背景。但无论如何，劈头便读《欧蒂德谟》和《大希比阿篇》还是令人有些不知所措。但伯恩耶特魅力十足，所以最终收效极佳。那时，我们可以每晚去"B 俱乐部"（B-Club）"围炉夜读"经典名著。斯考特是我哲学硕士的导师，但我也在蒂莫西·斯迈利（Timothy Smiley）② 的指导下完成了一篇关于亚里士多德《后分析篇》（Ἀναλυτικὰ Ὕστερα）的论文。顺便一提，我也读了你的本科老师乔纳森·李尔（Jonathan Lear）③ 的古希腊哲学著作。最终，我将论文议题定为柏拉图的《政治家篇》。伯恩耶特那年正好教了一门《政

---

① 罗斯·海瑞森（1943— ），英国学者、哲学家，2006—2013 年曾任剑桥大学国王学院教务长，著有：Ross Harrison. *Hobbes, Locke, and Confusion's Masterpiece: An Examination of Seventeenth-Century Political Philosophy*. Cambridge: Cambridge University Press, 2002.

② 蒂莫西·约翰·斯迈利（1930— ），英国数学哲学、逻辑学家，剑桥大学 Knightbridge 荣休哲学教授、克莱亚学院院士，著有：Timothy Smiley. *Philosophical Dialogues: Plato, Hume, Wittgenstein. Dawes Hicks Lectures on Philosophy*. Oxford: Oxford University Press, 1995; *Philosophical Logic*. Oxford: Oxford University Press, 1998; *Mathematics and Necessity: Essays in the History of Philosophy*. Oxford: Oxford University Press, 2000.

③ 乔纳森·李尔（1948— ），美国哲学家、心理分析师，芝加哥大学社会思想委员会教授，著有：Jonathan Lear. *Aristotle and Logical Theory*. Cambridge: Cambridge University Press, 1980; *Aristotle: The Desire to Understand*. Cambridge: Cambridge University Press, 1988; *Love and Its Place in Nature: A Philosophical Interpretation of Freudian Psychoanalysis*. New Haven: Yale University Press, 1990; *A Case for Irony*. Cambridge, MA: Harvard University Press, 2011.

治家篇》的博士研讨课。我参与了研讨，且与斯考特写出了论文初稿。之后的两年间，我又继续师从伯恩耶特，推敲打磨我的论据。在我来到剑桥的第四年，伯恩耶特正好学术休假，所以我转而师从斯科菲尔德。现在想来，当时系里开设《政治家篇》纯属巧合，但这一题目与我简直是天作之合。但你也问及了我与剑桥学派的关系。在我读哲学硕士之时，苏珊·詹姆斯（Susan James）和罗斯·海瑞森合教了一门研讨课，题名为"'自我'的素材"。我在这门课上的作品成为我的第一篇发表论文，刊于《理智》（Ratio）杂志。自从来到剑桥，我便勤于参加斯金纳和邓恩的研讨会。所以我与他们的关系也愈来愈亲近。我并不认为我的博士学位论文如何反映了剑桥学派的方法论。也许这是它的不足之处？但当我晋升讲师之后，乔赛亚·奥伯（Josiah Ober）来剑桥访问了一个学期。当时保罗·卡特里奇（Paul Cartledge）① 举办了一系列讨论会。我在那儿做了报告，受到不小启发，不但与卡特里奇成为好友（但他从未教过我），也结识了奥伯。所以在他们的影响下，我逐渐有一些结合历史主义思考古希腊思想的苗头，但至多可以算作"一足淌水"。事实上，许多年后我才开始大批量使用历史语境主义研究希腊政治哲学。甚至可以诙谐地说，我离开剑桥之后，内心深处的"剑桥学派"才如雨后初绽。而在剑桥时，我近乎完全在实践"B俱乐部"这一"党团会议"那种纯粹的古代哲学史。当时，在将"剑桥学派思想史""古典语言文学""古代哲学史"等学科交叉融合方面，我并未完全开窍。

李汉松：下面我来归纳一下您研究古希腊"统治"和"担任公职"思想史得出的一系列见解，请您指出其中理解错误之处。我认为在《柏拉图〈政治家篇〉的方法与政治》（*Method and Politics in Plato's Statesman*）中，您已经提及了政治家"分配"职能（ἐπιτρέπειν）的行为。这一证据说明，政治家可以通过合理分配公职进行间接统治。② 您从不同角度剖析了柏拉图"政务的""政治家"（πολιτικός）一词含带的潜力和引申义。③ 我也认为

---

① 保罗·安东尼·卡特里奇（1947— ），英国古代史家，剑桥大学克莱亚学院院士、A. G. Leventis 希腊文化教授、"亲拉科尼亚者"（Laconophile）。卡特里奇研究古典时代的雅典与斯巴达，著有：Paul Cartledge. *Ancient Greek Political Thought in Practice*. Cambridge: Cambridge University Press, 2009.

② Melissa Lane. *Method and Politics in Plato's Statesman*. Cambridge: Cambridge University Press, 1998, pp. 177-178.

③ Ibid., p. 3, note 7.

此词很有可能是柏拉图原创。但在您的博士学位论文中，"统治"（ἄρχειν）这一动词不定式以及"公职"（αἱ ἀρχαί）作为主格复数名词，还在根本上、普遍意义上可以互相替代。而在捷克布拉格的一次会议上，您基于《政治家篇》同一段话（311a1-2）强调了名词的"公职"（τάς ἀρχάς），并将"ἄρχοντος"定义为担任公职的公民。① 沿着这一条全新的脉络，"政治家的艺术"同样在于如何"授予""分配"他人公职和责任。最后，在令我受益无穷的牛津卡莱尔讲座中，您在"统治"（ἄρχειν）和"被统治"（ἄρχεσθαι）之间系上了理论纽带，就此开辟了一块"古希腊问责制度"的全新论域。② 以当事人的角度，您如何叙述贯穿多年之间的政治思想线路？在其中的每一关键步骤，是什么在驱动您的理论创新？

蕾恩： 你竟然记得《柏拉图〈政治家篇〉的方法与政治》提及了 ἐπιτρέπειν，这令我惊讶，因为我自己的印象也模糊了。看来我当时已经触及了这个词，但并未继续深耕。但你说我在布拉格那篇文章中更全面地阐释了它的意义，这与我的印象完全相符。其中有一些观点，我事后认为还可商榷。如果要我现在改写，大约会有所不同。但我的确认为这篇文章是我思想成熟，并且逐渐转向卡莱尔讲座的标志。当我最初研究《政治家篇》时，这部柏拉图对话录的研究青黄不接，乏善可陈，以至于我现在很难记起有哪些决定性的学术专著。我敢肯定米舍尔·米勒（Mitchell H. Miller）写过一部专著。③ 斯坦利·罗森（Stanley Rosen）④ 的书与我同年出版，所以我在读博期间闻所未闻，最后一秒也来不及引用他的观点。当时我能掌握的只是瑟特·伯纳德特（Seth Benardete）⑤ 的三部曲，以及

---

① Melissa Lane. "Political Expertise and Political Office in Plato's *Statesman*: The Statesman's Rule (archein) and the Subordinate Magistracies (archai)", in Havlíček, Aleš; Jirsa, Jakub; Thein, Karel (ed.). *Plato's Statesman: Proceedings of the Eighth Symposium Platonicum Pragense*. Prague: OIKOYMENH, 2013.

② Melissa Lane. The 2018 Carlyle Lectures, Lecture III "Ruling and Being Ruled", Jan. 30th, 2018.

③ Mitchell Miller. *Philosopher in Plato's Statesman*. The Hague: Martinus Nijhoff, 1980 (Repr. Las Vegas: Parmenides, 2004); *Plato's Parmenides: The Conversion of the Soul*. Princeton: Princeton University Press, 1986 (Repr. University Park: Pennsylvania State University Press, 1991).

④ 斯坦利·罗森（1929—2014），跟随施特劳斯、科耶夫，于 1955 年在芝加哥完成了一篇关于斯宾诺莎的论文，之后任波士顿大学教授，广泛研究从柏拉图到海德格尔的政治哲学，著有：Stanley Rosen. *Plato's Statesman: The Web of Politics*. New Haven: Yale University Press, 1995.

⑤ 瑟特·伯纳德特（1930—2001），美国古典学家，曾于 1950 年代与布鲁姆、罗森等同时求学于施特劳斯，后执教于布鲁克林学院、哈佛、布兰代斯、圣约翰学院（安纳波利斯）、纽约大学、新学院。著有：Seth Benardete. *The Being of the Beautiful: Plato's Theaetetus, Sophist, and Statesman*. Chicago: University of Chicago Press, 1984.

刘易斯·坎贝尔（Lewis Campbell）① 的著述，以及若干种百年前的注疏作品。可想而知，现代学术成果微乎其微。我认为我在该书中奠定的最大认识是：首先，强调"政治家"的政治知识必须是嵌入"时间"或"时机"（καιρός）之中的。这一点在我看来是《理想国》的"盲点"，或"阿喀琉斯之踵"。此外，我对于"政治时间"的关注统一了关于对话末尾的解读。因为，首先我们面临着时间和迷思的难题，因此时间维度已进入了议事日程。之后，我们又发现政治家与其从属的"技艺"（τέχναι）和"智识"（ἐπιστῆμαι）有所关联，而它们之间的关系又受καιρός的限定。最后，政治家如何影响两个在情操上相互对立的公民团体之间的纽带？其中释读的诀窍也在于καιρός。我认为，之前的学术专著并未认清或理清这些关节所在。而我的创新性贡献即在于此。此外，我也研究了"政治模型"（παράδειγμα）。经过此后的若干次学术讨论，我现在愿意承认，或许翻译成"模型"比"例证"更为准确。但当时，正值学界开启更多和更广泛的对话录研究之时，我认为提出这些观点也起到了作用。往长远想，我认为争论之余，我们在其中获取的政治洞见也许最为重要。

在该书出版后的十年间，我首先受狄米特里·埃尔·穆尔（Dimitri El Murr）② 之邀，赴巴黎参加学术会议，参会文章发表在法国刊物《哲学研究》（Étude philosophique）上 ③。其中，我探讨了柏拉图笔下"政治家"和"哲学家"之间的关系。我进一步阐述了"治术"何以是一种"角色"。我认为，只能通过（一）特殊的知识和（二）闲暇的缺失，才能全面定义"政治家"这一身份。我相信作为一位较为忙碌的哲学家，你完全明白：哲学家的定义是他们的闲暇。再后便是布拉格会议。如你所述，我在那次重要的会议上提出：《政治家篇》似乎缺少了对于"城邦"的论述。相较于《理想国》，它更关注政治家的知识。这是一种由知识定义的密码暗号。在布拉格，我充分意识到你刚才提出的观点："技艺"和"智识"并非仅仅

---

① 刘易斯·坎贝尔（1830—1908），苏格兰古典学家，曾执教于圣安德鲁斯大学、牛津大学，著有：Lewis Campbell.*The Sophistes and Politicus of Plato, with a Revised Text and English Notes*. Oxford: Oxford Clarendon Press, 1867.

② 狄米特里·埃尔·穆尔（1976— ），法国古代哲学学者，巴黎高师教授，著有：Dimitri El Murr. *La Mesure du savoir. Études sur le Théétète de Platon*. Paris: Vrin, 2013.

③ Melissa Lane. "Emplois pour philosophes": l'art politique et l'Etranger dans le Politique à la lumière de Socrate et du philosophe dans le Théétète', (trans.) Fulcran Teisserenc, *Les Études philosophiques*, 2005 (no.3: September), pp. 325-345.

是从属于政治的独立职业。它们更是"准公职",甚至就是"公职"本身:它们即是整个城邦的"基石"和"治理"(ἀρχαί)!譬如那些"修辞家和将军们"(ῥήτορες καί στρατηγοί),即是"文法"和"兵法"技艺和知识的掌握者和象征者,也是城邦的职能。还有"公审团"成员们(δικασταί)——亚里士多德《政治学》第三卷中将他们列为"准公职"。找寻到这些已在古希腊典籍中被描摹出来,并且初具雏形的角色使我更加确信:对于柏拉图而言,在"政治家"之下和之外,还有各种政治角色。这就意味着:"政治家"本身的职责是创造良好的条件,以求这些政治角色得以顺利、合理地履行各种公职。顺着这一思路,我来到了一个关节点上。我问自己:那究竟何谓"公职"?"公职"又如何运作?与此大约同期,我进军亚里士多德思想中的"民众主权"问题。阅读亚里士多德著作中关于"公职"的论述,我开始更严肃地思考历史语境中"担任公职"的理论与实践。这些思考最终汇入了卡莱尔讲座。2018 年,柏拉图研究者在挪威奥斯陆举办了一场会议。目前我正在合作编辑出版此会的论文集。我们与牛津出版社合作,分批出版柏拉图对话录的学术著作,其中第一卷,研究《斐莱布篇》(Φίληβος)的一本已经面世。[①]接下来,我将与帕诺斯·迪马斯(Panos Dimas)、苏珊·麦耶(Susan Sauvé Meyer)合编《政治家篇》的研究论文。 会议上,受安珀·卡朋特(Amber Carpenter)一篇论文启发,我开始意识到:事实上,所有"从属位置"上的技艺,不仅仅是刚才提过的那三项(修辞、兵法、仲裁),合在一起才描绘出了城邦的特质。城邦如何实践?实现哪些目标?有一个城邦意味着什么?为了维持一个城邦,又有哪些技艺不可或缺?这些问题已经蕴藏在那篇布拉格文章中了。后来我在耶鲁重拾旧文,又讲了一次,但着重强调关于"行政委任"的问题。"政治家"欲实施政治分工,就必须了解政治的条件,也必须具备领导力和管理的艺术。你敏锐地发现了,所有这些主题都在我早期的研究中轻轻触及。但我至今才厘清了它们之间的脉络谱系,才能称之为"政治理论"。而我的这种理解与日俱增。在奥斯陆,我们采用了一种特殊的报告模式:渐进式地讨论一篇对话中的若干模块,每人分到起码一块。其中一半以上的论文从我的那部专著开始讲,且评价积极,这令我十分欣慰。我们既谈"方

---

① Panos Dimas; Russell E. Jones; Gabriel R. Lear (eds). *Plato's Philebus: A Philosophical Discussion*. Oxford: Oxford University Press, 2019.

法"也论"政治",切磋柏拉图原文中的"度量"与"模型"等问题,以及"时间""时机"和对话末尾的意义。那年夏天正值我出版《方法与政治》二十周年,但那本书仍能作为其他学者研究《政治家篇》的起点和跳板。他们当然可以开篇痛斥并反驳我,但更多是积极地、建设性地补充和阐发。置身其间,我感到心满意足,如愿以偿。我最近的研究工作专注于对话前期的分割及与末尾的连接、"统领"作用,以及"政治家"作为"统领者"的关键性角色。我正在完善一篇关于古希腊"建筑师"(ἀρχιτέκτων)这一人物角色的文章。我们目前通译为"建筑师",或许会想当然地认为,古希腊的 ἀρχιτέκτων 和现在的建筑师(architect)并无二致:设计建筑,但不负责建造。大大不然!事实上,古希腊的 ἀρχιτέκτων 的决定性定义之一即是他们在建筑工地上"发号施令"——即"统领"——的身份角色。他们或许是设计者,但甚至不需要亲自负责绘制工程蓝图。他们或许为自己而设计,或许在实现他人的计划。但其中的重中之重是"发出命令"。这便是柏拉图在对话前期的分割中使用这一词汇的原因。因为你熟悉亚里士多德思想中"建筑式知识"的概念,所以你或许会想,是否柏拉图也因此将"建筑师"比作"政治家"?其实不然。"建筑师"是一个相对较小的角色,只为说明"发号施令"这具体一点。但你也可以说这是一种"上结构"。"上结构"(ἐπίταξις)和"分公职"(ἐπιτρέπειν)成为我对古希腊政治思想理解的两大基石。

李汉松:您描述的这种理解的结构也颇富建筑学艺术。

蕾恩:是的,为了进一步理清这种近似于建筑结构的思想史视角,我今年春天将再开一次《政治家篇》研讨课,时长六周,从三月至四月末。

李汉松:伯克和斯金纳主编的《历史视角下的民众主权》收录了您那篇探讨亚里士多德的文章。[①]其中,您谈到了博丹(Jean Bodin)从亚里士多德处吸取了一个观念:人民如何制约公职人员。博丹最终总结认为,亚里士多德在人民的制约力方面尚有局限和欠缺,但您不完全同意博丹对亚里士多德的这一批评。我想从此处引出一个更大的问题:您如何概括古希腊思想从晚期中古"柏拉图主义""亚里士多德主义"到近代早期"美

---

① Melissa Lane. "Popular Sovereignty as Control of Office-holders: Aristotle on Greek Democracy", in Richard Bourke & Quentin Skinner (eds). *Popular Sovereignty in Historical Perspective*. Cambridge: Cambridge University Press, 2016, pp.52-72.

德""主权"论述，再到启蒙运动期间"共和"与"民主"交替、交错互动，这一段漫长思想史中的接收？这种概括可以是总体性的，也可以是比较性的。您如何解释"重回古典"这一思想潮流内部的变迁？在微观研究观念的流动之余，如何解释这种宏观思想的演变？

蕾恩：这一问十分宏大，需要我重理思绪。

李汉松：我以为您在《柏拉图的后代》中已经理清了思绪。① 您的意思是，柏拉图的幽灵在我们上空飘荡。

蕾恩：是的，这也是绝妙的一问。但其中涉及的方面太宽广，也太繁复。比如，是柏拉图还是亚里士多德？是雅典、斯巴达，还是罗马？其中每一点都自成一家，可以化出一个漫长的故事。

李汉松：那么思想史界在研究这一问题上，如何进行分工？

蕾恩：尽管我写了《柏拉图的后代》，我认为你的老师詹姆斯·汉金斯才是中古和近代早期思想史对柏拉图的接收和再阐释方面的权威专家。但我在普林斯顿曾数次教授一门课，讲近代早期和现代思想史如何看待雅典、斯巴达和罗马这三种政体的政治模型。那门课上的讨论对我启迪甚大。涉及博丹——你的另一位导师理查德·塔克曾做出过许多相关研究——罗马政体是否被当作民主制度？雅典和斯巴达各自发挥了何种作用，之间的差别又对现代思想家有何意义？

李汉松：您认为最关键的时间拐点在哪里？

蕾恩：我认为关键的转折在 17 世纪。阿尔格农·西德尼（Algernon Sidney）和英国的"平等派运动"（The Levellers）以不同的形式达成"代表"观念的共识，通过频繁的议会选举实现代议制，而并不视之为违背根本原则。过去我们被灌输了一种老生常谈，所谓"直接民主与间接民主之间有一道巨大的沟壑"云云。但我认为事实上，这一关键性的转变其实"润物细无声"，在 17 世纪就静悄悄地发生了一场变革。当时，英国人自然而然地将议会的结构融入了他们对古代政治的反思之中。关于"平等派运动"这一题目，我认为最出色的研究成果来自我的博士同窗萨缪尔·格罗夫（Samuel Dennis Glover）。你也许不知道，他也是一名"塔克学生"，在剑桥时由塔克先生指导，写出了一篇论文，证明"平等派运动"者其实

---

① Melissa Lane. *Plato's Progeny: How Plato and Socrates Still Captivate the Modern Mind*. London : Duckworth, 2001.

是古代民众主权和美德观念的激进继承者。格罗夫后来在历史刊物《过去与如今》（*Past and Present*）上发表了他的观点。他一定程度上影响了我个人的思考。欣赏之余，我还在普林斯顿教过他这篇创作于我们学生时代的文章。但我也认为，他发掘的这一"历史时刻"其实在《理想国》里已经有所体现：忽然之间，"护卫城邦"这一职责进入了我们的视线。"我们需要卫士"这一观念无声无息之间，通过微妙的语言，神不知鬼不觉地溜进了《理想国》第二至第三卷城邦建国的论述之中。你还可以考虑约翰·亚当斯（John Adams）关于"古代与现代共和"的作品。① 亚当斯为美国宪政辩护，所采用的体裁就是与古代宪制之间的对话。读亚当斯也令我更加欣赏到"政体"（πολιτεία）这一概念的重要性。大约是从这一点出发，我才开始钻研希腊意义上以及更宽广意义上的"宪政政体"，而这条主线一直牵引我向前，直至最近的卡莱尔讲座。我牵头的斯科菲尔德纪念文集也是围绕这一题材。②

李汉松： 是的，我最近又读了一遍这部文集，发现您的长处在于扩展思路，但绝不脱离主线；愈扩散，愈扣题。我也想仿效您这一技艺：在柏拉图和亚里士多德之后，将讨论扩展到西塞罗。我记得 2018 年 10 月 25 日塔克教授在普林斯顿演讲霍布斯和卢梭的相似性，之后我们都依次发了言。您质疑道：也许在西塞罗的思想中，"社会"（societas）和人类的社交性已经植根于"自利"和"自爱"之中了。我看当时塔克教授并未明白您的意思，感到十分可惜。是否请您在此重新论述一下您对西塞罗的理解？

蕾恩： 是的！感谢你旧事重提。我当时听了他对霍布斯、卢梭以及他们二人关于格劳秀斯的论述（霍布斯和卢梭各自与格劳秀斯的互哺与交汇）的看法之后，我联想到之前在剑桥时与彼得·加恩西（Peter Garnsey）③ 的对

---

① John Adams. *A Defence of the Constitutions of Government of the United States of America*. Philadelphia: Printed for Hall and Sellers; J. Crukshank; and Young and M'Culloch M. DCC. LXXXVII [1787].

② Verity Harte; Melissa Lane (eds.). *Politeia in Greek and Roman Philosophy*. New York: Cambridge University Press, 2013.

③ 彼得·大卫·亚瑟·加恩西（1938— ），英国古典学家、原剑桥大学耶稣学院院士、古典古代史教授，研究政治思想史、社会经济史、食品和饥荒史、体质人类学（physical anthropology），著有：Peter Garnsey. *Social Status and Legal Privilege in the Roman Empire*. Oxford: Oxford University Press, 1970; *Famine and Food Supply in the Graeco-Roman World*. Cambridge: Cambridge University Press, 1988; *Ideas of Slavery from Aristotle to Augustine*. Cambridge: Cambridge University Press, 1996; *Thinking about Property, Antiquity to the Age of Revolution*. Cambridge: Cambridge University Press, 2007.

话。那时加恩西在研究后世罗马法语境下的财产法问题，考察近代早期思想史中的"社会性"与"财产"概念发生了何种关键性转折。当时出现了类似"仁慈的义务"这种理论结构。这种"义务"注定不完美。这是一种"转折"，抑或谈不上"转折"，因为"仁慈"（benevolentia）从来都是一种不完美的义务。尽管不完美，所有人都假定它具有"义务"的效力。在原本的理论构架中，它们应维持传统意义上"义务"这一范畴的特质。但鉴于人与人之间的"仁慈的义务"无法在实际操作中贯彻落实，它们一定程度上丧失了那种"绝对性""无条件性"的特质。一般认为，西塞罗在《论义务》（De officiis）中与斯多葛学派最为贴近，也最接近一种"大都会""世界主义"式的"社会性"理论。但如果你仔细品读西塞罗此篇雄辩之作，爬梳西塞罗笔下我们面向他人应尽的"义务"，就会发现：这些所谓的"义务"都停留在最低限度。譬如，为他人点燃一盏灯，因为这不减损你自己的光焰。再比如，允许他人使用自己的井水，因为这不会干涸你自己的存水。这些"仁慈的义务"都是基于对个人利益与自我保存无害的事情。这与许多人心目中西塞罗的"大同主义"理论相去甚远。所以我提出的观点是：或许低调处理"义务"的传统，始自西塞罗。尽管许多人没有意识到近代早期思想家也在这一层面上吸收了西塞罗。

李汉松：我的确认为近代早期思想家从西塞罗这里吸纳了"最低限度的社会性"，格劳秀斯是个典型。既然沿着古典哲学的思路，从希腊罗马来到了现代欧洲，我想请教您目前正在研究的"古今"课题。您在 2019 年玛丽女皇大学举办的"鲁宾斯坦讲座"（Nicolai Rubinstein Lecture）上梳理了古代模范"予法者"或"立法者"——梭伦、来古格士（Λυκοῦργος）、卡龙达斯（Χαρώνδας）如何激发了启蒙哲学家谜一般的政治想象。

蕾恩：我直至最近才开始正式开启这一课题，但这与我之前的教学、阅读和写作都息息相关。我一直盼望写一部讲"立法者"这一角色的论著。一旦卡莱尔演讲出版成书之后，我便要全力以赴钻研这一问题。这种重新想象古代"立法者"的现象当然在启蒙运动时期十分显著，但在近代早期阶段已有一些根基，这一段我还须和你切磋。关键问题是：理想的立法者是如何模样？当"立法者"的典型在法国大革命中被广为引用时，人们认为这一角色究竟体现了什么？你也许已经发现：在前法国大革命时代，尤其是卢梭的思想中，立法者并非都是希腊人物。卢梭提到了梭伦、来古格士和卡龙达斯，以及其他希腊立法者，但也有摩西（משה）和查拉图斯特拉（Zaraθuštra）。这是什么现象，又如何解释这种现象？我开始感兴趣，在整个古代哲学的"万神庙"和"万神谱"中，希腊人物扮演了何种角色？他们又没有扮演哪些角色？我的观点是：如果我们回归古希腊，探究这些立法者本身的形成，我们会如卡尔-约阿希姆·霍尔凯斯坎普（Karl-Joachim Hölkeskamp）[1]一样发现：他们都产生于公元前4世纪。所以梭伦和来古格士的后世角色定位，尤其是梭伦作为"胜于其他政治家"的重新定性，霍尔凯斯坎普认为是柏拉图和亚里士多德的杰作。但我们也有来自公元前5世纪的文献碎片。我认为在当时看来，总体而言，"立法"并不被视为伟大的立法家"无中生有"（ex nihilo）的创举。反之，我们从来都有"立法者"，因为"法"（voμoí）与"式"（τρόποι）都随着文明的演进而变化。所以"立法者"的作为，只是用他们的智慧去拣选来自一个具体社会，以及国外其他社会中现存的法律习俗中最好的部分，取其精华去其糟粕，重新排列组合，使之适用于当下。在这其中，或许也可以自主发明一二，拾遗补阙。但这种奇思妙想式的填补空白，其比例不会太高。

李汉松：这与您眼中的"政治家"异曲同工。立法和治国的艺术在于如何选择、混合、调配，而不是字面意义上的发明创造，标新立异。

蕾恩：是的，我认为区分"创法"与"立法"，便可拨开"予法者"与"立法者"问题的疑云。《旧约》中的摩西这一人物打破了这二者之间的区分，因为他直接接受神谕，这也是一种"无中生有"的体现。当然了，在这种情势下，他并非在"创法"，只是"法"通过他这一媒介得以颁布、传播、建立。但"新创法律"和"整理法律"之间的张力吸引了我的注意力。现在是否还遗存着一星半点历史上希腊式的"立法观"？还是说"立法者"这一角色已经在近代早期和启蒙运动期间完全被重新改写？这其中又加入了多少其他人物，又是谁的"现代接收"最终占据了上风？这些是我提出的问题。我尚且没有确凿的答案，但有一些思路。比如，我锁定了普鲁塔克的关键性作用。我也会着重钻研卢梭和尼采。

---

[1] 卡尔-约阿希姆·霍尔凯斯坎普（1953— ），德国考古学家、古典学家，著有：Karl-Joachim Hölkeskamp. *Die Entstehung der Nobilität. Studien zur sozialen und politischen Geschichte der Römischen Republik im 4. Jahrhundert v. Chr.* Stuttgart: 1984. 2. erweiterte Auflage 2011 (Dissertation, Ruhr-Universität Bochum); *Schiedsrichter, Gesetzgeber und Gesetzgebung im archaischen Griechenland.* Stuttgart: Habilitations-schrift, Ruhr-Universität Bochum, 1999.

李汉松：您在回答上一问时提到了一种哲学史上广泛存在的论述风格：甄取古代立法者——不论是宗教，还是世俗——的原料和素材，不论是否与原意相符，如砖瓦一般付诸现代理论的建设。但我想抓住宗教的维度请教您：您对"神学与政治"问题有何看法？今年埃里克·纳尔逊（Eric Nelson）出版了《自由主义的神学》。[①] 耶鲁的布莱恩·加斯腾（Bryan Garsten）也关注这一问题。近日，塞缪尔·莫恩谨慎地批判了纳尔逊这部"神义论"作品，将其作为"右派"解读罗尔斯的代表，与卡特里娜·福雷斯捷的《在正义的阴影之中》相对[②]。您作为罗尔斯的学生，如何看待神学与自由主义政治哲学之间的关系？

蕾恩：我的回答或许会有些隐晦。首先，我认为"政治的核心活动是立法"这一概念诱使我们忽视了其他社会进程，比如文化和其他意义上的"政治"。这也是为何我一再为那种狭义的"政治"去中心化。在卡莱尔讲座中，我的"去中心化"体现在关注"政治职能"（ἀρχαί），植基于考古和史料依据，指出我们所知最早的希腊法律不是关于具体行为的法规法则，而是建立、管控、履行公职的规定，这样担任公职者即可在既定的框架内管理、仲裁、惩戒。正因如此，我认为传统政治理论中"公民大会"的中心地位有一定的误导性。目前在研究"立法者"的过程中，我试图说明：当然，法律很重要。但"法"也可以是"普通法"，正如在英格兰语境中那样，不一定是公民大会颁布的立法。起码一种解读卢梭的方法认为，他的"立法者"承认一种张力："立法者"的作用不是去制法、颁法、执法，而是为法律制定框架。所以卢梭也为"制法"去中心化。这一点确如你所说，与《政治家篇》的问题相互呼应：在一个没有"真正的政治家"的社会，法律源于何处？最近安德斯·达尔·索伦森（Anders Dahl Sørensen）出了一部新作。[③] 他曾是普林斯顿的博士后，随我学习过一段时间。他的观点是：也许在一定程度上，那些法律是普通法。所以在某种意义上，城邦的法律早已存在。既如此，"政治家"的作用只是去调整既有法律。这种对于"立法"的认知才与古希腊社会对"政治家"与"立法者"的认知

① Eric Nelson. *Theology of Liberalism: Political Philosophy and the Justice of God*. Cambridge, MA: Belknap Press of Harvard University Press, 2019.

② Katrina Forrester. *In the Shadow of Justice: Postwar Liberalism and the Remaking of Political Philosophy*. Princeton: Princeton University Press, 2019.

③ Anders Dahl Sørensen. *Plato on Democracy and Political Technē*. Leiden: Brill, 2016.

有所共鸣。我认为这关乎宗教问题。因为"宗教与政治问题"涉及宗教法的架构作为终极的立法来源，是否具有最原初的先决基础。在我看来，又有一种现代观念，或是规避了，抑或是拭去了仍然留存的古代观点。丹尼尔·李（Daniel Lee）写过一篇关于博丹论"撤除法律"的文章。① 我仍认为"制定法律"和"撤除法律"是一种雅典立法传统。所以我想间接地回答你关于宗教的问题。我认为一旦"立法"去中心化，那么"神学诫命"和"宗教立法"便也去中心化了。

李汉松：您个人接收、适应、改造古代思想，介入当代辩论，集中体现于《生态共和》。这部书犹如镶嵌在一块思想语境和社会背景的马赛克之上：您早年在哈佛与萨茨谈论过市场机制之局限性，在英国期间曾与社会团体宣传"可持续性"理念，近年来也参与环境问题的政策讨论。这些因素是否都在构思此书中占据了一席之地？

蕾恩：你的猜测已经十分精到和全面。写作这部书的源头，与我其他的学术作品迥乎不同。当我尚在剑桥之时，我曾有四年左右的时间为目前称之为"剑桥可持续性领导力研究中心"（Cambridge Institute for Sustainability Leadership）这一机构工作。这一单位广撒英雄帖，从本校历史、哲学、生物、法律以及其他院系召集了一伙人马，为公共和私企领域的决策者建言献策，着重解决可持续性问题。我们问了许多大问题，如"世界往何处去？这又意味着什么？"在这一具体语境中，我有时会即兴发挥，抒发情怀（*jeu d'esprit*），大谈柏拉图"地穴"之说。这一哲学寓言竟与大多数人产生了共鸣。我甚至震惊于"地穴"这一形象在他们脑海中竟然挥之不去。多年后，我们在伦敦再聚首。他们告诉我，这一寓言如何影响了他们的思想。与此同时，我也借此良机，考察了许多切实的可持续性实践。一般深居简出于高墙大院的学者们或许没有这一难能可贵的机会。所以我这部书落在理论，但滋长于实践。

李汉松：剑桥学派对介入具有进步主张的社会运动一般持鼓励态度，但不知思想史学者们对您埋首于生态环境问题是否亦曾感到过困惑？

蕾恩：该书初稿成于我在剑桥最后两期学术休假，正值我离开剑桥前

---

① Daniel Lee. "Unmaking Law: Jean Bodin on Law, Equity, and Legal Change", in *History of Political Thought* 39, 2018; *Popular Sovereignty in Early Modern Constitutional Thought*. Oxford: Oxford University Press, 2016.

夕。我当时坐在剑桥大学图书馆写那部书，心中寻思：这一点也不"剑桥学派"！这简直疯狂。我在做些什么？回到美国之后，那本书已被普林斯顿大学出版社接受。编辑们只提了些许细节方面的建议。但重返故土，我却大感眩晕：就对于气候变化的认识和可持续性问题的重视程度而言，在政治和文化上，美国和英国差距都很远。这一点当时尤为显著，现在仍是如此。基于这一现状，我又花费了数年时间，重新将此书导向美国语境。很多时候，我甚至重新撰写章节。之后我又参加了福雷斯捷和苏菲·史密斯（Sophie Smith）合办的会议。与会论文后来结集出版，成为一部围绕"政治思想史与环境"主题的文集：《自然、行动与未来》[1]。那是我自离开剑桥后，首次有机会回到故园，亲口讲述《生态共和》这部书。听众的反应令我激动不已。当然，如你所说，在"剑桥学派"内部总有一种声音，支持使用历史上的观念思考现代政治问题。但你必须做到一点：完全清晰地表明这正是你的所思所为。我在书中一再表明："这是我个人在以这样一种方式使用柏拉图。"当然，严谨的柏拉图研究给予我观点上的养分，引导我该如何释读柏拉图。但在我自己的思想和写作中，我的确在"研究柏拉图"和"使用柏拉图"间划清界限。但当我看到台下剑桥学派的成员们对此持开放态度时，我还是大感欣慰。我曾在牛津对你说过，我深深受惠于波科克方法论文章中的一种说法：凭什么我们应当是整个政治思想史中唯一不允许直接运用观念的一代？[2] 这是一种韦伯式的实证主义。为何剥夺我们如前人一样直接思考观念的能力和权利？如此想来，简直疯狂。我们当然有能力，也当然该被允许！剑桥学派的成员们，不论他们口头承认与否，都确实如此想、如此做。但我认为做时完全清醒，充分意识到自己在做什么、如何做，会大有裨益。所以我可以如此总结：该书是"半现实世界"中"半政治实践"的产物。它的读者也秉着这种精神接受它的理念和主张。该书得到了《科学》（Science）杂志的评论，并在环境研究课堂中成为教授们布置给学生的阅读资料。我也收到过许多攻读生物的学生来信。所以那部书令我收获颇丰。

---

① Sophie Smith & Katrina Forrester (ed.). *Nature, Action and the Future: Political Thought and the Environment*. Cambridge: Cambridge University Press, 2018.

② J. G. A. Pocock. *Political Thought and History: Essays on Theory and Method*. Cambridge: Cambridge University Press, 2009.

李汉松：是的，我个人也是先接触了《生态共和》，才读了您其他的学术专著。我们可以更广泛地讨论古代思想对现代的规范性启发。我们曾经私下谈过 1996 年的《罗默诉埃文斯案》（*Romer v. Evans*），以及其中玛莎·努斯鲍姆（Martha Nussbaum）、约翰·芬尼斯（John Finnis）、罗伯特·乔治（Robert George）等人基于对于古代文献各具偏颇的理解所做的证词。在这桩公案之外，还有许多"古为今用"的案例。如您介入了气候变化问题，也倡导生态政策和可持续性发展。古今之间，还有哪些规范性的关联？古代思想遗产是否仍具尚未开发的潜力，足以启迪当下？在"古""今"之间，您个人如何把握"知"与"行"的微妙天平？

蕾恩：在一段时间内，尤其是我在英国的那些年，我对古代政治思想史学界感到十分气沮：大多数研究古代思想史的学者，尤其是在美国的政治理论学界，都完全围绕"民主"这一议题旋转，别无他好。他们永远执迷于雅典和美国之间的平行线，探讨民主与裁决问题。当然，这一问题十分重要，也催生了不少重要的学术成果。但我一直认为，古代思想能帮助我们思考的问题，远不止此。所以在我的卡莱尔讲座中，我再次尝试为古代民主理论"去中心化"。我指出：希腊各宪政政体之间有一种共通性，其结构为"担任公职"。在这一点上，希腊语境中的寡头政治与民主政治是贯通的。你熟知的马修·西蒙顿（Matthew Simonton）在希腊寡头政治方面的著作起到了一定的再平衡作用①。

李汉松：但这些也都限于政体研究：先囿于政体之别，再为之招魂，去寻找思想的蛛丝马迹，与之匹配。在城邦政治之外，更广泛的文化和社会思想也能反哺政治思想史？

蕾恩：我完全同意，如修辞、裁断等问题，都大有挖掘之处。《生态共和》问世之后，我又与之前教过的博士生迈克尔·兰卜（Michael Lamb）合写了一篇文章，探讨亚里士多德在阐释环境变化时所用的修辞艺术。②你我时常讨论法律和政治的框架：我确实认为，更广阔范围内的"责任制"问题意义重大。因为问责制的实践不但横跨，而且超越了民主制度的

---

① Matthew Simonton. *Classical Greek Oligarchy: A Political History Book*. Princeton: Princeton University Press, 2017.

② Melissa Lane & Michael Lamb. "Aristotle on the Ethics of Communicating Climate Change", in Clare Heyward & Dominic Roser (eds) *Climate Justice in a Non-Ideal World*. Oxford: Oxford University Press, 2016, pp. 229-254.

限制，直接问鼎政治思想最根本的问题：行政权的本质与控制。古代思想的美在于：你从中汲取愈多，愈能获取新知，如甘泉源源不断，取之不尽。

李汉松：爱默生在 1850 年的日记里感叹道："可怖的柏拉图！"不论我们如何飞速前进，总是会在道路的尽头，看见柏拉图已在那里等着我们了！

蕾恩：正是如此！我正要说，古代哲学对时下另一颇具启发性的议题便是"羞耻"和"无耻"的概念。具有"知耻""敬畏"的能力是政治的根基之一。面对如今的政治时局，我们更深刻地领会了古希腊的故事。而这种紧迫感只是最近数年才愈发清晰地显现出来。

李汉松：在色诺芬的《回忆》（Ἀπομνημονεύματα; *Memorabilia*）中，苏格拉底问道：为政治作出贡献，我是该自己从政，还是该培养出更多、更有能力的政治家？在普林斯顿的这段时间里，我从这里的校园文化和您个人的性情出发，感觉您虽然勤奋治学，热衷议政，但最核心的身份还是位教书匠！请问您在普林斯顿教书育人的经历如何？您与古典系、历史系、哲学系与政治系的同事和师生平日如何相互启发？

蕾恩：我认为普林斯顿的美好之处在于，几乎每一门我教授过的课程都最终催生了研究论文。其中一部分因为我在授课之前就已有兴趣所在，甚至曾发表过相关的文章。但多数情况下，文章从课堂而来。我目前研究的"立法者"课题来源于我 2010 年春来到普林斯顿时讲授的第一门高级研讨课。我们讨论了柏拉图、普鲁塔克、马基雅维利、卢梭和尼采著作中的"立法者"形象。我在剑桥教过的最后几名学生之一，胡果·德罗冲（Hugo Drochon）当时在撰写一篇关于尼采和柏拉图的文章[①]。那个学期，他正巧来普林斯顿当访问学生，得以参加。不少其他参与者正在研究卢梭，或是从古典系而来。但几乎每门课都能促成研究。我已提到过"作为政治模式的希腊和罗马"。此外，《政治家篇》研讨课在五年前上过一次，我现在要重温旧梦，再教一次。我之前提到的"主建筑师"（ἀρχιτέκτων）源自我对《政治家篇》的思考，以及与我一位古典学系学生对于柏拉图"技艺"（τέχνη）哲学研究相互之间的启发。我当时提议那篇论文共同署名，但她却很谦虚，执意不肯，所以我最后只能在论文中表明她的重大功绩。去年，我教了《理想国》第八卷和第九卷，此次的研讨你也来参加了不下两次。加之你听过我在牛津的演讲，应该能看出这门课化自我的"卡

---

① Hugo Drochon. *Nietzsche's Great Politics*. Princeton: Princeton University Press, 2018.

莱尔讲座"。我借助于课上的讨论，再去弥补那本书的修订工作。应学生之邀，我也与他们一起研读西方政治思想史中的希腊修辞术、孤独、社会性等议题。有时，我的同事们，如乔舒亚·毕灵思（Joshua Billings）① 和安德雷·拉克斯（André Laks）②，都坐在我的课堂上发表见解。严格意义上，你熟悉的拉克斯教授是哲学系的访问学者，所以我也去哲学系听他的课，互相启发。其他一些访问学者也研究政治思想史。2013—2014 年的苏珊·詹姆斯，以及瑞秋·巴尔尼（Rachel Barney），去年的阿曼达·格林（Amanda Greene）和你的双重校友马修·兰道尔（Matthew Landauer）。我与他们每一个人都有深入热烈的辩论。杰德·阿特金斯（Jed W. Atkins）秋天在普林斯顿，我的学生们便借机与他探讨西塞罗、柏拉图和奥古斯丁。这种学术的流动性，以及将个人研究与师生互动（不仅是研究生，还有本科生）互相镶嵌，各得其妙处的做法，美妙无穷。有一些本科生参加我的研讨课，受其启发，写出的论文最终获得学术奖项，令我尤为自豪。我教过一门"科学与民主"，还有一门"环境研究"。在普林斯顿为本科生设置的人文课程系列中，我曾负责讲授希罗多德、李维和塔西佗（Tacitus）。我讲授完毕了，还会再听我的同事们谈论荷马（Ὅμηρος）与但丁。这是一种愉悦，也是一种奋进。

---

① Joshua Billings. *Genealogy of the Tragic: Greek Tragedy and German Philosophy*. Princeton: Princeton University Press, 2014.

② André Laks. *Médiation et coercition. Pour une lecture des 'Lois de Platon*. Villeneuve d'Ascq: Presses Universitaires du Septentrion, 2005; *Histoire, Doxographie, Vérité*. Louvain-la-Neuve; Paris; Dudley, MA: Editions Peeters, 2007; (ed.) *Diogène d'Apollonie. Edition des fragments et des témoignages*. Sankt Augustin: Academia Verlag, 2008.

近代转型的古代灵感

——对话肯奇·胡克斯特拉 ①

本文中，两位对话者深入探讨了政治思想史的方法论、哲学与历史的关系、西方思想的古典基础，以及西方哲学中的古今之辨。

肯奇·胡克斯特拉（Kinch Hoekstra），政治、伦理和法学思想史家，现任加州大学伯克利分校政治与法学校长教授，兼任古典学与哲学系教授。胡克斯特拉一度执教于牛津、普林斯顿大学，治学跨越政治、法律和伦理思想史，涉猎希腊民主理论、修昔底德政治思想、文艺复兴与宗教改革思想，尤擅现代哲学中的古代重释。他曾主编《牛津托马斯·霍布斯指南》，著有《托马斯·霍布斯与秩序的产生》。

- -

李汉松：您曾指出，政治争论有时可以被重构为方法论上的歧异。比如，中世纪宪政主义过渡到近代早期关于至高权、主权的讨论，也印证了历史制度语境向政治哲学分析的转变。②但还有一类思想家，身怀广博的智识遗产。拿霍布斯来说：他通晓逻辑和语言哲学、数学理论、物理学和科学方法、伦理观、政治和法律，也反思宗教、历史和文学。为掌握如此广阔的研究范围，您采纳了跨越学科界限的诸多方法：古典语言、政治理论、道德和法律的哲学分析，以及语境主义思想史，有时这些应用体现在同一篇论文之中。为了勾勒出您的学术兴趣和方法萌生、形成与发展的语境，我们必须回到牛津时代。当时，您其实受到了三重风格迥异的综合影

① 本篇对话自 2019 年 3 月 11 日至 2020 年 9 月 23 日陆续形成。复旦大学顾晓祺译，作者校，原刊于《上海书评》2021 年 5 月 2 日。

② Kinch Hoekstra. "Early-modern Absolutism and Constitutionalism", 34 *Cardozo L. Rev.* 1079, 2013.

响：杰拉尔德·艾伦·科恩、伯纳德·威廉斯（Bernard Williams）和昆廷·斯金纳。通观您的著作，哪些主题和方法有据可查、贯穿其中？它们又引向何处？

胡克斯特拉：我并没有成长于一个受过高等教育或有着高雅文化的家庭之中。屋里书籍寥寥且颇显杂乱，大部分与圣经研究有关，还有一些来自奇幻异域的遗珠，包括雨果《笑面人》（*L'Homme qui rit*）和《巴黎圣母院》（*Notre Dame de Paris*）的旧译本，以及大仲马的《基督山伯爵》（*Monte-Cristo*）。回顾过去，我想我后来人生轨迹的一个基本动力是我的父母和教会对基督教《圣经》原教旨主义式的信念。他们认为其中的一切都很重要。对此我没法确定无疑，但是——尽管年轻时我拒绝了这种基督教——我怀疑这给我带来了一个假设：世上存在着对人类生活至关重要的文本，而其中最重要的那些留下了它们的痕迹。令人惊讶的是，为了尽可能地理解一些文本，我作出的一些恳切但颇不足道的努力，以及对我作为解释者最有可能成为谬误之源的自我警惕，却让我得以迈入学术生活，并在其中蓬勃发展。

这听起来可能像是我在否认后来影响的重要性——好像一个人仅仅通过理所应当的敬意和随之而来的投入，就可以辨别出文本的意义。当然并非如此。许多人曾影响并继续影响着我的思维。在牛津大学攻读哲学时，我基本上被允许——或者说被要求——自主解决问题。但当然，我身边有一些对我的发展极为重要的杰出思想家。除了研究古典哲学的学者之外，你提到的三位对我的影响也最突出。后来成为我亲密同事的杰里·科恩，他教会了我很多分析政治哲学，以及它能给阐释过去的哲学文本带来什么、不能带来什么。没有足够的哲学能力，就不可能充分地阐释哲学论点，因此哲学训练是我工作的先决条件。也许伯纳德·威廉斯所做的最重要的事便是把我们当作两个完全成熟的哲学家，就共同兴趣进行平等对话。这种假设的结果倒促使我更充分地成熟起来。我受益于他的悖慢，而这种悖慢受一种更深的崇敬驱使。在这个意义上，这与他非常崇拜的尼采很类似。他能够拂去他认为没有意义的重量级辩论、范畴区分、概念。也许我太受责任感驱使，而伯纳德则是以一种人性的理想为向导。他努力把我从义务论的苦力中拉出来，并使我在精神上更加希腊化，我从中受益良多（尽管我已故态复萌）。

我很晚才接触语境论，仅是在我接受正式教育之后。昆廷·斯金纳引人入胜的著作让我相信，哲学家们通常解读过去哲学家的方式往往是俗套的。我得出这一结论，不是通过他著名的方法论论文（直到几年后我才读到那一篇），而是通过反思他对霍布斯的研究。我意识到，我阅读过的许多哲学文献都受阐释者的主张和概念影响，模糊了文本。这个问题在政治理论家中更为尖锐，他们同样常常受"相关性"的必要性驱使，在他们自己的意识形态斗争中过度简化历史人物，争取得到他们的支持。相比之下，在我看来，斯金纳和其他一些语境论者在我们对文本的理解上取得了一些进展。不过我确实相信斯金纳是其中更成功的语境论者之一，因为他也有一个良好的哲学头脑。

我想做的是解读思想史，尤其是政治思想史，通常是政治哲学史上具有挑战性的文本。毫无疑问，要做到这一点，一个人必须专注于仔细精读（因此在语言方面要很熟练），掌握相关历史的知识，尤其是思想史和政治思想史的大量原始材料，以及哲学敏锐度，所有这些都运用于同一个文本上。然后再重复。尤斯图斯·利普修斯（Justus Lipsius）①在他16世纪晚期的《政治》（*Politica*）一书中告诫读者，要开发技能，才能保持状态："为了你们好，我在此重复一句曾被用来训诫角斗士们的话：重复！"

李汉松：在《霍布斯的修昔底德》一文中，您警告我们不要时代错置地将英国内战背景下的所谓"霍布斯主义"带入他在1620年代翻译的《伯罗奔尼撒战争史》之中，因此将其解读为："预防性战争"在英国呼声甚高时，霍布斯对它的一种修辞上的回应。②思想史家一方面要将每篇言辞置于其最直接的社会和政治环境之中，但另一方面，又要辨别作者个体思想发展过程中不断展开的语境。如何平衡这两者之间的张力？

胡克斯特拉：请允许我先谈谈你提出的这一具体案例。许多霍布斯的读者从《利维坦》等后期著作中提取出一种"霍布斯主义"，因而读霍布斯早期著作时也认定作者当时就已是某种意义上的"霍布斯主义者"。因

---

① 尤斯图斯·利普修斯（1547—1606），近代早期佛拉芒人文主义学者、语言学家、作家、思想家，以复兴斯多葛学派、研究塔西佗著称。著有《政治》（Justus Lipsius. *Iusti Lipsi Politicorum sive civilis doctrinae libri sex: Qui ad principatum maxime spectant*. Lugduni Batavorum: Ex officina Plantiniana, apud Franciscum Raphelengium., M.D.LXXXIX=1589）。

② Kinch Hoekstra. "Hobbes's Thucydides", in *The Oxford Handbook of Hobbes*, ed. A. P. Martinich and Kinch Hoekstra. Oxford: Oxford University Press, 2016.

此，他们在读霍氏修昔底德译本时，想当然地认为早期的霍布斯即是后来那个众人熟知的政治理论家——尽管 1640 年之前，他都尚未动笔写第一部政治哲学著作。而其他人，包括列奥·施特劳斯和昆廷·斯金纳，主张在这两个时期之间存在一次剧变：从一个人文主义者转变为一个哲学和科学的霍布斯。首先，回应第一种"时代错置论者"，我只想坚称：我们绝不能从后来的著作中假定作者在早期如何思考，而是必须根据其自身的术语和语境来理解每一部作品。再回应"剧变论者"，我想问的是：霍布斯选择翻译修昔底德，而非其他哲学著作，是否简简单单地因为这是人文主义者都爱做的那类事情，还是出于一个更实际的考量？我的结论是：霍布斯与那些一口咬定他是"好战思想家"的人期望的正相反——他创作这部译本，更似是在对不必要的战争发出警告。鉴于他反对的正是他赞助人的政治立场，翻译古典文本是介入这一问题最直接可行的一种进路。

这并不是说我们应该把所有话语都视为非连续性的。这样做的确规避了时代错置问题，但却以荒谬为代价。我们需要的是自我批判，警惕对文本或其作者作出一些假设，使其中一些元素凸显，而让另一些元素暗然无声，甚至从我们眼中消失。保持这种意识，我们或许能将文本与其鲜活的意图联系起来；但也可能，最终我们被迫要质疑对于某个思想家的基本认知。在后来的政治理论著作中，霍布斯提出人类天生嗜求更大的权力；他说，共同体可以像个人一样在自然状态下——即战争状态下——合理地互动。阐释者们因此得出结论：霍布斯必是一个好战的思想家，甚至为国际扩张战争辩护。例如，汉斯·摩根索（Hans Morgenthau）[1]和汉娜·阿伦特认为他是侵略性帝国主义的辩护者。因此，很容易——太容易——认为这种"好战"和"帝国主义"解释了他为何对修昔底德对雅典帝国战争的描述感兴趣。

然而，一旦置入上下文中考察，我们即能看到霍布斯译修昔底德的一个核心目的是阻止英国人从事海外军事远征。在这一点上，霍布斯遵循了从一个世纪前开始的修昔底德阐释的新教传统，侧重于叙事的发展和战争为雅典人带来的灾难性后果。这反过来提出了一个问题：霍布斯是否改变了他的基本政治取向，而不仅仅是方法？然而，如果审视他后来的作品，看其是否存在任何相似的立场时，我们即能发现那些作品大体上与他在英

---

[1] 汉斯·摩根索（1904—1980），德裔美国现实主义国际关系理论家。

译修昔底德中维护和平的目的一致。我们就会认识到，在他后来的政治理论中，霍布斯也一贯批评不必要的战争，尤其是扩张性战争。共同体及其主权者的首要任务应该是人民的安全和福祉。霍布斯认为不必要的战争或侵略与这一目标背道而驰。因此，在阐释早期著作时，如果不先入为主地假设我们自认为从作者后期著作中得到的见解，我们最终也会对后期著作产生不同的看法。正如苏格拉底所观察到的，问题不在于我们的无知，问题在于我们认为我们知道答案。

那些自以为知道答案的人在学术上往往错得最远，在政治上通常也最为危险。就拿所谓的"修昔底德陷阱"（Thucydides trap）来说。化解这种误解（以及对这种误解的进一步简化）的一种方式，是响应"回到本源"（*ad fontes*）的号召。回到文本，修昔底德并不持有那种被强归于他的观点：认为一个已经稳固的强权势力和一个正在发展的强权势力之间必有一战。[①]另一种方式则是说明：这种错误解读只是"修昔底德挪用史"中最晚近的一次挪用；一千年来，人们出于好战理由，对这部异常密实、微妙、困难的文本屡屡挪用。[②] 400 年前，弗朗西斯·培根对"修昔底德陷阱"这一思想出处的同一段话进行了愤世嫉俗的简化，以试图说服那些英格兰掌权者进攻当时最强大的欧洲帝国势力——西班牙。如果我们要从经典文本中寻求指导，我们也应该从历史中了解经典文本如何被误用，从而产生误导。

李汉松：与之相关的是：在一个思想家的理论界域内部，甚至在同一篇文字的微观范围中，如何辨清、理解、阐述若干看似互不相容的元素？我们该如何建构出一套整体性的方法？例如，您曾提到哲学家和历史学家之间的差异，他们试图调和霍布斯理论在《利维坦》前半章节和后半章节中的方方面面，但结果却大相径庭：哲学家专攻核心论点，而遗下其他论点悬而未决；历史学家侧重考察作者的思想在不断回应外界环境变化时如何发展，但很少解决同一文本中同时存在又看似冲突的理论——譬如，就《利维坦》对于英国新政府的态度而言，"事实派""允准派""保皇派"三

---

① Mark Fisher & Kinch Hoekstra. "Thucydides and the Politics of Necessity", in *The Oxford Handbook of Thucydides*, ed. Sara Forsdyke; Ryan Balot; Edith Foster. Oxford: Oxford University Press, 2017.

② Kinch Hoekstra. "Thucydides and the Bellicose Beginnings of Modern Political Theory", in *Thucydides and the Modern World: Reception, Reinterpretation, and Influence from the Renaissance to the Present*. ed. Katherine Harloe and Neville Morley. Cambridge: Cambridge University Press, 2012.

种主张轮番显现，令人头晕目眩。① 您又如何解决这一问题？既非纯粹哲学式的，也不仅仅是历史发展性的，而是重新调整这些不同叙述概念的纽带？推而广之，如何有意识地、批判性地融通不同的方法，以求最清晰、敏锐地洞察那些非常复杂、多方面思考的思想家？

胡克斯特拉：问题不仅仅是哲学家无视历史或者历史学家不研究哲学。事实上，理论家对史学史过度信任、史学家对理论范畴过度依赖，这种现象也可能存在。时常，一位哲学家很可能无法从过去某位哲学家的作品中发掘某个观点，因为她听说这一观点最初是由后来的一位思想家创制的，因此受到了历史论述的误导。或者，声称拒斥语境论和历史决定论的施特劳斯主义者最终误读了马基雅维利、霍布斯或洛克，因为他们执着于一个关于现代人与古代人区别的史学论题。同理，历史学家也可能想当然地默认了一些代代相承的概念和范畴区分，最终把若干细察之下有重大区别，甚至相颉相颃的理论混作一团。只有开放地关注文本的细节，才能抵制住思想史家将一切归入现有范畴的诱惑，也才能发掘出哲学家由于被错误的观念史设定蒙蔽，以至于视若无睹的那些思想。

尽管常被制度史家和唯物史家斥为过于唯心主义，语境主义政治思想史家存在一种明显的趋势：每当他们找到一个非智识的原因时，他们都倾向于认为这是一种适当的解释。如《法律要义》（*The Elements of Law*）被解读为在"船税辩论"（Ship Money Debate）中的一篇实用短论②。再如把《利维坦》解读为在"效忠争议"（Engagement Controversy）中应运而生的众多册子之一③。这些当然是理解的重要背景。但是将它们视为解释性的，可能会忽视哲学因何成为哲学，以及观点是如何被引证的。因为思想家确信它们的理论正确性，并且可能因为智识上的原因而

---

① Kinch Hoekstra. "The *De Facto* Turn in Hobbes's Political Philosophy", in *Leviathan After 350 Years*. ed. Tom Sorell and Luc Foisneau. Oxford: Oxford University Press, 2004.

② "船税"指英国国王不经议会批准，行使特权向沿海地区城镇征收的一种税，起源于中世纪，断断续续直至英国革命。最早，金雀花王朝（House of Plantagenet）在战争期间征用民船，并允许以钱兑船，逐渐形成了一种税务制。《大宪章》（Magna Carta）通过之后，国王征税必须通过议会，但因船税留有战争法的效力，保留为君主特权。1619年，詹姆斯一世成功向伦敦及沿海地区征船税。但1628、1634—1635年查尔斯一世再征时受到了巨大阻力，最终酝酿成了英国革命前期的一场大辩论。

③ "效忠争议"是1649—1652年，在普莱德清洗（Pride's Purge, 1648年12月6日）和查尔斯一世斩首（1649年1月30日）之后爆发的一场辩论，争议核心是：是否、如何向王朝空位（Interregnum）期间的英国政权效忠。"事实派"（de facto）一方认为应向任何事实上接管国家、维护内部稳定和外部和平的政权效忠。"保皇派"认为君主主权并未移交给克伦威尔政府。

改变。其他类型的动机和原因会继续发挥着它们的作用。但是在试图理解一个疑团时，在我们力所能及的范围内，让我们检验所有可能帮助我们理解它的因素。

回到你刚才提到的案例。我在《霍布斯政治哲学的"事实"转向》这篇论文中声称：霍布斯最著名的理论之一，他的政治义务观和政治权威哲学的本质被误解了。纵观最主要的相互对立的解释，可以说每一种都抓住了部分答案。我认为，误解的产生是因为哲学家们在探究理论时，只对其中的异质因素做出反应。他们将那些在哲学上似乎最不可信的东西排除在外，因而把注意力聚焦在他的"允准"理论上，因为"允准"看起来更接近于后人更容易接受的哲学思考：如何合法建构政治权威，才能合理地对此负有义务云云。而历史学家更愿意严肃对待一些看起来陌生的因素，比如"权力可以生出权威和义务"这一观点；但是他们一旦接受了"权力事实"和"允准理论"互不相容这种说法，便进一步提出了一个"霍布斯为什么改变了他的理论"的历史性解释。但是你只需注意到，他们假定互不一致的理论元素竟然同时出现在同一部作品中，即可看出历史叙述是不充分的。或者你可以看出，倘若把看似最接近你自己的想法归于霍布斯，而把其余的都抛在一边，那么你将会把文中大部分独特而有趣的东西抹杀殆尽。

因此，问题不仅是如何有意识地、谨慎地使用一种方法。方法会碍事，正如你为了阐释一些概念引入的实质性假设一样碍事。为什么我们假设一种方法一定恰当呢？因为它是普遍有效的，一种有保障的"万灵阐释剂"？正相反，我们知道，忠实地应用一种方法经常会暴露出该方法本身的限制，因为往往我们看到，蝴蝶在捕捉它们的网四周翩翩起舞。我确实读过一些方法论著作，尽管我的目的更多是批判性地自我警告。当然，也有方法论者或某种方法的追随者，他们的研究够不上他们所信奉的方法。任何宗教的规则都很少能完美地付诸实践。然而，我发现有趣的是，在其他情况下，方法论家本人产出的实质性研究可能超越了其方法所允许的范围，甚至来得更好。例如，随着时间的推移，昆廷·斯金纳的政治思想史作品已经逾越了他自己设定的指导方针，也超越了他自己认为在这种限制下所能企及的高度。

我自己的实践和建议是怀疑论的、融合观的，并且优先考虑解释的对象而不是解释的方法。持怀疑论，是因为我们不应该宣誓效忠于任何一种方法论，应该认识到所有的方法都有缺陷和不足。作为知识分子，我们不应该受任何教派、信条或意识形态的约束；就像贺拉斯所言：没有义务向任何主人宣誓效忠（*nullius addictus iurare in verba magistri*）。皇家学会在 17 世纪以此为座右铭。当然，这也是一种"引用经典权威"，但目的是宣告发现真理所需的独立精神和思想。尽管我们可能免于阿奎那（Thomas Aquinas）或美国"国父"等权威的控制，但当前的意识形态就像漫天的迷雾，充斥着我们的思维方式，这很难避免，要想逃离它极为困难。前人敬畏权威，以至扭曲心智，但我们又何尝不是？我们很难抵制来自社会认可、制度奖励、自我满足以及智识上或道德上种种显而易见的微妙压力。

持融合观，是因为我相信主要的阐释方法之所以持续存在，部分原因是它们的确为我们提供了获取知识、满足志趣的途径。如果因为教派之间的方法论分歧便拒绝这些方法，那结果注定是自我挫败。我渴望看到任何聪明的解释者的任何言论，无论他们是分析哲学家、宗教历史学家、施特劳斯主义者、批判理论家、法律历史学家，等等。在我看来，亚里士多德的方法最佳：不要试图采取一种证明他人如何大错特错的立场，试着采取一种帮助我们理解大多数人何以在某些方面都有正确之处的立场。但这种开放态度并不是说"一切皆可"，而是为了下苦功以得到更好的答案而服务。考虑更多的角度、语境、学科方法通常会缩小阐释的范围，而非一味扩大；升高，而非降低阐释的标准。

最重要的承诺是优先考虑解释的对象，因为方法怀疑论和融合观是随附其上的。尽管采用具体方法或途径看似能决定一篇文本的含义，但反方向思考：认为是文本决定了我们应该采取何种方法，可能助益更多。尤其是当我们选择了一部强大的文本，所需的知识和方法应该成倍增加。我们应该从我们希望阐释的东西中学到我们需要知道的东西、需要掌握的技能，以求待它公正。贺拉斯还说过第二句话，也是不甚出名的一句："无论风暴携我到何方，我都作客他乡（*quo me cumque rapit tempestas, deferor hospes*）。"去吧，去风暴带你去的地方！

李汉松：因为您的史、哲融合观，本杰明·斯特劳曼（Benjamin Straumann）视您为一种学者的典型：既强调政治思想史，也重视"政治理论本身的问题"①。因为您从文本出发实验不同方法，阿德里安·布劳（Adrian Blau）曾断言您对霍布斯式"愚人"的阐释正是"施派诠释学"缺少的那种"假设检验"（hypothesis testing）②。不论是您学术研究的内在逻辑，还是就您与不同学科的关系而言，您如何描述政治理论、哲学和历史的相互作用？

胡克斯特拉：虽然在政治思想史研究中，许多形成性的著作来自历史和哲学的学术规训，但从政治理论出发仍有一些优势，因为政治理论相对来说是更散漫而无纪律的。文化上，哲学家并不禁止我们追求那些看似古董一般的问题——尤其考虑到他们自己也脱离了那些现如今被视为最具哲学智趣的问题。他们也不禁止我们通过哲学分析介入政治理论——但这在一些历史学家看来是非历史的。从哲学或历史的角度钻研一个特定的项目毫无问题。也许这仅仅是因为大多数政治科学家对哲学、历史概不在意。

政治思想史的研究因与政治理论或政治哲学本身的接触而得到加强——我用"哲学本身"一词不是暗示存在任何游离于历史路线或模式之外的理论和哲学研究方法。当然有很多当代理论家、哲学家自诩为"纸笔思想家"——一张纸，一支笔，原创新思想——但他们本身即已嵌入他们在其他文献中所发现的一切。更有一些理论家、哲学家认为：研究某一议题的历史似乎比他们自己的原创性工作更为狭隘。但在我看来，我陶醉于能够与过去的任何思想家一起思考，无论是赫拉克利特还是休谟，而不是费神于最近一两代人在某个子领域的几份期刊中发表的一小撮文章。更何况，当代最优秀的理论家和哲学家也共有一个特点：对任何时期的思想都持类似的开放态度。

---

① Benjamin Straumann. *Crisis and Constitutionalism: Roman Political Thought from the Fall of the Republic to the Age of Revolution*. Oxford: Oxford University Press,2016, p. 12: "Moreover, there is a marked tendency, at least in American academia, for classicists and ancient historians to work not only on the history of (ancient) political thought, but increasingly on problems in political theory proper. Examples for this tendency are not hard to find—Josiah Ober, Ryan Balot, Kinch Hoekstra, and, most recently, Jed Atkins account for some of the most interesting and visible scholarship in this regard."

② Adrian Blau. "Anti-Strauss", in *Journal of Politics*, 74 (2012); Blau. "The Irrelevance of Straussian Hermeneutics", in Winfried Schröder (ed.), *Reading between the Lines: Leo Strauss and the History of Early Modern Philosophy*. Berlin/Boston: De Gruyter, 2015 p. 48, n. 105 & p. 50,. See also, Hoekstra. "Hobbes and the Foole", in *Political Theory*, 25 (1997), pp. 620-654.

如果我能把人们吸引到修昔底德、柏拉图、伊拉斯谟、霍布斯那里，那我想，这比我吸引他们去阅读我自己的话更重要——同样，不论我"自己的话"意味着什么。曾几何时，我放弃把哲学当作我制度上的家园。我曾在《亚里士多德社学报》上发表过一篇《哲学的终结》，表明这一态度。①因为我发现在这个领域有太多的工作要么是幼稚的，要么则以当代理念出发，完全绕过了真正有趣的问题。我很欣慰地看到，从那时到现在，哲学文化似乎在此期间有所改善，变得能容纳更多主题、方法和作者。我仍然是哲学界的活跃成员，这也有益于保持思想武器的锋利。但我更喜欢把大部分研究时间倾注在与过去的心灵对话。正如马基雅维利所说，这是"迈入古人的故宫"（*nelle antique corti delli antiqui huomini*）②。

所以，我关注施特劳斯关注过的许多人物。当然，施派阐释数量众多，其中也良莠不一。但是布劳坚持文本阐释中普遍存在"确认偏见"（confirmation bias），这是正确的。通常，最先打动我们的是那些支持我们既定解释的证据。因此，我们不注意，或不解释那些反面证据。他呼吁我们检验替代假设。我要补充的是，当我们把证据排列成行时，战斗往往已经在收集证据的阶段结束了——那时，我们应该尤其热衷于寻找反证据，并接受这样的想法：不存在任何强有力的解释可以把所有证据置于支持论点的同一侧。然而，这将导致大量研究无法出版，例如，一些"一方面，另一方面"或"情况很复杂"的文章，而非编辑们喜欢的鲜明观点。我们领域中大多数实质性的研究都导向于发表。这到底是因为从证据中可靠地浮现出了一个强有力的论点，还是因为人们发现发表这一论点会使其有吸引力，变得有用？

在那篇关于《利维坦》中"愚人"——不正义的倡导者——的文章中，针对我提出的观点，我摆出了在我看来最重要的替代假设和反对意见，并

---

① Kinch Hoekstra. "The End of Philosophy", *Proceedings of the Aristotelian Society*. Vol. 106 (2006), pp. 25-62.

② 马基雅维利 1513 年 12 月 10 日致友人弗朗切斯科·韦托里（Lettera a Francesco Vettori）函："Venuta la sera, mi ritorno a casa ed entro nel mio scrittoio; e in sull'uscio mi spoglio quella veste cotidiana, piena di fango e di loto, e mi metto panni reali e curiali; e rivestito condecentemente, entro nelle antique corti delli antiqui huomini, dove, da loro ricevuto amorevolmente, mi pasco di quel cibo che solum è mio e ch'io nacqui per lui; dove io non mi vergogno parlare con loro e domandarli della ragione delle loro azioni; e quelli per loro humanità mi rispondono; e non sento per quattro hore di tempo alcuna noia, sdimentico ogni affanno, non temo la povertà, non mi sbigottisce la morte: tutto mi transferisco in loro"

论证了为何从多方面平衡来看，它们在文本、逻辑、历史一致性方面存在不足。给予读者这些替代方案和反对意见是很重要的，不是因为他们无力自己想出问题，而是因为身为作者，他尤为了解自己立论中潜在的弱点，应该引起读者对此的注意，而不是掩盖它们。如果我不得不选择永远删除正文或我所写内容的脚注，我通常会保留脚注；我特别引以为豪的是，那篇文章中的一个脚注引起了人们对六段章节的注意。在我看来，这六段章节最难与我的解释形成一致，因此也行之有效地提供了一幅反驳我观点的最佳文本路线图。① 倘若这种做法成为标准，我们的领域就会更蓬勃壮大。

李汉松：古典文本如何谕示、影响或是潜藏于近代早期的智识根源之中？您如何概念化古典思想在后世的角色？许多研究近代早期的学者从不同的角度探讨了这一问题：人文主义传统、罗马法视角、文学诗歌传承。② 您的学术研究最闻名的一点是揭示古代政治哲学的来世，尤其是修昔底德。譬如，您提出玛丽一世女王在考虑如何处置伊丽莎白时，自认为面临的是"克里昂"对"狄奥多托斯"的抉择。③ 您追溯了真提利、格劳秀斯、培根如何接收修昔底德，也研究了约翰·雷诺兹（John Reynolds）在 1624 年敦促议会鼓动詹姆士一世对西班牙开战的演讲中使用的"伯利克里"对阵"伯罗奔尼撒"修辞④。在分析近代早期话语和行为中的古代遗产时，这些材料的层次如此繁多，如何同时向您发声？您又如何跨越时代、传统、体裁，在它们之间建立起联系？

胡克斯特拉：我首先要强调的是，我感兴趣的不仅是作为近代早期思想家素材的古典思想。在我自己的学术生涯中，近代早期来得也更晚。最早出现的是古典思想家，重点是古典哲人。所以我对他们并非浅尝即止，只为追踪他们在后世的支流而已。然而，古典材料在文艺复兴

---

① Hoekstra. "Hobbes and the Foole", p. 652, n. 65. See also Hoekstra. "Nothing to Declare? Hobbes and the Advocate of Injustice", *Political Theory* 27 (1999), pp.230-235.

② Quentin Skinner. *From Humanism to Hobbes*. Cambridge: Cambridge University Press, 2018; Benjamin Straumann. *Roman Law in the State of Nature*. Cambridge: Cambridge University Press, 2015; Daniel Lee, 2016; Christopher Warren. *Literature and the Law of Nations*. Oxford: Oxford University Press, 2015.

③ 在伯罗奔尼撒战争的密提林（Μυτιλήνη）辩论中，克里昂（Κλέων）鼓吹严惩密提林人，将成年男子斩尽杀绝，狄奥多托斯（Διόδοτος）则警告雅典人要审慎、温和。民众先听从了克里昂，第二日睡醒后却又悔之不及，另派出一艘船追上了之前的信使，改变了律令。

④ Kinch Hoekstra, 2012, pp. 25-26, n. 3; p. 36.

和近代早期思维中扮演的鲜活角色确实令我着迷。我想大多数古典学家在面临一段长时间的单独隔离时，如果只能随身携带一部原著，他们会选择它最好的现代版本，或者一份尤其完好的手稿。但如果我只能选择一部作品相伴，那将是古希腊文本的文艺复兴版本。这在一定程度上是一种审美偏好——希腊式的斯特方（Stephanus）① 文本印入碎布纸浆的纹理之中。但这也是因为它将我们带入了文艺复兴时期非凡的智识世界，就像它将我们带入了古典希腊时期不同寻常的智识世界一样。

我正在以极缓的进度与卢卡·伊奥里（Luca Iori）一起为《克拉伦登版霍布斯全集》编纂霍布斯的修昔底德译本。这本书值得勘磨，因为修昔底德和霍布斯同样深邃，引人入胜，因为它需要对修昔底德的每一句话都倾注心血，也因为霍布斯英译修昔底德如此出色，令人震撼。我也在重新思考我的卡莱尔讲座：《修昔底德的文艺复兴》，将其出版成书。这项研究的一个焦点，我称之为"解读的政治"。即使把重点放在政治的主题和论题上，后来读者对古典作品的阐释和引用也通常不仅仅是为了当时的利益和意识形态。作为一个读者，在我弄清楚我应该站在哪一立场，才能使看似扭曲的阐释显得更加正派之前，尝试着变换视角起码值得一试。以 16世纪菲利普·墨兰顿（Philip Melanchthon）及其追随者对修昔底德的解读为例。根据这种解读，伯罗奔尼撒战争是一种"道德剧"（morality play）：剧终，美德得到奖励，恶德受到惩罚②。或许在我们看来很明显：假如我们支持"修昔底德文本中的道德信息总是如此齐整"这一论点，我们就必须

---

① 斯特方，又译"司提反""斯特芬努斯"，为近代早期巴黎出版世家，包括祖孙三代：古典学者和印刷商老亨利·艾蒂安（Henri Estienne, 拉丁名 Henricus Stephanus, 1460—1520）忤逆父意，建书社为生。其子罗伯特·艾蒂安（Robert Estienne, 拉丁名 Robertus Stephanus, 1503—1559）继承家业，另一子查尔斯·艾蒂安（Charles Estienne, 拉丁名 Carolus Stephanus, 1504—1564）则成为解剖学家，曾为后来七星诗社诗人让-安托万·德·巴伊夫（Jean-Antoine de Baïf, 1532—1589）的教师。罗伯特长子小亨利·艾蒂安（Henri Estienne, 拉丁名 Henricus Stephanus, 1528/1531—1598）是第三代。斯特方家族出版的《圣经》、《拉丁索引辞典》（Thesaurus Linguae Latinae）、柏拉图和亚里士多德作品影响深远。如"斯特方页码"（Stephanus Pagination; Pagination de Stephanus; Stephanus-Paginierung）即源自小亨利·艾蒂安执掌印刷社时在日内瓦出版的三卷柏拉图、普鲁塔克，译者是让·德·塞雷斯（Jean de Serres, 拉丁名 Joannes Serranus, 1540—1598）。其他与斯特方合作的学者包括校注《圣经》的人文主义者雅克·勒菲弗·戴塔普勒（Jacques Lefèvre d'Étaples, 拉丁名 Jacobus Faber, 1460—1536）、神学家尤瑟·克里希托夫（Josse Clichtove）、改革宗神学家加尔文（John Calvin）。

② 道德剧是一种中古与都铎早期的戏剧形式，代表作品包括 14—15 世纪的《生命的骄傲》（The Pride of Life）、《世人》（The Somonyng of Everyman）、《世界与孩童》（Mundus et Infans）、《人类》（Mankind）、《智慧》（Wisdom）、《坚毅之堡》（The Castle of Perseverance）。

拒斥"修昔底德严格以真理为目标"这一观点。但是这些路德教徒却认为这两个目标完全一致：正因为修昔底德值得信赖地告诉了我们到底发生过什么，我们才能将他作为通往神圣意志的向导——他向我们揭示了上帝如何在世间行事。

在"修昔底德的文艺复兴"项目中，线索之间的联系是现成的：我在阅读大致相同的文本，看它们如何随着时间的推移得到各式各样的阐释。但正是因为这些叙述共享一个核心——实际上是一本书——它随着时间的推移，遭遇的变化、对立和发展才会显得如此惊人。挖掘一条单独的壕沟可以实现考古学家所说的地层学（stratigraphy）。每一层都建立在前一层的基础上，给出一个独特生命世界的证据。沿着这条道路一路走来，我在逐步了解解读，逐步了解不同的历史地点和时代，甚至逐步了解修昔底德。

第五部分

融会范式

经济与思想

——对话艾玛·罗斯柴尔德 ①

　　本篇对话立足经济与思想，释读亚当·斯密、孔多塞、启蒙运动以来的"经济情操"，回顾了罗斯柴尔德极具史料价值的经济研究和哲学思想历程，分析了经济学和历史学、经济史和历史经济学、政治理论和政治经济学、政治思想史和经济思想史方法之间微妙而开放的关系，梳理了经济思想史研究的范畴与范式，着重点评了亚当·斯密、杜尔哥、马克思等经济思想家的遗产，也评论了当前全球经济面临的困境与前景。

　　艾玛·罗斯柴尔德（Emma Rothschild），1948 年生于伦敦，是著名的英国经济学与历史学家、经济思想史学科代表人物。罗斯柴尔德十五岁那年作为女性考入萨默维尔学院，改写了牛津大学校史。上世纪七十年代以来，她主笔英国报刊杂志，任联合国基金会董事，也任教剑桥大学国王学院、巴黎高等社会科学研究院。身为历史学家和家族成员，她亦是学界研究罗斯柴尔德家族的主要窗口。

- -

　　李汉松：1973 年，《失乐园：汽车工业时代的衰落》出版。您通过实地考察、实证研究，呈现了上个世纪 70 年代美国汽车工业的经济活动。书中并未提到您日后的研究对象亚当·斯密，也仅谈到一次马克思：他在 19 世纪英国纺织工业中见识过的劳工管制，类似于 20 世纪汽车工业的"福

　　① 本文是作者与罗斯柴尔德于 2020 年 2 月 20 日在美国麻省剑桥市罗斯柴尔德、阿玛蒂亚·森寓中的对话选节，作者自译。本篇节选以《罗斯柴尔德谈经济思想家的遗产与全球经济困境》为题于 2020 年 9 月 6 日发表在《上海书评》上，另一部分《何谓经济思想史？》刊于张炜、高国荣主编的《欧美史研究》第 4 辑，社科文献出版社 2021 年出版。

特主义"（Fordism）流水线。① 三十年来，美国中西部"锈带"（Rust Belt）去工业化、去制造业化，城市衰退。由此可见，您当年批评不可持续的经济行为，颇具前瞻性。您现在如何评价当时所下的论断？

罗斯柴尔德：坦诚而言，近日重拾旧著，随之而来的是一种真切莫名的悲剧感。当年我笔下描述的那些努力，多是为了解决在汽车工业发展的同时，社会面临的土地与环境难题。在 70 年代，这些都还尚存希望。我在书中提及了 20—50 年前的一些经济决策——尤其是国土经济政策——如何引导了当时的土地分配与使用。我也由此推断：1970 年代的决策势必会影响到接下来几十年的发展。又过去了 50 年，大多数国家目前面临的悲剧，譬如交通困境、能源困局，都是七八十年代那些决策的恶果。曾经奔走疾呼，警示经济决策者每一个决定都有长期效应的人，不单是我。但我为我们那批务实的谏言者感到悲哀。

李汉松：另一悲剧是气候变化，也与汽车和能源挂钩。

罗斯柴尔德：是的，当时我未及认真思索气候变化问题。所以，我书中除了"亚当·斯密"，另一个未被提及的词汇是"气候"。但这关系到我们如何理解交通能源浪费，以及汽车工业驱动的经济发展模式有哪些社会与环境成本。70 年代后，亚洲国家的人均拥有机动车数量上升，道路与土地比例也发生了初步变化。我想，纵观亚洲国家的发展状况，我们终于可以看清"城市化"与"城市周边化"发展模式输入亚洲国家的后果。这种模式起源于地广人稀的北美，而应用于人口稠密的东亚国家。细察过去 20—40 年的二氧化碳排放量和能源使用，交通耗能是最棘手的公共政策课题。其中的关键原因是：土地使用会造成更为长远的社会后果。在这一意义上，当我回顾 70 年代的学术研究时，都会感到怅然若失。

李汉松：这是学者作为公民的怅然若失。

罗斯柴尔德：但学者也在行动。目前，"历史与经济联合中心"推出了全新的媒体平台，致力于"图像化呈现气候与损失"。这为历史学家、经济学家和政治科学家们创造了一个空间，撰写一些短评与杂文。撰稿人并非环境问题专家，而是一些研究领域与环境政策间接挂钩的学者。他们作为公民在思考这些挑战社会的宏观问题。我强烈推荐剑桥大学苏拉

---

① Emma Rothschild. *Paradise Lost: The Decline of the Auto-industrial Age.* New York: Random House, 1973, p. 198. See also, pp. 18, 25, 130, 173, 190, 209-212, 216, 219, and 252. See Karl Marx, *Kapital* Ch. 15.

比·兰戛纳珊（Surabhi Ranganathan）①关于国际海洋法的短文，以及你的旧识，芝加哥大学的乔纳森·列维（Jonathan Levy）关于休斯顿城市的随笔。在组织编写这些文章的过程中，我愈渐清晰地认识到问题的严峻。至于 70 年代，我何以捕捉到这种严峻性，你是否允许我讲一段法国人所谓的"自我史"（ego-histoire）？

李汉松：您的"自我史"也是"集体史"的珍贵史料。请从告别牛津谈起。

罗斯柴尔德：起初，我意欲成为一名逻辑学家，终生钻研哲学。之后我考入麻省理工学院，读经济学博士。期间，我一边应付经济，一边发现自己更痴迷数学。但我也逐渐意识到，这些不是我真正想做的事情。离开麻省那年，我开始为《伦敦星期日泰晤士报》（*London Sunday Times*）工作。美国 1968 年大选期间，编辑部遣我进驻底特律市。因那次机缘，我迷上了密歇根的底特律。后来，我也为《纽约书评》（*New York Review of Books*）撰写了数篇文章。最终，那部研究美国汽车工业的专著应运而生。

这时，我忽而发觉自己想要成为一名经济史家。所以，我来到纽约的阿尔冈昆酒店（Algonquin Hotel）面见埃里克·霍布斯鲍姆。我二人从前便已熟识。会面后，我开门见山道："埃里克，我想回英国，追随你在伯贝克学院读经济史博士！"他盯着我，迟疑了半晌，缓缓道："你年纪太大了些，也已经做得太多了些。"当时我年仅二十五，所以他的话未免刺耳，尤其考虑到伦敦大学伯贝克学院（Birkbeck, University of London）本就主事成年教育。但无论如何，那本关于汽车工业的专著在某种意义上相当于一篇"博士学位论文"。出版时，令我最为心安的是历史章节：第六章，以及比较当代汽车与 19 世纪英国铁路工业的部分。我的愿望是写得偏学术些。但我恰巧遇上了一位颇有视界的编辑，怂恿我撤销脚注，使全书更具可读性，也更易于接近大众。事后证明，他作为出版商的直觉与判断无比睿智。书籍出版的前三周，恰逢 1973 年秋天阿拉伯石油禁运触发危机，致使能源问题备受瞩目。乘此时机，那部书广泛流传。我总感觉，这一段研究属于当代经济史，衔带着一些更长远的比较经济史。所以一段时间内，我认定自己要继续勘磨二十世纪中叶的美国经济史。1978 年，我以教

---

① Surabhi Ranganathan. *Strategically Created Treaty Conflicts and the Politics of International Law.* Cambridge: Cambridge University Press, 2014.

授身份重归麻省理工经济系。但我却阴差阳错地重拾在牛津读本科时翻过的亚当·斯密。就这样，斯密重燃了我对18世纪经济思想的激情。整个70—80年代，我都未间断为《纽约书评》提供关于美国经济政策的稿子。我的贡献主要在能源政策方面，也评审过里根总统的经济报告和国防部报告。我当时的动机是：严肃对待一些多年后会成为思想史史料的素材。尽管我坚持研究经济，但我已愈渐偏离到了观念史与经济史的结合中去了。

李汉松：您常说，自己不信仰"历史纯粹主义"，而希望使用历史证据考察当下。但就您个人履历而言，似乎顺序有些颠倒。您起初研究发生在眼前的经济现象，之后才开始追溯经济观念之源。积时日久，二者才融会贯通。

罗斯柴尔德：我自然希望能融会贯通。但你说得不错，就学术履历而言，我颠倒了次序。在我"倒退"回旁人眼中的"古董鉴赏学"之前，我已出版过大量时评。一般学者先专攻一项研究，有所建树后再涉入时政。但我终归认为一人可兼二事。在这样令人焦灼的时代，我们在道义上也应该并行二事。我的确相信，如马克·布洛赫所说：观察时下，能使人更好地体察过去。所以，不该只谈"过去的教训"。但肃清过去，以正视听，也是我的职责所在。譬如：考证亚当·斯密的早期作品后，我迫切希望质疑当代公共辩论中对于斯密的种种不当使用。

李汉松：是的，在历史学每一个分支内，"以个人身份反观过去"与"以历史学者身份考察过去"之间都存在张力。

罗斯柴尔德：不错。你提到了史学的分支。我对自己的学术研究有许多期望，其中之一便是质疑思想史、文化史、社会史与经济史之间的前沿边界线，甚至是历史学与经济学之间的分割线。这或许无意之间得益于我颠倒过来的职业履历。我希望真正挖掘学科，乃至学科的"分支"与"再分支"之间共同的潜力与创造力。这意味着在一系列条件和环境下，子学科之间的边界应当张开更多孔隙，增大浸透性，易于彼此通气，方便相互穿梭。但最切要的是众多学科和学者得以在平等尊重的原则基础上互信合作。在历史和经济这两门学问当中，任意其一都不该是另一门的"辅助学科"（*Hilfswissenschaft*）。这正是你我所在的"历史与经济联合中心"致力达成的目标：创造一个多学科对话的空间，而非鼓吹"经济史"或是其中一种具体的治学方法。

李汉松：我们举一个专业化程度最高的方法为例：历史学家专擅的档案研究。极少有经济学家重新训练自己驾驭档案的史料学技能。

罗斯柴尔德：是的，我是从 90 年代起才发现档案的美妙，从此沉醉其中。如你所说，这与传统上多数人的学术履历背道而驰。一般学者在青年时期扎入档案，经过多年积淀，重心才逐渐转移至出版资料。我进入档案，可谓晚之又晚。最直接的原因是我从未读过正经的历史学博士。但我终究来到了法国昂古莱姆（Angoulême），这里也是我新书的聚焦之地。我绝对爱上了这座城市，流连其间，欲罢不能。法语里有一种说法，叫作"触摸真实"（*toucher le réel*）——去触碰真实的世界，观察那些前所未见的万千景象，找寻到想象力亦不可及的神奇事物。这是我对档案研究的感受，也是我近二十五年来工作中重要的组成部分。

李汉松：您批判学科之间的人工界限，主张学术方法汇流。但这谈何容易？所谓"经济历史学"和"历史经济学"之间也存在沟鸿。您熟知的麻省理工经济学家查尔斯·P. 金德尔伯格（Charles P. Kindleberger）教授在《历史经济学：艺术还是科学？》一书中便为此类学术方法划了疆界。我加盟"历史与经济联合中心"以来的感受是，撇开法、德两国自己的"自由派""历史派"和政治经济学传统仍然保持了历史维度外，英美两国再无其他学术空间容许历史与经济如此自由地并肩合作。就提出问题和应用方法而言，纵览各种"历史"与"经济"的组合方式，包括经济生活与活动史、经济理论与思想史，以及罗伯特·福格尔（Robert Fogel）的"新经济史"和"计量经济史"（在芝加哥大学，应用计量方法重审历史一度等同于"经济史"本身；"历史与经济"如"法律与经济"一样学科化。只不过芝大经济学派从未如占领法学院一样攻破历史系）和道格拉斯·诺斯（Douglas North）的"新制度经济学"。跨越这些"跨学科学科"，他们之间的区分是否具有实质性或规范性的意义？您想保存他们的异同，还是逐渐打破这些对峙，消灭这些纵深的沟壑，最终实现"经济与历史"领域的大一统？

罗斯柴尔德：我不认为最理想的状态是消灭这些堡垒和沟壑。所有学者都有自己钟爱的治学方法和研究工序，既有他们自己主张的"严谨性"标准，也有自己深陷其中不可自拔的研究技巧。譬如，我早年间着迷于形式化方法与经济数据分析，但近年来的偏好在于从档案中汲取养分。我不乐见分化对立，故如你所说，"历史与经济联合中心"需要也鼓励跨学科研究的可能性与可行性。但一切的前提是尊重彼此所做的工作，承认它们具有同等的学术价值。我甚至感到遗憾：许多历史学家并未充分认识到，目前在经济学的核心腹地，也有数量可观、令人激动的进展。其中一部分研究明显使用了历史数据。但也有经济学家使用微观经济学方法研究经济发展，同样能促发历史思考。我认为许多经济生活史家对经济学心怀偏见不假，但他们自认为厌恶经济学的理由却显得颇为陈旧，甚至早已过时。有一位有趣的早期现代奥斯曼帝国历史学者：纪尧姆·卡拉法（Guillaume Calafat）①，数年前曾与法国银行（Banque de France）的艾瑞克·莫奈（Eric Monnet）②合写了一篇文章，讲为何历史与经济这两门学科如此难容彼此。③他们提出的原因之一是：经济学使用形式分析，另一个是经济学家们参与了市场经济运作。此文并非规范性论述，而是一种猜想与解释。但这两位作者与我观点一致：合作永远胜于分裂。如果历史学家憎恶的是经济学家的形式分析技巧，我的答复是：克服它，忘掉它！其他的学科必然应用不同的方法。永远不乏善意的经济学家，完全乐意用通俗易懂的语言向历史学家解释他们的洞见。至于经济学家参与规划市场经济，的确如此。但也有许多经济学家在消除贫困、推动发展、解决不正义与不平等方面扮演了极为重要的角色。今年的诺贝尔奖得主：阿比吉特·巴纳吉（Abhijit Banerjee）、埃丝特·杜弗洛（Esther Duflo），均来自经济学界的主流形式分析传统。他们对于贫穷问题的研究也来自经济学的腹地，而非边缘。

李汉松： 随机对照试验（Randomised Controlled Trial，RCT）已成为新主流。但此前，巴纳吉也受阿玛蒂亚·森教授的贫穷经济学影响颇深。

罗斯柴尔德： 是的，他们二人投入经济实验之前的工作也是传统的经济学方法。但绝不会有人控诉他们是"资本主义管制国家的奴仆"。

李汉松： 历史学家是否会在伦理与人性方面与经济学家争执？

罗斯柴尔德： 不错，这是我认为卡拉法与莫奈二人并未提及的第三个

---

① 纪尧姆·卡拉法，法国近代早期地中海和奥斯曼社会、法律和海洋史学者，现任巴黎一大（Université Paris 1 - Panthéon-Sorbonne）教授。

② 艾瑞克·莫奈，法国宏观经济学家、中央银行和金融系统史专家，现为巴黎社会科学高等学院（EHESS）巴黎经济学院（École d'économie de Paris）教学主任。

③ Guillaume Calafat; Cécile Lavergne; Eric Monnet. "Philosophie et sciences sociales : les enjeux de la conversion", *Tracés. Revue de Sciences humaines*, No. 13, 2013.

维度。历史学家普遍认为：经济学家对人性本质有一种过度狭隘的认知。这直接关系到若干思想史，尤其是国际思想史领域的核心议题。但同样毋庸置疑的是，过去二三十年内，经济学家们勤恳耕耘，重新思考了"人类自然本质"的不同模型与阐释方式。最近二十年内，经济学发展最为迅猛的领域之一即是经济学与心理学的交汇。所以，我同样认为历史学家对于经济学家"不懂人性"的批判也日渐站不住脚了。

李汉松：这是个古老的批判，批了至少有三百年。

罗斯柴尔德：那是自然。你之前提到了"历史经济学"与"经济历史学"。我想到在 19 世纪，人们现如今口边常说的"历史经济学"曾被称为"历史政治经济学"。这是一个长足的学术传统，可以追溯至拿破仑时期的欧洲大陆。但它最为显要的时段是 1840 年代的德国，即所谓"历史国家经济学派"（Historische Schule der Nationalökonomie）诞生之时。这一学派的核心要旨，也即对其他经济学方法的关键批判之一是：人是多面、多维的存在，并不仅仅是永远企图最大化功利效益的物质存在。[①] 这一批判看似中肯，但也不乏令人不安之因素。因为在这些 19 世纪的"历史派"经济学家看来，人若非灵魂深处受宗教信仰驱使，即为内心深处受民族主义鼓舞的个体。所以，在更广阔的论域中，他们的辩题不只是人的本质，还在于如何在经济思想中甄取"分析单位"：以"民族"取缔"个人"作为经济思考的单位。鉴于此，我认为多愁善感地怀念 19 世纪德国"历史政治经济学派"，甚至是 20 世纪前二十年的某些"历史经济学"方法，应使我们感到不适或不安，尤其考虑到时下人们正在拥抱一股民族主义的新潮。因此我认为，有必要重新审视"历史经济学"与"经济历史学"的概念分割。此二者之对立本身即应被充分"历史化"。

李汉松：故欲超越历史与经济之对立，可以求诸思想史。

罗斯柴尔德：是，回归政治与经济思想史。你知道，我研究过一个古怪的概念："斯密式主义"（Smithianismus）—— 19 世纪中叶的思想家在辩论政治与经济的本质时，对亚当·斯密或正当或不正当的诸般使用。我认为某种意义上，就探索各种梳理历史洞见的方法而言，眼下是个绝佳的契机。当我在 1970 年代阅读马克思时，绝大多数的政治理论家都假设：如

[①] 本书中现代经济学意义上的"功效最大化"也译为"功利最大化"。"效用"似更中性，更符合时下用法，但容易引导经济学学生忘记现代经济学"功效"背后的功利主义理论前提。

果对观念与思潮的"物质语境",即物理性质的环境与条件感兴趣,便等于自觉蹲入了"马克思主义决定论"的囚笼:经济与物质基础完全决定思想等上层建筑。以至于,即便是唐纳德·温奇(Donald Winch)①那样杰出的大斯密学者与思想史家,也不能免俗,毕生恪守"对话语境""修辞语境",以求自保,而未敢盱视"经济思想之经济史语境"。于我个人而言,较温奇仅小了不足半辈,但令他悒然忧惧的棘手问题却已不再让我战战兢兢。到了七八十年代,从经济思想史的角度研读马克思,我从未认为自己有任何"跌入庸俗马克思主义决定论"的危险。而且我认为有必要声明,在马克思的作品中,也很难找到所谓的"庸俗决定论"。我之前提到的马克思主义历史学家霍布斯鲍姆教授,便写过极具说服力的文章驳斥这种俗见。我认为时至今日,已有一种更新的思想史。它的诞生和发展不仅容许,而且促使我们探索实验各种整合学科的方法。

李汉松: 您心目中最新的思想史又新在何处?

罗斯柴尔德: 近年来,思想史内部最令人振奋的趋势之一是:同等严肃地对待我称之为"中等"与"高等"思想史的语言和语境。了不起的学者,如普林斯顿的安东尼·格拉夫顿也在朝此方向看齐。我们不仅要着眼于已经册封为学术经典的人物,还要拓宽我们对"思想家"范畴的认知。我认为,如果能在跨国和全球范围内打开思路,并在经济思想史与法学思想史中具体落实,呈现出一种新型的思想史范式,结果势必令人耳目一新,而且影响深远。如你目前正在研究的中、印等国如何接收亚当·斯密问题,以及国际海洋政治经济思想如何传播问题,我认为都属于这一潮流。

李汉松: 欲求进境,必先拓宽。

罗斯柴尔德: 既开阔视域,也融通方法。

李汉松: 您在这一条战线上的工作可谓蔚然大观。先是《帝国的内部生活:一部十八世纪史》(另译作:《帝国豪门:18世纪史》,*The Inner Life of Empires: An Eighteenth-Century History*),继以《无穷之史:一个法

---

① 唐纳德·诺尔曼·温奇(1935—2017),英国经济学家,曾任萨塞克斯经济史教授,著有:Donald Winch. *Adam Smith's Politics: An Essay in Historiographic Revision*. Cambridge: Cambridge University Press, 1978; *Economics and Policy: A Historical Study*. London: Hodder and Stoughton, 1969; *Malthus*. Oxford: Oxford University Press, 1987; *Riches and Poverty: An Intellectual History of Political Economy in Britain, 1750–1834*. Cambridge: Cambridge University Press, 1996; *Malthus: A very Short Introduction*. Oxford: Oxford University Press, 2013.

国家庭的三个世纪》(*An Infinite History: The Story of a Family in France over Three Centuries*)。这两部书鼓舞读者，原因有二。一，它处于抽象观念与实际活动中间的"夹面"。您囊括了"中层"和"低层"的施为者，揭示了他们在语境中的所思所为。透过微观史的镜片，便可以打破通俗意义上"经济基础"与"上层建筑"之间的隔阂。而整幅历史画面遂成一有机整体。二，通过细致入微的人物体察，追究这些个人、家庭、企业遍布世界的足迹，您也描绘出了一卷宏观全球史。

罗斯柴尔德： 你为我毕生的学术研究做出了全面而精到的总结。但写作《无穷之史》的出发点与以往略有不同。之前，我习惯于从思想史与国际史的角度入手。但这一次，我先从一个个鲜活的面孔开始，观察这些人的具体生活。我所依赖的是最传统的史料，类似于 70 年代的社会史与经济史。所以我终于回到了"文化转向""国际转向"与"思想史转向"之前。但你说得不错，我最初的冲动和最终的目标仍然是一种特殊意义上的"高等思想"。我之所以在 1990 年代首度访问昂古莱姆，是因为法国经济学家杜尔哥（A. R. J. Turgot）[1]在那篇开创现代金融理论的文章《论有息贷款》(*Mémoire sur les prêts à intérêt*)中提到了昂古莱姆。这篇讲论借贷与利息的作品抽象而晦涩，但学界评价其为经济学史中的闪亮之作，也大约是杜氏著作中在 19 世纪流传最广的一篇。但发表时，这篇文章的体裁颇显特异。那时杜尔哥身居官位，所以开篇便详述了法国小镇昂古莱姆的金融危机——他作为地方行政官，当时负责视察、调查这次金融事件。开场之后，他继以抽象的笔法，洋洋洒洒地写了一大段绝妙的货币、借贷和信用理论。但在最末尾，他却回归了昂古莱姆镇的具体处境。那时，镇上的情况复杂而戏剧化：金融崩溃之下，敲诈勒索、蓄意谋杀，比比皆是。统观此文，可见其"信封结构"：中间是理论，首尾则是具体的真人与实情。这一结构引我遐思。之后，乃至 20 世纪，此文数次重印出版，但多数读者只关注中间，忽略了两端。但我注定是对整个信封感兴趣的，尤其是真人真事。我亲赴此地后，立马发现了普通经济生活史的无穷财富。多年后，我脑海中存着"全球史"的念头，再度回到昂古莱姆。之前我未充分意识到：许多当地人参与了长距离商业冒险。这些人为了生产航海产品或

---

① 劳恩男爵安·罗伯特·雅克·杜尔哥（Anne Robert Jacques Turgot, Baron de l'Aulne: 1727–1781），法国经济学家、政治家。

出口商品，大量借贷。我顺着一座小城的线索，顺势摸出愈来愈多的越洋关系网。我试图思考：如何才能绘制出一幅更大的画卷，再为这些植根地方，但跨越重洋的各色人物各置其所？就这样，我找出一件又一件档案和故事。我似乎亲身实践了"杜尔哥的信封"，尽管欠缺正中心的理论分析。该书由 98 个故事构成。似乎跋涉漫漫数十载后，我又重拾了 70 年代的旧业，讲起了故事。

李汉松：信封的前后封面，难道不也是承载理论的一种体裁？

罗斯柴尔德：也有道理。我确实发现：在基于史料证据论述社会"故事"时，我其实进行了大量的概念性思考。许多关于经济本质的大问题都萦绕其间，而政治与经济的种种联系，包括政治事件的经济源头，抑或是经济后果，也都跃然纸上。因此，最后的成品介于理论和史料之间。毕竟，真实的人们总有了不起的思想。

李汉松：那部关于汽车工业的书也是如此。数十年后，您曾经在美国中西部观察到的隐患最终蔓延至全球，尤其是东亚。所以，具体的语境中总能衍发出普遍的问题和教训。

罗斯柴尔德：这大约是历史学家一方面作为历史学家，另一方面作为当今世界的观察者，这两重身份之间不断的张力和对话。因为历史学家希望为世界局势的走向贡献声音。

李汉松：经济思想史家身兼双重身份，为时局建言献策，您即是典型。而您介入舆论场最强有力的一次便是为公众分辨亚当·斯密"看不见的手"（The Invisible Hand）的微妙含义。我知道有一次，您在联合国酒会上遇见了一位捷克高官。他问您："最近在研究什么题目？"您回答："看不见的手！"这时他两眼发光，恳请阅读您的研究成果，因为他"一定要弄懂那些满口'看不见的手'的家伙们究竟在议会里说了些什么"。我的回忆是否准确？

罗斯柴尔德：此人时任捷克外交部部长。其余细节都很准确。

李汉松：您最初因何机缘决定从斯密的另外两部作品：《道德情操论》（*A Theory of Moral Sentiments*）和《天文史》（*History of Astronomy*）中挖掘"看不见的手"，印证《国富论》（*Wealth of Nations*）中那一众所周知的比喻？假设斯密使用这一表述时，确实另有所指，而之后新古典经济学曲解了这个概念。那么又当如何？为什么有必要重新诠释"看不见的手"？我想到两则掌故。罗纳德·科斯（Ronald Coase）曾问加里·贝克尔（Gary Becker）：究竟何谓"效用"，而在经济学分析中，效用单位"尤特尔"（util）又有何意义？我们训练经济系大一新生计算"尤特尔"，难道不滑稽吗？贝克尔答道：滑稽，因为"尤特尔"并非实体存在。但我们需要设定这种单位，因为它是一种方法论上的存在。有了它，我们就可以更精确地描述价格与偏好，并且获取预测市场行为的能力。第二则故事是：2014 年，我请罗伯特·卢卡斯（Robert Lucas Jr.）参加本科经济系同学联谊晚餐。席间我请他说明，为何读了历史之后，却改读经济学？这位新古典宏观经济学家回答道：为了更深刻地领会《共产党宣言》。他的话外之音相当严肃：形式化分析是工具，最终是为了侦破困扰人类的大问题。那么现在，我们用思想史方法梳理出了"看不见的手"这一表述的脉络和谱系。接下来呢？那些使用这一比喻的人完全可以耸耸肩，说：我只是把它当作一种工具和方法，目的是介入属于我们时代的理论论战而已。您该作何答复？历史意识如何帮助我们理解眼下的经济疑难？这些观念和表述又为何、如何能化为现实，带来实际后果？掌握经济思想史，如何能有益于社会？

罗斯柴尔德：你扮演的芝加哥经济学派发言人听上去颇有说服力，但我有若干条反驳意见。首先，我认为通过反思"看不见的手"的发明者（或是名字与它关联度最高的思想家）本人如何使用这一概念，能够促使人们省察它在当今是如何被当作一种口号在使用。我一向反感历史学家们的一个口头禅"我希望复杂化……"因为我认为如果知识有"目的"可言，那么必定是"简单化"而非"复杂化"问题。但是涉及"看不见的手"，我却的确认为有必要充分认识这一表述在历史上形式各异的使用方法。这样做是为了理解：这一概念不是单元、单薄的。那些引用"看不见的手"去论证各种立场的人们，彼此之间并不连贯统一，而是相互之间矛盾重重。认清了这一点，便可以思考这样一个问题：我们究竟为何如此依赖这样一个短语和口号？

另一点是：我们通过考察斯密在其作品中如何使用"看不见的手"，可以探知这些早期理论家在他们所属的时代都关怀着哪些问题。我认为斯密等人最关心的议题之一是大型企业影响政治的权力与能力。这便是我们如今所忧虑的政治干预与市场干预现象。斯密如此深刻的关怀，却完全遗留在了"看不见的手"这样简短的口号之外，不为公众所知。的确，市场有"看不见的手"。同时，政府也该退至一旁，避免干涉。但如果市场经济内部有一些行为者，操弄自己的财富去获取政治权力，再用这新得的权力去改变支配市场行为的规则，又该如何？在我看来，这是现代政治经济学最为深刻的问题之一。事实上，正是这些早期经济学家最早预见到了这些隐患，但他们的思想却惨遭"口号化"处理。他们对政治与经济失灵的描述和预测几乎与后来的现实完全相符，但却鲜有人问津，从中得出教训。

但这不是现代世界经济的唯一困境。我认为批判性地审视"看不见的手"，还会指引我们去挖掘、咀嚼斯密经济思想中若干其他方面的内容。在斯密看来，关注政府权力的后果至关重要。我们务必要研究各级政府权力，既关注中央政府，也着眼地方政府，更要观察贸易企业的治理。斯密个人还对宗教组织的权力与治理方式感兴趣。在当今许多国家，如何对待并解决这一问题仍然相当重要。

综上所述，我认为研究"看不见的手"如何被滥用确有意义。借此契机，我们可以开始更具批判性、更具分析性地思考这一表述的含义与应用。一方面，我们可以回归作者，体察他对部分市场中的成功人士赚取政治权力、影响市场管制这类行为的忧虑。我们也可以跟随斯密一起，思考权力的多层次与多样性，从政府到企业，从国家到地方。

李汉松：相比斯密，马克思的经济理论中哪一点最引您深思？

罗斯柴尔德：我目前最着迷的是马克思对 19 世纪资本生产过程的观察。他对生产过程的具体物质环境掌握得极其精准。他深谙化学与机械原理，甚至研究如何用牛脂（tallow）作车轴润滑脂（axle grease）。除此之外，我认为马克思也与 19 世纪经济生产的环境史大有关联。你之前问我经济与历史的各种分化与重组方式，尤其是经济生活与思想史的关系。你一定知道，目前在历史领域最时兴的子学科之一是所谓的"资本主义史"。总体而言，"资本主义史"可以被定义为：批判资本主义的历史学家写的经济史。我个人认为：目前尚显不足，急需学者耕耘的是"资本史"：包括物质、金融、法律、制度意义上的"资本史"。随着物理环境回归到史学研究的中心，这种历史研究一定会散发出别样的光彩。

李汉松：与马克思的政治经济学理论传统互有交集的另一条思路是广义上的"贫穷经济学"：从斯密、孔多塞到李嘉图（David Ricardo）、边沁

（Jeremy Bentham）、马尔萨斯（Thomas Robert Malthus）。后凯恩斯时代的左翼李嘉图派经济学家如阿米亚·达斯古普塔（Amiya Kumar Dasgupta）、琼·罗宾逊（Joan Robinson）孕育出了森教授的贫穷与饥荒研究。巴纳吉与杜弗洛在方法论上常与约翰·李斯特（John List）、迈克尔·克雷默（Michael Kramer）相提并论，但其关怀属于贫穷经济学传统。思想史如何为贫穷研究贡献力量，又如何能革新理论与方法，推动多学科合作研究贫穷问题？

罗斯柴尔德：我认为当然可以。我们不如从 18 世纪开始思考：亚当·斯密要求公民生活得"体面""合宜"，但其具体条件却十分微妙：公民应当自由进入公共空间而不感羞耻。若要杜绝耻辱感，一揽子基本商品是必不可少的。顺着同一条思路，黑格尔提出："体面"意味着拥有一份工作，不依赖施舍或救济为生。这些思想家论述"穷人需要什么"，可谓言简义丰，体察入微。凡此种种思路，思想史家皆可搬回时下，与实证研究相互印证，进而参与关于贫穷问题的前沿辩论。

18 世纪的法国还孕育了另一套同等重要的思想辩论，那便是关于"人民"（*le peuple*）属性的大讨论。在当时许多人看来，"人民"即"穷人"之代名词。毋庸我赘言，你也一定熟知当时围绕"谷物法"（Corn Laws）和谷物自由贸易展开过一场激烈争论。论战的一方是经济学家雅克·内克尔（Jacques Necker）[①]，后任法国财政总监。另一面是幕前的孔多塞，以及幕后的杜尔哥。一次，内克尔曾贬低"人民"道："在我们称之为'未来'的整个广阔时空之中，视线却超不过明天（de tout cet espace immense qu'on appelle l'avenir, il n'aperçoit jamais que le lendemain）。"他认为普通百姓只需要宗教信仰和果腹之餐。[②]孔多塞对此反击，指责内克尔低估了人民。他也有一段话，令人难忘：一位农夫介意他惨遭人祸，因不正义而破产，远胜过在乎遭遇冰雹，受天灾毁灭（il souffre moins à être ruiné par une

---

① 雅克·内克尔（1732—1804），日内瓦银行家、经济思想家、法国国王路易十六的财政总监。

② Jacques Necker. *Sur la législation et le commerce des grains*, in Necker, *Œuvres Complètes*, Vol. I. Paris: Treuttel and Wurtz, 1820 [1775]. "La libre exportation des grains fût-elle aussi favorable à la prospérité publique que je l'y crois contraire, comment pourroit-on maintenir une loi qui l'autoriseroit constamment ? Comment pourroit-on y soumettre les passions du peuple ? Le pain qui le nourrit, La religion qui le console ; voilà ses seules idées : elles seront toujours aussi simples que sa nature…de tout cet espace immense qu'on appelle l'avenir, il n'aperçoit jamais que le lendemain ; il est privé par sa misère d'un intérêt plus éloigné."

grêle que par une injustice）。① 这一次辩论深刻地介入了启蒙运动时期关于人类本质的争鸣。这一争议又与许多经济学理论的假设错综关联。不妨再谈谈你芝加哥大学经济系的师友们如何判定人性吧。其实我倒认为，所谓的"芝加哥人性观"蕴含着一种激进的平等主义。根据传统芝加哥学派的看法，每一个人——不分三六九等、高低贵贱，甚至是那些游离于经济体边缘的落魄之人——都能思考未来，也都致力于改善他们自己的处境。你的芝加哥同事们或许只认为：人们改善自己处境的唯一方式是增加自己拥有的产品数量。或许芝加哥经济学家认为：在冰雹和不公之间，理性计算的经济人既无差异，也无偏好。但起码，芝加哥学派绝不认为穷人只关心宗教信仰和明日口粮。所以，在这层意义上，芝加哥学派的贫穷观其实十分开放。但我欣赏巴纳吉和杜弗洛《贫穷经济学》的一点是：不只强调穷人的经济生活，更尊重属于他们自己的渴望与抱负。②

所以我认为，从 18 世纪启蒙运动经济思想史中汲取教训，反哺于当下之"贫穷经济学"，必大有可为。我同样认为，有必要公正对待 19 世纪的实证经济学家。如今流行鄙夷这些满腔热血但不接地气的"做好事"型社会改良家（do-gooder）。可他们身先士卒，探索贫穷之源，工作卓著，却是不争的事实。我的曾伯祖母碧翠丝·韦伯（Beatrice Webb）③ 即是一例。除成立伦敦政治经济学院，她还沉心研究贫穷问题，著作颇丰。这批人对于自己在社会中的作用认知狭隘，但他们的贡献却值得称道。

西方经济学家若欲知贫、扶贫、消贫，绕不过另一丛荆棘：种族问题。在我看来，多数思想史学者尚未领会，英、法、德、美等国家 19—20 世纪的经济学和经济思想充斥着多少带有种族性质，甚至是种族歧视的诸般假设。独就美国而言，自然涉及如何运用经济学分析奴隶制的影响

---

① Jean-Antoine-Nicolas de Caritat Condorcet. "Réflexions sur le commerce des bléds", Londres: s.n., 1776; Œuvres de Condorcet, Paris: Didot, 1847. Chapitre VIII: Effets de la liberté indéfinie du commerce, p. 145. "L'homme aime mieux dépendre de la nature que de ses semblables; il souffre moins à être ruiné par une grêle que par une injustice; c'est là ce qui attache l'homme a l'agriculture; ce qui l'empêche de la quitter, même lorsque sa fortune lui permet de choisir avec avantage des états plus doux, et, grâce à notre frivole vanité, plus honorés que le sien."

② Abhijit V. Banerjee & Esther Duflo. Poor Economics. New York : Public Affairs, 2011.

③ 玛莎·碧翠丝·韦伯（1858—1943），帕斯菲尔德女爵，英国社会学家、经济学家、劳工史家、社会改良者、社会主义思想家、伦敦政治经济学院创办人、费边社主要创始人之一，率先提出劳资"集体协商"（collective bargaining）概念。

及其后果。但同样有必要审视的是，经济学对于"经济人"本质的假设是否仍然掺杂着19世纪英国作家们那一套种族主义色彩。欲知此问题之严重，你只需读几句沃尔特·白芝浩（Walter Bagehot）①之流关于印度和中国的言论便见分晓。白芝浩号称《经济学人》（*The Economist*）编辑第一人，备受推崇。但他认定经济学作为一个学科，是为英国富裕的白人男性而设。或许还有比利时，至多加上一部分法国人民。翻阅19世纪经济思想史，我们务必重视这种现象。我认为经济思想史、"中等"思想家史、书籍史、"观念扩散史"学者应精诚团结，携手合作，深入挖掘这段历史。具体的操作方法是追踪研究这些男男女女的公共职业生涯。其中不少人曾远赴印度履职。

李汉松：谈罢"贫穷"，我想请教您"自由"，尤其是从"重农主义"（Physiocratie）到"法国自由经济学派"（L'école libérale française），甚至到"奥地利学派"（Österreichische Schule），经济思想史对"经济自由"的界定。有一种说法在学术上站不住脚，但是件不错的谈资：据说法国重农主义者从"无为""与民休息""不与民争"等道家或贤良派儒家主张中化出了"自由放任"、"任其行为"（*laissez faire, laissez passer*）之说。魁奈（François Quesnay）最初吸纳的东方元素，也在有形无形之中广泛播种。这些18世纪的经济学先驱对中国的兴趣似乎更胜印度。是否可以说，经济理论史中存在更为广泛的经济自由观，而其思想渊源比一般人想象得更为驳杂？

罗斯柴尔德：我也不认为在经济思想史上存在一个连续、统一的"自由"概念。在不同的话语体系、国别语言、表述方式中，"自由"以不同的形式呈现。但毋庸置疑，在近六百年间，中国以外再无其他地域和民族创造过如此高度发达的经济思想。所以先秦时代的中国对于经济和金融管理制度的反思已经颇为成熟。我对古印度文献并不了解，你是否知晓梵文文献中有过类似的经济思想论述？

李汉松：比较罕见，《政事论》等治国术著作总结了政府管制经济的诸多办法，如何赋税、如何贸易等。但其"经济性"不如《盐铁论》凸显。

罗斯柴尔德：我也这样认为。魁奈因经济学闻名，但他的出身算不得严格意义上的经济学。他本是位手术家，进入宫廷行医为生。后来，他犹

---

① 沃尔特·白芝浩（1826—1877），英国作家、记者、商人。

如一块海绵，无穷无尽地吸取周围的一切精神养分，终于自学成才。他的下一辈，如杜尔哥，在 1740—1750 年代接受了严格的教育。但即使是杜尔哥，他的素材来源之一也是旅行家的故事传闻。可想而知，传教士和探险家滔滔不绝地赞叹中国是世界上最富强的国家。杜尔哥也因此迷上了中国。他那篇与所谓"中国学生"的对话（1766：*Réflexions sur la formation et la distribution des richesses*）引人入胜，遂成经典。这一批经济学家接触并采纳了一些经过中介、调和、改造，还被他们认定是"中国思想"的素材。另外，你提到了印度。亚当·斯密和他同时代的一些经济学家曾经坚信：孟加拉是世界上最富裕的制造业园地。那里不但有长距离商贸中举足轻重的精密纺织业，还有大批量普通的机械产品。当今学者很难领会到这一点：曾几何时，在 1760—1770 年代，即"孟加拉大饥荒"（Bengal Famine）前后、不列颠东印度公司（British East India Company）深陷压迫当地民众的丑闻之时，西方知识分子都一致默认孟加拉如费城、波士顿一样富裕。但这是比较经济史，或是比较"经济史认知"，而非比较经济概念了。

李汉松：启蒙时代的欧洲思想家也认为中国经济潜力无限，甚至已经想象中欧贸易。

罗斯柴尔德：是的，18 世纪有一个令人瞩目的经济思想史现象：启蒙运动思想家们确信长距离商贸大有可为，尤其是手工业和制造业领域。你一定知道休谟的见解：他认为既然中国工人每日 3.5 便士即可养家糊口，那么日后世界各国的产品都将会在中国制造。加利亚尼也提及：有些人将套装样式拟好，寄至中国，请那里的裁缝绣好，再寄回来，如此物美价廉。另一种论证长距离商贸可行性的方法则更抽象：着眼于艾瑞克·罗尔（Eric Roll）[①]这样的经济思想史家，我们不妨将早已程式化的"古典政治经济学黄金年华"置入更广阔的语境之中。学者通常将西方政治经济学追溯至 18 世纪中叶的英法两国，重点落在一些伟大的思想家，也涉及一些物质环境，如市场制度的产生和交通方式的改善。依据这种程式化的经济史观，一切始于此而终于此。从那时开始，所谓的"西欧经济模式"——经济作为一个系统，保障相对轻松的市场交易——步入正轨，我们也走进了

---

① 艾瑞克·罗尔（1907—2005），易普森顿的罗尔男爵（Baron Roll of Ipsden），英国经济学家、经济史和思想史家、政治人物、银行家，1977 年授终身贵族。

这一具体经济意义上的"现代"。

李汉松：这些浅见家们认定，这种系统将会无穷往复，直到时间的尽头和历史的终点。

罗斯柴尔德：正是，但反倒是这种范式走到末路，濒临终结。这并非因为"轻松进行市场交易"的潜力削弱了——相反，不论时局何其艰难，国际交易确实在稳步强化、深化、便捷化。真正的原因是早期经济学学说中的某些缺点愈加凸显，以至于偶像化崇拜那种意义上的古典政治经济学已经不再可能。例如，市场行为者使用经济资源买卖政治权力，再操作政治去改变市场规则。这种系统与250多年前设计的古典政治经济学市场结构已经大相径庭。如何透过这层视角思考中国经济？这我需要向你请教。但起码可以说，大型市场行为者操弄权势，影响公共决策，这种现象举目世界各国，屡见不鲜，并非美国独有的弊病。

李汉松：您已间接回答了我的另一个疑问：政治与经济制度之间有何本质性的关联？经济学家卡门·莱因哈特（Carmen Reinhart）与肯尼斯·罗格夫（Kenneth Rogoff）常说："金融燃烧"（如汇率崩溃、通胀过度、政府国内外债务逋欠违约，并引发房价与股价灾难、失业率居高不下等一系列连锁反应）是发达国家与新兴市场国家都必须经历的"成年礼"。当然了，我们有一部所谓的《国家为什么会失败》，为抽象、物化的"制度"按上了一项具有规范性效力的大帽子。[①] 德隆·阿西莫格鲁（Daron Acemoglu）与詹姆斯·罗宾逊（James Robinson）此书之所以在经济和历史方面俱无严谨性可言，但仍能畅销，正是切中了大众对"政治与经济"之间的求知欲与好奇心。但这一问题本身很有价值。欧美有一批南亚经济学家，如芝大的拉古拉姆·拉詹（Raghuram Rajan）和康奈尔的考什克·巴苏（Kaushik Basu）都不避讳"印度与中国之问"：为何仿效英国议会制度的印度，与中国相比，体现不出经济制度上丝毫的优越性，甚至被当作政治上的繁文缛节、官僚作风拖垮经济发展的代表？作为经济思想史家，您认为市场为何失灵，国家为何失败？政治与经济制度之间究竟存在何种历史与实证关系？

罗斯柴尔德：我认为政治制度的长期变迁是一种累积叠增，所以大型的经济模型很难预测。那些鼓吹自由民主制度永垂不朽的模型，更难做出

---

① Daron Acemoglu & James A. Robinson. *Why Nations Fail*. New York: Crown Publishers, 2012.

切实的判断。我认为，考虑政治制度史，逐一印证与之对应的经济环境与经济条件，或有裨益。政治变化是阶段性、持续性的，而非一时之就。那么其变化的历史也无法脱离经济观念和经济条件的变化规律。在学界，这涉及是否可以结合经济思想与经济活动来看待经济史的问题。我之前已经提到：不必担忧所谓的"马克思主义决定论"。我们完全可以用更建设性的方法处理物质条件和思想理念之间的关系，并借此探究更广阔的制度变迁。

想必你完全理解，我是基于三重身份，才发此感慨。第一层是英国公民的身份：短短数年间，英国距离我青年时期所理解的"自由民主"已经偏离太多，速度也太快。第二层是美国居民：这里，距离我当年还是你这般年纪时所理解的"自由民主"也已经以极快的速度，脱轨很远了。第三是作为印度公民（阿玛蒂亚·森）的伴侣，我观察到这个国家也以数十年前无人能想象的速度偏离"自由民主"。综上所述，我高度怀疑建构巨大的经济模型是否能预测制度变化。我的立场，也是我平日不遗余力传递给你的观点就是：着眼于薄物细故，特别是那些微小但微妙的变化。这些存在于观念和语言中，更遍布人类切实的生活之中。由小见大，以微观照亮宏观，通过分析证据，推断政治与经济制度变化的顺序与因果。你可以视我为乐观主义者，因为我仍保持一种启蒙式的信念：人类精神不但有能力绕过信息自由的限制，还能最终迈过极端仇恨与敌意的一道道坎坷。以我的新书《无穷之史》为例，我跨越时间边际线，研究了这样一个名不见经传的家庭，却意外地获知了许多关于法国大革命前期导因的新线索。我更深刻地认识到，除著名革命家之外，大革命对于普通老百姓的日常生活究竟意味着什么。我进一步领会了如何前后脚各迈一步，脚踏历史，为政治事件寻找经济导因和经济后果。人类生活中的事件是个妙趣横生的突破口，可以帮助我们理解政治与经济生活的大问题。

李汉松： 从生活的变化体察思想的变迁。

罗斯柴尔德： 是的，这些变化也许简单而实际，譬如法国大革命期间的"革命日历"（*calendrier révolutionnaire français*）。

李汉松： 这也令我记起了大学时为保罗·谢尼所做的研究：追踪18世纪圣多明戈（Saint-Domingue）家庭在革命爆发前后如何处置各类财产。最终再上升到社会与政治层面。

罗斯柴尔德：谢尼写那本《穷巷末路：法属圣多明戈的遗产、资本主义与奴隶制》，最早如何入手？①

李汉松：我们先从圣多明戈（海地）的户籍档案与赋税记录中抽取数据，为更宏观的历史论述打下量化的基础。一旦积少成多，量变推动质变，一幅更宽阔的历史图景便从这些繁琐的数字中呼之欲出，跃然眼前。

罗斯柴尔德：我深有同感。《无穷之史》开篇即引用了上海作家王安忆在小说《长恨歌》中的一段话，形容在高点俯瞰上海街区（"站一个至高点看上海，上海的弄堂是壮观的景象"）：起先是一堆黑暗（"大片的暗"）。黎明破晓之时，偶见晾晒出来的衣衫，似乎暗示着那些潜藏其下的私情与生活（"横七竖八晾衣竹竿上的衣物，带有点私情的味道"）。有些无法预知，但又合情合理的东西：小事，并不大，甚至琐碎（"流动着一些意料之外又情理之中的东西，东西不是什么大东西，但琐琐细细"），随着时间累积（"一点一点累积起来"），连沙子也能堆砌出城堡（"聚沙也能成塔"）。我以为，不论是历史学家事后追踪事件，抑或是小说家事后描绘事件，这一过程都展现了经济制度与政治变革的相互关系。但我又想，你们"政治学家"或许也能从中有所获知，以便在事件发生的当时，立即高屋建瓴地开展研究。

李汉松：您对全体学人，不仅是经济学家、历史学家，还有无法界定的"政治学家"，都期待甚高。而这种"启蒙"式的乐观主义精神，也是本次对话最佳的尾声。

附：2020 年 8 月 7 日关于新冠疫情的对话

李汉松：新冠疫情蔓延全球，一触即发，点燃了社会内部和国际政治中酝酿已久的张力，与此同时也激发了学界和舆论场的辩论，促使公众重新审视全球公共卫生危机管理的伦理与经济问题。从 5 月到 7 月，我们"历史与经济联合中心"举办了一系列的座谈会，从不同角度探讨当前的流行病难题。在您看来，历史视角如何能谕知当下？历史研究如何能为政策实践澄清思路？在您观察社会如何前进（或者无法前进）之时，又作何想？

---

① Paul Cheney. *Cul de Sac: Patrimony, Capitalism, and Slavery in French Saint-Domingue*. Chicago: University of Chicago Press, 2017.

罗斯柴尔德：过去数月之间，一切大变。我可以预想多年以后反观时下，闲话"疫前""疫后"，不知又会是何光景？我眼前想到最多的是流行病的直接影响。除此之外，我们也透过这场公共卫生危机看到了世界的方方面面——经济生活、权力和不平等——好比在闪电之下，触目惊心，也能看得更清。首先，我的史学工作发生了巨大变化。2020 年初危机深化以后，我正在紧锣密鼓地最后校订新书《无穷之史：一个法国家庭的三个世纪》，讲的是法国小城的人和事。接下来的数月之中，我回归了一个书中遗漏的悲伤故事：1855 年霍乱疫情袭击了这座小镇。在我们自己的疫情时代重思这段疾疫史，这种对于病痛的意识更为强烈：阅读档案中的死亡、结婚和出生记录，还有一位镇上医生撰写的册子。忽然之间，我看到了太多之前轻易忽略的细节。这种阅读帮助我更深地了解了 19 世纪人的生活——以及我们自己的生活。在你适才提的历史与经济联合中心讲座系列中，我那一讲便是谈这段霍乱研究，和这段心得体会。

　　过去一个月中，我开启了一项全新的工程，也受到了当前危机的影响。我回归了一对着迷已久的经济学观念：宏观与微观。我想探究如何应用当代测量技术——包括"输入输出"（input-output）——研究历史体验。我做了一个思想实验：假设 18 世纪末至 19 世纪初这段英法两国经济飞速增长的史料信息忽然变得无穷无尽，条分缕晰，史家因此可以洞悉底蕴，那会如何？我们的目的是克服经济史中一个重大难题：探明这些年中经济究竟如何转变？那么，"第一次工业革命"便显得不再直截了当。譬如，以奴隶制为基础的经济生产方式在工业革命中发挥了何种作用？海外剥削又在工业革命中扮演何种角色？对于工业扩张中的各种问题，目前学界只有笼统的印象，尚无精到的解释。但是当时大量依赖煤炭和物质资源的生产组织形式为后世的灾难埋下了隐患，这一点几乎毋庸置疑。对于这些宏大的问题，我已着迷多年。其实，不感兴趣才难。我曾在复旦大学和北京大学和一群立志研究 19 世纪英国小说的中国学生谈论过这些问题，至今印象深刻。我自己的近著《帝国的内部生活》和《无穷之史》也都是在以个人生活的"微观史"思考经济生活中的巨大变迁。但如若不是在疫情的一震之威下，形成了这种强烈的意识，我大约永远也下不了这种决心，直接思考宏观问题。危机之中，一切都愈加意义重大。

心理与概念

——对话汉娜·皮特金 [①]

本文融通心理解析方法、维特根斯坦语言哲学、政治观念史方法，运用于政治概念分析。

汉娜·费利契·皮特金（Hanna Fenichel Pitkin），1931 年生，德裔美国政治理论与思想史家，"伯克利学派"主要创始人与代表人物之一。

李汉松：学术对话不免要从历史和家谱聊起。您对我这代人主要的影响之一是您的概念分析：它强调语言和意义，以及它们与言辞和行动之间的关系。说到您思想成型期的多文化和多语言的印记：从柏林、奥斯陆、布拉格，到洛杉矶，您对这些历史的瞬间存有怎样的意识？

皮特金：我很确定作为一个幼童，我的思想受到了大量国际迁移的影响，尤其是对语言的关注，但是这很难详细阐明。1931 年我出生在柏林一个犹太左翼思想家庭。作为一个弗洛伊德派的精神分析学家，我父亲训练了一批挪威籍分析师；他们那时已归国从业了。1933 年，这些学生邀请我父亲去奥斯陆加盟。至于布拉格，那只是暂时的，因为那里的犹太难民观望德奥合并何时会发生，德国何时会占领奥地利。更不用提那时奥地利也有自己的反犹人士。最终，我很小就来到了美国，正好在我 7 岁生日前。所以，散落在欧洲各地的是我的童年早期，而非教育经历。

李汉松：作为一名对临床心理学感兴趣的政治思想史学者，我想顺便问及您母亲在儿童早教领域的工作。如您所知，维特根斯坦在《哲学研

① 本篇对话成稿于 2019 年 11 月 12—19 日，中文稿由波士顿学院政治系、波士顿大学宗教研究系吴一笛译，作者校，刊于《上海书评》2021 年 4 月 18 日。

究》里，就语言如何产生于儿童头脑这一问题，提出了对奥古斯丁著名的反驳。维特根斯坦不同意一个儿童的"头脑"已存有内容，而只是缺乏词汇而已。相反，语言是实践中主动表示意义的行为。我知道多数人着迷于您父母的理论著作：奥托·费尼谢尔、克莱亚·费尼谢尔（Clāre Nathansohn Fenichel）①都属于精神分析传统的"第二代"。我很好奇：拥有一位日常运用精神分析实践教育的母亲，您自己的童年早期又是什么样子？

皮特金：显然，我母亲的事业对我的影响极大。不只是她对实践中的教育方法感兴趣，我的父母同等地投入精神分析理论和临床教育。如你所知，那一代的弗洛伊德学派精神分析家注定对儿童早期感兴趣，尤其对如下这个问题，即一个人如何可能养小孩而尽量不遭受当时常见的神经症影响。但是我的母亲对教育有双重兴趣，包括她对躯体本身的重视。她曾是"身体研究"和"身体心理治疗法"（Körperpsychotherapie）先驱艾尔莎·金德勒（Elsa Gindler）②的学生，从而对人们无意识地使自己身体不适的种种方式发生了兴趣。她在身体层面的努力与我父亲（实际上，他们共有的）在精神领域的探索是平行的，即那些显示出神经质特点和行为的人何以毫无必要地折磨自己。所以，作为一个从业者，我的母亲不是在纠正人们的不良姿态或按摩僵硬的肌肉，而是教他们更有意识地将自我关注导向身体内部，以及更多地意识到他们究竟如何通过维持特定的不必要的紧张状态让自己不适和焦虑。

李汉松：这个回溯的镜头对我很有启发。但要语境化您年少时期的最后一步，则须借用"伯克利政治理论学派"这个概念——作为某种以阐述政治概念来追求知识的工程。我注意到，尽管这个所谓的"学派"用来指

---

① 克莱亚·内桑森·费尼谢尔（1896—1993），出生于波兰下西里西亚省（Województwo dolnośląskie）弗罗茨瓦夫（Wrocław），德裔心理分析、临床教育学家，后与丈夫奥托移民美国加利福尼亚。其父母尤里乌斯·格特鲁德·内桑森于1943年2月1日在捷克泰雷津集中营遇难，终年八十二、七十二岁。奥托第二任妻子（即皮特金继母）是儿童心理学家尤翰娜·费尼谢尔（Johanna Fenichel, 1897—1975）。详见：C.N. Fenichel. "From the Early Years of the Gindler Work", *The Charlotte Selver Foundation Bulletin: Elsa Gindler, 1885-1961*, 10 (II), 1981; Sanford Gifford. "Transcribed Interview with Clare Fenichel", *Archives of the Boston Psychoanalytic Society*, May 1, 1984; Michael C. Heller. *Body Psychotherapy: History, Concepts, and Methods*. New York: Norton, 2012, pp. 447-450.

② 艾尔莎·金德勒（1885—1961），德国身体治疗法先驱，曾师从德国心理治疗师赫德维希·卡尔麦耶（Hedwig Kallmeyer, 1881—1976），间接受到纽约表达学院（New York School of Expression）创始人吉纳维芙·斯泰宾斯（Genevieve Stebbins）的影响，传承了"和谐体操"治疗法（harmonisk gymnastik）。卡尔麦耶、金德勒倡导自然形体，关注女性身心发展，倡导服装改良（Dress Reform/Reformkleidung）。

涉一个许多您的学生都十分珍视的传统，您却从未对此显现出特殊的热情，甚至从未倾向于用它来形容那个从 1960 年代开始渐渐聚集在加州大学伯克利分校的政治理论家群体。但是我又想，您的学生究竟是否有道理？例如，谢尔顿·沃林（Sheldon Wolin）领衔的那项共同努力：他既批评施特劳斯学派尝试过政治哲学本身的生活，又谨慎对待在研究政治时科学化地使用"客观"模型，而因此忽略了人类实际上如何说话和行动。但无论如何也得承认，要想把迈克·罗金（Michael Rogin，1937—2001）、约翰·沙尔（John Shaar，1928—2011）、威尔逊·凯瑞·迈克威廉姆斯（Wilson Carey McWilliams，1933—2005）和皮特·乌本（J. Peter Euben，1939—2018）都放在一起，是项不小的挑战。总之，曾有过一个"伯克利政治理论学派"（Berkeley School of Political Theory）吗？或者说，您在这一问题上改变过想法吗？

皮特金：我在这件事上想了相当多。显然，一直以来都有关于所谓"伯克利政治理论学派"这一主题的出版物。确实，我曾说过我不认为存在过这样一个学派。但在这个问题上思考得更多一点后，我得出了如今的全新想法：对于那时候在伯克利的研究生们来说——无论他们是否选择政治理论方向，或者由于他们在思想史或者哲学的交叉兴趣而仅仅部分游走在这个方向——是有过这样一个学派。因为对研究生们来说，情况总是这样的，即他们尝试一起写毕业论文，并成为学术领域里的专业学者，因此不得不融合他们接受的东西和从老师那儿来的价值。所以，对他们来说，可能一直有个"伯克利学派"；他们或挑选自己喜欢的专长于政治理论的学者组成它，也可以轻易地把一个他们决定不喜欢的人排除出这个"学派"，即使他教政治理论；类似的，他们完全可以让其他不同科系但在某种程度上符合学生兴趣的某人加入，比方说人类学、历史学或者哲学。

李汉松：这是个有趣的角度。通常，我们依据惯性思维，认为大学者改换范式，所以创造"学派"。但实际上，那些建立"学派"概念的人通常反而是那些被"教育"的人——学生。

皮特金：是的，如果你琢磨这些学者和教授们著作的细节，一定会发现他们似乎没有太多交集。然后，你不得不走出去，接触到可以与之对比的东西，来说服你自己有这么个拥有共同教条的学派。你会说："好吧，他们终究不是施派，对吗？"然后，你回答："这就对了，他们不是施派。"

但是施派主义暗含有这么个施特劳斯作为工程的核心。然而在伯克利不曾有过这样一个人。而且，有时许多归之于神秘的"伯克利学派"的兴趣和主题，却没有在所提及的五到七个人间广泛共享。如果你挑出沃林思想的一个特点，另一个来自诺曼·雅各布森（Norman Jacobson）①，第三个来自我，把它们放在一起，然后说："啊哈，这就有一个'伯克利学派'了！"你懂我的意思吧？

李汉松：是的，的确。令我十分惊奇的是，为何在重建这个"神秘物种"时，一些评论家会说，"少数皮特金教授的著作似乎稍微偏离了伯克利学派的议题"——一开始哪里有什么议题让您来偏离呢？所以，这是个相当"肌肉僵硬"的方法，冰冷地对待学术著作。

皮特金：这太准确了。明摆着的事实是我曾是沃林的学生和同事，但我真正的大部分政治思想和理论是本科在加州大学洛杉矶分校时从托马斯·詹金（Thomas P. Jenkin）②那儿获得的。他显然已经和沃林以及伯克利的群体建立联系了。所以，可能的情况是：我到处呼应沃林，但我也呼应了其他很多伯克利理论家群体之外的人。

李汉松：所以我可以呼应一些在伯克利接受过训练，又汇流于芝加哥的政治理论和思想史家——帕钦·马克尔（Patchen Markell）、丽萨·韦登（Lisa Wedeen）和琳达·泽瑞里（Linda M. G. Zerilli），但如温蒂·布朗（Wendy Brown）和其他教授，我只能通过阅读和书信等方式交流。这表明，无须在伯克利学习过也可能与"伯克利学派"生出纽带。

皮特金：你觉得你自己是"第三代伯克利学派"吗？

李汉松：恐怕这不是我在公共场合被迫自我界定时的本能答复。但除了阅读之外，我最直接的灵感来源于您关于维特根斯坦的著作。当我跟从哲学家詹姆斯·科南特（James Conant）以及历史学家康斯坦丁·法索特（Constantin Fasolt）学习时，在您的书中碰到并发现了用维特根斯坦来解读正义和不义语词的可能，从伯罗奔尼撒战争到大屠杀，及其对政治思考可能的贡献。所以我可能自诩比"第三代"辈分要超前一点。

皮特金：这是个非常有启发性的例子，因为实际上在伯克利政治理论的圈子里，除了我没人对维特根斯坦感兴趣。所以，如果这是主要的纽

---

① 雅各布森（1992—2007），美国政治理论学者。
② 詹金（1915—1980），美国政治理论学者、大学行政人员。

带，那么你不仅是"第三代"，也是一个与我共有独特根源、主题或兴趣的学者。在学术共同体里，学者们参与一系列广泛的研究总是有可能的事实。因为你应该雇聘对你有异议，但你却尊重的新学者，而非那些遵循你但其实并不出类拔萃之人。

李汉松：我十分同意，这是学术进步唯一的途径。现在考虑您还是年轻学者时的研究。当您发现政治概念分析法时——您一直使用它，尽管有些变化——这是个偶然事件，还是更广运动的一部分，抑或是学术史中具体的一个"瞬间"？这是托马斯·德沃·韦尔东（Thomas Dewar Weldon，1896—1958）出版《政治的词汇》（*Vocabulary of Politics*）以及莱因哈特·科塞雷克推出概念史之类影响的产物吗？之后，许多受奥斯汀和维特根斯坦影响的学派也应运而生，例如波科克在剑桥思想史中讨论词汇和语言。

皮特金：韦尔东的《政治的词汇》（1953）出版时，我尚在洛杉矶与詹金一起从事研究。在他的研讨课上，我们每个人都必须写一篇关于某个政治概念的论文。依照我的回忆，他有个此类概念的清单，并要求我们精读韦尔东的著作。然后我们每个人需要钻研其中一个概念。我相当随机地选择了"代表"（representation）。之后，当我再度寻找一个麻烦的政治概念，以求站在哲学立场来攻击它的语言时，"代表"的概念便从脑海中浮现出来。所以，在这个意义上，曾经有过一"瞬"或者至少一系列瞬间。我认为那时的学术选择仅仅是惯性的问题。如此说来，我只是在已经存在的方向上更进一步，不论是故意或是无意。另一方面，也许对于你可能真正在问的问题来说正确的答案是斯坦利·卡维尔。他是个哲学家而非政治理论家，但对我影响颇深，即使我不是他的正式学生。当他还是研究生时，我便在社交场合通过一个共同朋友与他相识。他之后来伯克利教书，我显然喜闻乐见。我通过与他交谈，而非通过阅读和课程接受和理解了他的大多数理念。我对维特根斯坦的投入和"日常语言哲学"的继承显然回溯到我与斯坦利的交流。尽管你很正确：我的童年已无声地塑造了这一背景，毕竟我幼时已对语言感兴趣，但那是个不一样的"瞬间"。

李汉松：您可否用剖析"代表"这一多面概念的方式，反过来剖析您的方法论本身？譬如：形式主义的（授权和责任）、叙述性的（形如……）、象征的（代替……的意味），实质性的（……活动）？当您从多角度开始阐明这个概念时，您如何开始，又在哪儿结束？有多少是对人们常用语和日常行为的社会学 - 人类学观察，有多少是语言学或哲学分析、解释学或者对档案里的观念进行考古式的挖掘？

皮特金：当我教书时，如果有个学生确定了一个议题，并找到我，罗列出这个概念这样或那样的问题，我会请这个学生做以下一系列事，以求诊断并阐明真正困扰他的东西：我要求他想想所有这个概念的日常用法、惯用表达、同义词和反义词——所有这些都是"日常用语分析"的工具，只要与那个词相关。然后我会说：不要只关注政治的或政治理论的含义，这正是给你造成困扰的东西；而是去触及一切。你可能从一些完全不相关的语境和内容得到启发——在那个词碰巧出现的地方。

当我开始撰写自己的毕业论文时，曾与斯坦利·卡维尔和谢尔顿·沃林核实"代表"会是我要研究的概念。之后，我便经常地和卡维尔喝咖啡，每次都问他："现在我该做些什么？"但是他不会帮我。部分原因是，这样一个愚蠢的问题没有答案。但另一部分原因是，他在报复我，深深怨恨我没有和他上过任何课（那时，我从未想到一个教授会因为我在他课堂上的缺席而感情受伤）。我花了很长时间翻来覆去地捣鼓它，主要思索霍布斯有关"代表"的东西。我在这个方向上花费了一两年时间。那时我被雇为助教，所以有微薄的收入，也没有那么着急忙慌地赌誓在接下来两年写完论文。但是回头看，我浪费了大量时间试图编出一些关于近代早期"代表"理论的有趣的说法。

李汉松：但是您最终对我们理解近代早期政治哲学贡献了一些十分重要且不流于俗常的反思，那就是马基雅维利思想中的"女性气质"和"男子气概"。这展示了研究政治理论时一种精神分析和语言分析的综合。但宽泛地说，性别自然无处不在。您会留意政治思想史中其他性别问题的超乎寻常之处吗？或者有哪些历史时刻您依然在揣摩当中，用以研究性别和政治的关联？

皮特金：你完全正确，几乎所有政治思想史里，我研究的东西都会略带一种对性别的关注。例如，你知道我在过去十年一直研究"权威"（authority）概念。写这个主题时，根本没法不想到性别。为何国父总是父辈？当然对此总是有种女性主义的肤浅回应，即男性彰显他们的优越性来反对女性对他们领域的入侵。但也有一个与此相关的更值得玩味的回应：

某些正式如"权威"的东西出现在你生命里时，必须是你多大岁数之前？而且考虑到我们普遍的育儿实践，女性倾向于与那个岁数之前的孩子的生命岁月联系在一起。所以，当"父亲"首度出现在孩子的世界里，孩子已在自主性的发展上走得较为深远。与此相比，当某个像"母亲"的东西出现时，幼儿还不能认知或表述自主性和权威的边界。所有这些都在说，我总是将带有精神分析或教育倾向性的性别问题强行拖入政治理论和政治思想史的研究中去。

李汉松：我可以转向您对汉娜·阿伦特"社会性"（sociability）概念的解释吗？您曾形容自己是个"悲观主义者"，但临近《一团之击》（*Attack of the Blob*）尾声时，您传递的讯号在我看来却流露出乐观主义的迹象。与"社会性"的专制本质造成的伤害相比，您能看到它更多的潜能吗？如何平衡两种力量？

皮特金：我依然是个悲观主义者。我极其担忧今日的美国和世界——从这个方面讲，我所认识的身边的任何人无不如此。现在，通常老人们是相当沮丧的，不断地回忆起往昔的美好岁月。唐纳德·特朗普当了总统不是个令人欣喜的经历。预见淹没全球海岸地带——不在你的有生之年，但作为人类的未来——不是个令人乐见的前景。所以，我依然是个非常悲观主义的人。但正如你指出的，我曾在我书里讲阿伦特那一段说过，大家一定不要让那种情绪干扰我们继续尝试那些依然力所能及之事。

李汉松：这便足以令人振奋么？

皮特金：当然了，帮助别人是次要的方式，但我建议：仍然去做那些看似最不可能的积极的可能之事。

李汉松：让我们从另一个角度接近"社会性"：维特根斯坦"生活形式"的概念，特别是它的单复数（*Lebensform-Lebensformen*）。从您的《维特根斯坦和正义》（*Wittgenstein and Justice*）来说，考察语言的复数形式能够启发我们理解各种语言的跨文化也即跨时空界限的使用模式。但是这样做本身又恰好体现出了人类生活形式的根本一致性和共性。我对您理念的解读正确吗？

皮特金：对，你是对的。但诚实来说，我从未完全想过 *Lebensform* 作为单数。但我现在能理解你如何设法产生一种生物或物种的生命形式概念，依据"人类"的独特性，把多重"生活形式"叠加在一起。但我不认为这是维特根斯坦的用法。或者，你认为是的？

李汉松：我认为是的。人类生命有多种层次，依不同程度的隔绝性和关联性展开，通过语言来显示它们自身。但最终，我们难道不会想既在历史上又在规范上，坚持一种人类生活形式吗？

皮特金：首先，无论哪种方式，任何人都可以这么说。如果你选择强调关系，那么显然我们需要人类学来使这个对话更进一步。你不可能问自己："我能想象在森林里一个人类部落（或群体，族群）具体不做 X 和 Y 这两件事"，或者"没有 A 和 B 的概念"。你大概感觉到"他们不太可能做……"但是你会惊讶于人类学家去到那时的发现，如果这位田野调查者确实精于自己的技巧并且深入换位思考那些人理解和行为的方式。但问题很快衍生出概念上的复杂性。例如，在"权威"的概念上：每个人都共有类似于"权威"的东西吗？"权威"毕竟是个英文词，有诸多拉丁语系的词和它类似、关联。但你知道在森林语言里是否有适当的词语对应"权威"？如果没有，是否证明在这群人中不存在一个关于权威的概念？

李汉松：或者这样问：是否不需要权威这个词，也能拥有类似"权威"的现象？

皮特金：正是如此。例如，当欧洲人在 17 世纪到达美洲时，他们可能决意认为某个特定的部落没有任何"权威"，因为印第安人不服从或顺从，而且被人下命令时会感到受到了侮辱，因为他们认为一个真正的人只为自己做决定。甚至一个领袖在军事征战中也只会建议勇士们：这样或那样行事，很有可能是个好主意，然后这些话语会被"遵从"——这是他们最接近于我们正在讨论的"权威"的东西。对此最有用的回答是："既是也非。"就此，你便可以探索在何种意义上是"是"以及在何种意义上是"非"。

李汉松：这作为一种方法肯定是常见的。我就此想到，当论及政治理论在实现社会性转化中的作用时，您比其他学者要更谦逊。

皮特金：是的。

李汉松：但您也确实认为，如果任何人要去做真正的改变，同等强调言辞和行动的"语言游戏"（Sprachspiel）分析在政治中势必会起到作用。推动我们朝着更好的方向前进，政治理论有什么有限的作用？

皮特金：它让人们去思索，然后盼望最好的结果——关于那些他们会去做的事，以及他们思考分散事件时汲取的东西。政治理论并不参与发掘新的或者额外于我们所知之事实。它更关乎阐明和深入我们既有的思考，以及承认我们似乎隐隐约约知道但又不想承认的事——这是用弗洛伊德的用语来说；或者我们大约朦朦胧胧知道但不被社会回馈，所以我们不善加利用或不想处理的事——这是顺着马克思的思路来讲。实际上，我尝试过帮助他人为自己着想。这并非易事，因为我们都有太多理由不去思考我们要去做的事或者我们知道的事。但是当然，他们会做什么还是由他们自己决定。

李汉松：所以，它关乎解放思想，并对此问责——那些常人会从表象上认为理所当然的事情。

皮特金：对，这预设了我真实的信条：我们心存太多不能在一起共存的想法和活动。这种不相容性可能不会干扰我们的生活，或者甚至不会以一种特别的方式干扰我们的思考。但是它干扰我们努力的效率，无论它们是什么；或者我们会在哪里。这些都是那种在我们意识边缘的事。这正是你我今天开始对话时的题目：我母亲对身体的关注。我们为自己制造了太多麻烦。政治理论在于政治，所以致力于在政治相关的事情上帮助人们。如此，我们将会想得更清楚，不是通过从我们的脑筋里"消除所有错误观念"，而是相反，通过承认各种各样的诱惑、习惯以及未经考察的问题，这一切与我们刻意追求之物并不完全一致的种种存在。

李汉松：用这一强有力的注解来结束我们的对话再适合不过，皮特金教授。

理论与施为

——对话菲利普·佩蒂特 [①]

本文将菲利普·佩蒂特主张之"共和主义"理论追溯至他早年的学术渊源和社会体验。作为思想史方法的吸纳者，佩蒂特叙述了从古罗马、中古晚期至近代早期的共和思想，也在回应质疑时对霍布斯、卢梭和康德做出了微妙的解读。游走于理论与实践之间，对话者反思了参与西班牙政治活动的始末，再度评价了西班牙首相萨帕特罗的执政业绩。回顾其治学历程，佩蒂特试图为自己的广博志趣找到轴心和支点，以期会通。

菲利普·佩蒂特（Philip Noel Pettit），爱尔兰哲学家和政治理论家，早年涉猎现象学与数理哲学，长期耕耘伦理学、分析哲学、心灵哲学和语言哲学，更因阐释当代共和主义理论闻名，现任普林斯顿大学和澳大利亚国立大学教授。

李汉松：最初在爱尔兰，您的政治和哲学兴趣萌发于何种历史和学术背景？毕竟全球正义理论家也不失地方语境。

佩蒂特：童年和少年时，我最喜爱的科目是数学和古典学。步入大学，我在二者中选择了古典学，但很快又得出结论：我不愿长期聚焦古典语言文字的研究。因为我已浸濡数理哲学，有些人鼓动我改事哲学。一番思索之后，我逐渐尝到涉猎哲学的诸多兴味，于是毅然改了行。此前，我从未想象过，研究哲学和哲学史能为我打开思路，从而探索这些宏大的议题：上帝是否存在？人是否拥有自由意志？伦理道德对我们有何要求？何谓正义的社会？

[①] 本文成稿于 2019 年 2 月 13 日至 2020 年 7 月 24 日期间。

李汉松：谈到神圣和自由意志，我津津乐道的一件事是：拒绝一切支配形式的共和主义理论家佩蒂特，却险些成了一位卓越的天主教祭司。

佩蒂特：是的，早在大学时期，我曾住在神学院，践行严格的清规戒律，一度有意成为天主教神父。但深受哲学诱惑之下，面临进驻天主教司铎之时，心中滋生出了许多困扰。我甚至开始憎恶这种宗教纪律的专断性，认为它在原初设计之中，就有意钳制，甚至折断人的意志。多年后，我皈依了共和主义自由观——作完全属于自己的人，不为他人之意志折腰，即使是"善意的他人"。你暗示得很正确，我确实受到了那段僧侣生活的影响。另一促使我远离正统宗教体制的因素是我发现了萨特，并深受其吸引。但我从未"皈依"萨特发展出的那种系统性的存在主义愿景。

李汉松：如今看来，萨特是一段过往云烟，还是在您的思想上仍有烙印？

佩蒂特：萨特的成就在于把综合性的形而上学、一种心灵哲学以及一种伦理和政治哲学融进了同一架构之中。① 我虽然有所不同，但一直以来，也致力于在自己的哲学思想中创建出一种具有跨越性和兼容性的观念形象。

李汉松：徘徊于数理逻辑、现象学和神学之间，您为何转向了分析哲学？是否运用了分析哲学重新审视现象学？

佩蒂特：我的本科论文关注萨特，但在此之后，硕士研究却陡然转向了早期乔治·爱德华·摩尔（G. E. Moore）② 和伯特兰·罗素代表的方法。研究分析哲学使我确信：在萨特之外、之上，必须增加表述的清晰度，采纳一种更严格的论证风格。我对剑桥哲学家们慷慨的思想风气大为倾倒。罗素曾在第一部数理哲学著作中提出：根本而言，他全部的哲学都源于他的朋友 G.E. 摩尔。我常想，如果哲学的第一美德是好奇心，那么第二美德必定是这种学术上的慷慨。硕士后，我尚年轻，却很幸运地获得了贝尔法斯特女王大学（Queen's University, Belfast）的一份教职。但一年之后我便转去了都柏林大学（University College, Dublin）。在此期间，我一直挂靠在女王大学，笔耕不辍地撰写博士学位论文，属于"半耕半读"状态。我于 1970 年博士毕业，论文讨论的是名噪一时的法国哲学家保罗·利科。

---

① Philip Pettit. "Parmenides and Sartre", *Philosophical Studies* (Ireland) ,Vol XVIII , 1968, pp.161- 184.

② 摩尔（1873—1958），英国哲学家、分析哲学奠基人之一，著有《伦理学原理》（G.E. Moore. *Principia Ethica*. Cambridge: Cambridge University Press, 1903）。

在都柏林，我进一步修习哲学，"大陆"与"分析"学派混杂。我的灵感都拜同事们所赐：帕德里克·马斯特森（Patrick Masterson）、德尼斯·特纳（Denys Turner）、约翰·马奎尔（John Mary Maguire）①。之后我们各奔东西：马斯特森赴佛罗伦萨欧洲大学学院任校监，特纳则去了剑桥和耶鲁任神学教授，而马奎尔则被科克大学（University College Cork）聘为社会理论教授。在那段时间里，我继续研究现象学。我出版了一部短小精悍的书：《论现象学的观念》②。数年之后，我另出了一部《结构主义的概念》③。尤其令我愉快的是，我以硕士学位论文为基础，发表了一篇关于早期摩尔和罗素的论文④。关于这篇文章，我还能回忆起一段悲喜交加的故事。一位与罗素在1920年代曾爆发过一段恋情的女士——那时她19岁，罗素55岁——在1969年，通过都柏林居民区的一位牛奶递送员联系到了我。

李汉松：都柏林就是这样一个美好的地方！

佩蒂特：是的。她向我提供了自己与罗素恋情期间的往来信件。当时因为罗素的秘书严词拒绝，她无法发表这些信件。但经过一番周旋，我成功说服加拿大的麦克马斯特大学（MacMaster University）罗素档案馆购买了这些信件。图书馆甚至支付了她200英镑。我至今津津乐道此事，原因有二。一是我愈渐珍惜这位女士：乔恩·欧码拉（Joan O'Mara）⑤。看似不可能，但她成了一位挚友。我们在都柏林一家社会主义小酒馆多次共进晚餐——利森街（Leeson St.）的"盖伊夫人"小馆（Mrs Guy's）自称是一家"社会主义"饭店。餐盘之间总是交叠着她的轶闻和回忆。这些故事都令人享受，有些原汁原味，其中的细节活泼而芳醇。另一个原因是：罗素档案馆有意报偿我为此事所做的努力。我立马借题发挥了一笔。我在论文中曾试图证明：虽然摩尔事后说他直到1911年前都并未理解罗素《论指

---

① 帕德里克·马斯特森（1936— ），爱尔兰哲学家，研究哲学、神学、文学之交界，后走行政路线，任都柏林大学校长、欧洲大学学院院长。德尼斯·特纳（1942— ），英国哲学家、神学家，现在耶鲁神学院任教，著有《托马斯·阿奎那》（Denys Turner. *Thomas Aquinas*. New Haven: Yale University Press, 2013）。约翰·玛丽·马奎尔（1946— ），爱尔兰社会理论家。

② Philip Pettit. *On the Idea of Phenomenology*. Dublin & New York: Scepter Books, Humanities Press, 1969.

③ Philip Pettit. *The Concept of Structuralism: A Critical Analysis*. Dublin: Gill and Macmillan; Los Angeles: California University Press, 1975.

④ Philip Pettit. "The Early Philosophy of G.E. Moore", *Philosophical Forum* (Boston), Vol IV, 1973, pp.260-298.

⑤ 本名乔恩·弗威尔（Joan Follwell），是1920年代社会主义圈的交际花，曾为罗素情人之一。

称》的意义所在，但他在读罢罗素 1905 年的这篇论文之后，戏剧性地转变了观点①。为了证实我的论点，我问图书馆员能否帮我挖掘出摩尔和罗素 1905 年的往来信件。令我欢欣雀跃的是，对方果真寄来了 1905 年这二人的信件印本。作为一位青年研究员，这是莫大的恩赐。信件中，摩尔称罗素的这篇论文改变了一切。于是，我把这封信附在了我出版的论文之后。

李汉松：为何又说"悲喜交加"呢？

佩蒂特："悲"甚至盖过了"喜"，因为这种愉快转瞬即逝。那段日子里，乔恩身体已然不适。一日，她去了都柏林最负盛名的时装店，意欲善用卖掉信件得来的英镑，再充分享受一把。但她却失足跌倒，身受重伤，数日后在无法确定具体导因，也无法问责的情况下，在医院与世长辞。我当时在德国，利用暑期闲暇攻坚德文，所以并未了解到事情的详细始末。多年后，她女儿出版了一部自传，其中回忆了我与她母亲的交往，但她并未描摹过多的细节。②

李汉松：在您的回忆中，60 年代末的爱尔兰高校有何政治气氛？

佩蒂特：1969 年爆发了"学生革命"，爱尔兰的学生模仿前一年巴黎大学激进分子的作为进行抗议。这使我初次切身卷入政治，并就此陷入其中。我是一些年轻教职员工之中支持学生的一派，认可同学们在大学事务中发出更大声音、发挥更大作用的要求。过去，菁英教授阶层做主，在雇佣年轻教师过程中自己拍板决定，而非采用竞争机制。我认为这种模式已经过时。关于教职聘用机制，我主编了一部书，囊括了教师和学生们要求体制改革的文章。我们给此书命名为《温婉的革命》，现在念之，颇感尴尬。③ 也不知是拜书名之赐，还是遭书名之祸，这部书在爱尔兰畅销书榜单上蝉联了六个月之久。

李汉松：您离开都柏林移居英国期间，正是分析哲学鼎盛，社会理论繁荣，而思想史学派兴起的交会点。您如何反思那段剑桥和布拉德福德的岁月？

佩蒂特：我热爱都柏林，尤其这座城市在 1960 年至 1970 年初的风貌。但我也萌生出一种强烈的意愿，想要积累一些海外研究经历。因此，1971

① Bertrand Russell. "On Denoting", *Mind*, 14 (4), 1905, pp. 479-493.

② Eileen O'Mara Walsh. *The Third Daughter: A Retrospective*. Dublin: Lilliput, 2015.

③ Philip Pettit (ed). *The Gentle Revolution: Crisis in the Universities*. Dublin: Scepter Books, 1969.

年，我在全世界范围内申请了一揽子博士后。我尤其联系了两位学者，表达与他们合作的意愿：查尔斯·泰勒和阿拉斯代尔·麦金泰尔（Alasdair MacIntyre）①。可惜的是，他们的院校当时无任何职务出缺。但我获得了剑桥大学最古老的学院之一——三一堂学院（Trinity Hall）伸来的橄榄枝，我激动万分，就此开启了三年的研究员生涯。我在剑桥的岁月心潮澎湃，广交知己，打通思路。我认为这段时期，学术的条条大路皆为我敞开——我想到的是"大路"（avenues），也与摩尔和罗素的讲法契合，也算是步二位之后尘了。我在哲学系学到了更多分析式的哲学论证方法。我还从其他研究员处获知甚多：克里斯多夫·霍克威（Christopher Hookway）、托马斯·鲍德温（Thomas Baldwin）、珍·希尔（Jane Heal）。②我还相识了不少在剑桥访问的哲学家：费德里克·席克（Frederic Schick）和乔尔·库珀曼（Joel Kupperman）。③尚在都柏林时，我便见过伊丽莎白·安斯康姆（Elizabeth Anscombe）④，她已把我"归入麾下"，但在剑桥我们进一步

---

① 阿拉斯代尔·麦金泰尔（1929— ），苏格兰裔道德家、政治哲学家、思想史家、神学家。编、著有《马克思主义：一种阐释》（Alasdair MacIntyre. *Marxism: An Interpretation*. London: SCM, 1953）、《休谟的伦理著作》（Alasdair MacIntyre. ed. *Hume's Ethical Writings*. New York: Collier, 1965）、《伦理学简史》（Alasdair MacIntyre. *A Short History of Ethics*. New York: Macmillan, 1966）、《马克思主义与基督教》（Alasdair MacIntyre. *Marxism and Christianity*. New York: Schocken Books, 1968）、《赫伯特·马尔库塞：阐述与论争》（Alasdair MacIntyre. *Herbert Marcuse: An Exposition and a Polemic*. New York: Viking, 1970）、《黑格尔：批判论文集》（Alasdair MacIntyre. ed. *Hegel: A Collection of Critical Essays*. New York: Doubleday, 1972）、《美德之后》（Alasdair MacIntyre. *After Virtue : A Study in Moral Theory*. Notre Dame: Notre Dame University Press, 1981）、《谁的正义？何种理性？》（Alasdair MacIntyre. *Whose Justice?. Which Rationality?*. Notre Dame: Notre Dame University Press, 1988）、《埃迪特·施泰因：哲学序言》（Alasdair MacIntyre. *Edith Stein: A Philosophical Prologue, 1913–1922*. Lanham, MD: Rowman & Littlefield, 2006）。埃迪特·施泰因（Edith Stein, 1891—1942），德籍犹太裔改宗天主教徒、现象学哲学家、无履加尔默罗会（Ordo Carmelitarum Discalceatorum）修女。因犹太家族背景受纳粹迫害，于1942年在奥斯威辛集中营毒气室丧命。据称某女童贝内迪克塔·麦卡锡（Benedicta McCarthy）吞食了大量对乙酰氨基酚，但在亲友请求施泰因显灵后，奇迹般好转，其肝脏血管并未坏死。据此神迹，教宗若望·保禄二世（Ioannes Paulus Ⅱ）于1998年册封她为圣人。

② 克里斯多夫·霍克威（1949 — ），英国哲学学者，研究实用主义，尤通查尔斯·桑德斯·皮尔士（Charles Sanders Peirce, 1839—1914）思想。托马斯·鲍德温（1947— ），英国哲学学者，研究当代心灵、语言、生命伦理哲学，兼治分析、大陆传统。珍·希尔（1946— ），英国语言哲学家，牛津逻辑学家威廉·尼尔（William Calvert Kneale, 1906—1990）、玛莎·尼尔（Martha Kneale, 1909—2001）之女。

③ 费德里克·席克（1929 — ），生于捷克布尔诺（Brno），美国哲学家，研究理性、行为和语言。乔尔·库珀曼（1936—2020），美国哲学学者，幼时因在电视问答比赛中表现极佳出名，后求学芝加哥大学、剑桥大学，写作哲学畅销书。

④ 伊丽莎白·安斯康姆（1919 —2001），英国分析哲学家，分析式托马斯主义（Analytical Thomism）、现代美德伦理代表人物，维特根斯坦的学生。安斯康姆在《现代道德哲学》（转下页注）

相知相交。当时，我计划基于《现象学》和《结构主义》之上，发展出更多分析式的思考方法。但我总是以激情燃烧为始，以冷眼批判为终。在剑桥，我还从理查德·塔克和昆廷·斯金纳处学习到了思想史的方法，认定它是哲学家们的一片丰沃土壤。我与他们二人至今仍是好友。回首从前，我想到与他们那些无休无尽、夜以继日的讨论，还感到无比光荣。那些年，哲学和历史的相互对话对我的思考方式影响深远。它还留给我一份丰饶的遗产，让我从此形成了思想史交流的脾胃。在这层关系中，主宰我的是强烈的好奇心和求知欲。来到剑桥的第二年，我被任命为《剑桥评论》（Cambridge Review）的共同编辑。我的搭档起先是休·布洛根，之后是理查德·塔克，二人俱为思想史家。天赐机缘，使我得以首次严肃思索大众关注的焦点议题，由此判定每一期《评论》该如何选定主旨。我还负责邀请作者围绕这些主题撰稿。这些邀约而来的稿子零零碎碎，但精彩纷呈，最终将它们拼合成一幅完整的图卷，也是令人难忘的经历。我还记得有一次与塔克合作，出了一期尤其重要的《评论》，题目是"正义"。供稿者包括伯纳德·威廉姆斯和约翰·罗尔斯。我当时邀请罗尔斯评论布莱恩·巴利（Brian Barry）刚出版不久的《论自由主义的正义理论》，罗尔斯起初欣然应允[1]。数周之后，罗尔斯来信道：他很难在巴利的批判中辨清自己的剪影，因此颇感沮丧，甚至难以下笔评论。他问我们是否介意发表他一篇全新的文章。我们当然求之不得。他这篇文章后来影响颇大，在其他作品中重复刊印，但它首见天日，其中有我们的功劳，这令我一直十分自豪。

剑桥三年之后，我履行承诺，回到了都柏林大学。尽管在"温婉的革命"之后，大学保证透明化公布哲学系的教职空缺，我仍然发现哲学系在未经公开、未经竞争的情况下，任命了一批年轻教职人员。其中的缘故是：年长的老教授们——他们无一例外都是天主教神职人员——任命了一堆年轻的神职人员。我确信自己对此局势已无能为力。也许这一经历也生动地告诉了我，"支配"（domination）是何其无处不在、无孔不入。失望之余，我开始另作他想。当时我的一位剑桥好友格雷厄姆·马克唐纳（Graham

---

（接上页注④）（Elizabeth Anscombe. "Modern Moral Philsoophy", *Philosophy*, vol. 33, no. 124, Jan. 1958）一文中引入"结果主义"（consequentialism）范畴。

　　[1]　Brian Barry. *The Liberal Theory of Justice: A Critical Examination of the Principal Doctrines in A Theory of Justice by John Rawls*. Oxford: Clarendon Press, 1973.

MacDonald）为我建言献策，鼓励我申请英国布拉德福德大学（University of Bradford）哲学系教授主任（Professorial Chair in Philosophy）。他当时正在布拉德福德开堂授课。令我瞠目结舌的是，我竟然收到了聘书。于是我于 1977 年移至布拉德福德。在那里，我度过了五年既身心愉悦又收获甚丰的时光。我与同事们一起建立了"跨学科研究院"（School of Interdisciplinary Studies），致力于打通哲学系和其他人文社科院系的资源。我和格雷厄姆还合著了《语义学与社会科学》①。其中，我们还受芝加哥大学哲学家唐纳德·戴维森（Donald Davidson）②的语言哲学和心灵哲学启发，阐述了一种"社会本体论"。此外，我出版了一部纵览当代政治哲学的作品：《评判正义》③。这些著作都是在剑桥浸润于分析哲学和思想史后开花结果的。

李汉松：您如何评价澳大利亚国立大学在人文社科领域的学术气氛？

佩蒂特：我于 1982 年赴堪培拉，立即倾倒于当地的土地和民风。后半年，我便申请了澳大利亚国立大学教职，并于 1983 年正式加盟。1990 年代末，我在澳洲执教之余，也时常造访美国哥伦比亚大学。我在那儿全职工作，直到 2002 年移至普林斯顿。2012 年后，我开始奔走于普林斯顿和澳大利亚国立大学之间。澳国大的思想氛围非比寻常，充满刺激。我穿梭游走于哲学系和其他人文社科领域之间，悠然自得。直至今日，我仍仰赖那里开放、恳挚、友好的气息。在 1980 年代，影响我思考的人多得难以尽数。我立即能想到的是哲学界的弗兰克·杰克森（Frank Cameron Jackson）、休维·普莱斯（Huw Price）和迈克尔·史密斯（Michael Andrew Smith），以及法律和经济领域的约翰·布莱特怀特（John Braithwaite）和杰弗里·布雷南（Geoffrey Brennan）④。迈克尔现在也是我在普林斯顿的同

---

① Graham MacDonald & Philip Pettit. *Semantics and Social Science*. London: Routledge & Kegan Paul, 1981.

② 唐纳德·戴维森（1917—2003），美国哲学家，英文、比较文学、古典学出身，但在接触怀特海（Alfred North Whitehead）、师从奎因（W. V. Quine）后改事分析哲学。奎因治学极严，曾说玛莎·努斯鲍姆"不够聪明"，拒绝她留哈佛任教。戴维森晚年在芝加哥执教，曾请住在芝加哥海德公园的拳王穆罕默德·阿里（Muhammad Ali）为芝大哲学系学生做讲座，阿里讲的尽是拒绝毒品之类。

③ Philip Pettit. *Judging Justice: An Introduction to Contemporary Political Philosophy*. London & Boston: Routledge and Kegan Paul, 1980.

④ 弗兰克·卡梅隆·杰克森（1943— ），澳大利亚分析哲学家，于 1995 年在牛津大学作洛克演讲。其父爱兰·卡梅隆·杰克森（Allan Cameron Jackson）曾师从维特根斯坦，1957—1958 年洛克讲演者。这是洛克演讲史上唯一一对父子。休维·普莱斯（1953— ），澳大利亚哲学家，现任剑桥大学（转下页注）

事，我也一直在向他讨教。我也一直从澳国大的师生们那里获取新知，受益无穷。

李汉松：这段时间，您从心灵哲学角度思考了个体与整体、心灵与现象、自然与社会之间的关系，并在其中取得一种微妙的平衡。在这段工作中，您的核心理论关怀是什么？

佩蒂特：尽管我有宗教背景，但我的哲学长期秉持自然主义的意象。我希望真正洞悉人类在自然世界中的位置，然后阐释我们感知现实，并将其转化为概念的自然基础。这种过程既在我们自身内部，也在社会范围内发生，并且逾越了自然科学所应用的一般范畴。这一"现实"跨越了有意识的心灵和自由意志、伦理价值和责任、社会结构和政治组织。倘若将整个宇宙在一个原子又一个原子的基础上重新构筑，而不附加任何元素于其上，我仍认为这一世界的复制品会涵纳所有这些现象，以及自然科学揭示出的那些现象。我何以如此认为？如此丰富的经验世界，怎么可能在冷峻的矩阵模型和"科学认证的事实"中找到一席之地？借用威尔弗里德·塞拉斯（Wilfrid Sellars）①的表述来说，"实体的表象"如何与科学相互兼容？这一理论关怀打磨了我的思维。我与哲学界同事们的对话也愈见锋锐。1993年《共同的心智》出版，其渊源可以追溯至这一系列问题②。在书中前半部分，我试图基于已有的洞见，继续发展，描绘出我们作为柔软的生物体，如何获取"心智"，将自己武装完备，继而为追求目标，独立或共同地理性思考。在书的后半部，我从心智扩大到社会，主张社会交流和社会关系又反过来重新塑造了人，因为我们依赖于社会纽带，绝非偶发。我们独特的心理特征只能彰显于社会。我在书中辩护这一观点，驳斥所谓"社会原子主义"（social atomism），亦是为了拥护"社会完整""社会联结"的观念：我们作为个体，对于社会的依赖并非一种随意性的依赖，而是物种意义上的依赖。我们的构成即赋予了我们作为人类施动者的特质：

（接上页注④）伯特兰·罗素哲学教授、三一学院院士，研究物理哲学，喜谈机器智能。迈克尔·史密斯（1954—），澳大利亚伦理学家，现执教于普林斯顿。约翰·布莱特怀特（1951—），澳大利亚司法学者、犯罪学家、修复式正义（Restorative Justice）理论家。杰弗里·布雷南（1944—），澳大利亚哲学家，研究理性行为等经济哲学问题。

① 威尔弗里德·塞拉斯（1912—1989），美国批判现实主义哲学家，以融会实用主义、分析哲学、逻辑实证主义著称。

② Philip Pettit. *The Common Mind: An Essay on Psychology, Society and Politics*. New York: Oxford University Press, 1993.

具有思索、推想和理解的能力。我们依赖这种文化哺育后代，并且作为成年人，以此为"脚手架"为彼此稳固位置。

尽管我强烈拥护"社会整体主义"，我却坚决反对某种"社会集结主义"或"社会集体主义"。"整体主义"承认个人依赖于彼此之间的纽带，不然无法成就真正之个性。而"集体主义"则是一种独特而模糊的概念，宣称我们"作为一个集体，以某种方式被社会本身控制"。这样说，即是假设"社会"是一种单独的施动者，作为操盘手在幕后对我们施加了"控制"，导致我们作出这样或那样无法用普通心理学解释的行为。某种具体的"集体主义"认定：我们在"历史长河"和"社会力量"面前，不是它的玩物便是它的鹰爪。所以，我至今仍坚持做一名"整体主义的个人主义者"。我们作为个体施动者，负责自我导向，而非受外界势力操控的玩偶。然而，我们这种施动的潜能，以及相互匹配或与之俱来的思考、推理和意识能力，在核心上依赖我们的社会本质。至于某种"人类在完全的孤独中发展出类似能力，无须暴露于他人视线之下，亦无须相互交流"的观点，我认为纯属幻象，而非具有连贯性和严密性的一种可能。

我进一步提问：当代"社会转向"对社会科学的方法论和规范主义政治理论有何意义？在书中第三部分，我详细梳理了自己对此的想法。我认为，我采纳的这种观点仍能为社会科学中结构性的、高层次的阐释方式腾出空间。但这种兼容一定会向我们施压，迫使我们思考如何将"自由"等政治理想以独特的、共和主义的方法塑造出来。的确，这一条思绪也游荡在我的政治思考之中。假设在"整体主义的个人主义"框架之内，人类是在根本上具有社会性的生命，而"孤独的个体"是具有误导性的傲慢与偏见。那么我们如何构建"社会自由"的概念？而"平等的自由"又对我们和社会做何要求？如果人们生活在"彼此的社会"之中，那么依据一般标准的假设，毋庸置疑，其中一些人会获取比其他人更多的私权。这种彼此之间的不平等体现在自然、经济和文化资源的配给上。这意味着，自由的理想必须调节过剩的私权，使之更加温和，以求具体条件不平等的人之间也能以平等之姿态相互认知。

李汉松：您在后来的作品中提出"眼球测试"（eyeball test），这也是一种自然主义的论调。

佩蒂特：是的，目标是让人们彼此直视对方的眼球，而没有任何理由感到惧怕或威慑。我采纳这一测试来满足"自由"对我们的要求。这种要求不仅限于摒除任何形式的外界具体干涉，还在于享受"安全的无干涉状态"。有了这种地位，人们在国家和法律之下，便不再受他人私权之恐吓与威慑。我强调：基于这种自由的理念，我们需要的是"无法干涉"，而不是那些享有私权者出于恩典和惠赐，决定"不干涉"，因为后者无异等同于"如果愿意，则随时有能力再度干涉"。我的这种思维方式是共和主义式的。

李汉松：您归纳出了斯金纳式共和主义思想史的规范性政治意义。

佩蒂特：我的确是在斯金纳的作品影响之下铸造了这一"共和主义式"的政治理论。斯金纳曾立论：在漫长的共和主义传统之中，许多受人承认和称道的共和主义思想家并不支持一种"积极自由观"——"自由"在于自我决定，或是参与一个自我决定的城邦——而支持一种"消极自由观"：自由即是不受干涉。斯金纳坚持认为：区分这些思想家和他人的关键因素，也是这一传统的卓越之处，在于：他们相信只有积极参与国家的公共生活，才能维持这种"不被干涉"的状态。我认为隐含在其中或其下的另一息息相关的观点是：自由即是配享一种充分的、安全的"不受干涉"。我认为这是斯金纳的评论性著作中的一句潜台词。这是一种与简单的"积极自由"或"消极自由"都不甚相同的自由观。而这种自由，我逐渐形容为"非支配"（non-domination）：不暴露在另一人的干涉势力之下，不论这种势力被启用与否。

李汉松：您和其他当代共和主义者都从古罗马的共和思想中汲取养分，但是否就此忽略了雅典在重构共和主义思想中的作用？在波利比乌斯、西塞罗、李维及其在文艺复兴时期和近代早期的再阐释、再接收之外，古典希腊民主理论是否可有可无？但希腊所提供的不只是民主理论。您的同事，譬如梅丽莎·蕾恩便更倾向于一种更广泛的希腊宪政观：担任公职、分散权力和问责制度。

佩蒂特：这种偏重罗马、忽视希腊，或者强调意大利和大西洋传统，淡化法、德大陆传统的现象客观存在，但从我个人履历而言，则较为容易解释。当我最初寻找自由和"非支配"（而非"不干预"）的历史根基之时，政治思想史的关注中心，尤其是在约翰·波科克和斯金纳领导之下，是侧重罗马方向的。正如斯金纳描述的那样，我们执着于"新罗马"思想。我是那场思想史运动的追随者，而非领导者。但我认为这种偏重偏倚是相对合理的。我认为共和主义思想包含三个元素。首先，贯穿其中的理念是：自由是不受支配，故而身受良善之人主宰、开明之人独裁，即使得到一张"署名的白纸"（carte blanche）获准自行其是，那也是一种不自由。第二个元素是混合宪政：一种分散权力并相互制约的政体，由此来代表其治下形形色色的人民。第三个元素与之相关：人民必须时刻警惕，监督当权者，甚至与之博弈。非如此不能保障自由不被政府践踏。我承认这三个元素在希腊思想中都已有渊源和基础，但它们并未在希腊时期相互结合，直到以波利比乌斯为首的罗马思想家登上殿堂。波利比乌斯本人即是希腊人，这也无可置疑。但他先是罗马人质，后来自愿留在罗马成为居民。我认为直到 19 世纪，希腊思想家才获得与罗马传统等同的地位。这种变迁体现于约翰·斯图亚特·穆勒的作品之中。

李汉松： 在中古和近现代思想中，您和斯金纳着重于"新罗马"，即意大利和大西洋地域的传统：从马基雅维利到孟德斯鸠，从 17 世纪英国"共和"（Commonwealth）思想到 18 世纪的美国建国。

佩蒂特： 是的，我认为前述共和主义的三个元素，在不同的作者笔下得到了不同的阐释：从波利比乌斯、西塞罗和李维到马基雅维利和詹姆斯·哈灵顿（James Harrington），再到 18 世纪思想家，诸如《加图来信》作者、理查德·普莱斯（Richard Price）、约瑟夫·普利斯特里（Joseph Priestley）和诸位美国国父[①]。中古后期和近代早期的共和主义作家大多支持罗马的共和思想，但他们版本不一、重点各异。他们着重关注早期罗马作家，其中部分原因是他们只熟悉这些作品，而且鉴于在大学空间内拉丁文持续使用，他们也最易理解早期拉丁文文献。这便是斯金纳将他们划为"新罗马"思想家的原因。我的历史敏感度更低一些，另一方面更倾向于把共和传统应用在当今世界，所以相比于"新罗马"，我直接使用"共和主义"这个词。

李汉松： 这一共和思想史谱系中，缺少了卢梭的名字。这是您和塔克多年来的分歧所在。您对卢梭既有肯定，也有激烈的批评，但直至今日也

---

① 詹姆斯·哈灵顿（1611—1677），英国古典共和主义思想家，著有《大洋共和》（The Common-wealth of Oceana）。《加图来信》作者包括共和主义人士（Commonwealthmen）约翰·特伦查德（John Trenchard, 1662—1723）、托马斯·戈登（Thomas Gordon, 1691—1750）等。理查德·普莱斯（1723—1791），威尔士伦理学家、共和主义政治思想家。约瑟夫·普利斯特里（1733—1804），英国自然哲学家、化学家、异议派神学家、政治理论家，曾研发碳酸水。

不视他为一位您心目中的共和主义者。

佩蒂特：是的，我为何拒绝把卢梭置于"共和主义典藏"之中呢？其实在 1990 年代，法国哲学家和历史学家让 - 法比安·斯比茨（Jean-Fabien Spitz）① 成功地劝信了我：卢梭拥护"自由即是不受支配"的理念，而非"自由即是加入并参与一个自决的政治体"这种实证主义的观点。从此之后，我都在自己关于社会契约的研究中辩护这一观点。将卢梭划入这种实证主义观点的做法十分普遍，但我认为十分错误。这是贡斯当在 1819 年《古代人的自由和现代人的自由》那次著名的演讲中所形容的"古代自由"。但卢梭也坚持拒绝罗马式共和主义的另外两个元素：混合宪政和公民争讼。反之，他步了博丹和霍布斯等绝对主义者的后尘，百般嘲讽"混合宪政可以既将政务分散给独立的政治团体（两所议院、立法与司法机构等相互制约），又作为一个单独而完整的施动者运作"这种观点。卢梭认为：如果权威的主权发言人不是一位绝对君主，那么只有以多数投票机制为基础的公民大会才能承担主权发言人之职责，才能使国家作为一个单独的实体施动者运行。我和克里斯蒂安·李斯特（Christian List）提出的"全体施动性"理论，尤其是"话语两难困境"证实了这是一种错误的想法。讽刺的是，唯一走出这种"两难"的方法就是建立混合宪政。卢梭认为国家必须有统一而单一的主权。在共和主义国家中——即在一个保障公民自由"不受支配"的国家中——主权必须是一个多数当家的公民大会。他否定了"主权君王"和"主权贵族"等观念，认为在"公意"（volonté générale）之下（这是他自己创造的概念），不容君主和贵族，这是他和博丹、霍布斯的分歧。但卢梭继承了他绝对主义前辈们的其他一些观念，比如：任何公民都有在大会上提出异议之权，但无权在大会之外挑战主权体。鉴于只有"主权体"的运作才能显现"公意"，那么这种公民大会就有绝对不可侵犯之权，与绝对君主所享之权并无二致。如此，卢梭便拒绝了意大利和大西洋式共和观念的第三点要素：公民必须能个人或集体争讼政府，共和才能成功。所以卢梭倡导一种重现于 18 世纪的古老政治原

---

① 让 - 法比安·斯比茨（1952— ），法国政治哲学史家，巴黎高师出身，执教于巴黎一大，著有：Jean-Fabien Spitz. *La liberté politique: essai de généalogie conceptuelle*. Paris: Presses Universitaires de France, 1995; *Bodin et la souveraineté*. Paris: Presses Universitaires de France 1998; *John Locke et les fondements de la liberté moderne*. Paris: Presses Universitaires de France, 2001; *Le moment républicain en France*. Paris: Gallimard, 2005; *Leçons sur l'œuvre de Jean-Jacques Rousseau. Les fondements du système*. Paris: Ellipses, 2015.

则："自由是永久的警惕。"这一"政治咒文"最早由爱尔兰共和主义者约翰·菲尔波特·柯伦（John Philpott Curran）①提出。普通民众必须永远警惕、不断审问政府的作为。不如此，不足以作政府共同的主宰，而非单独的奴隶。

李汉松：您对康德的责难是否与对卢梭的批评基本一致？

佩蒂特：康德过于容忍不受制约的统治，以至于我很难将他划归"共和主义者"。他坚称在一个稳定的政权里——不论"暴政"与否（这是他自己的词汇）——无人有权反对政府的言行。这里，他最大的影响来自霍布斯。但是康德也认为任何国家的理想是赋予人民不受他人监控之自由。事实上，我将其阐述为"自由是不受支配"。所以康德认为法律是无名的主权者，受全体公民的意志庇护，所以个人和实体统治者不该霸占主权。康德提出：只有在人们完全可以选择在一纸想象中的社会契约、一套共同的法律下生活，这种以公民意志为基础的政治条件才能满足。

李汉松：此外，您已提及：罗尔斯曾采用与康德对话的方法完善自由主义正义观。

佩蒂特：社会契约的设想无疑引导罗尔斯进入了自由主义正义理论。就"容忍暴政"而言，我仍自然地认定：康德所拥护的立场比较接近这种"三面性的共和主义"学说。所以在当时的德国，有许多自命为"康德式共和主义者"的思想家，也不足为奇。

李汉松：共和主义理念难道并未渗入 19 世纪政治思想传统？譬如马克思的政治理念？我认为康德、黑格尔和马克思采用的语言不尽相同，但均有"不受支配"的理想。

佩蒂特：在很多层面上、很大程度上，可以说马克思主义继承了共和主义思想。罗伯茨（William Clare Roberts）和其他人已经发现并证明，马克思吸纳了意大利、大西洋传统相互交织的共和主义观念②。阿里克斯·古勒维奇（Alex Gourevitch）详细记录了这些理念在更广泛的社会主义圈子

---

① 约翰·菲尔波特·柯伦（1750—1817），爱尔兰演说家、政治家、律师、法官，曾任爱尔兰卷宗主事官（Master of the Rolls），毕业于都柏林三一学院、国王律师公会（King's Inn）、中殿律师学院（Middle Temple）。据说柯伦起初口吃、紧张、语言不协调，公开发言一塌糊涂，之后对镜熟诵莎士比亚、博林布罗克，最终成为一代演说家。

② William Clare Roberts. *Marx's Inferno: The Political Theory of Capital*. Princeton: Princeton University Press, 2017.

里的传播，尤其是美国工人运动。① 这一脉思路直至地下窖藏的丰富资源，其中一部分宝藏已被勘探开采。

李汉松："新共和主义"既然求新，如何融入当代社会政策和法制改革？

佩蒂特：在 1990 年代，我通过两部书发展了共和主义的思考方式。一是与布莱特怀特合著的《不只论"应得"》，其副标题为："一种共和主义的司法正义观"②。我们试图铺垫出一种综合性的指南，指向司法正义的理想。这种指南可以判定：何种行为应该定罪？如何监察、如何指控？如何组织诉讼和审判？如何制裁犯罪，如何震慑犯罪行为？我们主张：最接近或满足这种理想的便是共和主义自由。我们当时称之为：自由是一种"支配域"（dominion）。1997 年，我出版了《共和主义：一种自由与政府理论》③。其中，我爬梳了共和主义思考方式的历史。我也更加谨慎地罗列了"非支配性"自由与"非干涉性"自由之反差。最后，我探讨了这种理念对宪政与民主制度设计、公共政策制定等领域的诸多特殊意义。我甚至尝试展示共和主义观点如何能为社会主义、女性主义和环境主义思潮提供基础。这些都是共和主义可以应用在现实之处的案例。

李汉松：您所谓的"现实"是一种整体性的现实，既不可还原，也不可超越，而是具有很高的现实性和施动性。

佩蒂特：我大量思考了心智和社会意义上的"现实"。这也在"社会整体主义"和"社会个人主义"之外，引入了第三种社会理论。之前两种立场也可以用"消极"的方法改写为"非原子主义"和"非集体主义"。随着第三种立场而来的是一个全新的承诺：一种对于群体施动性的现实主义态度。如果把这种态度改写成"消极"的形式，可以称之为"非还原主义"或"非独体主义"（non-singularism）。

李汉松：但"群体施动性"一旦作为单独的范畴存在，我们便无法保障它不会掣肘个体意志，甚至损害个体利益。

---

① Alex Gourevitch. *From Slavery to the Cooperative Commonwealth*. Cambridge: Cambridge University Press, 2014.

② John Braithwaite & Philip Pettit. *Not Just Deserts: A Republican Theory of Criminal Justice*. Oxford: Oxford University Press, 1990.

③ Philip Pettit. *Republicanism: A Theory of Freedom and Government*. Oxford: Oxford University Press, 1997.

佩蒂特：我同意此处问题的关键在于："群体施为体"形成之后，其运作是否会背离其个体成员的施动性。或者说，这一"群体施为体"是否具有自己的"心智"。当我写作《共同的心智》时，我感到无力解决这一问题。所以我的解决方法就是暂时搁置它，忽略它。当时手边可供选择的两种出路都令我不甚满意。一方面是一种过度夸大的"群体施为体"观念，认为它是一种神秘的有机体。另一阵营以拆穿谬论为主旨，认为任何"群体施为体"的论调都是一种比喻手法而已，并不切实存在；换言之，当"教会""企业""政党"被认为"相信"某事，或如何"行动"时，我们其实只是在说这个集体中绝大多数人（或是其中影响力最大的成员）相信某事、如此行事。在这个问题上，我直到1997年才有所突破。那年，我从哥大返回，拜见了我的好友杰弗里·布雷南。我们从一个法律与经济问题向外延展，归纳成一种普遍的可能性：一个群体中的大多数成员支持主张"p"；大多数成员主张"q"；但大多数人反对"p与q"。譬如，设一个集中有三个行为连贯的个体成员：A、B和C。A和B投票支持"p"；B和C投"q"；但A和C反对"既p且q"。显然，在这种情况下，如果若干议题相互串联，而成员遵循多数投票原则，即使成员每人的态度都保持连贯一致，我们仍会得到一个不一致甚至充满矛盾的群体决议。在我看来，这一群体便会面临一种两难的话语困境：究竟是以集体不理智为代价，以求在个体层面上回应成员的主张，还是以无法充分回应成员的意见为代价，保障集体理性？无论如何，都很难发明出一种组织方式，满足双方面的考量。

李汉松：这种不一致性对传统契约理论中的"普遍意志"思想提出了另一种挑战。孔多塞讨论的是选择的循环性，您侧重的是选择的组合。

佩蒂特：其结论看似并不出乎意料，但如你所说，如果说霍布斯、洛克和卢梭都未预想到这种现象，那么便显得非同寻常了。这三位契约理论家都认为：不论是群体还是个体施为，都可以依照多数投票的方法运行。如果遵从类似于多数投票这样难以避免不一致性的决策机制，即使我们事先指出其中的不一致性问题，该施为者也很难有所保障地朝着自己的目标行动，也很难在承诺实现这些目标时，期待他人会严肃认真地对待自己。群体施动性必须要求集体理性，或者起码是实现集体理性的可能性。这就需要限制该集体成员的回应力。在2001年，克里斯蒂安·李斯特任澳国大访问教授。我们合力进一步验证了这一结论，使之普遍化。我们论证出：问题并不只来源于多数决策机制本身。事实上，没有任何由下而上、以议题为单位、从群体成员的单独决策集结成一个整体决策的方法能够保证避免前述的"决策不一致问题"。我们提出的这一定理在日渐蓬勃壮大的"决策聚合"（judgment-aggregation）理论领域得到了其他定理的重复验证。克里斯蒂安是这方面的专家，远胜于我。回到"社会本体论"，我们的这些发现指向了一个意料之外的结论：若非"群体施动性"完全不可能，则必须说大多数群体并不以这种矛盾重重的、"由下而上"的方法聚合它们的态度和决策。这种"群体施为者"的困境真实存在，无可置疑。所以"群体施为者"们必须痛下决心，容许一个群体的决策与其成员个体的决策在一定程度上存在明显的不连贯和不一致性。其具体表现形式是：在具体议题上，无法从其中一方的决策推衍出另一方的决策。再举"ABC"为例。若欲决定"是否 p ？""是否 q ？""是否 p&q ？"，并且维持一种基本的连贯性，则必须在一定程度上忽略个体决策的规律。一种方法是设计一种规程，在其中的某个环节宣布：既然大多数人都支持"p"和"q"，那么这两项决议便推翻了之后多数人反对"既 p 且 q"的态度。所以尽管该群体大部分人不愿意见到 p 和 q 并存，我们仍然说这个群体支持"既 p 且 q"。这一结论促使我和克里斯蒂安进一步撰文论证：只能说群体确实有自己的"心智"。群体必须按照一些特殊的规程运作，才能允许自己辨清目标、形成决议，并且让自己的态度——或者在这一具体意义上的"心智"——不必像镜子一样反射出自己成员的态度和心智。在我看来，社团、企业、教会、政党和国家都是"群体施为者"。我们不必夸张地把它们比作"有机整体"，而单是凭借这一套推理即能说明，它们的确存在有别于自己成员的独立性和自治权。我在这一领域的工作在 2001 年出版，书名是《群体施动性》①。

李汉松：理论关怀之外，哪些社会关怀指引着您的学术研究？

佩蒂特：我的社会关怀主要有三。它们都来源于我受教育时期的经历，但伴随我终生，且沉甸甸地压在我肩上。首先是"人人平等"这一无可异议的设定。那么，人的个体行为和社会制度就必须尊重这一原则。这

---

① Christian List & Philip Pettit. *Group Agency: The Possibility, Design and Status of Corporate Agents*. Oxford: Oxford University Press, 2011.

种对于平等的信念和持守来源于我在爱尔兰天主教的成长经历。我自幼接触的那种天主教教义使我全然确信：人皆平等，而这种平等对我们如何对待彼此、国家如何对待公民，都提出了相应的要求。我生长在爱尔兰，因此熟知英格兰文化中对爱尔兰人的贬低。这种深刻的印象和不可磨灭的意识为我上了一堂生动的课：没有人就该做二等公民。我来自戈尔韦（Galway）郊外，属于爱尔兰岛西部的乡下。那里非天主教徒少之又少，甚至比非爱尔兰人还少。但我的父母教育我："天主教"和"爱尔兰"这两项附属关系都没有赋予我仰视或蔑视他人的权利。

第二种关怀与我后期的共和主义"非支配"理想息息相关。少年时，我进入了一所全男子寄宿学校。这在当时的爱尔兰司空见惯。学校里有一些令人尊敬的老师，他们教导我尊重他人，也受人尊重。以如今的标准，当时我们受到的处罚太过频繁，也牵涉体罚，但即使如此，我也未感受到教师们居高临下的态度。学校以惩罚措施锤炼出能稳立于世界的男人。因此，我仍记得一位同学说谎之后，老师的回复："我还以为在你内心尚有男儿本色！"老师当时是用爱尔兰盖尔语提出的批评。这门语言我现在生疏了，但唯独这句话记忆犹新："Agus cheap me go raibh abhar fir ionat"。这种相互尊重精神在神学院受到了巨大挑战。在我的记忆中，梅努斯学院（Maynooth College）因那些坚定而美好的友谊，还有令人肃然起敬的教授而闪闪发光。但是一旦想到当局者如何对待学生，这种闪耀便黯然失色，甚至荡然无存。既然是神学院，强加给我们纪律则无可厚非。但令我震惊的是：院领导不但强加清规戒律，还清楚地标明，我们的一举一动都受当局监视。弥漫在学院的核心伦理气质是"不信任"——直到你被证明无辜之前，我们先假设你有罪。所以唯一的出路是战战兢兢，如走钢丝。其目的是摧垮我们的个人意志，学会服从。那些年里，我称不上是叛逆者。但我的内心充满了厌恶，也充斥着呼喊之声。我在寄宿中学和神学院的经历反差强烈，促使我思考如何依靠自己的意志生活，与他人维持平等地位。多年之后，我才使用"非支配"的语言来捕捉、描述、论证这种理想，并将其与"自由"等同起来。这些经历在我的心里埋下了种子，也为我日后追求民事生活中的高贵价值观埋下了伏笔。置于这一语境之中，也可以理解我为何提出"直视他人眼球，而无所忧惧"的理想。依附于这一价值观不仅仅是智识上的立场，更能深入五脏六腑，所以难免也有代价。一直以来，我都很反感扮演领导角色、作为权威发号施令。所以我在二三十岁便当上了布拉德福德哲学系主任，但后来再未担任行政职务，绝非偶然。但有些人坐镇中央，行使权威，却也能善加控制权力，不至于蜕变成专断的主宰者，我对他们充满敬意。

除平等和"非支配"之外，第三种关怀在我的思想成熟中起到了作用。1979年，撒切尔夫人当选为英国首相。我当时正在英国。她的竞选议题中，主打品牌之一就是：只有市场这一"看不见的手"才能维持社会秩序，为社会繁荣奠定基石。这种策略强迫产品和服务市场化，然后为了与他人竞争，将商品的质量、成本和价格压到"可以容忍"的程度。撒切尔坚信这一理念，她的信仰甚至充满激情。她打压工会，认为工会肆意裁决工人的共同工资和集体工作条件。但与此同时，撒切尔也意识到，在她主政的这个国家，很多人在非市场化的经济产业工作。这些例外包括由政府直接或间接供给的公务员、各级学校和高校、医院和医疗中心、社会福利机构等。这些职业和服务如何接受市场的"驯化"？或者说，鉴于这些领域无须市场竞争即可安然生存，如何约束这些职能部门，才能保证它们有效利用纳税人贡献的税金，提供更优质的服务？她的答案是：既然是国家付给他们工资，就要用政治的铁腕。具体操作起来，就是建立正式的绩效审核机制，要求他们按期按时提交报告，详细汇报自己如何分配时间和资源。另外，还要不断评估、审核、惩处这些公务人员。

我在撒切尔的英国工作到1983年才移居澳大利亚，所以直接受到其影响。这段经历使我意识到第三种社会生活的重要性：公民社会。我不认为撒切尔真正了解或欣赏它。这种生活深深植根于人们彼此互惠互利的愿望，并且不论我们的职业，都因为自己做出的成绩而受到他人的肯定和尊重。我们乐于受到他人的认可，尤其来自那些我们自己认可的人。我们不一定积极地博得这种认可，一部分原因是如此招摇地赢取尊重反而会引来他人的不尊重。而当某些行为令我们蒙羞以致丧失尊重时，我们则驻足不前。再以"看不见的手"和"政治铁腕"为例。我认为第三种社会秩序源自公民社会这一"无形的手"。当我在90年代开始熟悉共和主义传统时，我最受其吸引之处即是一个反复出现的理念：最佳的共和秩序，亦即保障人人履行其责，且尊重彼此权利的方法，就是公民社会这一"无形的手"：如果不按照法规行事，便会付出昂贵的社会代价。这种代价不是市场中破产的风险，也不是在国家中受制裁的风险，而是意识到他人普遍不认可自己的代价，以及懊悔未尽己所能的一种羞耻感。

这一具体的社会关怀在 1980—1990 年代，我在堪培拉时逐渐形成理论框架，并显现于我有关共和主义的写作之中。我强调共和主义在许多思想家中的位置。2004 年，我与既是经济学家也是哲学家的好友布雷南合作出版了《尊重的经济学》①。我们尝试建立一系列准则，使得这种"尊重的经济"能够服务于更良好的社会秩序。其中的关键是，尽管这种"经济"不需要提供尊重或不尊重的人付出过多努力——我们通过对于彼此的表现形成积极或消极的观点来监察彼此——它可以设计得更易于运作，取得更好的效率和效果。书中另一主题源自我们在澳国大的同事布莱特怀特。他告诉我们，这种经济能够运作的必要条件是使人知耻，但非感到羞辱。我们认为"羞耻"一旦进入公共记录，所有人都相信此人行为不端，且所有人都相信其他人也如此相信，就会演变成"羞辱"。这种污名化剥夺了肇事者任何重塑名誉的机会。这等于宣判了他们的社会死刑。讽刺的是，一旦他们的"社会道德人"已死，他们便更无任何理由在意他人的观点和自己的行为了。

上述三种关怀都与《不只论"应得"》这部讨论司法正义的著作相关。我们深受世界范围内的监狱状况触动。约翰做过大量的监狱制度、条件和改革方面的研究。许多监狱中的囚犯面临着如同奴隶一般的命运。他们在专断之权下喘息，遭受更为强大的"狱友"甚至是狱卒和狱长的压迫。我同样受约翰的启发，认为许多国家的警察都拥有专制独裁的权力，尤其是在穷苦大众和边缘化人群之中。骇然之下，听闻众多铁石心肠的"罪有应得"理论之后，我们合著了《不只论"应得"》。我仍然记得，写作过程如痴如狂，倾注了大量思想和情感。

李汉松：您如何看待政治理论与实践的关系？首先，我想回顾一下您的共和主义观。您认为"共和式的自由"是"非支配"而不是"非干涉"，因为"不干涉的主宰也是一种主宰"②。其中的危险是"陷入他人的权力之下"（*in potentate alieni*）。但您认为社会和政治制度不算是一种"支配"，因为只要受人民约束，合理分配，它们便不是"专断的权力"，反而是社

---

① Geoffrey Brennan & Philip Pettit. *The Economy of Esteem*. Oxford: Oxford University Press, 2004.

② Pettit, 1997. pp. 22, 23, 31, 35, 41, 271.

会团体和运动在监督政府。

佩蒂特："新共和主义"（neo-republicanism）——或者说我挂在口边的"公民共和主义"（civic republicanism）——是我在塞西尔·拉博德（Cécile Laborde）、弗兰克·洛维特（Frank Lovett）等人相近的思路影响下，形成的主张①。在他们的激励下，也在许多批评者的蜇螫下，我在若干部专著中完善了共和主义理论。在参与西班牙政治之后，我在2012年出版了《依照人民的意愿》，并在2014年出版了《正义的自由》②。但新共和主义作为一种公共生活的哲学，其核心要旨在2004前后已植入我的思想。那就是：尽最大之可能，不受外力支配；与他人享有同等范围、程度相当的选择权。这是从古典罗马思想以降，直至文艺复兴时期意大利北部城邦、17世纪英国共和、18世纪法国和美国革命，共和主义对"自由"的阐释。共和主义要求摒除罗马人称之为"dominatio"的"支配权"：奴隶必须承受奴隶主的意志，即便"支配者"（dominus）温和而良善。为了在私人领域实现均等支配，避免公民之间相互干涉，国家必须保障各项"基本自由"。新共和主义持有包容性的公民观，主张最大化公民自由。用法律武器保护公民在人际关系之中不受强者侵权，也不受团体霸凌。国家不仅以侵权和犯罪法保护民众，而且要赋予如女性和工人等弱势群体力量。此举内涵极富，职责重大。国家提供的保障还应针对贫穷和疾病，因为此类状态也会迫使人民进入受支配地位。与此同时，限制私权泛滥的国家本身也必须受到约束。如果国家持有专断之权，那么它制约私权领域的支配便形同虚设，甚至更加危险。不论该国自诩"开明的专制""仁慈的专政"，还是沦落成行为放纵的殖民列强，它都在行使支配权。不论是私人领域还是公共领域，"良善的主宰"比"残忍的奴隶主"更具吸引力，但"支配者"终究会迫使他人屈于自己的意志。

李汉松：相较于一般版本的自由主义而言，共和主义愿景赋予国家更重大的作用。

---

① 拉博德，法裔英国政治理论家，著有《法国人！再努力做一回共和主义者吧！》（Cécile Laborde. *Français, encore un effort pour être républicains!*. Paris: Le Seuil, 2010）。洛维特，美国政治理论家、法学学者，著有《法制共和》（Frank Lovett. *A Republic of Law*. Cambridge: Cambridge University Press, 2016）。

② Philip Pettit. *On the People's Terms: A Republican Theory and Model of Democracy* (The Seeley Lectures, Cambridge University Press, 2010). Cambridge: Cambridge University Press, 2012; *Just Freedom: A Moral Compass for a Complex World*. New York: W. W. Norton, 2014.

佩蒂特：是的，国家欲履行其职能，势必要制定法律，干涉私人自由。但在共和主义立场看来，只要这种干涉行为反映的不是一个独立决定、任意裁量的意志，而是受到人民的系统性制约，即无可厚非。新共和主义认为：只要人们能采用这种控制的力量，他们就能约束当权者。人民必须能主宰宪法、改良宪法，因为政府在宪法的规章下运行。通过宪法，人民必须有能力施加一定的约束力，譬如落实法制；把权力分散到相互制约的权威之间；许可民众直接审视政府绩效，并且在不满时与之争讼；选举产生具体领域的权威和公职人员；监控政府对非选举产生公职人员的任命，譬如法官、监察使、检察长、申诉专员和统计人员。

李汉松：萨帕特罗（José Luis Rodríguez Zapatero）主政西班牙期间，曾多次邀您以"哲学家评论员"的身份介入他的国家治理。

佩蒂特：萨帕特罗在 2004 年成为西班牙首相之后，曾邀请我赴马德里做了一次关于共和主义政治理论的公开演讲。他读过《共和主义》（1997）的西班牙语译本，并在竞选期间数次引述其中的思想①。那次演讲中，我提出作为国家领导，他将很难真正实现共和主义的理念。他在回复中公开邀请我评审他任期内的政府绩效，看看是否能在 2008 年下次竞选之前实现承诺。在当时那种场合，我没有其他选择，只能接受这一邀请。之后，在 2007 年，我在一次公开论坛中报告了我的评审结果，也于同年 7 月将其付印出版。整个这段历史，加上我对萨帕特罗政府的评价，都在一位西班牙友人和学者何塞·马尔蒂（José Luis Martí）的帮助下，于 2010 年以《公共生活中的政治哲学：公民共和主义在萨帕特罗的西班牙》为题出版②。

李汉松：您审核萨帕特罗的执政水平，依据什么评判标准？

佩蒂特：在评审萨帕特罗政府的执政绩效时，我关注的是它如何增强了人民的安全度，不受私权和公权支配。我的观察令我满意。在私权领域，他在任期内推动合法化同性婚姻、合法化五十万非法移民的身份、为女性提供更多保护、帮助女性在公共生活中扮演更大角色。在公权领域，他支持公

---

① Philip Pettit; Toni Domènech (trans). *Republicanismo: una teoría sobre la libertad y el gobierno*. Barcelona: Paidós, 1999.

② Philip Pettit. *Examen a Zapatero: balance del gobierno socialista*. Madrid: Temas de Hoy, 2008; Marti, Jose Luis & Philip Pettit. *A Political Philosophy in Public Life: Civic Republicanism in Zapatero's Spain*. Princeton: Princeton University Press, 2010.

共广播服务独立于政府；使经济数据和其他信息更公开透明，更易为公民获取；愿意分权予地方政府；要求宣战必须通过国会支持，而非执政者自为。

李汉松：您作为纸上谈兵的政治学者，在左右逢源的政治家身上学到了什么？

佩蒂特：我对首相先生充满敬意。在审核萨帕特罗执政绩效的若干年中，我学到了政府如何实际运作。我在不同场合与他会面，倾听他述说哪些政策主张源自他对共和主义的理解。我尤其欣赏他从正面领导，而非在幕后操盘。他直言自己的政见，而非计量公共舆论，再用政策迎合大众。这在他合法化同性恋婚姻中最为显著。持这一主张，他顶住了来自天主教会和许多其他强大社会势力的反对。一开始，甚至在西班牙民众之间和他自己党内，支持率都不高。是他的积极游说改变了态势。

李汉松：萨帕特罗对新共和主义有何创造性发挥？

佩蒂特：他善用共和主义主张，且赋之以想象力，修辞效果极佳，甚至出乎我的意料。譬如，他将"拒绝支配"（No dominacion）变成了一句战斗口号，在宽广的政策光谱上加以应用。我在同期赴西班牙巡回演讲，每到一处，无不有感于当地民众在他调动之下的积极响应和巨大能量。萨帕特罗尤其关注女性权益。我记得他在一次私下的对话中自问自答："这个地球上最受支配的人是谁？"我们静静地坐在原地，他却狠狠地敲起了桌子："女性！女性！女性！"

李汉松：萨帕特罗如何使用"眼球测试"？

佩蒂特：他定期使用"眼球测试"，且行之有效，尤其是在演讲和辩论中为同性恋婚姻辩护之时。他问国会议员们：如果他们作为异性恋者，宣判同性恋伴侣们不配享有国家认可的民事和法律权益，那么当他们与同性恋者狭路相逢之时，怎能期待对方直视自己的瞳孔，而不感受到自卑和恐惧？看到他如此挑战国会，我在一旁欢欣雀跃。我对他的评审在西班牙受到了广泛关注。许多报纸杂志记者逼迫我为他打分，我无可奈何之下，一般会说：如果满分是 10 分，我打 9 分。

李汉松：您对萨帕特罗的评价是否淡化了民主和共和之间的张力？许多政治理论家，如娜迪亚·乌比娜提，都认为民主和共和是"一对困难重重的搭档"。也许西班牙的政治经验能为我们解惑答疑。

佩蒂特： 西班牙这段经历让我确信：民主政治可以在世界中推动进步。萨帕特罗于 2008 年二度当选，但他的成就在之后全球金融危机的荫翳之下，逐渐淡出了人们的视线。此后，许多国家民主实践的质量都有所退步。但对我而言，萨帕特罗的象征意义仍然存在，提示我们，当一个人身先士卒地领导国家时，他能够取得何种成就。萨帕特罗是一位不悔的民主主义者，不愿意推行任何缺乏民意基础的举措，也不愿意对宪政秩序和法院中未经选举的权威表示不尊重。但他也深信，领袖必须亲自去构筑民意基础，劝说人民支持他的政策。他使用论证和类比，颇有耐心地讲述自己的立场。他绝不从民调中摘取现成的民意，抛出相应的口号，作势"领导"人民。至于那种粗糙地博取大众意志的做法——现在民粹主义者口中所谓"真正的人民"——他也不屑为之。

李汉松： 您认为新共和主义的理念可以与当代党派政治兼容？当一个政党将自己与这种政治理论捆绑在一起，是否会混淆政治哲学的普遍意义？

佩蒂特： 我愈渐确信，民主政党应该拥护的是政策和原则，允许选民充分了解自己的立场，而非建设一种部落式的选民基础，获取那种如球迷热爱一支球队式的盲目支持。萨帕特罗使我相信，这种政党建设完全可能。他向我证明了，他版本的新共和主义愿景可以通过生动的说辞，使得全无哲学属性的大众受之感染。同时，新共和主义也可以被用来产出一些具体的公共政策和政治项目。

李汉松： 您如何理解"国家"？国家如何建立？其建立的历史又有何种规律？在您的共和主义愿景中，民族国家的特定疆域从何而来？最近在英国脱欧的背景下，您发表言论，积极辩论南北爱尔兰疆界的划分。[1] 在中东、南亚和东亚，疆界问题比这要敏感和复杂得多。新共和主义的"城邦国家"理念又如何能延伸到国际世界？您为何在每篇关于国际秩序的文章中，开篇先说"假设国家的状态和分布维持现状"？[2] 万一不能维持现状，又当如何？

---

[1] Philip Pettit. "A Shared-space Solution to Ireland's Brexit Border Problem", *Irish Times*, March 31, 2017; "Philip Pettit: Living with a Hard Brexit", *Irish Times*, Jan 10, 2018; "Why Brexit Distorts the Will of the People", *New Statesman America,* Feb. 25, 2019.

[2] Philip Pettit. "There is room for a profitable discussion, of course, as to whether there ought to be national states of the kind with which we are familiar, or whether such states ought to have their existing territories or powers." "A Republican Law of Peoples", *European Journal of Political Theory*, 9(1), 2010, pp.70-94.

佩蒂特：我对"群体施动性"持有现实主义的态度，因此视"国家"为"政府运营下的集体施为者"。"政府"则是一系列政治团体相互交织的网络。政治团体是附属的"子施为者"，彼此接纳，在宪政架构内合力运作。于内，国家制定并贯彻法律；于外，则在国际法框架内签署并履行一应承诺。这些协定或是白纸黑字，或是不言而喻。作为实体施为者，任何国家都有可能按照自己的意志，不受制约地支配自己的甚至是境外的人民。广泛意义上的"民主化"保障了在国内受到国家行为影响的人能均等获取一定程度上有效的反向制约力。这种体系迫使国家获取自己公民的允可，也能约束国家实践国际的承诺。人民施加给国家的条条框框通常会化入宪政框架本身，融入如何阐释、落实宪法的习俗和惯例之中，例如，"正当程序""透明决策"等章程和礼节中。但这些法律框架又都可以在公共辩论中、舆论压力下、大众观念的前提更迭时，随之改变。最显著的例子是女性在政治和社会中的地位，以及各个国家对同性恋的逐渐接受。目前，地球的土地已基本以政体为单位分配殆尽。因为任何政体中的当权者都考虑自身利益——或者换一种更仁慈的说法：都考虑如何保护自己治下的民众不被境外势力支配——肯定没有任何国家愿意自己放弃主权，成全他人。独立的政体也不愿"并帮"，成就世界大同。所以鉴于历史和功效意义上的双重必然性，国家的形态已锁入了现状。除非有军事政变、国家融合、国家分裂等极端少数现象出现，大变局已不太可能。疆域的划分来自传统习俗，而非任何理想主义地分配地球表面疆土的方法。但是疆土一旦定型，具有黏性，很难改变。既然如此，共和主义者自然认为：政体应当保障公民彼此之间享有自由，不受他人支配，也不受诸如教会、企业等私人团体的支配。第二，国家应当赋予公民权力，使得他们也不受国家的肆意支配。你挑战我的共和观能否在国际上发挥作用，我经过思考，认为是有可能的。在国际关系问题上，如果一个政体无法摆脱其他政体，或者是其他跨国组织（譬如大型跨国企业）的支配力，那么该国的公民也会承受损失。因为如果境外势力控制了一部分国家机器，公民便无法充分得享国家的控制权了。因此，我们需要一个摒除团体或国家之间相互支配的国际秩序。即便这种支配权并未启用，也不能容忍它虎视眈眈地潜藏在其中。尽管强国并不真正地霸凌弱国，弱国也难免在强国面前卑颜屈膝。

李汉松： 如何实现这种"国际非支配"的秩序？最近十年内，您不断提出"全球化的共和理念"①，甚至在《正义的自由》中使用了"全球化的主权"②一词，表示一种超出"城邦自治"（*civitas sibi princeps*）的国际秩序。但我仍不理解实现这种乌托邦愿景需要何种条件？

佩蒂特： 首先必须依赖国际法和公约建立一种"主权自由"的法理基础：每一个国家及其政府都应享有权益，不受他国破坏和削弱。"主权自由"和"个体自由"相互平行、互动操作。第二，国际社会必须制定切实保障这种秩序、保护个体国家不受支配的方法。反观如今现实，你认为我的理念似乎是乌托邦？的确，我们至多只能希冀在如今的大国争锋之中，这些理念不受扼杀，甚至永无实现之可能。当前的国际秩序挑战重重，令人灰心丧气。如何对待一贫如洗但压迫自己人民的政体？如何应对全球变暖之下，难民漂泊四海、流离失所？共和主义指引我们建立一种国际秩序，使穷国与富国并肩而立；使压迫性的政府受到压力，采纳更温和的统治方法；使难民涌入的国家各自承担一部分移民压力。但在实际操作中，存在制度性而非哲学性的问题。我们必须找到合情合理且行之有效的施压方法，确保实现目标。

李汉松： 我从您身上学到的一点是，自然哲学、心灵哲学、社会理论都与政治生活密不可分。所以您套用苏格拉底的"不经检验的人生不足以过活"说："未经哲学检验的政治不足以实践。"③另一方面，您与发展心理学、比较心理学家迈克尔·托马塞罗（Michael Tomasello）争论"伦理诞生"与"语言诞生"的先后顺序时提出：历史与哲学也紧密缠绕，相互作用。④因此，作为斯金纳的战友，您却用区分语义学和本体论的

---

① Philip Pettit. "The Globalized Republican Ideal", in *Global Justice: Theory, Practice, Rhetoric*, Vol 9, 2016, pp. 47-68; see also, in chronological order, "The Republican Law of Peoples: A Restatement", in Barbara Buckinx, Jonathan Trejo-Mathys, and Timothy Waligore, eds. *Domination Across Borders*. London: Routledge, 2015, pp. 37-70; "Legitimate International Institutions: A Neorepublican Perspective", in John Tasioulas and Samantha Besson, eds. *The Philosophy of International Law*. Oxford: Oxford University Press, 2010, pp. 139-162; "Democracy, National and International", The *Monist*, vol. 89. no. 2, 2006, pp. 301-324.

② Pettit, 2014, pp. 154, 178, 180, 189, 209.

③ Philip Pettit. "Why and How Philosophy Matters to Politics", in R.E. Goodin and C. Tilly, eds. *Oxford Handbook of Contextual Political Studies*, Oxford: Oxford University Press, 2006, p. 55.

④ Philip Pettit. "Reply to Michael Tomasello's Commentary", in Philip Pettit; Kinch Hoekstra, *The Birth of Ethics: Reconstructing the Role and Nature of Morality*. Oxford: Oxford University Press, 2018.

方法扩充斯金纳对霍布斯的解读①（甚至也包括您与斯金纳的分歧②）。在您的学术生涯中，若干不同的方法如何统一？各种社会和政治理论之间又如何平衡？是否能找到一个中轴、天秤或纽带，将全部的学术兴趣串联为一？

佩蒂特：以赛亚·伯林曾借用一个古老的比喻区分两种人，博而不精的狐狸和专攻一技的刺猬。我多年来的工作并未使我获得任何确凿的知识（当然我会以为我获得了真知，不是吗？）。我涉猎众多议题，像一只精力旺盛的幼犬，追逐每一只在视线中冒出来的思想之兔。所以我似乎属于狐狸。但我更愿意相信，哪怕是自我欺瞒地相信，我全部的事业背后都有一条贯穿其中、熔于一炉的主题。在这一意义上，我是刺猬。这条所谓的主线也是老生常谈：在亚里士多德的视域里，人类是"具备语言的动物"（ζῷον λόγον ἔχον）。这句话影响了我一生的社会思考。我在二十多岁时的作品中批判、否定现象学，出发点即是它并不充分承认语言对体验的影响，包括我们对自己心智的体验，和对"进入事物本身"（zu den Sachen selbst）的承诺③。这使得我对结构主义发生兴趣。但在写了一部书之后，我对结构主义的论证风格感到绝望，于是改向戴维森的心灵哲学和语言哲学。最终，我投入了"遵循规则"式的逻辑哲学。这些问题最先由维特根斯坦勾勒出轮廓，再由索尔·克里普克（Saul Aaron Kripke）④打磨尖锐而成熟。我尤其感受到，欲真正解决这些问题，则必须寻求一种社会性的答案。于是，我在80年代末的论文中架构出了新的理论轮廓，也即后来"整体个人主义"的雏形。我最根本的观念是：拥有语言，因此拥有社会交流和互动，才能让人类有遵循规则的能力。人类通过自愿遵守规则，哪怕是犯一些错误，才逐渐发展了心智上的能力。这些更高级的能力的产生都必须依托遵循规则的能力。最终，在相互意识的基础上，经过具体案例中一次又一次地遵循规则，社群才得以产生。之后，我扩展了这一理论，强调

---

① Philip Pettit. "Freedom in Hobbes's Ontology and Semantics: A Comment on Quentin Skinner", *Journal of the History of Ideas*, Vol 73, 2012, pp 111-126.

② Philip Pettit. "Keeping Republican Freedom Simple: On a Difference with Quentin Skinner", *Political Theory*, Vol. 30, 2002, pp. 339-356.

③ 此语引自现象学哲学家胡塞尔（Edmund Husserl, 1859—1938）。

④ 索尔·克里普克（1940— ），美国逻辑学、分析哲学家，在模态逻辑、语言和数理哲学方面皆有贡献。

人类的思考本身高度依赖语言和对话。我们不断在对话中"授权"他人，所以我们势必自认为是"负责"的生物。我和迈克尔·史密斯认为：我们待彼此为"可供对话的心灵"，已经是在行使责任。托里·麦克吉尔（Tori McGeer）[1]告诉我们：人们用语言为彼此担起"脚手架"、中介了彼此的期待、鼓励彼此兑现我们的承诺。

李汉松：说到语言，您曾着重关注霍布斯思想中的语言观念。

佩蒂特：是的，我对语言的政治理论一向有兴趣。2004—2005年，我与丹尼尔·加伯（Daniel Garber）[2]共同开设了两门霍布斯研讨课。阅读霍布斯著作时，我忽然醒悟：颇具讽刺意味的是，尽管霍布斯是站在共和主义思想对立面的伟大专制主义旗手，但他关于语言和心灵的辩护令人激动，甚至心向往之。我曾在2008年那部《以言语筑成》中提出：霍布斯是西方世界第一位认定语言是人类所创造的思想家。更重要的是，语言作为一种创造，彻底改变了它的创造者。[3]霍布斯强调，语言让人类从此与其他动物不同——不同，而非更加优越。我重组了霍布斯的论据，发现他解释了语言如何使人具有从具体事务抽象出普遍思考的能力、从一些论点推理至其他论点的能力、以"人"的身份彼此承诺的能力、紧紧团结在某一位发言人的语言周围从而形成"群体施为者"的能力。霍布斯认为：语言也有害处，导致人类相互攀比彼此掌握的资源，在零和的权力博弈中无谓地竞争，甚至进入"所有人对所有人的战争"。当然，在他的理论中，也正是语言让人摆脱了自然状态，使他们最终愿意接受一个人或一个团体作为政治领袖。主权就此诞生。

李汉松：霍布斯的"主权的诞生"催发了您的《伦理的诞生》？

佩蒂特：的确，这一"语言"和"心灵"的纽结铺垫了我此后十年的工作。我研究人类如何发展出"叙述"等种种做法，并衍发出"正"与"善"等概念，逐渐分辨出哪些值得责怪，哪些应当赞美。这是我2014年在伯克利的"檀纳讲座"，后于2018年编辑出版。这也是我2019年"洛克讲座"（Locke Lectures）的主要内容。此书即将以《讲话的心灵：语言

---

① 托里·麦克吉尔，亦即佩蒂特的夫人。

② 丹尼尔·加伯（1949— ），美国的近代早期哲学史家，尤精霍布斯、笛卡尔、莱布尼茨、康德。

③ Philip Pettit. *Made with Words: Hobbes on Mind, Society and Politics*. Princeton: Princeton University Press, 2007.

如何解锁人类的力量》为题正式出版。①其中，我提出：很有可能，语言的出现使得我们这一物种发展出了评判和推理的能力、彼此之间互相承诺和负责的能力、以"人"的身份行为并自然地导向人际尊重和其他价值观的能力。换言之，人类的各种能力的长时间演化，受到了语言的压力，也得益于语言提供的机会。那么，如果假设在其他方面与人类相似的物种，一方面缺乏我列举的这些能力，另一方面又发展出某种可供交流的语言——这种可能性必须在哲学上予以辩护——这种哲学思辨会导向一个结论，即语言的发展会无可避免地触发或催化这些物种的类似能力。这套论点一方面为人类真实的进化历程提供支持。但更重要的是，它要求我们重新反思其中涉及的概念。正如贺伯特·哈特（Herbert Hart）②的"反事实的法律谱系论"帮助我们思考法律的概念，我提出"反事实的语言谱系论"，目的也在于明晰概念。我认为深入挖掘我们如何被社会影响，如何获取社会属性，也有助于理解共和主义政治理论。如果我们个人的心智以一种形而上的方式依赖于彼此的互动，那么我们的政治组织也必须彰显这种社会性。

李汉松：自由与尊重有何本质关系？

佩蒂特：在我最近的作品中，我把享有自由的理想和驾驭尊重的理想等同起来。在社会生活中，获取政府尊重；在国际社会中，获取其他国家的尊重，并给予其他国家尊重；这些理想的共通之处在于：它们都要求人们作为个体或集体，无所畏惧地通过"眼球测试"。《讲话的心灵》中的一个主题就是：互相尊重的理想只能在人类这样的物种中得以实现，因为我们懂得语言和对话、说服和劝诫、承诺并监督他人兑现承诺。哪怕彼此之间存在干扰力量，侵蚀我们对这些规则的依赖，人们也能赌誓拒绝这些影响，坚持使用不加强迫、未经扭曲的语言——在我看来，这样才能实现真正的尊重。只有当人们视彼此为"可与对话者"时，才算是尊重了彼此。在 2015 年出版的《"善"的充分要求》中，我提出："自由""非支配"和"相互尊重"都是对我们要求极高的"善"。③在作出一次决定时，只有

---

① Philip Pettit. *Minds that Speak*. John Locke Lectures, 2019 (*Minds that Speak: How Language Unlocks our Human Powers*).

② 贺伯特·哈特（1907—1992），英国法哲学家，实证法学代表人物，著有《法律的概念》（H. L. A. Hart. *The Concept of Law*. Oxford : Clarendon Press, 1961）。

③ Philip Pettit. *The Robust Demands of the Good: Ethics with Attachment, Virtue, and Respect*. Oxford: Oxford University Press, 2015.

保障不被干涉——而不是恰巧不被干涉——才谈得上自由。这一原则的要求并非是他人不对你作出的具体决策施加干涉，而是不论你的选择如何改变，他人"充分地"保证不加干涉。与此类似，只有不论他人对你态度如何改变，也不论你对他人的态度如何改变，他们都"充分地"尊重你，而非仅仅尊重你的一种形态，你才真正获得了他人的尊重。所以尊重和自由一样，你必须对它有所掌控和驾驭。

李汉松：这里涉及法制和德政之别：是用法律威慑保证个体主宰自己如何受外界对待，还是期待整个社会形成一套高尚的风气，自己在其中受惠？但欲形成这种习气——一种习来的风气——便需要公民教育，但教育体制却难免不受各种势力的支配。我们无法确保某种习气一定指向美德，而非罪恶。我们也无法确保"自由思想的市场"最终宣布的赢家一定是真理。或许"不自由"亦有"软硬"之分，因制度不自由，还是因风气不自由。您或许不这样看。

佩蒂特：表面上看，为保障个体自由、互相尊重，为了充分求善，人们相互之间形成一套可靠的习气，倾向于相互善待彼此，便足够了。但我认为这是一个误区。我的政治思考反映的是一种社会理论：我们不仅要这种"习气"，更要自置于一套社会制度之下，才能进一步自我发展。按照"自由即不受支配"的标准观点，公共法律和社会习俗共同督促我们协调有序，而不肆意妄为。这种制约本身即作为一种工具，导向良善和美好的结果。这种工具本身即采纳了某种干涉行为——毕竟法律本身便具有强制性——但它们能杜绝更多专断的干涉，最终最大化我们共同享有的自由。相比之下，在共和主义看来，法律和习俗通过一种更为亲密的方式达到同一种理想。只要这些工具塑造得合理，他们便能更直接地建设自由和尊重。一般而言，享有自由和尊重的前提是：在履行自己和他人的愿望之时，也能享有出于尊重的不干涉。所以他人待你以尊重，必须出于一种"习气"，而非一种机会主义心态。但是即使有了这种"习气"，合情合理地待人接物也无法超出一定的限制：只有他人心甘情愿如此待你，这种关系才能维持下去。倘若有朝一日他人变得比你更有权有势，一旦他们对你的态度来一次大转弯，之前的待遇便灰飞烟灭了。所以"个人习气"法则无法充分地给予你自由和尊重。甚至以某种标准来评判，它无法在严格意义上满足任何理想。你无法驾驭你自己受到的待遇，最终仍然沦落成负债之人、受惠之人。

李汉松：当善意之举失灵，甚至效果适得其反时，如何保护人们不受仁慈的当权者无意的侵害？

佩蒂特：唯一的出路是建设法律规范，以及相关的制度和文化，作为彰明昭著的保护机制。只有受到法律保护，才能满足"眼球测试"。只有合理地设计，并且接受制约，法律政体才不会危及个人自由与人际尊重，才能成为保障人与人之间互享平等地位的必不可少的社会基础。

音乐与政治

——对话埃里克·纳尔逊 [①]

本文探讨了从古至今音乐与政治之间的密切关系，尤以瓦格纳歌剧为例，谈论音乐中的政治哲学、政治思想史中的音乐。文章谈及勃拉姆斯、舒曼的"绝对音乐"和瓦格纳、李斯特的"新德国乐派"之争、瓦格纳音乐的结构和发展、瓦格纳的后黑格尔、费尔巴哈、青年马克思语境、尼采的仰慕与批判、音乐史中的反犹主义、《论犹太人问题》和《音乐中的犹太性》、神话的现实意义、歌剧院建筑学的政治理论以及音乐中的宗教性、批判性和超越性。

埃里克·纳尔逊（Eric Nelson），犹太裔美国政治理论与思想史家，研究希伯来传统、美国革命思想史、自由主义的神学谱系，以及近代早期哲学的古典、宗教和世俗渊源。

李汉松：音乐和政治、历史音乐学和政治理论之间各有千丝万缕的联系。我们此次的对话既泛谈音乐，也聚焦瓦格纳的歌剧。我记得您在哈佛教过"音乐的政治"若干年后，似乎意犹未尽，又专讲了一门瓦格纳，不知体验如何？

纳尔逊：我与好友亚历山大·莱丁（Alexander Rehding）合授过两门关于音乐和政治的课程。他是位出色的音乐学家，专擅19—20世纪德国音乐。2008年，我们开设了一门"音乐的政治"讲座，其初衷是向学生指出：直到非常晚近的时期，音乐仍是政治理论的核心关怀，而政治思想

① 本文是作者与纳尔逊于2020年8月25日在麻省剑桥市查尔斯酒店亨丽埃塔（Henrietta's）餐厅的对话，部分刊于《上海书评》2020年10月25日，作者自译。

在音乐界也举足轻重。讲座围绕不同主题和体裁搭起架构：首先是历史谱系，主要是我大谈特谈何以自柏拉图以降，政治哲学家无一例外视音乐为他们工作的重要组成部分。之后再翻到另一面，看作曲家如何以音乐介入政治理论的辩论。每一单元都专注于一种音乐体裁：歌剧、清唱剧①、交响诗，以及纯粹的管弦乐。学生先听取每一体裁的选段，再阅读相对应的政治思想作品，目的是考察文本和音乐的呼应。一般人可能想不到，在探讨契约理论时，瓦格纳的音乐占据着核心位置。莱丁和我都是瓦格纳爱好者——我是内心矛盾、备受煎熬的瓦格纳迷，但终究是瓦格纳迷。我们一直酝酿合教一门《尼伯龙根的指环》(*Der Ring des Nibelungen*)。2018 年，计划终于付诸实施。这门研讨课控制在 18 人。这是一次绝妙的体验。最荒诞的是，哈佛毕竟是哈佛，竟然为十几人拨了一笔巨款，使我们得以聘请哈佛管弦乐团（Harvard-Radcliffe Orchestra）在桑德斯剧场（Sanders Theatre）演出了《女武神》(*Die Walküre*)第一幕。正在访问哈佛的几位歌唱家一起出场。因为演出对公众开放，所以来了三四百人之多。②

李汉松： 请到的是哪几位歌唱家？

纳尔逊： 他们都是非常严肃的专业歌唱家，来自不同歌剧公司。其中男低音斯特凡·施卡法罗斯基（Stefan Szkafarowsky）③饰演洪丁（Hunding）。他之后在大都会歌剧院（Metropolitan Opera）出演了《弄臣》(*Rigoletto*)中的蒙特罗内伯爵（Il Conte di Monterone）。

李汉松： 将音乐植入教学是美妙的享受。这让我想起多年前在芝加哥大学负责组织中世纪研究项目时，我们请了巴黎的"继叙咏乐团"（Sequentia）演出经他们重组的中古曲目④。演出前，我请乔纳森·莱恩

---

① 清唱剧（oratorio），如克劳迪奥·蒙特威尔第（Claudio Monteverdi）的《唐克雷第和克洛琳达的斗争》(*Il combattimento di Tancredi e Clorinda*)、门德尔松（Felix Mendelssohn）的《以利亚》(*Elijah*)。交响诗（Symphonic poem），或音诗（tone poem），如弗兰茨·李斯特（Franz Liszt）的《前奏曲》(*Les préludes*)、贝德里赫·斯美塔那（Bedřich Smetana）之《我的祖国》(*Má vlast*)。

② 2018 年 9 月 29 日美国东部时间晚 20:00—22:00 时。女高音洛丽·玖柏艾（Lori Guilbeau）饰齐格琳德（Sieglinde）、库柏·诺兰（Cooper Nolan）饰齐格蒙德（Siegmund）、斯特凡·施卡法罗斯基饰洪丁。

③ 斯特凡·施卡法罗斯基（1956— ），美国纽约男低音，受教于茱莉亚学院（Juilliard School）美国歌剧中心、威切斯特音乐学院（Westchester Conservatory of Music）。

④ 继叙咏乐团"僧侣歌唱俗世"（Monks Singing Pagans），2017 年 4 月 28 日（星期五）晚中部时间 18:30—20:00 时在芝加哥大学洛根艺术中心（Reva and David Logan Center for the Arts）演出。演出音乐系 9—12 世纪幸存的乐谱残卷重组而出，大多是非礼拜乐（liturgy）、非格里高利圣咏（Cantus Gregorianus）歌曲，咏唱的是异教元素：女武神（古诺斯语：valkyrja）、命运女神（Fortuna）、哲学女神（转下页注）

（Jonathan Lyon）、克里斯蒂娜·冯·诺尔肯（Christina von Nolcken）等几位中古文学和社会史家与乐队成员座谈，讨论音乐如何体现中古宇宙学思想，如波爱修斯（Boethius）的《哲学的慰藉》（*De consolatione philosophiae*）。这家乐队的历史音乐学、古文书学和文献考释功力很深，同时又有思想性的艺术发挥。这一案例也说明音乐性和哲学史的紧密关系。您治政治思想史，也一直强调艺术和理论融合。譬如，今年轮到您教"政治1060：政治哲学导论"。我读了课纲，发现加了不少古希腊诗歌和戏剧的元素。这不足为奇，因为您曾着力校订了霍布斯的《伊利亚特》《奥德赛》译本。不知您的政治和音乐兴趣是否一直处于平行？还是说二者不断触碰，但您并未系统性地将二者熔于一炉？

纳尔逊： 你的直觉完全正确。如果严肃地使用历史方法来研究政治理论，其结果之一即是意识到：人为强加的学科分界似乎站不住脚。并不能说学术分类完全是后期加工的产物。毕竟，在中世纪的大学高墙里已经有了学科划分，尤其是有意识地区分人文和法学。所以后世史家并未凭空捏造学科的概念。但我们反溯过去时，心中指认的"学科"概念却存在严重的时间错乱问题。试问，你如何能向一位16、17、18世纪的人物解释：我的研究领域是"严格意义上的政治理论"，与文学、艺术、音乐、历史、数学无关？这简直无法设想。仅以莱布尼茨为例，他认为：如果想要在任何问题上发表任何见解，则务必在每件问题上发表一些见解。因为一切学问俱成一体。正因为知识探索不分家，他研究数学、物理、政治、伦理、神学和美学，环环相扣。这些领域对政治论辩贡献极丰，不可或缺，却备受忽视。另一明显的例子是你提到的戏剧。所以依我之见，合理的研究政治思想史的方法至少必须质疑这种学科界限的划分。我们必须意识到：如

（接上页注④）（Philosophia）、埃及艳后（Cleopatra）、狄多（Dido）、维纳斯（Venus）、狂野的基科涅斯人（Κίκονες：荷马《伊利亚特》第二卷、《奥德赛》第九卷出场的色雷斯部落）、奥丁〔古诺斯语 Óðinn，即现代德文之沃坦 Wotan，北欧德国神话之主神。我的梵文老师迈克尔·威策尔（Michael Witzel）认为 god、Wotan 均来自 gu-da-n，因为 hu-ta-m/vhu-to-n 即与梵文之 𑀕 相关，意为"降雨"，在祭祀仪式中指泼洒酒水〕、宙斯、朱比特、巴克科斯（Bacchus，即狄俄尼索斯：Διόνυσος）、赫拉克里斯、奥尔弗斯（Ὀρφεύς）、波爱修斯、凯撒等。4月27日工作坊的参与者是乐队成员本杰明·巴格比（Benjamin Bagby）。另一次座谈题目是"奥斯瓦尔德·冯·沃尔肯斯坦（Oswald von Wolkenstein）的音乐"：2017年1月14日晚22:00时，演出者为：纽伯利古竖琴、民谣小提琴、管乐和声乐团（Newberry Ensemble of early harps, fiddles, winds and voices）：玛丽·斯普林菲尔斯（Mary Springfels）、德鲁·明特（Drew Minter）。奥斯瓦尔德·冯·沃尔肯斯坦（1376/1377—1445），中世纪晚期诗人、作曲家、外交官。

果真正对思想家如何介入政治论争感兴趣，那么便要径直投入更广泛的人文学科之中。人文学科自然也包括音乐！

李汉松：谈到政治观念的历史研究方法，又让我想到您曾在《保皇的革命》一书中引述刘易斯·纳米尔爵士（Sir Lewis Namier）的一个音乐比喻。纳米尔说：一个时代背景下暗暗浮动的政治情绪才是真正的"音乐"，而飘在上空的所谓"政治观念"至多是为了乐谱刻意编撰的歌词唱本——大多数情况下剧本的质量比音乐差得多。① 所以在更实质性地探讨音乐和政治理念之前，我想问一个枯燥的方法论问题：释读历史上的音乐和文本时，如何对待"观念是否具有因果效力"这一问题？如果纳米尔的说法并不恰当，您又如何修改这一比喻？

纳尔逊：首先，我完全同意：即便是为了论证他的观点，纳米尔这一比喻也糟糕透顶。他将歌剧的剧本、音乐的歌词视为轻浮无益，甚至无关痛痒。

李汉松：他至少不可能在说瓦格纳！

纳尔逊：瓦格纳闻之，必感惊悚。所以，我们可以判定纳米尔的"音乐"比喻不但本身莫名其妙，甚至无法证实自己的论点。但他提出的问题相当宏大：历史中的观念是否具有因果性的意义？纳米尔和许多其他人的立场近乎相同。其核心观点是：观念是一种副现象（epiphenomenon）。真正驱动历史转变的是其他因素：生产力的转化、权力和利益。人们总是用似乎高尚的原则粉饰装扮他们赤裸裸的贪婪和利益诉求。正如喜剧演员格劳乔·马克斯（Groucho Marx）那句标志性的口号所说："这些是我的原则。如果你不喜欢它们，我还有别的！"换句话说，利益一旦改变，原则亦随之而变。纳米尔自己的研究课题是18世纪佐治亚州的政治。在这一语境中，他发现政治人物看似在"辩论"宪法和自由、奴隶制和正规军等理论议题。但实际上，一旦你了解他们的门客体系网——何人之间相互赞助、相互庇护、相互扶持——你就不难发现，同一派系的人永远按规则投票，毫无例外。因此他得出了结论：仅通过研究政治关系，即可推断出政治行为。但昆廷·斯金纳挑战了这种认知。他说，纳米尔的观点并非全无可取之处：起码它不幼稚。无论如何，它很现实地认定，政治领域是权力

---

① Eric Nelson. *The Royalist Revolution: Monarchy and the American Founding.* Cambridge, MA: Harvard University Press, 2014, p. 23.

追逐和利益冲突之地，而非辩论社团、哲学俱乐部。但这不代表观念是副现象，因为追求利益不可以无支持，而欲增加支持度，则必须使用观念合理化政治行为。而可供使用的资源，包括语言和权威，均受限于其特定时代。因此，是否存在可供合理化的理念，这约束了政治行为的可能性。这是一种"负因果关系"：只有掌握文化资源，才能合理化；有把握合理化，才会付诸实践。由此，我们便进入了语境主义，以及剑桥学派史学史形成时期伴随而来的相对主义。我基本认同斯金纳式的理念：观念可以作为一种合理化的方式形成因果性效力。如果观念可以限制在任意一个时间点，何事可为，何事不可为，那么它也塑造了政治。但是我认为可以更进一步：观念还以更深邃的方式形成政治效力。因为我相信，人们的观念甚至可以直接导致他们如何行为。并不是说，人们从来不用连自己都不信仰的观念织出华丽的丝巾，伪饰自己赤裸的欲望——这种行径当然层出不穷。但这绝非我们大多数人在辩论时的切身体验——我们认定自己的主张本身即有效力。

李汉松： 我们真正懂得自己的信仰和主张？

纳尔逊： 问得好！当然你可以反驳说：这是因为连你自己都不清楚信仰和利益之间的根本性关系。因此你逐渐"内化"了个人利益，自我劝服、自我暗示，最终似乎真的"信仰"了受利益驱使选择的立场。但这是一种更深层次的问题，并不是纳米尔的看法。他所说的是：政治家"上意识"地为了掳掠财富而开战，为了临时找到一种说辞，故意套用自己根本不相信或不清楚的"自然奴隶"理论①。这则是一种全然不同的现象学——当人们辩论政治、运作政治时，头脑中进行着的心智现象。我认为对绝大多数人而言，这是一种错误的现象学。大多数人认定，他们的行为服务于

①　"自然奴隶论"在近代早期欧洲航海时代成为如何对待美洲原住民这一问题的理论关键。苏格兰思想家约翰·缪尔（John Mair, 1467—1550）即讨论过原住民的人身与财产权。在著名的"巴利亚多利德辩论"（Junta de Valladolid）中，巴托洛梅·德·拉斯·卡萨斯（Bartolomé de las Casas, 1484—1566）称原住民具有理性，因此不符合亚里士多德"自然奴隶"的定义，而对阵另一方的胡安·希内斯·塞普尔韦达（Juan Ginés de Sepúlveda, 1494—1573）则认为印第安人是自然奴隶，支持建立殖民奴隶制度。详见亚里士多德《政治学》第一卷（Aristotle, *Politics* (Πολιτικά) 1254b, pp. 15-21: "ὅσοι μὲν οὖν τοσοῦτον διεστᾶσιν ὅσον ψυχὴ σώματος καὶ ἄνθρωπος θηρίου-διάκεινται δὲ τοῦτον τὸν τρόπον ὅσων ἐστὶν ἔργον ἡ τοῦ σώματος χρῆσις, καὶ τοῦτ᾽ ἐστ᾽ ἀπ᾽ αὐτῶν βέλτιστον-οὗτοι μέν εἰσι φύσει δοῦλοι, οἷς βέλτιόν ἐστιν ἄρχεσθαι ταύτην τὴν ἀρχήν, εἴπερ καὶ τοῖς εἰρημένοις. ἔστι γὰρ φύσει δοῦλος ὁ δυνάμενος ἄλλου εἶναι-διὸ καὶ ἄλλου ἐστίν-καὶ ὁ κοινωνῶν λόγου τοσοῦτον ὅσον αἰσθάνεσθαι ἀλλὰ μὴ ἔχειν"）。

理念。起码在很大程度上，是因为他们持有某种理念，才会如此行事。人们总因信仰发生变化，旋即改变他们的行为，这种现象屡见不鲜。这也正是我最感兴趣的：改变信念如何改变人们的欲望。

李汉松：瓦格纳中途改变了他的信念。

纳尔逊：正是，瓦格纳的"核心关怀集"保持着惊人的一致性，但他的世界观经历了数次重大转折。这些思想和信念上的转变勾勒出的是一个竭力挣扎的灵魂。在回应或采纳不同的观点时，他可能提出完全不同的理念，甚至映射出截然不同的政治工程。其中最重要的关乎艺术和社会的关系，以及"社会"本身的可能性。所有这些可能都是因为，1854 年的某日，乔治·赫尔维克（Georg Herwegh）引介他接触了叔本华（Arthur Schopenhauer）①。然后，在信服叔本华后，他顿悟自己此前大错特错。他甚至发觉正在创作的《尼伯龙根的指环》也错了，所以将其束之高阁。这一停就是十几年。待他重拾旧作，最终完成这部作品时，他的收尾方式注定迥乎不同。

李汉松：所以，如果不详细考察观念的转变如何影响瓦格纳的作曲，甚至无法理解《尼伯龙根的指环》内部的多层次性和复杂性。

纳尔逊：正是如此。在这一意义上，《尼伯龙根的指环》非常特殊。可能有一些艺术作品是数十年间慢慢雕琢而成的，但例子非常罕见。文学作品中，歌德（Johann Wolfgang von Goethe）的《浮士德》第二卷是十余年后写成的，但这与音乐的性质还不甚相同。音乐作品很难拖延战线，但即便有这种情况，历史音乐学家也无从知晓其中的缘由。我们知道瓦格纳的一切细节，因为他是个自恋狂人，深信自己生活中的一切细枝末节都关乎世界兴亡，所以把点点滴滴都记录了下来，以造福后人。也正因如此，我们得以知晓他创作《尼伯龙根的指环》的始末。他先是在 1848 年革命时期为歌剧剧情起了一份草稿，但直至 1869 年才最终完成——整整二十年。更有甚者，整部系列直到 1875 年才合而为一，公开演出——那一年才算得上是《指环》的"初演"。尽管歌剧是连续的，瓦格纳最初动笔和

---

① 乔治·赫尔维克（1817—1875），德国诗人，"青年德国"（Junges Deutschland）文艺运动代表人物之一。亚瑟·叔本华（1788—1860），德国哲学家，形而上唯意志论（metaphysischen Voluntarismus）和悲观主义哲学（metaphysischen Pessimismus）代表人物，著有《作为意志和表象的世界》（Schopenhauer, Arthur. *Die Welt als Wille und Vorstellung.* Leipzig: F.A. Brockhaus, 1819）。

最终收笔时的世界观却天差地别。他的政治倾向也有所变化。这种信念、政治、音乐上的三重变化，如果单从"个人利益"角度解读，岂不莫名其妙？事实上，是他持有的"信念"决定了他如何看待"利益"！所以我也认为瓦格纳这一案例证明了：严肃对待作者声称的动机是有价值的。起码在更铁板钉钉的证据出现之前，我们必须在一定程度上尊重作者本人认定的动机。有些时候，很明显必须要质疑作者的一面之词。以弥尔顿的作品为例，他使用《圣经》素材论证共和，批判君主制。但再一读潘恩又发现，他几乎选用了同样的《圣经》章节论证自己的观点。很明显这两种政治辩护不尽相同。到 1775 年写《常识》为止，潘恩即便不是彻彻底底的自然神论者（Deist），也所差无几了。他完全不在乎经文的说辞，之所以引用，是因为他清楚自己的读者群在乎宗教，所以不引《圣经》不足以服众。弥尔顿正相反：他深受《圣经》的政治教导鼓舞，真诚地探索经文带来的社会启示。在类似这种情况下，我们务必要质疑潘恩自称的"动机"是否真实。但这必须要基于充足的证据之上，而不能一概而论，或凭空否定。

李汉松： 说到艺术家、观念、作品之间的交织关系，我想到政治思想史中的一个难题：如何对待本人是政治理论家，又是发号施令的君主？这是阿维·利夫希茨（Avi Lifschitz）、尤尔根·奥弗霍夫（Jürgen Overhoff）、理查德·伯克和艾萨克·纳西莫夫斯基上次来剑桥和我们辩论的课题①。除了埃德蒙·伯克（Edmund Burke）之类政治家之外，他们关注的是凯撒主义传统，尤其是普鲁士的腓特烈大帝（Friedrich II, der Große）。

纳尔逊： 还有詹姆斯一世（James I）②！

李汉松： 是的，詹姆斯是了不起的"神权"理论家。但腓特烈更为特殊：他也吹长笛，音乐造诣非凡。所以我想问，为何既是政治哲学家也是音乐家这种现象如此稀少？瓦格纳即是一例。

纳尔逊： 还有卢梭。

李汉松： 卢梭不但发明了一种简谱记法，为《百科全书》撰写音乐章

---

① 2018 年 4 月 27 日"昆廷·斯金纳讲座"（Quentin Skinner Lecture），主讲人为阿维·利夫希茨。他当时正从伦敦大学学院转入牛津历史系。尤尔根·奥弗霍夫（1967— ），德国明斯特大学教授，研究路德、霍布斯、康德。伯克当时仍在伦敦玛丽女王大学，次年赴剑桥接任政治思想史教席。纳西莫夫斯基基本是 2019 年斯金纳演讲人，但因疫情原因推移至 2021 年。

② 詹姆斯六世和一世（James VI & I；James Charles Stuart, 1566—1625），苏格兰、英格兰国王，1603 年联合法令后成为苏、英、爱三国共主，鼓吹君权神授论（Divine Right of Kings）。

节，也创作过歌剧《乡村中的占卜师》（*Le devin du village*）。他和瓦格纳一样，既写词也作曲。但是很难再继续枚举下去此类精通音乐的政治思想家。

纳尔逊：这的确是个异常有趣的问题：为何"精通音乐的政治哲学家"如此稀少？很明显，在很长一段时间里，音乐家的成长轨迹十分特殊。在中世纪和近代早期，没有不亲自演出的作曲家。按照当时的社会组织和分工形式，作曲家即是专业音乐家，他们自创自演，收入也源自作曲和演出。所以，尽管行行业业都通晓乐器，严格意义上的"业余音乐家"非常之少。直到 19 世纪才出现大批量只创作、不演奏的天才作曲家。这种职业履历和政治思想家颇为不同。撰写政治哲学的人在青年时期，或进入当时的大学——在经院时代，接受的是经院式教育；在人文时代，接受的则是古典人文主义教育——或进入教会、宗会的司铎履职，抑或在朝堂之上介入法政——如马基雅维利和弗朗切斯科·帕特里齐（Francesco Patrizi）①。所以"政治哲学作曲家"的稀少或许可以归因于这种社会结构和职业履历的不同。但也不是没有例外，尤其是中世纪。我又想到了一例：希尔德加德·冯·宾根（Hildegard von Bingen）②。

李汉松：对希尔德加德·冯·宾根而言，作曲、演奏、哲学、教学等文化活动俱为一体，都在经院的社会空间内运转。

纳尔逊：绝对是这样。当时存在整个一阶层的宗派作曲家，写基督教

---

① 弗朗切斯科·帕特里齐（拉丁：Franciscus Patricius, 1529—1597），克罗地亚裔意大利文艺复兴时代的政治家、思想家。相比于马基雅维利，帕特里齐的观点更为主流，其仕途也更加顺畅。与政治理论家相比，思想史家自然更重视帕特里齐。内森·塔科夫曾在《昆廷·斯金纳的方法与马基雅维利的君主论》一文中讽刺斯金纳道："色诺芬是马基雅维利唯一向我们保证他在写作《君主论》时确实在意的写'君主建言书'这类体裁的作者，然而《现代政治思想基础》却一处也未提及色诺芬！《君主论》一处也未提及庞塔诺、帕特里齐、卡斯蒂利奥内，斯金纳也拿不出任何外部证据证明马基雅维利在意这些人……与马基雅维利如何驳斥《圣经》、柏拉图，或者我们自己相比，斯金纳对马基雅维利如何反驳庞塔诺或帕特里齐更感兴趣。"（Nathan Tarcov. "Quentin Skinner's Method and Machiavelli's Prince", *Ethics*, Vol. 92, No. 4, Jul., 1982, pp. 692-709, 704, 708）庞塔诺（1426—1503），斯波莱托公国（Ducato di Spoleto）的人文主义诗人，庞塔诺学院（Accademia Pontaniana）核心人物。卡斯蒂利奥内（1478—1529），文艺复兴时期的廷臣、外交官、作家。詹姆斯·汉金斯与大多数剑桥学派政治观点"相右"（除了他自己培养出的纳尔逊），但他依赖帕特里齐、布兰多里尼（Aurelio Lippo Brandolini, 1454?—1497）等例子说明文艺复兴的政治思想核心是"美德政治"。因为汉金斯谙熟手稿版本学，斯金纳很是佩服，曾赠书并在书扉页上写下"with admiration"。而因汉金斯乃右派，不买政治正确性的账，哈维·曼斯菲尔德与他很是亲近，称他是"我们在历史系唯一的盟友"。这种政治和方法交错纵横的四宫格在对待帕特里齐的态度上体现得尤其鲜明。

② 希尔德加德·冯·宾根（拉丁：Hildegardis Bingensis, 1098—1179），中世纪德国女修道院领袖、天主教圣人、神学家、作家、作曲家、博物学家和学者。

圣乐。但他们创作的多是声乐，而非器乐。这与 17—18 世纪的情形大不相同——那时真正意义上的古典音乐传统才真正萌发。除了极个别的例外，多数音乐家还是幼童时期便作为学徒接受训练。

李汉松：作为一位"内心深受煎熬的瓦格纳爱好者"，您如何评价瓦格纳在歌剧史，乃至音乐史上的地位？一位严肃认真的音乐家完全可以置瓦格纳于一旁，起码不深入思考瓦格纳。但与此同时，与巴赫（Johann Sebastian Bach）和贝多芬（Ludwig van Beethoven）相比，瓦格纳激起人们更极端的反应，不论是极度热爱还是深恶痛绝。

纳尔逊：伯纳德·威廉姆斯曾写过一篇出色的文章，即深刻地指出了这一问题。

李汉松：我记得他也提到了尼采对瓦格纳的批判，托马斯·曼（Thomas Mann）对此评论道：充满激情地憎恨瓦格纳也是一种不朽的赞颂。您对瓦格纳激怒听众，又受仇恨者膜拜；恶名不绝，却永垂不朽的现象，有何看法？

纳尔逊：你问得妙极了！我的确认为这种现象独一无二。至于他的音乐——我想借用著名指挥家奥托·克伦佩勒（Otto Klemperer）的名言来一语概之——"当我喜爱瓦格纳时，我憎恶我自己。"我并不同意这一点，这也绝非我的个人感受，但我理解他的言外之意。瓦格纳的音乐如果演奏得当，有一种近乎怪诞的效果。自尼采以降，人们都意识到瓦格纳的音乐有些令人不适之处。进入他的音乐世界，会涌出一种异样的纵深感。你的感知似乎着了魔，离自己渐行渐远，迷离地穿越时空。听莫扎特《费加罗的婚礼》（*Le nozze di Figaro*），你或许会喃喃自语："这简直是无可置辩的'善'——它对我百利而无一害，如果更多的人听它，世界上会有更多好人。"这是因为莫扎特音乐井然有序、华美而幽默，不做作，但伟大深邃。但如果你听瓦格纳，你会不禁暗忖："这对我颇有害处"，"这并不让我感觉更佳"，或者"这音乐将我引向幽暗诡谲之地"。即使是激情澎湃的瓦格纳迷听《帕西法尔》（*Parsifal*），也会时感不适。当然，《帕西法尔》极为特殊。它犹如走着一条细密微妙的钢丝。如若演奏得不佳，便危险无比，甚至沦落得如闹剧一般荒诞。但如表演得当，则会到达一种全然的美感——你便会理解古斯塔夫·马勒（Gustav Mahler）为何会从那场演出中走出，说他的人生已然改变。①但瓦格纳的音乐以一种异乎寻常的方式触碰你的心灵。打个极度不恰当的比喻，正如修理工远程控制你的电脑一样：你必须自我解除武装，允许他人操作你的屏幕，才能起到作用。同理，瓦格纳对我们说："请你放弃抵抗，将接下来5个小时的控制权交给我。我随意引导你去远方，那里诡谲无比，甚至扭曲得可怖。你会失去时空感，甚至会对自己感到陌生。但我承诺，你会感受到至高无上的美。"所以瓦格纳有其危险之处。尼采曾说过：如果你抛开剧本歌词，只听《特里斯坦与伊索尔德》(Tristan und Isolde)的谱子，你会直接发疯。或者说，瓦格纳令人警觉。这绝对不是贝多芬，更不是莫扎特。试问《费德里奥》(Fidelio)有何令人警觉之处？《费德里奥》有的是崇高，虽然也有变形和挪移，有惊悚和暴力，但没有令人内心深处的一种不安之感。

我曾听杰出的钢琴家乔纳森·比斯（Jonathan Biss）上过一节大师课。当时有人演奏了一首舒伯特的《奏鸣曲》。比斯评价道："舒伯特是任何与一切。许多人说舒伯特只是甜美而已，这是胡言乱语。舒伯特的音乐中有所有的情绪——但唯独有一点：他从不气势汹汹。你弹得凶了些！"我宁愿说舒伯特从不令人不安，从不令人警觉。他不像瓦格纳一样动摇一切。

李汉松：瓦格纳动摇的既是音乐性也是政治性。

纳尔逊：是的。在音乐性方面，他在《特里斯坦与伊索尔德》中使用的一揽子不协和音（dissonance）最为知名，这在多种形式上都背离了当时的歌剧标准。当然了，瓦格纳的乐想结构（motivic structure）也极富争议。政治方面，谈资更多。即使是在他的有生之年，瓦格纳的"音乐政治"就已经影响深远。首先他是个革命者，但他也是个恶毒的反犹主义者——即便以他的时代为参照，其严重程度也十分惊人。他攻击犹太人不遗余力——很遗憾，我认为这一点对理解他的政治理论至关重要。许多人因此认为，鉴于种种重要的个人身份原因，自己"不应该"喜爱瓦格纳。譬如，在勃拉姆斯（Johannes Brahms）- 瓦格纳辩论中，很多人认为必须站在勃拉姆斯这一边。他们这是表明态度："我是

---

① 马勒写信致友人道："当我步出节日剧院时，无法言语，我知道最伟大而最苦痛之事已如光亮降临在我身上，我将持有它度过余生。"（Als ich, keines Wortes fähig, aus dem Festspielhaus hinaustrat, da wusste ich, dass mir das Größte, Schmerzlichste aufgegangen war und dass ich es unentweiht mit mir durch mein Leben tragen werde. ）

个'勃拉姆斯派'，这代表着古典主义、启蒙精神、自由主义。我不是个民族主义和反犹主义者！"另一方面，做一个"瓦格纳派"即意味着一种文化政治（*Kulturpolitik*）的属性。但这一点又被极大地复杂化了，因为有为数众多的"犹太裔瓦格纳派"。毕竟《帕西法尔》首演离不开犹太指挥家赫曼·列维（Hermann Levi）。

李汉松：难道瓦格纳没有说过："列维要指挥我的《帕西法尔》，需要先受洗成为基督徒？"

纳尔逊：他说列维"应该"受洗，但如你所知，最终瓦格纳默许了列维指挥《帕西法尔》首演。以至于出现了一种超乎寻常的奇异场景：近乎癫狂的圣餐礼音乐，在一个犹太人的指挥棒下汹涌而出！之后的故事我们都不陌生：法西斯主义出现了。纳粹把瓦格纳和"瓦格纳主义"推向神坛，为的是支持一套瓦格纳泉下有知必定会惊恐万分的政治工程。我必须指出，尽管瓦格纳享有纳粹的反犹主义情绪，他终究是 1848 年革命的产儿，而且从未抛弃这种精神。即使是在晚年，他也与青年马克思相近，而距离法西斯主义天差地远。所以希特勒亲赴拜罗伊特音乐节（Bayreuther Festspiele）的场景，以及他对《黎恩济》(*Rienzi, der Letzte der Tribunen*)的追捧，完全是另一副光景了。"二战"后，瓦格纳的音乐消失了一段时间。即使是今日，发扬他的音乐有时还是一种挣扎，其中的缘由值得理解。但我个人不认为拒绝聆听瓦格纳的音乐是一种合理的回应方式。同理，《威尼斯商人》是一部"反犹主义的戏剧"。但很遗憾，这也是一部"天才般卓越的反犹主义戏剧"。《尼伯龙根的指环》也是如此。反犹主义并不是边缘性因素，而是深层次地撑起了这部歌剧的架构。再者，不少其他作曲家也反犹，但我们并不抵触听他们的音乐——费伦茨·李斯特（Franz Liszt）便不太喜欢犹太人。所以作为犹太裔，我理解这种内心的挣扎。但我认为拒绝音乐不是一种积极有效的态度。

李汉松："二战"结束后，甚至直到今日，每次犹太裔音乐家想在以色列演奏瓦格纳，都会遭遇抗议。

纳尔逊：以色列这一有趣的案例颇具讽刺意味，因为瓦格纳是锡安主义鼻祖西奥多·赫茨尔（בנימין זאב הרצל）最喜爱的作曲家。赫茨尔甚至选定了《唐豪瑟》(*Tannhäuser*)的序曲作为第二次世界锡安主义大会（הקונגרס הציוני）的开幕曲。赫茨尔的"新故土"（*Altneuland*）观念——一种自由主义、世界主义、资产阶级的犹太国——具体而言就是讲着德文、戴着圆帽，听着瓦格纳四处踱步的犹太人。因为犹太裔瓦格纳迷的存在，瓦格纳的政治遗产才如此复杂。但你说得完全正确：瓦格纳是个催化两极分化的人物。最近我听一位我很敬重的作曲家托马斯·阿德斯（Thomas Adès）①评价瓦格纳。他极度憎恶瓦格纳，认为其人、其音乐皆无可取之处：令人厌恶、平庸无奇、笨拙无趣。他认为瓦格纳的乐想结构失于笨拙，过于精准，简单粗暴化了音乐的能量。这一批判的暴烈程度异乎寻常。可以说，从瓦格纳在世起直到如今，他没有一分一秒不在两极分化他的听众。在这一点上，他与其他大多数作曲家都迥乎不同。想想看，你能如何批评亨德尔（George Frideric Handel）？有些人对《弥赛亚》（Messiah）是部清唱剧有那么些意见。但这种指责远不能与瓦格纳掀起的争议相比拟。

李汉松：我们已经提到了瓦格纳政治知识和社会灵感的诸多源头，但尚未充分阐述这些语境之间的错综关系。首先，他是 1840 年代费尔巴哈人文主义的产物，也与奥古斯特·勒克耳（August Röckel）一样，出入巴枯宁（Михаил Александрович Бакунин）、蒲鲁东（Pierre-Joseph Proudhon）的无政府主义圈②。1848 年德累斯顿爆发五月起义，瓦格纳负责在钟楼上远眺地貌，警卫城邦，盯着前来镇压革命军的反动派的一举一动——这一场景想来令人心潮澎湃。对一位参与革命政治的作曲家而言，站在钟楼上鸣笛颇具象征意义。但又有一种思想传统，与之似乎不同，那便是"创造德国民族的音乐"。托马斯·曼曾将瓦格纳归入一种寻觅德国"国家艺术"（nationale Kunst）——也许不是"民族艺术"（Volkskunst）——的文化潮流。如果这样看，可以将瓦格纳与席勒（Friedrich Schiller）③、歌德并列视之。

---

① 托马斯·阿德斯（1971— ），艺术史家道恩·阿德斯（Josephine Dawn Adès, 1943— ）、诗人和翻译家蒂莫西·阿德斯（Timothy Adès, 1941— ）之子，毕业于剑桥大学国王学院，师从亚历山大·戈尔（Alexander Goehr, 1932— ）、罗宾·霍洛韦（Robin Holloway, 1943— ），英国作曲家、学者、作家。戈尔之父沃尔特·戈尔（Walter Goehr, 1903—1960）又是勋伯格（Arnold Schönberg, 1874—1951）的门生。霍洛韦的博士学位论文则是研究德彪西（Claude Debussy, 1862—1918）与瓦格纳（Robin Holloway. *Debussy and Wagner*. London: E. Eulenburg, 1971）。阿德斯曾为英国皇家音乐学院（Royal College of Music）教授，近日坐镇波士顿爱乐团（Boston Symphony Orchestra）。

② 奥古斯特·勒克耳（1814—1876），德国作曲家、指挥家、社会活动家。米哈伊尔·亚历山大罗维奇·巴枯宁（1814—1876），俄裔无政府主义革命者和思想家。皮埃尔-约瑟夫·蒲鲁东（1809—1865），法国无政府主义思想家。

③ 弗里德里希·席勒（1759—1805），德国文学家，神圣罗马帝国诗人、剧作家、史学家、哲学家，狂飙突进运动（Sturm und Drang）代表人物之一。

第三种思想影响或许是最重要的，那就是瓦格纳的"叔本华时刻"。叔本华的影响化入了他更具超越性的艺术表达。也许正因如此，尼采控诉他"匍匐在十字架之下"。这些哲学影响的相互运作如何造就了瓦格纳的政治和音乐人生？

纳尔逊：首先我必须声明，你提出了一个无法回答得尽善尽美的大问题。瓦格纳自认为有许多重身份，尤其以哲学家自诩。从青年时代起，他便大量阅读各种哲学传统的典籍，因此他的音乐作品充斥着各种思想元素。可以说，在酝酿《尼伯龙根的指环》的那些年，即 1840 年代，瓦格纳正处于"青年黑格尔"（Junghegelianer）的鼎盛期。这意味着他处于左翼圈子：你提到了巴枯宁和蒲鲁东，但在哲学方面，最大的影响还是青年马克思！学界竟然就瓦格纳是否读过《论犹太人问题》（Zur Judenfrage）这件事有所争论——这在我看来简直不可思议。① 瓦格纳在《音乐中的犹太性》（Das Judenthum in der Musik）中有一些段落几乎是一字一句复述马克思。② 如果他未读过《论犹太人问题》，这又如何解释？当然，你也提到了费尔巴哈。但当时马克思本人也在"费尔巴哈阶段"。费尔巴哈、马克思、瓦格纳都用类似的语言：异化、人性如何映射到外物之上（包括上帝），等等。具体折射到马克思那里的版本是费尔巴哈的人类"类本质"概念：人类处于一种集体工程，他们生活福祉的核心要义是以一种社会性的方法生存于集体关爱之中。这一观念又引出了对自由主义的批判：自由主义孤立化、软弱化、交易化、工具化人性，将其还原成达到目的的手段，阻碍人类组成适当的、自由的、解放的集体，真正实现自己的"类本质"。

对瓦格纳而言，这种批判关乎"自由之爱"③。马克思在《论犹太人问

---

① Karl Marx. "Zur Judenfrage", Paris: *Deutsch–Französische Jahrbücher*, S. 182 ff., 1844; Zur Judenfrage von Karl Marx ; hrsg. und eingeleitet von Stefan Grossmann. Berlin : Ernst Rovohlt Verlag, 1919; Marx-Engels-Werke Bd. 1, S. 347-377; Marx-Engels-Gesamtausgabe Abteilung I Bd. 2, Dietz Verlag, Berlin 1982, S. 141-169 & 648-667.

② Richard Wagner (K. Freigedank). "Das Judenthum in der Musik", *Neue Zeitschrift für Musik*, Leipzig, 1850; *Das Judenthum in der Musik*. Leipzig: J.J. Weber, 1869.

③ 自由情爱的美学是歌德、席勒、谢林、黑格尔的共同遗产。如歌德所说："自由之爱脱松了心智和舌头的缰绳。"（freie Liebe, sie läßt frei uns die Zunge, frei den Mut）谢林（Friedrich Wilhelm Joseph Schelling, 1775—1854）与早年黑格尔曾就纯粹美学（Ästhetik）和民族宗教（Volkreligion）之间的选择多次通信。

题》中指出："社会的犹太化"终将得到救赎，但这种现象在婚姻问题上触到了它的边际。在婚姻中，女性被当作物品对待，被买卖交易，签订契约，因此"类关系"遭到了践踏。这一思想世界对瓦格纳至关重要。我们基本可以确定，《尼伯龙根的指环》是倒叙创作，因此才具有一些神奇的特质。初始，瓦格纳像其他的 18、19 世纪着迷于诗体埃达、尼伯龙部落传说、创作带有"中古风"的作家一样，意欲创造出"有机"的德国神话，借此来凝聚"民族"（Volk）。为此，他拟定要写的歌剧题目叫作《齐格弗里德之死》（*Siegfrieds Tod*）①。如此一来，这与《诸神的黄昏》非常相近——甚至不是全部，而是《诸神的黄昏》之末尾。但是瓦格纳的歌剧从末尾向前不断延展。他发现：如果我讲这个故事，就必须再追溯一个故事加以铺垫……就这样一直写到了天地万物之初！所以《指环》的独特之处在于，瓦格纳最后才写了《莱茵的黄金》（*Das Rheingold*）的歌词——这篇 2.5 小时长的"序曲"！他反倒是先写了乐谱。当他最初勾勒出剧本框架，正在创作乐谱时，他是正着写曲，倒着写词。当他写到《齐格弗里德》第一幕时，他便停了下来。这便是他接触叔本华的时刻。

　　必须说，叔本华是个极度复杂的人物。想必你一定熟悉叔本华的"佛教式"观念。叔本华的确通过层层接收和再接收，深深浸濡了佛教思想。你一定也怀疑他最终得到的"佛学"多大程度上"原汁原味"，但起码叔本华自认为得到了真正的佛教教义。叔本华认为：梦想在这个世界上获得解放、自由、社会联合，建立美好的人间王国，这是一切苦痛之源。我们必须认识到：生存即煎熬。一切欲念都是自我的虚妄。自我又是意志（der Wille）的体现，而这种"意志"是全方位的。作为相互割离的个体人，我们自己也都是虚幻的。要想在一切结束后获得圆满，只有一个途径：破除虚幻，真正意识到我们性情中的虚无，停止以混沌不清的形式继续存活下去，最终化归整体。在这一套理论中，很明显也有费尔巴哈主义的核心主旨，如对个人主义和原子主义的深深怀疑。叔本华和费尔巴哈在这一点上相似：自由主义框架中的"自我"向内辐射，以各自的利益和多样的方式

――――――

　　① 齐格弗里德（古诺斯：Sigurðr；中古高地德文：Sîvrit；德：Siegfried），古诺斯、斯堪的纳维亚、日耳曼神话中的屠龙英雄，中古高地德文诗歌《尼伯龙根之歌》和瓦格纳歌剧《尼伯龙根的指环》中的英雄。传统上认为其原型是法兰克墨洛温王朝的西吉贝尔特一世（Sigebert I）或曾大败罗马军队的日耳曼领袖阿米尼乌斯（Arminius），但无定论。

互动，这是社会的病根。在这种哲学的烛照下，瓦格纳对原子主义和自由主义"自我"的批判是高度一致的。但很明显，叔本华开出的药方和费尔巴哈截然不同。叔本华让我们意识到：此生此世，绝无解放之可能。苦痛折磨的炼狱并无出口，除非是灭亡本身。只有灭亡，才能破除虚幻。这种哲学孕育出了《特里斯坦与伊索尔德》：

> In dem wogenden Schwall,
>
> in dem tönenden Schall,
>
> in des Weltatems
>
> wehendem All, -
>
> ertrinken,
>
> versinken, -
>
> unbewusst, -
>
> höchste Lust!

> 在漫起的狂潮之中，
>
> 在久绝的回音之中，
>
> 在世界一息
>
> 那万向唯一的波流之中，
>
> 淹没，
>
> 潜沉，
>
> 了无知觉，
>
> 至高喜悦！

李汉松：还有《尼伯龙根的指环》的剧终：天堂熊熊烈火，人间波涛翻滚，但在死亡中却又有一种冷峻的解脱。

纳尔逊：这是《指环》最著名的历史疑难：当瓦格纳重拾旧作时，他却不知该如何收尾。首先，他为何决定重新完成《指环》？这本身就令人遐想连篇。在间歇的年岁里，瓦格纳完成了《特里斯坦与伊索尔德》和《纽伦堡的名歌手》(*Meistersinger von Nürnberg*)。但他还是决定回归《指环》。这时摆在他面前的问题是如何结束《诸神的黄昏》

（*Götterdämmerung*）。起初的计划是：布伦希尔德（Brünnhilde）^①以自我牺牲换回人类世界的解放。但诸神的世界呢？这是自由主义的世界，也是契约和议价的世界。我认为很明显，诸神的世界应该被解读为一种"犹太化"的世界。我认为这是瓦格纳的重要观点。《指环》的整个困境就是为了展示所谓"犹太化"意识形态的病态。因此，本来的结尾是：诸神的世界没落了，全新的人类世界诞生——在这里可以自由地爱；这里不再遍地充斥着契约和议价，也不再受僵硬的法律不断地异化。这里享有集体的爱和自由。但是当他真正写到剧终时，他意识到不能如此收尾。现在，末尾必须是灭亡！布伦希尔德想要结束自己。这种"世界结束"的观念和"人类解放"相比，更引人浮想深思。

这里还有一个谜团。譬如，《诸神的黄昏》临近末尾时，布伦希尔德在自焚之前有一段独白唱段，她说现如今，她已一切大彻大悟：

> Alles, Alles, Alles weiß ich,
>
> Alles ward mir nun frei.
>
> Auch deine Raben hör' ich rauschen;
>
> mit bang ersehnter Botschaft
>
> send' ich die Beiden nun heim.
>
> Ruhe, ruhe, du Gott!

> 一切，一切，一切我已彻悟，
>
> 一切于我都已解脱。
>
> 我听见你的乌鸦信使，沙沙振翅；
>
> 衔着那惴惴挂怀的音讯，
>
> 我放你们两只归去。
>
> 安息吧，安息吧，你这神灵！

布伦希尔德说她如今才深刻地明白了一切，她叫沃坦（Wotan）的乌

---

① 布伦希尔德（古诺斯：Brynhildr；中古高地德文：Brünhilt），诺斯、日耳曼神话中的女武神、盾女、女王，其原型或许与西吉贝尔特一世的王后——奥斯特拉西亚的布伦希尔德（543—613）有关。

鸦信使飞回瓦尔哈拉天宫（Walhall）①，即是为了告诉沃坦这一点。她最后说道："安息吧！安息吧！你这神灵！"这段音乐美妙绝伦。她悟到的便是：众神之神沃坦将在死亡中得到解脱。在漫长的痛苦之后，终于会得到安宁。这听上去是不是很叔本华？然而这一部分是瓦格纳信奉叔本华之前写下的，个中缘由也无从知晓。

李汉松：瓦格纳自己曾想过写一部佛教歌剧。他的一些看似"叔本华式"的情绪和主旨有时也以近乎宗教的形式呈现，似乎是一种"没有基督的基督教"。

纳尔逊：是的，瓦格纳构思过无数种歌剧，也考虑过写一部佛教作品。我们很难捋清他头脑中不断涌现出的这些观念之间有何真正关联。但是《帕西法尔》的"基督教问题"非常显著。瓦格纳用了一种"基督教习语"写出《帕西法尔》，但很明显，这部歌剧无关"基督教"。它的主旨是忘我、自弃，还有交融的狂喜。这与《指环》对"非资产阶级之爱"的讴歌迥然不同。《指环》之所以要安排齐格蒙德（Siegmund）和齐格琳德（Sieglinde）这对同胞兄妹乱伦，是为了强调爱情如何战破法律的牢笼——还有什么比乱伦禁忌更如化石般古老的法令呢？所以一旦这一爱情的结晶超越了法律，也就超越了所有契约和交易。相比之下，《帕西法尔》的解读甚至更为开放，也更具争议性。我个人认为：在《指环》以极端的方式超越法律之后，瓦格纳想在《帕西法尔》中提出一种具有超越性，但更为合理的自由爱情。但为了实现它，就必须摒弃欲念。这是个复杂的体系，但我认为在这两部歌剧之间，瓦格纳有一次重大转型。瓦格纳不缺小规模的转型——他永远在变化当中。他的政治观点在悄然变化。1848 年五月革命失败后，瓦格纳长期在瑞士流浪。这时他回来了，找到了巴伐利亚国王路德维希（Ludwig Ⅱ）②这样一位保护人。所以他的切身处境也有实质性的变化。路德维希膜拜瓦格纳。许多"仇瓦格纳"圈子里流传一种怪异的说法，认为瓦格纳卑颜屈膝地阿谀谄媚路德维希。但凡读一点史料就会

---

① 瓦尔哈拉天宫（古诺斯：Valhöll），是《埃达》诗等诺斯神话中阿萨神域（Ásgarðr）的天宫，由奥丁（沃坦）统治。战争中阵亡的将士一半由女武士带入瓦尔哈拉，另一半则进入女神弗蕾亚（Freyja）的弗尔克范格（Fólkvangr）。瓦尔哈拉天宫颇具生态多样性：牡鹿（Eikþyrnir）、山羊（Heiðrún）以生命之树（Læraðr）的树叶为食。

② 路德维希二世（1845—1886），巴伐利亚国王，1864 年十八岁时继位，对普鲁士作战一败涂地，但爱好文艺，因修建新天鹅城堡被称为"童话国王"（der Märchenkönig）。

发现，事实正相反：是路德维希追捧瓦格纳。他为了支持瓦格纳，竭尽所能。他造了瑰丽恢宏的"新天鹅城堡"（Schloß Neuschwanstein）向瓦格纳表示敬意，甚至想在那和瓦格纳（起码是他的音乐）度此余生。这座城堡如神话梦境，即是后来迪士尼世界中灰姑娘城堡的原型。

李汉松：瓦格纳受排挤去瑞士时，路德维希差点退位和他私奔。

纳尔逊：是的，这些插曲都是"转型"，但我认为理论上的重大转型是从社会批判到忘我超越。

李汉松：所以尼采批判《帕西法尔》是基于一种误读？还是说尼采潜意识中厌弃自己对瓦格纳的依赖，所以找了个借口断绝了这份已经不需要的精神哺育？

纳尔逊：我认为"爱恨交织"是个永恒真理。爱慕和憎恶、敬仰和排斥，这一对对截然相反的情绪其实出奇的相近。如果你看到一幅画，无动于衷，可能永远不会着迷。但如你一眼望去，感觉受到了冒犯，心生厌恶，感到摇摆不安，你最终有可能喜欢上这幅作品。因为起码你们在同一"音区"之中——它能触碰到你，甚至能进入你的意识深处。同理，尼采的"瓦格纳崇拜"和"瓦格纳恚恨"是同一枚硬币的两面。但我们可以确信的是：尼采绝不会耸耸肩，感到瓦格纳无足轻重。他是因为重视瓦格纳，才认为此人不是"救世主"就是"敌基督"（当然，这一比喻未必适当，因为尼采喜爱敌基督！）。我认为这一点贯穿他写瓦格纳的所有作品，从《悲剧的诞生》（*Die Geburt der Tragödie aus dem Geiste der Musik*）这一崇拜瓦格纳的时期，到二人的决裂，再到仇恨瓦格纳的阶段。[3] 尼采每当写到瓦格纳都有如发癫。这喷涌而出的疯狂之中有点点滴滴的智慧。但是无论如何，《帕西法尔》的"基督教"不是基督教。起码，全剧之中未出现一个"耶稣"、一个"基督"。所以，它至多算得上是一种"变形基督教"。我认为尼采理解了一部分，误读了另一部分。但他不论是对还是错，一遇到瓦格纳就不住地冒泡：这些泡泡色彩各异：有崇敬和仰慕，也有惊恐和排斥。

李汉松：您坚信瓦格纳深受马克思影响，这让我注意到二人还有一个共同点，即对中世纪封建主义的反思。我记得我们和迈克尔·罗森

---

③ Friedrich Wilhelm Nietzsche. *Die Geburt der Tragödie aus dem Geiste der Musik*. Leipzig: E.W. Fritzsch, 1872.

（Michael E. Rosen）①教授在常熟饭店有过一次辩论。罗森认为马克思对封建时代人际关系的形容是一种讽刺式的批判：领主与仆从之间看似亲密的关系，其本质是残酷的支配和剥削。您认为马克思虽然批判封建社会，赞美工业世界的兴起是一种进步，但是承认前工业时代的人际关系是真实地道的，起码是未经异化的，所以在这一层面上马克思有"怀旧情绪"。

瓦格纳以挖掘中古神话著称。他以中世纪传说为主题，戏剧化他身处的资产阶级社会。但这其中有一种矛盾。根据黑格尔对"古代"和"现代"政治心灵的基本阐释，二者在意识层面上的区别是根本性的。换句话说，安提戈涅（Ἀντιγόνη）和克瑞翁（Κρέων）之间相互对峙、互无交集，每人紧握伦理本质的一个片面，如此裹入悲剧，和哈姆雷特（Hamlet）有意识地走入悲剧，二者有着本质的不同。②哈姆雷特的心理更复杂的多，这是因为现代意识具有自我反思性。所以，瓦格纳和他同期的亨里克·易卜生（Henrik Ibsen）③都用古代神话戏剧化现代社会，这其中难道没有张力？还是说，在您的政治思想史观中，"前现代"和"现代"概念的界限更具流动性？

纳尔逊：这是个极妙的问题，也极难回答。我个人倾向于区分瓦格纳如何思考神话，和瓦格纳如何看待欧洲社会的过去阶段。你可以说，因为《指环》的素材来自中世纪欧洲，这部歌剧是当时欧洲浪漫化、哥特复兴浪潮中的典型。这么说并不错，因为《指环》是这一大时代下的产物。但对瓦格纳而言，《指环》的重要性还在于它关乎时下。他用神话，不是为了捕捉一个已经逝去的历史时刻，而是为了表述永恒的关怀。它呈现的问题正在瓦格纳眼前展开，并将永远存在下去。神话超越了时间。所以我认为，不论萧伯纳（Bernard Shaw）的《完美的瓦格纳派》（*The Perfect Wagnerite*）有何欠妥之处，它仍然是有史以来分析瓦格纳的顶级佳作之一。④萧伯纳指出：

---

① 迈克尔·罗森（1952— ），英国政治哲学学者，分析派康德、黑格尔和马克思研究代表人物之一，查尔斯·泰勒的学生、柯亨（G.A. Cohen, 1941—2009）之友。文中提到的是 2019 年 11 月 14 日伯克利大学香农·史汀生（Shannon Stimson）教授演讲后，我们在哈佛附近的中餐厅常熟（Chang Sho）的一次对话。

② 这是我为罗伯特·皮平写过的一篇论文的主旨。

③ 易卜生（1828—1906），挪威现实主义剧作家、戏剧导演，著有《培尔·金特》（*Peer Gynt*），后为挪威作曲家爱德华·格里格（Edvard Hagerup Grieg, 1843—1907）编成音乐。

④ Bernard Shaw. *The Perfect Wagnerite: A Commentary on the Ring of the Niblungs*. London: G. Richards, 1898.

《指环》是"谱成了曲的马克思"。他这篇散文有些笨拙，可能也有还原过甚之嫌。但在我看来，毫无疑问，《指环》中的神界展现了资产阶级自由主义的病态。而犹太主义被当作资本主义和自由主义的精神动能。歌剧向你指出了这种社会制度有何内在矛盾、最终如何被推翻。如此使用神话并非"罗曼蒂克"，也不是偶像化中世纪。但是必须强调的是，他在《纽伦堡的名歌手》以及其他作品中的确有理想化过去的倾向，所以这的确难说。

总体而言，我认为瓦格纳和马克思惊人的相似，但他们的区别也很显著。晚年瓦格纳的革命激情退潮了不少，甚至在描述封建过去时显得更"反动"了些。但是对于马克思和瓦格纳而言，问题的关键不在于回归封建主义——那是个充满压迫的界域，但它终究是个"人际性"的压迫地带：在那里，彼此之间以"人"的身份互动，而尚未被异化、物化、商品化、工具化。封建制度的社会秩序基础仍然是礼尚往来的效力、庇护，当然还有爱。在这个世界里有一份人性和情感——同时也有压迫——这些都在资本主义的隆隆汽笛中烟消云散。总体而言，这是个进步，因为我们距离共产主义更近了一步。但是在封建社会转入资本主义社会过程中遗失的人性，注定会在共产主义实现后重新复苏。简而言之，封建主义不平等但有人性；资本主义趋于平等但丧失人性；共产主义既平等也有人性。我认为这一思路对1840年的马克思而言至关重要。马克思影响于瓦格纳最重要的一点，也就是费尔巴哈对原子主义的批判。它向着历史车轮的反方向望去，看到的是中世纪学徒和师傅之间的人际关系。这种关系是病态的，这不假，但至少具有亲密的人性。我认为瓦格纳一定持有某一版本的类似想法。

但瓦格纳也的确着迷于中古世界。这集中体现于《名歌手》和《唐豪瑟》。这两部歌剧描述了未经扭曲的社会集体。《名歌手》的中古行会即是如此。"名歌手行会"是个病态的组织，因为它的等级制度森严而僵硬，由专家独裁统治——这些都为瓦格纳所憎恶。但此剧的要点在于：汉斯·萨克斯（Hans Sachs）① 闯入了这一世界。他是个未经训练的天才，扫

---

① 萨克斯（1494—1576），在历史上真有其人，生于纽伦堡，是德国中世纪晚期、近代早期的"名歌手"（Meistersinger）、诗人、剧作家、鞋匠。宗教改革期间，他追随路德。他的作品多是"名诗歌"（Meisterlieder）、"说诗"（Spruchgedichte）。在瓦格纳以前，阿尔伯特·洛尔青（Albert Lortzing，1801—1851）曾写过一部名为《汉斯·萨克斯》的歌剧。洛尔青从歌唱剧（Singspiel）发展出一种轻歌剧（Spieloper）。

荡了一切陈规旧习。贝克梅瑟（Sixtus Beckmesser）是个固执的老学究，对萨克斯的越轨行径深恶痛绝。大多数的"名歌手"都是各自行业的杰出匠师。最终，等级制度危险的幻觉被打破了。但在这一切之下潜藏着的，是一种真正集体生活的可能性。这是贯穿于瓦格纳音乐的一条线索。

李汉松：个人的救赎和集体的救赎捆绑在一起，这又如何实现？

纳尔逊：最终只有通过艺术！这是《名歌手》"恶名昭著"的结尾——我们联想到法西斯主义时还会不寒而栗——最后合唱团歌咏萨克斯道：

> zerging' in Dunst
>
> das heil'ge röm'sche Reich,
>
> uns bliebe gleich
>
> die heil'ge deutsche Kunst!

> *在云雾中消融的*
>
> *是那神圣罗马帝国，*
>
> *我们永持不朽的*
>
> *是这神圣德国艺术！*

瓦格纳这段剧本在《名歌手》的具体语境中有何意味？这是个有趣的课题。但这段话似乎在说，"有机"的德国艺术会拯救我们。艺术可以让集体重获新生。这是瓦格纳的特别之处。也正因如此，20世纪所谓"法西斯主义的瓦格纳"是个极其复杂的命题。我想指出的是：瓦格纳一直执着于追求一种深度平等的集体愿景，此志终生不渝。

李汉松：瓦格纳的社会愿景也体现在他亲手设计的歌剧院。您如何看"瓦格纳主义建筑学的政治理论"？

纳尔逊：拜罗伊特节日剧院（Bayreuth Festspielhaus）体现了这种平等主义理想。拜罗伊特的革命性在于，所有的座位均无二致，前排包厢不见了，国王与庶民同座，贵族丧失了他们特有的空间。在某种意义上，这样安排是为了把你带回古希腊悲剧——它那宗教般的肃穆、集体活动的气氛。其目的是让一个集体在艺术中寻找到存在感和归属感。所以艺术打破了旧制度的桎梏，服务于平等主义的社会愿景。谈到希腊戏剧，我们应该留意一点：瓦格纳从不说《尼伯龙根的指环》是"四部曲"（Tetralogie），而是坚持称其为"三部曲（Trilogie）加一篇序曲（Präludium）"，因为他想让埃斯库罗斯（Αἰσχύλος）的《俄瑞斯忒亚》（Ὀρέστεια）三部曲崛地重起。众所周知，不朽的古希腊悲剧都是三部曲，从来没有四部曲。是我们后人称《指环》为"四部曲"。瓦格纳把《莱茵的黄金》当作序曲，我们认为很可爱，一笑置之，实际上瓦格纳非常严肃。他的大作必须讲"三"，这是他的夙愿。所以全剧真正的行动发端于《女武神》之始——即三部曲之始。

拜罗伊特剧院另一个显著特点是朴素，甚至毫无装饰可言。建造这座剧场的时候，正是镀金时代的巅峰，无数富丽堂皇的歌剧院应运而生。你只需比较一下瓦格纳的歌剧院和同期建造的巴黎歌剧院——加尼叶宫、夏特莱剧院——即可发现拜罗伊特剧院是何其的"斯巴达"——典雅而朴实无华，坐落在乡间僻壤，排列着木质长凳，没有包间，也毫无修饰。这座歌剧院的一切都在拒绝着旧制度（ancien régime）及其资产阶级变体。

巴黎歌剧院与拜罗伊特剧院

瓦格纳的建筑设计本身就告诉你：这里不遵循资产阶级娱乐的套路。但他把这种套路和贾科莫·梅耶贝尔（Giacomo Meyerbeer）联系起来，这十分不公，因为是梅耶贝尔襄助了他的《黎恩济》。至于他攻击门德尔松，就更令人惊诧了，因为《帕西法尔》中"圣杯"（Grail）这一主题旋律（motif）就化自门德尔松的《宗教改革交响曲》（Reformations-Sinfonie，即门德尔松第五号交响曲）。所以整个事件十分蹊跷，扑朔迷离。回到正题上，我的确认为瓦格纳的建筑理念——特别是它的物质文化——结合他的音乐，体现了他极为重要的政治思想。

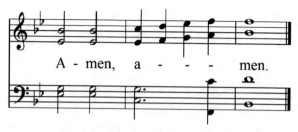

《德累斯顿阿门》(Dresdner Amen)

门德尔松的《宗教改革交响曲》(Reformations–Sinfonie)

瓦格纳《帕西法尔》(Parsifal) 中的 "圣杯" 主题旋律 (Grail Leitmotif)

李汉松：我想抓住您刚才的一句话——"音乐服务于社会愿景"，向您请教瓦格纳音乐的独立性和完善性问题。很多人批判瓦格纳，认为他的音乐过度屈从于观念。譬如，《指环》开篇的降 E 调完全是一种表现宇宙诞生的 "声效观念"，若非为了叙述这一特定的意义，可能并不合适。一些音乐家甚至厌恶主题旋律反复闪现，认为这是迎合叙事需要，"音乐戏剧" 贬低了真正的 "音乐"。我们应当如何理解瓦格纳创作中的 "音乐性" 和 "非音乐性" 元素？至于瓦格纳更为明显的音乐特质，如管弦乐团的规模、乐器的安排、调性（tonality）的运用，又和他由观念主导的整体视域如何相互关联？

《莱茵的黄金》开场的降 E 调逐渐展开更广阔的空间，引入更多的元素

纳尔逊：这个问题太好，也太难回答了，因为鉴于瓦格纳在不断变化，他的作品之间差异性很大，我认为最终的答案也要"因曲制宜"。我们可以剥开这种对瓦格纳音乐的批判，区分其中若干层意义。其中有一种意义是无可置疑的，即勃拉姆斯和瓦格纳的对立[①]。这里的核心问题是：瓦格纳的音乐不是"纯粹的音乐"。从音乐学的角度考察这段音乐史，当时有一股强盛的思潮，认为音乐应该纯粹而自由，不能隶属于任何"程式"。音乐不该叙事，也不该服务于任何工程，因为这种"叙事性"和"角色性"将不可避免地禁锢音乐。一旦音乐得到解放，这种纯净无瑕、至高至善的美本身即是正确的，由它内部的自然逻辑架构而成，遵循着自己的律动。很明显，这不是瓦格纳的音乐观，也不符合瓦格纳的创作。世界上再

---

① 学界有所谓"浪漫派战争"之说，但并非全部音乐史家都接受这一概念。一般认为，19 世纪后半叶的德国浪漫派音乐划分为两大阵营，一是勃拉姆斯、克拉拉·舒曼（Clara Schumann）、约瑟夫·约阿希姆（Joseph Joachim），以及门德尔松成立的莱比锡音乐学院（Leipzig Conservatorium），坚持"绝对音乐"（absolutus; Absolute Musik）；一是以李斯特为核心的魏玛激进派，亦称"新德国派"（Neudeutsche Schule），采用更多"半音色彩"手法（Chromatik）、"标题音乐"（Programmmusik）。瓦格纳贴近李斯特，引入更多主题和结构元素。两派谱系均以贝多芬为宗师。

没有比"乐想结构"更程式化的了！所以，瓦格纳和勃拉姆斯明显是不同的。但问题是：这是一种批评吗？还是说，我们也应该安然接受瓦格纳的做法？首先，我们要问，瓦格纳的风格"是善还是恶"。《塔木经》中有一段故事：两队睿智的拉比正在辩论犹太法。这两拨人马剑拔弩张，针锋相对，主张的观点截然相反，彼此不能相容。但最后，神的声音飘然而至："这些，还有这些，都是存在的上帝的话语。"这个谜如何能解？怎么可能完全矛盾的立论都是神的意志？但我愿意接受这种说法。我欣赏"纯粹音乐"的抱负、真理和美感。但我也痴迷于景观中的音乐戏剧能到达的巅峰。所以这两派声音我都赞成。

但下面的问题是：在瓦格纳式"音乐戏剧"创作范畴内，是否为了叙事，加入了一些"非乐音"效果、"不符合正宗"的音乐，抑或是"不甚巧妙、不太美妙"的声音？那么，我们可以仍然举《指环》为例。我认为这样讲有一定的道理。我们一定要牢记：瓦格纳最先为《莱茵的黄金》谱曲。这是他第一次真正意义上试验乐想结构，也是初次完全抛弃咏叹调（Aria）形式，纯粹用主题乐想作为支撑歌剧架构的唯一力量。所以这种尚未成熟的手法在《莱茵的黄金》中难免有略显笨拙之处，有些刻意追求精准了。比如，当巨人出场时，沉重脚步声的乐想随之出现。不论是人物还是宝剑，都循规蹈矩地遵循一个具体的旋律，这难免显得有些别扭。但与此相比，在《诸神的黄昏》中，瓦格纳的乐想艺术已经炉火纯青。音乐的每一小节都吸纳了若干种不同的音乐主题，相互叠加，相互作用，催生出一种浓郁的不可置信的美妙，恍若天外之音。这里，我必须反问：你在批评些什么？如果你不认为《诸神的黄昏》前二十分钟——遑论最后二十分钟——是至尊至美的音乐，那么我们永远无法说服彼此了，我也永远无法理解你的审美。我无法想象任何人拒绝承认这是熠熠生辉的神来妙笔，因为以任何角度视之，我们都只能赞不绝口。所以若论作曲、戏剧和音乐的综合效果，我认为《莱茵的黄金》和《诸神的黄昏》在光谱的两端。《莱茵的黄金》有一些美妙的时刻，但是瓦格纳毕竟还在摸索阶段，所以其他一些部分显得有些"初级"。但是《诸神的黄昏》不论是结构还是对位（Kontrapunkt），都绝对没有丧失任何音乐性。

李汉松： 瓦格纳最令人称道的是他的"整体艺术"理想（*Gesamtkunstwerk*）——所有的艺术环节都浑然一体，相互印证。既然如此，不如把这一标准施加给瓦格纳本人，看看他除音乐之外的艺术造诣如何。瓦格纳一生文字著述甚丰，但其文风常遭人诟病。人们常说他的文笔混沌冗杂，不堪卒读。不知您意下如何？

纳尔逊：我完全赞同，瓦格纳文笔极差。他的散文尤其泥泞不堪，难以忍受。他写作的歌剧剧本倒是不乏闪亮之处，但并非通篇都可圈可点。如果你听到有人赞美瓦格纳的"美丽诗篇"，你就基本可以确定，站在你面前的是个完全脱缰、精神错乱的狂热瓦格纳迷。作为瓦格纳爱好者，就连我也必须面对现实，到了"文字"这一站，就要下"瓦格纳号"这趟车。我认为其中一个原因是，瓦格纳写作时太过愤怒。关键是他的怒气并未转化成智慧——有些其他作家也愤怒，但怒火中烧出来的成品令人叹为观止。

李汉松：譬如？

纳尔逊：奥威尔、罗素。很幸运（或很不幸），怒气并非通往佳作之路，甚至让写作更具挑战。但话说回来，我认为瓦格纳有些专门探讨艺术的文章，如《未来的艺术作品》（*Das Kunstwerk der Zukunft*），要比其他一些文章好的多[1]。

李汉松：比《音乐中的犹太性》好的多？

纳尔逊：并不是说这篇恶名昭著的文章文采飞扬，只不过是观点令人作呕；而是文笔也是赘品，观点也令人憎恶！

李汉松：他曾二易其稿，精雕细琢，最终的成品也差强人意。

纳尔逊：是的，抛开其观点不谈，此人文采实在不敢恭维！

李汉松：我们一直在谈"瓦格纳和政治"。但对于瓦格纳的音乐而言，什么是"政治的"？譬如，多数音乐评论家认为《指环》带有明显的政治属性，因为它探讨了权力的本质；然而其他作品探索的更是深层次的心理现象，如《帕西法尔》和《特里斯坦》第三幕。英国哲学家布莱恩·麦基（Bryan Magee）曾辩称自己使用"政治、形而上"这一组对立关系阐释瓦格纳，而尽量避免"左翼、右翼"这种传统的范式。您又如何构思、辨析瓦格纳音乐的"政治"和"非政治"？

纳尔逊：我恐怕你又问了一个极佳但极难的问题。首先，瓦格纳如何概念化理解自己的音乐和政治世界之间的关系？我认为他的认知也在随着

---

[1] Richard Wagner. *Das Kunstwerk der Zukunft*. Leipzig: Wigand, 1850.

时间的推移而改变。但可以说，对于瓦格纳，"社会的"和"政治的"是等同概念。我还认为，晚年瓦格纳的观点更为退避、悲观。"悲观"的意思不是"1870年代的政治不是闹着玩的！"，抑或"政局将持续恶化，万劫不复"，而是说在政治世界寻找救赎是个"定言错误"。此世非救赎之地，因此必须超圣。伴随瓦格纳的音乐，我们也进入这样一种观念：一切都徒劳无益，在此时此地没有任何圆满可言。我认为瓦格纳日趋看淡救世，这也是叔本华的功劳。

《帕西法尔》是部多面的歌剧，但是它唯一不是部"政治剧"。但是《指环》，起码是在它最初形成之时，原本就被设计成一种费尔巴哈式的社会批判。《指环》是"谱成了曲的《论犹太人问题》"——我认为这样说绝不为过。只有蠢人才会说这部剧只有社会批判，因为瓦格纳的歌剧包罗万象，丰碑永垂。但是马克思的《论犹太人问题》是《指环》的核心成分。再譬如，瓦格纳坚持"社会"和"政治"的隔离刻意而无益，这也化自马克思对民事社会和政治领域区分的批判。晚年瓦格纳丢掉了一些革命工程，但他从未完全抛弃这种政治。其实，即便是《帕西法尔》，也有一些方面呼应了他早年的社会观念。但总体而言，高度概括《帕西法尔》为"避隐""和平"，甚至"非政治"，也大体不谬，因为此时的瓦格纳相信：俗世的政治界域不是人类命运、繁荣、救赎真正实现之地。

李汉松：以一种超越性的视界解开永恒的疑难，这难道不是一部再合适不过的收官之作？

纳尔逊：但是这种"合适"是指瓦格纳而言！我便厌恶《帕西法尔》这一点。我之所以是"备受煎熬"的瓦格纳爱好者，一部分因为我是犹太人，而他是个反犹主义者，另一方面也在于他末了的避世态度。我们不如比较一下瓦格纳和另一位我热爱（但是主要聊以消遣）的作曲家，朱塞佩·威尔第（Giuseppe Verdi）。我也曾对罗森教授说：如何区分瓦格纳和威尔第？最简单的方法就是比较他们的收官之作。瓦格纳最后一部歌剧是《帕西法尔》——终极的、庞大的、狂喜的出世哲学，要把尘世间所有的欲望都化为凝滞的、神圣的解脱。威尔第的收官之作是哪一部呢？是《法斯塔夫》（Falstaff）：它世俗、滑稽，通篇都是欲望。这是威尔第在对世界说："离开世界之前，让我再来狠狠地拥吻你一次吧！"这是他给世界留下的最后一封情书。瓦格纳为世界留下的遗言却是"摒除世界"。再也找不到比这两部剧更天差地别的视角了！

李汉松：与世界热吻和遁入天外，您选择哪一种？

纳尔逊：我更倾向于威尔第，远离瓦格纳。我的一生中曾受到许多思想体系的诱惑，但是佛教、叔本华和瓦格纳的自弃自灭从未真正吸引我。

李汉松：思考歌剧如何收尾是我们对话的最佳收尾。

第六部分

走向全球

跨境迁徙

——对话塞拉·本哈比 [1]

　　本文开篇回顾了伊斯坦布尔老城的文化氛围和"二战"后土耳其的教育。从逻辑实证哲学到霍布斯、康德、黑格尔的启发，再到与阿伦特、哈贝马斯之间的渊源，作者与本哈比讨论了这些传统之间的复杂关系，从多个层面评价了阿伦特的思想遗产。对话末尾讨论了新冠疫情对国家政治、国际治理、社会文化、移民和难民的影响。

　　塞拉·本哈比（Seyla Benhabib），1950 年生于伊斯坦布尔，当代土耳其裔哲学家、批判理论家、西方思想史家、交流伦理学家、女性主义思想家，现任耶鲁大学政治与哲学教授。她结合海德格尔、阿伦特和哈贝马斯的思想传统，从移民、迁徙、边境、族群、性别等国际政治维度创新理论，介入世界思潮。

　　李汉松：您记忆中，"二战"后的伊斯坦布尔是怎样一座城市？作为定居土耳其数百年的犹太人，特殊的家世如何塑造了您的政治思想与社会经历？当时哪些历史遗产成了您显性或隐性的文化资源？

　　本哈比：回溯思想的源头，考察个人的历史语境，这件事永远充满趣味，但又并不容易。但正如你所说，最可行的切入点，便是谈一谈我童年时期的伊斯坦布尔是多么超乎寻常的一座城市。拜奥尔汗·帕穆克（Orhan Pamuk）[2] 小说之赐，伊斯坦布尔的点点滴滴都已闻名世界。恰巧，

---

　　① 2020 年 3 月 27 日保持"社交距离"对话时，本哈比正在马萨诸塞州伯克夏县（Berkshire County）躲避新冠肺炎疫情。本文部分内容于 2020 年 5 月 3 日载《上海书评》，作者自译。

　　② 费里特·奥尔汗·帕穆克（1952— ），土耳其小说家、编剧、学者，获 2006 年诺贝尔文学奖。

我从小生长的那片市集在伊斯坦布尔西城，与帕穆克的宅院只有六条街之隔。也可以说，我们都浸润在这座城市的"欧洲文化区"。作为拜占庭史和奥斯曼学者，你一定知道伊斯坦布尔市由博斯普鲁斯海峡（Bosporus；İstanbul Boğazı）一分两截。在我童年时的伊斯坦布尔，地理疆界也是文化的分界线。我成长于一个国际主义的大都会环境中。当时城里尚有不少希腊人、亚美尼亚人，当然也有我们犹太人。我属于城里的塞法迪犹太社区（Sefardí；ספרדי）。这里便引出了重点：语言。我从小浸濡在多语言的氛围中，每日都能听到三至四门语言。塞法迪犹太父母一般与我们孩子讲土耳其语，但他们自己之间说拉蒂诺语（Ladino；גוד'יאו־איספאנייול）—— 17世纪流传至今的一种犹太西班牙语，其中混杂并借入了一些法语、意大利语和土耳其语元素。我父母也通晓法文，所以每当大家族表亲们相聚，便使用法语交流。我直到十一岁时进入伊斯坦布尔的英国女子中学（English High School for Girls）读书，才开始正式学习英文，也顺便修了法语，作为第二外语。所以，我童年时代便与四门语言做伴。这对于你而言不算什么，但在世界绝大部分其他地区，都会令人惊讶。我学德文较晚，直到70年代在耶鲁大学读研时才拾起，以便阅读德国哲学——大约 1974 年时，我选择了"自然权利与黑格尔"作为博士学位论文题目①。总体而言，这一语言背景对我的思想非常重要，因为我的思考跨越国家边境。移民的历史记忆一直伴随着我成长。我父母受教育时，也浸润在若干不同的文化传统中。在这种意义上，对我而言，多元文化主义不仅是理论，而更是真实生活的自传式经历。这一主题又渗透进了我一切所思、所言、所写。

李汉松：当时您在土耳其接受了土、英、美混合式教育。其种种学制、学风，是否也有可圈可点之处？

本哈比：是的，绝不能忽视学校体制对青少年心智形成的巨大影响，尤其是在伊斯坦布尔。我童年的学校充满了趣味盎然的反差。当土耳其共和国于 1923 年成立时，阿塔图尔克（Mustafa Kemal Atatürk）接收了散布全城的外国院校，包括 19 世纪晚期的奥斯曼土耳其时代，德国、奥地利、法国、西班牙、英国得益于种种贸易妥协，在类似于文化租借地带创办的学校。关于这段历史，想必你从东亚视角出发，理解得也尤其深刻。但土耳

① Seyla Benhabib. *Natural Right and Hegel. An Essay in Modern Political Thought.* submitted to the Department of Philosophy, Yale University, May 1977.

其共和国宣布成立后，法律明文规定，这些学校都可以继续招生营业，前提条件是：全体土耳其公民必须先以母语接受初级教育。所以我们毫无选择，必须先念完土耳其小学。这项规定在我母亲那一代尚不存在——她自己读的便是法国小学。但我这一代在土耳其小学受到了土耳其民族主义和共和主义的强烈灌输。自阿塔图尔克以降，土耳其一直存在着一个"共和民族主义"传统，其核心便是"普世公民性"与"民族同质性"两种理想之间的张力。我一直似乎游离于集体之边缘，缺乏归属感，因为我既属于也不属于那一传统。但与其他每个孩子无异，我高唱着国歌向国旗致礼。但当我迈入英国女子中学时，体验到了与童年那种民族共和主义教育的巨大反差。英国学校为我打开了一个迥然相异的新世界。因我家境特殊，我对这个新世界并不完全陌生。但它给予我接近西方文学、思想和教育传统的机缘。

李汉松：当您在伊斯坦布尔美国女子学院开始攻读哲学时，依赖哪些思想源泉？当时学校都布置哪些文本阅读，介绍哪些哲学家，教授哪些方法？您在离开土耳其赴美之前，是否已经有了学术上的引路人和对话者？

本哈比：在伊斯坦布尔的美国女子学院，我总共上了四学期的哲学课，接触过两位出色的哲学教授。说到这里，我想描绘一张有趣的关系网。"二战"期间，阿塔图尔克邀请了许多德国知识分子——大多是受到纳粹压迫的社会主义者和犹太学者——移居土耳其。其中最著名的或属《摹仿论》（*Mimesis*）作者埃里希·奥尔巴赫（Erich Auerbach）先生①。同样来土耳其避难的还有为数众多的哲学家，其中一位便是汉斯·赖欣巴哈（Hans Reichenbach）②。此人来自奥地利维也纳逻辑实证主义学派（Wiener

---

① 纳粹势力于 1935 年解除了奥尔巴赫在马尔堡大学（Universität Marburg）罗曼语系的教授之职。他在伊斯坦布尔流亡期间撰写了《摹仿论》。见：Erich Auerbach. *Mimesis: Dargestellte Wirklichkeit in der abendländischen Literatur*. Bern: A. Francke A. G. Verlag, 1946.

② 汉斯·赖欣巴哈（1891—1953），犹太裔德国科学哲学家、教育家、逻辑实证主义者。赖欣巴哈在斯图加特、柏林、埃尔兰根、哥廷根和慕尼黑受过土木工程、物理、数学、统计和哲学训练，师从哲学家恩斯特·卡西尔、数学家大卫·希尔伯特（David Hilbert）、理论物理学家马克斯·普朗克（Max Planck）、物理学家和数学家马克斯·玻恩（Max Born）、理论物理学家阿诺德·索末菲（Arnold Sommerfeld）。1928年，赖欣巴哈在柏林成立了实证哲学社（Gesellschaft für empirische Philosophie），人称"柏林团体"或"柏林学派"（die Berliner Gruppe），其中包括作家卡尔·亨普尔（Carl Gustav Hempel）、奥地利数学家和空气动力学家理查德·冯·米泽斯（Richard von Mises）、大卫·希尔伯特、库尔特·格雷林（Kurt Grelling）等人。1933 年希特勒掌权，赖欣巴哈立即被柏林大学开除。他并不奉行犹太教，其母更是德国基督教新教徒，但因为祖上有犹太裔血统，还是受到"种族法律"（后为纽伦堡法案：Nürnberger Gesetze）（转下页注）

Kreis）。我有两位教授都是他在伊斯坦布尔大学任教期间培养出来的学生和助手。因为这一层机缘，我早在赴美之前，就装了满腹的逻辑原子论（logical atomism）、罗素和维特根斯坦。学术上，我着重研读了哲学史，尤其侧重古希腊哲学和 20 世纪哲学。但这也正好是 1968 年世界学生大反叛运动如火如荼之时，我免不了饱读马克思的著述。我现在还记得高中最后一年读马尔库塞《单向度的人》，立即着迷，一发不可收拾 ①。

李汉松： 不知那时您是否已预料到自己日后将是马尔库塞《黑格尔的本体论与历史性理论》的英译者 ②？从许多角度来看，您早年在伊斯坦布尔的经历都铺垫了日后的思想轨迹。依照年表次序，您的下一个阶段在布兰代斯大学。据我考证，您的导师是阿拉斯代尔·麦金泰尔。

本哈比： 你的考证完全正确。

李汉松： 我试图挖掘出您的论文，但新冠疫情突然袭来，打乱了我查阅档案的计划。但我是否可以基本确定，您这篇论文试图协调霍布斯的知识论与政治思想？

本哈比： 是的，论文题目是《托马斯·霍布斯思想中知识论与政治的统一》③。

李汉松： 对于布兰代斯的学生而言，那是个激情澎湃的岁月。历史上，许多受到麦卡锡主义迫害的左翼学者潜居在波士顿。校园运动轰轰烈烈之时，您钻研的却是霍布斯。之后，您转向研究黑格尔，导师是耶鲁的约翰·史密斯（John E. Smith）④。此人一贯主张融会德国唯心主义、美国实用主义，甚至对儒家发生兴趣，接济过不少 20 世纪潦倒海外的新儒家人

（接上页注②）压迫。他随后逃亡至伊斯坦布尔大学哲学系任教。1935 年，他在土耳其出版了《概率理论：或然性的逻辑和数学基础探究》（Hans Reichenbach. *Wahrscheinlichkeitslehre: eine Untersuchung über die logischen und mathematischen Grundlagen der Wahrscheinlichkeitsrechnung*. Leiden: A. W. Sijthoff's uitgevers-maatschappij n.v., 1935）。赖欣巴哈曾与鲁道夫·卡尔纳普（Rudolf Carnap）共同编辑《知识》（*Erkenntnis*）杂志。他对逻辑学、数理哲学、时间与空间、相对论理论、概率分析、量子力学等有所贡献。

① Herbert Marcuse. *One-Dimensional Man: Studies in the Ideology of Advanced Industrial Society*. Boston: Beacon Press, 1964.

② Herbert Marcuse. *Hegels Ontologie und die Grundlegung einer Theorie der Geschichtlichkeit*. Frankfurt am Main: Vittorio Klostermann, 1932. Benhabib, Seyla (ed.). *Hegel's Ontology and the Theory of Historicity*. Cambridge, MA: MIT Press, 1987.

③ 论文题目为：*The Unity of Epistemology and Politics in the Thought of Thomas Hobbes*.

④ 约翰·史密斯（1922—2010），美国哲学学者、耶鲁大学克拉克哲学教授、业余厨师、美国烹饪学院成员（Culinary Institute of America）。

士。从随麦金泰尔读霍布斯，到随史密斯读黑格尔，我不由得联想到：您多年之后曾以黑格尔对康德和自然权利理论家的批判入手，解析批判理论基础。这一方法似乎反映了您早年的阅读次序。这样讲，更多是"谱系论"而非"目的论"，未审尊意如何？

本哈比：你的观察果然十分独到！我于 1970 年 9 月入布兰代斯大学时，确实适逢一个激动人心的年代。那时我所在的布兰代斯社会系风云际会，其中库尔特·沃尔夫（Kurt Wolff）①也是个德国移民，与我相交莫逆。当时追随他，我投入最大精力研究的是卡尔·曼海姆（Karl Mannheim）②那一派的知识社会学（Wissenssoziologie; Sociology of Knowledge）。另外一位杰出的社会学家是乔治·罗斯（George Ross）③。我从他那里学到了革命的社会学研究（sociology of revolutions）。他本人曾在哈佛师从巴林顿·摩尔。但对我影响最大的莫过于麦金泰尔讲授的一门"黑格尔《精神现象学》及其后世"（Hegel's Phenomenology and its Aftermath）。那是一门研究生研讨课，但我很幸运，获准以本科生身份参加。我至今记得，其中最惊艳的便是麦金泰尔就《精神现象学》（*Phänomenologie des Geistes*）前三章的演讲：感官确定性（Die sinnliche Gewissheit）、感知（Die Wahrnehmung）、力与理解（Kraft und Verstand）。此时，我在土耳其积淀颇厚的罗素逻辑原子论便派上了用场。课后，我问麦金泰尔是否愿意指导我的论文。起初，作为 21 岁的青年学生，请求一位声名卓著的大学者作本科论文导师，难免感到胆怯而腼腆。就论文选题，我踌躇良久。我当时学了不少知识论和科学哲学，确信自己要攻坚知识论和政治哲学的某些交汇地带。你这倒是引发了我的疑惑：为何那时对于科学哲学萌发的兴趣并未浮现在我之后的著述之中？回到主题：当时在布兰代斯，有一位了不起的康德学者，名叫罗

---

① 库尔特·海因里希·沃尔夫（1912—2003），德裔美国社会学家，曾在法兰克福和慕尼黑受教，师从曼海姆。1933 年纳粹掌权后，曼海姆逃亡伦敦，沃尔夫则先去了意大利。沃尔夫的定性研究、现象学方法对知识社会学（Wissenssoziologie）作出了贡献。他还将格奥尔格·齐美尔（Georg Simmel, 1858—1918）、埃米尔·涂尔干（Emile Durkheim, 1858—1917）、曼海姆的德文、法文作品翻译成英文。

② 卡尔·曼海姆（1893—1947），德国社会学家，人称"古典社会学之父"，曾开创知识社会学领域，著有《意识形态与乌托邦》（Karl Manheim. *Ideologie und Utopie*. Bonn: F. Cohen, 1929）。

③ 乔治·罗斯，布兰代斯大学荣休社会学系劳工与社会思想教授，著有：George Ross. *Workers and Communists in France*. Berkeley: California University Press, 1982; *Jacques Delors and European Integration*. Cambridge, UK & New York: Polity/Oxford University Press, 1995. 雅克·德洛尔（Jacques Lucien Jean Delors：1925— ），法国经济学家、政治家、第八任欧盟委员会主席。

伯特·格林伯格（Robert Greenberg）①，他至今仍然在世。我同他阅读了康德的《第一批判》，即《纯粹理性批判》（*Kritik der reinen Vernunft*）。另外还有一位亨利·艾肯（Henry Aiken）②教授，是位"晚期维特根斯坦主义者"，当时正在研究"闭塞概念"与"开放概念"。我甚至可以说，即使是麦金泰尔研究黑格尔的途径，也处于"后维特根斯坦时代"对于黑格尔的重新发掘这一大浪潮之中，受到了它潜移默化的塑造。其他哲学家，诸如查尔斯·泰勒和理查德·伯恩斯坦（Richard Bernstein）也类似，可以纳入同一思潮。在此背景之下，我在麦金泰尔课上写了篇长论文，分析黑格尔眼中的国家与民事社会，他对此也十分满意。但我并未在学位论文中继续探讨黑格尔，而是转战霍布斯，因为我当时执着于破解霍布斯的理论方法这一难题。在何种意义上，可以存在一种"政治的科学"？这究竟意味着什么？最终，我还是着迷于自然与社会科学的分界。我开始挖掘霍布斯著作中"科学"这一概念。最后得到的结论是：事实上，仅读《利维坦》，很难理解他的其他作品，如关于英国内战的《贝希摩斯》（*Behemoth*）。除此之外，霍布斯与英国法学大师爱德华·库克（Edward Coke）③的对话也深刻影响了我。你这一提问使我不由想到，或许我该再度回归霍布斯。

李汉松：按照一般政治思想史学生最易于操作的研究方法，您应该在霍布斯全部著作中寻找一条主线，再将线索串联起来。

本哈比：这便是最有趣的一点：我根本不记得自己当时在胡乱寻找什么线索！但我当时有一个直觉：霍布斯著作中有许多不同的"科学"概念，都在同时发挥作用。而《利维坦》那种典型的唯物知识论——先从激情开始，最后筑建出自然权利、主权，进而通过一种科学的步骤达成政治共同体——应该并非霍布斯在"科学与政治"这一问题上的盖棺定论。所

---

① 罗伯特·格林伯格，美国知觉和行动哲学、哲学史学者，著有：Robert Greenberg. *The Bounds of Freedom: Kant's Causal Theory of Action*. Berlin/Boston: Walter de Gruyter, 2016; *Real Existence, Ideal Necessity: Kant's Compromise and the Modalities without the Compromise*. Berlin/New York: Walter de Gruyter, 2008.

② 亨利·大卫·艾肯（1912—1982），美国哲学家，生于俄勒冈州波特兰市，受休谟的道德和政治哲学、英国分析哲学、西班牙裔美国自然主义思想家乔治·桑塔亚那（Jorge Agustín Nicolás Ruiz de Santayana y Borrás=George Santayana，1863—1952）等影响。艾肯曾执教于哥大、华盛顿大学、哈佛、布兰代斯大学，研究伦理、美学、哲学史，著有：Henry David Aiken. *The Age of Ideology*. Boston：Houghton Mifflin, 1957; *Reason and Conduct*. New York: Knopf, 1962; *Predicament of the University*. Bloomington：Indiana University Press, 1971.

③ 爱德华·库克爵士（1552—1634），英国法学家、普通法思想家。

以我本着对他知识论的兴趣，精读了霍布斯的历史著述和法学对话。也同样是这一维度，引导我进入哈贝马斯的《知识与旨趣》(*Erkenntnis und Interesse*) ①。该书出版时，我正在耶鲁读博士。当时我对于"科学主义批判"有一种模糊的直觉。哲学家如泰勒、伯恩斯坦、麦金泰尔，都开始介入，争相批判逻辑实证主义对战后英美哲学界的科学主义垄断。鉴于我在土耳其时受逻辑实证主义熏陶不浅，我起码了解正在被大家痛批的究竟是何物。我当时感觉，这些人口中关于"知识如何运行"的论述，放在霍布斯这里是行不通的。直至遇到《知识与旨趣》，我发现一切又重新融会贯通了。

李汉松：这一大陆哲学与分析哲学交汇，又具有广泛批判性的思想环境，曾促成了许多批判理论的创新，也促使您开始思考批判理论的规范性基础。首先，您在思想上如何步入了"哈贝马斯转向"后的新法兰克福学派？

本哈比：1972—1977 年，我在耶鲁大学哲学系攻读博士学位。如你考证，我当时的主要导师是史密斯先生。他为人亲善，为师慷慨。尽管他的主要兴趣不在政治哲学，却介绍我进入了美国实用主义哲学的世界，尤其是约翰·杜威、乔赛亚·罗伊斯 (Josiah Royce) ②，后者已不甚为人所知。罗伊斯是最重要的美国黑格尔主义者之一，他也撰写过关于《精神现象学》的文章。因为他，史密斯对回归《法哲学原理》(*Grundlinien der Philosophie des Rechts*) 抱有同情态度。他也认同，我们不应只将黑格尔视为一位"功能障碍"的形而上学家，而应给予他一位重大社会与政治思想家的基本礼遇。这在当时那个年代，对多数人而言，绝非显而易见的事实。尤其是 1945 年卡尔·波普尔 (Karl Popper) 出版《开放社会及其敌人》后，黑格尔成为众矢之的，沦为纳粹极权的始作俑者 ③。也正是在那时，耶鲁来了一位波兰裔学者，兹比涅夫·佩尔钦斯基 (Zbigniew Pełczyński) ④。他是当时或后来的牛津大学彭布罗克学院 (Pembroke College) 院长，编辑出版了两卷黑格尔研究论文：《黑格尔的政治哲学：问

---

① Jürgen Habermas. *Erkenntnis und Interesse*. Frankfurt a. M.: Suhrkamp, 1968.

② 乔赛亚·罗伊斯 (1855—1916)，美国"客观唯心主义"哲学家、美国唯心主义传统奠基人。

③ Karl Popper. *The Open Society and Its Enemies*. London：G. Routledge & Sons Ltd., 1945.

④ 兹比涅夫·佩尔钦斯基 (1925—)，波兰裔英国政治哲学学者，曾于 1957—1992 年在牛津大学彭布罗克学院教授政治学，后为荣休院士。

题与视角》《国家与民事社会：黑格尔政治哲学探究》①。事实上，我第一篇真正出版的学术文章《义务、契约与交换》就刊登在他的论文集里②。参与了佩尔钦斯基的黑格尔研讨班之后，我又跟随德国哲学家卡斯滕·哈里斯（Karsten Harries）③研究海德格尔。他当时就是耶鲁德国哲学方面的顶梁柱，一直工作到几年前才退休。他开设了一门精彩纷呈的《存在与时间》（Sein und Zeit）研讨课。因此，尽管我从未正式写过关于海德格尔的论文，但我对早期海德格尔烂熟于心。这在我后期开始研究汉娜·阿伦特时起了大作用。总之，当时我完全沉浸于德国哲学，主要的影响来源可以总结为"后维特根斯坦时代的分析哲学对黑格尔的接收"。以伯恩斯坦为例，他的《实践与行动》综合了希腊、德国和分析哲学传统对于"行动"的理解。④这种哲学研究范式对我意义重大。在这样一个诸多思想会通的时刻，哈贝马斯的《知识与旨趣》像一枚紧钳，助我撬动了哲学转向的杠杆。这部哈贝马斯的早期作品，许多人现在已记忆模糊，鲜有人理睬。但对于我们那一代学生却极为重要，因为它既回应了分析哲学，也触动了知识论与科学哲学。当时在耶鲁，我们组成了读书小组，一起研习这本著作。它反对纯粹无私的知识理念，而是将人类物种根深蒂固的人类学导向与不同的知识论和科学体系联结在一起。与各种自然科学相呼应的，是以主宰自然为目的的、工具式的旨趣。这种"旨趣"（Interesse）不应理解为功利主义的"利益"（同一词：Interesse），即"对个人有利之事"，而是从根本上对整个人类物种延续、存活不可或缺之宗旨。这更是一种深藏在我们物种意识之中的人类学倾向性。实现、达成这种"旨趣"的是"精神科学"（Geisteswissenschaften）——历史、文学、美术与音乐史。作为人类，我

---

① Z. A. Pełczyński (eds.). *Hegel's Political Philosophy: Problems and Perspectives: A Collection of New Essays*. Cambridge: Cambridge University Press, 1971; *The State and Civil Society: Studies in Hegel's Political Philosophy*. Cambridge: Cambridge University Press, 1984.

② Seyla Benhabib. "Obligation, Contract and Exchange: The Opening Arguments of Hegel's Philosophy of Right", Z. A. Pełczyński (ed.). *The State and Civil Society: Studies in Hegel's Political Philosophy*. Cambridge: Cambridge University Press, 1984, ch. 9, pp. 159-177.

③ 卡斯滕·哈里斯（1937— ），德国哲学家，自1965起执教于耶鲁大学，直至退休。哈里斯研究海德格尔、近代早期哲学、艺术和建筑哲学，著有：Karsten Harries. *Wahrheit: Die Architektur der Welt*. München: Wilhelm Fink Verlag, 2012; & Otto Pöggeler; Christoph Jamme (eds.). *Martin Heidegger: Kunst, Politik, Technik*. München: Wilhelm Fink Verlag, 1992; *Die bayerische Rokokokirche: Das Irrationale und das Sakrale*. Dorfen: Hawel, 2009.

④ Richard Bernstein. *Praxis and Action*. Philadelphia: Pennsylvania University Press, 1971.

们生活在诸多文化世界。这些文化世界塑造了我们，决定着我们是谁，我们如何思考自身、我们的传统、我们的梦想和抱负。哈贝马斯还设定了一种"解放的意理"（*emanzipatorisches Erkenntnisinteresse*），这需要批判性的社会学科来达成。对他来说，从马克思主义传统与法兰克福学派衍伸出来的精神分析学（Psychoanalyse）和批判社会理论（Kritische Theorie）就是这种方法的最佳代表。如此，哈贝马斯发展出了一套对于科学主义的批判，同时保持着与主流分析哲学的对话。与许多海德格尔主义者不同，哈贝马斯的批判理论方法最独特之处就是它与分析哲学的交流绝不中断。这也促使了我个人思想的成熟。1977年初，我见到了哈贝马斯。他来耶鲁做了一次关于"汉娜·阿伦特的'交流'式权力概念"的讲座①。我走到他面前，对他说："我正在研究黑格尔对自然权利诸理论的批判。我很希望去法兰克福跟您学习。"他问："是吗？"我答："是的。"就这样，1979年，我获取了洪堡奖学金（Alexander Humboldt Fellowship），远赴重洋来到了德国。再之后，便是历史了。

李汉松： 这些议题汇入了我关于汉娜·阿伦特的问题。首先，请允许我设定一个心理学上的"双重镜像效应"理论：（一）阿伦特在拉赫尔·范哈根（Rahel Varnhagen）②的影像中看到了自己。正因如此，您刻意使用阿伦特那部传记：《拉赫尔·范哈根：一位犹太女性的一生》当作销子，以便入手钻研阿伦特的思想。（二）您也在阿伦特的身世中看到自己的影子：漂游列国的犹太女性学者。如果这两点成立，我们便达成了伽达默尔（Hans-Georg Gadamer）所谓"地平线的交汇"（*Horizontverschmelzung*）。所以我想向您求证：您最初如何、为何转向阿伦特？当然，您研究了海德格尔的早期思想，也从哈贝马斯那里听到了如何从"交流伦理"的视角解读阿伦特。但从何时起，这种学术兴趣升级到了思想层面？最初的契机是否如您透露的那样：1974年的纽黑文，晚餐席间，您初次听到伊丽莎白·杨布鲁（Elisabeth Young-Bruehl）讲述海德格尔与阿伦特的爱

① Jürgen Habermas & Thomas McCarthy. "Hannah Arendt's Communications Concept of Power", *Social Research*, 44, no. 1, 1977, pp. 3-24.

② 拉赫尔·范哈根（1771—1833），犹太裔德国作家、18—19世纪欧洲最著名的沙龙主人之一。汉娜·阿伦特曾写过一部范哈根传：《拉赫尔·范哈根：一位犹太女性的一生》（Hannah Arendt. *Rahel Varnhagen: The Life of a Jewess*. London: East and West Library, 1957）。阿伦特说尽管时隔数百年，她认为范哈根是自己的密友。第100029号小行星以"范哈根"命名，作为纪念。

情故事①？

本哈比：是的（笑）。我首次读到《极权主义的起源》是 1974 年，也即我抵达耶鲁大学的第二年。那时阿伦特还健在，平日在纽约社会研究新学院（New School for Social Research）讲课。我当时有一位密友，名叫托马斯·施密德（Walter Thomas Schmid）②。他对伽达默尔的哲学和阿伦特的《人的境况》感兴趣③。当我读到《极权主义的起源》对反犹主义的分析时，顿感钦佩不已。在那之前，我从未读过任何关于反犹主义的理论论述，来帮助自己解释伴随我成长的这一主题。这里，我要立即说明：我所经历的与阿伦特相比，并不完全平行。但她最早讨论 18—19 世纪欧洲的那几章，充斥着许多让我能够移情感受、心领神会之处。所以我同意：你提出的"镜像效应"是的确存在的。你推测我最早关注阿伦特，不是纯粹理论上的驱使，而更多是自传式的着迷，这我也承认是基本正确的判断。就这样，我开始奔波于耶鲁和纽约之间，旁听她关于康德政治哲学的讲座。她在新学院和芝加哥大学这一系列讲稿，最后形成了她那部去世后出版的《康德政治哲学讲稿》④。我观察她，聆听她讲述康德的审断理论。这一经历美妙得无以复加。

李汉松：康德的审断理论是阿伦特思想中关键的一环。"二战"后纳粹人士自称康德主义者，服从绝对的伦理义务，阿伦特主要是从"审断"角度加以驳斥的。

本哈比：是的，这也引导我日后研究阿伦特《艾希曼在耶路撒冷：一份关于平庸的恶的报告》⑤。当时课上有两三百人之多，挤在纽约第五大道新学院老楼的老报告厅里。现在那栋建筑已经拆了，一座新楼取而代之。听众大多不是冲着阿伦特的哲学思辨而来，而是专程来瞻仰这位反战理论家、公共知识分子。所以，许多问题都涉及对越南战争的批判、六七十年

---

① Seyla Benhabib. *The Reluctant Modernism of Hannah Arendt*. New York: Rowman & Littlefield, 2003. "Introduction: Why Hannah Arendt?" p. xlix.

② 沃尔特·托马斯·施密德，任教于北卡罗来纳大学威尔明顿分校，著有：Walter Thomas Schmid. *The Socratic Ideal of Rationality and Plato's Charmides*. New York: State University of New York , 1998; *On Manly Courage: A Study of Plato's Laches*. Carbondale: Southern Illinois University Press, 1992.

③ Hannah Arendt. *The Human Condition*. Chicago: University of Chicago Press, 1958.

④ Hannah Arendt. *Lectures on Kant's Political Philosophy*. Chicago: University of Chicago Press, 1982.

⑤ Hannah Arendt. *Eichmann in Jerusalem: A Report on the Banality of Evil*. New York: Viking Press, 1963.

代学生运动、民权运动的后果，等等。有时，我诧异于有些问题在哲学上的无知。但作为真正的公共知识分子，阿伦特总能委以极大的耐心。有时，她也傲慢，也嗤之以鼻。你知道，这是她一贯的风格。但是能在现实生活中体验她的举手投足，一言一语，确实神奇。因为胆怯，我从未与她私下一对一地对话。

伊丽莎白·杨布鲁是为数不多的，阿伦特亲自指导过博士学位论文的弟子之一。她论文的研究题目是卡尔·雅斯贝斯（Karl Jaspers）。阿伦特过世不久，她暂居康州，在耶鲁大学斯特林图书馆（Sterling Library）研究阿伦特。我当时为纪念阿伦特，在耶鲁的学生刊物上发表了一篇短文。有些朋友看到了，便介绍我们认识，就此我们结为好友，时常交谈。有一天晚上，杨布鲁忽然对我说："你知道吗？她不仅是海德格尔的学生，还是他的情人。"我当时险些从椅子上跌了下来。因为这在当时鲜有人知，你可以想象，我有多么震惊。这种震惊是多方位的：政治和文化层面上，纳粹合作人和犹太思想家相恋，还是师生恋！这当时对我来说，信息量太大，一时难以接受。但有趣的是，之后20年，我都再未研究过阿伦特。我更多地沉浸在法兰克福学派的批判理论中，专心与哈贝马斯攻克黑格尔对自然权利（尤其是康德）的批判这一难题。我博士学位论文的上半段最终形成了第一部专著：《批判、规范与乌托邦》，于1986年出版。但阿伦特永远在我脑海中一个神秘的角落，挥之不去。还是你说得恰当：镜像效应使然。

李汉松：《批判、规范与乌托邦》中也偶尔晃动着阿伦特的影子。

本哈比：我记得临近该书末尾，探讨行动和叙述的不确定性时，应用了一些阿伦特思想的元素。我介绍了阿伦特关于行动、叙述和身份的概念，用以批判并重构哈贝马斯的"交流行动"（kommunikativen Handelns）、"交流伦理"（kommunikative Ethik）理论。[1]

李汉松：许多学者辩论《极权主义的起源》的结构。阿伦特对于反犹主义和帝国主义的分析，究竟与极权主义有何结构性关系？如果不是单纯的导因与结果的关系，又作何解？[2]

---

[1] Seyla Benhabib. *Critique, Norm and Utopia: A Study of the Foundations of Critical Theory*. New York: Columbia University Press, 1986, pp. 122, 224, 272, 364, 367, 372, 375-376, 398.

[2] Seyla Benhabib. *Politics in Dark Times. Encounters with Hannah Arendt*. Cambridge: Cambridge University Press, 2010, p. 6.

本哈比：《极权主义的起源》这部著作的结构和构成一直是个谜团。早时，大多数历史学家并不理解阿伦特究竟意欲何为。因此，该书拥有若干不同的题目。1951 年英国初版，书名定为《我们时代的负担》(*The Burden of Our Time*)①。之后在美国出版时，改为《极权主义的起源》(*The Origins of Totalitarianism*)②。但当 1955 年德译本发行时，采纳的书名是《极权主义的元素与起源》(*Elemente und Ursprünge Totaler Herrschaft*)③。对我而言，那部书最为珍贵的一点，也是我重点分析过的一点，是她与沃特·本雅明 (Walter Benjamin) 的交汇点。这很重要，因为阿伦特接受了本雅明对马克思历史哲学的批判。在本雅明的力作《论历史的概念》(*Über den Begriff der Geschichte*) 中，他批判了关于历史是"按阶段不断前进，直到克服全部的苦难与压迫"这一简单版本的马克思主义历史观。他认为值得怀疑的是，资本主义是否注定因为自身矛盾，自动步入无产阶级专政，建立社会主义社会。④ 本雅明此文成于 1940 年，最直接的写作语境是 1939 年希特勒和斯大林的《苏德互不侵犯条约》。本雅明的观点是：如果我们认为历史沿着一条势不可当的目的论的轨迹前进，结果必定是一场灾难。事实上，他认为这种目的论式的历史观导致了德国工人阶级对于法西斯主义的危险没有保持足够的警惕性和清醒度。阿伦特吸收了本雅明对历史目的论的批判。她拒绝承认历史本身具有因果性，能导致自身的发展。但她也不认为历史只是"一件又一件烂事"(one damned thing after another) 串联起来。⑤ 在这个意义上，反犹主义与帝国主义是极权主义的元素，而非导因。这一立论十分不易理解。她想要说明的是：社会文化一旦形成一些特征，譬如种族化歧视，那么它会作为一种元素继而渗透到其他社会现象

---

① Hannah Arendt. *The Burden of Our Times*. London: Secker & Warburg, 1951.

② Hannah Arendt. *The Origins of Totalitarianism*. New York: Harcourt Brace, 1951.

③ Hannah Arendt. *Elemente und Ursprünge Totaler Herrschaft*. Frankfurt am Main: Europäische Verlagsanstalt/ Büchergilde Gutenberg, 1955.

④ Walter Benjamin. "Über den Begriff der Geschichte", Max Horkheimer & Theodor Adorno (eds). *Walter Benjamin zum Gedächtnis*. Los Angeles: Institut für Sozialwissenschaft, 1942; "Sur le concept d'histoire", (trans.) Pierre Missac. *Les Temps Modernes*, no. 25, 1947; "On the Concept of History", (trans.) Harry Zohn & Hannah Arendt (ed). *Illuminations*. New York: Harcourt, Brace & World, 1968.

⑤ Arnold J. Toynbee. "You Can Pack Up Your Troubles", *Woman's Home Companion*, 79 (Apr. 1952); reference to Max Plowman. "Keyserling's Challenge", *The Adelphi*, 1932; Arnold J. Toynbee. *A Study of History Volume IX*. Oxford: Oxford University Press, 1954; quote of H. A. L. Fisher's *History of Europe*. London: Eyre and Spottiswoode, 1935.

中去，以不同的方式表现出来。比如，在西欧、东欧，种族偏见最早是针对犹太人一些特定和特殊的境况。但帝国主义承袭了这种"种族排他"，远渡重洋，带到了非洲大陆。你一定记得阿伦特最重大的理论之一便是欧洲各国帝国主义势力如何"发现了深色大陆"。但这与纳粹主义和极权主义的兴起有何关联？如你所说，这不是简单直接的因果关系。但是帝国主义发明并传播了某些技能，譬如行政化大屠杀（最早是屠杀各地原住民）、设立集中营地（最早用来制服非洲原住民），等等。所以这些"种族排他"的元素会在欧洲经历极权主义时复苏，浮出水面。《极权主义的起源》这本书的构成便是一种"片段性史学"（fragmentary historiography）。她寻觅的是一些单独的元素，它们在文化和历史现实中连亘成群，汇成"星河"（Konstellation）——这是另一个本雅明喜爱使用的词汇。

李汉松：阿伦特的"星河分析法"在后极权主义时代，最适宜应用在哪些谜题上？是某种极权主义的延续，还是性质完全不同，但意义相等的平行政治现象？

本哈比：可以从若干维度来思考。首先，我们仍然处在"种族排他"时代。全球世界并非全球主义世界。近日流行批判世界主义，时兴"回归民族国家主义"，对此我深感沮丧。有些人声称，世界主义等于新自由主义资本市场和道琼斯工业平均指数，这是何其的浅见。世界主义还反对种族主义，反对部落式的民族主义。全球化的世界尚不足以成为世界主义全球，因为我们尚未实现对人格和人权的保障、对道德和法律平等的尊重。这个世界也尚未战胜种族主义。现实正相反。特朗普总统坚持称新型冠状病毒（COVID-19）为"中国病毒"，蓬佩奥称之为"武汉病毒"，而七大工业国组织（G-7）却甚至无力发表一个联合声明！如今，"种族排他"针对各个群体，时刻存在，蔓延全球。阿伦特思想的另一维度也与时局相关：国家移除公民身份、产生"无国"人民、造成大量难民的权力。阿伦特曾说过：国家最绝对的权力，莫过于赋予和移除公民身份的权力。[①] 试看缅甸罗兴亚群体（Rohingya）的境遇吧：一夜之间，百万民众流离失所，进

---

① Hannah Arendt, 1951, p. 277: "Theoretically, in the sphere of international law, it had always been true that sovereignty is nowhere more absolute than in matters of 'emigration, naturalization, nationality, and expulsion'"; Lawrence Preuss. "La Dénationalisation imposée pour des motifs politiques", *Revue Internationale Française du Droit des Gens*, 1937, Vol. Ⅳ, Nos. pp. 1-2, 5.

入"无国家"状态，缅甸、孟加拉国都不愿收容。谁又知道他们究竟是何状态。他们像"静坐的鸭子"——最易遇险。这种条件下，种族屠杀最易发生。没有公共权威做后盾，这是少数族裔群体最终的脆弱之处。目前联合国难民署（UNHCR）已经介入，到了现场，但我们很清楚，这还远远不够。除"种族排他"和"无国状态"外，我们生活的世界还具有一个特征与阿伦特的政治关怀契合："集中营地"的存在。写成《汉娜·阿伦特：不情愿的现代主义》①不久后，我在剑桥做了题名为《他人的权利》的"西利演讲"（Seeley Lectures）②。它直接脱胎于我的《极权主义的起源》研究，源于阿伦特对于难民、移民者、寻求庇护者地位的反思。过去五十年内，跨境人口流动持续增加。虽然目前移民仍只占全球 70 亿人口的 3.5%，但跨境移动的增长率超越了世界人口的增长率。当然，这引发了各国对于丧失边境控制的恐慌。面对跨境人口流动的加强和加速，国家条件反射地保护自己的边境。而保护边境的方法之一便是创建集中营地。营地是属于我们时代的非正常空间。它之所以存在，是因为当代政权——这里我主要指欧洲和非洲——有义务尊重 1951 年《难民地位公约》（*Convention Relative au Statut des Réfugiés*）。一方面，他们承认难民来到自家门前，同意他们申请庇护，装模作样地遵守《公约》。但另一方面，他们不愿接收这些个体进入自己的司法管辖权，甚至无意真正审理他们的庇护申请。结果，我们剩下了什么？我们建立了集中营地。企图从法国西北部跨越英吉利海峡的难民们一直寄居在"加莱丛林"（Jungle de Calais），直到法国警方摧毁了这座难民营。我们还剩下了什么？在情势紧张的非洲，肯尼亚达达阿布（Dadaab）有一座错综复杂的难民城，容纳着超过 40 万难民。与此同时，这些无家可归之人都还保留有自己的权利和要求。他们不应惨受种族屠杀，也不该"被消失"。他们似乎在三界之外的灵薄幽狱中游荡。这同样也是阿伦特在《极权主义的起源》中分析的一种状况：除非我们有充分的国际和政治组织、民事和社会力量去有效地阻止，"种族排他"很可能会导致无国家状态、难民困境、群体脆弱性，甚至是种族灭绝。

李汉松：我希望借此机会，与您探讨国际制度与全球治理的难题。阿

---

① Seyla Benhabib. *Reluctant Modernism of Hannah Arendt*. Thousand Oaks: Sage Publications, 1996.

② Seyla Benhabib. *The Rights of Others: Aliens, Citizens and Residents*. Cambridge: Cambridge University Press, 2004.

伦特一度曾对"二战"后鼓吹"新国际权利法案"持怀疑态度。她认为此举缺乏植根于城邦政治的法理基础。[①] 她甚至还尖刻地讽刺道："所有企图发起一套'新国际权利法案'的鼓吹者和赞助人，概属边缘人士——如少数毫无政治经验的国际法学家，以及受到职业理想主义者飘忽不定的情感支持的职业慈善家。"[②] 但她终于还是乐观地看待国际公法体系，渐渐向《防止及惩治灭绝种族罪公约》始作俑者拉斐尔·莱姆金（Raphael Lemkin）[③] 靠拢。最终，二者都认可国际制度在维护全球正义方面应起的作用。但她的批评至今回声不绝：罗马法家嘲笑现代国际法学家们盗用根本不存在的"国际法渊源"，甚至您本人也批评过联合国难民署苍白无力。那么从今后着眼，我们应该在国际层面上建构性质上与目前植根民族国家的共和制度、民主主权相等的超级政治组织，还是应该从公约和条约体系入手，以习惯法、国际协定为基础，扩充、衍伸这些双边和多边章程，甚至自我束缚式地加强我们对此的依赖，最后再谋求这些跨境体系与现有的国内制度相互协调？

本哈比： 你提出了我们时代全球政治理论中最棘手也最重要的问题之一。首先，"二战"之后的国际体系有两座规范性基石：一是属地司法管辖权，包括尊重民族国家的疆土边境和国防安全；二是尊重普世人权。二者之间一直不乏某种龃龉的张力。一些思想家认为：所谓张力，是杞人忧天，因为只有在民族国家的语境内，才谈得上实现人权。对此，我坚持

[①] Seyla Benhabib. "International Law and Human Plurality in the Shadow of Totalitarianism: Hannah Arendt and Raphael Lemkin", *Constellations*, vol. 1, No. 2, 2009, pp. 331-350.

[②] Hannah Arendt, 1951, p. 289. "Even worse was that all societies formed for the protection of the Rights of Man, all attempts to arrive at a new bill of human rights were sponsored by marginal figures—by a few international jurists without political experience or professional philanthropists supported by the uncertain sentiments of professional idealists. The groups they formed, the declarations they issued, showed an uncanny similarity in language and composition to that of societies for the prevention of cruelty to animals. No statesman, no political figure of any importance could possibly take them seriously; and none of the liberal or radical parties in Europe thought it necessary to incorporate into their program a new declaration of human rights. Neither before nor after the second World War have the victims themselves ever invoked these fundamental rights, which were so evidently denied them, in their many attempts to find a way out of the barbed-wire labyrinth into which events had driven them. On the contrary, the victims shared the disdain and indifference of the powers that be for any attempt of the marginal societies to enforce human rights in any elementary or general sense."

[③] 拉斐尔·莱姆金（1900—1959），犹太裔波兰律师、国际法思想家，曾首次正式使用"种族屠杀"（genocide）一词，呼吁建立《防止及惩治灭绝种族罪公约》（Convention on the Prevention and Punishment of the Crime of Genocide）。

认定人权更具超越性：人权必须在社会语境内得以实现，这我承认，但这种社会语境最终以何种政治组织形态呈现？是由圈定边境的民族国家司法权？还是小型城邦国家？还是其他某种"后民族时代"的司法管辖形式——譬如欧盟？——这是个可供自由发挥的开放题。组成国邦的模式，以及邦际联结的模式，都多种多样。世界全球化不仅以大国为单位，也在国家内部创造了许多"下单元"，譬如，正如你所知，香港的特殊地位；在欧洲，则是加泰隆尼亚；英国语境中，是苏格兰；土耳其内部，则是库尔德人从未实现的自决要求。"下国家"单元的局部自我治理，目前已形成了一种全球需求。国际层面的经济、技术和媒体发展，既在逐渐整合，也在同时分解，因为它们在允许更加多种多样的联通交流，而不再依赖民族国家的垄断。我可以再以个人经历举例：在我的孩提时代，1950 年代的土耳其只有一家官方收音机频道。直到 1970 年代，普通百姓家里都没有彩电。今日电台五花八门，有线和无线电视眼花缭乱，也模糊了我们对于"国家"与"官方"声音的界定。

但我绝非民族国家之敌。过去数百年内，现代国家取得了夺目的成就。我反对的是"物化"民族国家概念，从而丧失灵活机动地应对新秩序、新主权形式的能力。关于建立一个"全球国家"的庞然大物，阿伦特，以及许多其他人——她绝非当时唯一持"非共和主权即全球国家"观点的人——选择了批判后者："全球国家。"这种批判源于康德的观点：倘若有一个"世界政府"，它必是"没有灵魂的专制政治"（ *ein seelenloser Despotism* ）。① 当大多数人谈到"全球国家"时，他们心中想到的首先是个霸主，一个"贝希摩斯"（Behemoth）怪兽，凌驾于所有国度之上，作威作福。我不可能不同意，这是一幅令人惊悚的画面。但这绝非唯一的可

---

① 与此不同的另一种范式：联邦联合（ *eine foederative Vereinigung* ）则允许、要求在范围有限的集体内部行使公民权，见：Immanuel Kant. "Zusatz. Von der Garantie des ewigen Friedens", in *Zumewigen Frieden Ein philosophischer Entwurf.* Königsberg: bey Friedrich Nicolovius, 1795, p. 62: "Die Idee des Völkerrechts setzt die Absonderung vieler von einander unabhängiger benachbarter Staaten voraus, und, obgleich ein solcher Zustand an sich schon ein Zustand des Krieges ist (wenn nicht eine föderative Vereinigung derselben dem Ausbruch der Feindseligkeiten vorbeugt): so ist doch selbst dieser, nach der Vernunftidee, besser als die Zusammenschmelzung derselben, durch eine die andere überwachsende, und in eine Universalmonarchie übergehende Macht; weil die Gesetze mit dem vergrößten Umfange der Regierung immer mehr an ihrem Nachdruck einbüßen, und ein seelenloser Despotism, nachdem er die Keime des Guten ausgerottet hat, zuletzt doch in Anarchie verfällt. Indessen ist dieses das Verlangen jedes Staats (oder seines Oberhaupts), auf diese Art sich in den dauernden Friedenszustand zu versetzen, daß er, wo möglich, die ganze Welt beherrscht."

能性，也并非真正发生在现实世界的境况。目前，一个全球公共领域正在萌生。我们二人现在进行如此跨国家、跨文化、跨传统的对话，便是最有力的例证。在全球范围内，我们对彼此了解匪浅。全球公共界域并非"全球国家"，但它是新兴政治意识的预兆。

关于国家公民与狭义上"全球公民"之间的反差，特蕾莎·梅（Theresa May）有句名言，说"全球公民"绝无可能，因为"如果你自认为是世界公民，那么你无处是公民"①——这并不正确，因为公民并不仅意味着法律上的"国家公民身份"，还包括沟通交流、选择立场，以及对身居远方的他人油然而生的责任感。这些是跨越距离的团结形式，也是康德在《永久和平论》（Zum ewigen Frieden）中对"公共界域"（Öffentlichkeit）的定义之一。② 所以，尽管我们不知这种"国际交流民事共同体"会具体以何种政治形式运行，但我坚信它的客观存在。因为旅行、交流和教育，我们不仅拥有国际市场，更是缔造了一个国际公民社会。

李汉松：您构建的宏大世界主义愿景如何兼容女性主义思想具体的历史和身份诉求？作为 70 年代以来最主要的性别平等、性别解放理论家之一，您如何看待主流批判理论对于女性主义的批判？在此次哥伦比亚大学因疫情关闭之前，我和霍耐特教授聚了一次。他在与南茜·弗雷泽的争论中，坚持"承认"（Anerkennung）概念是普遍的，一定不能陷入文化具象性。您也知道，阿伦特是位对女性主义不感冒的女性思想家，起

---

① Theresa May. Oct. 2016 speech (*The Telegraph* & *Financial Times*): "Now don't get me wrong. We applaud success. We want people to get on. But we also value something else: the spirit of citizenship. That spirit that means you respect the bonds and obligations that make our society work. That means a commitment to the men and women who live around you, who work for you, who buy the goods and services you sell. That spirit that means recognising the social contract that says you train up local young people before you take on cheap labour from overseas. That spirit that means you do as others do, and pay your fair share of tax. But today, too many people in positions of power behave as though they have more in common with international elites than with the people down the road, the people they employ, the people they pass in the street. But if you believe you're a citizen of the world, you're a citizen of nowhere. You don't understand what the very word 'citizenship' means."

② Immanuel Kant, 1795, "Dritter Definitivartikel zum ewigen Frieden-Das Weltbürgerrecht soll auf Bedingungen der allgemeinen Hospitalität eingeschränkt seyn" p. 46. "Da es nun mit der unter den Völkern der Erde einmal durchgängig überhand genommenen (engeren oder weiteren) Gemeinschaft so weit gekommen ist, daß die Rechtsverletzung an einem Platz der Erde an allen gefühlt wird: so ist die Idee eines Weltbürgerrechts keine phantastische und überspannte Vorstellungsart des Rechts, sondern eine nothwendige Ergänzung des ungeschriebenen Codex, sowohl des Staats- als Völkerrechts zum öffentlichen Menschenrechte überhaupt, und so zum ewigen Frieden, zu dem man sich in der continuirlichen Annäherung zu befinden, nur unter dieser Bedingung schmeicheln darf."

码她的政治论述体系是"无性别化"或"去性别化"的。我们应当如何理解这一点，又该如何对照她与波伏娃更显性的"性别化"哲学话语体系？总体而言，性别身份的争执与全球正义的诉求有何概念上或策略上的关系？

本哈比：我与弗雷泽一样认为：当时在 1980 年代早期，我们面临着一种全新形式的斗争和社会运动，其中意义尤其重大的一种便是女性运动。但若要理解世界各地为何兴起女性运动，就必须考虑女性大批涌入劳动力市场的历史。这是一段普遍意义上的历史，而非局限在高度发达的工业社会。与此同时，平等理念蔓延全世界。批判种族排他，无法不同时连带着批判性别排她。所以在此期间，众多维度汇流，一起孕育了 1980 年代全球范围内爆发的女性运动。这不是单数的一场女性运动，而是复数的诸多女性运动。这不只事关"承认"问题，还是人权和人类平等的诉求。我曾贡献给《美国政治科学评论》一篇研究女性运动的论文，题名为《跨境伸张权利》①。这种国际性的诉求会以许多形式展开，如解决两性之间工资收入的不平等、铲除家庭暴力，再如改善女性的健康和卫生条件。这便阐释了：我的世界主义愿景并非清一色的。也正因如此，我区分全球化与世界主义。所以，针对霍耐特，我答复："承认"是不够的。如果只紧紧握住"承认"这面旗帜，会显得女性运动的目的无过乎"承认差异"而已。必须承认，这一观点有一定的历史依据，因为正如你所说，在法国 80 年代的语境内，有一股女性主义思潮是以"差异理论""承认差异"为基础"构建性别"的。你也很清楚，我是在卡罗尔·吉利根（Carol Gilligan）那部名作《以不同的声音》引起巨大反响后，动笔开写女性主义和伦理问题的②。但我一直坚持认为这种"不同的声音"必须纳入普遍的伦理认知之中。"不同的声音"问题不应沦为对于法国女性主义思想家所谓"差异权"（*le droit à la différence*）的辩护。所以，我涉猎性别研究，应用的理论框架，既非"承认"，亦非"再分配"。我不否认，这两个概念在当初开启

---

① Seyla Benhabib. "Claiming Rights Across Borders: International Human Rights and Democratic Sovereignty", *American Political Science Review*, vol. 103, No. 4 (November 2009), pp. 691-704.

② Carol Gilligan. *In a Different Voice: Psychological Theory and Women's Development*. Cambridge, MA: Harvard University Press, 1982; Seyla Benhabib. "The Generalized and the Concrete Other. The Kohlberg-Gilligan Controversy and Moral Theory", *Situating the Self. Gender, Community and Postmodernism in Contemporary Ethics*. Cambridge, MA: Polity Press, 1992, pp. 148-178.

对话和辩论时，价值巨大。但我认为它们还不够。在我的辞典里，"全球诸女性主义"与"世界主义诸女性主义"相互印证。毕竟，联结人类物种的另一纽带，是我们的两性分别。在一些语境内，这已经开始动摇了。但是，普遍而言，我们生而为男女。这一分歧性，或二价性，是世界各个社会共通的特征。我们必须普遍地思考，同时也去研究那些具象性的实体，而不拘泥于某些物化的"差异"概念。

李汉松：您试图在具象的身份意识和普遍的种族意识中间架起桥梁，打通女性主义与世界主义，这在方法上很具解放意义。您刚才短暂提及了女性权益与普遍人权重合的另一维度：公共健康与卫生。当前纽约成了新冠病毒在北美的震中，您在麻省伯克夏县隔离。您对周边的疫情与防疫措施，有何直观感受？

本哈比：这里地处麻省山脉之下，算是乡间，人口密度比纽约和纽黑文要小。许多纽约人在此处安家，目前都来避难，包括我和一些同事。但这里防疫情况诡异，效率不佳。许多人无法检测，而那些检测过的人，有些三四日后才得到回音，甚至丢失了结果。这种无能程度，令人惊讶而失望。

李汉松：您是否已在构思"新冠病毒的政治哲学"？

本哈比：国际社会陷入的窘境向我们揭示了人类社会是何等互相依赖、相互联结，但愈是如此，政治思想家们愈是满口"回归民族主义"。你在剑桥的老师之一大卫·朗西曼（David Runciman）刚在《卫报》（*The Guardian*）上发表了一篇评论文章，声称疫情向我们揭示了"霍布斯是正确的"，因为我们发现，政治究竟还是强权，或者说：是谁向谁施加强权。[①] 我很尊敬朗西曼，但我实在不敢苟同！严肃地讲，他这套想法简直是一谬千里。我们实际看到的是：我们的确需要公共权力部门实行司法管辖。但每当听取安德鲁·库默州长（Andrew Cuomo）汇报抗疫进展时，我都发现，对于我们这些往来奔走于麻省、康州和纽约的民众而言，他的权力和语言与特朗普总统的相比，对我们切实生活的影响大得多。所以问题不是我们是否需要公共权力，而是何层、何级的公共职能。诚然，抗疫必须行使权力，甚至在一切政治活动中都普遍如此。但我们更需要集

---

① David Runciman. "Coronavirus has not suspended politics-it has revealed the nature of power", *Guardian*, 03.27.2020.

体行动。譬如，我完全无法理解：既然没有任何一例难民被证实携带了新冠病毒，为何美国与加拿大边境对难民关闭？我的老同事，耶鲁教授詹姆斯·斯考特（James Scott）称此为"像国家一样审视"（seeing like a state）——国家有一套结构和心态，而国家官僚机器的要义便是"圈地"与"权力"。① 但是我们现在讨论的"新冠政治哲学"一定不应回归我称之为"逆流民族主义"（retrograde nationalism）的老路。假设我们生活在一个世界主义的开放社会：新冠病毒首次现形时，国际社会应该开始协同防疫，合作研发疫苗。事实正相反，特朗普总统在 2020 年 2 月初还在抱怨新冠病毒是民主党的大骗局，声称道琼斯指数如此之好，市场形势如此之妙，民主党人试图用新冠病毒阻挠他再选。极权主义的本能便是否认问题的存在。极权主义领导人的本能是推卸个人责任。与此相反，世界主义社会在于即时分享知识。在美国，还发生了其他的怪象。奥巴马时代的"全球健康安全议程"（Global Health Security Agenda）抗击流行病项目，在特朗普执政期间大幅缩减。

李汉松： 这些项目确实一度陷入削减经费的困境。再如，美国疾病控制与预防中心（Centers for Disease Control and Prevention=CDC）曾在中国设立了"实地流行病学训练项目"（Field Epidemiology Training Program=FETP）顾问这一岗位，截止到去年年底，由琳达·奎克（Linda Quick）② 医生担任。美方去年砍掉这一要职，对新冠发现初期中美防疫紧密合作增加了难度。

---

① James Scott. *Seeing Like a State: How Certain Schemes to Improve the Human Condition Have Failed.* New Haven: Yale University Press, 1998.

② 琳达·奎克是美国疾病控制与预防中心下辖全球健康中心（Center for Global Health）全球健康防护部（Global Health Protection）实地流行病学训练项目的首席医师。1984 年毕业于密苏里大学堪萨斯分校医学院（University of Missouri at Kansas City School of Medicine），在儿童慈善医院（Children's Mercy Hospital）作驻院儿科实习医师；1988 年获华府沃尔特·里德陆军医院（Walter Reed Hospital）热带医学（Tropical Medicine）文凭，1992 年获约翰·霍普金斯大学卫生与公共健康学院公共健康硕士，并在该校完成了预防医药学（preventive medicine）培训。奎克曾任云南下关大理医学院访问教授（1991—1992），并在波斯尼亚内战期间任国际救援委员会（International Rescue Committee）医疗主任（1992—1994）。1995 年加入美国疾病控制与预防中心，曾代表疾病控制与预防中心驻世界卫生组织（WHO）、联合国国际儿童紧急救援基金会（UNICEF），参与项目涵盖疾疫评估、疫苗可预防疾病监测、大规模根除脊髓灰质炎等。详见美国各大媒体报道（"Exclusive: U.S. Axed CDC Expert Job In China Months Before Virus Outbreak", *Reuters,* 03.22.2020; "US Eliminated Key China-Based Public Health Position Ahead Of Coronavirus Outbreak: Report", *The Hill,* 03.22.2020; "The Trump administration cut a CDC position in China meant to detect disease outbreaks months before the coronavirus pandemic", *Business Insider,* 03.23.2020）。

本哈比：一点不错！所以，我认为行政机构削减、弱化保护本国人口的公共卫生机制，这有悖良知与常情。鉴于此，我不理解为何我反而应该赞美民族主义。同样，意大利的英雄是一批又一批的地方行政人员们、市长们、奋战在健康危机一线的医生和医护人员们。而意大利国家政府并未及时醒悟过来，采取有效措施。所以我也不明白，为何要赞美意大利政府？总而言之，何妨想象一个完全不同的世界？无论在这民族主义复兴的时代，这种想象听上去有多么乌托邦，我都邀请各位思考一个问题：假如我们从 2019 年 12 月开始国际合作，我们本可以如何应对这场危机？

李汉松：以民族国家视角审视新冠危机的另一局限性是：它忽略了国境之间的人口。目前，欧洲各国的叙利亚难民营迎来了第一波感染案例。这些场所平日便无法达到基本的卫生标准，现在每人每家只领取到了一块香皂！一旦病毒攻破难民营的帐篷，灾难不言而喻，甚至无法想象。这些无国界的空间，以及国家之间窄小的生存空间，缺乏管制力度和问责机制，每逢天灾人祸，必是最为脆弱的群体。

本哈比：完全如此。你所说的这一悲剧揭示了那些认定城墙能阻挡无形之物者是何其的短视和无知。高耸的城墙平地而起，用以阻挡视城墙为无物者，这种行径荒诞得甚至颇具诗意。面对病毒入侵，难民营一定惨遭横祸。脆弱的空间不只有难民营，还有监狱。纽约监狱的新冠感染数量已经触目惊心。今天早晨，一位德国的记者朋友从法兰克福写信问我："病毒侵入了达喀尔、卡拉奇、墨西哥城这些发展中国家的超级大都会，又当如何？"当新冠病毒的震中从纽约转移到世界其他人口密度高、但缺乏公共职能部门有力介入的大都会，挑战可想而知。所以，恐怕我们与病毒斗争还是长路漫漫。

李汉松：流行病期间，人类生活形式剧烈震荡，这对人的社会性与公共意识有何影响？

本哈比：是的，新冠病毒的影响不局限于狭义的政治，而渗透在广义的社会之中。这正是我们的恐惧所在。有一个违背直觉，也违背人情伦理的现象：当人类遭遇困境和灾难时，譬如战争硝烟和自然灾难，我们本能地将自己与他人纽结在一起，加深了团体意识。但流行病迫使人们四散独居。祖父母无法与儿孙团聚，而孙儿也不该探访老人，因为害怕传染给免疫力更弱的前辈。这种难以想象的与世隔绝很容易令人们屈于极权式的解决方式。毕竟"与世隔绝"可以致命地打击民主，甚至让民主完全消失，使大写的人缩减为被支配的形体。在美国，一个又一个州在延迟民主党初选。如此，我们又回到了汉娜·阿伦特：即使在后极权主义时代，孤独感也是威权与极权诱惑和滋长的苗床。

海洋人文

——对话大卫·阿布拉菲亚 ①

本文探讨了从地中海到太平洋的海洋史视角转移，从古典时代到当前各类体裁的历史资料、海洋史研究的方法论等史学问题，也谈及当前地中海形势、太平洋局势以及英国脱欧公投等时下问题。

大卫·阿布拉菲亚（David Abulafia），1949年生，英国海洋史家，剑桥大学地中海历史教授、冈维尔与凯斯学院院士。他涉猎古代、中世纪和近代早期社会、经济和宗教史，尤以大西洋史、地中海史、全球大洋史研究闻名，著有《发现人类：哥伦布时代的大西洋碰撞》和《伟大的海：地中海的人类历史》。

李汉松：我们的对话从纵观您的史学生涯开始。从《两个意大利》（1977）到《1200—1500年的西部地中海》（1997），再到《发现人类》（2008）和《伟大的海》（2011），您的海洋史研究视野从地中海扩展到大西洋。② 现在，您又在研究各大洋的历史，并在列格坦研究所（Legatum Institute）做了关于古代社会全球贸易的系列讲座。是怎样的动力和意图主导着您过去30年的研究工作？您还有哪些正在或即将进行的研究计划？

---

① 本文是2016年9月13日作者与阿布拉菲亚在英国学术院（British Academy）的对谈。英文版："Humanity and the Great Seas: A Conversation with David Abulafia", *Chicago Journal of History*, Issue 7, 2016, pp. 20-29, 中译稿刊于《国外社会科学》2017年第5期，第136—146页，刘健译，作者校。

② David Abulafia. *The Two Italies: Economic Relations between the Norman Kingdom of Sicily and the Northern Communes*. Cambridge: Cambridge University Press, 1977; *The Western Mediterranean Kingdoms: The Struggle for Dominion, 1200-1500*. London; New York: Longman, 1997; *The Discovery of Mankind: Atlantic Encounters in the Age of Columbus*. New Haven: Yale University Press, 2008; *The Great Sea: A Human History of the Mediterranean*. Oxford: Oxford University Press, 2011.

阿布拉菲亚：在我看来，一名历史学者最初的研究兴趣受到他的老师和其他人的影响较大。我的第一本书是在博士学位论文基础上完成的《两个意大利》，有一些主题基本上是无意间搭建了我目前正在撰写的《伟大的海》的框架；在一些著作中，我也曾经尝试研究不同宗教集团之间的关系。这其中的核心思想是关注广阔空间内的联系路径，包括经济的联系、文化的联系，以及经济联系与政治发展之间的相互作用。在这个过程中，布罗代尔和年鉴学派对我产生了极大影响。但是，我的早期成果还有一个明显的不同之处，那就是用了极大篇幅探索政治发展问题，包括一定时间内不明显的变化：条约的签署、取消，以及一些政治决策、政治事件，比如国王去世。在很长一段时间里，我十分痴迷布罗代尔学派的结构、长时段（longue durée）观念等，但是用之探索个人作用的时候，这个方法失灵了，它并不重视个人，而是极端强调地中海地区的某些固定模式。因此，我首先关注地中海地区。但是，如果你要研究商人的活动，就要适应特定的文献类型，如贸易合同、日记、游记。举个例子，剑桥大学收藏了绝大多数开罗密室（Cairo Genizah）文献①，我本人并不是研究这类资料的专家，但是 11、12 世纪开罗犹太人社团的商业文件中确实包含着一个重要的内容，就是重视印度洋与红海及印度西海岸的贸易联系。你也必须知道在布鲁日设立贸易中心的热那亚等地的商人，知道佛兰德斯人和北欧的历史，知道英格兰的意大利银行家，等等。因此，即使已经从事研究多年，就我个人从事的地中海研究而言，研究者仍然必须时刻关注各种比较与联系。目前，我最为关注的联系是海洋之间的联系，集中研究相当长的时期内三大洋之间的相互关系，这个时间跨度超过传统的认知。我们通常将这些相互作用的时期的起点定在哥伦布（Christophorus Columbus）的 1492 年和达·伽马（Vasco da Gama）的 1497 年。但是，这个时间点要大大向前推进。

李汉松：您往往被称为"海洋史学家"，您认为这个称谓的含义是什么？在您早年的工作中，是什么让您对海洋发生兴趣？

阿布拉菲亚：几年以前，我还不太习惯于将"海洋史学家"这个称谓用在自己身上。我并不是那种极端重视经济学理论的经济史学者，但是对

---

① 开罗密室文献是犹太人手稿残片，在埃及开罗老城本·以斯拉（Ben Ezra）犹太会堂储藏室发现。剑桥大学图书馆开罗密室文献库是世界范围内保存数量最多、最重要的中世纪犹太人手稿收藏。

海洋贸易活动的兴趣一直体现在我的研究中，其中可能只有对腓特烈二世（Friedrich Ⅱ）的研究中没有这方面内容。关于海洋史，我认为它是人类跨越海洋空间的历史。我并不特别关注（我其实也没有这方面的知识）船舶建造、航海工具的发明等问题，这些问题曾经是海洋史研究的主体。严格意义上说，这些是航行史的范畴，是研究海洋表面权力斗争的历史，这些争端一直与海洋贸易历史交织在一起——想想荷兰人、葡萄牙人以及英国人在印度沿海地区的争夺。但是，在我对海洋史的理解中，最为重要的内容是商人自发地跨海扩散的形式以及在这个过程中他们输出商品行为以外的活动。有些东西保存了下来——我们可以去博物馆参观，它们是长距离范围内传播文化影响的一个组成部分。我可以举一个年代相对晚近的例子：在 17 和 18 世纪，中国陶器到达北欧，它改变了城市无产者的品位，甚至可以说颠覆了他们的生活方式。这是让我最为痴迷的一个方面。这并不是传统意义上的海洋史的范畴。令我满意的是，我所理解的海洋史范式已经开始在更加广泛的领域内应用。在当前史学方法论领域，我认为最需要思考的概念是地中海史、大西洋史、印度洋史等。在我看来，有些时候这些名词的提出和使用过于随意，并不适用于海洋领域。有些时候，书写地中海世界的历史要跨越陆地和海洋，应该深入内陆多远是一个问题。我本人要做的其实是思考以海洋为空间写一部人类的历史，海洋是一个非正常的人类生活空间，但是人类确实生活在其中，历经起伏波折。我认为这是人类生存史上一个波澜壮阔的方面，而且有些方面对世界文明的发展产生了深远的影响。

李汉松：您刚刚提到《腓特烈二世：一位中世纪的皇帝》，它并不是阐述腓特烈在西西里、马耳他和塞浦路斯扩展海洋影响力的历史，而是一部解读广阔帝国的著作：陆地和海洋、一位神秘莫测的皇帝、他的宫廷和他的遗产。[①]这并非海洋史的研究课题，您研究腓特烈二世的意图是什么？您是否接受一些书评中的批评？关于您对于腓特烈二世的一些新看法，因重新评估他基督教式的虔诚和传统的智慧，以及您对于学术界赋予他"世间的惊奇"（Stupor Mundi）这一称谓的质疑。您的观点被其他中世纪史学者接受的程度怎样？

阿布拉菲亚：我对腓特烈二世一直都有兴趣。在撰写博士学位论文的

---

① David Abulafia. *Frederick II: A Medieval Emperor*. London: Allen Lane & Penguin Press, 1988.

时候，我产生了研究和写作其统治生涯的想法。事实上，我曾经在学校中学习诺曼时期的西西里和腓特烈二世的历史。之后又对他的舰队总司令做了一些研究，这是一个很有意思的人物，后来继承了马耳他伯爵①。我还特别研究了恩斯特·坎托罗维奇（Ernst Kantorowicz）②的著作。他是20世纪最著名的历史学家，但我不会说他是最杰出的。他对于腓特烈二世生平的研究极具争议。在从事学术研究的早期，我就写过一篇文章介绍坎托罗维奇的研究旨趣，特别是他与魏玛共和国时期极右翼观点的关联。这一点被一位十分著名的剑桥大学历史学家J.H. 普拉姆注意到了。那时，他已经退休，但是仍然拥有"艾伦·雷恩和企鹅丛书"出版选题的投票权。他找到我，问我是否有意愿撰写一部关于腓特烈二世生平的著作。当时，我并不确定自己是否真的可以做——我当时还不到30岁，而且正在计划深入研究地中海商人。正是从开始写作的时候，我开始发现自己对腓特烈二世的认识从根本上与坎托罗维奇不同，不止如此，每个人都知道坎托罗维奇极力夸大的"腓特烈是世间惊奇"的观点受到尼采和其他哲学家的深刻影响。我开始将腓特烈视为那个时代的产物，部分原因在于我所坚持的一些事情是当前学术界没有做过的，比如我将这个人物放在他的诺曼人祖先以及日耳曼前辈的语境中研究，这并不是我所擅长的领域。因此，我跳了出来，关注其文化的方面，关注他与天主教会的政治关系，这造就了他的基督教观念，这与坎托罗维奇的视角完全不同，也与美国历史学家托马斯·柯蒂斯·范·克莱韦（Thomas Curtis Van Cleve）③不同。基于此，我写了那本书，由艾伦·雷恩出版社出版。专业历史学家对此的反应是："哦，当然可以。感谢。这正是我们希望某人说出来的。"这是激励。将腓特烈视为一位13世纪的统治者——在某些方面他是一位12世纪的统治者，是一位保守的而非富于侵略性的、进取型的人物——确实比较合适。当然，一部分

---

① "马耳他伯爵"之位由西西里国王坦克雷德（Tancred, 1138—1194；在位期间：1189—1194）为他的"大舰长"（ammiratus ammiratorum）布林迪西的马嘉图（Margaritus de Brindisi）设立，后为神圣罗马帝国亨利四世褫夺，转授予舰队长古列尔莫·格拉索（Guglielmo Grasso）。亨利四世驾崩后，腓特烈二世运用权谋，逐渐使格拉索服从王统。之后，其养子亨利（"渔夫"恩里科：Enrico Pescatore）继承爵位。此人屡犯克里特，并未成功，但在地中海上颇有势力。1225年腓特烈二世迎娶耶路撒冷的伊莎贝拉二世（Isabella Ⅱ，1212—1228，即"布里昂的约兰德"：Yolande de Brienne），即由亨利伯爵舰队护送。

② 恩斯特·哈特维希·坎托罗维奇（1895—1963），德裔美国历史学家，主攻中世纪政治和知识分子史、艺术史。

③ 托马斯·柯蒂斯·范·克莱韦（1888—1976），美国历史学家，以研究腓特烈二世著称。

人并不十分认可腓特烈是一个正统人物而非传奇人物的观点。来自英国的反应并没有让我感到鼓舞。真正激励我的是来自意大利的反响。意大利人更加接受他是一位伟大的文化英雄的观点。他们翻译了这本书，并且在重印。我与意大利出版商刚刚签订了一项新合同，准备重新编排出版。也有不少人，其中包括我的朋友，会对我说："不，我的看法不同：事实上坎托罗维奇夸大的论述更好。"我尊重这样的看法，因为这至少是严肃的学术讨论。但是，我关于腓特烈的论述已经开始被广为接受，特别是在意大利，意大利人比德国人更加重视这本书。在德国，我不确切知道人们对这本书的看法（曾经有一个德译本，但是十分糟糕，他们没有经过我的同意就做了删减）。总的来说，学术界对这本书的评论基本正确，尽管有一派观点仍然坚持坎托罗维奇的认识。当然，在德国存在的问题是，这类书籍的目标读者群是学生和同行，目的是提供某类重新评价腓特烈的议论，另外还有一类是普及读物，德国人并不愿意去写。至少在我的领域，德国大学中的学者更注重撰写深入考证资料的成果。

李汉松：尤其鉴于您的脚注没有占到半页纸，想必德国同行们颇不以为然。

阿布拉菲亚：是的。从反方向来看，不久前德国学者沃尔夫冈·施蒂讷尔（Wolfgang Stürner）①出版了一部研究腓特烈二世生平的两卷本著作，从属于一套德国中世纪皇帝系列丛书，很是晦涩难懂。真正让我困惑的是它没有关注与腓特烈有关的大问题：他对教皇国的看法、他的文化兴趣以及围绕腓特烈的全部神话传说。这些问题是环环相扣的。

李汉松：在《发现人类》一书中，您将新大陆的发现放在影响欧洲人文化和身份认同的文艺复兴文化之中。您说，"人类在大西洋的发现改变了世界……它也震动了文艺复兴中的欧洲"，这是在亚伯拉罕的信徒和高度文明的旗帜下的欧洲。②文学、艺术、科学和城邦政治意义上的意大利文艺复兴与发现新世界的文艺复兴之间有何关系？它们如何同时发生又相互影响？

阿布拉菲亚：这是一个复杂的问题。因为有些研究，比如非常著名的

---

① 沃尔夫冈·施蒂讷尔（1940— ），德国历史学家。

② David Abulafia, 2008, p.313.

英国历史学家约翰·埃利奥特（John Elliott）①的著作，倾向于强调不要夸大这些发现的影响力，特别是新大陆的发现对 16、17 世纪欧洲人的思想和行为方式的影响。我认为我的研究视角是特别的，在研究新大陆之前，我首先注意到西西里的犹太人、基督徒和穆斯林之间的关系，后来注意到西班牙这些群体之间的关系，并断断续续地写了不少这方面的文字。在开始涉猎西班牙历史的时候，我主要研究了马略卡的加泰隆尼亚王国（Regne de Mallorca）。最后一位独立的马略卡国王曾经梦想征服加纳利群岛（Islas Canarias）。我感到我必须思考一个非常简单的问题，那就是在 1492 年，在犹太人被驱逐出西班牙的时候，在穆斯林被征服的时候——他们当时并没有被驱逐，只是在西班牙南部的统治区被占领，天主教君主费尔南多（Fernando Ⅱ）和伊莎贝拉（Isabel Ⅰ）逐渐成为一方霸主，首先统治加纳利群岛的居民，几乎在同时成为加勒比、伊斯帕尼奥拉岛 (Hispaniola，今多米尼加共和国和海地) 的非基督徒人口的君主。这些事件的发生存在某种有意思的悖论。一方面，他们不断清除犹太人和穆斯林；另一方面，他们自己又成为相当一部分非基督徒人口的统治者。基于此，我开始关注这样一个问题：加纳利人如何成为后来加勒比地区事件的初始模型。关于这个问题，有一两位学者做过一点研究，比如著名英国历史学家菲利佩·费尔南德兹-阿梅斯托（Felipe Fernandez-Armesto）②。但是在我看来，还有许多工作要做，比如从哥伦布的视角看待问题。他到达的第一个岛屿是加勒比地区的圣萨尔瓦多（San Salvador），那时，他提到的第一件事是："这些人看我的眼神就跟加纳利群岛居民一样。"这样，他们如何评判宗教活动，如何衡量这些人的人性等问题，在我看来就非常值得仔细探讨了。研究 16、17 世纪历史的学者埃利奥特，以及其他学者，比如安东尼·帕戈登（他是一位优秀的历史学家，曾经与我在剑桥共事，现在在加利福尼亚大学洛杉矶分校执教），都发表过很精彩的著作，曾经多次触及对待新发现民族的态度问题——这些历史学者都没有注意到 14 世纪晚期和 15 世纪。他们并不了解哥伦布及其同代人生活时代的精神世界的资料。

　　这促使我进入这个主题。最初，我为本科最后一年的学生开设了一门

---

　　①　约翰·埃利奥特（1930— ），英国历史学家，研究中古和近代早期的西班牙半岛、西欧和大西洋历史。

　　②　菲利佩·费尔南德兹-阿梅斯托（1950— ），英国历史学家。

课程，进展顺利。之后，我将其充实为一本著作。不得不说这是我最满意的一本著作——这本书和《伟大的海》是我最拿得出手的著作。这也与我目前在做的工作有关系，即海洋的大历史，因为我在寻找一种对未知民族的特殊的态度。我仍然在关注与开通大西洋、开通北美洲和南美洲以及非洲等未知海岸相关的所有问题。从这个角度，这个问题与我目前的兴趣和工作吻合。

李汉松：下一个问题十分抽象。作为一个连接非洲、亚洲和欧洲的区域，地中海曾经见证了贸易、人口流动和战争。在我们研究这片海洋的历史的时候发现似乎贸易和战争在同一个空间活动。能否请您概括一下：商业活动与战争有什么关系？我们曾经谈论，从孟德斯鸠时代开始，贸易具有缓解战争的作用。从海洋史和经济史学者的角度，您如何看待贸易在地区冲突中发挥的历史作用？

阿布拉菲亚：这是一个非常有意思的问题，这正是我目前在写作的问题。我希望做的事情是将地中海与波罗的海和北海进行对比，历史学家罗伯托·洛佩兹（Roberto Lopez）[1] 称这两个海为"北地中海"或"北方的地中海"：这个从英格兰延伸至爱沙尼亚的复杂的陆地和海洋区域是一个贸易区域，与地中海有众多相似之处。[2] 涉及奢侈品和原材料的相互作用、城镇的兴起等问题。在地中海世界，贸易确实是野蛮冲突的源头。如果我们探讨威尼斯人与热那亚人、热那亚人与比萨人、热那亚人与加泰隆尼亚人的关系，就会发现这是一部充满侵略和血腥的历史。但是，另一方面，还有安全穿越国境线的商业历史，包括基督徒和穆斯林的领土在内。我写过这样一个事例，12 世纪和 13 世纪早期曾经统治非洲西北部的阿尔摩哈德人（Almohad）就曾经有效地压制了统治区域内的基督教和犹太教势力——尽管并不是所有势力。[3] 他们鼓励比萨人和热那亚人前往他们的城市从事经营活动。基督徒因此渗透到阿尔摩哈德人的势力范围。他们给基督徒商人提供了空间——当然，他们是外国人，但是他们对商业活动的价值无疑体现在财政方面。在观察中世纪和近代早期的地中海历史时，我们

---

① 罗伯托·萨巴蒂诺·洛佩兹（1910—1986），意大利犹太裔美国历史学家，曾任耶鲁大学历史教授，研究欧洲中世纪经济史。

② David Abulafia. "What is the Mediterranean?", in David Abulafia (ed.). *The Mediteranean in History*. Los Angeles: J. Paul Getty Museum, 2003, p. 18; David Abulafia. "Mediterraneans", in W. V. Harris (ed.). *Rethinking the Mediterranean*. Oxford: Oxford University Press, 2005, pp. 64-93.

③ 阿尔摩哈德王朝即北非柏柏尔人部落建立的穆瓦希德王朝（الموحدون）。

发现，敌对势力之间艰苦的斗争持续不断，并不仅仅是基督徒和穆斯林之间的斗争，还有基督徒与基督徒之间的斗争，周而复始。

因此，将地中海与波罗的海和北海进行对比十分有意义。以汉萨同盟（Hanse）为例，它在15世纪与英国人为敌，也努力压制荷兰人贸易扩张的脚步（曾经多次爆发海上冲突），其根本原则是将各个城市凝结为一个整体，而不是松散的、不正规的组织。一些学者喜欢将欧盟比作汉萨，但是没有任何可比性。汉萨同盟形成的影响之一是有助于减少而不是消除成员之间的冲突，在欧洲的这个区域创造一个开放的海域。对于北欧人根据和谐原则创建行之有效的网络的能力，我总是感到震撼，这在地中海地区就是一种竞争。如果扩展到更加广阔的区域，扩展到近代，看看葡萄牙人、荷兰人、英国人，甚至是到达印度的丹麦人，只想着将他们视为对手，努力排除对手，而不考虑如何创建合作的贸易机制，这在17世纪欧洲商人与印度和中国的贸易中也是鲜明特征。

李汉松：说到海洋史中和平与战争的变数，许多人联系过去几十年出现的极端形势，开始怀念中古时代"和平共存"（La Convivencia）的观念。对于地中海地区的民族多样性以及不同宗教团体"和平共处"的历史记忆，您有何评价？您如何比较过去和现在的多元文化主义？

阿布拉菲亚：在已完成的部分成果中，偶尔会有一点过于浪漫的描述，但不总是这样。事实上，写到西西里的时候，我有意识地强调，在12世纪，世纪初的和谐在世纪末的时候已经丧失殆尽。写到西班牙的时候——我说过主要是个人原因，因为这牵涉到我的家族历史，我倾向于认为基督教统治者宫廷中有犹太人大臣，有犹太人作家在书写穆斯林神学著作，这对于犹太教在中世纪西班牙的发展产生了深刻影响。

我认为人们一直在做的以及我个人从西西里开始做起的，都是确定在社会发展最高峰与社会低潮期事件之间的主要差别。在巴勒莫、托雷多、巴塞罗那宫廷，国王喜欢任用犹太天文学家或穆斯林占星家，无论是谁，决定都由他本人作出，国王无疑会对文化生活的某些方面有所助益。但是当我们转向农村的时候，会看到同样和谐的景象吗？在某些方面，我们观察到许多中世纪社会的事情，比如在西西里，希腊农民和穆斯林农民比邻而居。穆斯林被逐渐吸纳进基督徒社会，开始使用基督徒的名字。这种潜移默化的进程发生了，但是与我们在上层社会观察到的过程有所不同。在中层社会，我们通常发现，在城镇中爆发类似西班牙和西西里诺曼王国的大屠杀。我们必须一直警惕这样一个事实，在我所关注的时期，表面下存在紧张关系，有人鼓动占人口大多数的基督徒反对穆斯林、犹太人和其他少数民族人口。

因此，要注意"和平共处"一词中的浪漫观念。但是，我认为其中存在一种普世的价值观，特别是将西班牙历史上某些事件与欧洲其他地区发生的事件进行对比时，比如，在西班牙，10世纪穆斯林的统治和13世纪早期基督徒统治的托雷多，但是我们必须注意这并非事情的常态。有些历史学家倾向于用"权宜"（conveniencia）代替"和平共处"，我认为其中包含某种合理性，因为这是一种十分实用的容忍观念。如果你是一位统治着所有宗教团体的国王，这是一种非常实际的接近现有少数族群和复杂人口的方式。因为你首先关心的永远是秩序。

李汉松：让我们暂时回到现代。在20世纪的大半时间里，地中海被冷战思维分裂。但是因为东方阵营瓦解，目前地中海地区的分离和冲突如何体现？是宗教、经济还是历史认识？

阿布拉菲亚：我认为今天的地中海地区处于一个关键节点上。我在《伟大的海》一书中讨论了地中海历史的五个时段，我所说的第五个阶段似乎很快就要结束，其开始时间大致在19世纪中叶苏伊士运河开通以及第一艘汽船建造完成的时候。现在，我们正处在一个节点上，在某种程度上，地中海地区已经不复存在。因为从20世纪中叶开始，南方和北方之间的内在联系已经大幅减少。讽刺的是，因为导致其出现的元素是一个颇受欢迎的发展进程：去殖民地化——法国放弃了阿尔及利亚，意大利放弃了利比亚，英国丧失了对埃及的控制权，等等。20世纪中叶的地中海地区确实正在经历政治的分裂，这个过程因为其他国家的介入而有所恶化。

这样，分裂的地中海地区已经形成。之后，共同市场建立，后来被称作欧盟，随着它吸收了越来越多的地中海北岸国家，这个过程进一步恶化。这些国家倾心于布鲁塞尔、斯特拉斯堡，事实上是倾心于德国经济的金融中心法兰克福，而不再靠近地中海地区，最大限度地随着德国经济起舞。为此，他们更加认同欧洲人身份，而非地中海人。我并不是要过多地强调发展地中海南北之间的商业联系。每个人都知道原因。比如，我们可以理解利比亚人可能并不愿意大利人介入他们的事务，因为后者曾经摧毁了他们的国家。当前，我们当然面临更大的危机，包括欧元区、叙利亚内战和难民危机、土耳其在其中的作用这一整套问题以及我们是否应该着力恢复类似新奥斯曼主义那样的核心。我以为，所有这些难题都将地中海地区置于一个更加危险的境地。

李汉松： 我们曾经讨论从地中海到大西洋的转移问题。您是否认为我们所关注的政治、贸易和文化重心正在向太平洋转移？在您目前进行的海洋研究中，太平洋占据何种地位？

阿布拉菲亚： 我认为是这样的，有些人是通过美国总统的政策认识到这一点的。从现实的角度，我们应当关注中国的发展现象，但是我们也必须注意到中国存在不少问题。已经有明显迹象显示中国经济发展在放缓，而且十分明显，在上海这样成功发展的大城市与部分偏远地区之间存在着经济鸿沟。但是，我们仍然必须要认真地看待中国，因为我们要观察中国在开放伊始的状况，这很重要，因为中国历史上曾经有相当长的一段时间闭关锁国，禁止官方的海上贸易活动。但是现在，中国正在建造商业船队，正在重建两条丝绸之路——海上丝绸之路和跨越亚洲的陆上丝绸之路，这对于中国对外政策的形成发挥了十分重要的作用，比如与伊朗的关系。当然韩国目前在制造业出口领域发挥了更大的作用，环南海的一些国家也具有发展潜力。但是南海问题是太平洋地区一个潜在的危险。因此，我认为，有些东西在向西太平洋地区转移，太平洋的某些特定区域，比如南海、黄海和日本海，具有重要的战略地位，情况与地中海相似。

李汉松： 您如何看待"海洋自由"思想？从修昔底德到格劳秀斯，再到孟德斯鸠，赞美航行自由具有深厚的传统。修昔底德称赞米诺斯等打击海盗、允许商人在地中海自由行动的行为。格劳秀斯因为同样的原因称赞罗马人。但是他们同样也是"海洋支配"理论家。作为一名海洋史学者，您如何评价当前的自由海洋观念？这类观念主要体现为《联合国海洋法公约》（UNCLOS）等国际海洋法，您认为这是一种可行目标还是一种浪漫的幻想？

阿布拉菲亚： 海盗问题在若干年内是非洲沿岸的主要问题。当然，格劳秀斯在《海洋自由》(*Mare Liberum*, 1609) 一书中指出，部分古典证据显示海洋是自由的，但是这本书并非通常所认为的严谨的阐述。当格劳秀斯受命为荷兰占领部分东印度群岛领土权辩护时，他的海洋自由观消失了，转而提出这样的论调：欧洲列强在特定区域确立统治是为了避免其他人入侵他们的领土。据此，格劳秀斯并不是一个意志坚定的人。另一方面，这本小册子确立了一个至关重要的准则。看看近年来一些国家努力确立海洋控制区的举措：英国人致力于在大西洋深处发现岛礁，这里能够钻井采油，而它与苏格兰和冰岛的距离几乎相同。

李汉松：关于方法论，我有许多问题。为了了解过去，您使用了大量的文学资料。一方面是原始资料：诗歌，游记，皮加费塔 (Antonio Pigafeta)、麦哲伦（Ferdinand Magellan）、卡夫拉尔（Pedro Álvares Cabral）和哥伦布等人的日志，甚至是《一千零一夜》①。您也讨论过文学作品的史学论述价值。比如，在《腓特烈二世》一书中，您指出多数宫廷诗歌的用途都是娱乐皇帝的亲朋好友，而"不是有意创造伟大的欧洲文学，只是意大利文学学者是用这样的视角看待文学的，这可以理解"②。总而言之，您的史学观与文学的关系如何？

阿布拉菲亚：作为一名历史学者，我一直认为，如果要研究 12 世纪西西里历史，所有的资料都必须要掌握。我认为各种德国历史编纂学派面临的一个问题是过度依赖宪章和编年史，而不重视当时的文学和艺术作品。现在，人们开始热衷于将物质资料纳入研究范畴，我的同行们称之为"物质转向"。我不喜欢"转向"这个词，但是我一直在使用物质资料，并一直被其深深地吸引。最近，在书写东印度公司贸易史的时候，没有什么比去博物馆参观沉船中发现的瓷器碎片更令我高兴的事了，这并不是文字资料，但是这与历史学家需要最大限度地掌握资料有关。在使用文字资料时，我们当然必须十分慎重，不能与想象混淆，而想象源自已经确立的文学传统。这也是游记中存在的问题，比如《马可·波罗游记》。但是，即使有这些困难，这些资料也应该是绝对重要的，即便其中并没有告诉我们发生了什么，它们也告诉我们类似人们是如何看待这类旅行的问题，无论

---

① 再如阿隆索·德·埃尔西利亚（Alonso de Ercilla y Zúñiga）描述西班牙人征服智利阿劳卡尼西亚印第安人的史诗《阿劳卡纳》（*La Araucana*）。

② 书中（David Abulafia, 1988）说皮耶罗·德拉·维尼亚（Piero de la Vigna）著有"极度乏味的段落"；腓特烈"对一种语言有极其细腻的把握"，但"远没有达到原汁原味的地步"；"据信，其子曼弗雷德（Manfred）和恩佐（Enzo）的诗歌写作程度更高"；贾科莫·达·伦蒂尼（Giacomo da Lentini）、里纳尔多·达奎诺（Rinaldo d'Aquino）"似乎达到巅峰……因为其能够表现出对意大利语感性和节奏的把握"（pp. 273-277）。"这是为娱乐宫廷，或者说皇帝的亲近之人而写的诗歌，不是有意创造伟大的欧洲文学，只是意大利文学学者是用这样的视角看待文学的，这可以理解。"（pp. 273-274）

真相如何。

李汉松：在《伟大的海》第一章"最早的地中海，公元前 22000—前 1000 年"和第二章"地中海的第二个阶段，公元前 1000—公元 600 年"中，您描述了大量古代资料的特征，从荷马到希罗多德和修昔底德。在历史阐述中，您重点关注了一些事件，比如特洛伊的陷落。[①]作为一名现代历史学家，您如何看待古代希腊历史作家？您在自己的研究中如何使用他们的著作？

阿布拉菲亚：我必须承认修昔底德令我十分困惑。他一直被认为是一个能够透彻了解政治关系的人物，他本人也曾亲身参与当时的事件。对待希罗多德，我一直持比较开放的态度，就是因为其中有对于事件的复杂的描述，同时记录了传统、神话等。我惊异于他的"人类学"关怀。我仍然记得他关于被杀死的波斯士兵的那段描述，其中提到他们的颅骨非常薄，这是因为他们无时无刻不戴着帽子。[②]我们会告诉自己，在科学上这是无稽之谈。但是它确实揭示了这种奇特的刨根问底的思维方式。这可能并不是我要做的历史，但是作为一名研究爱好者，他已经超越了简单记录政治事件和战争的层次。这是一部非凡的作品。

李汉松：当今历史学者面临的一个挑战是深度（大量的细节和学者所需的精确性）与广度（对历史时期的宏观把握和总结帮助我们回答历史问题）之间的平衡。作为一个兼顾缜密方法和宽广视角的历史学家，您如何处理细碎的资料，架构宏大的叙事？您如何评价自己在历史科学领域的位置？举个例子，您将地中海作为一个整体，创造出一个不同民族来来往往的舞台，表演自己的角色，而不是给读者提供一个地中海国家的名单，分配给每个国家一个章节。从这个角度，您如何看待您与传统的民族史和国家史研究者的关系？另外，您如何看待当前的世界历史、比较史学和国际关系史研究？

阿布拉菲亚：我尝试做的事情是写一部海洋的历史，就是针对这些实

---

① David Abulafia, 2011, Ch. I-II; Interview: "Eine Brticke zwischen den Kuhuren"："本书最主要的主题是地中海相关区域的形成和灭亡。特洛伊的陷落是一系列危机中的一个主要事件，这些危机导致地中海历史第一个阶段终结。"

② 希罗多德《历史》Ⅲ. 12: "τοῖσι δὲ Πέρσησι ὅτι ἀσθενέας φορέου σι τὰς κεφαλὰς αἴτιοντόδε: σκιητροφέουσι ἐξ ἀρχῆς πίλους τι ἄρας φορέοντες. ταῦτα μέν νυντοιαῦτα: εἶδον δὲ καὶ ἄλλα ὅμ οια τούτοισι ἐν Παπρήμι τῶν ἅμαἈχαιμένεϊ τῷ Δαρείου διαφ θαρέντων ὑπὸ Ἰνάρω τοῦ Λίβυος."

际问题。这是一部海洋及其周围沿海地区的历史，但是在写作过程中，不可避免地要涉及内陆领土。比如，谷物贸易活动在中世纪和近代早期的地中海地区十分重要，在古代地中海地区也是如此。显然，我们必须要知道它们来自哪里，有些还是来自遥远的内陆。但是，写这样一部地中海人的历史，而非简单地堆积地区史和民族国家史是我的主要目标——不是因为我可能要使用讨厌的"跨民族国家"一词。我不喜欢这个词是因为对它的使用存在问题，人们可能将"民族国家"这个词用在其产生之前，也可能用在这个概念确定之前。如果要追溯尼德兰人的历史，这个概念就不适用。我认为这已经成为所有历史讨论中都使用的时髦词汇，而有些根本就不适用。关于在历史学家圈子中的定位，我认为自己从来不是简单追踪热点和趋势的人。对于那些十分有潜力的历史学家所做的物质转向、文化转向或其他任何什么"转向"的尝试，我一直不太看好。那只是一种"群居本能"。他们大量使用术语，深陷其中，不能自拔，我一直在避免这种做法。我不认为这种做法十分必要，这实际上是一种欲盖弥彰之举。一名历史学家的工作是简化十分复杂的各种事件。我现在正在撰写的丹麦人在西非、西印度群岛和印度建立贸易据点的历史就是这类工作，这就是占领、征服、再占领、再征服的历史，周而复始。我们必须要简化它，必须要指出，这个问题的关键点是丹麦人的贸易公司和他们所控制的据点。这是历史学家的一项工作。历史学家的任务也包括通过可行的方式提出好问题，我不是说我所有的著作都做到了这一点（可能我早期的著作要略逊于近期的），但是我确实在风格上倾注了大量的心血。因此，写出来的文字简单明了，不使用过多的术语，说有用的话，可能有些话对于研究者来说过于直白，但是它能够引起更广泛的公众参与和关注，这是历史学家的使命。我认为学院派历史学家与广大公众接触十分重要。在英语世界，我们不能允许发生德国那样的事情，即自娱自乐的学院派历史学家与公共历史学家割裂，导致研究水平低下。我们必须要填平这个鸿沟。

关于广度和深度的平衡问题，我认为这十分困难。在写作《伟大的海》和目前这本书的时候，我一遍又一遍地接触十分丰富的相关文献资料，并开始意识到我能贡献的只有两三行。在写伯罗奔尼撒战争史时，在写丹麦人、瑞典人和他们的贸易世界时，我拥有十分丰富的外语文献，有些是丹麦语和瑞典语的，我能够明白一些，但是非常困难。我必须对自己说："是的，你可以达到一定的深度，但是你无法超越这本书的内容。你可能有其他目标，比如为了写一篇研究论文，但是你必须知道在这类书中，你自己的限度在哪里。"

李汉松：您如何看待比较史学？

阿布拉菲亚：我更加感兴趣的问题是"走向全球"。在今天的剑桥大学，这种全球转向十分流行，我本人也是全球转向的一员。但是我并不是特意去关注它，我的出发点是中世纪时期的全球史，这个问题在英国日益普及。你们曾经召开过一个会议，中国元史学者与法国瓦卢瓦（Valois）史学者等共同讨论。对我来说，从不同的视角，比如财政制度，思考问题非常有意义。它会给予我们从他人的视角看待自己的研究领域的感觉。更加重要的是促使我们思考联系的问题。确切地说是联系的历史，这正是我所做的海洋联系——跨越全球及三个大洋，16 世纪以后北冰洋开始发挥作用加入进来，这非常值得一做。这涉及这些文明在全球范围内的互动关系，从这个视角看待贸易的作用，看待帝国创立等问题。但是贸易的作用最为重要。

李汉松：最后一个问题涉及当前的政治。我们已经谈论过布罗代尔的史学方法论语境。我想向您提出一系列关于民族认同和国际政治的问题。您在《欧盟正在陷入欧洲统一的历史神话中》一文中指出："我们的古老体制——君主制、法律体系和议会——不曾出现或大或小的中断，而我们的欧洲邻国却在不断地重建。这给予不列颠人一种独一无二的认同，与大陆的以革命和成文宪章为特征的分裂历史截然不同。"20 世纪 70 年代以来，您提出欧洲共同体奏响了共同欧洲的历史旋律，那些反对这种历史观念的人被归为历史的错误一方。[①]您参与创建了"历史学家支持不列颠"组织，致力于澄清欧洲神话，向公众传播英国与欧盟复杂关系的含义与后果。您如何看待英国人的认同？存在地中海式的生活方式吗？是否存在欧洲人的身份认同？目前，英国人已经通过公投脱离欧盟，您如何看待英国与欧洲大陆的新型关系？

阿布拉菲亚：我不认为所有人都理解我真正的奋斗目标。如果他们认真阅读过我写的文章，就会发现我在一开始就说了。当然，他们感觉受到

---

① David Abulafia. "The EU Is in Thrall to a Historical Myth of European Unity", *The Telegraph*, Feb. 26, 2015; "Britain: A Part From or A Part of Europe?", *History Today*, May 11, 2015.

冒犯，因为他们持完全不同的观点。我要说的是，这篇文章一年前发表时正值戴维·卡梅伦（David Cameron）赢得大选。如果你去看同一本《今日历史》(History Today) 杂志上的反驳文章，就会发现，所有人，要我说至少 90％ 的人，甚至可能是 99％ 的人，都曾经对大选结果持非常悲观的态度。因此，对此我并不十分重视，我不认为他们真正理解或者想要理解当时那些话的意思。"历史学家支持不列颠"活动最初的立场是希望英国人在欧盟重组过程中发挥作用，真正地改革欧盟。我认为，如果此举付诸行动，广大的英国民众可能会支持。问题是首相带回的一揽子方案很难解决问题，因此我们陷入一种极端困难的境地，所有人都不得不认真思考我们是否想到改革要不要深入的问题。因为对我来说，似乎英国人的理想立场应该是旁观，当然也可以参与欧盟事务。现在，就我个人而言，我不在意是否成为单一市场，我也不像许多人那样担心移民问题，这个问题不会让我产生动力。另一方面，恢复议会权力是真正让我感兴趣的问题。这个问题的极端自相矛盾之处实际已经显现，就是全民公投的结果。现在，我们知道议会的多数成员反对脱离欧盟。保守派议员已经同意接受选举结果，但是情况十分混乱。我是第一个认识到这个问题的人。我认为赢得脱欧公投不是重大胜利，但是对于相当一部分多数派，而不是绝大多数多数派来说，这是绝对至关重要的，因为我认为政府会考虑明智的反对脱欧人士的观点，如同支持脱欧人士中有明智之人——我的意思是其中也有些奇怪的种族主义分子，也有一些人不明白这些事。事实上，双方之间的辩论水平令人扼腕。公众并没有得到他们所需的所有有关欧洲委员会和内阁的信息。对于关键问题，我们处于无知状态。

李汉松：这是"历史学家支持不列颠"努力解决的问题吗？

阿布拉菲亚：当卡梅伦回来的时候，多数英国历史学家都认为他们真正支持脱欧，尽管有些人有些许退缩。有一种辩护性的说法是如果公投同意脱欧，我们就要继续谈判，这是鲍里斯·约翰逊所鼓吹的：脱欧公投可能是回到欧洲的机会。这是一个混乱的结果，但是我仍然对欧盟的运作方式持保留态度。我的意思是，容克尔 (Jean-Claude Juncker) 先生及其委员会可能就所谓的民主赤字问题制定法规，这是通过民主程序没有真正形成的法规，这是我十分关切的问题。这也是我们自己的议会根据欧洲规则重构的问题。但是我认为，在这个国家一直存在某种怀疑欧洲的思潮。真正看好欧洲的人很少，真正热爱欧盟的人在英国并不多。即使是那些同意留在欧盟的人也很少关心欧盟的运作方式。

李汉松：暂时回到民族认同的问题：英国人、地中海人和欧洲人。是否存在欧洲人身份认同？您何以持批判态度？

阿布拉菲亚：对于欧洲人的认同，我所担心的是大量论述在推动这个观念，在努力将欧洲人的认同作为一个不曾存在但需要建构的概念，对此，我感到十分不安。可能有许多人会说他们感觉上是欧洲人，有一种靠近欧洲的情感。在我看来，存在一种强烈的意识，特别是作为欧共体（欧盟）成员的这些年，与欧洲保持关系的这些年，不列颠是一个欧洲国家，与美国之间存在差异。美国的政治文化在许多方面确实与这个国家的差别很大，超过了这个国家与其欧洲邻国的差别。但是作为欧洲人与作为欧盟的一个组成部分是不一样的，欧洲的发展走向是愈来愈紧密的一体化。我认为这似乎是留欧人士的一个根本错误，他们有时充满感情地谈论他们心目中的欧洲人，有时不知所云。我们都承认是欧洲人。我曾经主攻欧洲历史，曾无数次前往欧洲大陆。但是，即使身在法国，我也清楚地知道我来自另外一个国家。我们有不同的政治传统，特别是司法传统。我们的司法传统源于普通法，多数欧盟国家的法律源于拿破仑体系，这是十分巨大的差异。这表明我们很难适应一体化进程。未来，它将对我们的司法体系产生巨大的破坏性影响。

李汉松：对于那些对地中海史、中世纪和近代史以及您曾经关注的研究领域感兴趣的学生，您有哪些建议？对于如何选择研究主题，您有哪些告诫？

阿布拉菲亚：是的，我只有一个建议，那就是：学习语言！在现在的剑桥大学，存在这样一种现象，研究生能够掌握的语言十分有限，让本科生掌握广泛的语言学知识已经是奢望。甚至曾经是学校首选的法语，目前的教学水平也已经无法达到可以应用的水平，即读懂布罗代尔原文的水平。

李汉松：您认为什么原因导致这种状况？多数人认为，尽管美国人的语言差得无可救药，但英国毕竟在欧盟很长时间，不至于语言知识退化如此严重。

阿布拉菲亚：这也是本国的特殊情况，你或许以为在脱欧公投以前，人们曾指望通过传播欧洲主要语言提升作为欧洲人的意识。多届政府都曾经提出让学生学习外语的想法，但是似乎收效不大。我在学生时代法语和拉丁语水准较高，15 岁时能够阅读莫里哀戏剧的原文，这个时代已经一去不复返了。语言学习已经成为一种十分功利的行为，目标明确，可能只是为了能够在法国餐馆中点一份乳蛋饼。

国际思想

——对话大卫·阿米蒂奇 ①

本文对话中，作者与阿米蒂奇回顾了"新英国史""大西洋史""太平洋史""国际史""全球史"等史学潮流，反思了"微观的思想史""中层的思想史""体现的思想史"等研究范式，探讨了当前学术领域的新兴动态，展望了国际思想史学界的学术远景。

大卫·阿米蒂奇（David Armitage），1965 年生，英国全球史和思想史家，"国际思想史"开拓者之一，编著有《现代国际思想基础》《重思现代政治思想基础》《历史学宣言》，一度将围绕"国家"展开讨论的"剑桥学派思想史"拓展到了国际领域，并基于全球视角，促使思想史与微观史、科学史、学术史、艺术史、文化交流史汇流，融会贯通成一个崭新的学术范式，也坚持历史学的"现时"与"现实"意义。

李汉松：若要勾勒出您最初浸濡国际思想史的"意识形态起源"，大概很难避开上个世纪 60 年代围绕"不列颠"语境展开的学术争鸣。或者说，大英帝国的际遇引发了史学史震荡，继而促使您反思"帝国史"。最初哪些社会转型启发了您关注思想史的国际维度？研究莎士比亚和弥尔顿时，您完全可以继续剑桥风格的"共和"视角，而将"海外"搁置一旁。②

---

① 本文系作者与阿米蒂奇于 2020 年 2 月 13 日在哈佛美术馆的对话，曾刊于《世界历史评论》2020 年第 2 期，第 213—235 页，作者自译。

② David Armitage. "John Milton: Poet Against Empire", in David Armitage, Armand Himy & Quentin Skinner (eds.). *Milton and Republicanism*. Cambridge: Cambridge University Press, 1995, pp. 206-225; "Introduction" & "Shakespeare's Properties", in David Armitage, Conal Condren and Andrew Fitzmaurice（转下页注）

您为何忽然投入更宽广的殖民史和国际史视野？在学术兴趣转向的同时，您本人经历了何种思想转变？

阿米蒂奇："上意识"的思想转变易于表述，但学术转向背后的"下意识"和潜台词，当事人当时自然无从知晓。但从今回溯过往，我隐约可以察觉：有一些更深、更广的因素最终决定了更有意识的行为。你我都同意以下这个说法：所有的语境都是多重的，并且倾向于植根、盘踞在其他语境当中。所以请允许我从最遥远的记忆谈起，沿路爬梳，直到如今。最初的因素是我所处的年代。我是出生在完完全全的"后帝国时代"的第一代英国青年——尽管谈不上"后殖民时代"。我母亲常作愤愤不平状，抱怨她误了丘吉尔的葬礼，因为当天她恰巧生产了我。[①]

李汉松：这颇具象征意义，"英国史意识"就此轮回转世。

阿米蒂奇：的确如此，我出生在大英帝国那最有力的象征入土为安的一刻。时光飞转二十载，我先在剑桥接受了文学教育，后于博士近半之际改治历史。那次学术旅程中，我也开拔了一场字面意义上的"旅程"——从英格兰剑桥到美国普林斯顿。我考取了"英联邦哈克尼斯奖金"[②]，在东海岸小镇度过两年时光。我享受了远隔重洋的洗礼，对一直以来关心的论题也感觉焕然一新。这些久远的辩论很多源于剑桥。既受时间阻隔，难免有历史距离感，再加上空间距离感岂不更令人思如泉涌？当时普林斯顿历史系如美酒发酵，许多史学史领域之间互相播种、交杂、酝酿。我有幸修了劳伦斯·斯通开设的最后一课。也是在美丽的普林斯顿，我有幸识得了同窗：安·布莱尔（Ann Blair）、大卫·贝尔（David Bell）、德洛尔·瓦尔曼（Dror Wahrman）、大卫·奈伦堡（David Nirenberg），数不胜数，从此结为同事兼挚友，同耕史学数十载[③]。我参加了约翰·穆林

（接上页注②）(eds.). *Shakespeare and Early Modern Political Thought*. Cambridge: Cambridge University Press, 2009, pp. 1-22, 25-43.

① 丘吉尔于 1965 年 1 月 24 日去世，26—29 日在威斯敏斯特宫进行遗体告别仪式，30 日举行葬礼。

② 哈克尼斯奖金（Commonwealth Fund Harkness Fellowship），见《回归政治和思想——对话约翰·邓恩》。

③ 安·布莱尔（1961— ），美国的中世纪和近代早期欧洲文化与思想史家，是安东尼·格拉夫顿的第二位博士生。大卫·贝尔（1961— ），美国的法国近现代史家，社会学家丹尼尔·贝尔之子。德洛尔·瓦尔曼（1960— ），以色列的西欧文化史家，尤擅 18 世纪，亦涉猎巴以现代史。大卫·奈伦堡（1964— ），美国的中世纪欧洲文化、社会、民族、思想史家。

（John Murrin）①当年盛极一时的"早期美国史"博士研讨课，其研究范式源自20世纪早期的英属大西洋帝国宪政史传统。当时的史学潮流倾向于为这段历史设计一个大的目的论框架，视英帝国法律和政治史为美国独立革命的前奏和背景。但我最得益于这门课强调的近代早期英国大西洋视角。这一块我从未接触过，多亏此次机遇才打下了坚实的学术底功。这一更扎实的史学史积淀叠增了我亲身横跨大西洋的历史感和地理感。结果是，当我再次横渡大洋空间，从曾经的英属殖民地回到英国本土大都会时，我的学术转向便环环相扣，呼之欲出。

李汉松：当时，除了英帝国，其他帝国史也日趋流行（尚不能说成熟），譬如西班牙帝国史学史与加泰研究，再如东西双向的欧亚大陆帝国史等。

阿米蒂奇：正是。你描绘出一代历史学家整体推动了"后帝国时代的帝国转向"，我认为十分中肯。当时其他帝国史研究为我的英帝国史课题增添了各色佐料。譬如，我上了娜塔莉·戴维斯的一门"文化际遇"（Cultural Encounters）研讨课。她将自己的本行——近代早期法国——定为核心，但是奥斯曼土耳其帝国和世界其他地区也有涉猎。可以说，在20世纪80年代和90年代初，许多人都在思索文化之间、帝国之际的互动。在普林斯顿，约翰·埃利奥特是我主要的对话者，他研究西班牙帝国，也是我得以访美的主要功臣。我还与大卫·昆特（David Quint）密切合作。他是一位文学史家，专攻葡萄牙和西班牙史诗、英国和意大利文艺复兴时期的抒情诗，现在执教于耶鲁比较文学系。所有这些思想交流和碰撞都回归到了我对近代早期英国的研究。我清楚地意识到，一个重大机遇已经到来。一方面是"大英帝国史""大西洋世界史""英属殖民地史"，另一方面是"英格兰史""盎格鲁-不列颠史"，抑或是一度时兴的"三王国史"（英格兰、苏格兰、爱尔兰），当时涌现出了这些复数化的趋势，其中的人工边界线是该打破了。在此混沌之中，约翰·波科克振臂一呼，提出"大西洋列岛"（Atlantic Archipelago）范式，名声大噪。我有幸能追随波科克本人学习英国史，得以切身体验那次史学变革。但我的直觉告诉我，应该把"不列颠三王国史学史"和"跨大西洋帝国史学史"结合起来，融会贯

---

① 约翰·穆林（1935—2020），早期美国史家，早年师从埃德蒙·摩根（Edmund Morgan, 1916—2013）。2020年5月2日，穆林因感染新冠肺炎去世。

通，综合创新，潜力可谓无穷。如此亦可逾越"国内"与"帝国"之间的鸿沟。这便是《英帝国的意识形态起源》的最终架构。① 我此举恰好迎合了当时不少 18 和 19 世纪欧洲史家最为关心的一个问题：帝国外部的活动为国家内部的生活带来何种影响？形影之间，帝国和殖民地的哪些方方面面，塑造了国内的大都市体验？我们现在已有超过一代的历史学家深耕这一题目。随着学界逐渐强调奴隶制史、后奴隶时代的奴役史、奴隶贸易、废奴运动、受奴役者与贩奴者的深远影响等，这一进程又明显加速。在过去三十年内，这一运动获得了长足进展。但更宏观而言，我认为《英帝国的意识形态起源》不仅是一次打破史学研究边界线的学术机遇，更是我个人澄清"建立帝国"与"构筑国家"之间根本关系的一次不可或缺的尝试。此二者在传统上被完全隔绝开来，当作两套完全独立的史学史体系。这其中的问题一部分是社会学上的，一部分是纯粹历史的。两者各自存在一定韦伯式的关联和互导的问题，但当时尚未充分体现在英国史上。我希望解决这一难题。当我反躬自问：在近代早期史上，哪一处最能体现"建立帝国"与"构筑国家"之间的衔接线？我最终的答案是意识形态。而这些资料需要用思想史的方法重新挖掘梳理。那时，我尚未意识到自己"窃取"了伯纳德·贝林《美国大革命的意识形态起源》的书名②。我的初衷是玩一个文字游戏：英帝国的"意识形态"首先是昆廷·斯金纳意义上的"意识形态"；但我更强的立论在于：在"建立帝国"和"构筑国家"的分割与对立中寻求"英帝国的意识形态起源"，此举本身即是一种意识形态！

李汉松：但当时您尚未明确指出题目隐含的二元性。

阿米蒂奇：对！其中微言大义我并未在书的正文中言明，因为我当时甚至亦未全然明察这水平线下隐逸的文字游戏。但这个题目精悍地总结了全书之宏旨。这便是它对英国史、帝国史和一定程度上的国际史作出的贡献。但如你所说，之后近十年内，我皆未有意识地使用这些史学史范畴。我唯独记得一件趣事：该书出版后，我送给贝林教授一本。他盯着封面看了半晌，问道："书名妙极，不知你从何得来？"

---

① David Armitage. *The Ideological Origins of the British Empire*. Cambridge: Cambridge University Press, 2000.

② Bernard Bailyn. *The Ideological Origins of the American Revolution*. Cambridge: Belknap Press of Harvard University Press, 1967.

李汉松： 从那时起，您将"不列颠史"范围拓展至"大不列颠区"，再逐渐转入了大西洋史和综合意义上的全球史。①这一"全球转向"如何具体展开？

阿米蒂奇： 在剑桥大学撰写这部思想史专著时，我意识到鉴于"剑桥学派"思想史在很大程度上由"国家政治"的资料铸造而成，它忽略了许多关于国际关系的政治思考。经典的"斯金纳式"研究以"政体思想"为"政治思想"之核心，专注于国家内部，也就未能涵盖国际政治思想。我必须声明，你作为下一代国际思想史的代表，可能会对我这些陈旧的范畴和术语提出质疑。我承认："国内""国外""国际"，这些都是相当粗糙的概念，但是我必须使用它们，才能阐释当年国际思想史学研究刚刚起步时的真实状况。我当时提出的疑问是：当你逾越政治的边际时，会当如何？何以论证国家之间的关系？其论争又如何延展？我和志同道合的同事们愈渐发觉，对于许多近代早期和现代思想家而言，这一区分是不存在的。他们阶段性地、间歇性地并不同程度地探索"国内"和"国外"的边界问题，也即如今所谓"国际关系"议题。理解了这一点后，我发现我并非孑然一人。许多政治理论家，如年轻一辈，你也熟识的詹妮弗·皮茨（Jennifer Pitts）、桑卡尔·穆苏（Sankar Muthu），亦存此念。所以，在 2000 年前后，我自诩为推动国际史大运动的一分子。出版《英帝国的意识形态起源》之后，我紧接着构思了一部《现代国际思想基础》。我当时勾勒出了梗概，分好了章节，打算出一部条理清晰的专著，而非文集。2000—2001 年，我调来哈佛，正欲专心经营此书时，却意外地分了神。我最早为这本书设计的一章，旨在以国际法文本视角重思《独立宣言》。我将其暂改为一篇论文，于历史系罗宾森楼地下室预讲了一次。当时我未来的哈佛出版社编辑驾临，听过之后，她附耳低语道："这篇论文里蕴藏着一部大书。从未有人以国际史、全球史视角看《独立宣言》。您是否考虑改写成一部专著？"于是，这一章就自立门户，滋生了另一个生命。我当时痴心妄想六个月内堆积出一本大杂烩，以此介入一下正如火如荼的"国际化、全球化美国史"运动，遂把原来的专著计划抛诸脑后。但事实

---

① David Armitage. "Greater Britain: A Useful Category of Historical Analysis?", *American Historical Review*, 104, 2 (April 1999), pp. 427-445; *Greater Britain, 1516-1776: Essays in Atlantic History*. Aldershot: Ashgate, 2004.

证明，费时竟达五六年之久。一旦我"从拱门上摘走了拱心石"（take the keystone out of the arch），《现代国际思想基础》的建筑雏形旋即崩塌。许多年以后，我围绕这一课题发表了若干篇各自独立的论文，这才想起重拾旧业。这些文章好比散落一地的肢节，等待我拼凑成一具躯体。于是，这部本来告吹的专著又像玛丽·雪莱（Mary Shelley）笔下的科学怪人"弗兰肯斯坦"（Frankenstein）一样，重新凝为一体，浴火重生。① 当时《独立宣言：一部全球史》已激发了学界极大的兴趣。② 学者们愈渐倾向于将《独立宣言》视为一个国家在世界民族之林中，由"万民法"（ius gentium）赋予的权利宣言，而非一部个人权利的宣言。这又涉及了18世纪末的"万民法"语言。这次理论尝试绝对印证了我之前的一种感觉："万民法"不只是后世从国际法出发，回过头来强加给近代早期政治思想史的一种时空错乱的范式。恰恰相反，一直以来"政治思想史"囿于"政体治理思想史"的范畴，强调国家内部，几乎完全忽略了历史上存在的另一种经典：剑桥学派现在称之为"国家群中的国家（状态）"？

李汉松：国家间的国家（状态）。

阿米蒂奇：正是！我们中的许多人，包括安娜贝尔·布蕾特都在2000年左右分别开启了这项工程。大约2010年时，我们的努力逐渐汇流，成为一股力量。这就是我转向国际的前因后果。

李汉松：您个人的学术轴心转向国际可以理解为当时学术大趋势的一个具体表现。但从大西洋史转到太平洋史，却充满了个人色彩。我从未听说过其他剑桥出身的思想史家对太平洋萌生兴趣。

阿米蒂奇：是的！除你之外。我的"国际"与"大洋"转向几乎平行进行。但疏浚记忆之长河，我似乎发现二者起初并无直接关联，而是各自为政。但尽管平行线不交叉，它们却显示出颇为相似的延伸形式。我记得最初为了将近代早期英帝国史重新解读为"大西洋帝国史"，我曾着意参加了贝林在90年代办的哈佛大学"大西洋史研讨会"。借此契机，我不再满足于用政治体制的方式概念化解读地域，而是反问自己：如何善用"大

---

① David Armitage. *Foundations of Modern International Thought*. Cambridge: Cambridge University Press, 2013.

② David Armitage. *The Declaration of Independence: A Global History*. Cambridge, MA: Harvard University Press, 2007.

西洋框架",以求反思近代早期英国史?到这一步为止,我还是在继续以海盆(oceanic basin)为基础单位研究帝国史。我当时试想:也许"大西洋框架"可以当作一种"启发式"(heuristic)架构,用于测验我们对于社群如何发展、制度如何衍变、观念如何传播等一些概念的认知。"大西洋史研讨会"进行到第二年,我与并肩作战的同事迈克尔·布拉迪克(Michael Braddick)同办了一次以大西洋史为主题的学术会议,目标是检验这个概念的适用性。会议论文汇成文集,后以《不列颠大西洋世界》之名出版①。与此同时,我加紧步伐赴澳大利亚讲学,主要是与澳洲的大西洋史学家交流。他们从太平洋西南角看"大西洋史"概念,形成的观点与我们迥异。其中一些专家已经开始思考:在澳大利亚新南威尔士州对大西洋萌生学术兴趣,这本身就是件趣事。但就18和19世纪而言,多大程度上可以说"大西洋帝国"曾是一个"全球的英帝国"?如果我们现在时兴用大洋模型来解读历史,为何只在太平洋索冀大西洋,而不从太平洋反观太平洋?多年来,这一奇思妙想触发了一系列学术对话,在澳大利亚本土逐渐孕育发酵。而当我来到日本之后,这些零星的火花汇聚一堂,形成了对太平洋整体的学术兴趣。我受邀至东京大学"太平洋与美国研究中心"(Centre for Pacific and American Studies,简称CPAS)。那时我作为嘉宾,主要任务还是讲论我的专业:大西洋历史。但我瞧准了时机,质询接待我的主人翁们:中心的名字为何含带"太平洋"这一范畴?事实证明,他们的太平洋视角和远景又与我不久前才从澳大利亚得来的印象全然不同。对学者而言,这是经典的一刹那:思路之间的不匹配触发了疑问,疑问又启发了研究课题,最终课题又化为学术会议。我邀请了一帮欧洲、美国、澳大利亚、日本历史学家齐聚哈佛,探讨"太平洋历史"这一范畴。其中有新西兰原住民学者达蒙·萨勒撒(Damon Salesa),还有入江昭、杉原薰等日本学者。就我和我的编辑所知,这些国际社会中一直在讨论太平洋问题的历史学家彼此互不熟识,所以我们的初衷即是把他们召集一处,切磋学问。就这样,众多在不同地点同时展开的学术对话和对"太平洋"的定义都转移到了同一舞台上。这样一来,他们起码有半只脚踩在了同一片甲板上,假以时日便能打开对话,共同将"太平洋历史"打造成"大洋史"的另

---

① David Armitage & Michael J. Braddick (eds.). *The British Atlantic World, 1500–1800*. Basingstoke: Palgrave Macmillan, 2002.

一子品种。

李汉松：他们对太平洋史的认知分歧究竟在哪里？

阿米蒂奇：已有数代大洋洲原住民学者自称"太平洋史学家"。另一方面，来自太平洋边缘的学者，尤其是日本和美国籍历史学家，更关心往来太平洋的经济活动史，所以对南太平洋或原住民史并不感兴趣，甚至也不想费神于英语世界和欧洲帝国介入太平洋世界的历史。所以，下这一步新棋至关重要。总结起来，从狭义的"国政"到"国际"，从"大西洋"到"太平洋"，每一步都遵循着内在逻辑，在发挥指导性作用。而每一次，我都是在不同场合、地点和学术对话的驱动下，才实现了转向。只要出现了惹人着迷的问题、令人费解的错位，以及其他种种诱导因素，我都会欣然迎战，齐头并进，同时驾上若干匹马。

李汉松：既然是大洋史，应是乘浪，而非驾马。

阿米蒂奇：正合我意！我在日本讲学时用过"冲浪"这个比喻。我当时即已指出，后来也在《大洋诸史》这部书里针对我们的批评者再次重申：历史学家们通常在谈到自己的专业话题时，都会直观地使用"土地隐喻"——我们一般使用的词是"耕耘"一个"领域"。[①] 有时候，这是潜意识中，皮耶·布迪厄（Pierre Bourdieu）的"场域"（法：champs）与"惯习"（拉丁：habitus）理论在作祟。但不熟悉类似理论的历史学家们很少是因为这个原因才用"领域"一词。绝大多数情况下，这更体现了一种疆域意识，是他们心目中一块边界分明的土地。

李汉松：有人问马克斯·韦伯他的学术"领域"为何，韦伯答道：他不是头驴，没有"领域"。

阿米蒂奇：没错。所以我提出：与其将"学术领域"（field）当作一种静止状态下横向划分出的疆土，不如改谈"历史冲浪"。它充满动感，能量无穷，虽然蕴藏危险，但危险得激动人心。这种理解方式更令人对历史着迷。这样讲，历史也不再停留在同一水平线上，而像海浪一样，从深海潜流，到激荡天穹，垂直纵深，充盈了整个空间。你可以潜入海底，也可以纵跃上天。目前"山岳史"发展势头强劲，拔地而起。而大洋史也可为将来研究大气层、外太空提供研究范式。

---

① David Armitage, Alison Bashford & Sujit Sivasundaram (eds). *Oceanic Histories*. Cambridge: Cambridge University Press, 2017.

李汉松：我们何时开始一起研究星际史？

阿米蒂奇：不远的将来。当天体物理学家在其他行星和卫星上发现大海的痕迹，我们便立即开工，吹响"外星史"的号角。了不起的全球史家菲利佩·费尔南德兹·阿梅斯托曾抱怨：只有一个星球，大大限制了他的学术空间。我倒认为：大洋史给了我们突破这一限度的难得机遇。等科学家们在土星和火星的卫星地表下发掘出了冻海遗迹，我们即可开展比较史研究。

李汉松：比较史，或者是星际海洋交流史。但反观当下触手可及的太平洋史，为何分歧仍然存在？最近几年的"汇流"毫无进展？

阿米蒂奇：诚实地说，太平洋史学内部的分裂仍然持续至今，尚无"汇流"之迹象。但我认为那次会议开启了对话，收获颇丰。我们后续出版了论文集《太平洋诸史》①。从书评和学界观察员的点评来看，毋庸置疑，我们尚未逾越众多太平洋史构想之间的鸿沟。这本书是一部博采众长的合成之作，颇具世界主义的大都会风格。这种驳杂的"太平洋史观"受到了原住民史家的质疑和反抗。他们采取这种态度，理由当然完全充分。该书也得到了此类声音有力的回应。但我坚持认为：最起码，这部文集首次构筑起了探索太平洋史诸多系列问题的框架。譬如，它激励经济史家认真严肃地将大洋洲当作太平洋历史的一部分。

李汉松：与之前传统意义上的"海洋史"（maritime history）相比，"大洋史"（oceanic history）只是换招牌不换货，还是有实质性的区别？我从您的角度出发，想到"海洋史"局限于航海者、殖民者、商贸者的视角，或许"大洋史"可以突破瓶颈。

阿米蒂奇：这正是我的答案之一。我和同事们合撰《大洋诸史》这部书，主要定位即在于帮助阐释"大洋史"的一个核心诉求：与"海洋史"形成鲜明对比下，我们要竭尽一切可能，包容含纳原住民的角度和观点，将其与移居、殖民者和他们子女后代们的视角相互融通。我们还必须整合环境史、非人类史：譬如植被和动物群，因为这些元素都至关重要。基于以上理由，大洋史绝不是另一版本的海洋史，而是真正"大洋"的大洋史。《太平洋诸史》可以视为这一模型的最初尝试，但《大洋诸史》更趋

---

① David Armitage & Alison Bashford. *Pacific Histories: Ocean, Land, People*. Basingstoke: Palgrave Macmillan, 2014.

成熟，更像是一部"大洋史"研究方法的独立宣言，也势必更具吸引力。

李汉松：是的，我同意海洋史尚未充分探讨物理环境、气候和地方史。但要完全照顾每一个当地视角也非易事，毕竟地图标识、术语和语言本身就极富政治性。看似太平洋史学研究尚有很大进步空间。但可以肯定的是，"国际思想浪潮"席卷而来，且滞留不去。您工作过的两所美国高校，哥伦比亚和哈佛大学历史系都以大刀阔斧拓展国际史著称。您和您所在的单位之间有一种互相推进的辩证关系。我在纽约期间曾参加过半年的哥大"国际史工作坊"，切身感觉国际史高坐哥大庙堂之上，何其受师生追捧。

阿米蒂奇：是的，我起先漂洋过海到纽约，受聘于哥伦比亚大学，头衔是"英国史教授"。这令我不禁反思，对于那些毫无背景知识的美国本科生而言，近代早期英国史有何意味，又有何意义？20世纪90年代，我劳神于创建新颖的理论架构，以便那些生活在曼哈顿、缺乏人文历史常识的十八九岁青年也能感觉到这段历史与他们有所关联。最终颇有收效，师生均得以获益。倘若我留在英国，我大约会继续钻研那些纹理细密的高深学问，也会留守在剑桥大学既定的课程设置和讲义范围之内。如果那样，我很可能不会成为更广阔意义上的大西洋史学家，更完全不会摇身一变成了太平洋史学家。我或许也会转向国际政治思想史，因为毕竟其他留在剑桥的同仁，如布雷特，也独自完成了这一蜕变。但我绝不会进入大洋史。我为数众多的边缘兴趣，譬如环境史，都不会生根发芽，开花结果。另外，我尽管能在剑桥卸掉"国家"框架的桎梏，但只有来到哥大才能教"核心课程"（Core Curriculum）——当然你曾求学芝加哥大学，受过严格的核心课程洗礼，所以可能习以为常了，但对刚从英国而来的我而言，能够纵深整个古今思想史的根本切要问题，促成了我以"长时段"（longue-durée）思考政治思想史的习惯。我必须为学生搭建一种有逻辑体系的叙述，而此举对我个人学术研究也大有裨益。因为它不断对我自己施压，迫使我用最大的架构去思考最大的问题，再用最细致入微的史学研究方法，果断清晰地去破解这些疑窦。

李汉松：您的架构确实很宽阔。一次在詹姆斯·汉金斯教授的家宴上，您对我吐露了一个心愿：您曾赴六大洲讲学，唯独尚未莅临过南极洲，希望有朝一日能弥补这一缺憾。您是否有雄心壮志开启南极洲史研究？

阿米蒂奇：此志坚定不移。我和其他同事都曾带队哈佛校友会旅游团（Harvard Alumni Tours）。能有这种机遇，我们实是命运的宠儿。旅行一年一次，成员大多是毕业于哈佛的行业业界、形形色色的人物，许多都退休了。去年，我趁此契机领衔去了太平洋，首次在太平洋群岛间为校友团讲授太平洋史。我们当时在法属波利尼西亚向风群岛中的大溪地岛（Tahiti）海岸不远处的一艘船上，所以大西洋史完全活灵活现了起来。这一系列观光团包括年度南极游。年复一年，我在学校问卷上"您愿意在哪里讲课？"那一栏孜孜不倦地回复"法属波利尼西亚""法属波利尼西亚"，熬了六七年始如愿以偿。所以我现在正式打响了"南极洲战役"。我唯一的夙愿是能在退休前赴南极洲考察，再拓展出一块研究领域。

李汉松：退休前——或者是冰川融化前。

阿米蒂奇：没错，事态已十分紧迫。但这只是一个星球而已。伊隆·马斯克（Elon Musk）会请我赴火星讲学。

李汉松：目前条件有限，您只能在德国柏林高等研究院（Wissenschaftskollegzu Berlin）讲学，题目是"国际条约政治思想史"。与此同时，您在研究洛克的国际政治思想。我已读过您几十年来断断续续做出的洛克研究，但不知此次与"条约"搭配，有何新创意、新维度？

阿米蒂奇：如你所形容，多年来，我右手做其他工作时，左手都在写洛克的国际政治思想史。博士期间，我搜集了大量洛克文档，其中只有少量渗入了我的论文，更没有全部出现在专著里。此后，只要我在英国，就会去大英图书馆（British Library）、国家档案馆（National Archives）和牛津饱蠹楼（Bodleian Library）整理洛克关于殖民地的著作，我一直盼望出一部新版的洛克文存，但耗时甚久。它的范围囊括了从洛克早期身为沙夫茨伯里伯爵安东尼·库柏幕僚时期，一直到他1690年代供职英国贸易委员会。从境外视角出发编纂这部洛克文集，我的初衷是整理出他一批从未发表过的文案，建立出一套新的典籍。当然也有出版过的著作，譬如《卡罗莱纳基本宪章》（The Fundamental Constitutions of Carolina）众多版本之一。他在其中搭了一把手，至于搭了多大一把手？有待我们下一步推敲——解答这一疑问的时刻终于到来了。洛克本人还参与过巴哈马、皇家非洲公司（Royal African Company）、爱尔兰经济政策等国际事务。他那篇著名的《论救贫法》（An Essay on the Poor Law）即发端于贸易委员会。

从贸易着眼,洛克的思考围绕着众多核心议题:劳工、惩罚机制、英国及跨大西洋经济、海洋事务等。我认为将所有这些资料聚集一堂,我们即可提出关键一问:洛克知道些什么?他何时、如何、从何处得知?所以这一课题还涉及他的信息采集模式。为了探索他如何获取信息情报,我大约翻遍了他去世前桌上的每一张纸屑。其中包括的信息千奇百怪,譬如奴隶的市场价格等。

李汉松:洛克档案似乎取之不尽、用之不竭。

阿米蒂奇:是的,作为思想史学者,我们当然都认为他自鸣得意地整理个人档案再好不过。因为他的文件一概保存完好,这对后世学者是份丰厚的馈赠。然后,我希望结合他出版和未出版的资料,互相印证,再清晰地表述出来。这一工作已有些许进展。我研究了洛克在 1660 年代和 1680 年代如何同时介入卡罗莱纳州、撰写《政府论》。这一思路又作为一条铰链,对接了我的"洛克与条约"研究。我目前在写一篇文章,讲我去年夏天发现的 22 份从未发表的洛克外交信函。这些文件成稿于 1660 年代,事关克莱沃公国(德:Herzogtum Kleve;荷:Hertogdom Kleef)一次以失败告终的外交谈判。洛克与"大选帝候"腓特烈·威廉(Friedrich Wilhelm der GroßeKurfürst)的交往显示,他牵涉进了最高级别的外交事务,还亲自掌握了当时外交文秘(amanuensis)擅长的信息知识搜聚法。我将此与他自己建设私人藏书时使用的收藏法联系起来。1640 年代,"条约收藏"文化始具雏形,尚未流行,他便已是早期爱好者与实践者之一了。布莱尔写过关于这种新兴知识收集和学术汇编方式的文章,提到过 17 世纪初到中叶最早收藏条约和其他文本的事例。洛克自己毕生钟爱收藏,尤其偏好这些公文。他对自己精心积攒的条约作了大量笔录,这些文字也常被学者忽略。最令人感到好奇的一个语境是:他在《政府论》下篇中细数了政权的三个分支:行政(executive)、立法(legislative)、联邦(federative)。

李汉松:这里与孟德斯鸠的区别非常明显,"联邦"而非"司法"(judicial)。

阿米蒂奇:是的,他甚至完全没有提到"司法"应为三权之一。

李汉松:"联邦"是一个组合互动的机制。它的拉丁文词源本身也影射了某种国际职能。

阿米蒂奇:没错,"联邦"这个词来源于 foedus(复数:foedera),也是拉丁文中"条约"之意。所以"联邦"正是指与外国主权达成合约的权利。

李汉松：但是之后的学者肤浅地理解孟德斯鸠所谓的"三权"，逐渐淹没了早期这些更微妙的理论构想。

阿米蒂奇：完全是这样。后世再无人接着这种思路讲。你也知道，孟德斯鸠确实谈到了"联邦"（法：le fédératif），但他重建了这个概念，把这个词当作形容词，修饰"联邦共和"（république fédératif）。他并不视之为单独一支权力。从这个视角来看，洛克的思想完全离经叛道。

李汉松：但是循着他的构思想下去，"政体统治"本身就含带"国际治理"，二者浑然一体，密不可分。

阿米蒂奇：我认为这一点毫无疑问。国际政治权力也是"特权"（prerogative）的一个重要方面。它作为主权者的关键活动之一，必须持续进行。但它同时又神秘莫测，因为在洛克之前、洛克之后，均无人提出过任何类似这种政府权力的三分法！有时候，我对此略有些担忧。我认为解决办法之一是继续琢磨条约和条约收藏，钻研 17 世纪萌生的各种"条约文化"。洛克平生第一篇文字发表于 1655 年：他在牛津基督堂学院（Christ Church, Oxford）读大学时写的两首诗，一首拉丁文，一首英文，歌咏奥利弗·克伦威尔（Oliver Cromwell）于 1654 年签署的《威斯敏斯特合约》（Treaty of Westminster）。我以此事开篇，一直追踪到他的晚年：直到生命最后的日子，洛克还在四散书信，征求最近版本的印刷版条约。这是贯穿他一生的一条主题线，正好也冲击了《政府论》中这个目前未能解决的"联邦权"问题。

李汉松：如此说来，"条约思想史"本身即具有普遍的、规范性的政治意义，而且超越地域和传统的界线。

阿米蒂奇：我的目标正是推动一种广泛的"条约思想史"研究。在我的学术生涯中，我不断遇见各种条约集藏、具体的条约谈判、关于如何商议条约的辩论。所以，有意无意之间，我开始积攒资料。我很纳罕，为何到现在为止，尚无一部融会贯通的长时段全球"条约缔造史"？学界不乏针对著名条约的研究，如《威斯特伐利亚和约》（Westfälischer Friede）、维也纳会议（Wiener Kongress）、《凡尔赛和约》（Traité de Versailles）。但与此同时出现了一大批引人注目的学术成果，探讨亚洲的条约缔造历程。这些方面，你应该比我懂得更多。其中大多涉及"不平等条约"，但于欧洲介入之前，也有相当众多的当地条约值得研究。这不仅局限在亚洲，也包括北非、非洲大陆、大洋洲等地。最近，我在忙碌于洛克之余，还深入挖掘了乔治三世（George Ⅲ）所处的国际社会。

李汉松：乔治三世对国际法的态度，这是您在爱丁堡和伦敦国王学院的讲座题目。可否分享其中一两件最令您惊奇的史料？

阿米蒂奇：好的。去年夏天我一头扎入温莎皇家档案馆（Royal Archives of Windsor），研究乔治三世与万民法之间的联系，最终做出了极其有趣的重大发现，包括认识到乔治国王是 1750 年代最超前的反奴隶制倡议者。这一议题太大了，我们改日再专门切磋。现在我只需强调乔治作为一位主权者的"条约观"。1782 年，他与臣下们有过一段精彩的对话。当时美国独立战争接近尾声。他的大臣们早在四五年前就萌生打退堂鼓之念，碍于国王执拗，一直不情愿对殖民地作出任何退让，才硬撑到最后。待时局已近刻不容缓之势，乔治才迫不得已签署合约。当和平条约的具体款项摆到他面前时，他致信诺斯勋爵（Frederick North, Lord North），哀叹道：我曾签署高奏凯旋的《1763 巴黎条约》，而时隔二十年，如今却要委曲求全地签署《1783 巴黎条约》。堂堂主权君主，何堪此莫大之耻辱！如此可见他作为君主，对两次巴黎和会的记忆是持续的。第一次正值大英帝国之鼎盛，七年战争后终于将法国势力从北美去除殆尽。而第二次是叛军获胜了，大英帝国却被截了一肢，蒙受羞辱。这是我用放大镜观察的案例之一。除此之外，我还在构建一套"条约绘画""条约音乐"数据库，作为"条约文化思想史"的史料基础——这在目前几乎鲜有问津，尚未被确立为一项研究领域。所有这些研究任务都会把我未来六七年的时间填得满满当当。我曾对你讲过，我常以"第二年博士研究生"（G-2）自比。第一年，我遍览全部与课题相关的文献，开始建构研究方向，确定核心问题的范围边界。第二年，首先对此结构略作修缮，即开始撰写论文提纲。再往后还需四至五年才能完成专著。我自认为回归到了这种研学模型。我前不久答应了布朗大学邀请，明年四月赴约翰·布朗图书馆（John Carter Brown Library）做一次讲座，谈洛克关于殖民地的著述。这家图书馆藏有为数不多的《卡罗莱纳基本宪章》印刷版之一。他们还有在英国之外，美国境内唯一的洛克卡罗莱纳手稿。

李汉松：说到"研学模式"，我想请教一些方法论中的前沿问题，其中也涉及当代学术思想的诸多崭新范式。首先，我们刚才已经谈到了思想史研究的空间方法。真正运用它绝非易事，但结果常常激动人心。

阿米蒂奇： 我常说，空间是"思想史最后的前线"，这是引自《星际旅行（五）：最后前线》（*Star Trek V: The Final Frontier*，中文通译"最后先锋"）。

李汉松： 那么年轻学者如果想探索这一方法但不知如何下手，您认为他们该如何规避其误区，化解其挑战，善用其潜能？

阿米蒂奇： 我认为大可从两方面着手。首先，不同形式的空间为"思想"——"智识性"或其他类型的思考——这一行为本身施加了哪些束缚，又带来了哪些机遇？与此平行的问题是：空间如何被思想概念化，如何被思想者构思？人们如何想象、辩论、占据不同的空间？在学术史中，我们可以想到一种等级架构由下至上，通过具体的学术活动产出知识。这里要问的问题是：思想在何种物质条件下产生？是中世纪僧侣们居住的狭小隔间，还是近代早期欧洲大学的授课讲堂？还是逐渐兴起的现代知识生产空间，譬如实验室（以及实验室产生之前的早期实验场所）？在这些方面，科学史成果尤丰，但其他历史领域皆有贡献。这些文献帮助我们更好地理解那种与人类活动十分亲近，但又完全具有物理性质的空间。这些物理形态如何塑造、激发各类思想活动？说到这里，不得不谈人口的迁徙与流动，而这又涉及正在兴起的，在更大范围内的跨地域、国际和全球思想史。当思想家个人在空间之中流动，会引发什么结果？你在《全球思想史》发表的那篇论文以孟德斯鸠为例，提出的便是这一问题。[①]他们是否重新想象着自己从一个空间移动到另一个空间？还是说他们以更丰富、更复杂的方式，认为迁徙行为本身造就了空间，并据此移动轨迹重绘空间？这种现象在帆航时代和蒸汽时代都有所表现。每当交通技术革新，某种具体、相对的移动都会相应减速。短时间、长距离空运技术取得长足发展之后，人对空间移动的生理感知也随之发生了巨大改变。因为移动时间戏剧性地缩短，我们莫说是细腻地体验了，甚至无暇在想象中重构其中跨越的大块空间。这与我们之前数次讨论的主题暗合：所谓"大西洋史""太平洋史"等史学史范式，以及种种区分社群与地域的规则，是来自天外上帝

---

① Hansong Li. "The Space of the Sea in Montesquieu's Political Thought", *Global Intellectual History*, 6(4), 2021, pp. 421-442.

视角的史学家强加给我们的理论框架？还是说，是那真正在大西洋中穿梭的人流，譬如奴隶，他们自己的移动造就了空间构想？比如，美国史学界已详细论证出，黑奴的时间观与他们的欧美奴隶主迥然不同。这种时间感知的错位是否也体现在空间观上？鉴于传载历史观念、宗教体验的通常是具象的个人个体、典礼仪式、传统习俗，那么当这些文化形式与象征改变或错位时，参与其中的人会如何重新想象时间和空间？太平洋是何时初次被定义为"一片海洋"的？它又从何时起被政治化？为何又会萌生相互竞争、相互替代的其他海洋构想，譬如你正在研究的"印度太平洋"？[①] 照你所说，这种构建饱含政治意味，甚至可以直接当作政治观点，但是作为一种空间映射，既框定在特殊的边界之中，也跨越许多不同的语境。一旦有了构想之后，如何进一步填补论证？这些构想是否上承前者，直接借鉴？人们如何构造新的空间观——是重新组合已有的概念，还是通过类比，模拟其他概念？一旦形成，又如何应用？当它们经过口语表述和视觉化，逐渐投射到现实中时，又如何重塑了人们对"他者"的想象、对"外界"的观察？这一系列的问题将艺术史、迁徙史、科学史、知识史、学术史也串联起来了。但在融合各学科的工作上，我们还欠缺很多，需要你们这样的青年学者领军。我记得两年前你们剑桥研究生们组织了一场空间史研讨会？

李汉松： 是的，当时还在探索阶段。我当时的一个想法与您适才所说吻合：空间运动引出了时间，并将其复杂化、问题化。我们可以象征性地、抽象地思考在空间变换的同时，"时间政体"如何相互碰撞冲突。所有这些问题都同源同流，密不可分。但这些思想框架都很宏观，我们不妨架起显微镜，缩小视域。昨天晚上我们在谈论社会底层的思想史时您提出了一个"体现的思想史"（Embodied Intellectual History），意为将观念置入鲜活又现实的个人身体和生命中去审视。应用这种方法，我们可以重新挖掘出一度受冷落的那些少数者的声音。

阿米蒂奇： 是的，这些声音没有特别地位，但有特殊意义。

李汉松： 是的，如此研究，旨在克服传统"经典名著"的限度。您的观点是：我们应该维护这种历史"思想史"的身份，因为它涉及"观念如何在行为中产生"这一根本探究课题。这些视角包括种族与民族、地域与

---

① Hansong Li, "The Indo-Pacific", 2021.

宗教、性别与阶层。在我看来，这种方法可以算作若干学术流派的中界面：卡洛·金兹堡式微观史、瓦堡学派的学术史以及语境主义学派内部对传记的关怀。这种学界的趋势是否反映了更大程度上的方法论转变？思想家是否都应从中吸取经验？它究竟有何潜力尚待发掘？

阿米蒂奇：一点不错。这种方法也可以沿着若干方向前进。一方面是——请允许我用带有一点偏见的表达方式——将思想史沿着社会阶层下降到"中等"或"中低等"人物角色——这一思路在我们的同事艾玛·罗斯柴尔德著述中有所体现。还有我们工作坊最近邀请来讲学的许多学者，她们研究的并非更高意义上的"思想者"而是普遍意义上的"思考者"，但是这些人的思维方式、雄辩之词同样值得被重新构建，付之检验。这些似乎更"低端"的思考其实是一种研究人物如何"自我展现"的切入点，与其他类似的文化习俗有所交叉。鉴于如上原因，我很乐意将其视为思想史的方面之一。进军这些研究领域能够为思想史开疆扩土，缔造更多可能性。它能让其他许多看似刻板无趣的资料重获新生。譬如，底特律当地报刊的评论文章，一般历史学家只用来汲取一些事实和信息。但如果那些论点由一定逻辑徐徐展开，又能自圆其说，还被用来说服他人采纳某些颇具争议的观点，你也完全可以严肃对待它们，获得意料之外的结论。这种形式的思想史把我们引入了一些全新的社会领域。它还与学术界多处同时爆发的一场运动有所关联：重新回归传记，利用"人生描画"的方式撰写"多重史"（Multiple Histories）。大约十年前，历史学家开始用"全球微观史"（Global Micro-History）的方法驯服庞大而遥不可及的"全球史"。其中的经典代表是琳达·科利的名作《伊丽莎白·马什的磨难：世界史中的一位女性》①。如果我们选取一个社会底层人物，特别是女性或者是非白种人，由此人的全球经历引导，顺藤摸瓜地勾勒出一条全球史线路，打开一系列的全球活动旅程，我们便无须费力大笔泼墨，非要绘制出一幅完整的全球史图景不可了。这是个相当有力且有利的诀窍。据我看，这种方法业已浸润到了思想史，有了一些间断性的例子。不久前刚从悉尼大学调去伦敦玛丽女王大学的安德鲁·菲茨茅利斯（Andrew Fitzmaurice）正要出一部新书，其中讲述了一位已为世人淡忘的人物，叫作特拉维尔斯·特维斯（Travers Twiss）。此人是 19 世纪伦敦声名鼎沸的国际法律师。他因在

---

① Linda Colley. *The Ordeal of Elizabeth Marsh: A Woman in World History*. New York: Pantheon, 2007.

维多利亚时代的英格兰位阶甚高，经常出入高等场合，不但与维多利亚女王、坎特伯里大主教都说得上话①，还长期与奥地利外交家克莱门斯·梅特涅（Klemens von Metternich）密切通信。但时运不济，命运多舛，后来他竟惨遭揭发，被指控造假：他那声称是波兰贵族后裔的妻子，原来是他在"雅典娜"门前捡来的比利时妓女。

李汉松：伦敦的雅典娜俱乐部（Athenaeum Club）？

阿米蒂奇：对，就是大家常去的那家。特维斯从此蒙羞，社会名誉溃烂，名下盛极一时的事务所也一夜之间冷冷清清。为了养家糊口，他必须开源节流，另寻其他收入渠道。最后，他成了比利时利奥波德二世（Léopold Ⅱ：1835—1909）的御用喉舌，为国王陛下的刚果公司（Anglo-Belgian India Rubber Company，简称 ABIR）辩护。作为律师，他全权负责撰写一应国际法文件，合理化 19 世纪晚期比利时在刚果犯下的那些惨不忍睹的罪迹。菲茨茅利斯甄取一人立传以治思想史。此人不但绝非"底层者"（subaltern），甚至关系过硬，四通八达，在维多利亚时代英国叱咤风云，不可一世。但他一旦没落，为社会抛弃，则必须重塑自我。在构思概念时，菲茨茅利斯将这位律师当作"人格变化"与"性格变化"之典型。这种微妙的语言可以用来形容他如何改变自己妻子的人格——从平凡的妓女到没落的贵族——也可以用来审视国家、集团和企业的"人格"。这些观念都犬牙交错，编织出一部完整的丑闻传记。大多数维多利亚英国史学者多多少少听说过此人，但在他们的视域中，整个事件至多占据着边缘地位。他们大多甚至不知特维斯先生究竟何许人也，还有过哪些耸人听闻的行径。但菲茨茅利斯用社会史的方法重建了此人传记的蛛丝马迹，抛出了一个全新的问题："人格"这一范畴究竟有何意义？在 19 世纪全球范围内，它都可以应用在哪些案例中？一方面，根据英国法，女人在嫁为人妻后可以承纳全新的"法律人格"。另一方面，鉴于英国关于哪些人可以出庭、哪种人可以代表或被代表以及他们有权在庭审扮演哪些角色等种种规定，一位妓女又会在一场官司中名声尽毁。再来看利奥波德国王在位期间，上百万刚果人断头截肢，悲惨卓绝，皆出自国王私有企业之手。这家公司为

---

① 包括三任大主教：查尔斯·托马斯·朗雷（Charles Thomas Longley, 1794—1868）、阿奇博尔德·坎贝尔·泰特（Archibald Campbell Tait, 1811—1882）、约翰·伯德·萨姆纳（John Bird Sumner, 1780—1862）。

何能获得 19 世纪末国际法学界的承认，当作与国家同等级的单位？总之，这是一种将国际史和传记研究熔于一炉的国际微观思想史。如果微观史和国际史融合，便能解决许多经典问题，譬如霍布斯最先提出，后于政治思想史中采纳为"斯金纳式"解读工具的"国家人格"概念。无须赘言，这个概念对国际思想史至关重要。

李汉松：这令我联想到艾玛·罗斯柴尔德的《帝国豪门：18 世纪史》和马娅·亚桑诺夫（Maya Jasanoff）的《守候黎明：全球化世界中的约瑟夫·康拉德》①。

阿米蒂奇：正是如此。

李汉松：我最后一个问题涉及史学的"现时主义"（presentism）。观念具有历史具象性，而眼前脚下的社会进程则星流跌宕，瞬息变幻。思想史如何在此时此刻为我们导向？

阿米蒂奇：如你所知，在出版《历史宣言》后，余震不绝之际，我曾发表过一篇题名为《为现时主义辩护》的文章②。我多年来潜思这一辩题，酝酿已久，得到了两个最重要的结论。首先：1960 年代以来，"斯金纳式思想史工程"已历时半个世纪——我们刚庆祝过他发表那篇经典论文《观念史中的意涵与理解》五十周年——其长远后果之一便是彻底剔除了一种粗糙的、以某种政治理论为代表的"现时主义"。但是引人担忧的是，直到最近为止，此举也摒除了思想史家一切形式的"联古系今""古为今用"。到了这种极端的程度，就好比俚语所说："婴儿连同洗澡水一起倒掉"，可谓良莠不分，精华糟粕一概抹杀了。我认为这种现象严重地削弱了历史学的效力，也阻碍了学科的发展。它限制我们能提出哪些问题，也让我们无法向世人展现历史学的重大当代意义。

李汉松：这本身即是一种粗糙的"历史纯粹主义"。

阿米蒂奇：绝对如此。我完全支持"消毒药水"式地铲除劣质历史，但这样做不应该阻碍我们竭尽最大力量为老本行的重要性登高一呼。我认为连这都不允许，就纯粹得过分了。另一点结论是：所有历史学家都是"现时主义者"，不论他们知不知觉。鉴于此，最好的办法是承认这一事

---

① Maya Jasanoff. *The Dawn Watch: Joseph Conrad in a Global World.* New York: Penguin, 2017.

② Armitage & Guldi, 2014; Armitage. "In Defence of Presentism", Darrin M. McMahon (ed). *History and Human Flourishing.* Oxford: Oxford University Press, 2020.

实，然后在取得共识之后，谨慎地决定这意味着什么。我们可以向"现时主义"含义光谱上更为甜美的那一段靠拢，区分哪些角度更丰饶多产，而哪些则浑然像一部"启示录"，不宜且无益，然后偏倚其中一种最有潜力的解读方式。但无论如何，我们必须以一种开放的心态承认：我们提出的问题无一例外地来源于当下——不一定是当下的新闻头条，但起码是当下的学术动态。科研大旗之下，学者们为自己设立的最高目标之一便是在当前学术进步的前沿做出贡献。如果你投入当前的学术辩论，这本身便是一种"现时主义"的架构了。也许你认为，自己只是参与了当前学界"如何为历史消毒"的技术性辩论，所以坚称这种学术活动已从肮脏粗鄙的现实世界中封闭隔离开来了。但是当前学界为何关注这一辩题，而非其他？所以，先承认我们一切所言所为皆以不同程度归属"现时主义"范畴，再以此为出发点，全体学术界同轴同心，精诚合作，一起判定我们这种"现时行为"该走多远。这一点我丝毫不疑。以《独立宣言：一部全球史》为例，这部专著形成于小布什任期内美国外交辩论的大环境之内。引用一句歌词，那可真是"在几近尘封记忆里，珍贵的旧日时光"（dear dead days beyond recall）——和今日的美国外交政策比起来，那时可谓是个跑龙套的角色（walk-on part）。我长期以来思索的条约史研究课题现在显得愈加重要，而且紧迫感与日俱增。原因在于，我们察觉到原先那种基于规则的国际秩序正在堂而皇之地遭受攻击。而国际秩序之所以"基于规则"，是因为有国际条约确立规则。所以从逻辑上来说，攻击条约——哪怕是其中某些条约和公约组织，而非所有条约和组织——便是在攻击条约的合法性和合理性，也就凸显出了一种国际秩序大震荡、大挪移的明显症状。这一点更大的推论是否绝对正确？我姑且存疑。但是这种现象的确着重突出了我们提出质疑的必要性：我们缘何开始奉行基于条约的国际秩序？这种习俗来源于何时何地？如果不采取这种范式，还有何种其他选择和替代品？条约究竟为何重要？为何联合国数据库从1945年以来积攒了多达55000个条约记录？条约对我们的日常生活有多大规模的意义和影响？当我们保持政治意识清醒时，我们大多在思考法规和律令、宪章和宪政主义，但鉴于"国内"与"国外"之划分，我们几乎从不以公民的身份刻意去想：我们的生活在哪些层面上受到国际条约的塑造和限制，而非通过国内民主司法程序达成的典章？我们似乎又回到了你提出的第一个问题：历史刻意构建出的"国内"与"国外"之别，本身就起源于意识形态。我希望通过学术研究，提高我们对于条约重要性的"国际公民意识"。我们不应只津津乐道于那些威望声隆、价值极高、令人闻之生畏的条约，譬如核问题协议，以及其他所有特朗普政府攻击过的重要协定。但更广泛地看抽象意义上的"条约体系"，其独有的建筑架构是现代性和现代化的产物。这种现代性距今不远，真正意义上从 19 世纪中叶才开启，直至 1945 年以后才迅猛加速。这一加速与人类生活其他方面的加速——譬如环境史家关注的环境变化加剧——是同时进行的，看上去是个巧合。但我认为，"条约政体"的加速形成与各国经济的加速整合并非毫无瓜葛。相反，1970 年以后流行最广的条约形式是双边投资协定。这种条约难免索然无味，签署时大部分普通民众甚至叫不出名字来，但它们自此联通了世界，实在关系重大，不可或缺。所以，尽管历史学家无须保证他们每一块学术研究都一定直接议论当下，我认为大家应该欣然承认：当下在我们工作中无处不在，带给我们有形无形的压力。正如利奥波德·冯·兰克（Leopold von Ranke）在他早期著作中的所作所为。他更因喋喋不休历史的"本质"或"真实"——取决于你如何翻译德文词"eigentlich"——出名，但他一直以来都热衷于说：我们被"现时"塑造，无可逃脱。我们必须与当下谈判，保持清醒，同时思想开放。其中最深刻的原因是：对当前的重重压力保持清晰的意识，会使我们成为更优秀的历史学家，也更令我们信服历史学的当代重要性。如今，史学一方面受到我们政治主宰者们的种种攻击，另一方面又受到后辈学生们的种种鄙夷。这两拨人群都未充分认识到历史对自身何其重要。这便是我如传福音一般的慷慨陈词。

附　录

史家时下

战争史的良知与暴力

——对话安娜特·贝克尔 [1]

    本文是 2015 年 11·13 巴黎恐怖袭击事件之后，作者与贝克尔在巴黎南郊的一次公开对谈，内容涉及战争史的研究方法、战争形式和性质的变迁、种族屠杀与莱姆金的思想遗产、伦理与法律的关系、历史学在处理暴力和良知时的社会关怀。

    安娜特·贝克尔（Annette Becker）[2]，1953 年生，法国战争史家，现任巴黎第十大学教授、法国大学科学院院士，以 20 世纪两次世界大战史研究著称。

- -

    问：为何研究历史中的暴力？为何反思人类的战争体验和认知？

    答：起初，我研究 18 世纪美国"大觉醒运动"的牧师 [3]。如你所知，其中有浓重的暴力色彩。但我也一直对战争纪念建筑有极大热情。某次，一家出版社请我编写了一部关于战争纪念物的书，后来引起了一战史学界的关注，我从此开始研究 20 世纪战争史。

    问：研究战争体验的历史势必侧重视觉史料，如绘画、海报、影像。

---

    ① Hansong Li, Annette Becker; (trans.) Paige Pendarvis. "Conscience, Violence and History: Interview with Annette Becker", *Chicago Journal of History* 5, 2015, pp. 46-47.

    ② 安娜特·贝克尔生于历史世家，其父是"一战"史家、20 世纪法国共运与工会史家、巴黎第十大学前副校长让-雅克·贝克尔（Jean-Jacques Becker, 1928— ）。姑姑是著名的法国共运史家安妮·克里格尔（Annie Kriegel, 1926—1995），原名安妮·贝克尔。

    ③ 大觉醒运动（Great Awakening）是美国 18 世纪 30—40 年代起，直至 20 世纪 60—70 年代陆续出现的若干次宗教复兴运动，一般分四个阶段，以新教福音派为主力，代表人物包括乔纳森·爱德华兹（Jonathan Edwards, 1703—1758）、乔治·怀特菲尔德（George Whitefield, 1714—1770）。

你编撰的《眼观大战》（*Voire la Grande Guerre*）即是一例①。

答：我一直使用图像资料。我们生活的世界充斥着图像，而这些图像的再生产、再使用，则是历史学家必须关注的问题。与18世纪相比，20世纪的图像数量更为可观，这要感谢摄像和电影技术。我们必须理解历史人物的自我表达方式。在文本之外，还有图像、音频，都应当妥善使用，方能了解过去。

问：与文本和音频相比，图像的生产本身是否更受意识形态扭曲，更具宣传性质，更引起历史学家的兴趣和怀疑？

答：我认为文字和图像同样可能受宣传目的之影响，并无差别。不论是哪一种史料，都必须深入分析，厘清它源自何处，如何产生，在特定时代如何被人使用、感知、解读。"书面文本"和"图像文本"只是两种叙述方式，但历史学家的方法是一致的。但我们不能天经地义地认为我们具备这种分析能力。只有经过专业训练，才能释读历史中的影像。

问：如今几乎不再存在传统意义上的大规模正规战争、全球战争，取而代之的是非对称性战争，尤其是恐怖暴力袭击。在我们所处的时代，"战争暴力"是否已转变性质，成为一种截然不同的范畴？

答：20世纪的国际社会经历了战争和战术的长期演变。无论如何，"一战"是有军事目的战争：身着制服的成年人参军入伍，军队和军队之间正面作战。"二战"以正规军打击军事目标为主，但已开始大量牵连平民。"二战"后，多数战争的目标从士兵逐渐转移至平民。譬如，美国介入叙利亚的理由无关军队，而是平民遇难者。恐怖主义是这一现象的极端产物，因为它完全不打击士兵，只关注于平民——或是锁定具体目标（譬如一些精准打击犹太人的伊斯兰主义恐袭事件），或是以一个民族为整体目标。我们时代的战争已不再是"战争"。有制服的战争即有规则可言，但我们已经离开规则久矣。

问：正如我们上礼拜在巴黎看到的惨状？

答：是的，正如我们所见！

问：波兰裔法学学者莱姆金曾最先创用"种族屠杀"（genocide）一词。他花费了巨大的时间和心血研究国际法如何能遏制战争罪行。在你看来，国际法能否提供一种独立而行之有效的方案？还是说，国际法只是一

---

① Annette Becker. *Voir la Grande Guerre. Un autre récit*. Paris: Armand Colin, 2014.

种修辞体系，但任何实质性的变革必须来自地缘政治？

答：这两种途径我都曾提出过。首先，我不能再以历史学家的身份回答你这一问题，因为历史学家无法预测未来，但我以"研究历史的公民"身份，的确有所思考。我认为从国际法的角度思考，我们必须创立切实的目标，阻止具体的屠杀行动。目前，过去意义上的大规模战争几乎已不存在，有的只是不同规模的"刺杀"。但如何用国际法的框架保障这种刺杀不再发生？有时，法律可以团结善意。但其他时候，我并不乐观。

问：我是否可以理解为：你质疑国际法的规范性意义？或者说你对历史上国际法制衡暴力的实际作用并不满意？

答：我认为国际法学的重要性在于反哺我们的道德意识。但问题是，法律延展于现实之中。很不幸，国际法永远比屠戮的意志更为脆弱。但这一残酷的现实不代表我们应该抛却武器，束手就擒。在国际正义问题上，我是个丘吉尔主义者："民主是最糟的政治制度——除了其他政体之外。"①

问：就第一次世界大战史学史而言，美国历史学家和欧洲历史学家的方法是否有明显区别？他们的研究思路是否受各自国家的历史记忆影响？

答：我认为存在细微的差别，毕竟美国1917年参战，时间较为靠后，而且伤亡也少得多。即便阵亡人数更多，美国也未遭受欧洲国家那种无可估量的惨重损失。但这丝毫不改变我们对美国参战作用的估量：它极其重要，而且最终扭转了战局。但美国参战的"必然性"比欧洲国家和它们的殖民地要轻得多。

问：研究惨烈的战争史，学者应有哪些注意和关怀？

答：我认为研究可怖的暴力冲突，史学家必须考虑一种最宽宏的"人"的定义。这种历史与传统的历史体裁——外交史、政治史等——都殊为不同。只有完全明了"作为人类"的意义，才能研究人类冲突的历史，因为我们正处在我们研究的社会之中。在某个时刻，这个社会为何更倾向对社会生活发动战争、暴力、屠杀、谋杀？为了理解这一点，我们必须使用一切可能的资料。我相信这是我们的宿命：历史学家为了他们的职业使命，也必须这样去做。

---

① 丘吉尔原话：Indeed it has been said that democracy is the worst form of Government except for all those other forms that have been tried from time to time（英国下议院演讲：1947 年 11 月 11 日）。

拜占庭的前世与今生

——对话沃尔特·凯吉 [①]

本文与拜占庭史家沃尔特·凯吉的对话跨越古代晚期以来的拜占庭帝国疆界，沿着希罗多德、汤因比式的壮游轨迹，考察中东和北非地区的人文地貌、政治军事、思想变迁。

沃尔特·凯吉（Walter Kaegi, 1937—2022），晚期罗马和拜占庭史家，"拜占庭研究大会"发起人，长年任教于芝加哥大学、东方研究所，编辑《拜占庭研究》（*Byzantinische Forschungen*）学刊，曾任美国国家拜占庭研究委员会主席。

问：从拜占庭时代到如今，您是否察觉到一定的连续性？譬如一些北非和中东的关键地点一直扮演着极为重要的角色。

答：是的，大巡游期间，我有幸亲身考察过土耳其的亚细亚和安纳托利亚地区。农业科技注定发生了很大变化。当时尚属和平年代，所以我可以进入库尔德斯坦，一些北非地点后来也爆发了动乱。尚在高中时代，我便对阿尔及利亚革命和对法战争兴趣浓厚，并在当地报纸上报道过这一事件。我曾获富布莱特奖金赴阿尔及利亚讲学，其间得以从当地观察这一片的人文地理。我的妻子曾是驻突尼斯的维和志愿军人，这也进一步拓宽了我的兴趣。我记得访问阿尔及利亚时遇到了各种各样的安全隐患，尤其是在东部与突尼斯接壤的边境地带。我认为这一片地区遭遇的种种问题都是连续性的。举阿尔及利亚和突尼斯边境上的卡塞林为例，目前那里已经完

① 本文节选自 2016 年 1 月 26 日的一次对话。见：Hansong Li, Michael Goodyear, Kevin Otradovec. "Maturation of a Historian: Conversation with Walter Kaegi", *Chicago Journal of History*, 6, 2016, pp. 5-7.

全失去了控制，几乎每日都上新闻。①在"二战"期间，这一地点对美国和德国而言都至关重要。拜占庭的另一大区域是巴尔干半岛，我在这里游历极多，因此也见到不少历史的连续和间断。我尤其认为，如果不正视拜占庭和东正教，则无法理解俄罗斯，譬如俄国在克里米亚的行动。但一直以来，我尽量避免撰写黑海地带外交政策方面的评论文章，因为我不愿意写那种被过去遗忘的历史。我也不认为挖掘过去一定能解决当前北非、安纳托利亚、东欧的问题。这些问题真切地存在着，非常严峻。即便历史学无力解决国际困局，我仍认为游历对于历史学家非常重要。几千年前希罗多德便已开始巡游，我们目前更应如此。

问：你的史学视域受过哪些影响，又如何转移、拓宽？

答：我在小学时已决定要成为史学家，但一直等到高中最后一年才决定要治拜占庭史，当时我想到的即是我现在的时间范围：4/5—11世纪。那些年，影响我的都是些已经过时的历史学家，如吉本和汤因比。当时我购买了整套《历史研究》精装本，后来又出了一些续集和文集，我也一概买来收藏。这些书给了我一些启发。之后我拓宽了语言，开始使用阿拉伯文研究中东和黎凡特地区②，这是我始料未及的。

问：你如何理解史学和时局的关系？

答：我一直避免在史学研究上强加政策问题，但很明显，我对当今世界充满兴趣。我的大量游历不仅是为了研究，我还专门去高危险地带，譬如1988年的伊拉克。来到大马士革时，正是哈菲兹·阿萨德（حافظ الأسد）执政时期，他是当今叙利亚总统巴沙尔·哈菲兹·阿萨德（بشار حافظ الأسد）之父，因此我亲眼见证了一些事件，使我形成了对叙利亚内战的看法。我最后一次高危旅行是2013年，参观了罗马帝国最后一些疆域，这些地点我之前都未去过，尤其是利比亚东部。就西部利比亚而言，自从1968年颠覆帝制以来，我就基本没有去过了③。很幸运，作为芝加哥大学东方研究所（Oriental Institute）成员，我可以使用他们的办公室，甚至在1988年夏季获得富布莱特奖金，专程去伊拉克调研。那时我获得特殊批准，可以去

---

① 凯吉所指应是卡塞林省（ولاية القصرين）最西部与阿尔及利亚边界处，省城也叫作卡塞林（القصرين）。

② 黎凡特地区（Levant）旧指东地中海至中东地区及其岛屿。

③ 凯吉指1968—1969年的利比亚绿色革命（انقلاب 1969 في ليبيا）。卡扎菲（معمر القذافي）发动"自由军官"（حركة الضباط الأحرار）武装革命，利比亚王国被推翻，伊德里斯一世（إدريس الأول）流亡希腊、土耳其、埃及。

一些平时无法访问的地区。

回到你关于时政的问题。本科时，我曾参与国际关系社团。我那时的挚友入江昭——他之后担任了芝大历史系主任，又去了哈佛——正在研究日美战争和美国的太平洋外交政策。但我虽然感兴趣，却一直回避政治。我毕竟属于美国史家所谓的"沉默的一代"——我们成长在麦卡锡主义结束之后。我长大成人后，几乎很少签署请愿书之类，但我经常为报纸写评论。我上小学和初中时就办报纸，当时我的撰稿人之一便是后来的大作家亨特·汤普森（Hunter S. Thompson）①。他甚至影响了我对美国历史的兴趣。我来自俄亥俄谷②，所以对南印第安纳和肯塔基州的"心态"了解颇深。我很享受考察美国历史遗迹，但我从来不研究美国史。我对环太平洋地区也感兴趣。2015年夏我去了台湾，专门了解寒流侵袭如何影响农作物收成，甚至造成人员伤亡。但我对太平洋历史的了解十分有限。

问：您对历史研究和历史文学，如哈里·托特达夫（Harry Turtledove）的历史小说，有何看法？

答：我认识托特达夫。历史事件已经足够多了，不论是当代的还是久远的。历史真相比历史小说更吸引我。我们都知道"历史真相"是由后人构建而成的。我们至多也只能掌握到的碎片性的认知。我有幸结识过不少了不起的史学家。第一位迎接我来芝加哥大学的是晚期文艺复兴和佛罗伦萨史家埃里克·科克伦（Eric Cochrane），很可惜他58岁便壮年星陨。与这样出色的同事攀谈对自己大有裨益，但也有坏处，便是一下跌入引人入胜的对话后，没有时间完成自己的作品了。我也教过一些极为出色的学生，譬如现在普林斯顿的安东尼·格拉夫顿。执教生涯之后，我一定程度上偏离了小学时的志向。我仍然研究晚期古代和中古拜占庭，但我对视觉维度更感兴趣，即艺术史和考古的角度，帮助博物馆考察历史的物质证据。过去需要笨重的机器放映幻灯片，现在则容易得多。我也研究钱币学（numismatics），但我在历史论述中使用有限。钱币是一种准确的定年方法，但铭文和图样有时具有误导性，因为它们许多带有宣传性质。

问：如果回过头来，您必须上一门历史核心课，您会如何选择？

---

① 亨特·斯托克顿·汤普森（1937—2005），出生于美国肯塔基州路易维尔，早年是棒球运动员，并入伍美国空军，退伍后成为著名记者、散文家、小说家，2005年自杀身亡。

② 俄亥俄谷（Ohio Valley），是一个不确切的地理名称，泛指俄亥俄河流经的河谷地带。

答：我已谙熟中东史，因此更倾向于选择东亚。我曾对比较拜占庭和唐帝国的军事制度感兴趣。近期我访问了中国，更感到中国史的多重维度。因此如果我来上课而非授课，我会选择东亚史。

哲学史的此刻与此地

——对话康斯坦丁·法索特 ①

本篇与欧洲史家康斯坦丁·法索特的对话从维特根斯坦的《哲学研究》中得到启发，反思历史与历史学的含义。

康斯坦丁·法索特（Constantin Fasolt），1951 年生，德裔美国历史学家，研究中世纪与近代早期欧洲政治、法律、社会思想史，著有《历史的限度》②。

问：您最初在德国求学时，为何从哲学转向了历史？现在在维特根斯坦的启发下重思欧洲史，这是不是一种曲线回归？

答：是一种回归，但非"曲线"，因为这些哲学问题一直萦绕在我的史学研究之间。我似已在脑海中构思出了这部书，但正如维特根斯坦告诉我们的那样：认为自己做了一个实验（在脑海中想象出一个实验的结果）与做过一个实验是完全两回事。

问：您如何理解哲学与历史的关系？

答：当我还在波恩大学时，主修哲学，辅修历史和英语文学。一位熟识我父母的杰出历史学家曾对我说："你可以学哲学，也可以学历史，但无法既学哲学也学历史，记住我的话！"这言简意赅地代表了当时的一种经典论调：哲学和历史的关怀有本质性的不同。但我更关心的是：哲学和历

----

① 此文是 2016 年 1 月 27 日在美国芝加哥大学历史系的一次对话，见：Hansong Li, Paige Pendarvis. "Start Here Now: A Conversation with Constantin Fasolt", *Chicago Journal of History* 6, 2016, pp. 55-56。

② Constantin Fasolt. *The Limits of History*. Chicago: University of Chicago Press, 2013.

史如何解答我感兴趣的问题？我的关怀来自"二战"之后德国的境况，以及我个人的社会角色。我生于1951年的西德，当时"二战"刚结束，遍地是残砖剩瓦，废墟之间满是枪支弹坑。空气之中满是疑问：究竟发生了什么？这怎么可能？对我父母那一代而言，1945年是大转折。他们不断回溯到1945年，以此为坐标看世界。"二战"中，我父母既非受害者也非犯罪者。我父亲曾是士兵，22岁时在战争中身受重伤，几乎殒命。我从未听他们谈起过这次战争。似乎在我三四岁时，母亲曾向我解释过一次。她说德国前些年出了一个"非常坏的国王"。她用"国王"一词，值得玩味。

1960年代，水牛春田合唱团有一首歌，歌词唱道："这里有些状况，但究竟是什么，却不太清楚。"①这也是我成长岁月中的感受：一团道德迷雾。我能捕捉到一些味道，但不知发生了什么，该朝向哪个方向，或者能做些什么。我很早便感受到了宗教的无用。我有一位俄罗斯祖母，她确保我受洗成为东正教徒。但我成长在天主教的莱茵兰，到处是狂欢节和"油腻的星期二"忏悔节②。在学校，我接受的又是路德主义的教育。有一件趣事：学校的官僚为我登记入学时问我父母："这孩子是路德教还是天主教？必须二选一。"我父母困惑道："他不是天主教，也不是改革宗，而是俄罗斯东正教。"校领导说："这样吧！你们东正教不喜欢罗马教皇吧？"我父亲迟疑道："也许不那么喜欢。"校领导大喜道："那就是路德教！"就这样，我从小经历了三种宗教的洗礼。这种巨大的困惑和战后的道德困惑一样，剪不断理还乱。

我在传统的德国文理中学接受了九年拉丁文和五年希腊文的训练。因此我以为哲学是解惑答疑的入场券，因为哲学探求的是"真理"和"智慧"、"大是"与"大非"。服役后我开始攻读哲学，但很快发现学界的哲学并不追求真理和智慧，而是琢磨一些复杂而有趣的理论。但这些理论无法解答我的问题：我该如何自我导向？我发现我降落在这一时空之中，处境诡异，那么接下来的路该怎么走？接下来，我尝试了历史。历史学家不像理论家一样作出庞大的立论。他们问的问题不能再简单：过去发生了什

---

① 水牛春田合唱团（Buffalo Springfield）："There's something happening here / what it is ain't exactly clear."

② 莱茵兰（Rhineland），指德国莱茵河两岸之地。狂欢节（Carnival），即油腻的星期二（Mardi Gras），亦即忏悔星期二。

么？我想：如果无法直接从"什么是智慧"中获得真知灼见，起码知道"发生了什么"，也是好的。我当时已经熟悉古典史和现代史（现代史每次讲到1933年，老师都会宣布"没时间了"，不了了之），但对中间发生了什么不甚了然，因此我选择了中古史。我好奇在相信圣人和奇迹的世界里，人们究竟如何生活。他们绝不是愚人。你只能愚弄少量人一世，或愚弄大量人一时，但无法愚弄所有人一世。所以中古社会一定有它的道理。

赴美之前，我在海德堡大学度过了一年时光。那里仍是在德国学习哲学的最佳去处。当时那里有一位了不起的康德主义哲学家迪特尔·亨利希（Dieter Henrich）①。伽达默尔也在海德堡，仍在授课，我上过一门他的研讨课。此外还有迈克尔·图尼森（Michael Theunissen）和恩斯特·图根哈特（Ernst Tugendhat）——我上次在课上提到了他②。我专门上了一门图根哈特的研讨课，体验美妙，真正大有价值。我认为他是真正的哲学家。如果我早些遇见图根哈特，也许我就不必从哲学转向历史了，也可能不会去美国。

许多年后，我忽然记起最初进入历史的初衷。在哥伦比亚大学教"当代西方文明"，以及在芝加哥大学教"社会和政治思想经典"时，我们的议题是：何谓正义？如何建构政体？是否存在自然奴隶？男女两性关系的本质是什么？财产应该私有还是共有？平等是不是一种价值观？许多学者在课上故意不袒露自己的观点，只抓住那些"客观"的标准，这些人无法赢得我的尊重。我一直都坦言不讳。这也让我回到了最初的问题：我们如何自我导向？历史如何帮助我们思考？所以我回到了哲学，重新阅读了康德和亚里士多德，但并未回归柏拉图。我的阅读集中在当代哲学。我读了些福柯和德里达，又回过头来读尼采，以及罗兰·巴特的文学批评，但一再感到失望，因为我找不到新颖之处。在一段时间内，我严肃地精读了海德格尔，但最终对他也失望了。我认为尼采最有希望突破瓶颈，他很明显

---

① 亨利希（1927— ），德国唯心主义传统的哲学家、哲学史家。毕业于马堡大学、法兰克福大学、海德堡大学，师从伽达默尔研究海德格尔、韦伯。

② 图尼森（1932—2015），德国哲学家、哲学史家，毕业于波恩、弗莱堡大学，研究黑格尔、克尔凯郭尔、马克斯·缪勒（Max Müller, 1906—1994）、社会哲学与现象学、时间哲学、品达（Πίνδαρος）的古希腊诗歌，曾执教于瑞士伯尔尼大学、海德堡大学。图根哈特（1930— ），捷克裔德国哲学家，"图根哈特家族"成员，求学于斯坦福大学、弗莱堡大学、明斯特大学，执教于图宾根大学、海德堡大学，研究胡塞尔与海德格尔、伦理与政治。他与图尼森是好友，二人之后同赴柏林自由大学。晚年图根哈特受邀赴牛津大学作"洛克讲座"，但因病痛缠身不能前往。

在偏离传统，创造新思想。海德格尔也是如此，但是不仅是他与第三帝国的关系，更是他贡献给我们的思想，充满了问题。这时我记起了维特根斯坦。我早年读过他的作品，但惘然不解，因此决定再次尝试理解他。当时詹姆斯·科南特在这，他指点了我一番。我努力地阅读了维特根斯坦十五年，然后开始看清了一些我从未领略过的历史和哲学之间的关联。维特根斯坦是个深沉的历史性思想家。他绝非历史学家，也不认为历史是过去之物。但他视人类为历史性的生命，由语言、时间、空间塑造而成。他让我们睁眼看清：谈论一个事物，若不明其史，则必不知所云。这种历史的掌握可以来自特定习俗的训练。所以在维特根斯坦的心目中，哲学的核心是明晰你自己践行的习俗。这也正是历史！但在另一意义上，它又不是历史，因为你并不在处理档案。但处理档案的关键不在于"记录在案"，而在于如何厘出档案的含义。这又衍生出整个一门学问：因为"如何厘出档案的含义"本身又是一段不断变化的历史进程。仅凭文化史之力，还不足以捕捉这一意义上的历史。文化史并不探究习俗变化背后的实质，即维特根斯坦所谓的"生活形式"。

最接近"生活形式"的历史学家，在我看来，是老一辈年鉴学派，尤其是吕西安·费弗尔（Lucien Febvre）。他的许多文字都接近这种观点，但他当时尚且缺乏一种语言来精准地描述它。他所有的词汇是"心态"（mentalités）。如果你怀着同情的心态理解"心态"，你会发现这与维特根斯坦的思想非常接近。但也很容易把"心态"僵化成一门"心态学"，假设过去存在一种客观的实体，如此一来便丧失了我们自己在受这段历史挑战时所生成的哲学意义。在《拉伯雷与16世纪的不信神问题》一书中，他说道：

> 历史是时代的女儿。我这样说自然不为贬低她。哲学是时代的女儿。即便是物理学，也是她自己时代的女儿：朗之万①的物理不是伽利略的物理，伽利略的物理亦不再是亚里士多德的物理。从前人到来

---

① 保罗·朗之万（Paul Langevin，1872—1946），法国物理学家，以朗之万动力学、朗之万方程著称。身为皮埃尔·居里的学生和有妇之夫，他与玛丽·居里曾有一段婚外恋，引起舆论争议。"二战"前，他曾领导反法西斯警戒委员会（Comité de vigilance des intellectuels antifascistes）、法国人权联盟（Ligue des droits de l'homme），并加入法国共产党，因此遭维希政府软禁。法国解放后两年即去世。

者，是否有进步？我希望是有的。但历史学家们，让我们更多谈论如何适应时代吧。每一时期都用心智构建出了自己的宇宙。它如此构建时，用的不仅是手边掌握的材料，它所有之前继承和近期获取的事实（不论对错），而更是用它自己的禀赋、特异的聪慧、它的特质、才华和旨趣——区分它和先前时代的一切。正如这般，每一时期也在心里构建出它自己对历史过去的描绘……①

你一眼即可看出：这与维特根斯坦的思想是相通的。你也可以看出，这段话很容易被人误读成一种实证主义：现在手头有一部文本，其中存有"心态"，可以挖掘出来，探究它如何形成。实际上，费弗尔是在警示我们：作为正在解读过去的历史学家，我们所做的一切都是在陈述我们自己的时代。我们通过撰写历史来表述的不是过去，而是如今。这是我从再度沉入哲学中学到的核心要义。可以说，我找到了最初那一问题的答案。我最初问自己：历史是否能帮助我们在如今自我导向？答案是：能——如果你知道自己在何处！历史能帮助你，但你必须自择进路。也就是说，你必须从此时此地开始。如果你试着理解过去，你会了解更多、更深你所处的境地。但你必须从此刻开始：你现在的所思所想、你受教的那些知识、旁人对你说过的话、你认为的真理、你认为的谎言。但存在于此时此地的一部分也包括拥有一段过去！而这段过去正是我们研究的对象。所以一切又都聚成一体，问题也得到了解决。

我个人认为《哲学研究》振奋人心，但我可以想象其他人读之会感到忧郁。维特根斯坦本人对他时代的状况也并不乐观。但无论如何，我们的目标不是获取知识，而是用一种方式思考，用一种眼光看世界，用不同的角度思考我们自己的责任和我们在社会中的位置。所有这些都会变化。它们也理当变化。如果你严肃对待，它也会反过来改变你。

---

① 原文如下（Lucien Febvre. *Le problème de l'incroyance au XVIe siècle*. Paris: Éditions Albin Michel, 1947. "Introduction générale"）：Histoire, fille du temps. Je ne le dis certes pas pour la diminuer. Philosophie, fille du temps. Physique même, fille de son temps : celle de Langevin n'est plus celle de Galilée, qui n'est plus celle d'Aristote. Progrès de l'une à l'autre ? je veux bien. Historiens, parlons surtout d'adaptation au temps. Chaque époque se fabrique mentalement son univers. Elle ne le fabrique pas seulement avec tous les matériaux dont elle dispose, tous les faits (vrais ou faux) dont elle a hérité ou qu'elle vient d'acquérir. Elle le fabrique avec ses dons à elle, son ingéniosité spécifique, ses qualités, ses dons et ses curiosités, tout ce qui la distingue des époques précédentes. Pareillement, chaque époque se fabrique mentalement sa représentation du passé historique.

问：您的论文《历史、法律和正义：法律史中的实证方法与概念混淆》开篇谈到维特根斯坦"毕生致力于将无意义摒除在思想和言谈之外"[1]。但"摒除无意义"是否会导致一种"无益"？有时我们根本是在"所答非所辩"。如宗教改革论争之中，许多天主教和新教徒之间的争端只是各自定义和表述的偏差而已，而非更本质性的分歧（许多宗教史和哲学家听我这么说，一定会暴跳如雷，说这种分歧是本质的）。但以此类推，无数的分歧都可以划为"无谓"，因此辩之"无益"，"辩"之则更无益。

答：我认为这些分歧是确实有意义的，这一点无可置疑。但问题是：什么意义？维特根斯坦告诉我们的是：如果你的问题是"改革宗和天主教的区别是什么？"你将永远无法掌握这一争端的真正含义。因为你的问题漂浮在抽象之上。反之，必须深入沙砾之中，明察秋毫。辩论中分歧出现在哪些具象的细节？人们究竟在哪些问题上无法达成一致？请问自己：他们究竟是什么意思？你必须严肃地挖掘，不要找寻捷径。这在根本上即是一名优秀的历史学家所为。一旦你全面检验了这些具象的细节，你便可以宣布：我认为天主教的意思是：在具体这一时间、这一地点如此行事，证据如下……只有差异无法再还原下去之时，我们才知道这是最基本的区别。维特根斯坦告诉我们：这才是历史学家应该探究的问题。在这一意义上，我想说，维特根斯坦解放了历史学家，让他们得以做自己的本职工作：研究具体细节。

维特根斯坦还从另一方面解放了历史学家：让他们少费时于琢磨"过去是否可知"这一问题。历史理论本身是一个探究领域，这一点无可置疑。历史理论还有自己的历史，而这一段看似抽象的历史理论史本身也有许多可供研究的具象细节。但是必须清醒地认识到：你从历史理论中学到的内容在历史学实践中作用绝不会大。我非常敬仰的大教廷史家胡伯特·耶丁（Hubert Jedin）曾写过《天特大公会议史》（*Geschichte des Konzils von Trient*），他"二战"后执教于波恩大学，与我熟识，私下里对我多有教诲[2]。他曾告诉我："你必须弄清这一点：不存在'历史方法'，只有'历史

---

[1]　Constantin Fasolt. "History, Law, and Justice: Empirical Method and Conceptual Confusion in the History of Law", in *"Law As ..." III : Glossolalia: Toward a Minor (Historical) Jurisprudence*, ed. Christopher L. Tomlins (Irvine, CA: University of California Irvine School of Law, 2015), p. 416.

[2]　Hubert Jedin. *Geschichte des Konzils von Trient*. Freiburg: Verlag Herder, 1949 [i.e. 1950].

问题'。每一道历史问题都要求用特定的方法解决。"换言之，方法因问题而异。这也是对具象的强调：永远抓住具象，对此我深信不疑。我认为这对历史学家极具解放意义。我认为太多历史学家——尤其是青年历史学家——为了对当代研究17世纪的学术文化做出贡献，先抛出一个抽象概念，而非具象问题，从此自造囚笼，囿于其中。但如你有一个具体问题，并且深感痴迷，你便可以就此造出文化史、社会史、思想史——一切方法都围绕解决问题展开。这些都是"二层次问题"。"一层次问题"永远是：你究竟想知道些什么？你究竟意指何事？你想谈论些什么？这是一切的一切。维特根斯坦正是规训我们这样去做：严肃对待"你究竟何意"这一看似简单的问题，而非粉饰过去，得过且过。我认为要想理解中世纪和现代性的含义，这是重中之重。

问：我们适才的讨论衍伸出了"探知历史是否可能"这一历史怀疑主义问题。我想到了《哲学研究》中关于摩西的一段话。"摩西是否存在过？"可能有若干含义——我们是在问摩西的生平、某事某地名叫"摩西"的人、某一系列事件发生与否……这是不是你所指的具有"解放意义"的一段话？

答：对，这段话很大程度上拆除了历史怀疑主义的基础。假设我们能知道任何事，或者说"知事"本身有意义的话，那么说"我们知道曾有过一个叫作摩西的人"也是有意义的一个立论——即便以那个形态出现的人只存在于神话想象。但我们不这样说，因为有史料依据可以证明，确实曾有摩西这一号人。也许可以说：我们不确定，但我们知道我们想表述什么意思。这件事有辩论余地。但这样说有什么不妥？一切皆有辩论余地。或者说"也许这一颜色是蓝色，而我称之为紫罗兰"这句话也无不妥之处。那么，你大可以继续称之为紫罗兰，只要我们知道彼此在说些什么即可！你不能说的是，因为你称之为紫罗兰，我便一定不知道我在说些什么。也不要说，因为蓝色和紫罗兰色界定不清，所以当我称之为蓝色时，我并不知道它的意义。因为这不是个合理的批评。其实我们对过去和如今所知甚多。一味质疑是否可能获知过去，我认为这种空洞的怀疑主义并不能引我们向前，也不会开花结果。我们一起读过科拉·戴蒙特（Cora Diamond）那篇《但丁的天和我们的天》①。其中她指出：诚然，变化有不少，但是也有

① Cora Diamond. "Dante's Skies and Our Skies", *Philosophical Investigations*, Vol.35 (3-4), 2012-07, pp.187-204.

许多是不变的。一千年前、一千年后，我们同样恸哭，以同一种方式描述天空——发生巨变的是天文学。当时和现在，"大地"的含义发生了变化，对于"地球"的认知也天翻地覆，但"大地"仍是这座"地球"。当我们读到古人谈论"大地"时，我们完完全全清楚他们在说些什么！如果质疑这些，将会陷入一种荒诞。

问：但丁的天仍然是这片天，但这种共性是否稳定？从另一维度看，"生活形式"剧烈变化之后，是否会促发语义变化？同样的词汇、不同的语言，是否具有误导性？

答：这一问题至关重要，多年来我本人的观点也发生了变化。起先，我采用了一种非常普遍的用法：复数的"生活形式"（Lebensformen），并将其等同于广义上的"文化"、"文明"（Kultur）。在这一意义上可以说，中世纪人的"生活形式"与我们不同。在《维特根斯坦与逻辑必然性》一文中，巴里·斯特劳德（Barry Stroud）强力论证了这是一个误区①。只有一个"人类的生活形式"，全体人类共享之。在原则上，任意一人都有能力理解任意另一人的语言和文化，其间并不存在互斥性。无人说得出任何无人能解之事。无人做得出任何无人能解之事。有许多事，人们做得出，但其他人在实际情况下不理解——这种情况可能发生。但"不解"和"不可解"是两回事。在这一意义上，我们共享一种"生活形式"。但即便如此，我们深信不同的条款，发生深度分歧，这是一种政治性质的分歧。我们只存在于迥乎不同的政治集体当中，不存在一个单独的人类城邦，不存在"世界国"，因为每一群人说一种语言，却不存在一个"人类语言"。但存在复数的语言也不代表无法翻译。每一社群有自己的是非标准，但可以掌握其他群体的标准。如果你拒绝学习他人的标准，因为它令你厌恶，如果你们在深层次上无法达成一致，那么你们会进入冲突。你们为何而战？为了争执"谁在使用正确的术语"，而非"谁是正确的"，唯此而已。维特根斯坦认为，到了那一步，会出现各种标语口号，但这都是现实。你或者争斗，或者像传教士一样试图劝服他人。不论你如何费力游说——也许你都会失败，也许对方只会叫你"走开！"——都是人类的现实境况。不存在"人类语"，但是存在"人类生活形式"。尽管人类社群之间泾渭分明，

---

① Barry Stroud. "Wittgenstein and Logical Necessity", *The Philosophical Review,* Vol. 74, No. 4, Oct., 1965, pp. 504-518.

各自持有各自的是非观，这不意味着人类无力辨别是非。正因为全体人类都具有辨别是非的能力，他们才能学习其他群体的是非标准，才能面对彼此持有异议。我们有判断力，我们也必须判断。不论人来到何地，与谁共处，使用何种术语，他们都在不断判断。不需要一种普世语言也可以解释人类个体如何言语。不需要一种普世伦理规范也可以判断是非。我认为这是维特根斯坦的观点。他认为，只有具体的"伦理体"，所以抽象的"伦理"并无意义。

问：谈到语言、冲突和战争，我想有必要区分两种冲突。一种情况是：我们讨论的是同一话题，譬如正义，但对于究竟什么是正义的行为，我们各持一套观点，互不相让。还有第二种情况：我们在辩论完全不同的事情。看上去区分这两个层面并不难，但很容易忽略其中的灰色地带。譬如，恐怖分子颠覆了整个"语言游戏"，其他人则身处"语言游戏"之中，这很清楚。但其他时候，连我们自己也不确定究竟"不同意"些什么。如何能够清晰地辨认出分歧的性质？

答：首先，依据具象事物划出边境线，这需要判断，也便需要使用一种既定语言的术语。而一旦开始使用语言，你便设定了一个使用这一语言的群体——这就是政治。这种政治不是"左翼对右翼"，也非"政党对政党"，因为他们其实在使用同一种具象语言，而是选择特定的术语来论述甲、乙、丙。这也是史学研究中你要作的最重要的决定：选用哪些词汇？你无法直接选用过去的术语，因为你的目的即是弄清、解释它们。所以你必须从你自己的术语开始。你不能以拉丁文开始，而是以现代语言开始，然后琢磨罗马人用某一拉丁词究竟想要说明什么。你要用自己的语言去教自己别的语言。但是与此同时，你也无法避免一种政治承诺。使用语言作出判断本身就是一种政治承诺。举一个巨大的变化为例。现如今，无人能以（通常认为是）亚里士多德的意思谈论"奴隶制"，然后宣布它是"自然的"。我们无法如此言行，因为这不是我们的语言用法。当我们说某人是"奴隶"时，我们的意思是：此人被剥夺了权利。你无法把这一层意思从我们的论域中剥离出去。因此，当我们讨论过去的奴隶时，我们便与过去（甚至是如今）形成了严重的政治分歧。再如，你可以尝试理解过去。你可以说：十字军东征时，他们本不想以暴力对待穆斯林——那不是他们的本意，他们的本意是"收复神圣地，扫荡不信者"。但我们不能说这是他们的实际作为。当我们撰写历史时，不能说"十字军东征进入中东，收复了圣地，扫荡了异教徒，实现了和平、正义、基督教一统天下"。因为他们还做了些别的，譬如大肆攻击并无恶意的穆斯林。

问：人性本身是否具有历史性？

答：我认为从维特根斯坦视角而言，答案是肯定的：人性是历史性的，这一点我坚信不疑。我们能从维特根斯坦获取的根本要论之一即是：一旦自然和文化对立起来，便产生了一种极为严峻的智识困境。古希腊智辩家（σοφιστής）首次将自然和文化划分成两个绝对不同的范畴，如此便创造出了这一难题。它的难点在于：这是两个抽象的概念。你一旦创造出这种对立，你便不由自主地问自己："自然和文化之间究竟有何关系？""二者孰先孰后？"这是形而上的问题，不是正确的途径，因为你甚至不明白自己的意思，也不知自己在说些什么。这里，我们便可以向维特根斯坦学习。有时你无法将事物剥离开来。"自然"一词在希腊文中（φύσις）来自"生长"（φύω）。此词本身就体现了自己的含义：生长的过程和结果即是自然。生长在时间中展开。而历史作为一种延着时间的发展，也嵌在了希腊文的"自然"一词当中。这个词中还嵌着另一层意思：历史并非只是文化。在亚里士多德的思想中，人类是自然的言语动物。我们自然而然可以交谈——至于是否后天发展这种功能，则是另一回事了，那取决于训练。称身边的景况和老师的教导为"文化"，我并无意见，但它与自然共处，甚至直接作用于自然之上，因为它植根于自然之中。它并不植根于"生物自然"之中，因为"生物"概念已经自带了一个激进的假设："死物质"和"精神"之间的区分。这样的逻辑推衍下去，"生物"只是"身体物理"，而不解释心智，这一概念势必会走入穷途。

问：读史阅世之间，您如何评价史学的变化和兴衰？

答：变化是多重的。首先是史学的扩张。1970年代到1980年代初，重大的沟壑存在于政治与外交史、经济史、社会史和思想史之间。也有历史学家专攻国家史。性别史和女性史初具雏形，而现在则是历史的一大维度。那时文化史刚起步，如今已成为一个巨大的领域。现在各种各样的"跨国史"，还有环境史等，当时也并不存在。

一直以来，"物质"和"精神"的关系、唯物和唯心史的对立是历史论域的基本框架。文化史的兴起挑战了这一对立，因为"文化"不只是纯粹物质或纯粹思想，而是两者皆备——起码它的理想是两者兼得。"物质文化史"这一概念名称本身便体现了这种融合。另一种打破"物质还是精神"这一理论僵局的方法是微观史。很多人进入了微观史，借此证明这种僵局根本不是死胡同。70年代时，马克思主义的阶级分析史尚在鼎盛，现在已不再蓬勃。现在很难找到这种历史，甚至很难想象当时汤普森有多大影响力。汤普森的《英国工人阶级的形成》如今仍是经典，但是在西方学界，从马克思主义角度出发的阶级史已无人再写了。当时马克思主义史学令人热血沸腾，现在西方马克思主义史学激情不再。之后，史学经历了多轮历史理论和后现代主义自省。我们是否真能获知过去？现在又进入了一个新阶段，人们又忘记了这段迷惘岁月，开始说：让我们回到基础，研究真实存在的事物吧！于是，形形色色的"研究对象"应运而生。学者争先恐后地逃离旧时的国家、学科束缚。我认为这种现象起码是健康的。

但如果着眼于宏观：19世纪的史学和政治平行互倚，息息相关。历史学家或者为国效力，或者颠覆国家。颠覆国家费时更久，因为当时历史这一职业嵌入了国家体系，所以反国家的历史学家难寻立足之地。但他们最终成功了。这种19世纪的现象早已不再。在当代，历史不再有威望，也不再意义重大。我不知它的替代者或接替者是什么。也许其他学科"应该"或者"能够"填补这一空白。但据此而言，历史学这一工程丧失了不少神气。但虽然漏气，尚未干瘪，至于能否滚滚向前，只能拭目以待。

参考书目

Abulafia, David. *The Two Italies: Economic Relations between the Norman Kingdom of Sicily and the Northern Communes*. Cambridge: Cambridge University Press, 1977.

— *Frederick II: A Medieval Emperor*.London: Allen Lane & Penguin Press, 1988.

— *The Western Mediterranean Kingdoms: The Struggle for Dominion, 1200-1500*. London& New York: Longman, 1997.

— "What is the Mediterranean?" in Abulafia, David (ed).*The Mediteranean in History*.Los Angeles: J. Paul Getty Museum, 2003.

— "Mediterraneans"in Harris, W. V.(ed).*Rethinking the Mediterranean*. Oxford: Oxford University Press, 2005, pp. 64-93.

— *The Discovery of Mankind: Atlantic Encounters in the Age of Columbus*. New Haven: Yale University Press, 2008.

— *The Great Sea: A Human History of the Mediterranean*. Oxford: Oxford University Press, 2011.

— "The EU Is in Thrall to a Historical Myth of European Unity" *The Telegraph*, Feb. 26, 2015.

— "Britain: A Part From or A Part of Europe?" *History Today*, May 11, 2015.

Acemoglu, Daron & Robinson, James A. *Why Nations Fail*. New York: Crown Publishers, 2012.

Adams, John. *A Defence of the Constitutions of Government of the United States of America*. Philadelphia: Printed for Hall and Sellers; J. Crukshank; and Young and M'Culloch, M.DCC.LXXXVII (1787).

Adorno, Theodor &Marcuser, Herbert. Kraushaar, Wolfgang (ed).*Frankfurter Schule und Studentenbewegung; von der Flaschenpost zum Molotowcocktail 1946 bis 1995*, vol. Ⅱ. Hamburg: Rogner & Bernhard bei Zweitausendeins, 1998 (printed in "Correspondence on the German Student Movement" Leslie, Esther (transl.).*New Left Review*, no. 233, 1999).

Aiken, Henry David. *The Age of Ideology*. Boston: Houghton Mifflin, 1957.

 − *Reason and Conduct*. New York: Knopf, 1962.

 − *Predicament of the University*. Bloomington: Indiana University Press, 1971.

D'Alembert, Jean le Rond.

 − *Προεισαγωγικός λόγος στην Εγκυκλοπαιδεία* [*Discours préliminatre à l' Encyclopédie*], transl. T. Dimitroulia, T. (translation). Kitromilides, P.M. (introduction). Athens: Polis, 2005.

Althusser, Louis. *Montesquieu, la politique et l'histoire*. Paris: Presses Universitaires de France, 1959.

 − *Pour Marx*. Paris: François Maspero, 1965.

 − *Éléments d'autocritique*. Paris: Librairie Hachette, 1974.

 − *Philosophie et philosophie spontanée des savants* [1967]. Paris: François Maspero, 1974.

Ambedkar, B.R. *Annihilation of Caste: Speech Prepared for the Annual Conference of the Jat-pat-todak Mandal of Lahore, but not Delivered*. Bombay: B. R. Kadrekar, 1936.

Anscombe, Elizabeth. "Modern Moral Philosophy" *Philosophy*33 (124): 1-19, 1958.

Arendt, Hannah.*The Burden of Our Time*. London: Secker & Warburg, 1951.

 − *The Origins of Totalitarianism* (=*The Burden of Our Time*). New York: Harcourt Brace, 1951.

 − *Elemente und Ursprünge totaler Herrschaft*. Frankfurt am Main: Europäische Verlagsanstalt/ Büchergilde Gutenberg, 1955.

 − *Rahel Varnhagen: The Life of a Jewess*. London: East and West Library, 1957

 − *The Human Condition*. Chicago: University of Chicago Press, 1958.

 − *Lectures on Kant's Political Philosophy*. Chicago: University of Chicago

Press, 1982.

Aristotle (Ἀριστοτέλης). Ἠθικὰ Νικομάχεια. *The Nicomachean Ethics*. London: W. Heinemann; New York: G. P. Putnam's Sons, 1926.

— Πολιτικά. *The Politics*, London: Wm. Heinemann ltd.; New York: G.P. Putnam's Sons, 1932.

— Περὶζῴωνμορίων (*De Partibus Animalium*). *Parts of Animals. Movement of Animals. Progression of Animals*. Cambridge, MA: Harvard University Press, 1937.

— Περὶ οὐρανοῦ. *On the Heavens*. Cambridge, MA: Harvard University Press, 1939.

— ἨθικὰΕὐδήμεια (*Ethica Eudemia/De moribus ad Eudemum*). *The Athenian Constitution. The Eudemian ethics. On Virtues and Vices*. Cambridge, MA: Harvard University Press, 1971.

— ἈναλυτικὰῨστερα(*Posterior Analytics*). Cambridge, MA: Harvard University Press; London: Heinemann, 1960.

Armitage, David. "John Milton: Poet Against Empire" in Armitage, David; Himy, Armand&Skinner, Quentin (eds).*Milton and Republicanism*. Cambridge: Cambridge University Press, 1995, pp. 206-225.

— "Greater Britain: A Useful Category of Historical Analysis?" *American Historical Review*, 104 (2):427-445, 1999.

— *The Ideological Origins of the British Empire*. Cambridge: Cambridge University Press, 2000.

— *Greater Britain, 1516-1776: Essays in Atlantic History*. Aldershot: Ashgate, 2004.

— *The Declaration of Independence: A Global History*. Cambridge, MA: Harvard University Press, 2007.

— "Shakespeare's Properties" Armitage, David; Condren, Conal& Fitzmaurice, Andrew (eds).*Shakespeare and Early Modern Political Thought*. Cambridge: Cambridge University Press, 2009, pp. 25-43.

— *Foundations of Modern International Thought*. Cambridge: Cambridge University Press, 2013.

- "In Defence of Presentism" McMahon, Darrin M. (ed). *History and Human Flourishing*. Oxford: Oxford University Press, 2020.

Armitage, David & Bashford, Alison. *Pacific Histories: Ocean, Land, People*. Basingstoke: Palgrave Macmillan, 2014.

Armitage, David; Bashford, Alison; Sivasundaram, Sujit (eds). *Oceanic Histories*. Cambridge: Cambridge University Press, 2017.

Armitage, David & Braddick, Michael J. (eds). *The British Atlantic World, 1500–1800*. Basingstoke: Palgrave Macmillan, 2002.

Armitage, David; Condren, Conal; Fitzmaurice, Andrew (eds). *Shakespeare and Early Modern Political Thought*. Cambridge: Cambridge University Press, 2009.

Armitage, David & Guldi, Jo.*The History Manifesto*. Cambridge: Cambridge University Press, 2014.

Ashcraft, Richard & Dunn, John (eds). *John Locke: Critical Assessments*. London: Routledge, 1991.

Auerbach, Erich. *Mimesis: Dargestellte Wirklichkeit in der abendländischen Literatur*. Bern: A. Francke A. G. Verlag, 1946.

Austin, J.L. *How to Do Things with Words*. Cambridge, MA: Harvard University Press, 1962.

Bailyn, Bernard. *The Ideological Origins of the American Revolution*. Cambridge: Belknap Press of Harvard University Press, 1967.

Banerjee, Abhijit V. & Duflo, Esther. *Poor Economics*. New York: Public Affairs, 2011.

Barry, Brian. *The Liberal Theory of Justice: A Critical Examination of the Principal Doctrines in A Theory of Justice by John Rawls*. Oxford: Clarendon Press, 1973.

Bayle, Pierre. *Dictionnaire historique et critique, par Monsieur Bayle*. Tome Ⅰ-Ⅲ. Rotterdam: R. Leers, 1697.

Becker, Annette. *Voir la Grande Guerre. Un autre récit*. Paris: Armand Colin, 2014.

Beer, Samuel. *Treasury Control: The Co-ordination of Financial and Economic*

Policy in Great Britain. Oxford: Clarendon Press, 1956.

— *British Politics in the Collectivist Age*. New York: Knopf, 1965.

Bell, Duncan. *The Idea of Greater Britain: Empire and the Future of World Order, 1860-1900*. Princeton: Princeton University Press, 2007.

— *Reordering the World: Essays on Liberalism and Empire*. Princeton: Princeton University Press, 2016.

Benardete, Seth. *The Being of the Beautiful: Plato's Theaetetus, Sophist, and Statesman*. Chicago: University of Chicago Press, 1984.

Benhabib, Seyla. "Natural Right and Hegel. An Essay in Modern Political Thought" Dissertation: Department of Philosophy, Yale University, May 1977.

— "Obligation, Contract and Exchange: The Opening Arguments of Hegel's Philosophy of Right" in Pełczyński, Z. A. (ed). *The State and Civil Society: Studies in Hegel's Political Philosophy*. Cambridge: Cambridge University Press, 1984, pp. 159-177.

— *Critique, Norm and Utopia: A Study of the Foundations of Critical Theory*. New York: Columbia University Press, 1986

— "The Generalized and the Concrete Other. The Kohlberg-Gilligan Controversy and Moral Theory" in Benhabib, Seyla. *Situating the Self. Gender, Community and Postmodernism in Contemporary Ethics*. Cambridge, MA: Polity Press, 1992, pp. 148-178.

— *Reluctant Modernism of Hannah Arendt*. Thousand Oaks, California: Sage, 1996.

— *The Reluctant Modernism of Hannah Arendt*. New York: Rowman & Littlefield, 2003.

— *The Rights of Others: Aliens, Citizens and Residents*. Cambridge: Cambridge University Press, 2004.

— "International Law and Human Plurality in the Shadow of Totalitarianism: Hannah Arendt and Raphael Lemkin" *Constellations*, 1 (2): 331-350, 2009.

— "Claiming Rights Across Borders: International Human Rights and Democratic Sovereignty" *American Political Science Review*, 103 (4): 691-

704, 2009.

- *Politics in Dark Times. Encounters with Hannah Arendt.* Cambridge: Cambridge University Press, 2010.

Benjamin, Walter. "Über den Begriff der Geschichte," (ed). Horkheimer, Max & Adorno, Theodor, *Walter Benjamin zum Gedächtnis.* Los Angeles: Institut für Sozialwissenschaft, 1942.

- "Sur le concept d'histoire" (trans.) Missac, Pierre. *Les Temps Modernes* no. 25, 1947.

- "On the Concept of History" (trans.) Zohn, Harry & (ed). Arendt, Hannah. *Illuminations.* New York: Harcourt, Brace & World, 1968.

Bernstein, Richard. *Praxis and Action.* Philadelphia: Pennsylvania University Press, 1971.

Bevir, Mark. "The Errors of Linguistic Contextualism" in *History and Theory* 31 (3): 276-298, 1992.

Billings, Joshua. *Genealogy of the Tragic: Greek Tragedy and German Philosophy*, Princeton: Princeton University Press, 2014.

Blau, Adrian. "Anti-Strauss" in *Journal of Politics*, 74 (1): 142-155, 2012.

- "The Irrelevance of Straussian Hermeneutics" Schröder, Winfried (ed). *Reading between the Lines: Leo Strauss and the History of Early ModernPhilosophy.* Berlin/Boston: De Gruyter, 2015.

Blanc, Louis. *Organisation du travail* [1839]. Paris: Bureau de la Société de l'Industrie Fraternelle, 1847.

Blitz, Mark & Kristol, William (eds). *Educating the Prince: Essays in Honor of Harvey Mansfield.* Lanham, MD: Rowman and Littlefield, 2000.

Bloch, Marc. "Apologie pour l'histoire où Métier d'historien" (1942), in Bloch, Marc; Becker, Annette; Bloch, Etienne (eds). *L'Histoire, la Guerre, la Résistance.* Paris: Gallimard, 2006.

Bobbio, Norberto. *Destra e sinistra: Ragioni e significatiu di una distinzione politica.* Rome: Donzelli, 2009.

- *Autobiografia.* Rome-Bari: Laterza, 1997.

Boethius. *Boetius de consolatione philosophie necnon de disciplina scholarium cum cremento sancti Thome*. Lyons: Jean Du Pré, 1491/2.

— *Theological Tractates* (*De Trinitate*; *Contra Eutychen*; *Consolatio philosophiae*). London: W. Heinemann; New York: G.P. Putnam's Sons, 1918.

Booth, Charles (ed). *Life and Labour of the People*. London & Edinburgh: Williams and Norgate, 1889-1891.

Bourke, Richard & Skinner, Quentin (eds). *Popular Sovereignty in Historical Perspective*. Cambridge: Cambridge University Press, 2016.

Braithwaite, John & Pettit, Philip. *Not Just Deserts: A Republican Theory of Criminal Justice*. Oxford: Oxford University Press, 1990.

Brennan, Geoffrey & Pettit, Philip. *The Economy of Esteem*. Oxford: Oxford University Press, 2004.

Brett, Annabel. *Liberty, Right and Nature. Individual Rights in Later Scholastic Thought*. Cambridge: Cambridge University Press, 1997.

— "What is Intellectual History Now?" Cannadine D. (eds). *What is History Now?* London: Palgrave Macmillan, 2002, pp.113-131.

— *Changes of State. Nature and the Limits of the City in Early Modern Natural Law*. Princeton & Oxford: Princeton University Press, 2011.

Burckhardt, Jacob. *Die Cultur der Renaissance in Italien*. Basel: Schweighauser'schen Verlagsbuchhandlung, 1860.

Butterfield, Herbert. *The Whig Interpretation of History*. London: G. Bell and Sons, 1931.

— *Christianity and History*. London: G. Bell, 1949.

— *The Origins of Modern Science*. New York: Macmillan, 1951.

Calafat, Guillaume; Lavergne, Cécile; Monnet, Eric. "Philosophie et sciences sociales: les enjeux de la conversion" *Tracés. Revue de Sciences humaines,* No. 13, 2013.

Cameron, Averil. *Byzantium Matters*. Princeton: Princeton University Press, 2014.

Campbell, Lewis. *The Sophistes and Politicus of Plato, with a Revised Text and English Notes*. Oxford: Oxford Clarendon Press, 1867.

Cartledge, Paul Anthony. *Ancient Greek Political Thought in Practice*. Cambridge: Cambridge University Press, 2009.

Castoriadis, Cornelius. *L'Institution imaginaire de la société*. Paris: Seuil, 1975.

Catteneo, Carlo & Bobbio, Norberto. *Stati Uniti d'Italia: Scritti sul federalismo democratico*.Rome: Donzelli, 2010.

Cavell, Stanley Louis. *The Senses of Walden*. New York: Viking Press, 1972.

- *This New Yet Unapproachable America: Lectures after Emerson after Wittgenstein*. Chicago: University of Chicago Press, 1988.

- *Conditions Handsome and Unhandsome: The Constitution of Emersonian Perfectionism*. Chicago: University of Chicago Press, 1990.

- *Philosophical Passages: Wittgenstein, Emerson, Austin, Derrida*. Oxford, UK& Cambridge, MA: Blackwell, 1995.

- *Emerson's Transcendental Etudes*. Stanford: Stanford University Press, 2003.

Cheney, Paul. *Revolutionary Commerce: Globalization and the French Monarchy*. Cambridge: Harvard University Press, 2010.

- *Cul de Sac: Patrimony, Capitalism, and Slavery in French Saint-Domingue*. Chicago: University of Chicago Press, 2017.

Черныше́вский, Никола́й Гаври́лович. *Что делать?* В. Benda, Libraire-Editeur, Successeur de Richard Lesser. 1867; *Что делать?* С.-Петербургъ: Типографиа и Литографиа В.А. Тиханова, Садовая. No. 27, 1905.

Chevalier, Louis. *Classes laborieuses et classes dangereuses*. Paris: Plon, 1958.

Choudhry, Sujit; Khosla, Madhav; Mehta, Pratap Bhanu (eds). *The Oxford Handbook of the Indian Constitution*. Oxford: Oxford University Press, 2016.

Churchill. Winston. *The River War; an historical account of the reconquest of the Soudan, London, by Winston Spencer Churchill. Ed. by Col. F. Rhodes, D.S.O. Illustrated by Angus McNeill*. New York, Bombay: Longmans, Green and co., 1899.

Clogg, Richard (ed., trans.): *The Movement for Greek Independence 1770-1821: A Collection of Documents*. London: MacMillan, 1976.

Clark, Christopher. *Time and Power Visions of History in German Politics, from the Thirty Years' War to the Third Reich*. Princeton: Princeton University Press, 2018.

Cohen, Marshall; Nagel, Thomas & Scanlon, Thomas. *War and Moral Responsibility*. Princeton: Princeton University Press, 1974.

Colley, Linda. *The Ordeal of Elizabeth Marsh: A Woman in World History*. New York: Pantheon, 2007.

Condorcet, Jean-Antoine-Nicolas de Caritat. "Réflexions sur le commerce des bléds" Londres: s.n., 1776

  – *Œuvres de Condorcet*. Paris: Didot, 1847.

Constant, Benjamin. Fontana, Biancamaria (ed). *Political Writings*. Cambridge: Cambridge University Press, 1988.

Cook, Michael (eds). *The New Cambridge History of Islam*. Cambridge; New York: Cambridge University Press, 2010.

Croce, Benedetto. *Ciò che è vivo e ciò che è morto della filosofia di Hegel. Studio critico seguito da un saggio di bibliografia hegeliana*. Bari: Laterza, 1907.

  – *Saggio sullo Hegel, seguito da altri scritti di storia della filosofia*. Bari: G. Laterza & figli, 1913.

Darnton, Robert. *George Washington's False Teeth*. New York: W.W. Norton, 2003.

Diamond, Cora. "Dante's Skies and Our Skies"*Philosophical Investigations*, 35(3-4): 187-204, 2012.

Dimas, Panos; Jones, Russell E; Lear, Gabriel R. (ed). *Plato's Philebus A Philosophical Discussion*. Oxford: Oxford University Press, 2019.

Drochon, Hugo. *Nietzsche's Great Politics*. Princeton: Princeton University Press, 2018.

Dunkelgrün, Theodor & Maciejko, Paweł (eds). *Bastards and Believers: Jewish Converts and Conversion from the Bible to the Present*. Philadelphia: Pennsylvania University Press, 2020.

Dunn. John. "Consent in the political theory of John Locke" in *The Historical Journal*, X (2): 153-182, 1967.

- "Democracy Unretrieved: or the political theory of Professor Macpherson" *British Journal of Political Science*, Ⅳ (4): 489-499, 1974.

- *Locke*. Oxford: Oxford University Press, 1984.

- "The Concept of Trust in the Political Theory of John Locke" in Rorty, Richard; Schneewind, J. B. & Skinner, Quentin (eds). *Philosophy in History*. Cambridge: Cambridge University Press, 1984, pp. 279-301.

- *Rethinking Modern Political Theory: Essays 1979-83*. Cambridge & New York: Cambridge University Press, 1985.

- "Contrattualismo" *Enciclopedia delle scienze sociali*. Rome: Istituto dell'Enciclopedia Italiana, vol. 2: 404-417, 1992.

- *Democracy: The Unfinished Journey*. Oxford: Oxford University Press, 1992.

- *The History of Political Theory and Other Essays*. Cambridge: Cambridge University Press, 1995.

- "Introduction: Crisis of the Nation State?"in Dunn, John (ed). *Contemporary Crisis of the Nation State?* Oxford, UK & Cambridge, MA: Blackwell, 1995, pp. 3-15.

- *The Cunning of Unreason: Making Sense of Politics*. New York: Basic Books, 2000.

- *Setting the People Free: The Story of Democracy*. London: Atlantic Books, 2005.

- *Breaking Democracy's Spell*. New Haven: Yale University Press, 2014.

Duranti, M. *The Conservative Human Rights Revolution*. New York: Oxford University Press, 2017.

Edelstein, Dan. *The Enlightenment: A Genealogy*. Chicago: University of Chicago Press, 2010.

El Murr, Dimitri. *La Mesure du savoir. Études sur le Théétète de Platon*, Paris: Vrin, 2013.

Eliot, George. *Felix Holt the Radical*. Edinburgh & London: W. Blackwood and Sons, 1866.

- *Middlemarch: A Study of Provincial Life*. Edinburgh: William Blackwood and Sons, 1871-1872.

— *Daniel Deronda*. Edinburgh: W. Blackwood, 1876.

Emerson, Ralph Waldo; Urbinati, Nadia (ed). *Emerson: Indvidualitá democratica*. Modena: Diabasis, 2008.

Engels, Friedrich. *Die Entwicklung des Sozialismus von der Utopie zur Wissenschaft* [*Socialisme utopique et socialisme scientifique*]. *La Revue socialiste*, No. 3, 4 & 5, March 20, April 20 and May 5, 1880; in *Karl Marx/Friedrich Engels - Werke*. Berlin: Dietz Verlag. Band 19, 4. Auflage 1973, unveränderter Nachdruck der 1. Auflage 1962, Berlin/DDR, S. 177-228.

Fallmerayer, Jakob Philipp. *Geschichte der Halbinsel Morea während des Mittelalters*. Stuttgart & Tübingen: In der J.G. Cotta'schen Buchhandlung, 1830-1836.

Fasolt, Constantin. *The Limits of History*. Chicago: University of Chicago Press, 2013.

Febvre, Lucien.*Le problème de l'incroyance au XVIe siècle*. Paris: Éditions Albin Michel, 1947.

Fenichel, C.N. "From the early Years of the Gindler Work" *The Charlotte Selver Foundation Bulletin: Elsa Gindler, 1885-1961*, 10 (II), 1981.

Feuerbach, Ludwig. *Das Weſen des Chriſtenthums*. Leipzig: O. Wigand, 1841.

— Mary Ann Evans (trans.)*Essence of Christianity*. London: John Chapman, 1854.

Finley, Moses. *The World of Odysseus*. New York: Viking Press, 1943.

— *The Ancient Economy*. London: Chatto & Windus, 1973.

Fisher, H. A. L. *History of Europe*. London: Eyre and Spottiswoode, 1935.

Fisher, Mark & Hoekstra, Kinch. "Thucydides and the Politics of Necessity" in Forsdyke, Sara; Balot, Ryan; Foster, Edith (eds). *The Oxford Handbook of Thucydides*. Oxford: Oxford University Press, 2017.

Fletcher, Andrew. "Discourse of Government with Relation to Militias" (1698), in Robertson, John (ed). *Andrew Fletcher: Political Works*. Cambridge: Cambridge University Press, 1995.

Fontana, Biancamaria. *Rethinking the Politics of Commercial Society: the Edinburgh Review, 1802-1832*. Cambridge: Cambridge University Press, 1985.

- (ed). *The Invention of the Modern Republic*. Cambridge: Cambridge University Press, 1994.

- *Politique de Laclos*. Paris: Kimé, 1996.

- *Germaine de Staël: A Political Portrait*. Princeton: Princeton University Press, 2016.

- *Du boudoir à la Révolution: Laclos & "Les liaisons dangereuses" dans leur siècle*. Marseille: Agone, 2012.

- *Benjamin Constant and the Post-Revolutionary Mind*. New Haven: Yale University Press, 1991.

- *Montaigne's Politics: Authority and Governance in the Essaies*. Princeton: Princeton University Press, 2008.

Forbes, Duncan. *Hume's Philosophical Politics*. Cambridge; New York: Cambridge University Press, 1975.

Forrester, Katrina. *The Shadow of Justice: Postwar Liberalism and the Remaking of Political Philosophy*. Princeton: Princeton University Press, 2019.

Foucault, Michel. *Les mots et les choses: Une archéologie des sciences humaines*. Paris: Gallimard, 1966.

- *The Order of Things: An Archaeology of the Human Sciences*. New York, NY: Pantheon Books, 1970.

Fourier, Francois Marie Charles. *Théorie des quatre mouvements et des destinées générales. Prospectus et annonce de la découverte*. A Leipzig [Lyon: Peizin], 1808.

Fraser, Nancy & Honneth, Axel. *Redistribution Or Recognition? A Political-philosophical Exchange*. London & New York: Verso, 2003.

Friedrich, Carl Joachim. *The Philosophy of Kant*. New York: Random House/Modern Library, 1949.

- *The Age of the Baroque: 1610–1660*. New York: Harper & Row, 1952.

- *The Philosophy of Hegel*. New York: Random House/Modern Library, 1953.

- *Der Verfassungsstaat der Neuzeit*. Berlin: Springer, 1953.

— *Totalitäre Diktatur*. Stuttgart: Kohlhammer, 1957.

— *Tradition and Authority*. Oxford: Oxford University Press, 1972.

Furet, François. "Histoire quantitative et construction du fait historique" *Annales ESC* 26: 63-75, 1971.

Garnsey, Peter David Arthur. *Social Status and Legal Privilege in the Roman Empire*. Oxford: Oxford University Press, 1970.

— *Famine and Food Supply in the Graeco-Roman World*. Cambridge: Cambridge University Press, 1988.

— *Ideas of Slavery from Aristotle to Augustine*. Cambridge: Cambridge University Press, 1996.

— *Thinking about Property, Antiquity to the Age of Revolution*. Cambridge: Cambridge University Press, 2007.

Gay, Peter. *The Enlightenment: An Interpretation*. New York: Knopf, 1966.

Giannone, Pietro.Párente, Alfredo (ed).*Il Triregno: I Del regno terreno, II Del regno celeste, III Del regno papale*. Bari: Laterza, 1940.

Gifford, Sanford. "Transcribed Interview with Clare Fenichel" *Archives of the Boston Psychoanalytic Society*, May 1, 1984.

Gilligan, Carol. *In a Different Voice: Psychological Theory and Women's Development*. Cambridge, MA: Harvard University Press, 1982.

Ginzburg, Carlo. *I benandanti. Ricerche sulla stregoneria e sui culti agrari tra Cinquecento e Seicento*. Torino: Einaudi, 1966.

— "Da A. Warburg a E. H. Gombrich (Note su un problema di metodo)" *Studi medievali* VII , fasc. II : 1015-1065, 1966.

— *Il formaggio e i vermi. Il cosmo di un mugnaio del Cinquecento*. Torino: Einaudi, 1976.

— *Miti emblemi spie. Morfologia e storia*. Torino: Einaudi, 1986.

— *Storia notturna.Una decifrazione del sabba*. Torino: Einaudi, 1989.

— "The Inquisitor as Anthropologist"[1988], in *Clues, Myths, and the Historical Method*. Baltimore: Johns Hopkins University Press, 1989, pp. 156-164.

— *Il giudice e lo storico. Considerazioni in margine al processo Sofri*. Torino:

Einaudi, 1991.

— *Occhiacci di legno. Nove riflessioni sulla distanza.* Milano: Feltrinelli, 1998.

— *Das Schwert und die Glühbirne. Eine neue Lektüre von Picassos Guernica.* Frankfurt am Main: Suhrkamp, 1999.

— *History, Rhetoric, and Proof.* The Menachem Stern Jerusalem Lectures. Brandeis/Historical Society of Israel, 1999.

— *No Island is an Island. Four Glances at English Literature in a World Perspective.* New York: Columbia University Press, 2000.

— "Latitude, Slaves, and the Bible. An Experiment in Microhistory", in *Critical Inquiry*, 31 (3): 665-683, 2005.

— *Il filo e le tracce. Vero falso finto.* Milano: Feltrinelli, 2006.

— "Le forbici di Warburg" in Catoni, Maria Luisa; Ginzburg, Carlo; Giuliani, Luca & Settis, Salvatore. *Tre figure. Achille, Meleagro, Cristo.*Milano: Feltrinelli, 2013, pp.109-132.

— "Une machine à penser" in *Common Knowledge*, 18(1): 79-85, 2012&25(1-3): 285-291, 2019.

— *The Cheese and the Worms. The Cosmos of a Sixteenth-Century Miller*, with a new introduction. Baltimore: Johns Hopkins University Press, 2013.

— "Microhistory and World History" in *The Cambridge World History*, VI, *The Construction of a Global World, 1400-1800 CE.*Ⅱ. *Patterns of Change.* Cambridge: Cambridge University Press, 2015, pp.447-473.

— *Nondimanco. Machiavelli, Pascal.* Milano: Adelphi, 2018.

— "Il caso, i casi. A proposito di Nondimanco" in *Doppiozero*, April 12, 2019.

— *Les batailles nocturnes. Sorcellerie et rituels agraires au XVIe et XVIIe siècles.* Paris: Flammarion, 2019.

— *Ricordando Carlo Poni. Una rilettura de "Il nome e il come"* (unpubd).

Gourevitch, Alex. *From Slavery to the Cooperative Commonwealth.* Cambridge: Cambridge University Press, 2014.

Gramsci, Antonio. *Quaderni del carcere* (6 voll.: Il materialismo storico e la filosofia di Benedetto Croce, 1948; Gli intellettuali e l'organizzazione della cultura, 1949; Il Risorgimento, 1949; Note sul Machiavelli, sulla politica, e sullo Stato moderno, 1949; Letteratura e vita nazionale, 1950; Passato e presente, 1951), a cura di Felice Platone, Collana Opere di Antonio Gramsci. Torino: Einaudi, 1948-1951.

Green, Leslie. *The Contemporary Law of Armed Conflict.* Manchester: Manchester University Press, 2000.

Greenberg, Robert. *Real Existence, Ideal Necessity: Kant's Compromise and the Modalities without the Compromise.* Berlin/New York: Walter de Gruyter, 2008.

– *The Bounds of Freedom: Kant's Causal Theory of Action.* Berlin/Boston: Walter de Gruyter, 2016;

Grotius, Hugo. *Hugonis Grotii De iure praedae commentarius, ex auctoris codice descripsit et vulgavit H.G. Hamaker* (1604), pub. (The Hague: Nijhoff, 1868).

– *Hugonis Grotii De iure belli ac pacis libri tres: in quibus ius naturae & gentium, item iuris publici praecipua explicantur.* Paris: Apud Nicolaum Buon, in via Iacobaea, sub signis s. Claudii, & hominis Siluestris, 1625.

Habermas, Jürgen. *Erkenntnis und Interesse.* Frankfurt a. M.: Suhrkamp, 1968.

Habermas, Jürgen & McCarthy, Thomas. "Hannah Arendt's Communications Concept of Power." *Social Research* 44 (1) : 3-24, 1977.

Haggenmacher, Peter. *Grotius et la doctrine de la guerre juste.* Genève: Presses Universitaires de France, publications de l'Institut Universitaire de Hautes Études Internationales Genève, 1983.

Hankins, James. *Virtue Politics: Soulcraft and Statecraft in Renaissance Italy.* Cambridge, MA: Harvard University Press, 2019.

Harries, Karsten. *Die bayerische Rokokokirche: Das Irrationale und das Sakrale.* Dorfen: Hawel, 2009.

– *Wahrheit: Die Architektur der Welt.* München: Wilhelm Fink Verlag, 2012.

Harries, Karsten; Jamme, Christoph; Pöggeler, Otto (eds). *Martin Heidegger: Kunst, Politik, Technik.* München: Wilhelm Fink Verlag, 1992.

Harrison, Ross. *Hobbes, Locke, and Confusion's Masterpiece: An Examination of Seventeenth-Century Political Philosophy*. Cambridge: Cambridge University Press, 2002.

Hart, H. L. A. *The Concept of Law*. Oxford : Clarendon Press, 1961.

Harte, Verity; Lane, Melissa (eds.) *Politeia in Greek and Roman Philosophy*. New York: Cambridge University Press, 2013.

Hartz, Louis. *The Liberal Tradition in America: An Interpretation of American Political Thought since the Revolution*. New York: Harcourt, Brace and Company, 1955.

Hegel, Georg Wilhelm Friedrich. *Die Phänomenologie des Geistes*. Bamberg und Würzburg: Bey Joseph Anton Goebhardt, 1807.

– *Grundlinien der Philosophie des Rechts*. Berlin: Nicolaische Buchhandlung, 1820.

Heller, Michael C. *Body Psychotherapy: History, Concepts, and Methods*. New York: Norton, 2012.

Herlihy, David. "Review of Clues, Myths, and the Historical Method by Carlo Ginzburg, John Tedeschi and Anne C. Tedeschi" *The Journal of Interdisciplinary History*, 21 (3): 501-502, 1991.

Herodotus. Ἱστορίαι (*History*).London: W. Heinemann; New York: G.P. Putnam's Sons, 1921-1924.

Hess, Moses. *Rom und Jerusalem, die Letzte Nationalitätsfrage*. Leipzig: Eduard Wengler, 1862.

Hill, Christopher. *Puritanism and Revolution: Studies in Interpretation of the English Revolution of the 17th Century*. London: Secker & Warburg, 1958.

Hippocrates (Ἱπποκράτης). *Corpus Hippocraticum; Hippocrates*. London: W. Heinemann / Cambridge, Mass: Harvard University Press, 1923-1931.

Hobbes, Thomas.*Leviathan*. Malcolm, Noel (ed). *The Clarendon Edition of the Works of Thomas Hobbes, Vol. 4: Leviathan: The English and Latin Texts*. Oxford: Oxford University Press, 2012.

Hobhause, Leonard. *Liberalism*. New York: H. Holt and company, 1911.

Hoekstra, Kinch. "Hobbes and the Foole" in *Political Theory*25 (5): 620-654, 1997.

- "Nothing to Declare? Hobbes and the Advocate of Injustice" *Political Theory* 27, 1999.

- "The *De Facto* Turn in Hobbes's Political Philosophy" in *Leviathan After 350 Years*, in Sorell, Tom;Foisneau, Luc (eds). Oxford: Oxford University Press, 2004.

- "The End of Philosophy" *Proceedings of the Aristotelian Society*106(1): 25-62, 2006.

- "Thucydides and the Bellicose Beginnings of Modern Political Theory" in Harloe, Katherine & Morley, Neville (eds). *Thucydides and the Modern World: Reception, Reinterpretation, and Influence from the Renaissance to the Present*. Cambridge: Cambridge University Press, 2012.

- "Early-modern Absolutism and Constitutionalism" *Cardozo Law Review* 34 (3): 1079-1098, 2013.

- "Hobbes's Thucydides" in Martinich, A. P.; Hoekstra, Kinch.*The Oxford Handbook of Hobbes*. Oxford: Oxford University Press, 2016.

Hölkeskamp, Karl-Joachim. *Die Entstehung der Nobilität. Studien zur sozialen und politischen Geschichte der Römischen Republikim 4. Jahrhundert v. Chr.* Stuttgart 1984. 2. erweiterte Auflage 2011 (Dissertation, Ruhr-Universität Bochum).

- *Schiedsrichter, Gesetzgeber und Gesetzgebung im archaischen Griechenland.* Stuttgart: Habilitationsschrift, Ruhr-Universität Bochum, 1999.

Holloway, Robin. *Debussy and Wagner*. London: E. Eulenburg, 1971.

Honneth, Axel. *Reification: A Recognition-Theoretical View*. The Tanner Lectures on Human Values (March 14-16, 2005); *Reification: A New Look at An Old Idea*. Oxford: Oxford University Press, 2008.

- *Das Recht der Freiheit-Grundriß einer demokratischen Sittlichkeit.* Frankfurt: Suhrkamp Verlag, 2011.

- *Die Idee des Sozialismus: Versuch einer Aktualisierung.* Frankfurt: Suhrkamp Verlag, 2015.

Hont, István. *Jealousy of Trade: International Competition and the Nation-state in Historical Perspective*. Cambridge, MA: Harvard University Press, 2005.

- *Politics in Commercial Society: Jean-Jacques Rousseau and Adam Smith.* Cambridge, MA: Harvard University Press, 2015.

Hont, Istvan & Ignatieff, Michael (ed.) *Wealth and Virtue: The Shaping of Political Economy in the Scottish Enlightenment.* Cambridge: Cambridge University Press, 1983.

Horkheimer, Max & Adorno, Theodor W.: *Dialektik der Aufklärung.* Hektografiertes Manuskript 1944 (aus Anlass des 50. Geburtstags von Friedrich Pollock; *Dialektik der Aufklärung.* Amsterdam: Querido, 1947.

Hume, David. *A Treatise of Human Nature.* London: Printed for J. Noon, 1739-1740.

- *An Enquiry Concerning the Principles of Morals.* London: A. Millar, 1751.

- *Political Discourses.* Edinburgh: by R. Fleming, for A. Kincaid and A. Donaldson, 1752.

- MacIntyre, Alasdair (ed). *Hume's Ethical Writings.* New York: Collier, 1965.

Hundert, Edward. *The Enlightenments Fable: Bernard Mandeville and the Discovery of Society.* Cambridge: Cambridge University Press, 2005.

Hunyadi, Mark. *L'art de l'exclusion: une critique de Michael Walzer.* Paris: Cerf, 2000.

Imbruglia, Girolamo. *The Jesuit Missions of Paraguay and a Cultural History of Utopia(1568–1789).*Leiden: Brill, 2017.

Isaac, Joel. *Working Knowledge: Making the Human Sciences from Parsons to Kuhn.* Cambridge, MA: Harvard University Press, 2012.

James, Samuel. "J.G.A. Pocock and the Idea of the 'Cambridge School' in the History of Political Thought" in *History of European Ideas*, 45 (1): 83-98, 2019.

Jasanoff, Maya. *The Dawn Watch: Joseph Conrad in a Global World.* New York: Penguin, 2017.

Jedin, Hubert. *Geschichte des Konzils von Trient.* Freiburg: Verlag Herder, 1949 [i.e. 1950].

Jones, Gareth Stedman. *Outcast London: A Study in the Relationship between*

Classes in Victorian Society. Oxford: Clarendon Press, 1971.

– "Working Class Culture and Working-Class Politics in London, 1870–1990: Notes on the Remaking of a Working-Class" in *Languages of Class: Studies in English Working Class History 1832–1982.* Cambridge: Cambridge University Press, 1983, pp. 182–183.

– "Radicalism and the Extra-European World: The Case of Karl Marx" in Bell, Duncan (ed). *Victorian Visions of Global Order: Empire and International Relations in Nineteenth-Century Political Thought.* Cambridge: Cambridge University Press, 1997, pp. 186-214.

– *An end to poverty? A Historical Debate.* New York: Columbia University Press, 2004.

Jones, Gareth Stedman; Illing, Sean."Karl Marx Still Matters: What the Modern Left Can Learn from the Philosopher: A Conversation with Historian Gareth Stedman Jones" *Vox*, Apr 18, 2017.

Jones, Bruce; Mehta, Pratap Bhanu; Sidhu, W. P. (eds). *Shaping the Emerging World: India and the Multilateral Order.* Washington D.C.: Brookings, 2013.

Kant, Immanuel. *Zumewigen Frieden Ein philosophischer Entwurf.* Königsberg: bey Friedrich Nicolovius, 1795.

– *Werke in zwölf Bänden. Band 8.* Frankfurt am Main 1977, S. 309. Erstdruck: Königsberg: Nicolovius, 1797 (2 Teile); 2. vermehrten Auflage. Königsberg: Nicolovius, 1798.

Kapila, Shruti. *An Intellectual History for India.* Cambridge: Cambridge University Press, 2010.

Kapur, Devesh; Mehta, Pratap Bhanu (eds).*Navigating the Labyrinth: Perspectives on India's Higher Education.* Hyderabad: Orient Black Swan, 2017.

Kateb, George. *Utopia and Its Enemies.* New York: Free Press of Glencoe, 1963.

– *The Inner Ocean: Individualism and Democratic Culture.* Ithaca, N.Y.: Cornell University Press, 1992.

– *Human Dignity.* Cambridge, MA: Belknap Press of Harvard University

Press, 2011.

Kelly, Duncan. *The State of the Political: Conceptions of Politics and the State in the Thought of Max Weber, Carl Schmitt and Franz Neumann*. Oxford: Oxford University Press, 2003.

- *The Propriety of Liberty Persons, Passions, and Judgement in Modern Political Thought*. Princeton: Princeton University Press, 2010.

- *Politics and the Anthropocene*. Cambridge: Polity Press, 2019.

Kelsen, Hans. Nadia Urbinati & Carlo Invernizzi Accetti (ed).*On the Worth and Values of Democracy*. Lanham: Rowman & Littlefield, 2013.

Kent, David. "Bean's 'Anzac' and the Making of the Anzac Legend" *Kunapipi*, 18(2), 1996.

Khilnani, Sunil; Kumar, Rajiv; Mehta Pratap Bhanu; Menon,Prakash; Nilekani, Nandan; Raghavan, Srinath; Saran, Shyam; Varadarajan, Siddharth. *Non Alignment 2.0: A Foreign and Strategic Policy for India in the 21st Century*. New Delhi: Penguin, 2012.

Kitromilides, Paschalis. *ΝεότερηΠολιτικήΘεωρίαΙ: ΘεωρίεςτουΚοινωνικούΣυμβολαίου* [Hobbes-Locke-Rousseau]. Athens: SakkoulasPublishingHouse, 1984.

- *Νεότερη Πολιτική Θεωρία ΙΙ: Ωφελιμιστικός Φιλελευθερισμός* [Jeremy Bentham-JohnStuartMill]. Athens-Komotini: A. N. Sakkoulas, 1986.

- "Imagined Communities and the Origins of the National Question in the Balkans," *European History Quarterly*19 (2): 149-192, 1989; in Blinkhorn, M. &Veremēs, Thanos (eds).*Modern Greece: Nationalism and Nationality*, Athens: Sage – ELIAMEP, 1990, pp. 23-66; Hutchinson, J. & Smith, A.D. (eds).*Nationalism. Critical Concepts in Political Science*, Vol. Ⅱ. London & New York: Routledge, 2000, pp. 645-683.

- *Eleftherios Venizelos: The Trials of Statesmanship*. Edinburgh: Edinburgh University Press, 2006.

- *An Orthodox Commonwealth. Symbolic Legacies and Cultural Encounters in Southeastern Europe*. Aldershot: Ashgate, 2007.

- *Adamantios Korais and the European Enlightenment*. Oxford: Voltaire

Foundation, 2010.

- *Enlightenment and Revolution. The Making of Modern Greece*. Cambridge, MA &London: Harvard University Press, 2013.

- (ed). *Enlightenment and Religion in the Orthodox World*. Oxford: Voltaire Foundation, 2016.

- *Νεότερη πολιτική θεωρία. Θεωρίες της ελευθερίας* (Sixth Edition). Athens: NomikiVivliothiki, 2016.

- *Religion and Politics in the Orthodox World. The Ecumenical Patriarchate and the Challenges of Modernity*. London and New York: Routledge, 2018.

Kitromilides, Paschalis & Tornaritou-Mathiopoulou, Elsi (eds). *Φιλίππου Μεμπρέ. Αξιόπιστη και λεπτομερής περιγραφή των γεγονότων, πώς οι Τούρκοι άρχισαν την επίθεσή τους με ισχυρές δυνάμεις εναντίον του λαμπρού Βασιλείου και νήσου Κύπρου και εξεπόρθησαν βίαια την πρωτεύουσα αυτού Λευκωσία*. Athens: Institute for Historical Research /NHRF, 2013.

Kojève, Alexandre. "The Emperor Julian and His Art of Writing" Joseph Cropsey (ed) *Ancients and Moderns: Essays on the Tradition of Political Philosophy in Honor of Leo Strauss*. New York: Basic Books, 1964, pp. 95-113.

- "Tyranny and Wisdom" Leo Strauss. *On Tyranny-Revised and Expanded Edition*. Chicago: University of Chicago Press, 2000, pp. 135-176.

Korais. Adamantios. Paschalis Kitromilides (ed). *Σημειώσεις εις το Προσωρινόν Πολίτευμα της Ελλάδος*. Athens: Hellenic Parliament Foundation, 2018.

Kuhn, Thomas. *The Structure of Scientific Revolutions*. Chicago: University of Chicago Press, 1962.

Laborde, Cécile.*Français, encore un effort pour être républicains!* Paris: Le Seuil, 2010.

Laks, André.*Médiation et coercition. Pour une lecture des 'Lois de Platon.* Villeneuve d'Ascq: Presses Universitaires du Septentrion, 2005.

- *Histoire, Doxographie, Vérité*. Louvain-la-Neuve; Paris; Dudley, MA: Editions Peeters, 2007.

- (ed.) *Diogène d'Apollonie. Edition des fragments et des témoignages*. Sankt

Augustin: Academia Verlag, 2008.

Lane, Melissa. *The Flight to Nature as a Mode of Social Critique: A Study of Rousseau and Thoreau*. Cambridge: Harvard University Archive (B.A. Honors Thesis: 144 leaves; 29 cm.), 1988.

－ *Method and Politics in Plato's Statesman*. Cambridge: Cambridge University Press, 1998.

－ *Plato's Progeny: How Plato and Socrates Still Captivate the Modern Mind*. London : Duckworth, 2001.

－ "'Emplois pour philosophes': l'art politique et l'Etranger dans le Politique à la lumière de Socrate et du philosophe dans le Théétète"Teisserenc, Fulcran (transl.). *Les Études philosophiques* 3: 325-345, 2005.

－ *Eco-Republic: What the Ancients Can Teach Us about Ethics, Virtue, and Sustainable Living*. Princeton: Princeton University Press, 2011.

－ "Thoreau and Rousseau: Nature as Utopia" in Turner, Jack (ed). *A Political Companion to Henry David Thoreau*. Lexington, Kentucky: Kentucky University Press, 2009, Chapter 13, pp. 341-371.

－ "Political Expertise and Political Office in Plato's *Statesman*: the Statesman's Rule (archein) and the Subordinate Magistracies (archai)" in Havlíček, Aleš; Jirsa, Jakub; Thein, Karel (ed). *Plato's Statesman: Proceedings of the Eighth Symposium Platonicum Pragense*. Prague: OIKOYMENH, 2013.

－ "Popular Sovereignty as Control of Office-holders: Aristotle on Greek Democracy" in Bourke, Richard & Skinner, Quentin (eds). *Popular Sovereignty in Historical Perspective*. Cambridge: Cambridge University Press, 2016, pp.52-72.

－ The 2018 Carlyle Lectures, Lecture Ⅲ "Ruling and Being Ruled" Jan. 30th, 2018 (unpub.)

Lane, Melissa & Lamb, Michael. "Aristotle on the Ethics of Communicating Climate Change" in Heyward, Clare; Roser, Dominic (eds).*Climate Justice in a Non-Ideal World*. Oxford: Oxford University Press, 2016, pp. 229-254.

Laslett, Peter. "Introduction" in John Locke, *Two Treatises of Government*.

Cambridge: Cambridge University Press, 2005.

Lear, Jonathan. *Aristotle and Logical Theory*. Cambridge: Cambridge University Press, 1980.

  — *Aristotle: The Desire to Understand*. Cambridge: Cambridge University Press, 1988.

  — *Love and its Place in Nature: A Philosophical Interpretation of Freudian Psychoanalysis*. New Haven: Yale University Press, 1990.

  — *A Case for Irony*. Cambridge, MA: Harvard University Press, 2011.

Lee, Daniel. "Unmaking Law: Jean Bodin on Law, Equity, and Legal Change" in *History of Political Thought* 39(2): 269-296, 2018.

  — *Popular Sovereignty in Early Modern Constitutional Thought*. Oxford: Oxford University Press, 2016.

Ленина, И. *Что де́лать? Наболевшие вопросы нашего движения*. Stuttgart: Verlag von J.H.W. Dietz Nachf. (G.m. b. H.), 1902.

Lévi-Strauss, Claude. *Tristes Tropiques*. Paris: Plon, 1955.

Levinson, Sanford. *Torture: A collection*. New York: Oxford University Press, 2004.

Levitin, Dmitri. *Ancient Wisdom in the Age of the New Science*. Cambridge: Cambridge University Press, 2015.

von Leyden, W. *Seventeenth-century Metaphysics; an Examination of some Main Concepts and Theories*. New York: Barnes & Noble, 1968.

Li, Hansong. "Ideas in Context: Conversation with Quentin Skinner" *Chicago Journal of History* (7): 119-127, 2016.

  — "Humanity and the Great Seas: A Conversation with David Abulafia" *Chicago Journal of History* (7): 20-29, 2016.

  — "Democratic Sovereignty and Brexit: A Conversation with Richard Tuck on Political Theory and Practice" *International Critical Thought*, 8(4):507-517, 2018.

  — "Time, Right and the Justice of War and Peace in Hugo Grotius's Political Thought." *History of European Ideas*, 45.4: 536-552, 2019.

  — "Interview with Harvey Mansfield" *Athwart*, June 8th, 2020.

- "The Indo-Pacific: Intellectual Origins and International Visions in Global Contexts." *Modern Intellectual History*: 1-27, 2021.
- "The Space of the Sea in Montesquieu's Political Thought" *Global Intellectual History* 6(4): 421-442, 2021.
- "Locating Mobile Sovereignty: Carthage in Natural Jurisprudence" *History of Political Thought* (forthcoming, 2022).

Li, Hansong &Mehta, Pratap Bhanu. "Tradition and Transformation: A Conversation on South Asia in Global Political Thought and International Politics" *Comparative Political Theory* 2(1): 31-51, 2022.

Lincoln, Abraham. *Speeches and Writings 1859-1865: Speeches, Letters, and Miscellaneous Writings, Presidential Messages and Proclamations*. New York: Library of America, 1989.

Lipsius, Justus. *Iusti Lipsi Politicorum sive civilis doctrinae libri sex: Qui ad principatum maxime spectant*. Lugduni Batavorum: Ex officina Plantiniana, apud Franciscum Raphelengium., M.D.LXXXIX=1589.

List, Christian & Pettit, Philip. *Group Agency: The Possibility, Design and Status of Corporate Agents*. Oxford: Oxford University Press, 2011.

Locke, John. *An Essay Concerning Humane Understanding*. 1 vols. London: Thomas Basset, 1690 [1689].
- *Some Considerations of the Consequences of the Lowering of Interest and the Raising the Value of Money*. London: Printed for Awnsham and Iohn Churchill, at the Black-Swan in Pater-Noster-Row, 1692 [1691].
- Macpherson, C. B.(ed).*Second Treatise of Government by John Locke*, Cambridge, MA: Hackett Publishing Company, 1980.
- Kitromilides, Paschalis(ed).*Δεύτερη Πραγματεία περί Κυβερνήσεως* [Second Treatise of Civil Government]. Greek critical edition. Foreword: Peter Laslett. Athens: Gnossis Publishing House, 1990.
- von Leyden, W. (ed).*Essays on the Law of Nature*. Oxford: Clarendon Press, 1988.

Lovejoy, Arthur O. *The Great Chain of Being: A Study of the History of an Idea*. Cambridge, MA: Harvard University Press, 1936.

\- "Reply to Prof. Spitzer" *Journal of the History of Ideas* 5: 204-219, 1944.

Lovett, Frank. *A Republic of Law*. Cambridge: Cambridge University, 2016.

Luxemburg, Rosa. *Massenstreik, Partei und Gewerkschaften*. Hamburg: Verlag von Erdmann Dubber, 1906.

Luxemburg, Rosa. *Gesammelte Werke*. Berlin: Dietz, 1970-2003.

MacCulloch, Diarmaid. *Groundwork of Christian History*. London: Epworth Press, 1987.

\- *The Later Reformation in England*. New York: MacMillan Education, 1990.

\- *Thomas Cranmer: A Life*. New Haven: Yale University Press, 1996.

\- *Reformation: Europe's House Divided*. London: Allen Lane 2003.

\- *A History of Christianity: The First Three Thousand Years*. London: Allen Lane, 2010.

\- *Thomas Cromwell: A Revolutionary Life*. New York: Penguin, 2018.

MacDonald, Graham & Pettit, Philip. *Semantics and. Social Science*. London: Routledge & Kegan Paul, 1981.

Machiavelli, Niccolò. *Il Principe*. Torino: Einaudi, 1961 [1513].

\- *Istorie Fiorentine*. Firenze: Sansoni, 1971.

\- *Florentine Histories*. Mansfield, Harvey C. & Banfield, Laura F. (Trans.) Princeton: Princeton University Press, 1988.

\- *Comedia facetissima intitolata Mandragola et recitata in Firenze*. Rome (?): s.n., 1524; *La Mandragola*, (ed.) Pasquale Stoppelli. Milano: Mondadori, 2016.

MacIntyre, Alasdair. *Marxism: An Interpretation*. London, SCM, 1953.

\- *A Short History of Ethics*. New York: Macmillan, 1966.

\- *Marxism and Christianity*. New York: Schocken Books, 1968.

\- *Herbert Marcuse: An Exposition and a Polemic*. New York: Viking, 1970.

\- (ed.) *Hegel: A Collection of Critical Essays*. New York: Doubleday, 1972.

\- *After Virtue: A Study in Moral Theory*. Notre Dame: Notre Dame University Press, 1981.

\- *Whose Justice? Which Rationality?* Notre Dame: Notre Dame University Press, 1988.

- *Edith Stein: A Philosophical Prologue, 1913–1922*. Lanham, MD: Rowman & Littlefield.

Macpherson, C.B. *The Political Theory of Possessive Individualism: Hobbes to Locke*. Oxford: Oxford University Press, 1962.

Madison, James (or Alexander Hamilton) *Federalist No. 51*, "The Structure of the Government Must Furnish the Proper Checks and Balances between the Different Departments" *New York Packet* Friday, February 8, 1788.

Maitland, Frederic William. Ryan, Magnus & Runciman, David (eds).*State, Trust and Corporation*. Cambridge: Cambridge University Press, 2003.

Manheim, Karl. *Ideologie und Utopie*. Bonn: F. Cohen, 1929.

Mann, Michael. "The Dark Side of Democracy: The Modern Tradition of Ethnic Cleansing and Political Cleansing" *New Left Review* (235):18-46, 1999.

Mansfield, Harvey. "Hobbes and the Science of Indirect Government," *The American Political Science Review*, 65 (1): 97-110, 1971.

- "Liberal Democracy as a Mixed Regime," *The Alternative: An American Spectator* (*The American Spectator*), 8(9): 8-12, June-July, 1975.

- "The Ambivalence of Executive Power" Bessette, J.& Tulis, J (eds).*The Presidency in the Constitutional Order*. Baton Rouge, LA: Louisiana State University Press, 1981, pp. 314-334.

- "Gouvernement représentatif et pouvoir exécutif" *Commentaire*1986/4 (Numéro 36), pp. 664-672.

- "Republicanizing the Executive" in Kesler, Charles R. (ed).*Saving the Revolution: The Federalist Papers and the American Founding*. New York: The Free Press, 1987, pp. 168-184.

- "The Modern Doctrine of Executive Power" *Presidential Studies Quarterly*17 (2): 237-252, 1987.

- *Taming the Prince*. New York: Free Press, 1989.

- "Executive Power and the Passion for Virtue" *Studies in American Political Development* 6 (1): 217-222, 1992.

- *Machiavelli's Virtue*. Chicago: University of Chicago Press, 1996.

- *Manliness*, New Haven: Yale University Press, 2006.

- Jefferson Lecture: "How to Understand Politics: What the Humanities Can Say to Science" Washington D.C., on May 8, 2007.

- "The Case for the Strong Executive" *Claremont Review of Books*, vol. vii No.2, spring 2007, repr. *Wall Street Journal*, 2 May 2007.

- "Higher Education Scandal" *Claremont Review ofBooks*8 (2): 10, 2013.

Marcuse, Herbert. *Hegels Ontologie und die Grundlegung einer Theorie der Geschichtlichkeit*. Frankfurt am Main: Vittorio Klostermann, 1932.

- *One-Dimensional Man: Studies in the Ideology of Advanced Industrial Society*. Boston: Beacon Press, 1964.

- Benhabib, Seyla (ed.) *Hegel's Ontology and the Theory of Historicity*. Cambridge, MA: MIT Press, 1987.

Marx, Karl & Engels, Friedrich.*Ökonomisch-philosophische Manuskripte aus dem Jahre 1844* (Marx-Engels-Gesamtausgabe. Abteilung 1. Bd. 3. Berlin 1932, S. 29–172); *Marx-Engels-Werke* Bd. 40. Berlin: Dietz Verlag, 1968, S. 465–588.

- *Die heilige Familie oder Kritik der kritischen Kritik*.Frankfurt a.M.: J. Rütten, 1845; in Marx & Engels. *Werke*. Berlin: 1957, Band 2, S. 7.

- *Die Klassenkämpfe in Frankreich 1848 bis 1850* (*Neue Rheinische Zeitung. Politisch-ökonomische Revue*, Hamburg, 1850). *Marx Engels Werke*, Band 7, S. 9-107. Berlin: Dietz Verlag, 1960; Marx & Engels. *Die Klassenkämpfe in Frankreich, 1848 bis 1850*. Berlin: Vorwärts, 1895.

Marx, Karl. "Zur Judenfrage" Paris: *Deutsch–Französische Jahrbücher*, S. 182 ff., 1844; Zur Judenfrage von Karl Marx; hrsg. und eingeleitet von Stefan Grossmann.Berlin: Ernst Rovohlt Verlag, 1919; Marx-Engels-Werke Bd. 1, S. 347-377; Marx-Engels-Gesamtausgabe Abteilung I Bd. 2. Berlin: Dietz, 1982, S. 141-169 & 648-667.

- "Karl Marx & Vera Zasulich": Mar. 8 1881, *MECW*, vol. 46, p. 71; *Marx–Engels Archiv*, vol. 1, p. 316; *MECW*, vol. 24, pp. 370-371.

Mayer, Gustav. *Friedrich Engels.Eine Biographie* Bd. 1: *Friedrich Engels in seiner Frühzeit*. Bd. 2: *Engels und der Aufstieg der Arbeiterbewegung in Europa*. Haag: Martinus Nijhoff, 1934/1934 (Erstausgabe 1920; 1933 eingestampft).

Mayhew, Henry. *London Labour and the London Poor*. London: G. Newbold, 1851.

McDermott, Joseph. *A Social History of the Chinese Book: Books and Literati Culture in Late Imperial China*. Hong Kong: Hong Kong University Press, 2006.

– *The Making of a New Rural Order in South China*. Vol. I. Cambridge: Cambridge University Press, 2013 & Vol. II, 2020.

Meckstroth, Christopher. *The Struggle for Democracy: Paradoxes of Progress and the Politics of Change*. Oxford: Oxford University Press, 2015.

Mehta, Pratap Bhanu. *The Burden of Democracy*. New Delhi; New York: Penguin Books, 2003.

Meinecke, Friedrich. *Entstenhung des Historismus*. München und Berlin: R. Oldenbourg, 1936.

– *Historism: The Rise of a new Historical Outlook* [translated from the German by J. E. Anderson; translation revised by H. D. Schmidt; with a foreword by Sir Isaiah Berlin]. London: Routledge and K. Paul, 1972.

Melzer, Arthur M. *Philosophy between the Lines*: *The Lost History of Esoteric Writing*. Chicago: University of Chicago Press, 2014.

Mendobrote, Scott. "Philology and Scepticism: Early Modern Scholars at Work on the Text of the Bible" G.M. Cao, Grafton, A.& Kraye, J. (eds).*The Marriage of Philology and Scepticism*. London: Warburg Institute, 2019, pp. 123-142.

Meyer, Susan Sauvé. *Ancient Ethics*. Florence: Routledge, 2008.

Mill, John Stuart & Taylor, Harriet. Urbinati, Nadia (ed). *Saggi sull'eguaglianza e l'emancipazione femminile*.Turino: Einaudi, 2001.

Miller, Mitchell. *Philosopher in Plato's Statesman*. The Hague: Martinus Nijhoff, 1980 (repr.) Las Vegas: Parmenides, 2004.

– *Plato's Parmenides: The Conversion of the Soul*. Princeton: Princeton University Press, 1986 (repr.) University Park: Pennsylvania State University Press, 1991.

Molinari, G. de (Gustave), 1819-1912. *L'abbé de Saint-Pierre, membre exclu de* *l'Académie française, sa vie et ses œuvres, précédées d'une appréciation et d'un précis historique de l'idée de la paix perpétuelle, suivies du jugement de Rousseau sur le projet de paix perpétuelle et la polysynodie ainsi que du projet attribué à Henri IV, et du plan d'Emmanuel Kant pour rendre la paix universelle, etc.*Paris: Guillaumin et cie, 1857.

Moore, Barrington. *Soviet Politics-The Dilemma of Power: The Role of Ideas in Social Change*. Cambridge, MA: Harvard University Press, 1950.

— *Terror and Progress, USSR: Some Sources of Change and Stability in the Soviet Dictatorship*. Cambridge, MA: Harvard University Press, 1954.

— *Social Origins of Dictatorship and Democracy: Lord and Peasant in the Making of the Modern World*. Boston: Beacon Press, 1966.

— *Authority and Inequality under Capitalism and Socialism* (Tanner Lectures on Human Values). Oxford: Clarendon Press, 1987.

— *Moral Purity and Persecution in History*. Princeton: Princeton University Press, 2000.

Moore, Barrington; Wolff, Robert Paul; Marcuse, Herbert.*A Critique of Pure Tolerance*. Boston: Beacon Press, 1965.

Moore, G.E. *Principia Ethica*. Cambridge: Cambridge University Press, 1903.

Moore, James. "Hume's Theory of Justice and Property" *Political Studies*, 24.2: 103–119, 1976.

— "Hume's Political Science and the Classical Republican Tradition" *Canadian Journal of Political Science / Revue Canadienne De Science Politique*, 10 (4): 809-839, 1977.

— "Hume and Hutcheson" in Stewart, M. A. & Wright, J. P. (ed).*Hume and Hume's Connexions*. Edinburgh: Edinburgh University Press, 1994, pp. 23-57.

— "Utility and Humanity: The Quest for the Honestum in Cicero, Hutcheson, and Hume." *Utilitas*, 14(3): 365-386, 2002.

— "The Eclectic Stoic, the Mitigated Sceptic" in Mazza, Emilio; Ronchetti, Emanuele (eds). *New Essays on David Hume*. Milano: Franco Angeli, 2007, pp. 133-170.

Nagel, Thomas. "What Is It Like to Be a Bat?" *The Philosophical Review*, Vol. 83, No. 4. Oct., 1974.

Nakhimovsky, Isaac. *The Closed Commercial State Perpetual Peace and Commercial Society from Rousseau to Fichte.* Princeton: Princeton University Press, 2011.

Necker, Jacques. *Sur la législation et le commerce des grains*, in Necker, *Œuvres Complètes*, Vol. I. Paris: Treuttel and Wurtz, 1820 [1775].

Nelson, Eric. Nelson, Eric. *The Royalist Revolution: Monarchy and the American Founding.* Cambridge, MA: Harvard University Press, 2014.

- *Theology of Liberalism: Political Philosophy and the Justice of God.* Cambridge, Massachusetts: Belknap Press of Harvard University Press, 2019.

Nietzsche, Friedrich Wilhelm. *Die Geburt der Tragödie aus dem Geiste der Musik.* Leipzig: E.W. Fritzsch, 1872.

Nozick, Robert. *Anarchy, State, and Utopia.* New York: Basic Books, 1974.

- *Philosophical Explanations.* Cambridge, MA: Harvard University Press, 1981.

Nuzzo, Enrico. *Verso la "Vita civile": antropologia e politica nelle lezioni accademiche di Gregorio Caloprese e Paolo Mattia Doria.* Napoli: Guida, 1984.

- *Tra ordine della storia e storicità. Saggi sui saperi della storia in Vico.* Roma: Edizioni di Storia e Letteratura, 2001.

- *Tra religione e prudenza: la "filosofia pratica" di Giambattista Vico.* Roma: Edizioni di storia e letteratura, 2007.

Παπαρρηγόπουλος, Κωνσταντίνος.*Περί της εποικήσεως Σλαβικών τινών φυλών εις την Πελοπόννησον.* Εν Αθήναις: Εκ του Τυπογραφείου Εμ. Αντωνιάδου, 1843; *στορία του ελληνικού έθνους, : από των αρχαιοτάτων χρόνων μέχρι των νεωτέρων, χάριν των πολλών εξεργασθείσα.* Εν Αθήναις: Εκ της τυπογραφίας Σ. Παυλίδου, 1860-1874.

Pełczyński, Z. A. (eds.) *Hegel's Political Philosophy: Problems and Perspectives: A Collection of New Essays.* Cambridge: Cambridge University Press, 1971.

- *The State and Civil Society: Studies in Hegel's Political Philosophy*. Cambridge: Cambridge University Press, 1984.

Pettit, Philip. "ParmenidesandSartre" *PhilosophicalStudies* (Ireland) 17: 161-184, 1968.

- (ed). *The Gentle Revolution: Crisis in the Universities*. Dublin: Scepter Books, 1969.

- *On the Idea of Phenomenology*. Dublin & New York: Scepter Books, Humanities Press, 1969.

- "The Early Philosophy of G.E. Moore" *Philosophical Forum* (Boston), 4: 260-98, 1973.

- *The Concept of Structuralism: A Critical Analysis*. Dublin: Gill and Macmillan; Los Angeles: University of California Press, 1975.

- *Judging Justice: An Introduction to Contemporary Political Philosophy London*. Boston: Routledge and Kegan Paul 1980.

- *The Common Mind: An Essay on Psychology, Society and Politics*. New York: Oxford University Press, 1993.

- *Republicanism:A Theory of Freedom and Government*. Oxford: Oxford University Press, 1997.

- Domènech, Toni (trans). *Republicanismo: una teoría sobre la libertad y el gobierno*. Barcelona: Paidós, 1999.

- "Keeping Republican Freedom Simple: On a Difference with Quentin Skinner" *Political Theory*, 30 (3): 339-356, 2002.

- "Democracy, National and International"*TheMonist*, 89 (2): 301-324, 2006.

- "Why and How Philosophy Matters to Politics" in Goodin, R.E.& Tilly, C (eds).*Oxford Handbook of Contextual Political Studies*. Oxford: Oxford University Press, 2006.

- *Made with Words: Hobbes on Mind, Society and Politics*. Princeton: Princeton University Press, 2007.

- *Examen a Zapatero: balance del gobierno socialista*. Madrid: Temas de Hoy, 2008.

- "A Republican Law of Peoples" *European Journal of Political Theory* 9(1):

70–94, 2010.

- "Legitimate International Institutions: A Neorepublican Perspective" in Tasioulas, John; Besson, Samantha(eds).*The Philosophy of International Law*. Oxford: Oxford University Press, 2010, pp. 139-162.

- *On the People's Terms: A Republican Theory and Model of Democracy* (The Seeley Lectures, Cambridge University, 2010). Cambridge: Cambridge University Press, 2012.

- "Freedom in Hobbes's Ontology and Semantics: A Comment on Quentin Skinner" *Journal of the History of Ideas*,73 (1): 111-126, 2012.

- *Just Freedom: A Moral Compass for a Complex World*. New York: W. W. Norton, 2014.

- "The Republican Law of Peoples: A Restatement" in Buckinx, Barbara; Trejo-Mathys, Jonathan; Waligore, Timothy (eds).*Domination Across Borders*. London: Routledge, 2015, pp. 37-70.

- *The Robust Demands of the Good: Ethics with Attachment, Virtue, and Respect*. Oxford: Oxford University Press, 2015.

- 'The Globalized Republican Ideal' in *Global Justice: Theory, Practice, Rhetoric*9: 47-68, 2016.

- "A Shared-Space Solution to Ireland's Brexit Border Problem" *The Irish Times*, March 31, 2017.

- "Philip Pettit: Living with a Hard Brexit" *The Irish Times*, Jan 10, 2018.

- "Reply to Michael Tomasello's Commentary" in Pettit, Philip. Hoekstra, Kinch (ed). *The Birth of Ethics: Reconstructing the Role and Nature of Morality*. Oxford: Oxford University Press, 2018.

- "Why Brexit Distorts the Will of the People" *New Statesman America*, Feb. 25, 2019.

- *Minds that Speak*. John Locke Lectures, 2019 (*Minds that Speak: How Language Unlocks our Human Powers*).

Pettit, Philip; Marti, Jose Luis.*A Political Philosophy in Public Life: Civic Republicanism in Zapatero's Spain*. Princeton: Princeton University Press, 2010.

Phillipson, Nicholas. *Hume*. London: Weidenfeld & Nicolson, 1989.

- *David Hume: The Philosopher as Historian*. New Haven & London: Yale University Press & Penguin, 2011.

- *Adam Smith. An Enlightened Life*. New Haven & London: Yale University Press & Penguin (Allen Lane), 2010.

Pinker, Steven. *Enlightenment Now: The Case for Reason, Science, Humanism, and Progress*. New York: Viking, 2018.

Plato (Πλάτων). *Πολιτεία. Republic*. Cambridge, MA: Harvard University Press, 2013.

- *Μένων. Meno*. Cambridge, MA: Harvard University Press, 1952.

- *Νόμοι. Laws*. Cambridge, MA: Harvard University Press, 1926.

- *Φίληβος. Philebus*, in *The Statesman, Philebus*. London: Heinemann, 1925.

- *Ἱππίας μείζων*, in *Cratylus; Parmenides; Greater Hippias; Lesser Hippias*. Cambridge, MA: Harvard University Press; London: Heinemann, 1953.

- *Εὐθύδημος*, in *Laches; Protagoras; Meno; Euthydemus*. Cambridge, MA: Harvard University Press, 1952.

Pocock, J.G.A. "Ritual, Language, Power: An Essay on the Apparent Political Meanings of Ancient Chinese Philosophy" *Political science*, 1964-03-01, Vol.16 (1), p.3; in *Politics, Language, and Time: Essays on Political Thought and History*. London: Methuen, 1972, pp. 42-79.

- *The Machiavellian Moment: Florentine Political Thought and the Atlantic Republican Tradition*. Princeton: Princeton University Press, 1975.

- *Political Thought and History: Essays on Theory and Method*, Cambridge University Press, 2009.

- "On the Unglobality of Contexts: Cambridge Methods and the History of Political Thought" *Global Intellectual History*, 4 (1): 1-14, 2019.

Pollock, Sheldon. "Is There an Indian Intellectual History? Introduction to Theory and Method in Indian Intellectual History" *Journal of Indian Philosophy* 36: 533-542, 2008.

Popper, Karl. *The Open Society and Its Enemies*. London: G. Routledge & Sons, Ltd, 1945.

Postone, Moishe. *Time, Labor, and Social Domination: A Reinterpretation of Marx's Critical Theory*. Cambridge: Cambridge University Press, 1993.

Preuss, Lawrence. "La Dénationalisation imposée pour des motifs politiques" *Revue Internationale Française du Droit des Gens*, Vol. 4, Nos. 1-2, 5, 1937.

Rabehl, Bernd. "Die Kontroverse innerhalb des russischen Marxismus über die asiatischen und westlich-kapitalistischen Ursprünge der Gesellschaft, des Kapitalismus und des zaristischen Staates in Russland" in *Karl Marx: Die Geschichte der Geheimdiplomatie des 18. Jahrhunderts*. Berlin:Verlag Olle und Wolter, 1977.

Ranganathan, Surabhi. *Strategically Created Treaty Conflicts and the Politics of International Law. Cambridge: Cambridge University Press, 2014.*

Rawls, John. *A Theory of Justice.* Cambridge, MA: Belknap Press, Harvard University Press, 1971.

– *Justice as Fairness: A Restatement.* Cambridge, MA; Harvard University Press, 1991.

Reichenbach, Hans.*Wahrscheinlichkeitslehre: eine Untersuchung über die logischen und mathematischen Grundlagen der Wahrscheinlichkeitsrechnung.* Leiden: A. W. Sijthoff's uitgeversmaatschappij n.v., 1935

Richardson, Henry S. *Practical Reasoning about Final Ends*. Cambridge: Cambridge University Press, 1997.

– *Moral Entanglements: The Ancillary-care Obligations of Medical Researchers*. Oxford: Oxford University Press, 2012.

– *Articulating the Moral Community: Toward a Constructive Ethical Pragmatism*. New York: Oxford University Press, 2018.

Ricœur, Paul. *Interpretation Theory: Discourse and the Surplus of Meaning*. Fort Worth: Texas Christian University Press, 1976.

Ricuperati, Giuseppe. *L'esperienza civile e religiosa di Pietro Giannone.* Milano-Napoli: Ricciardi, 1970.

– *La città terrena di Pietro Giannone. Un itinerario tra "Crisi della coscienza europea" e illuminismo radicale.* Firenze: Olschki, 2001.

- *Nella costellazione del Triregno: testi e contesti giannoniani*. San Marco in Lamis: Quaderni del Sud edizioni, 2004.

Ricuperati,Giuseppe; Bertelli, Sergio.*Illuministi italiani. Opere di Pietro Giannone*. Milano-Napoli: Ricciardi, 1971.

Roberts, William Clare. *Marx's Inferno: The Political Theory of Capital*. Princeton: Princeton University Press, 2017.

Robertson, John. "Franco Venturi's Enlightenment" Review of *Settecento riformatore* by Franco Venturi, in *Past & Present*, No. 137, *The Cultural and Political Construction of Europe* (Nov.,1992), pp. 183-206.

- "History Man" *London Review of Books*, 15 (21): 19-20, 1993.

- *The Case for the Enlightenment: Scotland and Naples 1680-1760*. Cambridge: Cambridge University Press, 2005.

- *Enlightenment: A Very Short Introduction*. Oxford: Oxford University Press, 2015.

Rorty, Richard. *Philosophy and the Mirror of Nature*. Princeton: Princeton University Press, 1979.

Rorty, Richard; Schneewind, J. B. & Skinner, Quentin (eds). *Philosophy in History*. Cambridge: Cambridge University Press, 1984 (repr. 1985, 1986, 1988, 1990, 1993).

Rosen, Stanley. *Plato's Statesman: The Web of Politics*. New Haven: Yale University Press, 1995.

Rosenfeld, Sophia. *A Revolution in Language: The Problem of Signs in Late Eighteenth-Century France*. Stanford: Stanford University Press, 2001.

Rosenzweig, Franz. *Der Stern der Erlösung*. Frankfurt am Main: J. Kauffmann, 1921.

Ross, George. *Workers and Communists in France*. Berkeley: California University Press, 1982.

- *Jacques Delors and European Integration*. Cambridge, UK & New York: Polity/Oxford University Press, 1995.

Rosselli, Carlo. *Liberal Socialism*. Princeton: Princeton University Press, 1994.

Rothschild, Emma. *Paradise Lost: The Decline of the Auto-industrial Age*. New

York: Random House, 1973.

Rousseau, Jean-Jacques. *Discours sur l'origine & les fondements de l'inégalité parmi les hommes*. Amsterdam: M. M. Rey, 1755.

- *Du Contrat social, ou Principes du droit politique*, Une éditionproduiteàpar tirdutextepubliéen1762. Paris: UnionGénérale d'Éditions, 1963.

- *Les Rêveries du promeneur solitaire*. Paris (Genève; Londres; Paris): A. Hatier (Nilsson), 1782.

- *Les Confessions*. Genève: s.n., 1782.

Ruehl, Martin A. *The Italian Renaissance in the German Historical Imagination, 1860-1930*. Cambridge: Cambridge University Press, 2015.

Runciman, David. "Coronavirus has not suspended politics-it has revealed the nature of power" *Guardian*, 03.27.2020.

Russell, Bertrand. "On Denoting" *Mind*, 14 (4): 479-493, 1905.

Ryan, Magnus. "Roman Law in Medieval Political Thought" in Johnston, D. (ed). *The Oxford Companion to Roman Law*. Oxford: Oxford University Press, 2014, pp. 423-451.

Satz, Debra. *Why Some Things Should Not Be for Sale: The Moral Limits of Markets*. Oxford: Oxford University Press, 2010.

Scanlon, T.M. *What We Owe to Each Other*. Cambridge, MA: Belknap Press of Harvard University Press, 1998.

Schmid, Walter Thomas. *On Manly Courage: A Study of Plato's Laches*. Carbondale: Southern Illinois University Press, 1992.

- *The Socratic Ideal of Rationality and Plato's Charmides*. New York: State University of New York, 1998.

Schmidt, Alfred. *Der Begriff der Natur in der Lehre von Karl Marx*. Frankfurt am Main: Europäische Verlagsanstalt, 1962.

Schmitt, C. B. *Aristotle and the Renaissance*. Cambridge, MA: Published for Oberlin College by Harvard University Press, 1983.

- *Reappraisals in Renaissance Thought*. London: Variorum Reprints, 1989.

- *Cicero Scepticus: A Study of the Influence of the Academica in the Renaissance*. Dordrecht: Springer, 1972.

Schmitt, C. B.; Skinner, Quentin; Kessler, Eckhard & Kraye Jill (eds). *The Cambridge History of Renaissance Philosophy*. Cambridge: Cambridge University Press, 2008.

Schochet, G. (ed.) *Life, Liberty and Property: Essays on Locke's Political Philosophy*. Belmont, California: Wadsworth Publishing Company, 1971.

Schopenhauer, Arthur. *Die Welt als Wille und Vorstellung*. Leipzig: F.A. Brockhaus, 1819.

Schramm, Jan-Melissa. *Atonement and Self-Sacrifice in Nineteenth-Century Narrative*. Cambridge: Cambridge University Press, 2012.

Scott, Dominic. *Recollection and Experience*. Cambridge: Cambridge University Press, 1995.

– *Plato's Meno*. Cambridge: Cambridge University Press, 2006.

– *Levels of Argument: A Comparative Study of Plato's Republic and Aristotle's Nicomachean Ethics*. Oxford: Oxford University Press, 2015.

Scott, James. *Seeing Like a State: How Certain Schemes to Improve the Human Condition Have Failed*. New Haven: Yale University Press, 1998.

Sebastiani, Silvia. *I limiti del progresso: razza e genere nell'illuminismo scozzese*. Bologna: Il mulino, 2008.

Shaw, Bernard. *The Perfect Wagnerite: A Commentary on the Ring of the Niblungs*. London: G. Richards, 1898.

Shklar, Judith. *Men and Citizens: A Study of Rousseau's Social Theory*. Cambridge: Cambridge University Press, 1969.

– *Freedom and Independence: A Study of the Political Ideas of Hegel's Phenomenology of Mind*. Cambridge: Cambridge University Press, 1976.

– *Montesquieu*. Oxford: Oxford University Press, 1987.

Simonton, Matthew. *Classical Greek Oligarchy: A Political History Book*. Princeton: Princeton University Press, 2017.

Skinner, Quentin. "Meaning and Understanding in the History of Ideas" *History and Theory*, 8 (1): 3-53, 1969.

– *The Foundations of Modern Political Thought*. Vol. I - II. Cambridge: Cambridge University Press, 1978.

- *Reason and Rhetoric in the Philosophy of Hobbes*. Cambridge: Cambridge University Press, 1996.

- *Liberty before Liberalism*. Cambridge: Cambridge University Press, 1998.

- *Hobbes and Republican Liberty*. Cambridge: Cambridge University Press, 2008.

- *From Humanism to Hobbes*. Cambridge: Cambridge University Press, 2018.

Smiley, Timothy John. *Philosophical Dialogues: Plato, Hume, Wittgenstein. Dawes Hicks Lectures on Philosophy*. Oxford: Oxford University Press for the British Academy, 1995.

- *Philosophical Logic*. Oxford: Oxford University Press, 1998.

- *Mathematics and Necessity: Essays in the History of Philosophy*. Oxford: Oxford University Press, 2000.

Smith, Sophie & Forrester, Katrina (ed). *Nature, Action and the Future: Political Thought and the Environment*. Cambridge: Cambridge University Press, 2018.

Sonenscher, Michael. *The Hatters of Eighteenth-Century France*. Berkeley: California University Press, 1987.

- *Work and Wages: Natural Law, Politics and the Eighteenth-Century French Trades*. Cambridge: Cambridge University Press, 1989.

- *Before the Deluge: Public Debt, Inequality and the Intellectual Origins of the French Revolution*. Princeton: Princeton University Press, 2007.

- *Sans-Culottes: An Eighteenth-Century Emblem in the French Revolution*. Princeton: Princeton University Press, 2008.

Sørensen, Anders Dahl. *Plato on Democracy and Political technē*. Leiden: Brill, 2016.

Spitz, Jean-Fabien. *La liberté politique: essai de généalogie conceptuelle*. Paris: Presses Universitaires de France, 1995.

- *Bodin et la souveraineté*. Paris: Presses universitaires de France 1998.

- *John Locke et les fondements de la liberté moderne*. Paris: Presses Universitaires de France, 2001.

- *Le moment républicain en France*. Paris: Gallimard, 2005.

– *Leçons sur l'œuvre de Jean-Jacques Rousseau. Les fondements du système.* Paris: Ellipses, 2015.

Spitzer, Leo. "Geistesgeschichte vs History of Ideas as Applied to Hitlerism" *Journal of the History of Ideas*5: 191-203, 1944.

Sterne, Laurence. *The Life and Opinions of Tristram Shandy, Gentleman.* York: Ann Ward, 1760 [1759].

Strachey, Lytton. *Eminent Victorians: Cardinal Manning, Florence Nightingale, Dr. Arnold, General Gordon.* London, Chatto & Windus, 1918.

Straumann, Benjamin. *Roman Law in the State of Nature.* Cambridge: Cambridge University Press, 2015.

– *Crisis and Constitutionalism: Roman Political Thought from the Fall of the Republic to the Age of Revolution.* Oxford: Oxford University Press, 2016.

Strauss, David Friedrich. *Das Leben Jesu: kritisch bearbeitet.* Stuttgart: P. Balz'sche Buchhandlung, 1836.

– Mary Ann Evans (transl.). *The Life of Jesus, Critically Examined.* London: Chapman, Brothers, 1846.

Strauss, Leo. *On Tyranny: An Interpretation of Xenophon's Hiero.* New York: Political Science Classics, 1948.

– *Persecution and the Art of Writing.* Chicago: University of Chicago Press, 1952.

Stroud, Barry. "Wittgenstein and Logical Necessity" *The Philosophical Review*, 74 (4): 504-518, 1965.

Struck, Peter. *Birth of the Symbol: Ancient Readers at the Limits of Their Texts.* Princeton: Princeton University Press, 2004.

– *Divination and Human Nature: A Cognitive History of Intuition in Antiquity.* Princeton: Princeton University Press, 2016.

Swift, Jonathan.*Travels into several Remote Nations of the World. In four parts. By Lemuel Gulliver, first a surgeon, and then a captain of several ships.* London: Benj. Motte, 1726.

Tamir, Yuli. *Liberal Nationalism.* Princeton: Princeton University Press, 1995 [1993].

- *Why Nationalism*. Princeton: Princeton University Press, 2019.

Tarcov, Nathan. "Quentin Skinner's Method and Machiavelli's Prince" *Ethics* 92 (4): 692-709, 1982.

Tharoor, Shashi.*Pax Indica: India and the World of the Twenty-First Century*. New Delhi: Allen Lane, 2012.

Thompson, E.P. *The Making of the English Working Class*. London, V. Gollancz, 1963.

Thoreau, Henry D. *A Week on the Concord and Merrimack Rivers*. Boston/ Cambridge: James Munroe and Co., 1849.

- *The Maine Woods*. Boston: Ticknor and Fields, 1864.

Thucydides (Θουκυδίδης). Ἱστορίαι. *History of the Peloponnesian War*. Cambridge, MA: Harvard University Press & W. Heinemann, 1975-1980.

Tillyard, E. M. W. *The Elizabethan World Picture: A Study of the Idea of Order in the Age of Shakespeare, Donne & Milton*. New York: Random House, 1942.

Tocqueville, Alexis de. *De la démocratie en Amérique*. Paris: Michel Lévy, 1864.

- *L'Ancien Regime et la Révolution*.Pappas, A. (transl.). Kitromilides, P.M. (transl.). Athens: Polis, 2006.

Tod, Marcus N.; Austin, R. P. "Athens and the Satraps' Revolt" *The Journal of Hellenic Studies*, 64 (1): 98-100,1944.

Tortarolo, Edoardo. *La ragione sulla Sprea: Coscienza storica e cultura politica nell'illuminismo berlinese*. Bologna: Mulino, 1989.

- *L'invenzione della libertà di stampa. Censura e scrittori nel Settecento*. Roma: Carocci, 2011.

Toynbee, Arnold J. "You can Pack Up Your Troubles" *Woman's Home Companion* 79, 04. 1952.

- *A Study of History Volume IX*. Oxford: Oxford University Press, 1954.

Trevor-Roper, Hugh. "Religious Origins of the Enlightenment" in *Religion, the Reformation and Social Change*. London & Melbourne: Macmillan, 1967.

Trivellato, Francesca. "Is There a Future for Italian Microhistory in the Age of Global History?" *California Italian Studies*, 2(1): 10, 2011.

Tuck, Richard. *Natural Right Theories*. Cambridge: Cambridge University Press,

1979.

— *Hobbes: A Very Short Introduction*. New York: Oxford University Press, 1989.

— *The Rights of War and Peace: Political Thought and the International Order from Grotius to Kant*. New York: Oxford University Press, 1999.

— *Free Riding*. Cambridge, MA: Harvard University Press, 2008.

— *Sleeping Sovereign*. Cambridge: Cambridge University Press, 2016.

— "The Left Case for Brexit" *Dissent*, Jun 6th, 2016.

— "Brexit: A Prize in Reach for the Left" Speech at Policy Exchange, Jul 17th, 2017.

— "Hobbes [and Weber] on the Jury" Talk at Trinity College, Cambridge on Feb. 5th, 2018 (unpub.)

— "How Hobbesian was Rousseau? How Rousseauian was Hobbes" Berkeley, 2016; Princeton, 2018 (unpub.)

— *The Left Case for Brexit: Reflections on the Current Crisis*. Cambridge: Polity, 2020.

Tuck, Richard & Bickerton, Christopher. "A Brexit Proposal" *Briefings for Brexit*, 2017.

Turner, Denys. *Thomas Aquinas*. New Haven: Yale University Press, 2013.

Twining, Timothy. "The Early Modern Debate over the Age of the Hebrew Vowel Points: Biblical Criticism and Hebrew Scholarship in the Confessional Republic of Letters" *Journal of the History of Ideas*, 81 (3): 337-358, 2020.

Urbinati, Nadia. "Vilfredo Pareto suffragista" *Giornale Critico della Filosofia Italiana*, 77: 250-273, 1988.

— *Le civili libertà: Positivismo e liberalismo nell'Italia unita*, prefaced by Bobbio, Norberto. Venice: Marsilio, 1990.

— "Carlo Cattaneo e John Stuart Mill" ,*Rivista di Filosofia*, 79 (2): 211-236, 1990.

— "John Stuart Mill on Androgyny and Ideal Marriage" *Political Theory*, 19 (4):626-648, 1991 (reissued in Jacobs, Lesley A.; Vandewetering, Richard (eds). *John Stuart Mill's The Subjection of Women: His Contemporary and*

Modern Critics. Delmar, NY: Caravan Books, 1999, pp. 435-455.

- "The Liberalism Socialism of Carlo Rosselli" in *Dissent* (Winter): 113-23, 1994.

- "G. B. Vico" *Crocevia*, 2: 77-85, 1995.

- *Individualismo democratico: Emerson, Dewey e la cultura politica americana*. Roma: Donzelli, 1997.

- "Carl Schmitt's Critique of Liberalism," *Cardozo Law Review* 21: 1645-1651, 2000.

- "Il liberalismo socialista e i fondamenti della democrazia italiana" in *Quaderni del Circolo Rosselli*, 20: 43-48, 2000.

- "Carlo Rosselli et les fondements éthiques de la démocratie" , in Bechelloni,Giovanni (ed).*Antifascismo, Federalismo e Liberalsocialismo*. Milano: Franco Angeli, 2001, pp. 35-59.

- "La critica degli intellettuali critici," *Contemporanea* (il Mulino) 5: 732-739, 2002.

- "Communitarismo," in Bobbio,Norberto; Matteucci, Nicola; Pasquino, Gianfranco (eds).*Dizionario di Politica*(3rdedition)Turino: UTET, 2003, pp. 67-73.

- "Liberalism in the Cold War: Norberto Bobbio and the Dialogue with the PCI" ,*Journal of Modern Italian Studies* 8: 578-603, 2003.

- "Review of Norberto Bobbio, *Autobiografia* (Rome-Bari: Laterza, 1997)" , *Journal of Modern Italian Studies*, 8: 121-25, 2003.

- "Laïcité in Reverse: Mono-religious Democracies and the Issue of Religion in the Public Sphere" *Constellations* 17(1): 4-21, 2010.

- "Thucydides the Thermidorian: The Rediscovery of Democracy in the Eighteenth and Nineteenth Century" in Harloe, Katherine & Morley, Neville (eds). *Thucydides: Reception, Reinterpretation, Influence*. Cambridge: Cambridge University Press, 2012, pp. 55-76.

- "Competing for Liberty: The Republican Critique of Democracy", *American Political Science Review*, 105(1): 607-621, 2012.

- "Debate: The Greek Debt and the Need for a European Political Union.

Who Betrayed Europe's Founders?"*The Federalist Debate* 28(3): 48-49, 2015.

- "European Integration: A Democratic Challenge to Populism" in Simeoni, Monica (ed).*Europe or Not! Multiple Conversations and Voices*, with Martinelli, Alberto; Cotesta, Vittorio; Urbinati, Nadia &Toutaine, Alain. Bruxelles: Peter Lang, 2016, pp. 123-146.

Urbinati, Nadia & Marzano, Marco. *Missione impossibile. La conquista cattolica della società italiana.* Bologna: Il Mulino, 2013.

Urbinati, Nadia & Ocone, Corrado (ed.) *La libertá e i suoi limiti: antologia dei liberali italiani da Filangieri a Bobbio.* Roma-Bari: Laterza, 2006.

Varouxakis, Georgios. "Intellectual History as Cultural Criticism: Enlightenment versus Nationalism" (1995): Interview of Paschalis Kitromilides on 9 July, 1994 by D.L.L. Parry and Georgios Varouxakis. Interviews-entretiens, *European Review of History: Revue européenne d'histoire*, 2:2, 261-267.

Venturi, Franco. *Jeunesse de Diderot (de 1713 à 1753).* Paris: Skira, 1939.

- *Le origini dell'Enciclopedia.* Roma-Firenze-Milano: Edizioni U, 1946.

- *L'antichità svelata e l'idea di progresso in Nicolas-Antoine Boulanger.* Bari: Laterza, 1947.

- *Jean Jaurès e altri storici della Rivoluzione francese.* Torino: Einaudi, 1948.

- *Alberto Radicati di Passerano.* Torino: Einaudi, 1954.

- *Settecento riformatore, I: Da Muratori a Beccaria.* Torino: Einaudi, 1969.

- *Utopia e riforma nell'Illuminismo.* Torino: Einaudi, 1970.

- *Settecento riformatore, II: La chiesa e la repubblica entro i loro limiti (1758-1774).* Torino: Einaudi, 1976.

- *Settecento riformatore, V: L'Italia dei lumi (1764-1790)*, 2 t. Torino: Einaudi, 1987-1990.

Vichniac, Judith. *The Management of Labor: The British and French Iron and Steel Industries 1860-1918.* Greenwich, CT; JAI Press, 1990.

- (ed.) *Democracy, Revolution, and History.* Ithaca: Cornell University Press, 1999.

Wagner, Richard (K. Freigedank). "Das Judenthum in der Musik" *Neue Zeitschrift für Musik*, Leipzig, 1850; *Das Judenthum in der Musik*. Leipzig: J.J. Weber, 1869.

- *Das Kunstwerk der Zukunft.* Leipzig: Wigand, 1850.

Walsh, Eileen O'Mara. *The Third Daughter: A Retrospective*. Dublin: Lilliput, 2015.

Walzer, Michael. *The Revolution of the Saints: A Study in the Origins of Radical Politics*. Cambridge, MA: Harvard University Press, 1965.

- *Obligations: Essays on Disobedience, War and Citizenship*. Cambridge, MA: Harvard University Press, 1970.

- "Political Action: The Problem of Dirty Hands" *Philosophy and Public Affairs* 2: 160-180, 1973.

- *Just and Unjust Wars*. New York: Basic Books, 1977.

- *Exodus and Revolution*. New York: Basic Books, 1985.

- *The Paradox of Liberation: Secular Revolutions and Religious Counterrevolutions*. New Haven: Yale University Press, 2015.

- *A Foreign Policy for the Left*. New Haven: Yale University Press, 2018.

Walzer, Michael; Lorberbaum, Menachem; Zohar, Noam J.; Lorberbaum, Yair (eds). *The Jewish Political Tradition* vol. Ⅰ-Ⅲ. New Haven: Yale University Press, 2000.

Warren, Christopher. *Literature and the Law of Nations*. Oxford: Oxford University Press, 2015.

Warrender, Howard. "Political Theory and Historiography: A Reply to Professor Skinner of Hobbes" *The Historical Journal* 22 (4): 931-940, 1979.

Whatmore, Richard. *Against War and Empire. Geneva, Britain and France in the Eighteenth Century*. New Haven & London: Yale University Press, 2010.

Whitting, Philip. *Byzantium: An Introduction*. Oxford: Blackwell, 1981.

Wilkerson, Isabel. *Caste: The Origins of Our Discontents*. New York: Random House, 2020.

Winch, Donald. *Economics and Policy: A Historical Study*. London: Hodder and Stoughton, 1969.

- *Adam Smith's Politics: An Essay in Historiographic Revision*. Cambridge: Cambridge University Press, 1978.

- *Malthus*. Oxford: Oxford University Press, 1987.

- *Riches and Poverty: An Intellectual History of Political Economy in Britain, 1750-1834*. Cambridge: Cambridge University Press, 1996.

- *Malthus: AVery Short Introduction*. Oxford: Oxford University Press, 2013.

Wittgenstein, Ludwig. *Philosophische Untersuchungen*. New York: Macmillan, 1953.

- *Philosophische Untersuchungen*. Frankfurt am Main: Suhrkamp, 1977.

Worden, Blair. *The Rump Parliament 1648-1653*. Cambridge: Cambridge University Press, 1974.

- *Literature and Politics in Cromwellian England: John Milton, Andrew Marvell, Marchamont Nedham*. Oxford: Oxford University Press, 2007.

- *God's Instruments. Political Conduct in the England of Oliver Cromwell*. Oxford: Oxford University Press, 2012.

Ζαμπέλιος, Σπυρίδων. *Αί Βυζαντιναί Μελέται. Περί πηγών Νεοελληνικής Εθνότητος από Η΄ άχρι Ι΄ εκατονταετηρίδος μ.Χ*. Εν Αθήναις: Τύποις Χ. Νικολαΐδου Φιλαδελφέως, 1857.

术语表

人名

A

阿比·瓦堡（Aby Warburg）：德国艺术世家、文化理论家

阿比盖尔·肖（Abigail Thaw）：英国女演员

阿比吉特·巴纳吉（Abhijit Banerjee）：印裔美国经济实验、发展经济学家

阿伯特·劳伦斯·罗威尔（Abbott Lawrence Lowell）：美国法学学者、教育家

阿道夫·希特勒（Adolf Hitler）：前纳粹党魁、德意志第三帝国元首

阿德里安·布劳（Adrian Blau）：英国政治思想史学者

阿尔贝·加缪（Albert Camus）：法国作家、哲学家

阿尔贝里科·詹蒂利（Alberico Gentili）：意大利法学家

阿尔伯特·爱因斯坦（Albert Einstein）：物理学家

阿尔伯特·洛尔青（Albert Lortzing）：德国作曲家、轻歌剧代表人物

阿尔伯特·亚伯拉罕·迈克尔逊（Albert Abraham Michelson）：美国物理学家

阿尔弗雷德·诺斯·怀特海（Alfred North Whitehead）：英裔美籍数学家、哲学家

阿尔弗雷德·施密特（Alfred Schmidt）：德国法兰克福学派批判理论家

阿尔格农·西德尼（Algernon Sidney）：近代早期英国政治家、理论家

阿芙利尔·卡麦隆（Averil Cameron）：英国拜占庭史家

阿哈德·哈姆（Ahad Ha'am）：希伯来作家、复国主义思想家

（叙拉古的）阿基米德（Ἀρχιμήδης）：古希腊数学、科学和哲学家

阿克塞尔·霍耐特（Axel Honneth）：德国社会理论家

阿拉贡的费尔南多二世（Fernando II de Aragón; Ferrando II; Ferran II）：
西班牙君主

阿拉斯代尔·麦金泰尔（Alasdair MacIntyre）：苏格兰伦理和政治哲学家

阿兰·布鲁姆（Allan Bloom）：美国施特劳斯学派政治哲学家

阿勒多·卡皮蒂尼（Aldo Capitini）：意大利哲学家、诗人、教育家、政治运动家

阿里克斯·古勒维奇（Alex Gourevitch）：美国政治理论学者

（萨摩斯岛的）阿里斯塔克斯（Ἀρίσταρχος）：古希腊天文和数学家

阿历克西·德·托克维尔（Alexis-Charles-Henri Clérel de Tocqueville）：
法国思想家

阿隆索·德·埃尔西利亚（Alonso de Ercilla y Zúñiga）：西班牙贵族、士兵、诗人

阿玛蒂亚·森（Amartya Sen）：印度、英国、美国哲学家、经济学家

阿曼达·格林（Amanda Greene）：美国法学和政治理论学者

阿米亚·达斯古普塔（Amiya Kumar Dasgupta）：印度经济学家

阿纳尔多·莫米利亚诺（Arnaldo Momigliano）：意大利古代史与史学史家

阿诺德·索末菲（Arnold Sommerfeld）：德国理论物理学家

阿诺德·勋伯格（Arnold Schönberg）：奥地利作曲家、音乐理论家、教育家

阿诺德·约瑟夫·汤因比（Arnold J. Toynbee）：英国历史学家

阿奇博尔德·坎贝尔·泰特（Archibald Tait）：英国大主教

阿瑟·梅尔泽（Arthur Melzer）：美国政治理论学者

阿维·利夫希茨（Avi Lifschitz）：欧洲思想史学者

阿扎曼蒂奥斯·科莱斯（Ἀδαμάντιος Κοραῆς）：希腊启蒙运动思想家

埃德蒙·伯克（Edmund Burke）：爱尔兰裔英国哲学家、政治家、演说家

埃德蒙·摩根（Edmund Morgan）：早期美国史家

埃德蒙德·胡塞尔（Edmund Husserl）：德国现象学哲学家

埃迪特·施泰因（Edith Stein）：犹太裔德籍天主教修女、哲学家

埃杜阿尔多·托特罗诺（Edoardo Tortarolo）：意大利近代史家

埃莱夫塞里奥斯·韦尼泽洛斯（Ελευθέριος Κυριάκου Βενιζέλος）：希腊政治家与思想家

埃里·凯杜里（Elie Kedourie）：英国中东史家

埃里克·比尔鲍姆（Eric Beerbohm）：美国政治理论学者

埃里克·霍布斯鲍姆（Eric Hobsbawm）：英国马克思主义经济和社会史家

埃里克·科克伦（Eric Cochrane）：美国的意大利文艺复兴史家

埃里克·马斯金（Eric Maskin）：美国经济学家

埃里希·奥尔巴赫（Erich Auerbach）：德国语言学家、文学评论家

埃米尔·涂尔干（Emile Durkheim）：犹太裔法国社会学家

埃丝特·杜弗洛（Esther Duflo）：法裔经济实验、发展经济学家

埃斯库罗斯（Αἰσχύλος）：古希腊悲剧诗人

艾伯特·赫希曼（Albert Hirschman）：德国发展经济学家和思想家

艾尔莎·金德勒（Elsa Gindler）：德国身体治疗学先驱

艾利克斯·格拉罗（Alex Guerrero）：美国哲学学者

艾玛·罗斯柴尔德（Emma Rothschild）：英国经济思想史家

艾玛·麦金侬（Emma Mackinnon）：美国政治理论学者

艾瑞克·罗尔（Eric Roll）：英国银行家、经济学家、经济思想史家

艾瑞克·莫奈（Eric Monnet）：法国宏观经学者、欧洲经济史学者

艾瑞克·纳尔逊（Eric Nelson）：美国政治理论家

艾萨克·纳西莫夫斯基（Isaac Nakhimovsky）：美国欧洲思想史学者

艾萨克·牛顿爵士（Sir Isaac Newton）：英国物理、数学和自然哲学家

艾斯蒙·怀特（Esmond Wright）：英国历史学家、保守党议员

爱奥尼斯·卡波季斯第亚斯（Ιωάννης Αντώνιος Καποδίστριας）：希腊政治领袖

爱德华·伯恩施坦（Eduard Bernstein）：德国改良社会主义理论家

爱德华·格里格（Edvard Hagerup Grieg）：挪威作曲家

爱德华·哈克尼斯（Edward Harkness）：美国慈善家

爱德华·亨德尔特（Edward Hundert）：美国、加拿大的英国思想史学者

爱德华·吉本（Edward Gibbon）：英国历史学家、思想家

爱德华·库克（Edward Coke）：英国近代早期法学家、法官、政治家

爱德华·莫雷（Edward Morley）：美国物理学家

爱德华·帕尔默·汤普森（Edward Palmer Thompson）：英国马克思主义社会史家

爱德华多·弗雷·鲁伊斯-塔格莱（Eduardo Frei Ruiz-Tagle）：智利前总统

爱德华多·格伦迪（Edoardo Grendi）：意大利微观史家

爱利克·埃里克森（Erik Homburger Erikson）：德裔心理分析和发展心理学家

爱弥尔·左拉（Émile Zola）：法国文学家

安·布莱尔（Ann Blair）：美国文化、思想、书籍史家

安·罗伯特·雅克·杜尔哥（Anne-Robert-Jacques Turgot）：法国古典经济学家

安德雷·拉克斯（André Laks）：法国古代哲学和古典学家

安德鲁·菲茨茅利斯（Andrew Fitzmaurice）：英国、澳大利亚的思想史学者

安德鲁·弗莱彻（Andrew Fletcher）：苏格兰近代早期作家和政治家

安德鲁·库默（Andrew Mark Cuomo）：美国纽约州长

安德斯·达尔·索伦森（Anders Dahl Sørensen）：丹麦古典哲学学者

安东尼·阿皮安（Anthony Appiah）：英国、加纳作家、哲学家

安东尼·格拉夫顿（Anthony Grafton）：美国文化与思想史家

安东尼·帕戈登（Anthony Pagden）：英裔近代史家

安东尼奥·葛兰西（Antonio Gramsci）：意大利马克思主义思想家

安东尼奥·杰诺维西（Antonio Genovesi）：意大利哲学和政治经济学家

安东尼奥·皮加费塔 (Antonio Pigafetta)：威尼斯学者、探险家

安娜贝尔·布蕾特（Annabel Brett）：当代英国近代早期思想史家

安娜特·贝克尔（Annette Becker）：法国战争史家

安妮·克里格尔（Annie Kriegel）：法国共运史家

安珀·卡朋特（Amber Carpenter）：英美古典学和佛教哲学学者

安提戈涅（Ἀντιγόνη）：古希腊神话、戏剧中忒拜国王俄狄浦斯之女

奥班·维克多（Orbán, Viktor）：匈牙利保守派政客

奥德修斯·埃里蒂斯（Οδυσσέας Ελύτης）：现代希腊诗人

奥尔汗·帕穆克（Orhan Pamuk）：土耳其文学家

奥古斯特·勒克耳（August Röckel）：德国作曲家、指挥家、社会活动家

奥利弗·克伦威尔（Oliver Cromwell）：英国政治领袖、英国革命后的护国公

奥罗宾多（শ্রীঅরবিন্দ =Śri Aurobindo Ghose）：印度孟加拉哲人、瑜伽士、政治思想家

奥马尔·穆阿迈尔·卡扎菲（معمر القذافي）：利比亚政治人物

奥诺雷·德·巴尔扎克（Honoré de Balzac）：法国现实主义小说与剧作家

奥斯卡·阿里亚斯·桑切斯（Oscar Arias Sánchez）：前哥斯达黎加共和国总统

奥斯卡·涅格特（Oskar Negt）：德国社会理论家和活动家

奥斯瓦尔德·冯·沃尔肯斯坦（Oswald von Wolkenstein）：中古诗人、作曲家、外交官

奥托·费尼谢尔（Otto Fenichel）：奥地利精神分析学家

奥托·冯·俾斯麦（Otto von Bismarck）：德意志帝国首任宰相

奥托·克伦佩勒（Otto Klemperer）：犹太裔德国、以色列指挥家、作曲家

B

巴尔达萨雷·卡斯蒂利奥内（Baldassare Castiglione）：意大利文艺复兴时期作家、政治家

巴里·梅哲（Barry Mazur）：美国数学家

巴里·斯特劳德（Barry Stroud）：加拿大哲学家、哲学史家

巴林顿·摩尔（Barrington Moore Jr.）：美国政治社会学家

巴鲁赫·德·斯宾诺莎（Baruch de Spinoza）：犹太裔荷兰启蒙哲学家

巴沙尔·哈菲兹·阿萨德（بشار حافظ الأسد）：叙利亚政治家，老阿萨德之子

巴托洛梅·德·拉斯·卡萨斯（Bartolomé de las Casas）：西班牙神学家、思想家、改革家

柏拉图（Πλάτων）：古希腊哲学家

保尔·霍尔巴赫（Paul-Henri Thiry, baron d'Holbach）：法、德启蒙思想家、无神论者

保罗·霍尔登格雷勃（Paul Holdengräber）：美国作家、评论家、纽约图书馆专员

保罗·卡特里奇（Paul Cartledge）：英国古代史学者

保罗·朗之万（Paul Langevin）：法国物理学家、反法西斯运动家

保罗·利科（Paul Ricoeur）：法国哲学家、诠释学家

保罗·马蒂亚·多利亚（Paolo Mattia Doria）：意大利那不勒斯哲学家、数学家

保罗·切尼（Paul Cheney）：美国的法国史学者

鲍勃·霍普（Bob Hope）：英裔美国演员

鲍里斯·约翰逊（Boris Johnson）：英国政治家

贝德里赫·斯美塔那（Bedřich Smetana）：捷克作曲家、钢琴家、指挥家

贝恩德·拉贝尔（Bernd Rabehl）：德国批判理论家

贝尔多·贝拉米诺（Roberto Bellarmino）：罗马枢机主教

贝克梅瑟（Sixtus Beckmesser）：瓦格纳歌剧《名歌手》中的人物

贝内德托·克罗齐（Benedetto Croce）：意大利作家、哲学家、政治人物

贝尼托·墨索里尼（Benito Mussolini）：意大利法西斯政权政治领袖

本杰明·迪斯雷利（Benjamin Disraeli）：19世纪犹太裔英国保守党领袖

本杰明·贡斯当（Benjamin Constant）：法国政治思想家

本杰明·斯特劳曼（Benjamin Straumann）：瑞士、美国法学思想史学者

彼得·弗雷德里克·斯特劳森（Peter Frederick Strawson）：英国语言和逻辑哲学家

彼得·盖伊（Peter Gay）：德裔美国文化与思想史家

彼得·高希（Peter Ghosh）：当代英国观念史家

彼得·哈根马赫（Peter Haggenmacher）：日内瓦国际法、法学史学者

彼得·加恩西（Peter Garnsey）：英国古典学家

彼得·拉斯莱特（Peter Laslett）：英国社会史、思想史家

彼得·斯特鲁克（Peter Struck）：美国古典学与历史学者

碧昂卡·冯塔娜（Bianca Fontana）：英国、瑞士思想史学者

碧翠丝·韦伯（Beatrice Webb）：英国社会改良家、伦敦政治经济学院创始人之一

波爱修斯（Anicius Manlius Severinus Boëthius）：古代晚期罗马哲学家

波利比乌斯（Πολύβιος）：希腊裔罗马政治家、历史学家

伯里克利（Περικλῆς）：古雅典政治家

伯纳德·贝林（Bernard Bailyn）：美国史家

伯纳德·曼德维尔（Bernard Mandeville）：英国、荷兰哲学家、政治经济学家

伯纳德·威廉姆斯（Bernard Williams）：英国哲学家

伯尼·桑德斯（Bernie Sanders）：美国左翼政治家

伯特兰·罗素（Bertrand Russell）：英国哲学家

布莱恩·巴利（Brian Barry）：英美伦理学、政治哲学家

布莱恩·蒂尔尼（Brian Tierney）：美国的中古欧洲思想史家

布莱恩·麦基（Bryan Magee）：英国哲学作家、广播员、政治家

布莱尔·沃登（Blair Worden）：英国史家

布莱兹·帕斯卡（Blaise Pascal）：法国数学家、神学家、科学家

布伦希尔德（Brünnhilde）：诺斯神话、德国文学艺术中的女武神

C

查德·罗蒂（Richard Rorty）：美国相对主义哲学家

查尔斯·艾蒂安（Charles Estienne; Carolus Stephanus）：16 世纪法国解剖学家

查尔斯·艾略特（Charles Eliot）：美国思想家、教育家

查尔斯·布斯（Charles Booth）：英国商人、学者、改革家

查尔斯·狄更斯（Charles Dickens）：英国小说家

查尔斯·费瑞德（Charles Fried）：美国法学家、司法部副次长

查尔斯·金德尔伯格（Charles P. Kindleberger）：美国经济学家、经济史家

查尔斯·桑德斯·皮尔士（Charles Sanders Peirce）：美国数学家、科学家、实用主义哲学家

查尔斯·施密特（Charles B. Schmitt）：美国哲学、文化、思想史家

查尔斯·泰勒（Charles Taylor）：当代加拿大哲学家

查尔斯·托马斯·朗雷（Charles Thomas Longley）：英国大主教

查尔斯·威瑟斯（Charles W. J. Withers）：苏格兰地理学家

查拉图斯特拉（Zaraθuštra）：琐罗亚斯德教创始人、《阿维斯塔》经作者

查理·路易·孟德斯鸠（Montesquieu）：法国启蒙时代思想家

D

达蒙·萨勒撒（Damon Salesa）：萨摩亚裔新西兰学者

达维德·梁赞诺夫（Давид Рязанов）：俄国马克思主义革命家

大卫·阿布拉菲亚（David Abulafia）：英国海洋史家

大卫·阿米蒂奇（David Armitage）：当代英国思想史家

大卫·贝尔（David Bell）：美国的法国近代史家

大卫·哈勒伊（David Herlihy）：美国中世纪与文艺复兴史学家

大卫·康纳汀（David Cannadine）：英国现代史家

大卫·肯特（David Kent）：苏格兰历史学者

大卫·昆特（David Quint）：美国的欧洲文学史、比较文学家

大卫·朗西曼（David Runciman）：英国政治学者

大卫·李嘉图（David Ricardo）：英国古典政治经济学家

大卫·奈伦堡（David Nirenberg）：美国的中古欧洲史家

大卫·施特劳斯（David Strauß）：德国自由派新教神学家

大卫·希尔伯特（David Hilbert）：德国数学家

大卫·休谟（David Hume）：英国作家、哲学家、历史学家

黛博拉·萨茨（Debra Satz）：美国哲学家

丹·埃德尔斯坦（Dan Edelstein）：美国的法国史学者

丹尼尔·奥尔特加（Daniel Ortega）：尼加拉瓜政治领袖

丹尼尔·贝尔（Daniel Bell）：美国社会学家

丹尼尔·加伯（Dan Garber）：美国哲学史家

丹尼尔·李（Daniel Lee）：美国政治理论、近代早期思想史学者

但丁·阿利吉耶里（Dante Alighieri）：意大利诗人

道恩·阿德斯（Josephine Dawn Adès）：英国艺术史学者

道格拉斯·诺斯（Douglas North）：美国经济学家、制度经济学和经济史家

德里克·帕菲特（Derek Parfit）：当代英国哲学家

德隆·阿西莫格鲁（Daron Acemoglu）：亚美尼亚裔美国经济学家

德洛尔·瓦尔曼（Dror Wahrman）：以色列的近代欧洲文化史家

德米特里·列维京（Dmitri Levitin）：英国近现代欧洲史学者

德尼·狄德罗（Denis Diderot）：法国启蒙思想家

德尼斯·特纳（Denys Turner）：英国神学、哲学家

德斯蒙德·图图（Bishop Desmond Tutu）：南非开普敦圣公会大主教、社会运动家

邓肯·贝尔（Duncan Bell）：英国政治理论和思想史学者

邓肯·福布斯（Duncan Forbes）：苏格兰思想史家

邓肯·凯利（Duncan Kelly）：英国现代思想史学者

狄多（Διδώ; Dido）：古迦太基女王、城邦建立者与统治者

狄米特里·埃尔·穆尔（Dimitri El Murr）：法国古典哲学学者

迪奥多托斯，尤克拉低之子（Διόδοτος）：古雅典政治人物

迪尔梅德·麦克库洛赫（Diarmaid MacCulloch）：英国历史学家

迪克·切尼（Dick Cheney）：美国前副总统

迪米特里·奥伯连斯基（Dimitri Obolensky）：俄裔英国巴尔干、东欧、俄国史家

迪特尔·亨利希（Dieter Henrich）：德国哲学家、哲学史家

蒂莫西·阿德斯（Timothy Adès）：英国作家、翻译家

蒂莫西·斯迈利（Timothy Smiley）：英国哲学家

蒂莫西·特文宁（Timothy Twining）：英国近代早期文化和宗教史学者

杜格尔德·斯图尔特（Dugald Stewart）：苏格兰启蒙思想家、数学家

多萝西·汤普森（Dorothy Thompson）：英国宪章运动史学者

多米尼克·斯考特（Dominic Scott）：英国古典哲学学者

E

恩里克·努佐（Enrico Nuzzo）：意大利文学与思想史家

恩培多克勒（Ἐμπεδοκλῆς）：前苏格拉底时代哲学和科学家、政治家和作家

恩斯特·卡西尔（Ernst Cassirer）：德国犹太裔哲学家

恩斯特·坎托罗维奇（Ernst Kantorowicz）：德裔中古史家

恩斯特·图根哈特（Ernst Tugendhat）：捷克裔德国哲学家

F

菲利佩·费尔南德兹·阿梅斯托（Felipe Fernandez-Armesto）：英国历史学家

菲利普·惠廷（Philip Whitting）：英国拜占庭历史学者

菲利普·麦唐纳（Philip McDonagh）：爱尔兰诗人、外交官

菲利普·墨兰顿（Philip Melanchthon）：16世纪德国宗教改革思想家

菲利普·佩蒂特（Philip Pettit）：爱尔兰政治理论家

菲利普·亚勃拉姆斯（Philip Abrams）：英国社会学家

腓特烈·诺斯勋爵（Frederick North, Lord North）：大不列颠王国首相

腓特烈·威廉（Friedrich Wilhelm der GroßeKurfürst）：勃兰登堡选帝侯、普鲁士公爵

腓特烈二世（Friedrich Ⅱ）：神圣罗马帝国皇帝

腓特烈二世大帝（Friedrich Ⅱ, der Große）：普鲁士国王

斐迪南·麦哲伦（Ferdinand Magellan）：葡萄牙航海探险家

费德里克·席克（Frederic Schick）：美国哲学学者

费迪南多·加利亚尼（Ferdinando Galiani）：意大利政治经济思想家

费尔南多·布罗代尔（Fernand Braudel）：法国年鉴学派历史学家

费利克斯·门德尔松（Felix Mendelssohn）：犹太裔德国浪漫派作曲家

费利佩·冈萨雷斯·马尔克斯（Felipe Gonzá lez Márquez）：西班牙政

治家

    弗吉尼亚·伍尔夫（Virginia Woolf）：英国现代主义、女性主义作家

    弗拉基米尔·伊里奇·列宁（Влади́мир Ильи́ч Ле́нин）：布尔什维克革命家

    弗兰茨·李斯特（Franz Liszt）：德国浪漫派作曲家

    弗兰克·古德诺（Frank Goodnow）：美国法学学者、教育家

    弗兰克·杰克森（Frank Cameron Jackson）：澳大利亚分析哲学家

    弗兰克·洛维特（Frank Lovett）：美国政治学者

    弗兰齐斯科·彼特拉克（Francesco Petrarca）：文艺复兴时期的人文主义学者、思想家

    弗兰西斯·培根（Francis Bacon）：英国哲学家、科学家、文学家

    弗朗茨·罗森茨威格（Franz Rosenzweig）：德国犹太哲学家

    弗朗哥·温图利（Franco Venturi）：意大利历史学家

    弗朗切斯科·帕特里齐（Francesco Patrizi）：克罗地亚裔意大利文艺复兴思想家

    弗朗索瓦·傅勒（François Furet）：法国历史学家和思想家

    弗朗索瓦·基佐（François Guizot）：法国政治领袖、历史学家

    弗朗索瓦·魁奈（François Quesnay）：法国重农主义经济学家

    弗朗西斯·克鲁尼（Francis Clooney）：美国耶稣会神学家、梵学家

    弗朗西斯·耶茨（Frances Yates）：英国文艺复兴学家、文化史家

    弗朗西斯卡·特里维拉托（Francesca Trivellato）：意大利裔近代早期历史学家

    弗朗西斯科·德·维多利亚（Francisco de Vitoria）：西班牙萨拉曼卡学派思想家

    弗朗西斯科·苏亚雷斯（Francisco Suárez）：西班牙萨拉曼卡学派法学思想家

    弗朗西斯科·维特里（Francesco Vettori）：佛罗伦萨政治家

    弗里德里希·哈耶克（Friedrich von Hayek）：奥地利经济学家、哲学家

    弗里德里希·梅内克（Friedrich Meinecke）：德国历史学家

    弗里德里希·尼采（Friedrich Wilhelm Nietzsche）：德国哲学家

    弗里德里希·席勒（Friedrich Schiller）：德国诗人、剧作家、史学家、

哲学家

弗里德里希·谢林（Friedrich Wilhelm Joseph Schelling）：德国哲学家

浮士托·索齐尼（Fausto Sozzini; Faustus Socinus）：索齐尼派神学家，勒里欧之侄

G

伽利略·伽利莱（Galileo di Vincenzo Bonaulti de Galilei）：意大利天文和物理学家

盖瑞·威尔斯（Garry Wills）：美国记者、作家

盖瑞斯·斯特德曼·琼斯（Gareth Stedman Jones）：英国政治经济思想史家

高善必（D. D. Kosambi）：印度数学家、马克思主义历史学家、哲学家、文物学家

戈特弗里德·莱布尼茨（Gottfried Wilhelm Leibniz）：德国哲学家、数学家

格奥尔格·齐美尔（Georg Simmel）：德国社会学家、哲学家、批评家

格奥尔格·威廉·弗里德里希·黑格尔（Georg Wilhelm Friedrich Hegel）：德国哲学家

格劳孔（Γλαύκων）:《理想国》主要人物之一

格劳乔·马克斯（Groucho Marx）：德裔美国喜剧演员

格雷厄姆·马克唐纳（Graham MacDonald）：南非、英国、新西兰哲学学者

葛兰言（Marcel Granet）：法国汉学家

古斯塔夫·马勒（Gustav Mahler）：奥地利作曲家、指挥家

古斯塔夫·麦耶（Gustav Mayer）：德国作家、历史学家

H

哈菲兹·阿萨德（حافظ الأسد）：叙利亚政治家，小阿萨德之父

哈里·托特达夫（Harry Turtledove）：美国历史小说家

哈利·雅法（Harry Jaffa）：美国政治思想家

哈罗德·拉斯基（Harold Laski）：英国左翼政治理论家、经济学家

哈姆雷特（Hamlet）：古诺斯传说和莎士比亚戏剧中的丹麦王子

汉娜·阿伦特（Hannah Arendt）：德裔思想家、政治理论家

汉斯·凯尔森（Hans Kelsen）：奥地利法学家

汉斯·科恩（Hans Kohn）：捷克犹太裔美国哲学家、历史学家

汉斯·赖欣巴哈（Hans Reichenbach）：犹太裔德国科学哲学家、逻辑实证主义哲学家

汉斯·摩根索（Hans Morgenthau）：德裔美国国际关系理论家

汉斯·萨克斯（Hans Sachs）：16 世纪德国名歌手、诗人、鞋匠

汉斯 - 格奥尔·巴克豪斯（Hans-Georg Backhaus）：德国批判理论家

汉斯 - 格奥尔格·伽达默尔（Hans-Georg Gadamer）：德国哲学家

何塞·路易斯·罗德里格斯·萨帕特罗（José Luis Rodríguez Zapatero）：前西班牙首相

何塞·马尔蒂（José Luis Martí）：西班牙政治理论学者

荷马（Ὅμηρος）：古希腊游吟诗人

贺伯特·哈特（Herbert Hart）：英国法哲学家

赫伯特·巴特菲尔德（Herbert Butterfield）：英国历史学家、历史哲学家

赫伯特·基奇纳伯爵（Horatio Herbert Kitchener, 1st Earl Kitchener）：英国军事家

赫伯特·马尔库塞（Herbert Marcuse）：德裔哲学家、批判理论家

赫德利·布尔（Hedley Bull）：澳大利亚裔英国国际关系理论家

赫德维希·卡尔麦耶（Hedwig Kallmeyer）：德国心理治疗师

赫尔曼·柯亨（Hermann Cohen）：犹太裔德国哲学家

赫曼·列维（Hermann Levi）：19 世纪犹太裔德国指挥家

亨里克·易卜生（Henrik Ibsen）：挪威剧作家、戏剧导演

（老）亨利·艾蒂安（Henri Estienne; Henricus Stephanus）：斯特方印书馆创始人

（小）亨利·艾蒂安（Henri Estienne; Henricus Stephanus）：第三代斯特方印书馆主

亨利·艾肯（Henry Aiken）：美国哲学学者

亨利·戴维·梭罗（Henry David Thoreau）：美国超验主义作家、思

想家

亨利·邓斯特（Henry Dunster）：英属美国清教徒神职人员、首任哈佛大学校长

亨利·理查德森（Henry Richardson）：美国哲学学者

亨利·梅休（Henry Mayhew）：英国社会改革家

亨利·纳森·邓恩（Henry Nason Dunn）：英国上校军医

亨利·乔治·蒙特福德·邓恩（Henry George Mountford Dunn）：英国陆军准将

亨特·汤普森（Hunter S. Thompson）：美国记者、作家

胡安·希内斯·塞普尔韦达（Juan Ginés de Sepúlveda）：西班牙人文主义神学家、哲学家

胡伯特·耶丁（Hubert Jedin）：德国罗马天主教会史家

胡果·德罗冲（Hugo Drochon）：爱尔兰、法裔英国思想史学者

胡果·格劳秀斯（Hugo Grotius）：荷兰法学家

华伦夫人（Madame de Warens, Françoise-Louise de Warens）：卢梭赞助者、老师、情人

华盛顿（George Washington）：美国革命家、第一任总统

霍华德·沃伦德（Howard Warrender）：英国政治理论家

霍勒斯·卡伦（Horace Kallen）：德裔美国多元主义、复国主义哲学家

J

基斯·维维安·托马斯（Sir Keith Vivian Thomas）爵士：威尔士思想史家

吉罗拉莫·安伯利亚（Girolamo Imbruglia）：意大利现代史家

吉纳维芙·斯泰宾斯（Genevieve Stebbins）：美国作家、教育家

纪尧姆·卡拉法（Guillaume Calafat）：法国奥斯曼史家

加布里尔·克拉默（Gabriel Cramer）：日内瓦数学家

加里·贝克尔（Gary Becker）：美国芝加哥学派经济学家

贾科莫·梅耶贝尔（Giacomo Meyerbeer）：犹太裔德国歌剧作曲家

贾瓦哈拉尔·尼赫鲁（जवाहरलाल नेहरू）：印度政治家、首任总理

杰德·阿特金斯（Jed W. Atkins）：美国古典学学者

杰弗里·布雷南（Geoffrey Brennan）：澳大利亚政治、经济、哲学学者

杰弗里·沃克维茨（Jeffrey Wolcowitz）：美国微观经济学者、教育行政人员

杰弗瑞·埃尔顿（Geoffrey Elton）：英国历史学家

杰克·图尔纳（Jack Turner）：美国政治思想史学者

杰拉德·艾伦·柯亨（Gerald Allan Cohen）：英国分析马克思主义政治哲学家

杰里米·边沁（Jeremy Bentham）：英国功利主义哲学家、政治经济学家

杰罗姆·施涅温德（Jerome B. Schneewind）：美国哲学家

君士坦丁诺斯·帕帕里戈普洛斯（Κωνσταντίνος Παπαρρηγόπουλος）：希腊历史学家

K

卡尔·波普尔（Karl Popper）：奥地利裔英国科学哲学家

卡尔·弗里德里克（Carl Joachim Friedrich）：德裔美国政治理论家

卡尔·弗里德里希·高斯（Johann Karl Friedrich Gauß）：德国数学家、科学家

卡尔·亨普尔（Carl Gustav Hempel）：德国作家、逻辑实证主义哲学家

卡尔·马克思（Karl Marx）：德国政治经济思想家、共产运动开创者

卡尔·曼海姆（Karl Mannheim）：德国社会学家

卡尔·施米特（Carl Schmitt）：德国法学家和政治哲学家

卡尔·雅斯贝斯（Karl Jaspers）：德国、瑞士心理分析学家、哲学家

卡尔-约阿希姆·霍尔凯斯坎普（Karl-Joachim Hölkeskamp）：德国古代史家

卡龙达斯（Χαρώνδας）：古卡塔尼亚立法者

卡罗·卡塔内奥（Carlo Cattaneo）：意大利作家、哲学家、"米兰五日"领导人

卡罗尔·吉利根（Carol Gilligan）：美国女性主义心理学家、伦理学家

卡洛·波尼（Carlo Poni）：意大利微观史家

卡洛·金兹堡（Carlo Ginzburg）：意大利历史学家

卡洛·罗塞利（Carlo Rosselli）：意大利犹太领袖、历史学家、哲学家

卡门·莱因哈特（Carmen Reinhart）：古巴裔美国经济学家

卡斯蒂利亚的伊莎贝拉一世（Isabel Ⅰ）：西班牙女王

卡斯滕·哈里斯（Karsten Harries）：德裔美国哲学学者

卡特里娜·福雷斯捷（Katrina Forester）：英裔现代思想史学者

凯拉·奈特莉（Keira Knightley）：英国女演员

康斯坦丁·法索特（Constantin Fasolt）：德裔中古和近代早期史家

康斯坦丁诺斯·卡瓦菲斯（Κωνσταντίνος Ⅱ. Καβάφης）：希腊诗人

考底利耶（कौटिल्य= चाणक्य）：孔雀王朝政治家、思想家

考什克·巴苏（Kaushik Basu）：印裔美国发展经济学家

柯林·威廉·麦克劳德（Colin William MacLeod）：英国古典学者

科拉·戴蒙特（Cora Diamond）：美国哲学家、哲学史家

科内利乌斯·卡斯托里亚迪斯（Cornelius Castoriadis）：希腊裔法国社会思想家

克拉拉·舒曼（Clara Schumann）：德国浪漫派钢琴家

克莱门斯·梅特涅（Klemens von Metternich）：奥地利政治家、外交家

克莱亚·费尼谢尔（Cläre Fenichel）：心理分析、身体治疗、临床教育学家

克劳德·德彪西（Claude Debussy）：法国作曲家

克劳德·勒福（Claude Lefort）：法国社会思想家和活动家

克劳德·列维 - 斯特劳斯（Claude Lévi-Strauss）：法国人类学家、民族学家

克劳迪奥·蒙特威尔第（Claudio Monteverdi）：意大利文艺复兴、巴洛克作曲家

克劳福德·布拉夫·麦克弗森（Crawford Brough Macpherson）：加拿大政治学家

克里昂（Κλέων）：古雅典政治人物

克里斯·别克登（Chris Bickerton）：英国政治科学家

克里斯蒂安·惠更斯（Christiaan Huygens）：荷兰数学家、科学家

克里斯蒂安·李斯特（Christian List）：英国政治、哲学学者

克里斯蒂娜·冯·诺尔肯（Christina von Nolcken）：美国的古英语文

学史家

克里斯多夫·霍克威（Christopher Hookway）：英国哲学学者

克里斯多夫·克拉克（Christopher Clark）：澳大利亚裔英国、德国史家

克里斯朵夫·梅克斯特罗斯（Christopher Meckstroth）：美裔思想史学者

克里斯提尼（Κλεισθένης）：古雅典政治家

克里斯托弗·哥伦布（Cristóbal Colón; Cristoforo Colombo）：意大利裔西班牙航海家

克里斯托弗·希尔（Christopher Hill）：英国马克思主义近代史家

克利奥帕特拉七世，笃爱父亲者（Κλεοπάτρα Φιλοπάτωρ）：埃及托勒密王国末代君主

克瑞翁（Κρέων）：古希腊神话和戏剧中的忒拜君主

克斯斯多夫·布鲁克（Christopher Brooke）：英国政治思想史学者

肯尼斯·海恩（Kenneth Hayne）：澳大利亚高等法院前大法官

肯尼斯·罗格夫（Kenneth Rogoff）：美国经济学家、国际象棋手

肯齐·博克（Kenzie Bok）：美国思想史学者、政客

肯齐·胡克斯特拉（Kinch Hoekstra）：美国古典学、政治理论与思想史家

孔多塞侯爵（Marquis de Condorcet）：法国启蒙时代哲学家、数学家

库尔特·格雷林（Kurt Grelling）：德国逻辑学家、哲学家

库尔特·沃尔夫（Kurt Wolff）：德裔美国社会学家

奎多·卡洛杰罗（Guido Calogero）：意大利哲学家、政治思想家

昆体良（Marcus Fabius Quintilianus）：罗马教育家、修辞家、法学家

昆廷·斯金纳（Quentin Skinner）：英国思想史家

L

拉尔夫·沃尔多·爱默生（Ralph Waldo Emerson）：美国文学家、哲学家

拉斐尔·莱姆金（Raphael Lemkin）：波兰犹太裔律师、反种族屠杀思想家

拉夫·库克（Rav Kook）：正统犹太领袖

拉古拉姆·拉詹（Raghuram Rajan）：印裔美国经济和金融学家

拉赫尔·范哈根（Rahel Varnhagen）：犹太裔德国女作家、沙龙主人

拉赫蔑托夫（Рахметов）：车尔尼雪夫斯基《怎么办》人物之一

来古格士（Λυκοῦργος）：古斯巴达立法者

莱斯利·格林（Leslie Green）：苏格兰、加拿大裔英国法学家

莱斯利·珀斯·哈特利（Leslie Poles Hartley）：英国小说家、评论家

莱斯利·斯蒂芬（Leslie Stephen）：英国 19 世纪作家、历史学家

莱因哈特·科塞雷克（Reinhart Koselleck）：德国概念史家

劳拉·马克思（Jenny Laura Marx）：共产运动活动家、马克思二女儿

劳伦斯·萨默斯（Lawrence H. Summers）：美国经济学家、前财政部长、哈佛大学校长

劳伦斯·斯特恩（Laurence Sterne）：英国爱尔兰小说家

劳伦斯·斯通（Lawrence Stone）：英国近代早期史家

勒里欧·索齐尼（Lelio Sozzini; Laelius Socinus）：意大利索齐尼派神学家

勒内·笛卡尔（René Descartes）：法国哲学、数学和物理学家

蕾雅·伊皮（Lea Ypi）：阿尔巴尼亚裔英国政治理论家

李顿·斯特雷奇（Lytton Strachey）：英国作家

李维（Titus Livius）：古罗马文学家、历史学家

里奥十世（Leo X）：也译作良十世，美第奇家族族长、罗马教皇

理查德·艾文斯（Richard Evans）：英国历史学家

理查德·伯恩斯坦（Richard Bernstein）：美国哲学家

理查德·伯克（Richard Bourke）：爱尔兰裔英国思想史家

理查德·冯·米泽斯（Richard von Mises）：奥地利数学家和空气动力学家

理查德·华特莫尔（Richard Whatmore）：当代英国思想史学者

理查德·科布（Richard Cobb）：英国历史学家、作家

理查德·普莱斯（Richard Price）：18 世纪威尔士伦理哲学家、共和主义理论家

理查德·塔克（Richard Tuck）：英国思想史家

理查德·瓦格纳（Richard Wagner）：德国作曲家、指挥家

理查德·谢尔（Richard Sher）：美国历史学家

丽萨·韦登（Lisa Wedeen）：美国政治理论学者

利奥波德·冯·兰克（Leopold von Ranke）：19 世纪德国历史学家

利奥波德二世（Léopold Ⅱ）：比利时国王

列奥·施特劳斯（Leo Strauss）：德裔政治哲学家

列奥·史毕哲（Leo Spitzer）：奥地利作家、罗曼语言学家

列奥尼达斯·罗卡纳斯（Λεωνίδας Ροκανάς）：前希腊驻华大使

列夫·达维多维奇·托洛斯基（Лев Давидович Троцкий）：布尔什维克革命家

列夫·尼古拉耶维奇·托尔斯泰（Лев Николаевич Толстой）：俄国文学家

琳达·科利（Linda Colley）：英裔历史学家

琳达·奎克（Linda Quick）：美国医生、美国疾病控制与预防中心专家

琳达·泽瑞里（Linda M. G. Zerilli）：美国政治理论学者

刘易斯·坎贝尔（Lewis Campbell）：苏格兰古典学家

刘易斯·科塞（Lewis Coser）：德裔美国社会学家

刘易斯·纳米尔爵士（Sir Lewis Namier）：波兰犹太裔英国历史学家

卢卡·伊奥里（Luca Iori）：意大利古典哲学学者

鲁道夫·卡尔纳普（Rudolf Carnap）：德国、美国实证主义哲学家

鲁迪·杜契克（Rudi Dutschke）：德国学生运动领袖

路德维希·凡·贝多芬（Ludwig van Beethoven）：古典主义作曲家、钢琴家

路德维希·费尔巴哈（Ludwig Feuerbach）：德国哲学家

路德维希·维特根斯坦（Ludwig Wittgenstein）：奥地利裔英国语言、数理、心灵哲学家

路德维希二世（Ludwig Ⅱ, Otto Friedrich Wilhelm）：巴伐利亚国王

路易·布朗（Louis Blanc）：法国社会主义政治家、历史学家

路易·皮埃尔·阿尔都塞（Louis Pierre Althusser）：法国马克思主义哲学家

路易·谢瓦列（Louis Chevalier）：法国史家

路易斯·德·莫利纳（Luis de Molina）：西班牙耶稣会神学家、法学家

路易斯·冈萨雷斯（Luis González）：墨西哥历史学家

路易斯·哈茨（Louis Hartz）：美国政治科学家

伦纳德·特里劳尼·霍布豪斯（Leonard Trelawny Hobhouse）：英国政治理论家、社会学家

罗宾·霍洛韦（Robin Holloway）：英国作曲家、学者、作家

罗伯特·艾蒂安（Robert Estienne; Robertus Stephanus）：第二代斯特方印书馆主

罗伯特·达恩顿（Robert Darnton）：美国的法国文化史家

罗伯特·福格尔（Robert Fogel）：芝加哥学派经济史家

罗伯特·格林伯格（Robert Greenberg）：美国哲学学者

罗伯特·胡克（Robert Hooke）：英国博物学和建筑学家、显微镜和细胞学先驱

罗伯特·卢卡斯（Robert Lucas Jr.）：美国芝加哥学派宏观经济学家

罗伯特·诺奇克（Robert Nozick）：美国自由意志主义哲学家

罗伯特·皮平（Robert Pippin）：当代美国哲学家

罗伯特·乔治（Robert George）：美国社会保守派思想家

罗伯托·萨巴蒂诺·洛佩兹（Roberto Sabatino Lopez）：意大利犹太裔历史学家

罗兰·巴特（Roland Barthes）：法国作家、哲学家、文学理论家

罗米拉·塔帕尔（Romila Thapar）：印度政治思想史家

罗纳德·德沃金（Ronald Dworkin）：美国哲学家、法学家

罗纳德·科斯（Ronald Coase）：美国芝加哥学派经济与法学家

罗纳德·里根（Ronald Reagan）：美国第四十任总统

罗莎·卢森堡（Rosa Luxemburg）：波兰裔德国革命家、马克思主义理论家

罗斯·海瑞森（Ross Harrison）：英国哲学学者

洛伦佐·瓦拉（Lorenzo Valla）：15 世纪意大利人文主义者

吕西安·费弗尔（Lucien Febvre）：法国第一代年鉴学派历史学家

M

马丁·布伯（Martin Buber）：奥地利、以色列犹太哲学家

马丁·海德格尔（Martin Heidegger）：德国哲学家

马丁·霍利斯（Martin Hollis）：英国理性主义哲学家

马丁·鲁尔（Martin A. Ruehl）：英国的德国文化与思想史家

马丁·路德（Martin Luther）：基督教改革宗神学家

马丁·路德·金（Martin Luther King）：美国民权运动家

马尔蒂·寇斯科尼弥（Martti Koskenniemi）：芬兰律师、法学学者

马尔科姆·斯科菲尔德（Malcolm Schofield）：英国古典学家

马格纳斯·瑞安（Magnus Ryan）：英国中古思想史学者

马克·贝维尔（Mark Bevir）：英裔历史哲学家

马克·布洛赫（Marc Bloch）：法国年鉴派历史学家

马克·杜兰蒂（Marco Duranti）：美国、澳大利亚国际政治史学者

马克·里拉（Mark Lilla）：美国政治哲学与思想史学者

马克·匈雅提（Mark Hunyadi）：匈牙利裔法国哲学学者

马克斯·玻恩（Max Born）：德国犹太裔物理学家、数学家

马克斯·霍克海默（Max Horkheimer）：德国马克思主义哲学家

马克斯·缪勒（Max Müller）：德国天主教哲学家

马克斯·普朗克（Max Planck）：德国理论物理学家

马克斯·韦伯（Max Weber）：德国社会学家和思想家

马泰奥·萨尔维尼（Matteo Salvini）：意大利右翼政客

马修·兰道尔（Matthew Landauer）：美国政治理论史学者

马修·西蒙顿（Matthew Simonton）：美国古典学学者

马娅·亚桑诺夫（Maya Jasanoff）：美国的英国史家

玛格丽特·希尔达·撒切尔（Margaret Hilda Thatcher）：前英国首相

玛丽·居里（Marie Curie）：波兰裔法国物理学家、化学家

玛丽·彭斯（Mary Burns）：英国工人、恩格斯伴侣

玛丽·雪莱（Mary Shelley）：英国小说家

玛丽娜·勒庞（Marine Le Pen）：法国右翼政治人物

玛丽一世女王（Mary Ⅰ, Mary Tudor）：都铎王朝英格兰、爱尔兰女王

玛莎·努斯鲍姆（Martha Nussbaum）：美国哲学家

迈尔斯·伯恩耶特（Myles Burnyeat）：英国古希腊哲学学者

迈克尔·布拉迪克（Michael Braddick）：英国近代早期史家

迈克尔·克雷默（Michael Kramer）：美国经济学家

迈克尔·库克（Michael Cook）：英国伊斯兰史家

迈克尔·兰卜（Michael Lamb）：美国政治理论学者

迈克尔·罗金（Michael Rogin）：美国政治理论学者

迈克尔·罗森（Michael Rosen）：英国分析政治哲学和社会理论家

迈克尔·欧克肖特（Michael Oakeshott）：英国政治思想家

迈克尔·桑德尔（Michael Sandel）：美国政治理论家

迈克尔·史密斯（Michael Andrew Smith）：澳大利亚伦理学家

迈克尔·索恩舍尔（Michael Sonenscher）：英国欧洲政治经济思想史家

迈克尔·图尼森（Michael Theunissen）：德国哲学家、哲学史家

迈克尔·托马塞罗（Michael Tomasello）：美国发展和比较心理学家、语言学家

迈克尔·威策尔（Michael Witzel）：德裔梵学家、吠陀专家

迈克尔·沃尔泽（Michael Walzer）：美国政治哲学家

麦克尔·曼（Michael Mann）：英国社会学家

麦克马汉（Jeff McMahan）：美裔英国伦理学家

麦克斯·施蒂纳（Max Stirner）：德国哲学家

梅根·唐纳森（Megan Donaldson）：国际法学者

梅丽莎·蕾恩（Melissa Lane）：美国古典哲学和政治理论家

梅诺乔（Menocchio）：《奶酪与蛆虫》中的磨坊主

米拉·斯戈尔伯格（Mira Siegelberg）：美裔国际思想史学者

米里·鲁宾（Miri Rubin）：英国中古与近代早期历史学者

米舍尔·米勒（Mitchell H. Miller）：美国古典哲学学者

米歇尔·德·蒙田（Michel de Montaigne）：法国思想家、散文家

米歇尔·福柯（Paul-Michel Foucault）：法国作家、哲学家、社会理论家、思想史家

摩西（משֶׁה; Μωϋσῆς）：先知、立法者、犹太领袖、《旧约》人物

摩西·芬利（Moses Finley）：美裔英籍古罗马史学家

莫里斯·多布（Maurice Dobb）：英国马克思主义经济学家

莫里斯·梅洛-庞蒂（Maurice Merleau-Ponty）：法国现象学哲学家

莫伊什·普斯通（Moishe Postone）：德裔批判理论家、历史学家

莫泽斯·赫斯（Moses Hess）：法国犹太哲学家、社会主义思想家

穆罕默德·阿里（Muhammad Ali）：拳击手、政治活动家

穆斯塔法·凯末尔·阿塔图尔克（Mustafa Kemal Atatürk）：土耳其共和国第一任总统

N

拿破仑·波拿巴（Napoleon Bonaparte）：法国政治家和军事家

纳伦德拉·莫迪（નરેન્દ્ર મોદી）：印度政治人物、第 14 任总理。

娜塔莉·泽蒙·戴维斯（Natalie Zemon Davis）：加拿大和美国历史学家

南茜·弗雷泽（Nancy Fraser）：美国女性主义理论家

内森·塔科夫（Nathan Tarcov）：美国政治理论家

尼尔·弗格森（Niall Ferguson）：当代苏格兰裔保守派历史学者

尼古拉·车尔尼雪夫斯基（Николай Гаврилович Чернышевский）：俄国文学家

尼古拉·果戈里（Николай Васильевич Гоголь）：俄罗斯文学家

尼古拉斯·安东尼·布朗热（Nicolas Antoine Boulanger）：法国启蒙思想家

尼古拉斯·菲利普森（Nicholas Phillipson）：苏格兰历史学家

尼科洛·马基雅维利（Niccolò Machiavelli）：佛罗伦萨政治哲学家、历史学家、政治家

尼西亚（Misser Nicia）:《曼陀罗》中的角色

努德·哈孔森（Knud Haakonssen）：丹麦思想史学者

诺伯托·博比奥（Norberto Bobbio）：意大利哲学家、政治思想史家

诺曼·雅各布森（Norman Jacobson）：美国政治理论学者

O

欧文·费斯（Owen M. Fiss）：美国程序法、宪法、法理学家

欧文·豪（Irvine Howe）：犹太裔美国文学与社会批评家

P

帕德里克·马斯特森（Patrick Masterson）：爱尔兰宗教和哲学家

帕诺斯·迪马斯（Panos Dimas）：挪威古典哲学学者

帕钦·马克尔（Patchen Markell）：美国政治理论学者

帕斯卡里斯·基多米利德斯（Πασχάλης Κιτρομηλίδης）：希腊政治思想史家

帕维尔·阿克雪里罗得（Па́вел Аксельро́д）：俄国马克思主义革命家

佩德罗·阿尔瓦雷斯·卡布拉尔（Pedro Álvares Cabral）：葡萄牙贵族、军事家、航海家

皮埃尔·贝尔（Pierre Bayle）：法国启蒙思想先驱

皮埃尔·德·费马（Pierre de Fermat）：法国律师、数学家

皮埃尔·居里（Pierre Curie）：法国物理学家

皮埃特罗·本博（Pietro Bembo）：意大利文艺复兴时期的学者、诗人

皮尔斯·马克西（Piers Mackesy）：英国军事史家

皮特·乌本（J. Peter Euben）：美国政治理论学者

皮特罗·詹农（Pietro Giannone）：意大利哲学家、法学家、历史学家

皮耶·布迪厄（Pierre Bourdieu）：法国社会学、人类学家、理论家

皮耶罗·德拉·弗朗西斯卡（Piero della Francesca）：十五世纪意大利文艺复兴画家

皮耶罗·哥贝蒂（Piero Gobetti）：意大利反纳粹作家、思想家

品达（Πίνδαρος）：古希腊抒情诗人

普拉塔普·巴努·梅塔（Pratap Bhanu Mehta）：印度政治理论家

普鲁塔克（Πλούταρχος）：罗马时代的希腊作家、历史学家

普罗提诺（Πλωτίνος）：公元 3 世纪泛希腊主义时代的新柏拉图主义哲学家

Q

齐格弗里德（Siegfried; Sigurðr）：诺斯神话、北欧与德国文学艺术中的英雄

齐格琳德（Sieglinde; Signý）：诺斯神话、北欧与德国文学艺术中的女性人物

齐格蒙德（Siegmund; Sigmundr）：诺斯神话、北欧与德国文学艺术中的英雄

乔尔·艾萨克（Joel Isaac）：英裔学术思想史学者

乔尔·库珀曼（Joel Kupperman）：美国作家、哲学学者

乔纳森·爱德华兹（Jonathan Edwards）：美国大觉醒运动神学家

乔纳森·比斯（Jonathan Biss）：美国钢琴家

乔纳森·霍尔（Jonathan Hall）：美国古典学家、古希腊史家

乔纳森·莱恩（Jonathan Lyon）：美国的欧洲中古社会史家

乔纳森·李尔（Jonathan Lear）：美国心理分析和哲学家

乔纳森·列维（Jonathan Levy）：美国经济史学者

乔纳森·卢希林（Johannes Reuchlin）：德国人文主义者、希腊和希伯来文学学者

乔纳森·斯威夫特（Jonathan Swift）：英国文学家

乔纳森·伊斯雷尔（Jonathan Israel）：英国历史学家和作家

乔赛亚·奥伯（Josiah Ober）：美国古典学和政治理论学者

乔赛亚·罗伊斯（Josiah Royce）：美国客观唯心主义哲学家

乔舒亚·毕灵思（Joshua Billings）：美国古典学、德文和比较文学学者

乔瓦尼·莱维（Giovanni Levi）：意大利微观史家

乔瓦尼·庞塔诺（Giovanni Pontano）：意大利文艺复兴人文主义思想家

乔万尼·薄伽丘（Giovanni Boccaccio）：文艺复兴时期佛罗伦萨文学家

乔治·H.W. 布什（George H. W. Bush）：美国第四十一任总统

乔治·艾略特（George Eliot）：英国文学家

乔治·爱德华·摩尔（George Edward Moore）：英国分析哲学家

乔治·杜梅齐尔（Georges Dumézil）：法国比较语言学家

乔治·弗里德里希·亨德尔（George Frideric Handel）：英籍德国巴洛克作曲家

乔治·格罗特（George Grote）：英国政治激进主义者、古典史家

乔治·赫尔维克（Georg Herwegh）：19世纪德国诗人

乔治·怀特菲尔德（George Whitefield）：美国大觉醒运动牧师、循道宗早期领袖

乔治·卡特布（George Kateb）：美国政治理论和思想史学家

乔治·卢卡奇（György Lukács）：匈牙利裔马克思主义理论家

乔治·罗斯（George Ross）：美国社会学家

乔治·纳波利塔诺（Giorgio Napolitano）：意大利政治人物

乔治·塞菲里斯（Γιώργος Σεφέρης）：希腊诗人

乔治·斯图尔特（George R. Stewart）：美国作家、历史学家、地名学家

乔治白·里库佩拉蒂（Giuseppe Ricuperati）：意大利历史学家

乔治三世（George William Frederick; George Ⅲ）：大不列颠国王

切萨雷·加尔博利（Cesare Garboli）：意大利散文家

琼·罗宾逊（Joan Robinson）：英国经济理论家

R

让·博丹（Jean Bodin）：近代法国法学家、政治哲学家、政治家

让·德·塞雷斯（Jean de Serres; Joannes Serranus）：16 世纪法国历史学家、亨利四世顾问

让·勒朗·达朗贝尔（Jean le Rond d'Alembert）：法国数学、物理、天文学家

让·皮埃尔·普利（Jean-Pierre Purry）：来自纳沙泰尔的加尔文主义者

让·斯塔罗宾斯基（Jean Starobinski）：瑞士文学评论家、思想史家

让-安托万·德·巴伊夫（Jean-Antoine de Baïf）：16 世纪法国七星诗社诗人

让-保罗·萨特（Jean-Paul Sartre）：法国存在主义哲学家

让-法比安·斯比茨（Jean-Fabien Spitz）：法国政治哲学理论家

让-克洛德·容克（Jean-Claude Juncker）：前任卢森堡首相、第 12 任欧盟委员会主席

让-雅克·贝克尔（Jean-Jacques Becker）：法国共运史、工会史、战争史家

让-雅克·卢梭（Jean-Jacques Rousseau）：法国思想家

入江昭（Akira Iriye）：日本历史学家

瑞秋·巴尔尼（Rachel Barney）：加拿大、美国哲学学者

若望·保禄二世（Ioannes Paulus Ⅱ）：第二百六十四任罗马教皇

S

萨缪尔·格罗夫（Samuel Dennis Glover）：思想史学者、演讲撰稿人

萨缪尔·莫里森（Samuel Morison）：美国史家

萨缪尔·普芬多夫（Samuel Freiherr von Pufendorf）：17 世纪德国法学家、政治哲学家

塞拉·本哈比（Seyla Benhabib）：土耳其裔政治理论家

塞缪尔·比尔（Samuel Beer）：美国的英国政治学者

塞缪尔·莫恩（Samuel Moyn）：美国思想史和法学学者

塞缪尔·詹姆斯（Samuel James）：英国学术思想史学者

塞西尔·法布尔（Cécile Fabre）：法裔政治哲学学者

塞西尔·拉博德（Cécile Laborde）：法裔政治理论家

桑卡尔·穆苏（Sankar Muthu）：美国政治理论和思想史学者

色诺芬（Ξενοφῶν）：古希腊思想家、作家、将军

瑟特·伯纳德特（Seth Benardete）：美国古典学和哲学家

沙夫茨伯里伯爵（Anthony Ashley Cooper, 1st Earl of Shaftesbury）：英国辉格党政治家

沙希·塔鲁尔（Shashi Tharoor）：印度议员

莎拉·莫蒂默（Sarah Mortimer）：当代英国思想史学者

莎莉·亚历山大（Sally Alexander）：英国女性主义活动家

杉原薫（Kaoru Sugihara）：日本经济史学者

圣奥古斯丁（Aurelius Augustinus Hipponensis）：古罗马神学家、思想家

圣皮埃尔神父（Charles-Irénée Castel, abbé de Saint-Pierre）：法国思想家

圣茹斯特（Louis Antoine de Saint-Just）：法国大革命雅格宾领袖

圣托马斯·阿奎那（Thomas Aquinas）：中世纪经院派神学家、哲学家

施卢蒂·迦毗罗（Shruti Kapila）：印裔英国思想史学者

史蒂文·卢克（Steven Lukes）：英国政治与社会理论家

史蒂文·平克（Steven Pinker）：加拿大和美国心理学家、作家

司汤达（Stendhal; Marie-Henri Beyle）：法国 19 世纪现实主义作家

斯布里冬·赞佩里奥斯（Σπυρίδων Ζαμπέλιος）：希腊历史学家、文学家、语言学家

斯科特·门多布罗特（Scott Mendobrote）：英国学术史学者

斯坦利·卡维尔（Stanley Cavell）：美国哲学家

斯坦利·罗森（Stanley Rosen）：美国哲学家

斯图亚特·汉普希尔（Stuart Hampshire）：英国哲学家、文学批判家、

教育家

斯图亚特·霍尔（Stuart Hall）：牙买加裔英国马克思主义社会理论家

苏菲·史密斯（Sophie Smith）：英国政治思想史学者

苏格拉底（Σωκράτης）：古希腊哲学家

苏拉比·兰戛纳珊（Surabhi Ranganathan）：印裔英国法学学者

苏珊·麦耶（Susan Sauvé Meyer）：美国古典哲学学者

苏珊·詹姆斯（Susan James）：英国哲学学者

梭伦（Σόλων）：古雅典立法者

索尔·克里普克（Saul Aaron Kripke）：美国逻辑和分析哲学家

索菲亚·罗森菲尔德（Sophia Rosenfeld）：美国文化史学者

索伦·奥贝·克尔凯郭尔；齐克果（Søren Aabye Kierkegaard）：丹麦神学、文学、哲学家

T

塔西佗（Publius Cornelius Tacitus）：古罗马历史学家

唐纳德·戴维森（Donald Davidson）：美国哲学家

唐纳德·拉姆斯菲尔德（Donald Rumsfeld）：美国前国防部长

唐纳德·特朗普（Donald John Trump）：美国第 45 任总统

唐纳德·温奇（Donald Winch）：英国经济学家、经济思想史家

特拉维尔斯·特维斯（Travers Twiss）：19 世纪英国法学家、国际法律师

特蕾莎·梅（Theresa May）：英国前保守派首相

图西·嘉巴德（Tulsi Gabbard）：美国民主党政治家

托里·麦克吉尔（Tori McGeer）：美国、澳大利亚哲学学者

托马斯·阿德斯（Thomas Adès）：英国作曲家、钢琴家、指挥家

托马斯·鲍德温（Thomas Baldwin）：英国哲学学者

托马斯·德沃·韦尔东（Thomas Dewar Weldon）：英国哲学家

托马斯·范·克莱韦（Thomas Curtis van Cleve）：美国的欧洲史家

托马斯·戈登（Thomas Gordon）：苏格兰近代早期共和主义作家

托马斯·霍布斯（Thomas Hobbes）：英格兰政治哲学家

托马斯·杰斐逊（Thomas Jefferson）：美国思想家、革命家

托马斯·克兰麦（Thomas Cranmer）：英国改革宗领袖、坎特伯里大主教

托马斯·克伦威尔（Thomas Cromwell）：英国政治家、亨利八世首席大臣

托马斯·莱德（Thomas Reid）：苏格兰常识学派启蒙运动思想家

托马斯·罗伯特·马尔萨斯（Thomas Robert Malthus）：英国政治经济学、人口学家

托马斯·迈克尔·斯坎轮（T. M. Scanlon）：美国哲学家

托马斯·曼（Thomas Mann）：德国小说家、散文家、思想家

托马斯·莫尔（Sir Thomas More）爵士：英格兰作家、哲学家、政治家

托马斯·纳格尔（Thomas Nagel）：美国法律、政治、伦理哲学家

托马斯·帕维尔（Thomas Pavel）：罗马尼亚裔法国、美国文学理论家

托马斯·潘恩（Thomas Paine）：美国思想家、革命家

托马斯·塞缪尔·库恩（Thomas Samuel Kuhn）：物理学家、科学史家、科学哲学家

托马斯·施密德（Walter Thomas Schmid）：美国哲学学者

托马斯·詹金（Thomas P. Jenkin）：美国政治理论学者

W

瓦内莎·贝尔（Vanessa Bell）：英国画家、室内设计师

威尔弗里德·塞拉斯（Wilfrid Stalker Sellars）：美国批判现实主义哲学家

威尔莫尔·肯德尔（Willmoore Kendall）：美国保守派思想家

威尔逊·凯瑞·迈克威廉姆斯（Wilson Carey McWilliams）：美国政治理论学者

威拉德·范奥曼·奎因（Willard Van Orman Quine）：美国逻辑学、哲学家

威廉·贝内特（William Bennett）：美国教育部长

威廉·杰斐逊·克林顿（William Jefferson Clinton）：美国第四十二任总统

威廉·克莱亚·罗伯茨（William Clare Roberts）：加拿大政治理论、思想史学者

威廉·罗伯逊（William Robertson）：苏格兰思想家、历史学家

威廉·莎士比亚（William Shakespeare）：英国文学家

威廉·席崴克（William Schweiker）：美国神学家、伦理学家

威廉·詹姆斯（William James）：美国心理学家、哲学家

维尔弗雷多·帕累托（Pareto, Vilfredo）：意大利经济学家、社会学家

维拉·查苏利奇（Béра Ивáновна Засýлич）：俄国孟什维克革命家

魏复古（Karl August Wittfogel）：德裔美国历史学家、汉学家

温蒂·布朗（Wendy Brown）：美国政治理论家

温蒂·多尼格（Wendy Doniger）：美国梵学家

温斯顿·丘吉尔（Sir Winston Churchill）：英国政治家

文森佐·费罗内（Vincenzo Ferrone）：当代意大利哲学史家

沃尔夫冈·施蒂讷尔（Wolfgang Stürner）：德国历史学家

沃尔特·白芝浩（Walter Bagehot）：英国商人、记者、作家

沃尔特·戈尔（Walter Goehr）：师从勋伯格的德国作曲家

沃尔特·凯吉（Walter Kaegi）：美国拜占庭史家

沃夫冈·冯·莱登（Wolfgang von Leyden）：德裔政治哲学和思想史家

沃特·本雅明（Walter Benjamin）：德国犹太裔哲学家、散文家、社会批评家

乌里卡·鲁布拉克（Uhlika Ruhblack）：德裔历史学家

X

西奥多·阿多诺（Theodor W. Adorno）：德国法兰克福学派社会、政治、音乐理论家

西奥多·敦克尔格林（Theodor Dunkelgrün）：荷兰裔文化、书籍、学术史学者

西奥多·赫茨尔（בנימין זאב הרצל）：犹太裔奥匈作家、锡安主义发起人

西尔瓦娜·托马塞里（Sylvana Tomaselli）帕尔马温莎女爵：英国思想史学者

西尔维娅·赛巴斯提雅妮（Silvia Sebastiani）：意大利历史学者

西格蒙德·弗洛伊德（Sigmund Freud）：奥地利心理分析学家

西吉贝尔特一世（Sigebert Ⅰ）：法兰克墨洛温王朝国王

西蒙娜·德·波伏娃（Simone de Beauvoir）：法国思想家、女性主义理论家

西塞罗（Marcus Tullius Cicero）：古罗马政治家、思想家

西斯蒙第（Jean Charles Léonard de Sismondi）：日内瓦政治经济学家

希波克拉底（Ἱπποκράτης）：古希腊病理学家

希尔德加德·冯·宾根（Hildegard von Bingen）：中古德国神学家、作曲家、修女

希罗多德（Ἡρόδοτος）：古希腊历史学家

希罗菲卢斯（Ἡρόφιλος）：古希腊医师和解剖学家

香农·史汀生（Shannon Stimson）：美国政治思想史家

萧伯纳（Bernard Shaw）：爱尔兰剧作家、批评家、政治活动家

谢尔顿·沃林（Sheldon Wolin）：美国政治理论家

谢尔顿·波洛克（Sheldon Pollock）：美国梵学家、印度学家

谢拉·罗博珊（Sheila Rowbotham）：英国社会主义、女性主义理论家

休·布洛根（Hugh Brogan）：英国思想史家和传记作家

休·劳埃德-琼斯（Hugh Lloyd-Jones）：英国古典学家

休·特雷弗·罗珀先生（Hugh Trevor-Roper）：英国近现代历史学家

休维·普莱斯（Huw Price）：澳大利亚物理哲学家

修昔底德（Θουκυδίδης）：古希腊雅典历史学家

Y

雅各布·布克哈特（Jacob Burckhardt）：瑞士艺术与文化史家

雅克·德里达（Jacques Derrida）：法国结构主义理论家

雅克·德洛尔（Jacques Lucien Jean Delors）：法国经济学家、政治家、前欧盟主席

雅克·勒菲弗·戴塔普勒（Jacques Lefèvre d'Étaples; Jacobus Faber）：法国人文主义神学家

雅克·内克尔（Jacques Necker）：法国银行家、经济学家、路易十六的财政总监

雅克比·菲利普·弗勒马瑞耶（Jakob Philipp Fallmerayer）：德属提洛伯作家

雅尼斯·瓦鲁法克斯（Ιωάννης Βαρουφάκης）：希腊学者、政治家

亚伯拉罕·林肯（Abraham Lincoln）：第十六任美国总统

亚当·福格森（Adam Ferguson）：苏格兰启蒙哲学家和历史学家

亚当·斯密（Adam Smith）：苏格兰哲学家、政治经济学家

亚里士多德（Ἀριστοτέλης）：古希腊哲学家

亚历山大·杜金（Александр Дугин）：俄国政治分析家

亚历山大·福斯特·罗伯逊（A. F. Robertson）：英国人类学家

亚历山大·戈尔（Alexander Goehr）：德裔英国作曲家、学者

亚历山大·赫尔岑（Александр Иванович Герцен）：俄国思想家、革命家

亚历山大·科耶夫（Alexandre Kojève）：俄裔法国哲学家、政治人物

亚历山德罗斯·伊普斯兰提斯（Αλέξανδρος Υψηλάντης）：希腊独立运动领袖

亚瑟·洛夫乔伊（Arthur Oncken Lovejoy）：美国哲学和观念史家

亚西比德（Ἀλκιβιάδης）：古希腊政治家、演说家、将军

燕妮·冯·威斯特法伦（马克思）（Jenny von Westphalen）：德国社会活动家、马克思妻子

扬尼斯·梅塔克萨斯（Ιωάννης Μεταξάς）：希腊总理、独裁者

耶勒·塔米尔（Yuli Tamir）：以色列学者、政治人物

伊安·马克丹尼尔（Iain McDaniel）：英国启蒙运动思想史学者

伊奥西坡斯·莫移西奥达克斯（Ιώσηπος Μοισιόδαξ）：希腊启蒙哲学家

伊德里斯一世（إدريس الأول）：1951—1969 年的利比亚国王

伊克巴尔（محمد اقبال）：印度穆斯林诗人、哲学家、政治思想家

伊拉斯谟（Erasmus）：文艺复兴哲学家、荷兰人文主义者

伊丽莎白·安斯康姆（Elizabeth Anscombe）：英国分析哲学家

伊丽莎白·杨布鲁（Elisabeth Young-Bruehl）：美国作家、学者、心理治疗师

伊丽莎白一世（Elizabeth Ⅰ）：都铎王朝末代英格兰、爱尔兰女王

伊隆·马斯克（Elon Musk）：南非、美国工程师、企业家

伊曼努尔·康德（Immanuel Kant）：德国哲学家

伊莎贝尔·威尔克森（Isabel Wilkerson）：美国非裔记者、作家

伊斯特凡·洪特（István Hont）：匈牙利裔政治经济思想史家

以赛亚·伯林（Isaiah Berlin）：英国思想史家

英迪拉·甘地（इंदिरा गांधी）：印度第二任总理

尤尔根·奥弗霍夫（Jürgen Overhoff）：德国思想史学者

尤尔根·哈贝马斯（Jürgen Habermas）：德国哲学家、批判理论家

尤翰娜·费尼谢尔（Johanna Fenichel）：德裔心理分析、儿童心理学家

尤瑟·克里希托夫（Josse Clichtove）：佛拉芒、法国人文主义神学家

尤斯图斯·利普修斯（Justus Lipsius）：16世纪佛拉芒人文主义学者、思想家

约翰·埃利奥特（John Huxtable Elliott）：英国的西班牙帝国史家

约翰·奥斯汀（John Langshaw Austin）：英国语言哲学家

约翰·毕尔（John Biehl）：智利律师、政治人物

约翰·波科克（John Pocock）：新西兰政治思想史家

约翰·伯德·萨姆纳（John Bird Sumner）：英国大主教

约翰·布莱特怀特（John Braithwaite）：澳大利亚法学家

约翰·杜威（John Dewey）：美国实用主义哲学家

约翰·菲尔波特·柯伦（John Philpott Curran）：爱尔兰修辞家、政治家、思想家

约翰·费恩（John Van Antwerp Fine Jr.）：美国巴尔干与拜占庭史家

约翰·芬尼斯（John Finnis）：澳大利亚法哲学家、自然法学思想家

约翰·哈罗德·普拉姆（John Harold Plumb）：英国历史学家

约翰·赫夫南（John Heffernan）：英国戏剧演员

约翰·加尔文（Jean Calvin）：法国宗教改革思想家

约翰·凯恩斯（John Maynard Keynes）：英国宏观经济学家

约翰·雷诺兹（John Reynolds）：16—17世纪英国商人、作家

约翰·李斯特（John List）：美国经济学家

约翰·罗伯逊（John Robertson）：英国历史学家

约翰·罗尔斯（John Rawls）：美国政治哲学家

约翰·罗杰斯·塞尔（John Searle）：美国心灵、社会、语言哲学家

约翰·洛克（John Locke）：英格兰哲学家、思想家

约翰·马奎尔（John Mary Maguire）：爱尔兰社会学和哲学学者

约翰·麦考米克（John McCormick）：美国政治理论学者

约翰·蒙特福德·邓恩（John Montfort Dunn）：英国政治理论和思想史家

约翰·弥尔顿（John Milton）：英国诗人、共和主义思想家

约翰·缪尔（John Mair）：苏格兰神学家、史学家、哲学家

约翰·穆林（John Murrin）：美国、大西洋早期近代史家

约翰·塞巴斯蒂安·巴赫（Johann Sebastian Bach）：巴洛克时代音乐家

约翰·塞尔顿（John Selden）：近代英国法学家

约翰·沙尔（John Shaar）：美国政治理论学者

约翰·史密斯（John E. Smith）：美国哲学家

约翰·斯图亚特·穆勒；密尔（John Stuart Mill）：英国哲学家、政治经济学家

约翰·特伦查德（John Trenchard）：英国近代早期作家、政治家

小约翰·伍德（John Wood, the Younger）：英国建筑师

约翰·沃尔夫冈·冯·歌德（Johann Wolfgang von Goethe）：德国文学家、思想家

约翰·休·阿诺德（John H. Arnold）：当代英国中古史家

约翰·亚当斯（John Adams）：美国政治家、思想家、开国元勋之一

约翰内斯·勃拉姆斯（Johannes Brahms）：德国浪漫主义作曲家

约翰内斯·普费弗科恩（Johannes Pfefferkorn）：德国天主教道明会神学家

约瑟夫·普利斯特里（Joseph Priestley）：18 世纪英国科学家、教育家、政治理论家

约瑟夫·斯大林（იოსებ სტალინი；Иосиф Ста́лин）：前苏联领导人

约瑟夫·斯卡利杰（Joseph Scaliger）：法国神学、古典学、编年史家

约瑟夫·熊彼特（Joseph Schumpeter）：奥地利经济学家

约瑟夫·约阿希姆（Joseph Joachim）：匈牙利小提琴家、指挥家、作曲家

Z

詹巴蒂斯塔·维科（Giambattista Vico）：意大利哲学家、思想家

詹姆斯·哈灵顿（James Harrington）：英国古典共和主义思想家

詹姆斯·汉金斯（James Hankins）：美国文艺复兴思想史家

詹姆斯·科南特（James Conant）：美国哲学家

詹姆斯·罗宾逊（James A. Robinson）：英裔政治学、人类学、经济学家

詹姆斯·莫尔（James Moore）：加拿大的欧洲思想史学者

小詹姆斯·欧缇斯（James Otis Jr.）：波士顿律师、美国独立运动先驱

詹姆斯·斯考特（James Scott）：美国政治学家、人类学家

詹姆斯·斯塔福德（James Stafford）：英国政治经济史学者

詹姆斯·塔利（James Tully）：加拿大哲学和思想史家

詹姆斯六世和一世（James Ⅵ & Ⅰ；James Charles Stuart）：苏格兰、英格兰国王

詹妮弗·皮茨（Jennifer Pitts）：美国政治理论和思想史学者

珍·莫里斯 (Jan Morris)：威尔士历史学家

珍·希尔（Jane Heal）：英国哲学学者

周绍明（Joseph McDermott）：美国裔英国汉学家、日本史家

朱迪斯·贾维斯·汤姆逊（Judith Jarvis Thomson）：美国伦理学家

朱蒂丝·施克莱（Judith Nisse Shklar）：美国政治理论家

朱塞佩·威尔第（Giuseppe Verdi）：意大利作曲家

兹比涅夫·佩尔钦斯基（Zbigniew Pelczynski）：波兰裔英国政治哲学学者

文本

古希腊

《伊利亚特》（Ἰλιάς）

《奥德赛》（Ὀδύσσεια）

《俄瑞斯忒亚》（Ὀρέστεια）

《历史》（Ἱστορίαι-Ἡρόδοτος）

《伯罗奔尼撒战争史》（Ἱστορίαι-Θουκυδίδης）

《希波克拉底著作集》（*Corpus Hippocraticum*）

《米诺篇》（Μένων）

《欧蒂德谟》（Εὐθύδημος）

《大希比阿篇》（Ἱππίας μείζων）

《斐莱布篇》（Φίληβος）

《高尔吉亚篇》（Γοργίας）

《理想国》（Πολιτεία）

《法律篇》（Νόμοι）

《回忆》（Ἀπομνημονεύματα; Memorabilia）

《伦理学》（Ἠθικὰ Νικομάχεια）

《政治学》（Πολιτικά）

《天象论》（Περὶ οὐρανοῦ）

《论动物部分》（Περὶ ζῴων μορίων）

《政治家篇》（Πολιτικός）

《后分析篇》（Ἀναλυτικὰ Ὕστερα）

《希腊志》（Ἑλλάδος Περιήγησις）

犹太传统

《希伯来圣经》（תנ"ך = Διαθήκη = *Testamentum*）

《妥拉》（תּוֹרָה）

《塔木德经》（תַּלְמוּד）

基督教传统

《新约》（Ἡ Καινὴ Διαθήκη）

《圣保禄书信》（*Corpus Paulinum; Epistles of Paul*）

古印度

《梨俱吠陀》（ऋग्वेदः）

《娑摩吠陀》（सामवेदः）

《夜柔吠陀》（यजुर्वेदः）

《阿闼婆吠陀》（अथर्ववेदः）

《罗摩衍那》(रामायणम्)

《摩诃婆罗多》(महाभारतम्)

《猎人与阿周那》(किरातार्जुनीय)

《薄伽梵谭》(भगवद् गीता)

《政事论》(अर्थशास्त्र)

古罗马与古代晚期

《论义务》(*De officiis*)

《西庇阿之梦》(*Somnium Scipionis*)

《哲学的慰藉》(*De consolatione philosophiae*)

中世纪后期

《马可波罗游记》(*Il Milione*)

文艺复兴至近代早期

《劝学希腊文演说》(*Oratio pro litteris graecis*)

《愚人书信》(*Epistolæ Obscurorum Virorum*)

《阿劳卡纳》(*La Araucana*)

《乌托邦》(*Utopia*)

《君主论》(*Il Principe*)

《佛罗伦萨史》(*Istorie fiorentine*)

《曼陀罗》(*Mandragola*)

《论李维》(*Discorsi sopra la prima deca di Tito Livio*)

《致弗朗切斯科·韦托里函》(*Lettera a Francesco Vettori*)

《海洋自由》(*Mare Liberum*)

《阿劳卡纳》(*La Araucana*)

《威尼斯商人》(*Merchant of Venice*)

《十日谭》(*Decameron*)

《贝希摩斯》(*Behemoth*)

《法律要义》(*The Elements of Law*)

《利维坦》(*Leviathan*)

《海洋自由》(*Mare Liberum*)

《政府论》(*Two Treatises of Government*)

《人类理解论》(*An Essay Concerning Human Understanding*)

《论降低利息和提高币值之后果》(*Some Considerations of the Consequences of the Lowering of Interest and the Raising the Value of Money*)

《捕获法》(*De iure praedae*)

《战争与和平法》(*De iure belli ac pacis*)

《格列佛游记》(*Gulliver's Travels*)

《九十五条论纲》(*Disputatio pro declaratione virtutis indulgentiarum*)

十八世纪

《加图来信》(*Cato's Letters*)

《大百科初论》(*Discours préliminaire de l'encyclopédie*)

《历史与批判词典》(*Dictionnaire Historique et Critique*)

《道德原则研究》(*An Enquiry Concerning the Principles of Morals*)

《人性论》(*A Treatise of Human Nature*)

《论人类不平等的起源》(*Discours sur l'origine et les fondements de l'inégalité parmi les hommes*)

《社会契约论》(*Du contrat social; ou Principes du droit politique*)

《孤独漫步者的遐想》(*Les Rêveries du promeneur solitaire*)

《道德形而上学基础》(*Grundlegung zur Metaphysik der Sitten*)

《永久和评论》(*Zum ewigen Frieden*)

《纯粹理性批判》(*Kritik der reinen Vernunft*)

《独立宣言》(*Declaration of Independence*)

《美国宪法》(*Constitution of the United States of America 1789*)

《联邦党人文集》(*The Federalist Papers*)

《项狄传》(*The Life and Opinions of Tristram Shandy, Gentleman*)

《论有息贷款》(*Mémoire sur les prêts à intérêt*)

《道德情操论》(*A Theory of Moral Sentiments*)

《天文史》(*History of Astronomy*)

《国富论》(*Wealth of Nations*)

《人权和公民权宣言》(*Déclaration des droits de l'homme et du citoyen*)

《永恒和平之构想》(*Le Projet de paix perpétuelle*)

《向着永恒和平：一个哲学构想》(*Zum ewigen Frieden: Ein philosophischer Entwurf*)

《旧制度与大革命》(*L'Ancien régime et la révolution*)

《古代人的自由与现代人的自由》(*De la liberté des anciens comparée à celle des modernes*)

《关于财富的形成和分配的考察》(*Réflexions sur la formation et la distribution des richesses*)

十九世纪

《笑面人》(*L'Homme qui rit*)

《圣母院》(*Notre Dame de Paris*)

《基督山伯爵》(*Monte-Cristo*)

《希腊民族史》(Ιστορία του Ελληνικού Έθνους)

《新科学》(*La Scienza Nuova*)

《精神现象学》(*Phänomenologie des Geiste*)

《法哲学原理》(*Grundlinien der Philosophie des Rechts*)

《罗马与耶路撒冷》(*Rom und Jerusalem, die Letzte Nationa-litätsfrage*)

《基督教的本质》(*Das Weſen des Chriſtenthums*)

《耶稣生平考》(*Das Leben Jesu；Life of Jesus*)

《四种运动的理论》(*Théorie des quatre mouvements et des destinées générales*)

《论犹太人问题》(*Zur Judenfrage*)

《神圣家族》(*Die heilige Familie*)

《反杜林论》(*Anti-Dühring*)

《1844年经济学哲学手稿》(*Ökonomisch-philosophische Manuskripte aus dem Jahre 1844*)

《共产主义宣言》(*Communist Manifesto*)

《资本论》(*Das Kapital*)

《社会主义从乌托邦到科学的发展》(*Die Entwicklung des Sozialismus*

von der Utopie zur Wissenschaft）

《怎么办》（Что делать?）

《费利克斯·霍尔特》（*Felix Holt, the Radical*）

《米德尔马契》（*Middlemarch*）

《丹尼尔·德龙达》（*Daniel Deronda*）

《培尔·金特》（*Peer Gynt*）

《音乐中的犹太性》（*Das Judenthum in der Musik*）

《未来的艺术作品》（*Das Kunstwerk der Zukunft*）

《完美的瓦格纳派》（*The Perfect Wagnerite*）

《悲剧的诞生》（*Die Geburt der Tragödie aus dem Geiste der Musik*）

《真相与谎言》（*Über Wahrheit und Lüge*）

二十世纪

《我控诉》（*J'accuse*）

《新故土》（*Altneuland*）

《论指称》（*On Denoting*）

《救赎之星》（*Der Stern der Erlösung*）

《种姓的消灭》（*The Annihilation of Caste*）

《论历史的概念》（*Über den Begriff der Geschichte*）

《启蒙辩证法》（*Dialektik der Aufklärung*）

《怎么办？（我们运动中的迫切问题）》（Что делать? Наболевшие вопросы нашего движения）

《存在与时间》（*Sein und Zeit*）

《狱中札记》（*Quaderni del carcere*）

《摹仿论》（*Mimesis*）

《河上的战争》（*The River War*）

《极权主义的起源》（*Origins of Totalitarianism*）

《人的境况》（*The Human Condition*）

《康德政治哲学讲稿》（*Lectures on Kant's Political Philosophy*）

《艾希曼在耶路撒冷》（*Eichmann in Jerusalem*）

《哲学研究》（*Philosophische Untersuchungen*）

《论僭政》（*On Tyranny*）

《迫害和写作艺术》（*Persecution and the Art of Writing*）

《历史研究》（*A Study of History*）

《政治的词汇》（*Vocabulary of Politics*）

《如何以言行事》（*How to Do Things with Words*）

《词与物》（*Les mots et les choses*）

《开放社会及其敌人》（*The Open Society and Its Enemies*）

《单向度的人》（*One-Dimensional Man*）

《时间、劳动与社会支配》（*Time, Labor and Social Domination*）

《知识与旨趣》（*Erkenntnis und Interesse*）

《奶酪与蛆虫》（*Il formaggio e i vermi*）

《忧郁的热带》（*Tristes Tropiques*）

《正义论》（*A Theory of Justice*）

《古代宪法与封建法》（*Ancient Constitution and Feudal Law*）

《现代政治思想的基础》（*Foundations of Modern Political Thought*）

刊物

《欧洲观念史》（*History of European Ideas*）

《政治思想史》（*History of Political Thought*）

《思想史评论》（*The Intellectual History Review*）

《现代思想史》（*Modern Intellectual History*）

《全球思想史》（*Global Intellectual History*）

《星河》（*Constellations*）

《美国政治学评论》（*American Political Science Review*）

《异议》（*Dissent*）

《新左派评论》（*New Left Review*）

《克莱蒙特书评》（*Claremont Review of Books*）

《哲学与公共事务》（*Philosophy and Public Affairs*）

《历史手册》（*Quaderni storici*）

绘画

《鞭打耶稣》(*La Flagellazione di Cristo*)

音乐

《弥赛亚》(*Messiah*)

《乡村中的占卜师》(*Le devin du village*)

《费加罗的婚礼》(*Le nozze di Figaro*)

《费德里奥》(*Fidelio*)

《尼伯龙根的指环》(*Der Ring des Nibelungen*)

　·《莱茵的黄金》(*Das Rheingold*)

　·《女武神》(*Die Walküre*)

　·《诸神的黄昏》(*Götterdämmerung*)

《特里斯坦与伊索尔德》(*Tristan und Isolde*)

《纽伦堡的名歌手》(*Meistersinger von Nürnberg*)

《黎恩济》(*Rienzi, der Letzte der Tribunen*)

《唐豪瑟》(*Tannhäuser*)

《帕西法尔》(*Parsifal*)

《我的祖国》(*Má vlast*)

《前奏曲》(*Les préludes*)

《以利亚》(*Elijah*)

《唐克雷第和克洛琳达的斗争》(*Il combattimento di Tancredi e Clorinda*)

《弄臣》(*Rigoletto*)

《法斯塔夫》(*Falstaff*)

《宗教改革交响曲》(*Reformations-Sinfonie*)

《德累斯顿阿门》(*Dresdner Amen*)

《汉斯·萨克斯》(*Hans Sachs*)

《培尔·金特》(*Peer Gynt*)

地名

A

阿尔及利亚（الجزائر）

阿姆斯特丹（Amsterdam）

阿索斯山、圣山（Άθως; Άγιον Όρος）

阿育王大学（Ashoka University）

埃皮达鲁斯（Ἐπίδαυρος）

埃森（Essen）

爱奥尼亚群岛（Ἰόνιοι Νῆσοι; Ιόνια νησιά）

爱丁堡（Edinburgh）

爱丁堡大学（University of Edinburgh）

爱琴娜（Αἴγῑνα）

爱沙尼亚（Estonia）

安纳托利亚、小亚细亚（Ἀνατολή; Μικρὰ Ἀσία）

安齐奥（Anzio）

昂古莱姆（Angoulême）

奥尔德姆（Oldham）

B

巴布亚新几内亚（Papua New Guinea）

巴哈马（Bahamas）

巴基斯坦（Pakistan）

巴拉圭（Paraguay）

巴黎（Paris）

巴黎古监狱（Conciergerie）

巴黎加尼叶宫（Palais Garnier）

巴斯（Bath）

巴斯利卡塔地区（Basilicata）

波罗的海（Baltic Sea）

柏林高等研究院（Wissenschaftskolleg zu Berlin）

柏林自由大学（Freie Universität Berlin）

拜罗伊特节日剧院（Bayreuth Festspielhaus）

北海（North Sea）

北冰洋（Arctic Ocean）

贝尔法斯特女王大学（Queen's University, Belfast）

比雷埃夫斯（Πειραιεύς）

比萨高等师范学院（Scuola Normale Superiore in Pisa）

宾夕法尼亚大学（University of Pennsylvania）

波恩（Bonn）

波恩大学（Universität Bonn）

波鸿（Bochum）

波兰（Poland）

波士顿爱乐团（Boston Symphony Orchestra）

波士顿的贝肯山（Beacon Hill）

伯大尼（Βηθανία; العيزرية）

伯尔尼大学（Universität Bern）

伯罗奔尼撒（Πελοπόννησος）

博罗尼亚大学（Università di Bologna）

博洛尼亚（Bologna）

博斯普鲁斯海峡（Bosporus；İstanbul Boğazı）

布拉格（Prague）

布兰代斯大学（Brandeis University）

布朗大学约翰·布朗图书馆（John Carter Brown Library）

布鲁日（Bruges）

布鲁塞尔（Brussels）

D

大英图书馆（British Library）

底特律（Detroit）

地中海（Mediterranean）

东德：德意志民主共和国（Deutsche Demokratische Republik）

东南欧（Southwestern Europe）

都柏林大学（University College, Dublin）

都灵（Turino）

敦刻尔克（Dunkirk）

E

俄亥俄谷（Ohio Valley）

F

法国加莱（Calais）

法兰克福（Frankfurt）

法兰克福大学（Universität Frankfurt am Main）

法属波利尼西亚向风群岛中的大溪地岛（Tahiti）

费城（Philadelphia）

佛罗伦萨（Firenze）

弗留利（Friuli）

G

戈尔韦（Galway）

哥伦比亚大学（Columbia University）

哥斯达黎加（Costa Rica）

哥斯达黎加圣何塞（San José , Costa Rica）

古埃及（希腊：Αἴγυπτος; 重构埃及语：ḥwt-k³ -ptḥ）

H

哈德维克图书馆（Hardwick Library）

哈佛大学（Harvard University）

海德堡大学（Universität Heidelberg）

环太平洋地区（Pacific Rim）

J

加纳大学（University of Ghana）

加纳利群岛（Islas Canarias）

加泰隆尼亚（Catalonia）

迦勒底（Χαλδαία; حلد‎）

剑桥大学（Cambridge University）

捷克泰雷津（Terezín; Theresienstadt）

君士坦丁堡（Κωνσταντινούπολη）

K

卡赛林省城卡赛林市（القصرين‎=al-Qasrīn; Kasserine）

堪培拉（Canberra）

康科德（Concord）

克里特（Κρήτη）

克什米尔（Kashmir）

肯尼亚的达达阿布（Dadaab）

魁北克（Quebec）

L

拉丁美洲（Latin America）

莱比锡音乐学院（Conservatorium der Musik, Leipzig）

莱茵兰（Rheinland）

雷焦艾米利亚（Reggio nell'Emilia）

历史与经济联合中心（Joint Centre for History and Economics）

利比亚（ليبيا‎）

鲁尔区（Ruhrgebiet）

伦敦的雅典娜俱乐部（Athenaeum Club）

伦敦政治经济学院（London School of Economics）

罗马（Roma）

洛桑（Lausanne）

M

麻省理工学院（Massachusetts Institute of Technology）

马堡大学（Universität Marburg）

马其顿（Μακεδονία）

梅努斯学院（Maynooth College）

蒙彼利埃（Montpellier）

孟加拉（Bengal）

孟加拉国（Bangladesh）

米兰（Milano）

密提林（Μυτιλήνη）

缅甸罗兴亚群体（Rohingya）

N

那不勒斯（Napoli）

南极洲（antarctica）

南希尔兹（South Shields）

牛津饱蠹楼（Bodleian Library）

牛津大学（Oxford University）

纽伦堡（Nürnberg）

纽约社会研究新学院（New School for Social Research）

挪威的奥斯陆（Oslo）

诺曼底（Normandy; Normandie）

P

帕尔马（Parma）

普林斯顿大学（Princeton University）

普林斯顿高等研究所（Institute for Advanced Study）

R

热那亚（Genoa）

日内瓦（Geneva）

S

撒丁岛（Sardinia）

萨拉米斯（Σαλαμίς）

塞浦路斯（Κύπρος）

圣彼得堡（Санкт-Петербург）

圣多明戈（Saint-Domingue）

圣萨尔瓦多（San Salvador）

士麦那（希：Σμύρνη；土：Izmir）

斯特拉斯堡（Strasbourg）

苏丹（Sudan）

苏丹的恩图曼（Omdurman）

苏格兰（Scotland）

T

突尼斯卡赛林省（ولاية القصرين=*Wilāyat al-Gaṣrīn*; Kasserine Governorate）

土耳其（Turkey）

托斯卡纳（Toscana）

W

瓦堡研究所 / 图书馆（Warburg Institute/Library）

威尔士（Wales）

温莎皇家档案馆（Royal Archives of Windsor）

X

西德：德意志联邦共和国（Bundesrepublik Deutschland）

西非（West Africa）

西西里（Sicilia）

西印度群岛（West Indies）

新德里（New Delhi）

新天鹅城堡（Schloß Neuschwanstein）

匈牙利（Magyarország）

叙拉古（Συράκουσαι; Syracusae; Siracusa）

Y

雅典（Ἀθῆναι）

雅典大学（Εθνικόν και Καποδιστριακόν Πανεπιστήμιον Αθηνών）

耶鲁大学（Yale University）

伊斯帕尼奥拉岛（Hispaniola）

伊斯坦布尔（Istanbul）

印度政策研究中心（Centre for Policy Research, India）

英国的北安普顿（Northampton）

英国格洛斯特郡（Gloucestershire）

英国国家档案馆（National Archives）

英国皇家阿尔伯特音乐大厅（Royal Albert Hall）

英国皇家音乐学院（Royal College of Music）

英国科学院（British Academy）

Z

芝加哥大学（University of Chicago）

茱莉亚学院（Juilliard School of Music）

概念术语

1665—1666 年伦敦大瘟疫（Great Plague of London）

《1689 年英国权利宣言》（Declaration of Rights of 1689）

1707 年英苏联合法令（Acts of Union 1707）

1848 年革命（Revolutions of 1848）

《1867 年改革法案》（Reform Act of 1867）

1873 年经济恐慌（Panic of 1873）

1919—1922 年希土战争（Ελληνοτουρκικός πόλεμος; Türk-Yunan cephesi）

1942 年《贝弗里奇报告》（Beveridge Report）

1955 年万隆会议（Bandung Conference）

1956 年苏伊士远征（Suez Expedition）

1974 年塞浦路斯政变（Πραξικόπημα του 1974 στην Κύπρο）

1974 年土耳其入侵塞浦路斯（土：Kıbrıs Barış Harekâtı；希：Τουρκική εισβολή στην Κύπρο）

A

阿尔摩哈德王朝（Almohades=المُوَحِّدون）

《爱尔兰教会法案》（Irish Church Act）

《爱尔兰土地法案》（Irish Land Act）

埃皮达鲁斯古代剧场（Επιδαύρου, Αρχαίο θέατρο）

奥地利经济学派（Österreichische Schule）

奥斯威辛集中营（Auschwitz, Konzentrationslager）

B

巴黎歌剧团（Opéra de Paris）

巴利亚多利德辩论（Junta de Valladolid）

白人至上主义（white supremacy）

柏拉图主义（Platonism）

柏林墙（Berlin Wall; Berliner Mauer）

柏林团体、柏林学派（die Berliner Gruppe）

拜罗伊特音乐节（Bayreuther Festspiele）

拜占庭（Βυζάντιον; Byzantium）

拜占庭共同体（Byzantine Commonwealth）

半音色彩、半音手法（Chromatik）

保护性工会（closed-shopped unions）

（贸易）保护主义（protectionism）

暴民权治（ὀχλοκρατία）

悲观主义哲学（Pessimismus）

"本南丹蒂" 行善者（benandanti）

北方支持运动（Northern Support）

北美自由贸易协定（NAFTA）

北欧神话中的沃坦、奥丁（古诺斯：Óðinn，德：Wotan）

（古希腊）被统治（ἄρχεσθαι）

本质的、真实的（eigentlich）

比较经济（comparative economics）

比较文明（comparative civilisation）

比较政治（comparative politics）

比较宗教（comparative religion）

必然性（Unvermeidlichkeit; inevitability）

必要性（Notwendigkeit; necessity）

闭塞的商贸国（Der geschlossene Handelsstaat）

边沁主义者、边沁主义（Benthamites, Benthamism）

边缘（periphery）

标题音乐、程式音乐（Programmmusik）

表意投票理论（expressive theory of voting）

波拿巴主义的（Bonapartistischer）

剥削（Ausbeutung）

伯克利政治理论学派（Berkeley School of Political Theory）

伯里克利的葬礼演说（Περικλέους Επιτάφιος; Gefallenenrede des Perikles; the Funerary Oration）

不结盟（non-alignment）

不列颠东印度公司（British East India Company）

不列颠式和平（Pax Britannica）

不平等条约（unequal treaty）

不协和音（dissonance）

不正义（injustice）

C

财政紧缩政策（austerity）

残滓经济（residuum）

差异权（le droit à la différence）

长时段（la longue durée）

场域（champs）

超我（super-ego）

承认（Anerkennung）

（古希腊）城邦（πόλις）

城邦自治（civitas sibi princeps）

城郭（urbs）

城市化（urbanisation）

城市周边化（peri-urbanisation）

（拉丁文）城中有乡的建筑理念（rus in urbe）

程式化的（programmatic）

（古希腊）持公职者，ἄρχω之名词化现在分词（ἄρχοντος）

船税辩论（Ship Money Debate）

纯正希腊语（Καθαρεύουσα）

存在锁链（scala naturae）

D

达利特人（दलित）

大洪水神话（flood myths）

大觉醒运动（Great Awakening）

大陆哲学（continental philosophy）

大西洋列岛（Atlantic Archipelago）

大西洋史（Atlantic history）

大洋史（oceanic history）

代表（representation）

单边主义（unilateralism）

单一化（homogenisation）

单元比较（unitive analysis）

单元分析（unit of analysis）

档案研究（archival research）

（美国）党内初选（primary election）

党团会议（caucus）

道德剧（morality play）

（国家的）道德人格（moral person; persona moralis）

德奥合并（Anschluss）

德国歌唱剧（Singspiel）

德国历史学派国家经济学（Historische Schule der Nationalökonomie）

德国轻歌剧（Spieloper）

德国社会民主党（Sozialdemokratischen Partei Deutschlands）

德国社会民主党青年团（Jusos）

德国议会（Reichstag）

德式和平（Pax Germanica）

底层者（subaltern）

（考古学）地层学（stratigraphy）

地平线交汇（Horizontverschmelzung）

地心说（geo-centrism）

帝国主义（imperialism）

第三次印巴战争（Indo-Pakistani War of 1971）

第三世界（Third World; Tier Monde）

第一共产国际（International Workingmen's Association）

东正教（Orthodox Christianity）

动力因（αἰτία ὡς κινοῦν）

都铎时期（Tudor Period）

敦刻尔克大撤退（Dunkirk evacuation; Battle of Dunkirk; Bataille de Dunkerque）

多边主义（multilateralism）

多数主义（majoritarianism）

多重史（Multiple Histories）

E

鹅卵石行动（Operation Shingle; Operazione Shingle）

恩图曼战役（Battle of Omdurman）

F

（古希腊）发端、公职、权柄（αἱ ἀρχαί）

（古希腊概念）法规（νομος, νομοί）

法国大革命（Révolution française）

法国反法西斯警戒委员会（Comité de vigilance des intellectuels antif-ascistes）

法国年鉴学派（École des Annales）

法国人权联盟（Ligue des droits de l'homme）

法国自由经济学派（École libérale française; école classique française en économique）

法兰克福学派（Frankfurter Schule）

法律人格（legal persona）

法律与经济学、法律的经济分析学（law and economics; economic analysis of law）

法律主义（legalism）

《凡尔赛和约》（Traité de Versailles）

反本体论的（de-ontological）

反康特拉（anti-Contra=anti-contrarrevolución）

反南非种族隔离运动（Anti-Apartheid Movements=AAM）

反犹主义（antisemitism）

范式转移（paradigm-shift）

《防止及惩治灭绝种族罪公约》（Convention on the Prevention and Punishment of the Crime of Genocide）

非暴力（अहिंसा =ahiṃsā）

非暴力（non-violence; अहिंसा）

非独体主义（non-singularism）

非对称战争（asymmetric warfare）

非法移民（illegal immigration）

非损伤（आनृशंस =ānṛśaṃsa）

非正式经济（informal economy）

非支配（non-domination）

吠陀梵语（Vedic Sanskrit; Vedische Sprache）

分配正义（distributive justice）

分析式托马斯主义（Analytical Thomism）

分析哲学（analytical philosophy）

愤懑（ressentiment）

愤怒旅团（Angry Brigade）

《弗吉尼亚权利宣言》（Virginia Declaration of Rights 1776）

福利经济（welfare economics）

福利社会主义（welfare socialism）

福特主义（Fordism）

福音主义（Evangelicalism）

抚育金（child maintenance）

辅助学科（Hilfswissenschaft）

副现象（epiphenomenon）

G

改良主义（reformism）

概念分析（conceptual analysis）

概念史（Begriffsgeschichte）

概念形成（Begriffsbildung）

感官确定性（Die sinnliche Gewissheit）

感知（Die Wahrnehmung）

（法国大革命）革命日历（calendrier révolutionnaire français）

格里高利圣咏（Cantus Gregorianus）

工业革命（Industrial Revolution）

公法（public law）

公共区域（Öffentlichkeit）

（拉丁文）公民（cives）

公民共和主义（civic republicanism）

（拉丁文）公民体、共和国（civitas）

公平人寿（Equitable Life）

（古希腊）公审者（δικασταί）

公意（volonté générale）

功利（效用）最大化（utility-maximisation）

功利、物质欲望（utilitas）

功利单位尤特尔（util）

共和主义（republicanism）

共时性（synchrony）

共同和平（Κοινὴ Εἰρήνη）

古典学术研究（classical scholarship）

古希腊智辩家（σοφιστής）

谷物法（Corn Laws）

关键选民（pivotal voter）

观念的政治史（la storia politica delle idee）

惯习（habitus）

归纳性（inductive）

规范性（normativity）

国际法（international law）

（托洛茨基主义）国际共产党（Parti Communiste Internationaliste=PCI）

国际劳工组织（International Labour Organisation）

国际思想史（history of international thought）

国际正义（international justice）

国际治理（global governance）

国际主义（internationalism）

国际转向（international turn）

国家理性（raison d'état）

国家社会主义、纳粹主义（Nationalsozialismus）

国家艺术（nationale Kunst）

国家之间的状态（state between states）

H

哈雷迪传统（חֲרֵדִי）

还原主义（reductionism）

海盆（oceanic basin）

海洋史（maritime history）

汉萨同盟（Hanse）

好古主义（antiquarianism）

合理化（legitimation）

和平共存（Convivencia）

和谐体操训练法（harmonisk gymnastik）

核裁军运动（Campaign for Nuclear Disarmament）

核心课程（Core Curriculum）

红色维也纳（Rotes Wien）

后结构主义（post-structuralism）

后凯恩斯经济学（Post-Keynesian economics）

后殖民（post-colonial）

互文性（intertextuality）

环境主义（environmentalism）

回到本源（ad fontes）

秽不可触者（अस्पृश्यता =Untouchables）

货币金属论（Metallism）

货币主义（monetarism）

J

基本自由（basic liberties）

基于已成事实向前追溯（ex post facto）

极权主义（totalitarianism）

集中营（Holocaust）

计划经济（planned economy）

计量经济史（econometric history; cliometrics）

技术统治（technocracy）

（古希腊）技艺（τέχνη, τέχναι）

季节性（seasonality）

（难民营）加莱丛林（Jungle de Calais）

假设检验（hypothesis testing）

假设上帝不存在（etiamsi daremus non esse Deum）

间接政府（indirect government）

（古希腊）建筑师（ἀρχιτέκτων）

剑桥辩论社（Cambridge Union Society）

剑桥学派（Cambridge School）

（古希腊）将军（στρατηγοί）

交流行动（kommunikativen Handelns）

交流伦理（kommunikative Ethik）

交响诗（symphonic poem）

教会史（history of the Church）

阶段论历史（stadial history）

阶级斗争（Lutte des classes）

（观念的）接收（reception）

杰斐逊人文讲座（The Jefferson Lecture in the Humanities）

结构主义（structuralism）

结果主义（consequentialism）

解放的意理（emanzipatorisches Erkenntnisinteresse）

解释学（hermeneutics）

解释学循环（hermeneutic circle）

紧急权力（Emergency power）

进入事物本身（zu den Sachen selbst）

浸礼宗、浸信会（Baptism）

经典化（canonisation）

经济生活和活动史（history of economic lives and activities）

经济史（economic history）

经济心理学（economic psychology）

经验主义（empiricism）

经院主义（Scholasticism）

精神（Geist）

精神分析（Psychoanalyse; psychoanalysis）

精神科学（Geisteswissenschaften）

酒神巴克科斯（Bacchus 即狄俄倪索斯 Διόνυσος）

旧制度（ancien régime）

救赎理论（Soteriology）

具备语言的动物（ζῷον λόγον ἔχον）

决策聚合（judgment-aggregation）

绝对音乐（absolutus; Absolute Musik）

绝对主义（absolutism）

均等主义（egalitarianism）

君权神授论（divine right of kings）

君士坦丁的馈赠（Donatio Constantini）

K

《卡罗莱纳基本宪章》（The Fundamental Constitutions of Carolina）

卡巴拉神秘主义传统（Cabala）

卡莱尔讲座（Carlyle Lectures）

开罗密室（Cairo Genizah）

凯撒主义（Caesarism）

看不见的手（The Invisible Hand）

科学革命（Scientific Revolution）

科学怪人弗兰肯斯坦（Frankenstein）

科学史（history of science）

科学哲学（philosophy of science）

科学主义（scientism）

可能性的艺术（art of the possible）

克莱沃公国（德：Herzogtum Kleve；荷：Hertogdom Kleef）

跨民族国家（transnational）

跨学科性（interdisciplinarity）

宽容（toleration）

狂飙突进文学运动（Sturm und Drang）

L

《拉丁索引辞典》（*Thesaurus linguae latinae*）

拉蒂诺语（Ladino；גוּדּיאָר־אִיסְפֿאַנְיְיוֹל）

拉刻代蒙城邦（Λακεδαίμων）

劳动分工（division of labour）

劳动解放社（Освобождение труда）

老底嘉派（Laodicaeans）

类本质（Gattungswesen）

冷战（Cold War）

黎凡特地区（Levant）

理想性（Begehrlichkeit; desirability）

理性的、理性（rational, rationality）

理性选择理论（rational choice theory）

理性主义（rationalism）

理智、理性（reason）

力与理解（Kraft und Verstand）

历时性（diachrony）

历史纯粹主义（historical purism）

历史经济学（historical economics）

历史探究（ἱστορία / istoria）

历史性（historicity）

历史主义（historism）

利比亚绿色革命（انقلاب1969في ليبيا=al-Fateh Revolution）

利维坦（Leviathan）

《联合国海洋法公约》（United Nations Convention on the Law of the Sea）

联邦共和（république fédératif）

联合国儿童基金会（United Nations International Children's Emergency Fund）

联合国难民署（United Nations High Commissioner for Refugees）

（英苏）《联合条约》（Treaty of Union）

联合条约、隶属条约（pactum unionis & subiectionis）

联盟政治（coalition politics）

列宁主义（Leninism）

零工（casual labour）

零工经济（gig economy）

零和（zero-sum）

领土性（territoriality）

伦敦大轰炸（Blitz）

《罗默诉埃文斯案》（Romer v. Evans）

罗马法（Roman Law）

罗马贵族阶层（patricius; patres conscripti）

罗马护民官（tribunus）

罗马集市（forum, fora）

罗马式和平（Pax Romana）

罗马宪法：罗马长老院与人民（senatus populusque Romanus）

罗马长老院（senatus）

罗马政务官（magistratus）

逻辑原子论（logical atomism）

《洛桑条约》（Traité de Lausanne）

M

马赫迪战争（Mahdist War）

马克思主义（Marxism）

马克思主义史学史（Marxist historiography）

马拉松战役（Μάχη τοῦ Μαραθῶνος）

马略卡王国（Mallorca; Regne de Mallorca）

《马萨诸塞邦宪章》（Constitution of the Commonwealth of Massachusetts）

马萨诸塞殖民地学社（Colonial Society of Massachusetts）

《马斯特里赫特条约》（Maastricht Treaty; Traité de Maastricht; Vertrag von Maastricht）

迈克尔逊干涉仪（Michelson interferometer）

迈克尔逊 - 莫雷实验（Michelson-Morley experiment）

麦卡锡主义（McCarthyism）

没有灵魂的专制政治（*ein seelenloser Despotism*）

美德伦理（virtue ethics）

美国革命（American Revolution）

美国疾病控制与预防中心（Centers for Disease Control and Prevention=CDC）

美国权利法案（United States Bill of Rights）

美国最高法院（Supreme Court of the United States）

美利坚式和平（Pax Americana）

美学（aesthetics; esthétique; ästhetik）

蒙昧主义（obscurantism）

孟加拉大饥荒（Bengal Famine）

孟加拉国独立战争（মুক্তিযুদ্ধ=*Muktijuddho*）

密提林辩论（Mytilenian Debate; Mytilenische Debatte）

（古希腊）民（δῆμος）

（美国非裔）民权运动（Civil Rights Movement）

民粹主义（populism）

（罗马）民众（populus）

民众主权（popular sovereignty）

民众自由主义（popular liberalism）

民主（democracy）

民主个人性（democratic individuality; Indvidualitá democratica）

民族国家（nation-state）

民族清洗（ethnic-cleansing）

民族统一、领土收复主义（irredentism）

民族艺术（Volkskunst）

民族主义（nationalism）

民族宗教（Volkreligion）

（德国音乐史）名歌手（Meistersinger）

（德国音乐史）名诗歌（Meisterlieder）

命运、人格化的命运女神（Fortuna）

（古希腊）模型、范式、例证（παράδειγμα）

莫卧儿帝国（مغليه سلطنت; *mughliyah saltanat*=Mughal Empire）

目的论（teleology）

N

《难民地位公约》（Convention relative au statut des réfugiés）

《尼斯条约》（Traité de Nice; Vertrag von Nizza; Treaty of Nice）

尼赫鲁主义（Nehruism）

诺曼底登陆（Normandy Landings; Débarquement de Normandie）

诺曼之轭（Norman Yoke）

女巫安息日（Witches' Sabbath）

女武神（Die Walküre）

女武神（古诺斯语：valkyrja）

女性解放运动（Women's Liberation Movement）

女性主义（feminism）

O

《欧洲人权公约》（European Convention on Human Rights）

欧文主义者（Owenites）

欧洲法院（European Court of Justice; Cour de Justice européenne; Europäische Gerichtshof）

欧洲怀疑主义（Euro-scepticism）

欧洲稳定机制（European Stability Mechanism=ESM）

欧洲一体化（European Integration; Inté gration européenne; Europäische Integration）

P

排外主义（xenophobia）

配套制度（institutional correlate）

批判理论（Kritische Theorie）

皮特美国史与制度教席（Pitt Professorship of American History and

Institutions）

片段性史学（fragmentary historiography）

贫穷经济学（economics of poverty）

贫穷使用（usus pauper）

平等状态（ισονομία）

平民公投（plebiscitum, plebiscita）

普遍选举权（universal suffrage）

普拉克里特语言（Prakrit=ζ+λ=प्राकृत）

普世主义（universalism）

普通法（Common Law）

谱系论（genealogy）

Q

七星诗社（la Pléiade）

启发式的（heuristic）

启蒙运动（Lumières; Aufklärung）

（古希腊）启始、统治（ἄρχω, ἄρχειν）

钱币学（numismatics）

钦点教席（Regius Professorship）

亲拉科尼亚者、斯巴达爱好者（Laconophile）

青年德国文艺运动（Junges Deutschland）

青年黑格尔（Junghegelianer）

清唱剧（oratorio）

去殖民化（decolonisation）

去中心化（decentralisation）

权力（power）

权力、主权（imperium）

权力下放（Devolution）

权力意志（der Willezur Macht）

权利（right）

《权利宣言》（Declaration of Rights）

权威（authority）

权宜、便宜（Conveniencia）

全球变暖、气候变化（global warming & climate change）

全球化（globalisation）

全球微观史（global micro-history）

群体施为性（group agency）

R

热月政变（Réaction thermidorienne; Convention thermidorienne）

人道主义（humanitarianism）

人格（persona, personhood）

人类学（anthropology）

人民阵线（Popular Front）

人身保护令（habeas corpus）

人文主义（humanism）

仁爱、仁慈（benevolentia）

日心说（heliocentrism）

儒家（Confucianism）

S

塞法迪犹太裔（Sefardí; סְפָרַדִּי）

三部曲（Trilogie）

（英、苏、爱）三王国史（history of the three kingdoms）

（剑桥）"三足凳"学位考试（Tripos）

桑地诺民族解放阵线（Frente Sandinista de Liberación Nacional）

商贸（commerce）

商品拜物教（Warenfetisch）

（古希腊）上结构（ἐπίταξις）

社会、社交（societas）

社会本体论（social ontology）

社会达尔文主义（Social Darwinism）

社会集体主义（social collectivism）

社会民主（social democracy）

社会亲近感（affinité sociale）

社会权利（social right）

社会史（social history）

社会算数（Mathématique sociale）

社会原子主义（social atomism）

社会整体主义（social holism）

（法国左翼团体）社会主义或野蛮（Socialisme ou Barbarie）

社会主义锡安运动（צִיּוֹנוּת סוֹצְיָאלִיסְטִית）

社会转向（social turn）

社会自由主义、新自由主义（social liberalism）

社交性、社会性（sociability）

身份同等主义（paralogisme identitaire）

身份政治（identity politics）

身份主义（identitarianism）

身体心理治疗法（Körperpsychotherapie; Körpertherapie）

神圣史（Sacred History; Histoire sainte）

神学政治学问题（Theologico-Political Problem）

生活形式（Lebensform, Lebensformen）

（古希腊）生长（φύω）

圣杯（Holy Grail; Heiliger Gral; 布列塔尼：Graal Santel）

圣经学术史（history of biblical scholarship）

剩余含义（surplus meaning; surplus de sens）

施事民主理论（agentive theory of democracy）

施特劳斯主义者、主义（Straussians, Straussianism）

十九世纪服装改良运动（Reformkleidung/Dress Reform）

十字军东征（Crusades; Croisades; Kreuzzug）

时代精神（Zeitgeist）

（古希腊）时间、时机（καιρός）

时效占用取得权（usucapio）

实效真理（verità effetuale）

实验主义（experimentalism）

实用主义（Pragmatism）

实证哲学社（Gesellschaft für empirische Philosophie）

士绅（gentry）

世间的惊奇（Stupor Mundi）

（中古欧洲）世界地图（mappa mundi）

世界、世界之环（orbis terrarum）

世界经济论坛（World Economic Forum）

世界卫生组织（World Health Organisation）

世界锡安主义大会（הקונגרס הציוני העולמי）

世界主义（cosmopolitanism）

世俗性、政教分离（laïcité）

世俗主义（secularism）

市场经济（market economy）

市场失灵（market failure）

式、域（τρόπος, τρόποι）

释译（interpretatio）

授予、分配（ἐπιτρέπειν）

书籍史（history of books）

输入输出（Input/Output=I/O）

属地司法管辖权（territorial jurisdiction）

述行性（performativity）

数据分析（data analysis）

数字命理学（numerology）

双赢（win-win）

说辞（façon de parler）

（德国文学史）说诗（Spruchgedichte）

私法（private law）

思想史的文化史（cultural history of the intellectual history）

斯大林主义、斯大林模式（Сталинизм）

斯密式主义（Smithianismus）

斯特方页码（Stephanus Pagination; Pagination de Stephanus; Stephanus-Paginierung）

斯特方印书馆（Stephanus）

《苏德互不侵犯条约》（пакт Молотова-Риббентропа; Deutsch-sowjetischer Nichtangriffspakt）

苏非主义（ٱلتَّصَوُّف ;ٱلصُّوفِيَّة）

苏格兰常识哲学学派（Scottish School of Common Sense Philosophy）

苏格兰启蒙运动（Scottish Enlightenment）

苏联解体（Распад СССР）

随机对照临床试验（Randomised Controlled Trial=RCT）

索齐尼主义（Socinianism）

T

太平洋史（Pacific History）

陶艺（ceramics）

特权（prerogative）

体现的思想史（embodied intellectual history）

体质人类学（physical anthropology）

天主教道明会（Ordo Praedicatorum）

天主教方济各会（Ordo Fratrum Minorum）

条约（foedus, foedera）

图（邓）氏沙百灵（Eremalaudadunni）

图像符号学（iconography）

托洛茨基主义（Троцкизм；Trotskyism）

W

瓦堡学派（Warburg School）

瓦尔哈拉天宫（Walhall）

瓦卢瓦王朝（Valois）

外交文秘（amanuensis）

完善性（perfectibility）

万民法（ius gentium）

威权主义化（authoritarianisation）

《威斯敏斯特合约》（Treaty of Westminster）

《威斯特伐利亚和约》（Westfälischer Friede）

威斯敏斯特宫国会大厦（Westminster）

微观方法研究发展经济学（microeconomic approach to development）

微观史学（microanalisi; microstoria）

维多利亚启蒙运动（Victorian Enlightenment）

维也纳会议（Wiener Kongress）

维也纳逻辑实证主义学派（Wiener Kreis）

（希腊领土收复的）伟大理想（Μεγάλη Ιδέα）

（苏格兰）温和文人派（Moderate Literati; Moderates）

温泉关战役（Μάχη τῶν Θερμοπυλῶν）

文本清洁（sanitising of texts）

文本语文学（textual philology）

文化史（cultural history）

文化政治（cultural politics）

文化政治（Kulturpolitik）

文化转向（cultural turn）

文化转移（cultural transfer）

（东欧、北欧）文理中学（gymnasium）

文艺复兴（Renaissance）

文艺之神奥尔弗斯（Ὀρφεύς）

问题域（problématique）

无产化（proletarianisation）

无法得出的推论（non sequitur）

无国状态（statelessness）

无履加尔默罗会（Ordo Carmelitarum Discalceatorum）

无神论（atheism）

无中生有、从天而降（ex nihilo）

伍尔沃斯百货公司静坐抗议（Woolworths sit-in）

物化（reification）

物化（Verdinglichung）

物质性（materiality）

物质语境（material context）

物质转向（material turn）

X

西班牙工人社会党（Partido Socialista Obrero Español）

西班牙式和平（Pax Hispanica）

西班牙王位继承战争（Guerra de sucesión española）

西海岸施特劳斯学派（West Coast Straussianism）

希腊白话（Δημοτική）

希腊独立战争（Ελληνική Επανάσταση）

希腊国债危机（Ελληνική οικονομική κρίση）

希腊七岛共和（Ἑπτάνησος Πολιτεία）

希腊神话中的基科涅斯人（Κίκονες）

稀缺性（scarcity）

锡安（ציון）

习惯法（customary law）

狭义相对论（special theory of relativity）

现代希腊启蒙运动（Διαφωτισμός）

现代主义（modernism; modernisme）

现时主义（presentism）

（国际关系）现实主义（realism）

宪政主义（constitutionalism）

相对主义（relativism）

效忠争议（Engagement Controversy）

心灵的生活（life of the mind）

心灵哲学（philosophy of mind）

（法国年鉴史学派）心态（mentalité）

新奥斯曼主义（Yeni Osmanlicilik）

新柏拉图主义（neo-Platonism）

新德国派古典音乐（Neudeutsche Schule）

新共和主义（neo-republicanism）

新古典主义经济学（neo-classical economics）

新故土（Altneuland）

新教化（protestantisation）

新经济史（New Economic History）

新罗马主义（neo-Romanism）

新模式和新秩序（nuovi ordini e modi）

新纳粹主义（neo-Nazism）

新自由主义（neo-liberalism）

新自由主义、社会自由主义（New Liberalism）

新左翼（New Left）

信仰审判（autos-da-fé）

信用理论（credit theory）

星河（Konstellation）

行动中的观念（idea in action）

行政（administratio）

形而上学（Metaphysics; Métaphysique; Metaphysik）

形而上学的悲观主义哲学（metaphysischen Pessimismus）

形而上学的唯意志论（metaphysischen Voluntarismus）

（古希腊）修辞家（ῥήτορες）

修辞语境（rhetorical context）

修复式正义（restorative justice）

修昔底德陷阱（Thucydides trap）

修正主义（revisionism）

（美国中西部）锈带（Rust Belt）

序曲（praeludium; prelude, prélude, Präludium, preludio）

叙利亚难民危机（Syrian Refugee Crisis）

选择理论（choice theory）

学生争取民主社会运动（Students for a Democratic Society: SDS）

学术史（history of scholarship）

Y

鸭嘴兽联社（Platypus Affiliated Society）

雅格宾、宪法之友协会（Jacobins, La société des Amis de la Constitution）

亚里士多德主义（Aristotelianism）

言语行为理论（speech-act theory）

研究开发（Research & Development=R&D）

眼球测试（eyeball test）

养老金（old-age pension）

耶稣会（Societas Iesu）

野蛮主义（barbarism）

伊壁鸠鲁主义（epicureanism）

伊丽莎白时代英国（Elizabethan Era）

"伊斯兰国"（داعش）

（希腊）已知文明世界（οἰκουμένη）

以太（αἰθήρ; aether; éther）

艺术史（art history）

（近代日内瓦的）议会代表（représentants）

异化（Entfremdung）

异教徒、信封异教（pagan, paganism）

意第绪语（Yiddish）

意气（θυμός）

（拉丁文）意向力（conatus）

意志（der Wille）

因果性（causality）

音乐对位（Kontrapunkt）

音乐调性（tonality）

音乐戏剧（musical drama）

音乐性、非音乐性（musicality, unmusicality）

音诗（tone poem）

隐微主义（esotericism）

印度人民党（भारतीय जनता पार्टी）

印度自力更生运动（'Self-reliant India' Campaign）

印太（Indo-Pacific）

英国比利时刚果橡胶公司（Anglo-Belgian India Rubber Company=ABIR）

英国工党（Labour Party）

英国光荣革命（Glorious Revolution）

英国国家医疗服务体系（National Health Service）

英国皇家非洲公司（Royal African Company）

英国皇家炮兵部队（Royal Artillery）

英国皇家医疗军（Royal Medical Corps）

英国济贫院（workhouse）

英国例外论（British Exceptionalism）

英国贸易委员会（Council of Trade）

英国平等派运动（The Levellers）

英国脱欧（Brexit）

永恒难题（perennial problem）

永恒问题（perennial question）

永恒智慧（perennial wisdom）

咏叹调（aria）

犹太教（Judaism）

油腻的星期二、忏悔星期二（Mardi Gras）

游民无产者（Lumpenproletariat）

有效集（efficacious set）

语境（context）

语言行为（linguistic action）

语言游戏（Sprachspiel）

预测性（predictive）

预防性战争（preventive war）

乐想结构、音乐主题结构（motivic structure）

原住民权利（indigenous rights）

原罪（peccatum originale; original sin）

越南之夏（Vietnam Summer）

允准（consent）

Z

在字里行间阅读（reading between the lines）

战后法（ius postbellum）

战前法（ius ad bellum）

战时法（ius in bello）

哲思的自由（libertas philosophandi）

哲学、人格化的哲学女神（Philosophia）

哲学史（history of philosophy）

真理融贯论（coherence theory of truth）

整体艺术理念（Gesamtkunstwerk）

正当程序（due process）

正义（justice）

政教分离（separation of church and state）

政经哲（philosophy, politics and economics=PPE）

（古希腊）政体、政治、宪政、共和（πολιτεία）

（古希腊）政治家、治邦者（πολιτικός）

政治思想史（history of political thought）

支配（dominatio; domination）

支配域、统治域（dominion）

支配者、拥有者、统治者、奴隶主（dominus）

知识论（epistemology）

知识社会学（Wissenssoziologie; Sociologie de la connaissance; Sociology of Knowledge）

（科学）知识探究（scientia）

殖民主义（colonialism）

旨趣、利益（Interesse）

制先攻击（preemptive strike）

质料因（αἰτία ὡς ὕλη）

（古希腊）智识（ἐπιστῆμαι）

中古风的、中古化的、中古主义（medievalising, medievalism）

中美洲和平进程（Proceso de paz en Centroamérica）

中式和平（Pax Sinica）

种族屠杀（genocide）

种族主义（racism）

重农主义经济学（Physiocratie）

主权自由（sovereign liberty）

主题旋律（leitmotif）

主宰权、所有权（dominium）

传记式研究（autobiographical studies）

资本史（history of capital）

资本主义史（history of capitalism）

资产拥有民主制（property-owning democracy）

（古希腊）自然（φύσις）

自然法（natural law）

自然法权（natural right）

自然奴隶（natural slave; esclave par nature; Sklave von Natur; φύσει δοῦλος）

自然社会性、社交性（natural sociability）

自然神论、自然神论者（Deism, Deist）

自然万民法（ius naturale gentium）

自我史（ego-histoire）

自依（self-reliance）

（英国历史上的）自由党（Liberal Party）

自由、平等、博爱（Liberté, égalité, fraternité）

自由放任经济思想（laissez faire）

自由军官运动（حركة الضباط الأحرار）

自由民主社会主义（liberal-democratic socialism）

自由意志（free will; Libre arbitre; Freier Wille）

自助（self-help）

宗教改革（Reformation）

宗教礼典、宗教礼乐（liturgy, liturgical music）

宗教战争（religious wars）

最高权威、主权（summum imperium）

作者本意（authorial intent）

作者施动性（authorial agency）

后 记

对话录这一体裁不仅适于记录原始史料、彰显哲学思辨、普及专业知识，本身也具有探究学问和创造思想的效力。《政治思想史对话录》即体现了这种多重作用之间的平衡。本书收录的对话在四年间陆续完成，起先自然而然，为记录学术对谈，不至于日久淡忘。久而久之，逐渐渗入了反思史学史、融通方法论、推动学科建设的意识，最终才演化成一项政治思想史的整体工程。

2015 年 11 月 13 日夜，巴黎爆发恐怖袭击。我自十一区案发地折返公寓，惊心骇瞩，不可名状。十二日后，巴黎南郊的伊西·莱·穆利诺教堂邀请战争史家安娜特·贝克尔讲演犹太裔波兰律师拉斐尔·莱姆金的反种族屠杀思想，安排我们二人开场对话，题目是《良知·暴力·历史》。这篇法文稿后经我的美国同窗译成英文发表。之后，我又相继刊出了与拜占庭史家沃尔特·凯吉、中古与近代早期史家康斯坦丁·法索特的对话。他二人身陷档案，心怀济世，考据之外，哲思尤多。我们的关怀十分默契：过去如何烛照时下，历史能否引人自知？其时我在芝加哥大学涉猎经济学、古典学、哲学，身为编外人士却阴错阳差地担任了历史系学刊的主编，又因种种机缘，接连误入思想史腹地。2016 夏巡游希腊之后，我乘火车经法国赴伦敦小住。此行在英国国家学术院、雅典俱乐部与大卫·阿布拉菲亚先生相识，又有幸鉴赏了昆廷·斯金纳先生的花园。此次孕育出的两篇对话传阅者甚众，甚至登上了爱丁堡大学思想史项目的课纲。当季也正值英国脱欧公投，彻夜唱票后，脱欧派以微弱优势险胜，我也在室友的哀鸣声中醒来（他正在协助父亲角逐法国共和党总统候选人名额）。我自感右翼脱欧声势甚隆，颇有些埋没了左翼疑欧派立场。因此时隔一年，我着意与理查德·塔克在剑桥大学对谈左翼脱欧论，英文节选刊于《国际思想评论》，成为之后三年西方学界了解左翼脱欧观点的基础资料之一。到了冬天，我访问哈佛俱乐部，顺道与哈维·曼斯菲尔德谈了一次施特劳斯学派视域下的政治哲学，与思想史方法和左翼立场形成鲜明对照，可惜一直束之高阁，直到四年之后才发表。新保守主义代表人物比尔·克里斯托在与特朗普缠斗之际，还抽出时间公开称赞此文"通篇妙语如金，促人省思，超越了对于各种观念和政治哲学家的介绍，乃至于是政治哲学本身的入门"。综观可见，最初阶段的七篇对话都从西方学界内部滋生而出，成为欧美学术争鸣的载体和产物。

与此同时，这些对话稿由视野宽宏、视觉敏锐的中国学者译介回国。曾在伦敦玛丽女王大学访学的南京大学刘林博士将《语境中的观念》译成中文，载于《哲学动态》。《人文与海洋》（本书改为《海洋人文》）则由中国社会科学院世界历史所的刘健研究员翻译，刊于《国外社会科学》。《民主、主权与英国脱欧》（本书改为《民主·主权·脱欧》）由云南大学历史与档案学院张立可翻译，在《国外理论动态》发表。天津师范大学郑荃文中译《城邦中的哲人》，见于《政治思想史》。此后，更多的对话陆续完成。复旦大学历史学家李宏图教授一再鼓励我在研究之余，以访谈形式全面推动思想史在国内传播普及、融会贯通。越洋加盟华东师范大学全球思想史研究中心之后，我愈感责无旁贷，陆续在平日学术往来较为密切的学者中邀约了最能代表政治哲学、社会理论和思想史领域的人物：基多米利德斯、邓恩、罗伯逊、沃尔泽、金兹堡、霍耐特、琼斯、罗斯柴尔德、皮特金、蕾恩、乌比娜提、本哈比、佩蒂特、胡克斯特拉、纳尔逊、梅塔。幸赖《澎湃》于淑娟、郑诗亮鼎力相助，部分文字刊于《澎湃》之《上海书评》《私家历史》。数篇经上海师范大学世界史家陈恒引介，发表于《新史学》《世界史评论》。另有两篇蒙周艳辉等专家学者指正，通过评审后载于中央编译局思想开放、学风严谨的《国外理论动态》。

本书附录刊布了我早期与凯吉、贝克尔、法索特的对话节选。另有诸多师友，如史家安东尼·格拉夫顿、约翰·波科克、哲学家查尔斯·泰勒、阿拉斯代尔·麦金泰尔、皮埃尔·马南、中古思想史家布莱恩·蒂尔尼、犹太史家戴维·索尔金、印度政治思想史家罗米拉·塔帕尔等，皆因种种原因，未及整理成稿，但他们的观点和方法却在本书各章中有所体现。未能收录与蒂尔尼老先生的对话，我尤其抱憾。2019 年冬，我正拟乘长途车去康奈尔看望他时，收到他女儿海伦的信，得知他逝世的消息。波科克先生抱病已久，亦无力为之。

我感激多年来不可计数的语言教师，尤其是严格训练我法、德、俄、希腊、拉丁、梵文的同辈和前辈。他们在基础岗位上孜孜不倦，慷慨给予了我研究思想史的基本工具。此外，我向诸多思想启蒙者表达敬意：内森·塔科夫、威廉·席崴克、约翰·麦考米克、詹妮弗·皮茨、托马斯·帕维尔、温蒂·多尼格、安娜贝尔·布蕾特、克里斯多夫·布鲁克、阿玛蒂亚·森、埃里克·马斯金、巴里·梅哲、迈克尔·威策尔、弗朗西斯·克鲁尼、迈克尔·罗森、埃里克·比尔鲍姆、迈克尔·桑德尔。感谢与我亦师亦友、惠泽极深的汉金斯教授和邓恩先生拨冗致序。承蒙对我关照有加的托马塞里女爵和曾与我在普林斯顿促膝长谈的爱尔兰诗人麦唐纳大使推介此书，亦不胜欣喜之至。译介对话的另一美妙之处在于结识学友，我观青年学者关依然、顾晓祺、蔺皓明、沈亦楠、吴一笛斟酌译文，也仰拾俯取，师逸功倍。书稿初成以来，承叶敏磊、李彦岑、罗卫平诸君盛情关切。中国社会科学出版社韩国茹博士批阅一载，磨勘数次，在此谨致谢忱。

政治理论和思想史的重要对话以中文见诸于世，其中披露的资料、偶发的争鸣，尤其是思想碰撞之下、言语交织之中，对话者修正补充、融会贯通、批判创新的重要观点，最早源自二十一世纪之中文文献，岂不具全球政治思想史学史意义？其中若干篇甚至直接译自录音，并无外文底稿。因此如若引用文中的理念、反思、主张，只能从中文文献而来。事实上，本书中多达十六篇并未以欧美文字发表的对话却在世界范围内传阅甚广。譬如，萨塞克斯大学的启蒙运动思想史家伊安·马克丹尼尔教授、伦敦玛丽女王大学的中古和近代早期史家米里·鲁宾教授，都曾以机器自动翻译硬生生地读完了《反思劳工和阶级》，并在各自学术圈内分享新知心得。国人读西文以释西方、读西文而自省者实多，而西人读中文研究华夏者亦众，然则西人读中文研究西学者几希矣！本书数篇以中文发表后，我均收到来自英、法、德、美、加拿大、印度等地学者来函，索求外文原稿，以便阅读、研究、引用。但因文章以中文发表，这"原稿"倒成了"译稿"。

近年来，我亦曾有幸将中国西夏学译介于海外，因此对国学西渐之意自有体会。但使西学之精粹得以中文问世，使西方学界得以中文治西学，岂非又一盛事？凡语言文化繁荣者，非承载自身固有文明而已，必因容而众，因众乃大。若一种文明文字自满于自说自话，恐怕只能沦落成学究囊中的好古之物罢了。好比一地之民乐，走入全球视域，固然是一种繁荣。但若继承创新之余，当地演奏家、作曲家、批评家成为了经典音乐的最佳诠释者，反而重新定义了"经典"，筑造了全新的音乐殿堂，甚至终于消灭了传统之间的界定，岂非更伟大的成就？

李汉松

二零二零年九月二十八日

美国哈佛寓中

二零二二年六月五日校